Herausgegeben von der Abteilung Frauendienste
der Gemeinschaft der Siebenten-Tags-Adventisten
im Süddeutschen Verband, Ostfildern

Augenblicke der Stille

Andachtsbuch für Frauen

Advent Verlag

Herausgeber: Abteilung Frauendienste der Gemeinschaft der Siebenten-Tags-Adventisten im Süddeutschen Verband, Ostfildern
Titel der amerikanischen Originalausgaben:
In God's Garden, This Quiet Place, A Gift of Love, Close To Home
© 1998/1999 by Review and Herald Publishing Association (USA)
Projektleitung: Sandra C. Wieschollek
Übersetzung: Hannele Ottschofski
Redaktionelle Bearbeitung: Ulrike Pelczar
Korrektorat: Reinhard Thäder
Einbandgestaltung: Paxmann/Teusch Buchprojekte, München
Titelfoto: Christine Paxmann
Satz: rimi-grafik, Celle

Die Bibelzitate sind – falls nichts anderes vermerkt – der Bibelübersetzung Martin Luthers (Revision 1984) entnommen.

© 2001 Advent-Verlag GmbH, Lüner Rennbahn 16, D-21339 Lüneburg,
Internet: www.advent-verlag.de, E-Mail: info@advent-verlag.de
Gesamtherstellung: Grindeldruck GmbH, D-20144 Hamburg
ISBN 3-8150-1853-6

Vorwort

Manchmal wird mir die Frage gestellt: „Meinst du, dass Gott sich wirklich um mich kümmert?" Hast du das auch schon mal gedacht, wenn du nicht wusstest, wie es weitergehen soll in deinem Leben? Wie gehen Frauen mit diesen Situationen und mit ihren Gefühlen um?

Viele Jahre schon werde ich immer wieder von Frauen angesprochen, die sich ein Erfahrungsbuch von Frauen wünschen. Ein solches Buch ist dieses Andachtsbuch. Ein Buch, das von kleinen und großen Erlebnissen erzählt, die Frauen als Antwort auf ihre Gebete erhalten haben.
Die Erfahrungen machen uns Mut, unser Leben mit unseren Sorgen und Freuden Gott anzuvertrauen. Die Andachten von Frauen aus verschiedenen Teilen der Welt wollen uns stärken und anregen, aufs Neue die Begegnung mit Gott zu suchen.

Das Buch möchte uns aber auch ermutigen, die Kraft des Gebetes wieder neu zu entdecken.
Charles Spurgeon sagte einmal: „Die Kraft des Gebetes kann niemals überbewertet werden. Wenn jemand nur beten kann, so kann er alles tun. Der, der weiß, wie er mit Gott überwinden kann im Gebet, hat den Himmel und die Erde zu seiner Verfügung."

Vielleicht schreibst du mir eines Tages deine Erfahrungen. Dann wird es ein neues Buch geben, mit Andachten von Frauen aus dem deutschsprachigen Raum.

„Das Gebet ist der Schlüssel in der Hand des Glaubens,
der die Macht des Himmels öffnet."

Ingrid Naumann
Leiterin der Frauendienste
der Gemeinschaft der Siebenten-Tags-Adventisten
im Süddeutschen Verband

Ich möchte allen danken, die es ermöglicht haben, dass dieses Buch erscheinen kann.

Steine werfen

Er wird sich unser wieder erbarmen, unsere Schuld unter die Füße treten und alle unsere Sünden in die Tiefen des Meeres werfen. Micha 7,19

Auf einer Frauentagung erzählte ich folgende Illustration: Eine Nonne ging am Meeresstrand spazieren. Ein Mann, der ihr in einiger Entfernung folgte, bemerkte, dass sie irgendein Ritual zu vollziehen schien. Sie ging ein kurzes Stück, blieb dann stehen und griff in die Tasche ihres Gewandes. Sie zog etwas heraus, drehte sich zum Meer und warf den Gegenstand, so weit sie konnte, hinein.

Schließlich wurde die Neugier des Mannes größer, als er ertragen konnte. „Entschuldigen Sie", begann er behutsam das Gespräch. „Ich bin Ihnen eine Weile gefolgt und muss einfach fragen, was Sie denn da machen."

Ein feines Lächeln breitete sich auf dem Gesicht der Nonne aus. „Ich führe seit Jahrzehnten ein religiöses Leben, aber nun musste ich erkennen, dass ich nie eine Beziehung zu meinem Herrn gehabt habe. Sehen Sie, ich habe einige Steine in meinem Herzen mit mir herumgetragen, und da ich ja nicht jünger werde", – sie hielt mit blitzenden Augen an –, „habe ich beschlossen, die Steine loszuwerden. Deshalb wandere gehe ich hier entlang, bis mir ein schmerzliches Ereignis, eine vernarbte Wunde oder eine lieb gewonnene Sünde einfällt, suche dann in meiner Tasche nach einem Stein in der entsprechenden Größe und werfe ihn ins Meer. Ich werde erst wieder nach Hause zurückkehren, wenn mein Herz frei von Steinen ist." Die Nonne ließ ihre Finger über einen ziemlichen großen Stein gleiten und fuhr fort: „Es fällt mir nicht leicht, denn einige Steine sind groß, andere haben scharfe Kanten. Aber heute werfe ich meine Steine an einen Ort, von dem ich sie nie wieder zurückholen kann."

Heute beginnen wir ein neues Jahr. Ein unbeschriebenes Blatt im Buch des Lebens. „Hast *du* auch Steine wegzuwerfen?" Sicherlich sitzen einige recht locker, andere jedoch müssen ganz vorsichtig entfernt werden, um eine Verletzung zu vermeiden. Noch andere sind vielleicht winzig klein und lästig, – wie die Sandkörner. Die ganz hartnäckigen lassen sich manchmal erst mit Hilfe von ihrem Platz bewegen. Aber sie müssen alle weg! Suche Hilfe beim Herrn, bei einer vertrauenswürdigen Freundin oder einem gläubigen Therapeuten. Starte unbelastet in das neue Jahr – beginne „steinfrei"!

Rose Otis

Ich will dich festhalten, Herr!

Erhalte mich durch dein Wort ... Psalm 119,116

Bethany, meine zweijährige Enkelin, hob ihre pummeligen Ärmchen hoch und lispelte: „Ich will dich festhalten, Oma!"

Ich bückte mich und drückte sie an mein Herz. Ihre kleinen Ärmchen legten sich um meinen Hals und ich fühlte ihre weiche Wange an der meinen. Sie seufzte zufrieden. Ich konnte spüren, wie ihr ganzer Körper sich entspannte.

„Ich mag es, dich festzuhalten, Oma", flüsterte sie. „Ich hab' dich lieb." „Ich dich auch", antwortete ich und rieb meine Wange an ihrem seidigen Haar.

Bethany weiß, dass ich sie auch festhalte, wenn sie mich festhält. Hast du schon einmal erlebt, wie viel Wärme und Freude in einer solchen Umarmung der Liebe stecken? Könnte es sein, dass Gott dies von uns im Gebet erwartet?

Bethanys oft wiederholte Bitte kam mir in den Sinn als ich die Worte von Brian Manning im Buch *The Signature of Jesus* (Die Unterschrift Jesu) las: „Gott im Glauben festzuhalten bedeutet, gleichzeitig von der Kraft einer großen Liebe festgehalten zu werden."

Im Gebet strecken wir unsere Arme aus und rufen: „Ich möchte dich festhalten, Gott!" Er antwortet, indem er uns mit seiner Liebe umgibt, er drückt uns an sein Herz und hält uns fest. Oh, welche Wonne jene Augenblicke der Umarmung Gottes im Gebet bedeuten!

Ich fühle das Bedürfnis nach der Umarmung Gottes sehr stark, während ich in dieses neue Jahr hineingehe. Aus der sicheren Geborgenheit, die ich in seinen Armen erlebe, habe ich keine Angst vor dem, was das Jahr an Gutem oder Bösem mit sich bringen mag.

Wenn ich meine Liste der Dinge ansehe, die ich diese Woche erledigen müsste, erkenne ich, dass die Zeit nicht reichen wird! Ich habe weder die Weisheit noch die Kraft, den Herausforderungen zu begegnen, die auf mich warten. Ich rufe: „Ich will dich festhalten, Herr! Ich fühle mich so geborgen bei dir!" Ich weiß: Alles ist möglich aus der Sicherheit der Arme Gottes heraus!

Mein Rat für jede von euch lautet: Nehmt euch möglichst oft Zeit, um mit ausgestreckten Armen zu Gott zu gehen und zu rufen: „Ich will dich festhalten, Herr!" Wenn das gelingen soll, müssen unsere geschäftigen Hände zunächst alles loslassen. Erst dann kann er uns in liebevoller Umarmung zu sich nehmen.

Dorothy Eaton Watts

Das Vorrecht zu dienen

... durch die Liebe diene einer dem andern. Galater 5,13

Während ich unser neues dunkelgrünes Tischtuch zusammenfalte, das wir für das Weihnachtsessen unserer Familie benutzt hatten, kommen mir folgende Gedanken:

Ein Tischtuch ist ein Stück Stoff einer beliebigen Farbe und dient dazu, einen Tisch zu bedecken, um ihn zu schonen. Häufig besteht es aus Baumwolle, Leinen, Polyester oder Spitze, ist ein farbenfroher Druckstoff, mit Applikationen versehen oder fein gestickt. Ein Tischtuch mag viel oder wenig gekostet haben; es kann noch neu, blütenrein und sorgfältig gestärkt und gebügelt sein oder fleckig, schon ganz zerknittert und sehr zerschlissen.

Ich habe erlebt, wie Tischtücher vielen verschiedenen Zwecken dienten: als Marias Umhang im Krippenspiel; als „Schnee" zu Füßen unseres Weihnachtsbaumes; am Fenster als provisorischer Ersatz für einen Vorhang. Mit einem Tischtuch bedeckt kann man einen Teig, damit er nicht austrocknet, oder breitet es auf dem Rasen für ein Picknick aus. Ein Tischtuch kann einen Berg Wäsche verstecken, die noch auf das Bügeln wartet. In der Fantasie der Kinder dient es manchmal als Drachen oder Zelt.

Tischtücher scheinen ein „demütiges und liebendes Herz" zu haben, weil sie zu jedem Dienst bereit sind, wie auch immer ihre Besitzer es wünschen: zur Hälfte gefaltet, aufgehängt, auf den Boden gelegt, elegant auf einen Tisch drapiert und mit kostbarem Porzellan und Silber eingedeckt.

Könnte uns ein solches Tischtuch nicht Fingerzeig sein? Was wäre, wenn wir Gott genauso demütig und hingebungsvoll dienten wie das Tischtuch seinem Besitzer? Sicherlich wären wir dann alle bereit, gemeinsam zum Festmahl des Lammes an dem großen Tisch in Gottes Reich Platz zu nehmen.

Jedes Tischtuch soll uns erinnern:

Unser Leben soll liebevoll „bestickt" sein vom Heiligen Geist und der Gemeinschaft mit unserm Herrn, gewaschen und rein gemacht im Blut des Lammes und sorgfältig vorbereitet für unsere Begegnung mit ihm am Tag seiner Wiederkunft.

Eunice Peverini

Die Gegenwart Gottes erleben

Denn ich bin der HERR, dein Gott, der deine rechte Hand fasst und zu dir spricht: Fürchte dich nicht, ich helfe dir! Jesaja 41,13

Jch war noch ein Teenager, als ich das erste Mal über Bruder Laurentius, einen frommen Mönch im Mittelalter, las. Er lebte in einem Kloster, in dem jeder Mönch zusätzlich zu Gebet, Studium und Meditation auch arbeiten musste. Selten blieb ihm Zeit für etwas anderes als seine Arbeit. Er hatte die riesigen Kochtöpfe und Pfannen zu reinigen, die benutzt wurden, um das Essen für die Mönche zuzubereiten.

In jenen Tagen kochte man auf dem offenen Feuer. Da ich beim Camping die „Freude" erlebt habe, vom Ruß geschwärzte Töpfe und Pfannen zu waschen, konnte ich mit jenem armen Mönch mitfühlen. Aber Bruder Laurentius beklagte sich mit keiner Silbe. Im Kloster und in der Umgebung war er bekannt wegen seines heiligen Charakters und der Hingabe, mit der er seinen niederen Dienst verrichtete.

Bald bemerkten die anderen Mönche, dass Bruder Laurentius wenig Zeit für persönliche oder gemeinsame Andachten hatte. „Wie kannst du die Verbindung zu unserem Gott aufrechterhalten, wenn du fast alle deine Zeit mit dem Schrubben der Töpfe verbringst?", fragten sie ihn. Er antwortete ihnen fröhlich: „Ich bin doch nicht allein in der Spülküche. Während ich Töpfe und Pfannen reinige, habe ich Zeit genug, um meinen Herrn zu loben und über ihn nachzudenken. Er ist auch hier bei mir!"

Die Geschichte von Bruder Laurentius hat einen starken Eindruck auf mich gemacht. Seit meinen Kindertagen haben mir meine Eltern beigebracht, dass Engel uns führen und bewahren. Einer der Texte, die ich auswendig gelernt hatte, lautet: „Ich bin bei euch alle Tage bis an der Welt Ende" (Matthäus 28,20). Aber lange glaubte ich, dass jene Verheißung nur für Notfälle gedacht war. Nun sprach Bruder Laurentius' Auffassung, dass Gott ein ständiger Begleiter, Freund, Ratgeber und Führer ist, mein Herz an.

In den vergangenen Jahren habe auch ich versucht, die Gegenwart Gottes zu erleben. Er ist ein solch wesentlicher Teil meines Lebens geworden, dass er mit mir lacht, wenn ich lache, und mit mir weint, wenn ich weine. Er tröstet mich, wenn ich Schmerzen habe, und hilft mir zurecht, wenn ich falsche Wege gehe.

Manchmal jedoch ist unsere Beziehung gestört. Die tägliche Hektik meines Lebens lässt mich ab und zu vergessen, dass er da ist. Hin und wieder tue oder sage ich etwas, was ich nicht tun sollte. Auch dann verlässt er mich nicht. Wenn ich mich wieder besinne, bitte ich ihn um Vergebung. Er verzeiht mir, und ich fange wieder an, täglich mit ihm zu leben. Seine Verheißung ist klar: „Ich bin bei dir alle Tage".

Goldie Down

Sich selber lieben

*Er antwortete und sprach: „Du sollst den Herrn, deinen Gott, lieben von
ganzem Herzen, von ganzer Seele, von allen Kräften und von ganzem Gemüt,
und deinen Nächsten wie dich selbst." Lukas 10,27*

Wir haben sicherlich schon viele Predigten und Auslegungen über diesen
Text gehört. In der Regel steht im Mittelpunkt der Betrachtung die Liebe
zu Gott und an zweiter Stelle die Liebe zu unserem Nächsten. Die Liebe
zu uns selbst scheint kaum einer Erwähnung wert zu sein.

Jesus jedoch weist darauf hin, dass wir unseren Nachbarn nicht lieben können,
wenn wir nicht zuerst uns selber lieben. Gerade uns Christen fällt es oft schwer,
über die Liebe zu sich selbst zu reden und sie auszuleben. Diese Tatsache führt häufig zum Bruch vieler Ehen, familiärer und freundschaftlicher Beziehungen.

Als Teenager hörte ich immer wieder, wir sollten Jesus an erste Stelle, unsere
Mitmenschen an die zweite und uns selbst an die letzte Stelle setzen. Ein solches
Verhalten garantiere uns Glück und Zufriedenheit im Leben. Aber wie kommt es
dann, dass sich diese Verheißung im Leben mancher aufopferungsbereiter Menschen nicht erfüllt?

Schauen wir uns den Text genau an! Jesus fordert uns auf, zuerst den Herrn
und dann unseren Nächsten **wie uns selbst** zu lieben. Das heißt doch: Vorausset-
zung für die Liebe zu unseren Mitmenschen ist die Liebe zu uns selbst! Die Reihen-
folge ist also, Gott und uns selber zu lieben, und dann wird sich diese Liebe auf andere ausbreiten.

Diejenigen von uns, die Eltern sind, sollten den Begriff der Selbstliebe an ihre
Kinder weitergeben. Jedoch dürfen wir ihn nicht mit Selbstsucht verwechseln, damit die nächste Generation liebevoller miteinander umgehen kann.

Wollen wir heute damit anfangen, uns aufgrund unseres Wertes bei Gott selber
zu lieben und zu akzeptieren. Dann werden wir erleben, wie viel leichter es ist, andere zu lieben.

Karen Birkett

Goldener Bote

„Ich will dich nicht verlassen und nicht von dir weichen." Hebräer 13,5

Es passierte vier Tage nach meiner Brustoperation. Obwohl der Chirurg nur einen acht Zentimeter langen Einschnitt gemacht hatte, um einen kleinen Knoten zu entfernen, war meine rechte Brust wund und sah nicht gut aus. Mehrere Blutgefäße waren geplatzt und hatten einen schweren Bluterguss verursacht. Die geschwollene Brust wurde zuerst rot, dann violett, schwarz, gelb und grün.

Mein Selbstmitleid war groß. Aber auf das Drängen von Ron, meinem Mann, fuhr ich mit zum Fluss, um den Sonnenuntergang zu beobachten. Während er mit Matt, unserem Hund, den Damm entlang spazieren ging, sah ich einen wunderbaren Sonnenuntergang! Der Fluss schimmerte wie flüssiges Gold, und die Schatten der Wellen trugen mit türkisblauen Flecken zur Schönheit bei. Die Schönheit und der Friede in der Natur standen in krassem Gegensatz zu meinen aufgewühlten Gefühlen der Angst um die Zukunft. Das, was jede Frau befürchtet, hatte mich getroffen. Meine Tränen flossen ungehindert, und mein Hals schmerzte von der Spannung, die meine Fragen nach dem Ende verursacht hatten.

In diesen wenigen Augenblicken fiel es mir schwer, daran zu denken, dass Gott immer noch die Kontrolle über mein Leben hatte. Während ich beobachtete, wie die Farben in weichere Pfirsich-, Aprikosen- und Fliedertöne wechselten, dachte ich an Ron und Matt. Wie würden sie klar kommen? Ron würde sicher wieder heiraten. Dieser Gedanke brachte eine neue Tränenflut hervor.

Gerade in diesem Moment hörte ich schnelle Schritte auf dem harten Weg. Ich sah hoch und durch meine Tränen erkannte ich Matt, wie er mit hängender Zunge geradewegs aufs Auto zurannte. Er kam auf meine Seite; ich machte die Tür auf. Er legte seinen Kopf auf meine Knie und schaute mich mit seinen wunderbaren treuen Augen an, als ob er fragen wollte: „Was ist nur mit dir los?"

Ich versuchte, ihn dazu zu bewegen, zu Ron wieder zurück zu kehren. Er weigerte sich, ohne mich zu gehen. Normalerweise folgt er demjenigen, der sich am schnellsten bewegt. Doch nichts konnte ihn dazu bringen, mich zu verlassen. Er blieb an meiner Seite und weigerte sich, den Spaziergang ohne mich zu genießen. Erstaunlich! Ich wusste: Der Hund spürte irgendwie, dass etwas nicht in Ordnung war, und wollte helfen.

Ich fühlte mich heiß geliebt und schrieb in mein Gebetsbuch: „Danke, Herr, dass du mir Matt gesandt hast, um mich zu trösten, um meine Ausgeglichenheit und mein Vertrauen auf dich wiederherzustellen! Ich hörte dich meinem ängstlichen Herz zuflüstern: ‚Dorothy, ich werde dich nicht verlassen noch von dir weichen.'"

Dorothy Eaton Watts

Eisblüten

Er hat alles schön gemacht zu seiner Zeit ... Prediger 3,11

Jch fühlte mich innerlich zerschlagen. Die Pflege unseres quirligen Kleinkindes und der Umzug – wir waren gerade in einen neuen Bezirk versetzt worden – hatten uns sehr erschöpft. Warum bloß hatte man uns nur eine so winzige Gemeinde anvertraut? Der Grund wurde uns bald klar.

Vom ersten Tag an konnte man die Atmosphäre dort mit einem Messer schneiden, vor allem deshalb, weil in der Gemeinde eine ganz bestimmte Auffassung bezüglich der Rolle der Predigerfrau herrschte, eine Erwartung, die ich als Mutter von kleinen Kindern nicht erfüllen konnte. Schnell wurde mir klar, dass ich mich hier nie richtig wohl fühlen könnte. Immer würde mich jemand kritisieren! Man hatte beim Potluck meine mitgebrachten Speisen unberührt stehen lassen.

Mein Mann verbrachte den ganzen Tag wegen verschiedener Versammlungen in der Gemeinde und so war ich allein. Ich setzte mein Kind in den Buggy und beschloss, spazieren zu gehen. Wegen der Januarkälte zogen wir uns warm an und marschierten los, um unsere neue Nachbarschaft zu erkunden. Wir gelangten an eine Brücke über einer Eisenbahnlinie, von der aus wir freundlichen Lokführern zuwinken konnten, die mit der Lokomotivpfeife antworteten. Wir entdeckten einen schönen Park und einige hübsche Landstraßen, aber immer noch fühlte ich mich niedergeschlagen.

„Lieber Vater", betete ich, „bitte hilf mir, hier irgendwie zu überleben." Plötzlich bemerkte ich einen wunderschönen Baum. Er war voller weißer Blüten, und das im Januar bei Kälte und Eis! Diese Blüten machten mir Hoffnung. Ich nahm mir vor, wie der Baum im Eis zu blühen.

Mehrere schwierige Jahre verbrachten wir in dieser kleinen Gemeinde und entdeckten zahlreiche Möglichkeiten, trotz manch „eisigen Winterhauchs zu blühen". Wir entwickelten starke Freundschaften zu Familien in anderen in der Nähe gelegenen Gemeinden. Wir fingen auch an, ein Gebiet in der Nähe mit dem Evangelium bekannt zu machen, wo es noch keine Gemeinde gab, und beschäftigten uns mit Projekten im Bereich Familiendienste. Ich begann zu schreiben und Fähigkeiten zu entwickeln, von denen ich früher nur geträumt hatte. Indem ich andere, erfüllende Wege fand, um Gott zu dienen, konnten wir in einer Umgebung, die uns am Anfang so feindselig vorkam, überleben und sogar blühen.

Wenn du den eisigen Wind der Ablehnung und der Kritik spürst, wenn es dir weh tut, denke an die Blüten im Januar und bitte Gott, aus deinem Leben etwas Schönes zu machen, unabhängig davon wie feindselig deine Umgebung dir begegnen mag.

Karen Holford

Ich kenne seine Stimme

Meine Schafe hören meine Stimme, und ich kenne sie, und sie folgen mir; und ich gebe ihnen das ewige Leben, und sie werden nimmermehr umkommen, und niemand wird sie aus meiner Hand reißen. Johannes 10,27.28

Hat dich dein Mann jemals in Verlegenheit gebracht? Mein Ehemann, ein Prediger, hat eine schöne, klare, deutliche Stimme. Ältere Menschen, die schwer hören, danken ihm oft nach dem Gottesdienst, weil sie seine Predigt gut hören konnten. Sie strahlen, wenn sie sagen: „Ich habe jedes Wort verstanden!"

Als mein Mann einmal in einer Gemeinde als Gastredner predigte, hörte ich einen kleinen Jungen in der Bank hinter mir seine Mutter fragen: „Warum schreit der Prediger so?" Ich zuckte zusammen, aber mein Mann lachte nur, als ich ihm später von der Bemerkung des Jungen erzählte.

Ja, die Stimme meines Mannes ist nicht nur klar und deutlich, sie ist zudem laut – auch wenn er telefoniert. Er hat die Gewohnheit, täglich das Büro anzurufen, selbst wenn wir unterwegs sind. Seine Telefongespräche nehmen oft viel Zeit in Anspruch, und so versucht er, seine Anrufe von einem Rastplatz oder einem Einkaufszentrum aus zu erledigen, damit ich parallel dazu einkaufen oder joggen kann.

Aber seine laute Stimme, die für ältere Zuhörer ein Segen ist, bringt mich oft in arge Verlegenheit. Wenn er telefoniert, kann ich nämlich jedes Wort hören, auch wenn ich ziemlich weit weg bin.

Oft bitte ich ihn: „Sprich doch nicht so laut." Daraufhin redet er eine Weile leiser, aber dann höre ich ihn bald wieder trotz Verkehrslärm. Ab und zu schäme ich mich, wenn ich mir vorstelle, wie all die vorübergehenden Leute seine lebhaften Gespräche mithören. Manchmal ärgert er sich über meine Bitte und sagt mir: „Niemand außer dir macht darum so viel Aufhebens!"

Und weißt du was? Wahrscheinlich hat er Recht. Als seine Ehefrau kenne ich seine Stimme so gut, dass ich sie auch trotz vieler Geräusche und im Stimmengewirr erkennen kann.

Wenn wir Jesus Christus wirklich kennen lernen wollen, werden wir auch seine Stimme hören und erkennen. Aber du lernst ihn nicht nur durch Zufall kennen. Du kannst ihm ganz bewusst jeden Tag begegnen. Lade ihn in dein Herz ein. Dann öffne deine Bibel und bitte den Heiligen Geist dir zu zeigen, was du heute über Jesus lernen sollst. Du wirst bald seine Stimme genauso gut kennen wie ich die Stimme meines Mannes.

Barbara Huff

Der Gefangene

... dass du die Augen der Blinden öffnen sollst und die Gefangenen aus dem Gefängnis führen und, die da sitzen in der Finsternis, aus dem Kerker.
Jesaja 42,7

Der siebenjährige Junge, der mir im Kinderraum der Gemeinde anvertraut wurde, war ein Autist und blind. Während die anderen Kinder um ihn herum spielten, saß er in der Mitte des Fußbodens und wiegte sich hin und her. Er konnte nicht sprechen oder auf eine begreifbare Art mit Menschen kommunizieren. Sein Schweigen und das unaufhörliche Geplapper der anderen Kinder waren ein starker Kontrast. Gewöhnlich frustrierte mich der Geräuschpegel im Kinderraum, aber an jenem Tag war er mir willkommen.

Mir kam in den Sinn, dass der Junge im schlimmsten aller Gefängnisse steckte – im Gefängnis des Geistes. Blinde Kinder konnten immer noch lachen und sprechen, taube die Gebärdensprache erlernen. Aber dieser Junge konnte weder das eine noch das andere. Ich fragte mich, ob ein wirklicher kleiner Junge hinter den blinden Augen versteckt war, eingesperrt in jenem stillen Geist.

Oft denken wir an Gefängnisse als Räume mit Gitterstäben vor dem Fenster und verschlossenen Türen, aber es gibt viele andere Arten von Freiheitsberaubung. Im gewissen Sinn sind wir alle Gefangene. Einige sind Gefangene in ihrem eigenen Körper durch die Abhängigkeit von Drogen, Alkohol oder Tabak. Andere sind emotionale Gefangene, die einer ungesunden Beziehung, den Verlockungen des Glücksspiels oder sogar dem Selbstmitleid in die Falle gegangen sind. Eine dritte Gruppe ist schuldlos eingekerkert in einem Gefängnis der Armut oder psychischer Krankheiten.

Wenn ein Gefangener seine Strafe verbüßt hat, wird er freigelassen und muss sich oftmals mühsam wieder an ein Leben außerhalb der Gefängnismauern gewöhnen. Noch viel schwieriger gestalten sich unsere Versuche, aus unseren unsichtbaren Gefängnissen freizukommen! Alle unsere eigenen Bemühungen können vergebens sein. Nur durch Jesus können wir unsere Fesseln lösen lassen und frei werden. Indem wir sein Opfer annehmen, kann uns durch die Gnade Gottes kein Gefängnis festhalten.

Gina Lee

O ihr Kleingläubigen!

Und er sprach: Komm her! Und Petrus stieg aus dem Boot und ging auf dem Wasser und kam auf Jesus zu. Matthäus 14,29

D a ich auf einer tropischen Insel aufgewachsen bin, hatte ich nie die Gelegenheit, Ski zu fahren. Der bloße Gedanke daran machte mir Angst und doch faszinierte es mich. Meine große Chance kam, als mein Verlobter Dan vorschlug, mir das Skifahren beizubringen. Stellt euch mein Entsetzen vor, als Dan ruhig ankündigte: „Wir werden am mittleren Hügel anfangen, der ist zwar länger, hat aber genau die gleiche Neigung wie der ‚Idiotenhügel'."

Nach einer Einweisung, die nur Minuten gedauert hatte – so schien es mir jedenfalls –, meinte er zuversichtlich: „So, nun probier's!" Leider hatte ich seinen Anweisungen nicht genau zugehört, weil ich immer noch empört darüber war, dass ich nicht am ‚Idiotenhügel' starten sollte. Ich maulte vor mich hin und rutschte den Hang hinunter. Plötzlich verschwanden meine Beine unter mir und ich fiel hin. Dies geschah dreimal hintereinander. Jedes Mal wurde ich wütender, bis ich fast bereit war, mit meinen Skistöcken nach Dan zu schlagen. Schließlich schrie ich: „Hier lerne ich nichts! Warum kann ich nicht zum ‚Idiotenhügel' gehen? Willst du mich umbringen?"

Dan schaute mich resigniert an: „Du bemühst dich gar nicht. Du gibst gleich auf. Warum vertraust du mir nicht? Ich weiß, dass du es schaffen kannst; gib nur nicht auf, bevor du es richtig versucht hast!"

Ich riss mich zusammen und ging wieder zur Anfängerpiste. Alleine. Dort wurde ich angewiesen mich genauso zu verhalten, wie Dan mir erklärt hatte. Frag nicht, wie oft ich stürzte, bevor ich lernte, in aufrechter Position Ski zu fahren!

Später erfuhr ich von Dan, wie sehr ihn mein Misstrauen verletzt hatte. Schließlich hatte ich ja sogar vermutet, er würde mich in eine Situation bringen, in der ich mir weh tun und mich ernsthaft verletzen könnte. „Ich liebe dich doch und will nur dein Bestes!"

Kannst du dir vorstellen, wie verletzt Gott ist, wenn wir ihm nicht vertrauen?

Ich dachte an Petrus und seinen Versuch, auf dem Wasser zu gehen. Als Petrus seine vertrauensvolle Glaubenshaltung verlor, sank er. Doch Christus griff nach seiner Hand und rettete ihn vor dem Ertrinken. Auch deine Hand will Jesus ergreifen und er bittet dich: „Komm! Vertrau mir und erlebe, was ich heute für dich tun werde."

Lynnetta Siagian Hamstra

Ein neues Herz

Und ich will euch ein neues Herz und einen neuen Geist in euch geben und will das steinerne Herz aus eurem Fleisch wegnehmen und euch ein fleischernes Herz geben. Hesekiel 36,26

Eine Freundin gab mir einen Zeitungsausschnitt mit der Überschrift: „Neue Herztherapie entwickelt!" Das interessierte mich sofort!

Neunundzwanzig Jahre hatte ich mit gelegentlichem Herzrasen gelebt, das von einem anormalen Schrittmachergewebe im Herzen verursacht wurde. Ich war mit diesem Zustand geboren und bisher gab es keine Heilung dafür. Mein Arzt verschrieb mir ein Medikament und entließ mich mit den Worten: „Sie werden damit leben müssen."

Nun war ein Herzspezialist in unsere Gegend gezogen, der ein neu entwickeltes Verfahren beherrschte, mit dem mir vielleicht geholfen werden konnte. Ich fühlte mich wie der von Geburt an Gelähmte am Teich Bethesda, der bisher keine Hoffnung auf Heilung hatte und plötzlich von einem Arzt hörte, der ihm helfen konnte.

Umgehend ließ ich mir einen Termin bei diesem Arzt geben. Nach eingehender Untersuchung und Information über Risiken und mögliche Komplikationen legte er einen Termin für den Eingriff fest. Mit einem gewissen Maß an Besorgnis, aber auch Erwartung sah ich der OP entgegen. Meine Familie und Freunde beteten für mich, und die Frauen in unserer Gemeinde organisierten eine Gebetskette. Die durchschnittlichen gut drei Stunden für diesen Eingriff vergingen ohne Erfolg. Acht Stunden nach Beginn bemühte sich das OP-Team noch immer, das krankhafte Herzgewebe zu entfernen. Wieder und wieder baten meine Familie und Freunde Gott: „Herr, gib du dem Arzt genügend Konzentration und eine sichere Hand!" Dann in der neunten Stunde endlich die erlösende Nachricht: Der Eingriff war erfolgreich! Gott hatte gehört und geantwortet.

Ich war von Dankbarkeit überwältigt – dem Arzt gegenüber, der mühevoll Stunde um Stunde gearbeitet hatte, um mein krankes Herz zu korrigieren und dem himmlischen Arzt, der eingegriffen hatte. Nun will ich überall von meinem Arzt erzählen, der mich geheilt und wiederhergestellt hat.

Doch ich denke auch an mein geistliches Herz. Ich bin geboren mit ‚krankhaftem Gewebe', der Neigung zur Sünde. Machtlos, dieses Gewebe selber zu entfernen, kann ich es nur oberflächlich mit ‚Medikamenten' behandeln, aber niemals heilen. Nur wenn ich mich meinem himmlischen Arzt überlasse, kann er beständig an mir arbeiten. Solange ich ja zu seiner Behandlung sage, gibt er nicht auf, bis seine Aufgabe erfüllt ist. In tiefer Dankbarkeit werde ich zeitlebens bekennen, dass nur er Sünde wegnehmen und ein „neues" Herz schenken kann.

Joan Minchin Neall

Die „hartgekochte" Wahrheit

Den Toren dünkt sein Weg recht; aber wer auf Rat hört, der ist weise.
Sprüche 12,15

Ich hatte die Gebrauchsanweisung und all die Warnungen gelesen, aber ich zweifelte an dem Rat des Herstellers. ‚Entscheidend ist die Zeiteinstellung', sagte ich mir. ‚Wenn ich genau aufpasse, wird es schon gelingen.'

Ich ließ ein rohes Ei in eine Tasse mit heißem Wasser fallen, stellte sie in die Mikrowelle, schloss die Tür und betätigte den Zeitschalter. Das Wasser fing an zu kochen! Um die Wartezeit auszunutzen, beschäftigte ich mich an der Spüle.

Rrrrums! Ich drehte mich herum und sah, wie die Tür der Mikrowelle aufflog. Kochendheißes Wasser und Eistückchen flogen wie Geschosse in alle Richtungen! Immer noch fassungslos begann ich, Eirückstände und Wasser aus dem Inneren der Mikrowelle und vom Boden der gesamten Küche zu wischen.

Als Richard in die Küche gerannt kam, um festzustellen, was die Explosion verursacht hatte, erzählte ich ihm von meinem Experiment. Mein Mann schüttelte ungläubig den Kopf. „Kay, ich glaube einfach nicht, dass du das getan hast!" Sorgfältig erklärte er, warum das Ei in der Mikrowelle explodieren **musste**.

Noch immer hob ich einzelne Teile des Eis auf – hart gekocht! „Aber Schatz, siehst du? Ich hatte Recht! Das Ei **ist** hart gekocht! Ich habe nur die falsche Zeit eingestellt. Das nächste Mal ..." Er schüttelte den Kopf und verschwand in seine Leseecke in unserem Schlafzimmer, während ich weiterputzte, davon überzeugt, dass ich Recht gehabt hatte.

Leider entdeckte ich beim nächsten Mal, dass der Hersteller auch Recht gehabt hatte. Die Zeiteinstellung und die Gerätetür funktionierten nie mehr richtig. Letztes Jahr kauften wir eine neue Mikrowelle. Der Narr in mir glaubt immer noch, dass sich hart gekochte Eier in der Mikrowelle zubereiten lassen – man brauche nur genau zu wissen, wann das Ei hart wird und es schnell genug aus dem Gerät zu nehmen. Aber die weise Frau in mir hält den inneren Narren davon ab, weitere naturwissenschaftliche Experimente zu machen.

Aus der Erfahrung zu lernen ist schmerzhaft. Aber die Vorschrift, der Gebrauchsanweisung des Herstellers Folge zu leisten, ist ein sicherer und vernünftiger Weg, um Schaden abzuwenden. Als ich die Warnungen des Herstellers ignorierte, ruinierte ich mein teures Gerät. Wenn ich die Warnungen meines himmlischen Vaters ignoriere, ist der Preis für meine Dummheit viel, viel höher. Ich bringe mich um meine Erlösung.

Herr, mach mich klug, wenn es um dich und dein Wort geht. Bringe mir bei, kein Narr zu sein, wenn es um meine Erlösung geht.

Kay D. Rizzo

Vor der Zeit

Das ist vom HERRN geschehen und ist ein Wunder vor unsern Augen.
Psalm 118,23

Früh am Morgen brach ich auf, um einen Vortrag zu halten. Meine Aktionen liefen automatisch ab: Türöffner für die Garage drücken, Zündschlüssel drehen, Autotüren verschließen, die Einfahrt rückwärts heraus fahren. Es war vertraute Routine.

An der Straße hatte ich das dringende Bedürfnis, noch einmal ins Haus zurückzukehren, um eine Strumpfhose zu holen. Meine erste Reaktion war, den Gedanken einfach zu ignorieren. Schließlich hatte ich noch nie zusätzlich Strumpfhosen mitgeführt. Warum sollte ich jetzt damit anfangen? Die innere Stimme gab jedoch keine Ruhe. Schließlich stieg ich auf die Bremse. Zu Jahresbeginn hatte ich mir fest vorgenommen, mehr auf meine Intuition zu achten – auch wenn ich für manche Eingebungen nicht sofort einen vernünftigen Grund erkennen könnte. Dies schien mir die Gelegenheit damit anzufangen. Also kehrte ich ins Haus zurück und war mit einer neuen Strumpfhose in meiner Handtasche schnell wieder im Wagen.

Der Verkehr war dicht. Wie gut, dass ich früh von zu Hause weggefahren war! Ich parkte im Stadtzentrum. Auf der Infotafel des Gebäudes suchte ich mein Ziel – ein Konferenzraum in einem Zwischengeschoss. Plötzlich blieb die Rolltreppe, die mich in die gewünschte Etage bringen sollte, mit einem Ruck stehen. Ich verlor das Gleichgewicht und stürzte auf die Stufen. Ich rappelte mich hoch, und während ich die restliche Strecke zu Fuß zurücklegte, untersuchte ich den Schaden, den der Sturz verursacht hatte. Meine Knie waren Gott sei Dank heil geblieben, aber meine Strumpfhose hatte gelitten: Breite Laufmaschen krochen beide Beine hinauf und hinunter!! Und mein Vortrag sollte in knappen zehn Minuten beginnen!

Die Strumpfhose in meiner Handtasche war meine „Rettung"! Während ich zielstrebig die Toilette aufsuchte, musste ich dankbar lächeln. Bevor ich von meinem Bedürfnis wusste, hatte Gott geantwortet – *vor der Zeit* (Jesaja 65, 24)! Natürlich hätte ich meine Präsentation auch mit Laufmaschen halten können; doch ihre Wirkung war möglicherweise größer, weil ich mich besser auf meine Rede konzentrieren konnte, denn ich wusste: Mein Aussehen ist in Ordnung !

Lukas versicherte, dass Gott sich sogar um so etwas Geringes wie Spatzen kümmert; Vögel, von denen man fünf für zwei Groschen bekommt (Lukas 12, 6.7). Nichts ist ihm zu unbedeutend. Wieder einmal hatte ich einen greifbaren Beweis erhalten, dass Gott sich um mich kümmert. Er will uns helfen, das Beste aus uns zu machen. Auch für dich will er da sein!

Arlene Taylor

Mach dir nichts vor!

Wenn ihr das aber nicht tun wollt, siehe, so werdet ihr euch an dem HERRN versündigen und werdet eure Sünde erkennen, wenn sie euch treffen wird.
4. Mose 32,23

Unsere Familie verbrachte ihren Urlaub in Ootacamund, einem Erholungsort in den Nilgiri-Bergen im südlichen Indien. An einem Sonntagmorgen hatten wir vor, in einem Restaurant Masala Dosai zu essen. Wir wollten unseren Affen Bosco im Hotelzimmer zurücklassen, aber der 12-jährige Stephen entdeckte eine zerbrochene Fensterscheibe, durch die Bosco entkommen könnte. Wir würden ihn also mitnehmen müssen.

Am Hoteleingang informierte uns ein Schild: „Kein Zutritt für Haustiere". „Sperr Bosco im Auto ein," befahl mein Mann. „Er wird entkommen!", protestierte der achtjährige David. „Bosco weiß, wie man die Fensterscheiben herunterkurbelt." Eine Leine kam auch nicht in Frage, denn er konnte Knoten öffnen und Haken lösen.

„Mama, du musst auf Bosco aufpassen während wir essen", schlug die elfjährige Esther vor. „Wir bringen dir was zum Essen mit." „He! Das ist nicht fair!", beschwerte ich mich. „Ich weiß, was wir tun können. Ich werde ihn in meiner Weste verstecken."

Gesagt, getan. Ich knöpfte meine grobgestrickte rote Weste vorne von oben bis unten zu und stopfte Bosco hinein. Dann kreuzte ich beide Arme über meinen Bauch und sagte siegesgewiss: „So! Keiner wird wissen, dass wir ein Haustier dabei haben! Tut so, als ob alles normal ist." Wir betraten das Restaurant. Bosco roch das Essen und versuchte sich zu befreien. Ich drückte ihn fest gegen meinen Bauch.

Plötzlich wurde es im Restaurant ganz still. Alle starrten auf mich! Ich sah an mir hinunter. In der Mitte meines Rocks baumelten etwa 60 cm Affenschwanz! Gerade in dem Moment gelang es Bosco seinen Kopf zwischen zwei Knöpfen herauszuzwängen, um die Lage zu peilen. Alle fingen an zu lachen! Es hatte keinen Sinn, sich länger etwas vorzumachen. Ich befreite ihn vollends aus seiner „Zwangsjacke", damit alle ihn sehen konnten. Meine verlegene Familie tat so, als ob sie mich noch nie gesehen hätte. Die Restaurantleitung erlaubte uns Bosco bei uns zu behalten.

Ab und zu bin ich versucht, meine „Weste" zuzuknöpfen, um meine Fehler darin zu verstecken – in der Hoffnung, dass die Leute nicht entdecken, was für eine Person ich tatsächlich bin. Ich denke dann, niemand wird erkennen, dass ich in Wirklichkeit nicht die superperfekte Christin bin, die ich vorgebe zu sein, wenn ich meine Fehler nur gut genug zudecken kann. Aber früher oder später wird der „Schwanz" meiner Sünde herausrutschen, und alle können ihn sehen.

Herr, hilf mir aufzuhören, etwas vorzutäuschen. Mach mich offen und durchsichtig. Lass mich echt sein!

Dorothy Eaton Watts

Frischer Wind für dein Gebetsleben

Sorget euch um nichts, sondern in allen Dingen lasst eure Bitten in Gebet und Flehen mit Danksagung vor Gott kund werden! Philipper 4,6

Ist dir dein Gebetsleben auch manchmal trübe und langweilig? Steigen deine Gebete nicht höher als bis zur Zimmerdecke? Du kannst frischen Wind in dein Gebetsleben bringen, wenn du ein Gebetsbuch führst.

Es ist oft eintönig und ermüdend, wenn du jeden Tag für alle deine Anliegen betest. Das Gebet kann so zur Routine werden und entmutigt. Um diesen Gefahren zu begegnen und trotzdem alle Anliegen zu berücksichtigen, zeige ich den Frauen in meinen Seminaren, wie sie ihre Gebete durch einen Plan organisieren können.

An jedem Wochentag wird für ein bestimmtes Thema gebetet. So könntest du z.B. am Montag für persönliche Anliegen beten – für dich als Ehefrau, Mutter und Hausfrau, deine Karriere und dein geistliches Wachstum. Am Dienstag betest du für deinen Mann oder andere wichtige Personen in deinem Leben; am Mittwoch für die Familie – Kinder, Enkelkinder und Eltern. Am Donnerstag konzentrierst du dich im Gebet auf deine Freunde, Kollegen, auf die Gemeinde und die Frauenarbeit; am Freitag betest du für die Weltgemeinde, die Missionare und Buchevangelisten sowie für die Vorbereitung deines Herzens und deines Heimes für den Sabbat. Am Sabbat sind dein Prediger und örtliche Gemeindeaktivitäten an der Reihe; und am Sonntag betest du für dein Land und die Regierung. Zeitpunkt und Ort solltest du deinen eigenen Bedürfnissen und deinem Lebensstil anpassen. So wird die Verantwortung in Portionen unterteilt, die man bewältigen kann. Außerdem kann ich für alle Anliegen detailliert beten.

Schreib deine Gebetsanliegen in ein Gebetsbuch, dann wirst du die Ausdauer behalten. Du kannst darin nicht nur Bitten notieren, sondern auch die dazu gehörenden Gebetserhörungen aufschreiben. Es ist nicht notwendig, die Gebete Wort für Wort auszuformulieren. Man braucht nur wenige Worte als Gedächtnisstütze. Ist das Gebet erhört worden, schreib die Antwort in einer anderen Farbe dazu. So werden die Erhörungen hervorgehoben und sind ein sichtbares Zeugnis dafür, dass Gott auf deine Gebete reagiert und Tag für Tag in deinem Leben wirkt.

Bring alle deine Sorgen vor Gottes Angesicht. Er wird deinen Gebeten gegenüber nicht gleichgültig sein. Sein liebendes Herz wird von deinen Problemen berührt. Nichts ist zu groß oder zu klein, dass er nicht helfen und kein Problem so schwer, dass er's nicht lösen könnte.

Probier es gleich aus und erlebe, was Gott tun kann!

Nancy L. Van Pelt

Eine unermessliche Liebe

Und er machte sich auf und kam zu seinem Vater. Als er aber noch weit entfernt war, sah ihn sein Vater, und es jammerte ihn; er lief und fiel ihm um den Hals und küsste ihn. Lukas 15,20

Im Allgemeinen lieben Menschen nur diejenigen, die ihre Liebe erwidern. Bei Jesus ist das nicht so. Als er auf Erden war, hieß er alle willkommen. Denjenigen, die ihn verleumdeten und durch ihre Worte „Dieser nimmt die Sünder an und isst mit ihnen" kritisierten, antwortete er mit dem Gleichnis des verlorenen Sohns (Lukas 15,11–32).

Jedes Mal, wenn ich diese Begebenheit lese, bin ich tief bewegt von der außergewöhnlichen Reaktion des Vater seinem Sohn gegenüber. „Als er aber noch weit entfernt war, sah ihn sein Vater, und es jammerte ihn; er lief und fiel ihm um den Hals und küsste ihn." Das tat er sogar, bevor der Sohn seine Sünde bekennen konnte. Der Vater war so froh über die Rückkehr seines Sohnes, dass all die Fehler, die der Sohn gemacht hatte, nicht wichtig waren. Das heißt, der Vater hatte immer anteilnehmend und sehnsüchtig gewartet. Die ganze Zeit über hoffte er, dass sein Sohn zurückkommen würde, und deshalb erkannte er ihn auch, obwohl er noch weit entfernt war. Welch eine angenehme Überraschung für den Sohn! Ich bin mir sicher: Dieser Tag blieb unvergesslich in seinem Leben.

Es ist äußerst wichtig für uns, die Gewissheit zu haben, dass unser himmlischer Vater uns genauso liebt und auf uns wartet. Seine unermessliche Liebe gilt jedem Menschen, den er geschaffen hat. Wir müssen nur zu ihm umkehren und auf ihn vertrauen, dann wird er alle Sünden vergeben.

Ist das nicht eine gute Nachricht? Wenn ich daran denke, ist mein Herz von einer unbeschreibliche Freude erfüllt. Ich weiß, weder Hunger, Krankheit noch Tod können mich von seiner Liebe trennen. Ich habe die Gewissheit, dass alles, was mir zustößt, zu meinem Besten dient, wie es in Römer 8,28 geschrieben steht.

Wollen wir doch unser Leben Jesus übergeben, damit er uns führen kann und wir jeden Tag von seiner großen Liebe umgeben sind.

Jeanne Rudatsikira

Alles ist vergänglich

Darum sage ich euch: Sorgt nicht um euer Leben, was ihr essen und trinken werdet; auch nicht um euren Leib, was ihr anziehen werdet. Ist nicht das Leben mehr als die Nahrung und der Leib mehr als die Kleidung? Matthäus 6,25

Ich war im Januar 1994 geschäftlich in Los Angeles und freute mich, dass Anna und Ben, meine alten Freunde, mich zum Essen eingeladen hatten. Ich war mit Anna aufgewachsen und hatte mit ihr im College ein Zimmer geteilt. Es wurde ein schöner gemeinsamer Abend.

Am nächsten Morgen wachte ich um 4.30 Uhr auf und setzte mich auf die Bettkante, um einige meiner Notizen über die Arbeit des vergangenen Tages durchzugehen. Fast augenblicklich begann sich mein Zimmer zu bewegen. Das Erdbeben dauerte ganze 32 Sekunden. Als ich wieder festen Boden unter den Füßen hatte, erfuhr ich aus den Nachrichten, dass das Epizentrum des schweren Erdbebens in der Northridge-Gegend lag, genau dort, wo Anna und Ben wohnten. Die Bilder der Verwüstung erschütterten mich. Sofort versuchte ich sie anzurufen, bekam aber keine Verbindung. Ihr Anschluss war tot.

Nachmittags endlich erreichte Anna mich. Ben und ihr war nichts passiert, aber meine Freundin weinte: „Liz, alles, was in unserem Haus kaputt gehen konnte, ist kaputt." Später gestand sie: „Am meisten Angst hatten wir, als wir die Türen mit Gewalt aufbrechen mussten, um aus dem Haus herauszukommen."

Eine Woche verbrachten sie nur mit Aufräumen. Das bedeutete die rückwärtige Tür aufzustemmen und mit einer Schaufel die Küche von Töpfen und Pfannen, vom zerbrochenen Geschirr, Porzellan, Besteck, Salz, Apfelmus, Getreideflocken und Bohnen zu befreien, die in einem unvorstellbaren Durcheinander auf dem Boden und den Arbeitsflächen verstreut lagen. Sie hatten weder Strom noch Wasser und die Gasleitungen mussten repariert werden.

Drei Wochen später führte mich meine Arbeit wieder in das Gebiet um Los Angeles und ich dachte an meine Freunde. Vergeblich suchte ich bei mir nach einem kleinen Andenken, das sie an unsere gemeinsam verbrachten Jugendjahre erinnern könnte. Kurz entschlossen rief ich sie an und fragte: „Anna, gibt es ein Erinnerungsstück an unsere gemeinsame Jugend, das ich dir für euer Haus mitbringen kann, wenn ich nächste Woche komme?" „Oh nein", antwortete sie, „ich habe gelernt, an Dingen nicht zu sehr zu hängen." Welch eine Lektion für mich!

Elizabeth Sterndale

Das Leben kann so einfach sein

Er wird ... unsere Schuld unter die Füße treten und alle unsere Sünden
in die Tiefen des Meeres werfen. Micha 7,19

Jm vergangenen Jahr bin ich in der Textverarbeitung am Computer ein echter Profi geworden. Als ausgebildete Sekretärin habe ich jahrelang getippt, aber die Textverarbeitung aktivierte einen ganz anderen Bereich meines Gehirns. Die Rechtschreibüberprüfung meines Textverarbeitungsprogramms ist mir von besonderem Nutzen. Man drückt eine Taste und der Computer spürt vertippte Wörter auf und bietet Alternativen an; sogar die fehlerträchtigen Wörter, in denen i und e aufeinander folgen wie: beliebt und beleibt. Dadurch kann man so schnell tippen, dass die Finger auf den Tasten tanzen. Das Leben kann doch so einfach sein!

Mein liebstes Zeichen ist das „Rückgängig"- Zeichen. Man klickt es an und nahezu jede Aktion wird rückgängig gemacht. *Schnipp!* Weg ist es – einfach so. Als ob es nie da gewesen ist.

Wäre es nicht schön, wenn das wirkliche Leben auch eine „Rückgängig"-Taste hätte? Wir machen einen Fehler, drücken auf unsere „Rückgängig"-Taste, und *schnipp!* ist er weg! Wir treffen eine Entscheidung, die wir dann bereuen, drücken auf die Taste – und weg ist sie! Wir verletzen jemanden, den wir lieben? Wir tun etwas Dummes oder Unerlaubtes? Kein Problem! Klick auf „rückgängig" – und alles ist, als wäre es nicht passiert. Da gibt es keinen „angekratzten" Ruf, den man mit sich schleppen muss, keine schlechten Gewohnheiten, die man sich mühsam abzugewöhnen versucht, kein verlorenes Vertrauen, das man zurückgewinnen muss. Wäre das nicht wunderbar?

Unsere menschliche Version der „Rückgängig"-Taste ist wohl der Satz: „Es tut mir Leid." Ja, er hilft, aber er löscht nichts. „Es tut mir Leid" zu sagen gleicht eher Tippex, mit dem wir einen Tippfehler übermalen, aber das reicht bei weitem nicht an die Wundertaste „rückgängig machen" heran. Tippex hinterlässt Spuren und verrät, dass etwas korrekturbedürftig war. Die „Rückgängig"-Taste dagegen löscht Fehlerhaftes so vollständig, als habe es den Fehler nie gegeben.

Auf Erden gibt es leider keine solche Taste, das ist nur dem Himmel vorbehalten. Dazu wurde Jesus Mensch und starb an unserer Stelle, damit wir ewig leben können.

In 1. Johannes 1,9 wird uns versprochen: „Wenn wir aber unsre Sünden bekennen, so ist er treu und gerecht, dass er uns die Sünden vergibt und reinigt uns von aller Ungerechtigkeit." Was hindert uns daran, diese Verheißung ernst zu nehmen, unsere Sünden zu bekennen und zu glauben, dass Gottes Liebe alle unsere Sünden „löschen" und unsere Ungerechtigkeit „rückgängig" machen wird?

Nancy Hadaway

Mein Sorgenkorb

Den Frieden lasse ich euch, meinen Frieden gebe ich euch. Nicht gebe ich euch, wie die Welt gibt. Euer Herz erschrecke nicht und fürchte sich nicht.
Johannes 14,27

Ich war innerlich zerrissen und fand keinen Frieden, weil ich die Menschen nicht annehmen wollte, die ich nicht verändern konnte. Aber ich vermochte ja nicht einmal mich selbst zu ändern! In meinem geschwächten Zustand nach einer Brustkrebsoperation überkamen mich deprimierende Gedanken. Hier half nur, gen Himmel zu schauen, doch es gelang mir einfach nicht. Bis mein Sohn meine Gedanken unterbrach.

Er kniete sich neben mein Bett und fragte mitfühlend: „Was macht dir am meisten zu schaffen, Mama? Stell dir dein Problem vor – spürst du, wie es drückt? Und nun stell dir vor, dass du es in eine Schachtel steckst. Nimm dir Zeit es gut einzupacken; binde die Schnur zu und leg die Schachtel in einen riesigen Korb. Pack alles ein, was dir Sorgen bereitet, dir wehtut, dich zornig macht. Steck alles in den Korb."

Ich brauchte Zeit, um nach innen zu schauen, um Einstellungen, Angelegenheiten, Probleme, Schmerzen, Schuld und Ängste hervorzuholen, die mich belasteten. Schließlich lagen alle meine Pakete in dem großen Korb.

„Mama, du findest doch Heißluftballons toll. Stell dir vor, dass der Korb, den du gerade gefüllt hast, mit einem rot-gelben Heißluftballon verbunden ist. Siehst du, wie die Stricke sich spannen? Der Wind zerrt am Ballon und hebt ihn vom Boden ab. Er trägt eine schwere Last, aber trotzdem strebt er dem Himmel zu, immer höher, bis er nur noch ein winziges Pünktchen am wolkenlosen Horizont ist. Du musst deine Sorgen loslassen und sie zu Jesus schicken. – Jetzt ruh dich aus; genieße deine Freiheit." Dann verließ er das Zimmer.

Ich fühlte mich leicht und frei; die Bildersprache meines Sohnes inspirierte mich. Was würde wohl geschehen, wenn dieser Heißluftballon in den Himmel kam? Ich stellte mir vor, wie Jesus um die noch leeren Häuser (Johannes 14,1ff.) wanderte und sich nach seinen Kindern sehnte. Der Heißluftballon landete zu seine Füßen auf dem samtigen Rasen wie ein Riesenpilz.

Seine Hände mit den Nägelmalen griffen in meinen Korb hinein und nahmen mein Paket mit der Schuld und dem Groll heraus. „Dir ist vergeben", versicherte er lächelnd. „Wie froh bin ich, dass sie mir diese Lasten endlich abgibt!" Er betrachtete eine meiner Sorgen, gab sie an einen Engel weiter und beauftragte ihn: „Kümmere dich darum." So stellte ich mir vor, wie Jesus mit jedem meiner Probleme umging, bis mein Korb leer war.

Als ich die Anwesenheit meines Heilands spürte, schlief ich glücklich ein.

Lila Lane George

Eine Frage der Perspektive

Er antwortete: Ist er ein Sünder? Das weiß ich nicht; eins aber weiß ich: dass ich blind war und bin nun sehend. Johannes 9,25

Wie an fast jedem Morgen winkten meine beiden Töchter im Vorschulalter und ich meinem Mann zu, als er zur Arbeit fuhr. Während wir in der Einfahrt standen, sah ich, wie blauer Rauch unter dem achtzehn Jahre alten Auto hervorquoll.

Diese kleine blaue Wolke schien mich den restlichen Tag „einzunebeln", denn ich erinnerte mich an all unsere finanziellen Bedürfnisse. Die Mädchen brauchten neue Schuhe und Winterschlafanzüge, das Haus benötigte einen Anstrich und nun sah es so aus, als ob auch das Auto reparaturbedürftig wäre. Klar, – schließlich war es 18 Jahre alt! Den ganzen Tag über erinnerte ich Gott an unsere Probleme und bat ihn, für eine Lösung zu sorgen.

Während ich abends durch die Fernsehprogramme schaltete, stoppte ich bei einem Dokumentarfilm über Hungersnöte. Die Kamera schwenkte in Nahaufnahme zu einer Mutter mit Kind. Bei ihrem Anblick schossen mir die Tränen in die Augen. Der Bauch des Jungen war aufgequollen und die Adern an seinem Kopf traten hervor. Jede Rippe konnte ich zählen und seine Augen starrten ins Leere. Mir wurde übel. Aber noch intensiver als der Anblick des Kindes berührte mich der Schmerz in den Augen der Mutter. Plötzlich sah ich mich an ihrer Stelle! Die Erkenntnis, dass mein geliebtes Kind im Sterben lag und ich ihm weder helfen noch seinen Schmerz lindern konnte, traf mich mit voller Wucht. Ich hätte schreien können.

Auch nachdem ich den Fernseher abgeschaltet hatte, verfolgten mich noch die Augen jener Mutter. Ich fand keine Ruhe. Meine Gedanken kreisten um diese Frau, die ich gar nicht kannte. Wie alt sie wohl war? Hatte sie jemals Glück gekannt? Wer war der Vater ihres Kindes? Waren sie verliebt gewesen? Hatte sie ihr Baby jemals lachen hören? Gab es eine Zeit, da sie keinen Hunger kannte?

Ich betrat unser Kinderzimmer, in dem unser Baby, ein Mädchen, schlief. Während ich beobachtete, wie es gleichmäßig atmete, streichelte ich sanft seine rosigen Bäckchen. Ich musste weinen, als ich erkannte, wie warm und gemütlich unser Kind es hatte. Die Probleme des Tages schienen mir plötzlich klein und bedeutungslos.

An diesem Abend erfüllte große Dankbarkeit für die Segnungen in meinem Leben mein Gebet. Beschämt bekannte ich, wie blind ich gewesen war und dass mein selbstsüchtiges Herz mich daran gehindert hatte, meinen Reichtum zu sehen. Ich betete auch für die Mutter, der ich nie begegnet war und die ich doch niemals vergessen würde. Eine Mutter, deren Augen ich immer noch vor mir sehe.

Retta Michaelis

Hinter dem Vorhang

So lasst euer Licht leuchten vor den Leuten, damit sie eure guten Werke sehen und euren Vater im Himmel preisen. Matthäus 5,16

Mein Mann war erst seit kurzer Zeit Christ, als er sehr schwer erkrankte und neun Jahre lang völlig hilflos auf mich angewiesen war. Dennoch hatte ich in ihm stets einen starken Gebetspartner, einen wahren geistlichen Fels.

Während seiner Krankheit verletzte ich mich an der Wirbelsäule. Weil ich nun selbst auf Hilfe angewiesen war, musste ich meinen Mann einem Pflegeheim anvertrauen.

Sobald ich wieder gehen konnte, verbrachte ich so viel Zeit wie möglich an seinem Bett. Jeden Abend lasen wir zusammen in der Bibel und beteten miteinander. Um die beiden anderen Patienten im Zimmer nicht zu stören, schloss ich jedes Mal den Vorhang, der die Betten voneinander trennte.

Nach etwa einer Woche sprach mich die Frau eines der Patienten an.

„Entschuldigen Sie", begann sie zögernd. „Ich wollte nicht lauschen, aber ich finde Ihr Abendritual so tröstlich. Würde es Ihnen etwas ausmachen, mich einmal teilnehmen zu lassen?" Ich hatte keine Ahnung gehabt, dass jemand zuhört hatte. Natürlich war ich einverstanden und so waren wir abends zu dritt.

Es dauerte nicht lange, bis meine neue Freundin mich zum Gottesdienst begleitete. Später schrieb sie sich bei einem Bibelfernkurs ein und wurde bald getauft. Mein Mann und ich freuten uns, dass die Samen, die wir unbewusst hinter dem Vorhang gesät hatten, aufgegangen waren und Frucht trugen.

Seit dieser Zeit habe ich oft gedacht: *Wie oft ziehen wir den Vorhang um unser Leben zu und schließen diejenigen aus, die nach dem Brot des Lebens hungern?"*

Lasst uns doch offen sein für andere! Vielleicht sind gerade wir ihre Wegweiser zum ewigen Leben.

Margaret E. Taylor

Meine Identität

Und in keinem andern ist das Heil, auch ist kein andrer Name unter dem
Himmel den Menschen gegeben, durch den wir sollen selig werden.
Apostelgeschichte 4,12

Es war ein lauer Morgen in Georgia, ein Tag voller Aktivität. Berühmte Gesichter, Geheimdienstpersonal und wartende Reporter in einer Menge von 20.000 Menschen schufen eine knisternde Atmosphäre gespannter Erwartung.

Meine Kontaktperson hatte mich für meine Aufgabe gründlich vorbereitet – eine Gelegenheit, die man nur einmal im Leben bekommt. Ich sollte für Präsident Jimmy Carter, Michail Gorbatschow und andere Würdenträger in die Gebärdensprache übersetzen. Während die Gäste auf der Bühne Platz nahmen, wollte ich parallel zu den Eröffnungsworten von Präsident Carter vorne auf der Bühne erscheinen.

Plötzlich blockierte mir ein fast zwei Meter großer Mann des Geheimdienstes den Weg. „Halt! Stopp!", ordnete er resolut an, bevor wir uns gegenüberstanden.

„Ich bin die Dolmetscherin", beantwortete ich selbstbewusst seine unausgesprochene Frage.

„Wer ist Ihre Kontaktperson?", wollte er wissen. Ich hatte den Morgen damit zugebracht, mich auf die technische Seite meines Auftrags vorzubereiten – mir die richtigen Zeichen für „Glasnost" und „Perestroika" zu merken – aber nicht den Namen meiner Kontaktperson! Mein Stresspegel stieg dramatisch. Ich nahm mir vor, ruhig zu bleiben. Wenn ich mich an den Namen meiner Kontaktperson erinnern könnte, würde sie meine Legitimation als Dolmetscherin auf der Bühne bestätigen.

Glücklicherweise fiel mir der Name der Frau noch ein und mit meiner intakten Identität durfte ich die Aufgabe verrichten, für die ich bestellt worden war. Ihr Name war an jenem Tag meine Rettung. Er bedeutete meine „Eintrittskarte" zur Veranstaltung. Ihr Name bestätigte meine Identität.

Wenn ich weiß, zu wem ich gehöre, ist meine Identität auf festem Fels gegründet. Jesaja 4,1 bestätigt: „Ich habe dich erlöst; ich habe dich bei deinem Namen gerufen; du bist mein!"

Ich kann überall hingehen und alles erreichen, wenn ich weiß, dass ich Jesus gehöre. Mein Leben hängt davon ab, dass ich seinen Namen kenne. Wie viel Wert ich für ihn besitze, zeigt seine Bereitschaft für mich sein Leben zu opfern.

Sein Name ist auch deine Errettung. Er ist unsere „Eintrittskarte" in den Himmel. Sein Name schenkt uns unsere Identität.

Lynn Marie Davis

Kindlicher Glaube

Darum sage ich euch: Alles, was ihr bittet in eurem Gebet, glaubt nur, dass ihr's empfangt, so wird's euch zuteil werden. Markus 11,24

Meine Tochter Carlene ist eine viel beschäftigte Mutter von vier lebhaften Jungen. Um all ihre Aufgaben bewältigen zu können als Ehefrau, Mutter, Hausfrau, Mitarbeiterin in Gemeinde und Teilzeitkraft in der Arztpraxis ihres Mannes, hat sie ein Kindermädchen eingestellt. Gute Kindermädchen sind rar, vor allem wenn sie die Jungen nicht nur verwahren, sondern erziehen und mit immer wieder neuen Ideen künstlerisch und handwerklich anregen soll. Eine solche „Perle" war Casey.

Diese junge Frau versuchte als allein erziehende Mutter ihren Lebensunterhalt selbständig zu bestreiten. Obwohl Carlene bisher noch keine Gelegenheit hatte mit ihr über geistliche Dinge zu sprechen, begann Casey von sich aus, Fragen zu stellen über diesen Gott, der ein Teil des alltäglichen Lebens im Haushalt ihrer Arbeitgeberin war.

Eines Tages nahm Casey Nicholas, den jüngsten Spross der Familie, ins Wissenschaftszentrum in Seattle mit. Plötzlich begann ihr 18 Monate altes Kind herzzerreißend zu weinen, während sie die Schnellstraße entlang fuhren. Casey hielt an, um das Kind zu beruhigen. Als sie wieder starten wollte, sprang das Auto nicht an. Immer wieder betätigte sie den Anlasser, doch der Motor sprang nicht an. Mit zwei kleinen Kindern auf der Schnellstraße eine Panne – wahrlich keine beneidenswerte Lage! Ratlos ließ Casey ihren Kopf aufs Lenkrad sinken und murmelte: „Und was nun?"

Da meldete sich laut und vernehmlich Nicholas von seinem Kindersitz aus und fragte: „Warum betest du nicht?"

Gebet war bisher kein regelmäßiger Bestandteil in Caseys Leben. „Und warum betest **du** nicht?", konterte sie.

Also faltete unser Vierjähriger seine Händchen, neigte seinen Kopf und betete einfach: „Jesus, bitte hilf uns aus dieser Klemme. Amen."

Noch einmal versuchte Casey den Wagen zu starten. Er sprang sofort an!

Kämpfst du auch mit einem Problem? Dann bete doch! Du musst nicht deinen Kopf mutlos aufs Lenkrad sinken lassen oder über deine missliche Lage jammern. Erzähl Jesus davon! Er ist immer da, um zuzuhören. In welcher persönlichen Klemme du heute auch steckst, mach es wie Nicholas. Sprich ein einfaches Gebet: „Jesus, bitte befreie mich von diesem Problem!"

Lass uns doch diesen kindlichen Glauben ab sofort in die Tat umsetzen.

Nancy L. Van Pelt

Nur „Staubfänger"?

Erforsche mich, Gott, und erkenne mein Herz; prüfe mich und erkenne, wie ich's meine. Und sieh, ob ich auf bösem Wege bin, und leite mich auf ewigem Wege.
Psalm 139,23.24

Ich liebe es, schöne kleine Sachen herzustellen. Kleine Stickereien, winzige Patchworkarbeiten, ein kleines Gesteck aus Trockenblumen. Es macht Spaß, sich ein neues Muster auszudenken und es zu verwirklichen.

Meine Freundin meint, dass all dies nur Zeit und Energie vergeudet. Sie hält nichts von all den schönen Kleinigkeiten und betrachtet sie nur als „Staubfänger". „Kannst du deine Zeit nicht mit etwas Nützlichem verbringen?", fragt sie häufig.

Vielleicht hat sie Recht. Aber für mich ist Handarbeit die einzige Form der Entspannung, die ich mir leiste. Ich finde es schön, am Ende eines Tages, an dem ich für drei Vorschulkinder gesorgt habe, mich hinzusetzen und einige Stiche zu nähen. Aber ihre Worte lassen mir keine Ruhe. Ist es vielleicht doch vergeudete Zeit, wenn ich die Wände unseres selten benutzten Gästezimmers mit Schablonendruck verziere oder auf einem Regal im Schlafzimmer eine schöne Dekoration arrangiere?

Vor einigen Tagen sah ich einen Bericht über Lebewesen, die nur in großen Meerestiefen existieren können. Kein menschliches Auge hat sie bisher gesehen. Jetzt aber gelang es, sie mit besonderen tiefseetauglichen Kameras zu beobachten. Hunderte von Jahren wusste nur Gott von ihrer Existenz und ihrem exotischen Aussehen.

Ich dachte an die vielen anderen Orte in der Welt, die dem menschlichen Auge verborgen sind und doch von Gottes Schöpferkraft erfüllt sind. Gott hätte nicht so viele verschiedene Rosen schaffen müssen. Aber er tat es. Er füllte unsere Erde mit schönen Dingen und verteilte sie überall, unabhängig davon ob jemand sie wahrnehmen würde oder nicht. Warum? Liebte er nur die Kreativität? Oder hatte er auch Freude bei dem Gedanken, Lebewesen und Flecken zu schaffen, die niemand jemals sehen würde, nur um befriedigt sagen zu können, dass alles sehr gut war?

Und was ist mit unserem Leben? Verschönern wir nur die gut sichtbaren Stellen? Wie halten wir es mit der Abstellkammer oder mit dem „Platz unterm Bett"? Füllen wir ihn mit „Staubfängern" und Gerümpel, die niemand haben will? Oder bemühen wir uns auch um unsere verborgenen inneren „Winkel und Nischen", die nur wir und Gott kennen und lassen sie von ihm mit Liebe, Zufriedenheit, Frieden und Freude füllen?

Es kostet manchmal schon Mühe und Kreativität, Gebet und sogar Schmerzen, und vielleicht wird es niemand je bemerken – aber du und Gott, ihr werdet Freude haben, die allen Einsatz lohnt.

Karen Holford

Ein kühner Traum?

Darum werft euer Vertrauen nicht weg, welches eine große Belohnung hat.
Hebräer 10,35

Vor mehr als 50 Jahren, als wir noch Kinder waren, träumten mein Mann und ich vom fernen Russland. Unsere Erdkundebücher schilderten es als weites Land mit viel Wald, Steppen und Seen sowie Bergen, abschreckend durch die sibirische Kälte und beeindruckend durch seine Kathedralen und Museen. Bob faszinierte es ganz besonders, und er wünschte sich nichts sehnlicher als dieses Land zu besuchen.

Ich dachte an die *Matruschka*-Puppen, die ineinander stecken, an *Borscht,* was den Magen füllt, und an Balalaikas, die mit ihrem schwermütigen Klang die Seele erwärmen. Von geschichtsträchtigen Plätzen wie dem Kreml und dem Roten Platz hatte ich gehört und von politischen Ränken, die mir eine Gänsehaut verursachten. Und doch war das alles so weit weg, so unerreichbar.

Mit den Jahren erfuhren unsere sehnsüchtigen Wunschvorstellungen manch herbe Ernüchterung. In der Zeit der Stalinistischen Schreckensherrschaft beteten wir für unsere gläubigen Geschwister, die wir nie sehen würden. Dann führte uns unsere Arbeit nach Südkorea. Der Verwirklichung unseres Wunschtraumes waren wir jedoch noch keinen Schritt näher gekommen. Nur wenige Kilometer von unserem Haus entfernt erinnerte die entmilitarisierte Zone zwischen uns und Nordkorea an die klare Grenze zwischen kommunistischen Nachbarn und allen anderen.

Dann endlich durften wir am Seminar in Zaokski unterrichteten. Unser Gastgeber zeigte uns Sehenswürdigkeiten in Moskau, St. Petersburg und Kiew. Als wir am Roten Platz standen und beobachteten, wie der Sonnenschein eines klaren Tages die goldenen Kuppeln der Kathedrale dort erstrahlen ließ und als wir die riesigen Fassaden des Kaufhauses GUM betrachteten, konnten wir es immer noch nicht recht fassen: „Sind wir tatsächlich in Russland?"

Ja, unser Traum war in Erfüllung gegangen! Und nun durften wir mit eigenen Augen sehen und erleben, wovon wir bisher immer nur gehört oder im Fernsehen erfahren hatten: Begeistert aßen wir Borscht, kauften Matruschka-Puppen für unsere Enkelkinder und besorgten sogar eine Balalaika für unseren Musiker-Sohn als Weihnachtsgeschenk.

Nicht nur von dem fernen Russland haben wir vor langer Zeit gehört. Dank der Bibel sind wir auch über unsere himmlische Heimat informiert. Scheint sie uns so entfernt zu sein, dass wir es nicht für möglich halten, jemals dorthin zu kommen? Werden wir genauso überrascht sein, wenn dieser Traum plötzlich Realität wird?

Madeline S. Johnston

Auf die Perspektive kommt es an

Was kein Auge gesehen hat und kein Ohr gehört hat und in keines Menschen Herz gekommen ist, was Gott bereitet hat denen, die ihn lieben.
1. Korinther 2,9

Eine schwere Missbildung zu haben und an einen Rollstuhl gefesselt zu sein ist nicht einfach. Die aufdringlichen Blicke und die Belastung durch zahlreiche Operationen haben bei mir Spuren hinterlassen. Ich war nicht viel älter als zwanzig, als ich wie Hiob lernen musste, dass die Auseinandersetzungen auf unserer Erde einen Sinn haben.

Mein Vater hatte den Zweiten Weltkrieg miterlebt und erzählte in seinen Fronterlebnissen immer wieder: „Es gibt keine Atheisten im Schützengraben!" Wenn man unter Beschuss komme, brauche man eine schnelle Auffassungsgabe, flinke Bewegungen und Wendigkeit in Verbindung mit einem starken Glauben. – Ich habe erfahren, dass im Kampf zwischen Gut und Böse meine größte Stärke in meiner Perspektive liegt!

Kurz nach meiner Taufe entschied ich mich, Lehrerin zu werden, weil ich erkannt hatte, dass Unwissenheit und Unkenntnis des Lesens und Schreibens die Menschen unfrei machte. Ich dachte, wenn man lesen kann, kann man lernen, und „die Wahrheit wird euch frei machen" (Johannes 8,32).

Meine Freiheit ist daraus entstanden, dass ich mir durch meine neue Perspektive der guten Seiten des Lebens bewusst geworden bin. Hat es weh getan? Ja. War es leicht? Nein. Aber wie Hiob sehe ich einen Sinn in meinem Leid.

Helen Keller sagte: „Ich gebrauche meinen Willen und entscheide mich damit für das Leben und gegen die Nichtigkeiten! .. Das Leben hat keinen Wert, wenn es kein gewagtes Abenteuer ist!" Für mich, die ihr Buch als Jugendliche las, war sie eine Frau mit starkem Glauben, die mir immer Hoffnung schenkte. Sie war auch mit großen Herausforderungen konfrontiert.

Fühlst du dich jemals niedergeschlagen? Glaubst du, du seiest allein in einer sinnlosen Welt, ungeliebt und wertlos? Ich lobe unseren allmächtigen Vater für die Menschen, die in meinem schmerzerfüllten und doch herrlichen, weil bewussten Leben einen Unterschied gemacht haben – für jene Helden und Heldinnen, die in den „Schützengräben des Lebens" lagen und deren gläubiges Ausharren meine Perspektive änderte. „Kein Ohr hat gehört, kein Auge hat gesehen einen Gott außer dir, der so wohl tut denen, die auf ihn harren." (Jesaja 64, 3)

Und so, während wir lieben und warten, studieren und wachsen, sind wir versöhnt durch den Tod Christi und haben eine unglaubliche Zukunft vor uns – die ewigen Abenteuer des Himmels erwarten uns. Gehen wir voran!

Christina Curtis

Des Vaters Fürsorge

Darum sage ich euch: Sorgt nicht um euer Leben, was ihr essen und trinken
werdet; ... Denn euer himmlischer Vater weiß, dass ihr all dessen bedürft.
Matthäus 6,25.32

Während der Trockenzeit im Jahre 1983 erklärten die Behörden Ghana zum Katastrophengebiet. Buschfeuer hatten ganze Landstriche verwüstet und Farmen, persönliches Eigentum und Wälder zerstört. Internationale Organisationen beeilten sich, um Lebensmittel und Medikamente ins Land zu bringen, um Leben zu retten.

Eine Woche schon hatten wir kaum etwas zu essen. Im Gottesdienst trafen wir eine Gesangsgruppe von unserer ehemaligen Missionsstation. Sie waren nach Accra gekommen, um einige ihrer Lieder aufzunehmen. Sie kündigten ihren Besuch bei uns an, folgten uns nach Hause und brachten ihre Verpflegung mit. Nach dem Essen fragten sie, ob sie über Nacht bleiben könnten. Das war möglich, aber meine Sorge galt zuallererst dem Problem, wie ich die jungen Leute verköstigen sollte. ‚Nun, der Herr wird dafür sorgen‘, machte ich mir Mut. Weil es jedoch Probleme im Aufnahmestudio gab, verlängerte sich ihr Aufenthalt um drei weitere Tage.

Am Montagabend beteten wir zu unserem Herrn um Lebensmittel. Wir hatten nicht einmal mehr fünf kleine Brote, die er hätte vermehren können, und doch waren wir in unseren Herzen sicher, dass wir uns keine Sorgen machen mussten, was wir am nächsten Tag essen würden, weil er unsere Not kannte.

Mein Mann fuhr ins Dorf, um Nahrung zu kaufen, kehrte jedoch mit leeren Händen zurück. Wie bloß sollten wir unsere Gäste verköstigen?

Etwa um die Mittagszeit kam mein Mann von der Arbeit nach Hause. Wir gingen in unser Zimmer und flehten den Herrn um Hilfe an. Als wir uns von den Knien erhoben, sahen wir einen Kastenwagen in unseren Hof fahren und hörten die Stimme eines Predigerkollegen aus einem anderen Bezirk. Ich lief zur Tür, um den Mann zu begrüßen, und kämpfte dabei mit der Versuchung, ihn gleich auf unsere missliche Lage aufmerksam zu machen, denn das wäre kulturell ein unverzeihlicher Fehler gewesen.

Nachdem er mir die Hand gegeben hatte, ging er zurück zum Kastenwagen und sprach mit dem Fahrer. Dann sah ich, wie dieser anfing säckeweise Lebensmittel abzuladen. Der Prediger informierte uns: „Die Gemeindeglieder haben von der Lebensmittelknappheit in Accra gehört und mich mit Vorräten für euch losgeschickt. Sie könnten nicht essen, wenn ein anderer Prediger hungern muss." Wir waren sprachlos! Glücklich knieten wir uns alle nieder, um Gott dafür zu danken.

Ja, wir dienen einem Gott, der immer noch Wunder für sein Volk bewirkt. Seine Verheißungen sind verlässlich.

Elizabeth Bediako

Lass mich mit dir gehen

Wie lieblich sind auf den Bergen die Füße der Freudenboten, die da Frieden verkündigen, Gutes predigen, Heil verkündigen, die da sagen zu Zion: Dein Gott ist König! Jesaja 52,7

J n meinem Schrank habe ich eine Menge unterschiedlicher Schuhe. Einige sind verschlissen – sie haben mich viele Kilometer in ihrem kurzen Leben getragen. Wie vielen Tausenden anderer Schuhe sind sie begegnet, haben ihren Weg gekreuzt oder sind ein Stück nebeneinander hergegangen.

Ein Paar sind meine „Geländetreter". Diese Schuhe haben unebenes Gelände durchquert, während sie hinter einem Rettungshund herjagten oder nach etwas suchten. Kannst du dir vorstellen, wie aufregend es ist, auf zehn Meter Entfernung einem Hund zu folgen, der sich zielstrebig auf einen unsichtbaren Pfad konzentriert und dich hinter sich herzieht? Die Belohnung am Ende des Pfades ist riesig, wenn der Hund die verlorene Person findet.

Ich habe auch andere Schuhe, die weit laufen können, um jemanden zu finden, der verloren ist. Eine Person kann sich in der Wildnis der Natur oder in der „Wildnis" des täglichen Lebens verlaufen. Der Mann, der in den Bergen verschollen war, kam wegen eines Erdrutsches vom Pfad ab; die Person, der du täglich begegnest, hat vielleicht den Weg des Herrn verlassen, weil die Sorgen des Lebens sie überwältigt haben.

Uns begleitet zwar kein gut ausgebildeter Hund, wenn wir diese Schuhe tragen, aber wir sind in der Gesellschaft des Schöpfers selbst. Haben deine Schuhe die Freude erlebt, wenn sie sich jemandem nähern, den man zum Heiland führen kann?

Schuhe haben ein besonderes Problem. Sie bewegen sich nicht von selbst. Schuhe brauchen Füße, damit sie in Bewegung kommen. Sie können jemanden, der sich im Dschungel des Lebens verlaufen hat, nicht finden ohne einen geistlich gesinnten Menschen, der sie an seinen Füßen trägt. Wo werden sie eine solche Person finden?

Vor zweitausend Jahren trug Jesus Sandalen. Unsere Schuhe müssen seinen Fußspuren folgen. Manchmal werden unsere Schuhe schlammig, wenn wir vom rechten Pfad abkommen. Unser Vater kann die schlammigen Schuhe trocknen und sie wieder auf festen Weg geleiten.

Gestatte es deinen Schuhe heute, dich zu jemanden zu tragen, der es nötig hat, den rechten Weg zu finden.

Susan Clark

Tuut, tuut!

Wer reichlich gibt, wird gelabt, und wer reichlich tränkt, der wird auch getränkt werden. Sprüche 11,25

Wenn ich über Freundschaft nachdenke, erkenne ich, wie dankbar ich bin, eine Frau zu sein. Für Frauen scheint eine tief gehende Freundschaft wichtiger zu sein als für die meisten Männer. Trost und Frieden erlangen wir eher, wenn wir unsere inneren Gefühle und Kämpfe mit einer anderen Frau teilen können.

Vor kurzem meinte meine Freundin: „Heide, du dienst mir, indem du mich besuchst." Sie ist Grundschullehrerin und ich schaue gerne in ihrem Klassenzimmer nach Schulschluss vorbei, nur um mich mit ihr zu unterhalten. Wir sind beide Predigerfrauen und deshalb gewohnt, mehr zu geben als wir bekommen. Ich verstand sie genau, als sie sagte: „Ich besuche oft Leute, aber du bist die Einzige, die **mich** besucht." Der Segen den sie durch meinen Besuch verspürt, kehrt wieder zu mir zurück, denn sobald sie mich sieht, beginnt ihr Gesicht zu leuchten. Ich habe keinen Zweifel, dass meine Freundin mich lieb hat. Welch eine kostbare Gabe ist doch Freundschaft! Sie wertet das Leben auf. Während unsere Gesellschaft und unsere Familien immer mehr aus den Fugen geraten, ist es Zeit, Freundschaften zu schätzen und zu pflegen.

Während der Zeit meines Studiums war ich mit einer meiner Studienkolleginnen befreundet, die einige Straßen weiter wohnte. Jeden Tag, wenn sie zur Arbeit fuhr, hupte sie, wenn sie an unserem Haus vorbeikam. Auch bei geschlossenen Fenstern an einem kalten schneeverwehten Tag in Michigan konnte ich ihr *Tuut, tuut* hören und das berührte mein Herz. Eine einfache Sache, aber mir signalisierte sie: „Da kümmert sich jemand um dich und steht zu dir." Da Pats Haus nicht auf meiner Route lag, überlegte ich, wie auch ich ihr zeigen könnte, dass sie mir wichtig war. Mein Mann hatte eine tolle, verrückte Idee. Er fertigte ein Schild aus Holz an und malte darauf die Worte „*tuut, tuut*". Eines Abends schlichen wir zu ihrem Haus hinüber und pflanzten das Schild in ihren Vorgarten. Nun konnten wir beide von diesen greifbaren Zeichen der Wertschätzung ermutigt werden.

Unkonventionelle Ideen, einfache Dinge, aber wir erinnern uns nach vielen Jahren noch daran und lachen immer noch darüber. Wir brauchen kein Geld, um zu zeigen, dass uns am anderen etwas liegt. Auch mit Geld kann man kein Ohr kaufen, das zuhört, kein Herz, das versteht.

Fang an, denke dir etwas aus, wie du heute mit einer kleinen Geste einem anderen deine Wertschätzung zeigen kannst!

Heide Ford

Die Hauptzutat

*Sie sagen, sie kennen Gott, aber mit den Werken verleugnen sie ihn;
ein Gräuel sind sie und gehorchen nicht und sind zu allem
guten Werk untüchtig. Titus 1,16*

W eißt du, was einem Nudelsalat und dem christlichen Leben gemeinsam ist? Ich habe immer einen Vorrat von Spiralnudeln in meiner Speisekammer. Nudelsalat ist eine hervorragende Mahlzeit. Eines Tages wollte ich wieder meinen berühmten Spezialsalat zubereiten. Nachdem ich das Gemüse eingekauft hatte, begann ich, das Gemüse in Scheiben zu schneiden. Ich hackte Zwiebel und zerteilte eine reife Tomate in Schiffchen. Als Nächstes vermischte ich das Gemüse miteinander, bewunderte die schönen Farben und gab noch etwas italienische Sauce dazu. Dann schüttelte ich die Salatschüssel, um die Sauce zu verteilen, und stellte sie in den Kühlschrank zum Marinieren.

An jenem Tag arbeitete mein Mann bis spät abends. Und so servierte ich mir allein eine Portion Salat. Aber irgendetwas stimmte nicht! Im Geiste ging ich alle Gemüsesorten durch; aber die wichtigsten waren enthalten. Er sah schön aus, mit all den bunten Farben. Was nur war nicht in Ordnung?

Am nächsten Tag klagte mir eine Freundin, wie schwierig sie es doch habe, für eine Familie zu kochen, deren Mitglieder alle zu unterschiedlichen Zeiten heimkamen. Ich legte los, um die vorher zubereiteten „Iss-wenn-du-da-bist-Mahlzeiten" zu empfehlen, die mein Mann und ich in solchen Fällen genießen.

„Was gibt's denn dann bei euch?", fragte sie interessiert. „Nudelsalat", antwortete ich. Und da kam mir die Erleuchtung. „Nudeln!", platzte ich heraus. „Die habe ich vergessen!" Das Gesicht meiner Freundin war ein einziges Fragezeichen. „Ich habe gestern Nudelsalat gemacht", erklärte ich, „und er schmeckte ganz einfach nicht so, wie er sollte. Ich konnte mir nicht erklären, was nicht stimmte, bis mir vorhin ein Licht aufging." Ich konnte es nicht fassen. „Ich habe die *Nudeln* im Nudelsalat vergessen."

Auch am nächsten Morgen, als die Verpflichtungen und Überraschungen des Tages meine stille Zeit mit Christus zu beschneiden versuchten, dachte ich an meinen Nudelsalat ohne Nudeln. *Ob's Nudelsalat oder ein Christenleben ist, erkannte ich, der Name beinhaltet die wichtigste Zutat.* Ich erinnerte mich an andere Tage, an denen ich mich in den Tag hineingestürzt und meinen Heiland vergessen hatte – ihn nicht um seine Führung gebeten oder mir keine Zeit genommen hatte, um ihm zuzuhören. Nur zu gut kannte ich das Gefühl der Leere, wenn etwas im Leben fehlt.

Eine ungeöffnete Bibel ist wie die ungekochten Spirelli in der Speisekammer. Wenn du beide nicht benützt, gibt es weder Nudelsalat noch ein Christenleben. Die wichtigste Zutat fehlt.

Helen Lingscheit Heavirland

Gemeinsam

... und lasst uns aufeinander Acht haben und uns anreizen zur Liebe und zu guten Werken und ... einander ermahnen, und das um so mehr, als ihr seht, dass sich der Tag naht. Hebräer 10,24.25

Pua schaute hinter sich. Sie sah niemanden. „Schifra", flüsterte sie, „was werden wir tun?"

„Was meinst du?", fauchte Schifra. „Pharao hat nicht vorgeschlagen, dass wir die neugeborenen Jungen der Hebräer töten. Er hat es *befohlen!"*

„Ja, ich weiß." Pua schaute über den Nil hinweg, als ob sie sich danach sehnte, in einem fernen Land zu verschwinden. „Pharao gibt Befehle. Untertanen gehorchen."

Schifra und Pua trotteten in Richtung Goschen, ein Schritt fiel ihnen schwerer als der andere. Sie waren Hebammen und das Schicksal der männlichen Säuglinge ihres Volkes lag in ihren Händen. Würden sie bereit sein, einen schreienden neugeborenen Jungen seiner Mutter in die Arme zu legen und dabei ihr eigenes Leben zu riskieren? Oder würden sie das Leben des Kindes auslöschen, wie Pharao befohlen hatte?

Die Heilige Schrift berichtet uns keine Einzelheiten über die Entscheidung von Schifra und Pua, das Ergebnis jedoch erfahren wir: „Aber die Hebammen fürchteten Gott und taten nicht, wie der König von Ägypten ihnen gesagt hatte, sondern ließen die Kinder leben." (2. Mose 1,17) Schifra und Pua hatten vor Gott größere Ehrfurcht als vor einem irdischen König. Aber woher haben sie den Mut genommen, sich Pharaos Gebot zu widersetzen?

Wäre es möglich, anzunehmen, dass Schifra und Pua Kraft bekamen aus einer gottgewollten Freundschaft? Haben sie sich gegenseitig ermutigt? Waren sie in ihrer Zusammenarbeit stärker, als jede für sich gewesen wäre?

Haben Schifra und Pua, während sie auf die nächste Geburt warteten, vielleicht die Geschichten über Gottes Führung im Leben von Joseph, Jakob, Abraham und Sara erzählt? Haben sie bemerkt, wie Gott das Volk der Hebräer segnete, auch damals, trotz der grausamen Unterdrückung? Haben sie Gottes Anweisungen wiederholt? Haben sie gegenseitig in Fürbitte füreinander um Gottes Kraft gefleht?

Die Unerschrockenheit Schifras und Puas ermutigt mich. Ihr Vorbild lässt mich eine Möglichkeit erkennen, die auch mir zur Verfügung steht – eine Freundin zu ermutigen und zu stärken. Gemeinsam standen Schifra und Pua mutig zu Gottes Gebot. Wenn du Schifra und ich Pua gewesen wären, hätten wir einander ermutigt, für die richtigen Prinzipien einzustehen? Was wäre, wenn die beiden du und ich wären, und es wäre heute?

Helen Lingscheit Heavirland

Der Teig

Ein anderes Gleichnis sagte er ihnen: Das Himmelreich gleicht einem Sauerteig, den eine Frau nahm und unter einen halben Zentner Mehl mengte, bis es ganz durchsäuert war. Matthäus 13,33

S onntag war der Tag in der Woche, an dem ich die meiste Arbeit hatte. Alle Betten wurden frisch bezogen, die wöchentliche Wäsche gewaschen, Brot und Kekse für die Brotzeiten der Woche gebacken. Wenn der Milchwagen kam, musste der Milchtank gewaschen und desinfiziert werden. Mit einer wachsenden quicklebendigen Familie auf einer Milchfarm war es uns nie langweilig. Aber an diesem Sonntag hatte ich keine Zeit den Brotteig anzusetzen, und mir war klar, dass wir diese Woche Brot kaufen müssten.

Dann kam der Freitag und fürs Wochenende hatte sich Verwandtenbesuch von weither angesagt. Weil ich meinen Lieben gern frisch gebackenes Brot anbieten wollte, der Vormittag aber wie im Fluge verging, rührte ich nach dem Mittagessen schnell die Zutaten für meine üblichen zwölf Brote zusammen. Dann beauftragte ich die älteren Jungen, die Kühe früh genug für die allabendliche Versorgung hereinzutreiben und nahm die Jüngeren mit, um noch Lebensmittel einzukaufen.

Geschlagene drei (!) Stunden später, meine Schwester war natürlich schon längst angekommen, fuhr ich wieder auf unseren Hof. Hatten die Jungen an ihren Auftrag gedacht? Hoffentlich war der Brotteig durch das lange Gehen nicht „ausgestiegen" und verbreitete sich nun auf dem Küchentisch!

Nach einer freudigen Begrüßung betrat ich zielstrebig die Küche, um die zwölf Backformen endlich in den Ofen zu schieben. Ach du Schreck! Statt schön hoch aufgegangenen Brotteigs erblickte ich zwölf harte, angetrocknete Klumpen, die flach am Boden der Backformen klebten. Ich hatte die Hefe vergessen!

Sogar nach mehr als dreißig Jahren denke ich noch oft an diese Erfahrung, wenn ich Brotteig zubereite. Das Missgeschick von damals hat jedoch bewirkt, dass ich nie wieder die Hefe vergessen habe.

Bei den Juden wurde Sauerteig zur Zeit Jesu als Sinnbild für Sünde gebraucht. Aber Sauerteig bedeutet auch Wahrheit. Der Sauerteig der Wahrheit in unserem Leben verwandelt uns durch und durch, wie die Hefe den Brotteig verwandelt. Der Sauerteig der Wahrheit wird unsere Wünsche verändern, wenn er ins Herz aufgenommen wird. Er wird unsere Gedanken reinigen und unsere Einstellung neu ausrichten.

Ich wünsche dir und mir täglich eine Sehnsucht nach dieser Verwandlung unseres Wesens durch Gott, damit wir unserer Umgebung seine Liebe zu den Menschen widerspiegeln können.

Betty R. Burnett

Mit dem Vater reden

Seid allezeit fröhlich, betet ohne Unterlass, seid dankbar in allen Dingen; denn das ist der Wille Gottes in Christus Jesus an euch. 1. Thessalonicher 5,16-18

Es gibt zwei Pflichten im Haushalt, die von den meisten Frauen nur ungern verrichtet werden, die ich aber gern tue: Wäsche aufhängen und bügeln. Beide schenken mir Gelegenheit, mit Gott zu reden. Durch die Bibel wissen wir, wie sehnsüchtig Gott darauf wartet, dass wir möglichst oft Kontakt zu ihm aufnehmen. Dabei können wir durchaus kreative Wege gehen.

Während ich z. B. Jonathans Wanderhose aufhänge, danke ich Gott für das lustige Wochenende, das wir in den Tälern Yorkshires verbracht haben. Die Schuluniform der Mädchen legt es mir nahe, Gott um seinen Schutz zu bitten, während sie in der Schule sind, und ihnen beim Lernen zu helfen. Socken ermuntern mich, Gott um Wegweisung zu bitten, und unsere Schritte zu lenken, wohin wir auch gehen. Waschlappen erinnern mich, Gott um Entfernung aller Flecken und Reinigung von jeglichem Schmutz zu bitten. Die Sabbatkleider ermutigen mich, Gott für seine Anwesenheit in unserem Leben zu danken und zu bitten, dass wir durch praktische Hilfe anderen seine Liebe weitergeben.

Wäschebügeln ermutigt mich auch dazu, mit Gott zu reden. Während ich mein Kleid bügle, bitte ich Gott die Falten in meinem Leben zu glätten. Wenn das Bügeleisen über das Arbeitshemd meines Mannes gleitet, bitte ich Gott alle Widerstände und Hindernisse in seinem Dienst zu beseitigen. Bettlaken und Kissenüberzüge, von einem Gast benutzt, erinnern mich für seine individuellen Bedürfnisse zu beten.

Es ist immer gut, Gebet und Lob miteinander zu verbinden. Wir sind oft Experten darin, Gott um etwas zu bitten, aber Anfänger, wenn es darum geht, ihm zu danken. Manchmal trage ich einen kleinen Schlüsselanhänger bei mir, auf dem ich die Namen von Personen vermerkt habe, für die ich beten möchte. Wenn möglich, bete ich zu jeder vollen Stunde für einen Namen und berufe mich auf eine Verheißung der Bibel, um meiner Bitte Nachdruck zu verleihen. Ich glaube fest an die Fürbitte und staune immer wieder, wie Gott Menschen bewegt, eine Entscheidung für ihn zu treffen.

Familienandachten sich gleichfalls gute Gelegenheiten, zu Gott auf eine andere Art zu beten. Zurzeit beten wir, indem wir einen Buchstaben des Alphabets benutzen. An einem Morgen dankten die Mädchen für alles, was ihnen zu dem Buchstaben „E" einfiel. Jonathan und ich baten Gott erschöpft um Energie.

Gott ist reich an Kreativität, und ich glaube, dass er auch uns diese Fähigkeit geschenkt hat. Wollen wir sie nicht auch nutzen, um unsere Freundschaft mit ihm zu intensivieren?

Mary Barrett

Der anspruchsvolle Gast

... Wenn ich dich nicht wasche, so hast du kein Teil an mir. Johannes 13,8

Jch erwartete in einigen Stunden einen besonderen Gast und das Haus war noch nicht bereit. Überall gab es Arbeit. Benutztes Geschirr in der Spüle. Schmutzige Wäsche. Schränke, Keller, Garage ... Vielleicht genügte es, nur oberflächlich Ordnung zu schaffen.

Schnell schob ich Sachen in die Schränke, rückte Dinge gerade, putzte sichtbaren Staub und Schmutz weg, bis der Eingangsbereich einigermaßen respektabel aussah.

Da klopfte es – an der hinteren Tür! Sollte ich meinen Gast warten lassen, während ich in aller Eile die Küche herrichtete, oder ihn die Unordnung sehen lassen? Widerwillig öffnete ich die Tür und bat ihn ins Wohnzimmer.

Aber er folgte mir nicht. Stattdessen legt er seinen Mantel ab, bindet sich eine Schürze um, nimmt einen Putzeimer und beginnt den Boden zu schrubben.

„Du kannst doch nicht meinen Hausputz übernehmen", protestiere ich. „Wenn ich hier nicht putze, kann ich nicht dein Gast sein", antwortet er. Ich gebe nach. „Dann putze bitte auch die Wände, die Schränke, einfach alles!"

Er ist froh, als ich den Widerstand aufgebe. Seine Putzmittel hinterlassen strahlenden Glanz auf allen Flächen. Mit einer besonderen roten Lösung entfernt er ganz hartnäckige Flecken.

Hoffentlich vergisst er den Speicher. Das Gerümpel dort will ich niemanden sehen lassen. Aber er erklärt mir, es sei folgenschwerer, den Trödel aufzuheben als ihn zu entsorgen. Sofort entdeckt er meine kostbare kleine Schatzkiste. Darin befinden sich geheime Zettel und eine getrocknete Rose – schöne Andenken an eine verbotene Beziehung. „Diese Erinnerungsstücke, an denen dein Herz so sehr hängt", sagt er, „werden ein Feuer anfachen, das dein ganzes Haus zerstören wird."

„Ich kann sie nicht aufgeben, aber wenn du mich davon befreien kannst", seufze ich. Schon räumt er das Sammelsurium ungeklärter Schuld, Angst und Entrüstung weg.

„Jetzt müssen wir nur noch die Fenster putzen. Aller Schmutz muss entfernt werden, damit deine Nachbarn das Licht in deinem Haus klar erkennen können."

Seit mein besonderer Gast bei mir eingezogen ist, bin ich voller Freude. Obwohl die Reinigungsarbeiten nie zu Ende sind, ist es großartig, das aufgehäufte Gerümpel loszuwerden, das mein Leben einst einengte.

Der König der Herrlichkeit, der „an den heiligen und hohen Orten wohnt", lebt auch in mir.

Beatrice S. Neall

Mir geht es wun-der-bar!

Dies ist der Tag, den der HERR macht; lasst uns freuen und
fröhlich an ihm sein. Psalm 118,24

Zu sagen, dass er begeistert war, wäre eine krasse Untertreibung. Tom hatte die Gewohnheit, auf die Frage „Wie geht es dir?" mit einem lauten „Mir geht's wun-der-bar," zu antworten.

Seine positive Einstellung beeinflusste das ganze Büro. Sogar an Tagen, an denen mir nicht danach war, zur Arbeit zu fahren, fühlte ich mich besser, nachdem ich Toms „wun-der-bar" gehört hatte. Ich bin mir nicht sicher, ob ich mich dann „wun-der-bar" gefühlt habe, aber ich bezweifle auch, dass Tom sich immer so fühlte.

Eine positive Einstellung hat einen starken Einfluss darauf, wie wir uns fühlen, sowohl physisch wie emotional. Genauso hat unsere Einstellung, positiv oder negativ, ihre Wirkung auf die Menschen um uns herum. Tom tat im Büro alles mit einer positiven Einstellung. Er brachte uns mit seinem Vorbild bei, dass es „Herausforderungen" gibt, keine „Probleme".

Das Wort Herausforderung klingt positiv und motiviert, während sich das Wort Problem negativ und entmutigend anhört.

Ich hatte eine Tante, die mit der Herausforderung von kräftezehrenden Schmerzen in ihren letzten Krankheitstagen konfrontiert war. Viele, die sie kannten, hatten keine Ahnung, wie sehr sie litt, da sie sich nie über ihre Schmerzen beklagte. Wenn man sie fragte, wie sie sich fühlte, war ihre Antwort immer positiv und hoffnungsvoll, immer freudig. Ich habe sogar gehört, wie sie sagte, sie fühle sich wunderbar. Im Nachhinein erkenne ich, dass sie wahrscheinlich eher meinte: „Ich fühle mich heute wohler als gestern, und gestern war furchtbar!"

Ich habe eine Menge von meiner Tante und von Tom gelernt. Sie haben wirklich bewiesen, dass ein fröhliches Herz eine gute Medizin ist (Sprüche 17,22).

Ich kann auf die Frage „Wie geht es dir?" entweder mit „Fein!" oder „Mir geht es wun-der-bar!" antworten. Beide Antworten bedeuten, dass es mir gut geht, und dass ich nicht krank bin. Aber „Mir geht es wun-der-bar!" geht einen Schritt weiter und meint: „Es ist ein wunderbarer, aufregender Tag, an dem wir heute leben dürfen. Ich kann es kaum erwarten, zu sehen, was Gott für mich heute vorbereitet hat!"

Christen sollten die erwartungsvollsten, motiviertesten und glücklichsten Menschen in der Welt sein. Jesus hat die Kontrolle über unser Leben. Was könnte „wun-der-bar-er" sein als das?

Marlene Anderson

Ernstes Gebet vermag viel

Er sagte ihnen aber ein Gleichnis darüber, dass sie allezeit beten und nicht nachlassen sollten. Lukas 18,1

Wenn ich diesen Bibeltext betrachte, muss ich unweigerlich an meine Mutter denken. Vor sechs Jahren hätte ich nicht sagen können, dass sie die Wiederkunft Jesu erwartete, aber – Gott sei Dank – sie schenkte ihm ihr Leben, bevor sie starb. So konnte sie noch die Freude erleben, ihm zu dienen. Ich hatte mein Leben dem Herrn schon 1976 gegeben und begann sofort, die wunderbare Botschaft der erlösenden Liebe Gottes mit meiner Mutter und dem Rest der Familie zu teilen. Mutti war in einem christlichen Heim erzogen worden, und so war dies für sie nichts Neues. Und doch weigerte sie sich, Jesus den ersten Platz in ihrem Leben einzuräumen. Ich betete weiter für sie und erzählte ihr von der Liebe Gottes.

Die Jahre vergingen und sie entwickelte eine Hassliebe zur Gemeinde: Heute wollte sie sich ihr anschließen, morgen schwor sie, sie wolle nie ein Gemeindeglied werden. Wie so viele, wurde sie zwischen dem Wunsch, Gott zu dienen und dem Verlangen, die Welt zu genießen, hin- und hergerissen. Und doch betete ich weiter für sie.

Da ich in der Gemeinde sehr aktiv war, konnte ich zu Hause nicht so viel Zeit verbringen, wie meine Mutter gewünscht hätte. So wurde sie eifersüchtig auf mein Gemeindeleben. Und doch wusste sie in ihrem Herzen, dass der Herr sie rief. Die Jahre vergingen und ihre Ablehnung setzte sich fort, bis sie eines Tages feststellte, dass sie Krebs hatte.

Nach Operation und Chemotherapie hatte Mutti viel Zeit, in der Stille zu Hause über die Dinge der Ewigkeit nachzudenken, und schließlich übergab sie ihr Leben dem Herrn. An meinem Geburtstag im September des Jahres 1987 wurde sie getauft. Während wir beide den Herrn anbeteten, lobte ich Gott dafür, dass er wieder einmal meine Gebete erhört hatte.

Drei Monate nach ihrer Taufe starb meine Mutter, und doch hatte sie die größte Heilung erlebt, um die ich je hatte beten können: die Heilung ihres Herzens.

Ich ermutige dich, deine Gebete nicht aufzugeben. Der schönste Lohn steht uns noch bevor. Welch wunderbare Freude erwartet uns, wenn der Herr uns offenbaren wird, was unsere Gebete bewirkt haben im Leben derer, für die wir gebetet haben!

Carmen O. Gonzalez

„Einfach gut"

Anmut kann täuschen, und Schönheit vergeht wie der Wind - doch wenn eine Frau Gott gehorcht, verdient sie Lob! Sprüche 31,30 (Hfa)

Heute beerdigten wir unsere Freundin. Seit der Diagnose ihrer Krankheit hatten sich jeden Montagabend einige von uns versammelt, um für sie und ihre Familie zu beten. Wir sehnten ein Wunder herbei, beteten aber: „Dein Wille geschehe". Die Kirche war voller Menschen, die auch so ähnlich gebetet hatten. Gottes Verheißung (Johannes 14,1-3) war unser einziger Trost.

Als wir später einer Freundin erzählten, wie viele Leute zur Beerdigung von Airwyn gekommen waren, fragte die „Was hat Airwyn denn Besonderes getan?" Die Wahrheit ist, dass sie nichts tat. Sie war nur. Ihr Christsein war so sehr Teil von ihr, dass es jeden Winkel ihres Lebens durchdrang. Sie stand nie im Rampenlicht, engagierte sich aber in der Kinderarbeit und als Diakonin; sie half mit, wo immer sie konnte, und ihr liebevoller, sanfter Einfluss war in der ganzen Gemeinde spürbar.

Am meisten beeindruckte ihre Fröhlichkeit. Sogar während ihrer Krankheit dachte sie immer an andere, und es war ermutigend, sie zu besuchen. Wenn sie hörte, dass sich ein Jugendlicher taufen lassen wollte, schrieb sie ihm einen Brief der Freude und Ermutigung. Dieser junge Mensch wird sicherlich nie ihr Vorbild der Selbstlosigkeit und wahren christlichen Anteilnahme vergessen.

Während der Beerdigung sprach einer der Prediger vom „unglaublichen Einfluss eines einfach guten Lebens." Airwyn war einfach gut. Die vielen Menschen anlässlich ihrer Beerdigung, deren Leben sie berührt hatte, redeten eine deutliche Sprache. Junge und Alte, Gemeindeglieder und Nichtmitglieder, Kollegen, Nachbarn und Freunde sowie Verwandte würden sie schmerzlich vermissen.

Salomos Worte charakterisieren diese hingebungsvolle Ehefrau, Mutter und Großmutter treffend: „Ihre Söhne reden voller Stolz von ihr, und ihr Mann lobt sie mit überschwänglichen Worten." (Sprüche 31,28)

Eigentlich gäbe es an diesem Tag des Abschieds genügend Grund zu Trauer und Enttäuschung. Zusätzlich zu unserer Trauer drückt uns so viel Böses, Sünde und Leid in der Welt, dass wir uns manchmal fragen, ob wir überhaupt etwas ausrichten können.

Aber wir haben eine Botschaft der Hoffnung für die Welt. Wir wissen, dass schon sehr bald Sünde, Leid und Traurigkeit von der Freude auf Jesu Wiederkunft ersetzt werden. Legen wir doch vertrauensvoll unsere Hand in die Hand Gottes! Während er uns sicher durch Ungewisses geleiten wird, wollen wir für jede Gelegenheit offen sein, anderen eine Ermutigung und einen Anstoß zum Nachdenken zu geben.

Audrey Balderstone

Ich bin jemand!

Sie antwortete: Niemand, Herr. Und Jesus sprach: So verdamme ich dich auch nicht; geh hin und sündige hinfort nicht mehr. Johannes 8,11

Hin und wieder arbeite ich mit Frauen, die sich ihrer Vergangenheit schämen. Wenn ihr Heilungsprozess einsetzt, suchen wir oft Hilfe in der Bibel. Eine unserer liebsten Bibelstellen wurde fast nicht in die Evangelien hineingenommen. Anscheinend wurden sie in mehreren frühen Dokumenten nicht abgeschrieben. Es dauerte 300 Jahre, bis sie schließlich doch ihren rechtmäßigen Platz im 8. Kapitel des Johannesevangeliums bekam. Johannes berichtet uns nicht nur vom entwürdigenden Verhalten der Pharisäer, sondern auch von der vergebenden Liebe Jesu.

Schroff unterbrachen die eifersüchtigen Pharisäer Jesus, während er im Tempel unterrichtete. Sie stießen eine Frau vor sich her, die beim Ehebruch ertappt worden war. In ihren Augen hatte sie keinen Wert, aber sie sollte ihnen als Köder dienen, um Jesus eine Falle zu stellen.

Ich kann mir gut vorstellen, wie begierig die Pharisäer darauf warteten, dass Jesus ihnen mit seiner Antwort auf ihre Fangfrage einen Anlass zur Anklage liefern würde. Doch Jesus bückte sich wie unbeteiligt und schrieb in den Sand. Plötzlich verstummte die Menschenmenge, auch die lauernden Pharisäer. Da erst stand Jesus auf und antwortete: „Den ersten Stein soll der werfen, der noch nie gesündigt hat." Nach und nach schlichen alle Pharisäer davon, in ihrer eigenen Falle gefangen.

Ich habe mich oft gefragt, warum die Frau nicht auch davongegangen ist. Vielleicht blieb sie, weil die Haltung Jesu ihr den ersten Hoffnungsschimmer seit langem schenkte. Sie stand dort, weil sie spürte, dass ihr Traum wiederhergestellt werden könnte. Als er sie aufforderte: „Gehe und sündige nicht mehr", war es ihr, als ob er gesagt hätte: „Geh und sei wieder jemand!" In jenem Augenblick hatte er ihren Schmerz und ihre Sünde gelöscht und dafür Hoffnung und Erlösung geschenkt – die Motivation für die Veränderung ihres Herzens.

Ihre Angst verwandelte sich in Glauben. Ihre Zukunft war also doch noch nicht verloren. Jesus hatte ihr Lebensziel verändert: Sie war nicht länger ausgestoßen und wertlos, sondern wertvoll. Jesus veränderte nicht das „Kleid" der Frau, stattdessen änderte er die Frau. Obwohl sie von den Pharisäern in einen Albtraum geschleppt worden war, sandte er sie jetzt mit einer Vision weiter: „Gehe und sündige nicht mehr."

Diese Worte befreiten sie vom Ballast der Selbstzerstörung und Verzweiflung. Nun war ihr Traum Wirklichkeit geworden. Und alles nur, weil er ihr gezeigt hatte: „Du bist jemand!"

Glenda-Mae Greene

Sende mich

Und ich hörte die Stimme des Herrn, wie er sprach: Wen soll ich senden? Wer will unser Bote sein? Ich aber sprach: Hier bin ich, sende mich! Jesaja 6,8

Wir hatten unser Mittagessen beendet und ein freier Nachmittag lag vor uns. Ich dachte an Katie, die vor zwei Wochen ihren Mann beerdigt hatte. Wie schwer musste es für sie sein, so allein mit ihrem achtjährigen Sohn und der sechsjährigen Tochter! Sie waren so eine Bilderbuchfamilie, und nun fehlte der Ehemann und Vater.

„Wollen wir nachsehen, ob Katie zu Hause ist?", schlug ich vor. „Vielleicht würde sie etwas Gesellschaft schätzen."

„In Ordnung", stimmte mein Mann zu, „fahren wir hin!"

„Wir wollen auch mit!" bettelten unsere beiden Töchter. „Wir wollen mit Katies Kindern spielen."

Und so stiegen wir alle ins Auto und fuhren los. Kurze Zeit später begrüßte uns Katie an der Tür mit den Worten: „Danke, lieber Gott, dass du mein Gebet erhört hast!"

„Wieso sind wir deine Gebetserhörung?", fragte ich. Katie erklärte uns, wie einsam sie sich nach der Beerdigung gefühlt hatte.

„Ich ging heute im Wohnzimmer auf und ab und sah so viele Dinge, die mich an ihn erinnerten – den Stuhl, den er repariert hat, eine Tür, die von ihm gestrichen worden ist, sein Lieblingsbild im Rahmen, den er selbst ausgesucht hat, und die Couch, auf der er sich abends ausruhte. Ich fühlte mich so einsam und die Tränen liefen mir über die Wangen. Deshalb rief ich zu Gott in meinem Schmerz: ‚Bitte, bitte, lieber Gott, sende jemanden, der mich besuchen kommt. Ich kann diese Einsamkeit nicht länger ertragen.'"

Sie lächelte strahlend. „Und dann seid ihr gekommen! Gott hat euch geschickt, als Antwort auf mein Gebet!"

Wir waren dankbar, weil Gott uns gebrauchen konnte, um Katies Gebet zu erhören. Gott sendet manchmal seine Engel, um für die Bedürfnisse seiner Kinder zu sorgen. Aber öfter gebraucht er ein menschliches Gesicht und menschliche Worte und Taten, um die Sehnsucht im Herzen eines anderen zu stillen. Und so spricht er mit uns und lässt uns seine Boten der Liebe sein.

Herr, mache mich bereit, heute dein Bote der Liebe zu sein. Zeige mir, was ich in deinem Auftrag tun soll. Hier bin ich. Sende mich.

Mildred C. Williams

Ich hasse Hausputz

*Schaffe in mir, Gott, ein reines Herz, und gib mir einen neuen,
beständigen Geist. Psalm 51,12*

Ich hasse es, das Haus zu putzen. Für mich gibt es mindestens eine Million interessanterer Dinge, die eher getan werden müssten. Ein sauberes Haus ist mir schon wichtig – denn ich bin kein Freund von Unordnung oder Dreck. Aber ich mag einfach nicht selber putzen. In den 23 Jahren, die mein Mann in der Armee verbrachte, war meine Rede immer wieder: „Wenn ich zwischen Hausputz und Umzug wählen müsste, würde ich lieber umziehen." Nun, das war zur Hälfte Spaß. Ich kann mich erinnern, wie ich zum ersten Mal meiner Mutter sagte, dass ich das Putzen hasse. Sie hatte mir viele Jahre lang beigebracht, wie man einen Haushalt führt, und dachte, sie hätte mich ordentlich erzogen. Schockiert sah sie mich an. „Aber warum denn?" „Ganz einfach, weil man nicht lange etwas davon sieht. Ständig muss man von vorn anfangen."

Ich denke, Gott weiß, wie mir zumute ist. Kannst du ihn in seiner „Schürze" mit dem „Putzeimer" sehen? So wie ich unser Haus von Staub und Schmutz befreie, so muss er uns immer wieder von der Sünde reinigen. „Oh nein", seufzt er vielleicht, „dieses Durcheinander habe ich doch gerade erst letzte Woche sauber gemacht und jetzt muss ich's wieder tun." Oder: „Hat sie nicht gerade vor ein paar Tagen um Hilfe gebeten, um aus dieser Zwangslage zu kommen und nun steckt sie wieder drin?" Oder denkt er vielleicht: „Siebzig mal sieben. Das sind jetzt bereits vierhundertneunundachtzig Mal, aber sie will wirklich Vergebung haben und ich liebe sie doch so sehr. Hier kommt die Reinigungslösung." Immer aufs Neue entfernt er meine Sündenflecken.

Natürlich gibt es da einen Unterschied. Ich glaube nicht, dass Gott sich wirklich beklagt oder das Reinigen ihm lästig wird. Jesus nahm es freiwillig auf sich und benutzte sein eigenes Blut für die Reinigung. *Danke so sehr, lieber Gott, und bitte hilf mir!*

Ardis Dick Stenbakken

Das Lamm Gottes

Als er gemartert ward, litt er doch willig und tat seinen Mund nicht auf wie ein Lamm, das zur Schlachtbank geführt wird; und wie ein Schaf, das verstummt vor seinem Scherer, tat er seinen Mund nicht auf. Jesaja 53,7

Was beeindruckte dich am meisten bei deiner Reise nach Australien und Neuseeland?, fragte mich eine Freundin bei unserer Rückkehr.

Es war nicht die Kreuzfahrt zwischen den majestätischen Bergen am neuseeländischen Fjord Milford Sound, die mich am meisten beeindruckte. Auch nicht der Flug mit dem Hubschrauber über die hohen Berggipfel um den schneebedeckten Mount Cook. Selbst die leuchtende Schönheit der vielfarbigen Vögel Australiens nicht und auch nicht die kuscheligen Koalas.

Auch nicht die weiten weißen Sandstrände, vom türkisblauen Wasser umrahmt mit seinen brausenden Wellen, die auf die Felsen krachen oder die üppigen Eukalyptuswälder, die Fichten wie Zwerge aussehen lassen, weil sie bis zu 18 Metern hoch in den Himmel hinaufragen. Es war wunderbar, all diese Schönheit zu sehen, aber sie war es nicht, die mich am meisten beeindruckte.

Den tiefsten Eindruck auf mich machte es, zu sehen, wie ein Schaf geschoren wird. In Australien gibt es etwa 165 Millionen Schafe und nur etwa 17 Millionen Menschen, und so kommt es oft vor, dass man häufiger zuschauen kann, wie ein Schaf geschoren wird. Aber für mich war es etwas Besonderes, ein geistliches Erlebnis, das ich nie vergessen werde.

Ich sah genau zu, als ein Riese von einem Kerl ein großes Schaf packte und auf den Rücken drehte. Während der Scherer die Schafschere nahm und anfing, das Schaf zu scheren, bewegte es sich überhaupt nicht. Es gab keinen Laut von sich, sondern war gänzlich gehorsam und seinem Scherer unterworfen.

Beim Zuschauen fiel mir Jesajas Beschreibung ein, wie er Jesus am Kreuz darstellt: „Wie ein Lamm, das zur Schlachtbank geführt wird; und wie ein Schaf, das verstummt vor seinem Scherer, tat er seinen Mund nicht auf". (Jesaja 53,7)

Wie jenes gehorsame Schaf unterwarf sich Jesus dem Willen seines Vaters. Und wie jenes stille Schaf vor seinem Scherer tat auch Jesus seinen Mund nicht auf – selbst dann nicht, als er verhöhnt und misshandelt und ans Kreuz genagelt wurde.

Während ich der Schafschur zusah, bekam ich einen so tiefen Einblick in das, was Jesus für mich am Kreuz tat, dass ich kaum die Tränen zurückhalten konnte. Jesus, ein hilfloses Kind, das in einer Krippe lag, wurde ein Mann, der sich völlig opferte, dahingab, um mich durch seinen Tod am Kreuz zu retten!

Lillian R. Guild

Spaghetti zum Abendessen

Und es soll geschehen: ehe sie rufen, will ich antworten; wenn sie noch reden,
will ich hören. Jesaja 65,24

An einem heißen Freitagnachmittag fuhr ich zwölf Kilometer in die Stadt zum Supermarkt. Nach dem Einkaufen verließ ich mit meinem Auto den Parkplatz. Links von mir erblickte ich einen Mann mit einem Schild „Arbeite für Essen". ‚Das ist komisch', dachte ich. ‚Sind die Zeiten so schlecht geworden? Ist er obdachlos? Ist das alte Auto dort drüben seins? Wenn er Geld für Benzin hat, warum kann er sich kein Essen kaufen?'

‚Nun, Barbara', sagte ich mir, ‚wie würdest du dich in der Situation fühlen?' Ich habe kein zusätzliches Geld. Vielleicht könnte ich ihm etwas zu essen holen. Ich könnte ihn zur Wohlfahrtszentrale mitnehmen ... aber das wäre vielleicht gefährlich.

Jetzt war ich schon knapp einen Kilometer gefahren. Entschlossen kehrte ich um und fuhr zurück ins Geschäft. Er war immer noch da. Wenn ich mich beeilte, konnte ich etwas einkaufen und in einer Viertelstunde wieder bei ihm sein.

Mit den Lebensmitteln in einer Schachtel auf dem Beifahrersitz fuhr ich zu der Stelle, wo ich ihn gesehen hatte, aber er und das alte Auto waren fort. Ob ihm jemand geholfen hatte? Hatte er sich an einen anderen Platz gestellt? Doch ich suchte vergeblich. Auch im Einkaufszentrum weiter unten an der Straße fand ich ihn nicht. Er schien wie vom Erdboden verschluckt. „Nun, was soll ich tun, Herr? Ich will diese Lebensmittel nicht zurückbringen. Hätte ich ihm sagen sollen, dass ich etwas zum Essen besorgen würde?"

Während ich noch überlegte, was ich tun sollte, erkannte ich die Wohnblöcke auf der anderen Straßenseite. Eine Schwester unserer Gemeinde, die schon lange nicht mehr kam, wohnte dort, und ich fragte mich, ob sie die Lebensmittel gebrauchen könnte. Also parkte ich und klopfte. Als sie öffnete, erklärte ich ihr mein Anliegen. Überrascht und erfreut nahm sie die Tüte und erzählte mir dann ihre Geschichte.

Es war der Monatsletzte und sie hatte nur noch einen einzigen Dollar. Ihre Tochter hatte sich Spaghetti zum Essen gewünscht, aber sie konnte mit ihrem Dollar entweder nur die Spaghetti oder die Sauce kaufen, nicht aber beides. Als ich anklopfte, war sie dabei zu beten. Stell dir vor, wie dankbar sie war, dass ihr Gebet so rasch beantwortet wurde. Und nun lagen Nudeln und Sauce in der Schachtel – Spaghetti zum Abendessen!

Vielleicht war der Mann ein verkleideter Engel, der zum Supermarkt gesandt wurde, um mich in Bewegung zu setzen, jemandem zu helfen. Ich weiß es nicht, aber einer Sache bin ich mir sicher. Wenn du bereit bist, dich von Gott gebrauchen zu lassen, wirst du teilhaben an der beglückenden Erfahrung, für jemanden Gebetserhörung zu sein.

Barbara Hales

Vertrau dem Herrn – was auch kommen mag!

Der HERR ist gütig und eine Feste zur Zeit der Not und kennt die,
die auf ihn trauen. Nahum 1,7

Zwei Jahre lang hatten mein Mann und ich in einem Wohnwagen in Australien gelebt. Danach zogen wir in unser erstes Haus. Unsere finanzielle Situation erlaubte uns gerade die Anzahlung fürs Haus zu leisten und die meisten Möbel waren geliehen.

Sobald wir ins Haus gezogen waren, versuchten wir den Wohnwagen zu verkaufen, da wir auch dafür noch Zahlungen zu leisten hatten. Eine Hypothek war uns mehr als genug. Etwa sieben Monate lang tat mein Mann sein Bestes, den Wohnwagen loszuwerden, aber ohne Erfolg. Er machte sich ziemliche Sorgen deswegen. Eines Tages riet ich ihm, er solle doch Gott vertrauen. Wenn Gott wolle, dass wir den Wohnwagen verkaufen, würden wir ihn verkaufen. Wenn nicht, dann würde er uns helfen, klar zu kommen. Mein Mann konnte meinen Glauben nicht verstehen. Doch muss er über meine Art zu glauben nachgedacht haben, denn am nächsten Tag war er ruhig. Innerhalb einer Woche verkauften wir den Wohnwagen – mit Gewinn und nach der Haupturlaubszeit, als eigentlich keine Nachfrage nach Wohnwagen mehr war.

Etwa zwei Jahre später hatten wir gerade genug Geld für eine Reise nach Deutschland zusammen, um unsere Eltern zu besuchen. Drei Monate vor unserer Abreise gab es eine internationale Spendensammlung für Kambodscha. Ich war davon überzeugt, dass wir eine ziemlich große Summe dafür spenden sollten. Als ich es meinem Mann vorschlug, meinte er, ich sei verrückt geworden. Erstens hatten wir selber nicht viel Geld, und zweitens wäre die Summe, die ich erwähnt hatte, der größere Teil unseres Reisebudgets gewesen. Nachdem wir darüber gesprochen und erkannt hatten, dass die Lage der Leute in Kambodscha viel schlimmer war, stimmte er unter Vorbehalt zu, die Hälfte des Betrages vor unserer Reise zu geben und die andere nach unserer Rückkehr, wenn wir uns finanziell wieder erholt hätten.

In Deutschland angekommen konnte mein Mann seine Briefmarkensammlung für einen ziemlich großen Betrag verkaufen und unsere Eltern schenkten uns Geld. Bei unserer Rückkehr nach Australien hatten wir etwa zwölfmal so viel Geld, wie wir für Kambodscha spenden wollten. So fiel es uns nicht schwer, den Betrag zu geben.

Manchmal geraten wir in schwierige Situationen, aber wenn wir uns auf den Herrn verlassen und ihm unsere Sorgen völlig übergeben, wird er seine Verheißung einhalten und uns helfen.

Dank sei dem Herrn für seine Güte!

Beate Karbstein

Aus dem Mülleimer

Siehe, Gott ... ist meine Stärke und mein Psalm ... Jesaja 12,2

Am 4. Januar 1993 lautete die Schlagzeile auf dem Titelblatt der Zeitschrift Newsweek „Ein Muster der Vergewaltigung – Kriegsverbrechen in Bosnien". Die Gräueltaten, von denen der Artikel berichtete, gingen mir immer noch durch den Kopf, als ich eine Ladung Stofftiere in die Waschmaschine stopfte. „Bevor ich sie an irgendein Kind geben kann, müssen sie wenigstens sauber aussehen", sagte ich mir.

Ich war enttäuscht, als ich sie nach dem Waschgang wieder aus der Maschine holte. Eines der Tiere, ein kleines Lamm, hatte eine aufgeplatzte Naht gehabt. Nun war die Füllwatte auf alle anderen Tieren verteilt! Ärgerlich über die Mehrarbeit versuchte ich die Füllwatte wieder „einzusammeln" und steckte die Stofftiere dann in den Trockner. Als ich das Lamm in den Müll werfen wollte, entdeckte ich in seinem Fell einen Mechanismus zum Aufziehen. Ich probierte es, aber nichts passierte. Ich hatte es nicht anderes erwartet und steckte das kleine Lamm in den Mülleimer.

Nach dem Trocknen der anderen Tiere bemühte ich mich noch mehr von der verteilten Füllwatte abzuzupfen und warf sie in den Mülleimer. Ich muss ihn wohl angestoßen haben, denn plötzlich hörte ich ein Wiegenlied. Ich schaute auf das Tier, das ich gerade bearbeitete, aber es hatte keinen Mechanismus zum Aufziehen. Die Musik erklang weiter, wurde dann langsamer und hörte fast auf, bevor ich die Quelle identifizieren konnte – das weggeworfene kleine Lamm!

Ein Ohr fehlte, die Hälfte der Füllwatte war weg und es war in der Waschmaschine gewesen, aber immer noch „sang" das kleine Lamm! Ich erkannte plötzlich eine Parallele zu den geschändeten Frauen aus dem Zeitschriftenartikel und wünschte mir, in ein Flugzeug nach Bosnien steigen zu können, um ihnen neue Hoffnung zu geben: „Gott, unser Herr könnte deine Stärke und dein Lied sein!"

Ich kann es mir nicht leisten, nach Bosnien zu fliegen, aber ich kann dem Herrn erlauben, meine Stärke und mein Lied zu sein! Ich werde auch ab und zu „geschlagen" und hin- und hergerissen. Aber Jesus, mein Lamm, kann mir ein Lied schenken – sein Lied – das ich singen kann.

Lois Moore

Meine Bärengeschichte

Gott ist die Liebe; und wer in der Liebe bleibt, der bleibt in Gott und Gott in ihm. Furcht ist nicht in der Liebe, sondern die vollkommene Liebe treibt die Furcht aus ... 1. Johannes 4,16-18

Auf meiner ersten Wanderung, die ich allein unternahm, hatte ich das große Glück, einem Bären zu begegnen. Ich war entzückt! Schon als Kind begeisterten mich Geschichten über die Wunder der Natur in Gottes Schöpfung. Ich stand regungslos da. Der Bär befand sich in einer großen, dichten Eiche über mir. Ich blieb beim bewährten Rat: „Bewege keinen Muskel und schlag auf keine Mücke". Bald wurde es mir langweilig, weil ich das Tier nicht sehen konnte, das sich über mir im Baum von Ast zu Ast bewegte und Eicheln auf mich regnen ließ. Außerdem war mir kalt, ich hatte Hunger und musste mein Ziel vor Einbruch der Dunkelheit erreichen. Ich legte meinen Rucksack ab und holte einen Müsliriegel heraus. Ein großer Fehler!

Der Bär schoss ein Stück am Baumstamm herunter und hockte sich auf den nächsten Ast, gerade anderthalb Meter über mir! Seine Nüstern zuckten und sein Atem ging schwer. Als ich in seine glitzernden Augen sah, war ich mir sicher, dass er nur eines wollte ... Ich musste so schnell wie möglich weg!

Ich schnappte meinen Rucksack, rannte den Pfad entlang und blickte nur zurück, um zu sehen, wie viel Vorsprung ich hatte. Der Bär sauste den Baum hinunter und folgte mir. Ich hetzte entsetzt weiter. Schließlich wagte ich es wieder, über meine Schulter zu blicken. Der Bär wetzte – in die entgegengesetzte Richtung!

Auch heute denke ich noch manchmal an mein Erlebnis. Der Bär hatte mindestens genauso viel Angst wie ich. Ich erlebe Angst vor allem dann, wenn ich jemanden bitten möchte, mit mir zu beten oder wenn ich erzählen will, was Gott für mich getan hat. Manchmal möchte ich meine Hände zum Himmel ausstrecken aus Freude über Gott, der mir so viel Liebe geschenkt hat. Aber ich halte mich zurück aus Angst vor den verachtenden Blicken und der Ablehnung. Ich habe Angst jemanden zu verletzen.

Petrus und Johannes mussten sich auch mit wirklichen Bedrohungen befassen und doch beteten sie: „Und nun, Herr, sieh an ihr Drohen und gib deinen Knechten, mit allem Freimut zu reden dein Wort; strecke deine Hand aus, dass Heilungen und Zeichen und Wunder geschehen durch den Namen deines heiligen Knechtes Jesus." (Apostelgeschichte 4,29.30)

Lieber Vater, wenn ich das nächste Mal Angst habe, was jemand wohl denken mag, erinnere mich an den kleinen Bären und schenke mir den Mut dich anderen in Liebe zu bezeugen. Amen.

Teresa Gay Hoover Krueger

Ich werde geliebt!

... ehe sie rufen, will ich antworten; wenn sie noch reden, will ich hören.

Jesaja 65,24

Es war ein besonders anstrengender Tag gewesen, und ich war erschöpft. Es war schon ein Kunststück, mit drei kleinen Kindern einkaufen zu gehen bei all den Ablenkungen, die in den Geschäften geboten werden. Außerdem war ich niedergeschlagen wegen einer Vielzahl von Kleinigkeiten, die zu der Zeit mein Leben kompliziert gestalteten.

Der Supermarkt war mein vorletzter Stopp. Ich beeilte mich die Lebensmittel im Kofferraum zu verstauen, half den Kindern in ihre Sitze und fuhr dann quer durch die Stadt, um meine letzte Besorgung zu erledigen.

Als wir aus dem Auto stiegen, schaute ich mich nach meiner Handtasche um. Sie lag nicht vorne an ihrem angestammten Platz. Ich suchte sie hinten bei den Lebensmitteln, in der bangen Hoffnung, sie dort abgelegt zu haben. Aber auch da nichts! Langsam wurde mir klar, dass ich sie im Supermarkt vergessen haben musste.

Wir stiegen wieder ins Auto. Ich sprach ein stilles Gebet und fuhr los. Jede Ampel zeigte Rot und ich brauchte mindestens eine Viertelstunde, um zum Supermarkt zurückzukommen. Abwechselnd betete ich und machte mir Sorgen. Wie kompliziert wäre es, die Kreditkarte zu stornieren und einen neuen Führerschein zu bekommen! Viel Geld war nicht in der Tasche, aber wir konnten uns nicht leisten, es zu verlieren. Ich hoffte inständig, dass eine ehrliche Person sie abgeben würde und dann machte ich mir darüber Sorgen, wie ich sie finden könnte oder ob sie für immer verschwunden war.

Endlich erreichten wir den Supermarkt. Dort, vorne im Einkaufswagen, steckte meine Handtasche, genau dort, wo sie war, als ich den Wagen zurückgebracht hatte!

Eine Welle des Friedens durchströmte mich und ich erkannte verwundert: Gott sorgte sich um mich! Ich fühlte mich von meinem himmlischen Vater geliebt. Vielleicht hat ein Engel meine Handtasche zugedeckt, um mir zu zeigen, dass mein Vater sich um seine Kinder kümmert – auch um mich.

Judy Musgrave Shewmake

Entdecke das Gebet

Und ich sage euch auch: Bittet, so wird euch gegeben; suchet, so werdet ihr finden; klopfet an, so wird euch aufgetan. Lukas 11,9

Ich habe immer an die Kraft des Gebetes geglaubt, aber bis vor einigen Jahren hatte es in meinem Leben keine Priorität, und so habe ich seine Macht bis dahin auch noch nicht erlebt. Die meisten von uns beten aufs Geratewohl und akzeptieren enttäuscht die mageren Ergebnisse. Niemand hatte mir jemals von der unglaublich aufregenden und lebensverändernden Wirkung berichtet, die sich einstellt, wenn man täglich mit dem lebendigen Gott des Universums spricht.

Eines Tages musste ich dem größten Problem, das ich je erlebt hatte, ins Gesicht sehen. Das gewöhnliche „Schaufenster-Bummel-Gebet" oder „Ich-erwarte-eigentlich-nicht-dass-etwas-passiert-Gebet" war nicht mehr ausreichend. Es ist einem ja auch nicht ernst mit dem Einkauf, wenn man sich nur die Schaufensterauslagen ansieht, und man kommt nach vielen Stunden des Bummelns wieder mit leeren Händen nach Hause zurück.

Plötzlich erkannte ich, dass ich wohl jahrelang in meinen Gebeten nur einen Schaufensterbummel gemacht hatte. Selten habe ich um etwas Konkretes gebetet. Ich erwartete nicht viel vom Gebet und bekam auch nur wenig. Nun, da ich meinem großen Problem gegenüberstand, war ich völlig unvorbereitet.

Aus dieser Erfahrung heraus entstand ein Muster meiner persönlichen Andacht und des Gebets. Meine Tochter Carlene wies mich auf einen Plan hin, der sogar inmitten des Chaos Sinn zu machen schien.

Ich bin ein geborener Organisator. Ich könnte alles organisieren – einen Haushalt, einen Ehemann, Bücher, Seminare. Aber niemals bisher hatte ich einen Hinweis erhalten, dass auch das Gebetsleben Struktur und Organisation braucht. Ich hatte nur gelernt: „Bringt eure Bitten täglich vor Gott." Das tat ich, und es schien mir eine stupide Wiederholung einer Reihe von zusammenhanglosen Bitten zu sein, wie sie mir einfielen.

Aber hier, inmitten meiner persönlichen Krise, lernte ich mit Hilfe eines Notizbuches und ein wenig Organisation zu beten. Ich erfuhr, dass Gott antwortete, wenn ich meine speziellen Bitten aufschrieb! Auch inmitten der Krise war Gott um mich herum tätig!

Auch du kannst entdecken, dass ein Gebetstagebuch keine langweilige Aufgabe ist, die erfüllt werden muss, sondern Struktur und Hoffnung bietet. Es wird dich jeden Morgen zu sich rufen, dich an die Wünsche deines Herzens erinnern und dich ermutigen. Es wird dir täglich deine wirklichen Bedürfnisse vor Augen führen und dich vor Gott verantwortlich machen.

Warum schreibst du nicht gleich einige Gebetsanliegen auf?

Nancy L. Van Pelt

Treue Pflichterfüllung

Wer im Geringsten treu ist, der ist auch im Großen treu; und wer im Geringsten ungerecht ist, der ist auch im Großen ungerecht. Lukas 16,10

O b es nun um eine einzelne Brotzeit oder um ein halbes Dutzend geht: Ich kenne niemanden, der sich darauf freut, Brote zu schmieren, die Thermoskanne zu füllen, die Karotten zu putzen ... Haben sie wohl in biblischen Zeiten auch dieselben „Was-tue-ich-bloß-in-die-Tüte?"-Gedanken gehabt?

Ganz gleich wie sie über das Herrichten von Brotzeiten gedacht haben mag, hat eine Mutter im Neuen Testament, deren Name nicht genannt wird, ihrem Sohn eine Brotzeit mitgegeben. Fünf kleine Gerstenbrote und zwei Fische. Ihr Sohn ging los, um Jesus zu hören. Seine Rede muss den Jungen fasziniert haben, denn er vergaß sein Verpflegungspaket völlig. Schließlich wurde es Abend.

Jesus beauftragte seine Jünger, den Tausenden von hungrigen Menschen zu essen zu geben. Die Jünger hatten schon eine Bestandsaufnahme gemacht: Ein Junge hatte fünf Gerstenbrote und zwei Fischen dabei. Nachdem Jesus dafür den Segen gesprochen hatte, brach er das Brot und seine Jünger teilten aus. Immer mehr und mehr. Und die Menschen aßen, bis sie satt waren.

Warum konnte Jesus diese Menschenmenge satt machen? Aus zwei Gründen: Erstens hatte eine Frau, deren Namen wir nicht wissen, für die Bedürfnisse ihres Sohnes gesorgt. Zweitens segnete Gott das, was vorhanden war.

Die Mutter hatte keine Ahnung, dass die Verpflegung, die sie doch für ihren Sohn vorbereitet hatte, eine ganze Menschenmenge sättigen würde. Sie hatte keine Ahnung, dass diese Geschichte bis in die Ewigkeit hinein erzählt und für Millionen von Menschen zum Segen werden würde. Sie verrichtete nur treu ihre tägliche Routinearbeit. Und diese Treue zieht immer noch Kreise.

„Alles, was ihr tut, das tut von Herzen als dem Herrn und nicht den Menschen". (Kolosser 3,23). Wenn du treu deine Brotzeiten einpackst, zur Arbeit gehst, die Böden schrubbst, eine Freundin besuchst, Botengänge machst oder eine von tausend anderen alltäglichen Pflichten verrichtest, tu es für Gott. Er wird deine Treue in Segen verwandeln. Du wirst auf dieser Erde vielleicht nie erkennen, wie Gott deine Treue gesegnet hat. Auch wenn andere diesen Segen erkennen, erfahren sie unter Umständen nie seinen menschlichen Urheber. Vielleicht bleibst du unbekannt wie die Mutter des Jungen, deren Namen wir nicht kennen, und doch zieht der Segen seine Kreise.

Durch deine Treue wird Gott die Welt segnen, wie er sie sonst nicht segnen könnte. Willst du nicht auch in völliger Hingabe an ihn deine Alltagsarbeiten verrichten?

Helen Lingscheit Heavirland

Ein Bund Petersilie

Eine gute Botschaft aus fernen Landen ist wie kühles Wasser
für eine durstige Kehle. Sprüche 25,25

Die Petersilie war welk, vertrocknet, fast tot und nutzlos. Sie sah hässlich, vernachlässigt und lieblos behandelt aus. Man hatte sie gepflückt zu ihrer besten Zeit, in Bündchen zusammengebunden, um sie auf dem Markt zu verkaufen. Eine Verkäuferin hatte sie dann erworben, um sie an ihrem Stand an der Straße weiterzuverkaufen.

Die Sonne brannte heiß herab. Schließlich brach der Abend herein. Bald würde der Stand für die Nacht geräumt werden. Leute blieben stehen, betrachteten die verwelkte Petersilie und schüttelten den Kopf. Einige nahmen sie hoch, legten sie wieder ab und suchten sich ein besseres Bund aus. Andere gingen weiter, um bei einem anderen Stand zu kaufen.

Schließlich blieb ein Mann stehen. Er brauchte Petersilie. Er hatte schon an den anderen Ständen gesucht, aber es gab keine mehr. Dies war der letzte Stand, die letzte Petersilie. Er sah die verwelkten Blätter an. „Sie können sie billig haben", sagte die Verkäuferin, da sie die nutzlose Petersilie loswerden wollte.

„Ich nehme sie", willigte der Mann ein. „Schließlich ist sie billig."

Er beeilte sich, um nach Hause zu kommen, und entschuldigte sich bei seiner Frau: „Tut mir Leid, was anderes gab's nicht. Ist sie überhaupt noch zu gebrauchen?"

Sie antwortete nicht, nahm nur einen Krug und füllte ihn mit kaltem Wasser. Dann stellte sie die Kräuter hinein und setzte ihre Arbeit fort.

Du hättest sehen sollen, wie die Petersilie zum Leben erwachte! Bald war sie erfrischt und stand wieder gerade und aufrecht. Da gab es keine Ähnlichkeit mehr mit dem verwelkten Grünzeug von vorher.

Manchmal ist unser Leben wie jene Petersilie. Unsere Stimmung hat schon vor langer Zeit ihren Glanz und unser Leben seine Bedeutung verloren. Wir brauchen die Nähe unseres Herrn! Ihm machen unser Aussehen und unsere ungünstigen Lebensumstände nichts aus. Wir sind vielleicht durch die Kritik verwelkt und verbrannt, aber Christus bringt Hoffnung für uns. Er weiß, dass wir nur einen Schluck des lebendigen Wassers brauchen – die gute Nachricht der Erlösung.

Wenn Christus in unser Leben eintritt, wird er unsere Herzen erneuern und unsere Gedanken und Taten erfrischen. Und wir werden nicht länger hässlich, vernachlässigt und unerwünscht sein.

Priscilla Adonis

Hilfe, Herr, ich ertrinke!

... Und so geschah es, dass sie alle gerettet ans Land kamen.
Apostelgeschichte 27,44

Jch kämpfte darum, wach zu werden. Mir war bewusst, dass ich tausend Dinge zu erledigen hatte. Ich wollte an dem Zustand festhalten, bei dem man nichts wahrnimmt, keine Schmerzen, keinen Druck hat und das alltägliche Leben vergessen kann. Nach mehreren Versuchen, meine Füße auf den Boden zu bekommen, gab ich schließlich den Forderungen eines weiteren Tages nach.

Ich nahm meine lange Liste mit den Dingen, die ich erledigen musste in die Hand und stöhnte. Ich werde dies alles nie erledigen können! Keine Zeit für meine Andacht heute, Herr. Das verstehst du doch? Ich seufzte ein stilles Gebet, während ich versuchte zu entscheiden, welche Aufgabe ich als erstes anpacken sollte.

Ich richtete das Frühstück her, brachte meinen Mann zum Büro und fuhr weiter zur Gemeindeschule, um Bibelunterricht zu halten. Danach hetzte ich in die Arztpraxis. Eine Stunde Wartezeit! Anschließend hastete ich in den Supermarkt, entschied mich für die kürzeste Schlange an der Kasse. Fehlgriff! Es war die langsamste!

Ich hetzte nach Hause, um das Mittagessen herzurichten, dann wieder ins Büro, um meinen Mann abzuholen. Danach aßen wir und ich spülte das Geschirr. Als Ron wegging, fragte er: „Ich brauche einen Artikel bis morgen früh. Meinst du, du könntest ihn schreiben?" Mir war nach Schreien zumute! Wie könnte ich eine weitere Aufgabe auf meine Liste setzen, die noch nicht zur Hälfte abgearbeitet war – dabei hatten wir schon drei Uhr nachmittags! Dann ging ich zu meinem Schreibtisch, nahm mein Andachtstagebuch in die Hand und schrieb über meine Frustration: „Wie, Herr, wie? Ich möchte einfach vor dem Kamin sitzen und nichts mehr tun, aber ich muss noch so viel erledigen. Diese Woche zerrinnt mir zwischen den Fingern."

Mein Kummer fand Ausdruck in einer Zeichnung: Ein Strichmännchen mit hoch erhobenen Händen kämpfte verzweifelt, aber aussichtslos gegen gewaltige Meereswellen. Darunter schrieb ich: „Hilfe, Herr! Hilfe! Ich ertrinke und ich habe nicht die Kraft zu schwimmen!"

Dann schlug ich meine Bibel in Apostelgeschichte 27 auf, die Geschichte vom Schiffbruch des Paulus. Die Worte des 44. Verses schienen mich „anzuspringen". Ich freute mich, wie gut sie passten: „Und so geschah es, dass sie alle gerettet ans Land kamen." Ich konnte Gott spüren, der mein Herz ansprach: „Dorothy, genau wie ich Paulus sicher an Land bringen konnte, kann ich dich sicher ans Ende dieses Tages, dieser Woche bringen. Du wirst nicht ertrinken!"

Dorothy Eaton Watts

Lanes Lektion

Befiehl dem HERRN deine Wege und hoffe auf ihn, er wird's wohl machen.
Psalm 37,5

Meine Schwägerin Chris hat ein faszinierendes Hobby – Blindenhunde aus-zubilden. Sie nimmt sie einzeln für ein Jahr auf. Dann gehen sie in eine besondere Schule, die jeden Hund mit der blinden Person ausbildet, der er dienen soll.

Der jetzige Hund, den Chris trainiert, heißt Lane, ein hübscher Collie mit glat-tem Fell und einem schlanken Körper, einer empfindlichen Nase und Augen, die ein Herz aus Stein zum Schmelzen bringen könnten.

Die Haupteigenschaft, die sie in jedem Blindenhund fördern muss, ist Konzen-tration. Er muss z. B. lernen, seinem Spieltrieb nicht nachzugeben, sondern sich völ-lig seiner Aufgabe zu widmen.

Lane wird nicht 24 Stunden am Tag trainiert. Die Ausbildung beginnt, sobald meine Schwägerin ihm den Trainingsmantel anzieht. Nun weiß er, dass er ein „Hund mit einer Mission" ist. Während dieser Zeit darf er kein Interesse an Futter zeigen, sich nicht einmal in dessen Nähe begeben, um zu schnüffeln. Außerdem muss er an der Seite seines Trainers bleiben und immer auf dessen Gesicht achten. Er hat die Bodenbeschaffenheit zu beobachten und muss anhalten, wenn eine Stol-perfalle oder ein Hindernis den Weg versperrt.

Außerdem darf der auszubildende Hund kein Geräusch machen. Das Tier darf nicht bellen, winseln oder heulen. Es darf seine Notdurft nicht vor der vorgegebe-nen Zeit verrichten. Auch mit Kindern toben oder Eichhörnchen während des Trai-nings jagen, ist nicht zulässig. Er muss sich so intensiv konzentrieren, dass er zu ei-nem anderen Wesen wird, während er als Blindenhund arbeitet.

Mein Besuch bei Chris hat mich Folgendes gelehrt: Lane war bereit, sein natürli-ches Verhalten abzulegen, um jemandem in Not zu dienen. Das verlangt Hingabe. Wie zu Lane die Jagd nach Eichhörnchen gehört, gehört zu unserer menschlichen Natur die Neigung zur Sünde.

Lanes Verhalten im Training als Blindenhund war vorzüglich, aber zuerst musste er bereit sein, seinem Trainer zu erlauben, sein Hundewesen zu verändern.

Wie Lane seinem Trainer müssen wir es Gott erlauben, uns den Mantel der Er-gebenheit anzuziehen und unsere menschliche Natur zu verändern. Wenn wir uns auf sein Ziel für uns konzentrieren, kann er uns vielleicht dazu anleiten, einer geist-lich blinden Person zu helfen.

Lorabel Hersch

Ungeplante Unterbrechungen

... Und wer weiß, ob du nicht gerade um dieser Zeit willen zur königlichen
Würde gekommen bist? Ester 4,14

J ch hatte meinen Besuchsplan festgelegt, bevor ich die Gesundheitsstation der Stadt Beaumont verließ. Mein erster Halt führte mich in einen Stadtteil, den ich schon oft besucht hatte.

Ich parkte den Wagen am Straßenrand, stieg aus und verschloss die Türen. Als ich zu den Häusern hinüberging, erkannte ich, dass ich weit entfernt von meinem eigentlichen Ziel war. Wie hatte ich nur einen solchen Fehler machen können? Warum war ich in einer Wohngegend stehen geblieben, in der ich mich nicht auskannte?

Ich kehrte wieder zum Auto zurück; aber anstatt einzusteigen, drehte ich mich erneut um und ging auf die Häuser zu. Dies wiederholte sich mehrere Male. Langsam zweifelte ich an meinem Verstand. Ich wollte ein paar Schritte geradeaus gehen, bevor jemand sah, wie ich mich im Kreise drehte.

Da kam plötzlich ein Mädchen aus einem der Häuser. „Sind Sie die Krankenschwester von der Gesundheitsstation?"

„Ja, das bin ich!"

„Kommen Sie bitte herein und sehen Sie nach meiner Freundin", bat sie. „Sie braucht Hilfe!"

In dem winzigen Wohnzimmer lag ein 19-jähriges Mädchen in entsetzlichen Schmerzen. Sie hatte vor einigen Tagen einen Kaiserschnitt gehabt. Völlig verkrampft hielt sie ihren Bauch und stöhnte.

„Darf ich mal sehen?", fragte ich. Sie nickte. Ich entdeckte, dass ein Teil der Naht aufgeplatzt war und in ihrer Bauchdecke ein großes Loch klaffte. Das Mädchen war auch noch Diabetikerin, daher drängte ich sie, sofort ins Krankenhaus zu gehen. Da sie keine Krankenversicherung hatte, zögerte sie.

Nach langem Hin und Her gelang es ihrer Freundin, sie zu überzeugen, und sie willigte ein.

Ich konnte wieder zu meinem Auto zurückgehen. Diesmal hatte ich damit keine Probleme. Mir wurde schlagartig klar: Gott wollte, dass ich jenes Mädchen besuchte. Er hatte für sie gesorgt und mich dazu gebracht, sie zu besuchen.

Welch eine Ehre, von ihm dafür ausgesucht zu werden, um für andere ein Segen zu sein!

Susan L. Berridge

Das Zuhause ist dort, wo das Herz ist

... Ich gehe hin, euch die Stätte zu bereiten ... damit ihr seid, wo ich bin.
Johannes 14,2.3

Mehr als 30 Jahre sind vergangen, seit ich Belfast verlassen habe. Obwohl ich in England sehr glücklich gewesen bin – ich habe hier geheiratet, eine Familie großgezogen und Freunde gefunden –, ist Irland immer noch für mich mein „Zuhause". Ich wurde dort geboren. Mein Charakter und meine Wertvorstellungen sind dort geformt worden. Meine Wurzeln befinden sich dort, und je älter ich werde, desto mehr sehne ich mich danach, ins Land meiner Herkunft zurückzukehren.

Wenn ich zu Besuch komme und das Flugzeug den Landeanflug beginnt, bin ich immer wieder ergriffen von der grünen „Flickendecke" der Felder, die sich im Tal zwischen den Hügeln und dem glitzernden Wasser des Belfast Lough eingenistet hat. Der Dichter Louis MacNeice erzählt, wie er geboren wurde zwischen den Bergen und den Gleisen der Kräne. Ich kann mich mit seinen Gefühlen identifizieren, denn mein Vater arbeitete an den Werften. Wenn ich Goliath, den Riesenkran, gegen den Himmel ragen sehe, weiß ich, dass ich zu Hause bin.

Die Iren sind sentimentale Menschen. In einem unserer Volkslieder singen wir, Irland sei ein kleines Stück Himmel, das eines Tages aus den Wolken herabfiel. Wenn ich mit den warmen, freundlichen Menschen rede, die Kultur in mich aufsauge oder eine menschenleere Landstraße bei Sonnenschein entlang fahre, könnte man dies fast glauben. Und doch ist Irland nicht der Himmel. Wie in jedem Land auf dieser Welt, ganz gleich wie schön es sein mag, gibt es auch hier Sünde, Bosheit und Korruption.

Irland ist auch nicht wirklich mein Zuhause. Als ich das Opfer Jesu für meine Sünden annahm, wurde ich ein Kind Gottes und eine Bürgerin des himmlischen Reiches. Jesus ist dabei, meinen Charakter und meine Werte neu auszurichten. Seine Liebe dringt tief in meine Wurzeln und er ist mir vorausgegangen, um eine Wohnung für mich vorzubereiten dort, wo er lebt. Ich sollte mich noch mehr nach dem Himmel sehnen als nach Irland. Meine Gedanken sollten sich ständig mit dem Tag beschäftigen, an dem er kommen wird, um mich nach Hause zu holen.

Freust du dich mit mir auf unser ewiges Zuhause und sehnst du dich auch danach?

Audrey Balderstone

Er kommt – bist du bereit?

*Seid auch ihr geduldig und stärkt eure Herzen; denn das Kommen
des Herrn ist nahe. Jakobus 5,8*

Der Verkehr auf dem Myatt Drive staute sich auf fast zwei Kilometer, alle vier Fahrbahnen waren mit Autos verstopft, die sich Stoßstange an Stoßstange zentimeterweise vorwärts bewegten. Dies war keine viel befahrene Strecke und die Stoßzeit war vorbei, deshalb nahm ich an, dass es einen Unfall gegeben hatte. In der Umgebung lagen zum größten Teil Wohnhäuser, außer einer großen Fabrik für Lkws direkt vor uns. Und schon sah ich Polizeiautos, die auf beiden Seiten die Straße säumten, sowie zwei große Medienübertragungswagen, die in der Nähe der Einfahrt parkten.

Dann erkannte ich auch große Transparente, beschriftet mit grellroten und blauen Buchstaben auf weißem Hintergrund, die über die Eingangstore gespannt waren. Die kühne Botschaft verkündete: „Er kommt – wir sind bereit." Sicherheitspersonal hatte alle Eingänge besetzt und ließ niemanden eintreten. Nun war der Verkehr völlig zum Erliegen gekommen.

Die Stimmen der Wachmänner ertönten aus den Lautsprechern. „Wann wird er erwartet?" „Ich weiß nicht, aber es muss bald sein." „Ist alles in Ordnung?" „Ja, alles ist inspiziert worden, und wir sind bereit." „Haben alle ihre Genehmigung bekommen, um ihn zu treffen?" „Ja, ihre Legitimation ist überprüft worden." „Warum ist er wohl aufgehalten worden?" „Ich weiß es nicht, aber wir haben seit langer Zeit auf sein Kommen gewartet."

Schließlich bewegte sich die Autoschlange wieder. Als ich um die Ecke bog, sah ich ein weiteres Transparent, die amerikanische Flagge mit der Aufschrift: „Willkommen, Präsident Clinton."

Vielleicht sollten wir auch unsere Transparente aufhängen. „Er kommt – bist du bereit?" Ich frage mich, wie viele von uns sich durch das Leben wie im Stau vorwärts bewegen und überhaupt nicht wahrnehmen, dass Jesu Wiederkunft nahe bevorsteht. Wenn solche Vorbereitungen getroffen werden in der Erwartung, ein Staatsoberhaupt zu sehen, wie viel mehr sollten wir alles in Bereitschaft halten, um unseren Herrn zu treffen! Wenn uns das Datum seines Kommens bekannt wäre, würde der Verkehr wie gewohnt fließen? Würden wir nicht als Erstes dafür sorgen, dass unser Haus geordnet ist und wir vorbereitet sind? Wundern wir uns, warum er aufgehalten worden ist? Vielleicht sind wir einfach noch nicht bereit.

Barbara Smith Morris

Die zerbrochene Tasse

Darum lasst uns hinzutreten mit Zuversicht zu dem Thron der Gnade,
damit wir Barmherzigkeit empfangen und Gnade finden zu der Zeit,
wenn wir Hilfe nötig haben. Hebräer 4,16

Wir Kinder versammelten uns um den Tisch, während unsere Eltern vorsichtig einen Karton öffneten, in dem sich ein neues Teeservice befand. Meine Mutter packte die Tassen aus, dann die Untertassen, Teller, den Milchkrug, die Zuckerdose und schließlich die Teekanne. Ich kann mich erinnern, wie aufgeregt wir waren! Bewundernd berührten wir sanft das zerbrechliche Geschirr. Für uns war dies das schönste und feinste Porzellan, das es gab.

Zuerst wurde das kostbare Service nur benutzt, wenn Gäste kamen. Einmal, als die Gäste gegangen waren, bat mich Mutter, das Geschirr zu spülen und wegzuräumen. Ich trug es vorsichtig in die Küche, und während ich es reinigte, fiel eine Tasse auf den Fußboden. Mit Entsetzen sah ich auf die zerbrochenen Stücke. Niemand war zu sehen. Mit den zitternden Händen einer 10-Jährigen versuchte ich sie wieder zusammenzufügen. Aber es gelang nicht. Ich bekam Angst und kämpfte mit der Versuchung, die kaputten Stücke zu vergraben. Niemand würde es wissen. Aber man hatte mir beigebracht, unter allen Umständen die Wahrheit zu sagen. Mit unsicheren Schritten und der zerbrochenen Tasse in der Hand ging ich ängstlich auf meine Mutter zu. Ein Blick auf mein Gesicht reichte, um ihr klar zu machen, welche Traurigkeit und Angst ich im Stillen erlebte. „Macht nichts", sagte sie. „Was würden die Hersteller tun, wenn niemand das Geschirr kaputt machte? Sie würden verhungern."

Wie weggeblasen war meine Angst. Mein Herz jubelte, und große Zuneigung zu meiner Mutter erfüllte mich. Ich habe immer noch die Zuckerdose von diesem Service, und wenn ich sie ansehe, erinnere ich mich der Worte meiner Mutter über die zerbrochene Tasse.

Wir können nicht immer voraussagen, wie unsere Eltern reagieren werden, wenn wir nachlässig sind oder falsch handeln. Ich erwartete eine Strafe oder wenigstens eine Zurechtweisung für meine Nachlässigkeit. Aber bei Gott haben wir die Gewissheit, dass unser Sündenbekenntnis immer angenommen und unser Versagen vergeben wird. Es mag Konsequenzen geben für unserer Handeln, aber Gott versäumt es nie, uns zu vergeben.

Birol C. Christo

Wurzeln

Deshalb beuge ich meine Knie vor dem Vater, ... dass Christus durch den
Glauben in euren Herzen wohne und ihr in der Liebe eingewurzelt und
gegründet seid. So könnt ihr mit allen Heiligen begreifen, welches die Breite
und die Länge und die Höhe und die Tiefe ist. Epheser 3,14.17.18

Das Jahr, in dem ich meinen Garten anlegte, musste natürlich das Jahr mit dem schlimmsten Frost sein im südlichen Kalifornien. Ich war nicht zu Hause gewesen, als er einsetzte. Als ich zurückkam, musste ich feststellen, dass die Hälfte der Blumen und Pflanzen, die ich seit acht Monaten gehegt und gepflegt hatte, runzelig und braun geworden waren.

Die Gartenspalte in unserer Lokalzeitung warnte davor, die abgestorbenen Blätter zu früh abzuschneiden. Man sollte sie lassen, um das, was von der Pflanze übrig geblieben war, vor weiterem Schaden zu bewahren. Und Geduld sollte man haben!

Meine regelmäßigen Inspektionsgänge durch den Garten bestätigten, dass die Zeitung Recht hatte. Eine Pflanze nach der anderen fing an, wieder auszuschlagen. Am Ende gab es nur zwei, die sich nicht erholten.

Am traurigsten sah eine kleine Jade-Pflanze aus, die einst leuchtend grüne Blätter gehabt hatte. Während die anderen Jade-Pflanzen ihre toten Blätter fallen ließen und sich fast sofort erneuerten, blieb diese dort einfach in ihrer Ecke stehen, ein verdorrtes Skelett. Schließlich gab ich sie auf. Aber als ich sie gerade ausgraben wollte, sah ich, wie winzige grünlich-gelbe Blätter von mehreren unteren Trieben wuchsen. Wunderbar! Auch sie würde es schaffen.

„Das passiert", sagte eine Freundin mit größerer Erfahrung in Sachen Garten, als ich ihr davon erzählte. „Es ist ein Wunder."

Dieses Wunder, wie ich nachher festgestellt habe, hat mit den Wurzeln zu tun. Die neu gepflanzten Blumen waren in die Erde eingesetzt worden, aber noch nicht fest verwurzelt, und deshalb hatten sie keine Chance. Die Jade-Pflanzen hatten einen Vorsprung von acht Monaten und ihr Wurzelsystem rettete sie durch einen der kältesten Winter in Kalifornien hindurch.

Es gibt auch in unserem Leben Frostzeiten. Zeiten der Einsamkeit, der Trauer, der tiefen Schmerzen. Bist du fest verwurzelt in Gottes Liebe, darauf vorbereitet, den „schlimmsten Winter" zu überstehen? Bin ich es? Ich hoffe es, durch die Gnade Gottes!

Hilf mir, Herr, meine Wurzeln heute tief in deiner Liebe zu verankern, damit ich
Widerstandskraft habe, wenn die kalten Winter des Lebens kommen.

Jocelyn Fay

Prioritäten

... Marta, Marta, du hast viel Sorge und Mühe. Eins aber ist not. Maria hat das gute Teil erwählt; das soll nicht von ihr genommen werden. Lukas 10,41.42

Es gab an jenem Morgen mehr als genug zu tun. Unsere Tochter und zwei ihrer Freundinnen kamen auf Besuch und ich wollte, dass alles genau richtig sein sollte. Mein Mann war weggefahren, um die Mädchen vom Flughafen abzuholen. Er lag eine Stunde entfernt, und so dachte ich, genügend Zeit zu haben, um die Vorbereitungen abzuschließen.

Nachdem das Essen fertig war, um in den Ofen geschoben zu werden, widmete ich meine Aufmerksamkeit dem Hausputz. Bald war das Badezimmer blitzblank und ich fing an, die Böden zu kehren. Gerade als Wohnzimmer und Küche an der Reihe waren, hörte ich, wie ein Auto in die Einfahrt fuhr. Da es noch zu früh für die Rückkehr meines Mannes war, ging ich hinaus, um zu sehen, wer da kam.

Zu meiner großen Überraschung war das Flugzeug nicht verspätet gewesen, mein Mann hatte einen Rekord aufgestellt, und nun begrüßte mich meine Tochter mit lächelndem Gesicht. Meine erste Reaktion war Verzweiflung, weil ich an den unfertigen Hausputz und den Dreckhaufen dachte, den ich gerade ins Wohnzimmer zusammengefegt hatte.

Aber trotz meiner ersten Reaktion konnte ich meine Gäste herzlich willkommen heißen. Obwohl die Küche weder gefegt noch gewischt wurde, hatten wir eine wunderbare Zeit miteinander. Und niemand schien auch im Geringsten zu bemerken, dass es im Wohnzimmer Staub gab und der Teppich nicht gesaugt worden war. Die fehlenden Vorbereitungen, die ich für unerlässlich angesehen hatte, verdarben den Besuch überhaupt nicht.

Ich denke an die Gelegenheiten, bei denen scheinbar unerlässliches Kochen, Backen, Putzen und andere Aufgaben die erste Priorität in meinem Leben ausmachen. Mein bester Freund Jesus wartet, um mich zu besuchen, aber ich bin zu beschäftigt. An den Tagen, an denen ich „den besseren Teil" wähle und persönliche Andacht und Gebet oben auf meinen Tagesplan setze, geht alles viel glatter. Die wirklich wichtigen Dinge werden viel schneller erledigt und ich fühle Gottes Segen.

Herr, hilf mir, meine Prioritäten zu ordnen und die bessere Wahl heute treffen, damit dein Segen mich erreichen kann.

Betty J. Adams

Immer an unserer Seite

... „Ich will dich nicht verlassen und nicht von dir weichen." Hebräer 13,5

Meine Familie hatte noch nie einen Krieg erlebt, bevor wir in die bittere Rebellion in Liberia im Jahre 1990 verwickelt wurden. Immer näher an die Stadt Monrovia kamen die Rebellen der Nationalen Vaterländischen Front Liberias.

Reis, die Standardnahrung in Liberia, war Mangelware und so kostbar wie Diamanten geworden. Oft wurden Menschen wegen einer Hand voll Reis erschossen. Bald ging unser Reisvorrat zu Ende. Es gab keine Hoffnung, Nachschub zu bekommen. Als uns bewusst wurde, dass wir verhungern müssten, beschlossen wir aufs Land zu flüchten, mit der Absicht, meine Heimat Sierra Leone zu erreichen.

Dort trafen wir Buluma, einen Mann, der uns aufnahm, obwohl er nichts über uns wusste. Wir erkannten, dass Gott uns ganz nah war. Wir aßen Maniok, keinen Reis mehr. Ellen, meine jüngste Tochter, protestierte: „Papa, Mama, ich will nicht!" Mein Mann und ich mussten die Kinder bitten, das zu essen, was es gab. Was sollten wir tun? Kein Reis und keine Alternative. Herr, hilf uns, war das allgegenwärtige Gebet auf unseren Lippen.

Als wir hörten, dass die Truppen der Ökonomischen Gemeinschaft Westafrikanischer Staaten dabei waren, das Gebiet zu betreten, auf dem wir uns befanden, waren wir sicher, dass der Herr uns durch sie retten würden. Aber die Truppen kamen und gingen und überließen uns unserem Schicksal. Gott, werden wir in diesem fremden Land bleiben? fragte ich mich unter Tränen.

Die Flucht durch den Busch erwies sich als schwierige Reise, die mich sogar von meinem Mann und den drei Kindern trennte. Gott, wo bist du? weinte ich. Ich gab auf und war bereit, alles, was kommen sollte, anzunehmen. Einmal trat ich in einen fast 10 cm langen Dorn, aber ich spürte nichts. Mit dem Dorn in meinem Fuß sah ich eine Kobra vor mir, aber mit einem Mut, den ich normalerweise nicht gehabt hätte, ging ich weiter vorwärts, bis die Schlange vor mir flüchtete.

Die Hoffnung, jemals meine Familie wieder zu finden, war verschwunden, und ich rechnete damit, von den Rebellen getötet zu werden, die mich verfolgten. Aber Gott war nicht fern. Wir wurden zusammengeführt und gerettet.

Nach dieser ganzen Episode schafften wir es, zurück nach Sierra Leone zu kommen. Gott ist immer bei uns. Ich erlebte seine Verheißung: „Ich will dich nicht verlassen und nicht von dir weichen." (Hebräer 13,5)

Catherine F. Kambo

Mentale Bilder

... Was wahrhaftig ist, was ehrbar, was gerecht, was rein, was liebenswert,
was einen guten Ruf hat, sei es eine Tugend, sei es ein Lob - darauf
seid bedacht! Philipper 4,8

Manchmal, wenn ich von den Problemen des Tages abschalten will, setze ich mich hin oder liege ganz still. Gewöhnlich fange ich damit an, auf eine physische Art „loszulassen", indem ich bei meinen Zehen anfange und jeden Teil meines Körpers der Reihe nach entspanne, langsam atme und fühle, wie die Spannung entweicht.

Sich mental zu entspannen ist nicht so einfach, und so nehme ich mir vor, in meiner Fantasie an einen meiner Lieblingsorte zu reisen – vielleicht in einen schönen Garten oder an einen Gebirgsbach.

Heute dachte ich an Granada, eine schöne Insel in der Karibik. Ich besuchte sie vor vielen Jahren, aber ich kann mir immer noch mühelos die Szene bildhaft vorstellen. Ich sehe das lebhafte tropische Meer in Grün- und Blautönen. Fast fühle ich die Wärme der Sonne und die Kälte einer Zitronenlimonade. Ich sehe mich ins Meer laufen, wenn die Sonne zu heiß brennt, und kann das kühle, salzige Wasser spüren, wie es an mir hochspritzt. Fast schmecke ich das Salz. Dann stelle ich mir die Kokosnusspalmen in der Ferne vor.

Nun verändert sich das Bild vor meinem inneren Auge. Es ist Nacht, und der Mond geht auf. Ich höre das tröstliche Geräusch der Wellen, die sanft an den Strand plätschern.

Dankbarkeit durchströmt mich, wenn ich eines meiner mentalen Bilder „ausgemalt" habe. Ich bin mit einem Gedächtnis, mit der Fähigkeit zu sehen und zu hören gesegnet worden. Gottgegebene Gaben, die ich oft als selbstverständlich hinnehme. Auch wenn ich arm, ohne Bildung, isoliert oder behindert wäre, könnte ich immer noch meine Bilder „ausmalen".

In meiner kurzen Zeit des Loslassens erlebe ich physische, mentale und geistliche Ruhe vor dieser geschäftigen Welt. Ich entkomme der Traurigkeit und Gewalt, die mich so leicht treffen, und genieße einige Minuten der Entspannung in der Schönheit, die Gott geschaffen hat.

Welches mentale Bild könntest du malen? Welche Gefühle würden damit zurückgebracht werden? Danke Gott für die Fähigkeit, dich zu erinnern und zu genießen. Gott lädt uns ein, heute Zeit zu nehmen, um an Dinge zu denken, die schön sind. Und uns Zeit zu nehmen, um sie mit ihm zu verbringen.

Philippa Marshall

Ein Tag nach dem anderen

Bewahre mich, Gott; denn ich traue auf dich. Psalm 16,1

J m Sommer mähe ich den Rasen, mit einem altmodischen Rasenmäher, der mit Muskelkraft betrieben wird, um Bewegung zu bekommen. Wenn ich die Größe des Rasens betrachte, denke ich: „Ich wird es nie schaffen." Aber wenn ich nur an den hinteren Rasen denke, erscheint die Aufgabe nicht so groß. Ich sage mir: „Das kann ich schaffen."

Dann nehme ich mir den seitlichen Rasen vor. Kein Problem. Bahn für Bahn schiebe ich den Mäher und bald bin ich mit der Aufgabe fertig. Es gibt allerdings einige Stellen im Garten, die schwierig sind – die Ränder in der Nähe der Blumenbeete oder der Steineinfassungen zum Beispiel. Mein Mann greift dann zu seinem elektrobetriebenen Rasentrimmer und übernimmt diese Stellen und bald sind wir fertig.

Im Winter bekomme ich meine Bewegung auf dem Trimmrad und Rudergerät. Am Anfang scheint die Zeit so langsam zu vergehen, während ich auf die Uhr blicke. „Fünf Minuten! Zehn Minuten!" Ich jammere innerlich. Aber wenn ich meinen Kopfhörer aufsetze und meine Lieblingsmusik höre, vergesse ich auf die Uhr zu schauen und konzentriere mich auf die schönen Texte. „Wie groß bist du!" „Welch ein Freund ist unser Jesus!" – die Zeit verfliegt und bevor ich mich versehe, ist mein Bewegungsprogramm beendet.

So ist es auch im täglichen Leben. Manchmal belasten mich Schmerzen, Sorgen, Trauer und Kummer und mir kommt es vor, als ob ich sie unmöglich bewältigen könnte. „Wie lange noch?", klage ich dann.

Die Last des Lebens ist oftmals überwältigend und ich meine sie nicht tragen zu können. Dann erkenne ich, dass ich im Leben einen Tag nach dem anderen nehmen muss, nur eine Last auf einmal und nicht die ganze Spanne des Lebens gebündelt. Und wenn ich meine Gedanken mit Gebet und Lob für meinen wunderbaren Gott erfülle und über sein Wort nachdenke, kann ich alle Turbulenzen durchqueren.

Und was ich nicht schaffe, – die wirklich schweren Brocken – wird Gott übernehmen, wie mein Mann mit dem Rasentrimmer, und er wird das Schwere für mich erledigen. Dank sei dem Herrn!

Herr, wenn ich an meine Sorgen und Lasten denke, so wie an all die Arbeit, die ich in den nächsten Tagen erledigen muss, frage ich mich, wie ich das je bewältigen soll. Hilf mir, einen Tag nach dem anderen mit dir zu leben, im Vertrauen darauf, dass du die schweren Brocken für mich übernehmen wirst.

Pam Caruso

Jeder kann eine Umarmung gebrauchen

... Liebe deckt alle Übertretungen zu. Sprüche 10,12

Heute Morgen fuhr ich meine fünfjährige Enkelin zur Schule. Schnell wurde mir klar, dass heute nicht ihr Tag war. Auf halbem Weg zur Schule beklagte sie sich, sie habe Bauchweh. Als keine der Lösungen, die ich vorschlug, ihr zusagten, hatte sie eine Idee.

„Fahr zurück, Omi", bat sie. „Ich brauche eine Umarmung von meinem Papa."

„Es ist zu spät", antwortete ich. „Aber wenn wir an der Schule ankommen, gebe ich dir zwei Umarmungen, eine für Papa und eine für Omi."

Nach einigen Minuten kniete ich mich neben sie auf den Parkplatz und umarmte sie fünfmal, je eine Umarmung für ihren Papa, ihre Mama, ihre Omi, ihren Opa und unseren Hund Matt.

„Und eine für meine Schwester", bat Rachel.

Und so umarmte ich sie noch viermal: je einmal für ihre Schwester Bethany, ihren Bruder Calvin und ihre anderen Großeltern. Ich dachte, das würde doch für den Tag reichen.

„Okay", sagte sie mit einem Lächeln. „Ich bin bereit, zur Schule zu gehen."

Wenn wir Erwachsenen so ehrlich wie Rachel wären, müssten wir zugeben, dass wir hin und wieder einige Umarmungen brauchen könnten, damit alles wieder gut erscheint und wir den Tag bewältigen können. Auf meinem fünfzehnminütigen Weg von der Schule zu meiner Arbeitsstelle erinnerte ich mich an Begebenheiten, bei denen die Umarmung einer Freundin mir geholfen hatte, einen schweren Tag zu bewältigen.

Wie oft wäre ich in der Lage, Umarmungen auszuteilen, sowohl wirkliche wie symbolische Umarmungen, an Frauen in meinen Gemeinden und in meiner Umgebung, die leiden? Ich habe viele Aufkleber auf Stoßstangen gesehen, mit Aufforderungen wie „Hast du heute schon dein Kind umarmt?" oder „Hast du heute schon dein Pferd gestreichelt?" Kinder und Tiere brauchen Liebe und Wertschätzung, aber Erwachsene auch. Ebenso Menschen in leitenden Positionen in der Gemeinde, Männer wie Frauen.

Wir können Umarmungen auf viele Arten austeilen: ein Lächeln, ein Händedruck, ein Anruf, ein Wort der Wertschätzung, ein Dankesbrief, ein kleines Geschenk, eine Postkarte, ein Fax oder eine Email-Botschaft. Es kostet nur einen Augenblick, jemandem zu sagen: „Ich schätze dich." Es macht nur wenig Mühe zu sagen: „Ich bete für dich." Schnell ist ein Zettel geschrieben mit den Worten: „Ich finde es gut, was du getan hast." Wie leicht ist es, zu sagen, „Du bist mir ein Segen." Warum tun wir es dann so selten?

Dorothy Eaton Watts

Gott wacht !

Der Engel des HERRN lagert sich um die her, die ihn fürchten,
und hilft ihnen heraus. Psalm 34,8

Es war eine neblige Nacht im März des Jahres 1976 in einer kleinen, schläfrigen Stadt. Mein Mann war geschäftlich unterwegs. Unsere vier Kinder schliefen tief und fest in ihrem Schlafzimmer. Haustür und Doppeltür zwischen Wohnzimmer und Veranda hatte ich schon überprüft. Dann ging ich in mein Schlafzimmer, schaltete das Licht ein, kniete mich für mein Gebet nieder, stieg ins Bett und war bald fest eingeschlafen.

Mit einem Ruck wachte ich auf und lauschte. Hatte ich da nicht ein Geräusch gehört? Da war's wieder! Es klang wie Metall, das an der Haustür kratzte. Vielleicht hatten Einbrecher das Haus beobachtet und festgestellt, dass Auto und Hund fehlten. Sie mussten denken, dass wir alle verreist waren. Sie konnten nicht wissen, dass wir unseren Hund gerade am Tag, bevor mein Mann wegfuhr, verkauft hatten, und dass ich mit den Kindern zu Hause war.

Ich schlüpfte aus dem Bett, zog meinen Morgenmantel über und schlich in der Dunkelheit barfuß ins Kinderzimmer. Vorsichtig umrundete ich alle Möbel, um nur keinen Lärm zu verursachen. Durch einen Spalt im Vorhang des vorderen Fensters lugte ich nach draußen, aber das milchige Licht der Straßenbeleuchtung bildete einen undurchdringlichen Schleier. Ich huschte wieder auf die andere Seite unseres Hauses und schaute nach den Jungen. Auf dem Weg in mein Schlafzimmer hörte ich wieder das kratzende Geräusch, aber diesmal von der hinteren Tür!

Sollte ich die Polizei rufen? Aber ich hatte Angst, ein Geräusch zu machen und durch die Glastür gesehen zu werden, wenn die Einbrecher Taschenlampen benutzten. Würden sie uns umbringen? Um kein Risiko einzugehen, fiel ich auf meine Knie, betete und erinnerte Gott daran, dass er verheißen hatte, seine Engel zu senden, um uns zu beschützen. Dann ging ich wieder ins Bett und lauschte gespannt.

Ein lautes Krachen ließ mich zusammenfahren, das so klang, als ob es auf der Veranda vor dem Wohnzimmer gedonnert hätte. Gleichzeitig hörte ich jemanden vom Haus fortrennen. Ich schlich wieder ins Wohnzimmer und spähte durch die Glastür. Ein dreibeiniger gusseiserner Tisch war auf der hölzernen Veranda umgestürzt.

Voller Erleichterung dankte ich Gott, dass er seine Engel sandte, um die Einbrecher zu vertreiben. Ich ging wieder in mein Zimmer und schlief bald tief und fest in der Gewissheit, dass Gott über uns wacht.

Celia Mejia Cruz

Verlass dich auf den Herrn

Wer festen Herzens ist, dem bewahrst du Frieden; denn er verlässt sich auf dich.
Jesaja 26,3

Vor einiger Zeit sollte bei mir ein kleiner operativer Eingriff durchgeführt werden. Ich war bis zum Tag davor zuversichtlich und guter Stimmung. Geplant war er schon seit einigen Monaten, und ich sagte mir: „Das ist eine Kleinigkeit." Längst hatte ich mich deshalb schon wieder mit Plänen und Vorbereitungen für die Feiertage am Ende des Jahres beschäftigt. Schließlich war eine jetzt ein Jahr zurückliegende Operation viel größer und komplizierter gewesen. Weil es damals eine Notoperation gewesen war, hatte ich keine Zeit gehabt, darüber nachzudenken oder zu planen. Dies war nur eine Anschlussmaßnahme. Kein Problem also!

Und nun war ich aufgewacht mit einer Flut von negativen Gedanken, die meinen Geist zu überschwemmen drohten. Vor Angst wurde ich ganz starr. Was wäre, wenn ich eine schlimme Infektion bekäme? Wenn ich aus der Narkose nicht aufwachte? Wenn dies mein letzter Tag wäre? Was sollte ohne mich aus meiner Familie werden? Was wäre, wenn ...? Die Flut solcher Gedanken wollte mich ertränken und ich rang nach Luft.

„Herr", rief ich, „wo bist du? Warum habe ich so schreckliche Angst?" Seine tröstende Stimme vernahm ich, als ich zur Bibel griff und in meiner stillen Ecke langsam las: „Wer festen Herzens ist, dem bewahrst du Frieden; denn er verlässt sich auf dich" (Jesaja 26,3). „Den Frieden lasse ich euch, meinen Frieden gebe ich euch" (Johannes 14,27). „Wenn ich mich fürchte, so hoffe ich auf dich" (Psalm 56,4). „Meine Zuversicht und meine Burg, mein Gott, auf den ich hoffe" (Psalm 91,2).

„Ja, Herr, ich vertraue dir. Schenke mir deinen Frieden. Danke, Herr, für dieses Geschenk."

Langsam legte sich meine Angst. Am nächsten Tag sah ich im Vertrauen auf Gottes Verheißungen der Operation entgegen. Als ich aus der Narkose erwachte, erfuhr ich, dass alles in Ordnung war.

Herr, schenke mir deinen Frieden, wenn ich meine Hand in die deine lege und dir vertraue in allem, was mir heute begegnet. Amen.

Joan Minchin Neall

Heute noch Götzen?

Wenn dich dein Bruder, deiner Mutter Sohn, oder dein Sohn oder deine Tochter oder deine Frau in deinen Armen oder dein Freund, der dir so lieb ist wie dein Leben, heimlich überreden würde und sagen: Lass uns hingehen und andern Göttern dienen, die du nicht kennst noch deine Väter, ... so willige nicht ein und gehorche ihm nicht. 5. Mose 13,7.9

Eine gläubige Lehrerin wollte ihren Erstklässlern den Begriff ,Götzendienst' erklären. Sie hielt eine Porzellankatze hoch und fragte: „Kann dies ein Götze sein?" Alle schüttelten heftig den Kopf – alle, außer einem kleinen Mädchens. Es hob die Hand und antwortete: „Klar, es könnte einer sein, wenn ich es anbete."

Was für ein kluges kleines Mädchen! Ein moderner Götze mag nicht wie ein Götze aussehen oder sich dort befinden, wo man einen Götzen vermutet. Götzen haben kein Eigenleben, sondern sie sind alltägliche Gegenstände, die wir durch Verehrung oder gar Anbetung erst zu Götzen erheben. Vielleicht bete ich sie nicht an, aber wenn sie mir wichtiger sind als Gott, sind sie dann nicht meine Götzen?

Die Lehrerin wollte die Kinder noch einmal herausfordern. Sie hielt ein Spielzeug hoch und fragte: „Kann dies vielleicht ein Götze sein?" Wiederum schüttelten sie energisch die Köpfe und riefen im Chor: „Neeeiiin!"

Und wieder hob dasselbe kleine Mädchen die Hand und antwortete: „Und ob, es könnte einer sein, wenn ich vom Gottesdienst wegbleibe, um damit zu spielen."

Ich könnte mir nicht vorstellen, mich vor einem Götzen niederzuknien – ich bin sicher, dass das auch für dich gilt. Aber wie oft sind wir zu Hause geblieben statt zum Gottesdienst oder zu anderen religiösen Veranstaltungen zu gehen, damit wir mit unseren Götzen „spielen" können? Gibt es etwas, das für uns wichtiger geworden ist, als den lebendigen Gott anzubeten?

Für einige von uns könnte es unsere Arbeit sein; und wir sind zu erschöpft, um aufzustehen und zum Gottesdienst zu gehen. Auch der Fernseher oder ein neues Buch könnten uns davon abhalten. Oder ein Auto oder Boot. Auch unsere Wohnung am Meer oder in den Bergen könnte unser Götze sein. Vielleicht eine Begabung, auf die wir uns verlassen, um Anerkennung zu bekommen. Es könnte sogar ein Freund oder ein Verwandter sein, jemand, der uns veranlasst, den Gottesdienst „sausen zu lassen" oder unsere Begeisterung für Bibelstudium und stille Zeit schmälert.

Ich weiß nicht, was deine Götzen sind, aber ich kenne meine. Wäre es nicht an der Zeit, Hausputz zu machen und sie alle hinauszufegen, damit Gott an die richtige Stelle in meinem Leben treten kann, die ihm gebührt?

Ardis Dick Stenbakken

Persönlichen Schmerz erleben

Alle eure Sorge werft auf ihn; denn er sorgt für euch. 1. Petrus 5,7

B ist du verletzt worden oder ein Scheidungskind oder ein Opfer von Zurückweisung? Hast du den Tod einer lieben Person erlebt? Wenn Menschen persönlichen Schmerz erleben, suchen sie oft einen Sündenbock, den sie für ihr Handeln verantwortlich machen. Manchmal glauben sie, Alkohol, Drogen, Fernsehen oder Affären würden einen Ausweg bieten. Sie versuchen davonzulaufen, sich vor Gott zu verstecken und glauben, das Leben behandle sie viel härter als andere. Ist das tatsächlich so? Was könntest du tun, um den Teufelskreis von Schmerz, Selbstmitleid, Verbitterung und schließlich Krankheit zu durchbrechen?

Dazu gehört als erstes Mut – du müsstest z. B. zugeben, dass du vielleicht ein Teil des Problems warst und aufhören, anderen die Schuld zu geben. Dies kann gelingen, wenn du erkennst, dass das Leben voller Herausforderungen steckt. Der Preis mag hoch sein, aber es ist möglich, dich aus deiner augenblicklichen „Fallgrube" herauszuarbeiten.

Natürlich braucht man einen Plan, um wieder eine heile Persönlichkeit zu werden, unabhängig davon, was vorher geschehen sein mag. Folgender Plan hat vielen geholfen, die Erneuerung und persönliches Wachstum suchten:

1. Übergib dich jeden Morgen an Gott. Gottes Macht, dich zu verändern, ist unendlich! Aber es genügt nicht, ein oberflächliches Gebet wie „Hilf mir, Gott!" einmal zu sprechen. Um tief verwurzelte Gewohnheiten zu verändern, musst du eine ständige Verbindung mit der himmlischen Kraftquelle unterhalten.

2. Lass die Verletzungen der Vergangenheit los. Du kannst wählen: Willst du alle quälenden, folternden Details der Vergangenheit am Leben erhalten oder dich davon befreien? Der Wunsch nach Rache hält die Wunden, die dir geschlagen wurden, offen. Überlass es jemand anderem, zu hassen, Schmerzen zu haben und bitter zu werden (Epheser 4,31.32).

3. Suche dir ein Motto aus, um deine Gedanken neu auszurichten. Solch ein Motto könnte z.B. sein: „Ich vermag alles durch Christus, der mich stark macht" (Philipper 4,13). Schreibe dein Motto auf eine kleine Karte und stecke sie an eine Stelle, wo du sie immer wieder ansiehst, z.B. am Spiegel, am Kühlschrank, Schreibtisch oder Armaturenbrett. Wiederhole es jedes Mal, wenn dich negative Gedanken überkommen.

Und vergiss nicht: Lass das Gestern nicht das Morgen bestimmen. Die Vergangenheit ist vorbei. Heute hast du eine neue Gelegenheit, dich Gott zu nähern und vorwärts zu gehen. Vergiss wie Paulus, was hinter dir liegt und strebe nach dem, was vor dir liegt (Philipper 3,13). Lass Gott in deinem Leben heute wirken.

Nancy L. Van Pelt

Blinde Fensterscheiben

Denn Gottes unsichtbares Wesen, das ist seine ewige Kraft und Gottheit, wird seit der Schöpfung der Welt ersehen aus seinen Werken, wenn man sie wahrnimmt, so dass sie keine Entschuldigung haben. Römer 1,20

Wir kauften ein altes Haus, mein Mann und ich. Dieses Haus, das im Jahre 1950 gebaut worden war, hatte nur einmal einen Anstrich bekommen – im Jahre seiner Fertigstellung. Der Schmutz von mehr als vierzig Jahren hatte sich an den Wänden festgesetzt, das Haus war mit Efeu überwuchert, überall gab es Spinnen und Ungeziefer. Es machte innen wie außen einen verwahrlosten Eindruck.

Wir verbrachten einen ganzen Monat damit, den Müll loszuwerden, zu schrubben, zu grundieren und Wände und Decken zu streichen sowie die Fliesen abzuwaschen. Wir entfernten mühsam die vierzig Jahre alten Wasserstein-Ablagerungen aus der Badewanne. Allein der Herd nahm einen ganzen Tag in Anspruch!

Schließlich zogen wir ein. Aber die Fenster waren immer noch schmutzig – sehr schmutzig. Doch mein Engagement lohnte sich und schließlich gestatteten die streifenfreien, blitzblanken Scheiben uns einen ungetrübten Blick nach draußen! Der Himmel war blau und die Bäume waren grün. Die Natur sah verlockend aus. Dort draußen existierte eine Welt!

Als Christen sind wir wie jene Fenster. Die Welt sieht uns jeden Tag. Vielleicht sehen wir manchmal nach außen hin etwas überwuchert aus (Stress und zu viele Verpflichtungen usw.) und könnten innen wie außen vielleicht einen gründlichen Hausputz gebrauchen.

Als wir geistlich geboren wurden, waren wir nagelneu, aber haben wir seitdem unser Herz einer erneuten Renovierung unterzogen? Nicht unbedingt einen ganzen Umbau vorgenommen, sondern nur eine gründliche Reinigung? Der Rest mag blitzblank und sauber sein, mit Chlor und Allesreiniger geputzt. Aber wie sehen die Fenster aus? Wir müssen aus unseren Fenstern hinaussehen können, denn das ist unsere Verbindung mit unserem Schöpfer. Wir sind für das Licht verantwortlich, das Gott uns gegeben hat. Unsere Fenster müssen sauber sein – ohne Schlieren – damit wir erkennen können, was er uns offenbart hat. Wir können es uns nicht leisten, das Fensterputzen hinauszuschieben, weil etwas anderes uns gerade wichtiger erscheint. Wir müssen klar sehen, gerade jetzt.

Schau aus den Fenstern deiner Seele! Überlege! Wenn du nicht klar sehen kannst, könntest du Gott doch darum bitten, mit einer gründlichen Reinigung anzufangen.

Susan Clark

Halte den Löwen das Maul zu!

Mein Gott hat seinen Engel gesandt, der den Löwen den Rachen
zugehalten hat ... Daniel 6,23

J ch sollte bei einer Autorenkonferenz sprechen. Die meisten Teilnehmer waren Männer. Da ich am ersten Tag keine Verpflichtung hatte, blieb mir Zeit zum Beobachten. Je mehr ich sah, umso mehr fing ich an, mich zu fürchten. Die Teilnehmer unterbrachen die männlichen Redner oft und stellten Fragen, widersprachen deren Aussagen oder machten Anmerkungen. Die Vortragenden gingen mit diesen Unterbrechungen gekonnt um, aber das traute ich mir nicht zu!

Ich habe Angst, in der Öffentlichkeit um Worte verlegen zu sein, und deshalb schreibe ich jeden Vortrag Wort für Wort auf und achte auf die vorgegebene Zeit. Ich lese meine Rede nicht ab, weiß aber, dass ich bei Bedarf auf das vor mir liegende Manuskript zurückgreifen kann. Bei meinem System bleibt kein Raum für Unterbrechungen aus dem Publikum! Ich bitte das Publikum manchmal, mit Fragen bis zum Schluss zu warten oder mich nach der Veranstaltung zu fragen. Diesmal widerstrebte es mir sogar, das zu tun.

Herr, was soll ich tun? betete ich am Morgen meiner ersten Präsentation. Ich fühle mich von diesen Männern so eingeschüchtert. Ich habe Angst. Bitte schenk mir Mut für den heutigen Tag.

Sofort fiel mir die Geschichte von Daniel in der Löwengrube ein. Ich lächelte. Ja, Herr, ich weiß, wenn du bei Daniel in der Löwengrube sein konntest, kannst du auch bei mir sein. Ich fühle mich tatsächlich so, als ob ich vor einer Gruppe professioneller Löwen stehen müsste. Es tröstet mich, dass du mir bei meinen Präsentationen beistehen wirst.

Ich war jedoch noch nicht ganz zufrieden, und so betete ich weiter. Herr, noch eine Bitte. Halte den Löwen das Maul zu!

Bei meiner Präsentation war ich völlig entspannt. Meine Zuhörer verhielten sich wie die Lämmer. Keiner machte seinen Mund auf! Sie absolvierten die Übungen, die ich ihnen vorschlug, ohne Protest! Es war wunderbar!

Am Ende der Woche nahm ich mir vor, meiner Gruppe von meinen Ängsten am ersten Tag zu erzählen. Wie sie lachten! Wann immer sie mich danach trafen, ahmten sie brüllende Löwen nach. Wir hatten viel Spaß damit! „Ich wollte während deiner ersten Präsentation unbedingt etwas sagen", gestand mir ein Bruder. „Aber irgendwie konnte ich meinen Mund einfach nicht aufmachen!"

Danke, Herr, dass du den „Löwen" das Maul zugehalten hast. Welch ein erstaunlicher Gott bist du, der es mir ermöglicht, die Aufgaben zu erfüllen, zu denen du mich rufst. Mit dir an meiner Seite brauche ich keine Angst zu haben!

Dorothy Eaton Watts

Das Visum

Aber Samuel hatte den HERRN noch nicht erkannt, und des HERRN Wort war ihm noch nicht offenbart. 1. Samuel 3,7

Als Gott Samuel rief, kannte der Junge ihn noch nicht gut genug, um seine Stimme zu erkennen. Bis vor kurzem ist mir die Parallele für heutige Christen noch nicht so bewusst gewesen.

Mein Mann und ich haben erlebt, wie Gott in unser Leben eingreift und uns führt. Eine Freundin meinte, eine enge Beziehung zu Gott bedeute, dass wir auf ihn hören. Das hatte ich bisher noch nicht so gesehen.

Wir sind Missionare im Kongo. Um jedoch unsere Post zu holen oder per Telefon und Fax Kontakt mit der Außenwelt aufzunehmen, müssen wir nach Sambia fahren, 150 Kilometer von der Missionsstation entfernt. Die Reise dorthin beinhaltet viele Unwägbarkeiten – Straßenzustand, Grenzformalitäten, fünf bis fünfzehn Polizeikontrollen ... Um Zeit zu haben, die geschäftlichen Dinge zu erledigen und die Gefahren der Reise bei Nacht zu vermeiden, kalkulieren wir gewöhnlich zwei volle Tage dafür ein.

Vor kurzem stand ein solches Unternehmen wieder einmal an. Da ich am Mittwochnachmittag eine Sitzung des Schulausschusses zu leiten hatte, planten wir, am Montagnachmittag hinzufahren und am Mittwochmorgen zurückzukommen. Mein Visum für Sambia war abgelaufen und so wurde mein Pass zum sambischen Konsulat gebracht, um die Aufenthaltserlaubnis zu erneuern. Aber der Verantwortliche versäumte es, den Pass am Freitagmorgen zurückzubringen. Am Freitagnachmittag wollte ich auf dem Nachhauseweg vom Einkaufen den Pass abholen. „Nein", überlegte ich, „vor Schalterschluss schaffe ich das nicht mehr. Ich werde ihn am Montagmorgen abholen."

Aber das sambische Konsulat wird am Montag geschlossen sein; es ist ein Feiertag für sie, warnten mich meine Gedanken.

Das weiß ich nicht; keiner hat darüber etwas gesagt, argumentierte ich. Und so fuhren wir ohne den Pass nach Hause.

„Das sambische Konsulat war geschlossen", berichtete mir mein Bote, als er am Montagmorgen mit leeren Händen zurückkehrte. „Es ist ein allgemeiner Feiertag in Sambia, und niemand war dort." Wir hatten keine andere Möglichkeit, als unsere Reise auf Dienstag zu verschieben und einige unserer Geschäfte unerledigt zu lassen, um rechtzeitig zur Sitzung am Mittwoch zurück zu sein.

Gott möchte, dass wir ihn einbeziehen, weil er uns in unserem alltäglichen Leben helfen will, aber es liegt an uns, ihn kennen zu lernen und auf ihn zu hören.

Corinne Vanderwerff

Können sie erkennen, was du bist?

Darum: an ihren Früchten sollt ihr sie erkennen. Matthäus 7,20

J eden Tag geht Joanne freudig zum Postamt, um die Post in ihrem rot karierten Einkaufswägelchen zu holen. Sie braucht dazu fünfzehn Minuten zu Fuß von unserem Büro in Nicosia aus. Eines Tages fragte ich sie, ob ich mitkommen dürfe. Wir liefen zügig, bewunderten, was wir sahen und grüßten die Leute, die wir trafen. Das Postfach war randvoll und Joanne verstaute alles sorgfältig in ihrem rot karierten Einkaufswagen.

„Wir haben den Höhepunkt unseres Ausflugs erreicht", informierte mich Joanne und wies mir den Weg zu einem kleinen Imbiss-Laden auf der Rückseite des Postamtes. Während wir im Schatten des Baumes saßen, kamen drei unterernährte Katzen vorsichtig auf Joanne zu. Sie öffnete die Seitentasche ihres Einkaufswagens und holte eine Plastiktüte heraus.

„Was ist das, Joanne?", fragte ich.

„Das ist Katzenfutter für meine Freunde", antwortete sie, verteilte das Futter an ihre Freunde und streichelte sie.

Als es Zeit für die halbjährlichen Ausschusssitzungen wurde, musste Joanne in den Libanon fahren, um die Sitzungen zu protokollieren. Mir wurde die Aufgabe übertragen, die Post zu holen. Wie Joanne ging ich mit dem rot karierten Einkaufswagen los in Richtung Postamt. Schon von weitem sah ich Joannes Katzenfreunde, jetzt wohlgenährter als beim ersten Anblick damals. Sie liefen auf mich zu, als ob sie sagen wollten: „Hier kommt Joanne!", und warteten geduldig, bis ich die Post aus dem Postfach geholt hatte.

„Na, worauf wartet ihr?", fragte ich, aber in ihren sehnsüchtigen Augen las ich unmissverständlich die Antwort. Wie Joannes ging ich zum Imbiss hinüber, öffnete das Seitenfach der Einkaufstasche und schüttete etwas Katzenfutter heraus.

Am nächsten und den darauf folgenden Tagen warteten drei treue Katzen auf mich. Wie haben sie gewusst, dass Joanne oder ich kam? Das Kennzeichen war der rot karierte Einkaufswagen! Sie wussten: In der Tasche war etwas für sie.

Wie wird die Welt uns als Gottes Kinder erkennen? Woher werden sie erfahren, dass wir etwas für sie haben? Es gibt Menschen, die Hunger haben und darauf warten, dass jemand ihnen die „Nahrung" des Wortes Gottes austeilt.

Jemima D. Orillosa

Nehmt einander an

Darum nehmt einander an, wie Christus euch angenommen hat zu Gottes Lob.
Römer 15,7

Sicherlich hatte ich einen Fehler begangen! Als ich am Rande des Schwimmbeckens saß und die anderen in der Gruppe beobachtete, wusste ich, dass ich am falschen Ort war.

Eine Frau saß im Rollstuhl, ohne sich bewegen zu können. Man musste sie ins Schwimmbecken heben. Einen Mann plagte Arthritis in der Wirbelsäule; ein anderer kämpfte mit den Folgen von Kinderlähmung. Hinter beiden hinkte ein Mann zum Pool, ein Bein kürzer als das andere. Und schließlich dann ein junges Mädchen mit nur einem Bein.

Dies war keine gewöhnliche Schwimmgruppe. Was hatte ich dort zu suchen?

Ich litt an einer Entzündung der Wirbelsäule, die den Verlust der Mobilität in einigen Gelenken verursacht. Es gibt keine Heilung, aber Bewegung verlangsamt die Versteifung. Und so wartete ich auf meine erste Schwimmstunde.

Ich war überzeugt gewesen, dass Gott mich in diese Gruppe geführt hatte. Aber jetzt zweifelte ich daran und fühlte mich wie eine Schwindlerin, wo doch so viele Leute dort sichtbar behindert waren und viel größere Nöte hatten.

Doch wie irrte ich mich da! Sobald wir im Wasser waren, konnte ich ihre Behinderungen nicht mehr feststellen, sondern konzentrierte mich nur auf meine eigene. Während meine Kameraden wie Enten im Wasser schwammen, kämpfte ich mit meiner Unfähigkeit, mich so zu bewegen, wie ich wollte. Ich hatte den Fehler begangen, mich mit anderen und ihren Behinderungen zu vergleichen und dabei meine eigene vergessen!

Diese Erfahrung lehrte mich, dass wir manchmal eine richtende Einstellung anderen gegenüber haben. Oft konzentrieren wir uns auf ihre Fehler und vergessen leicht unsere eigenen. Wir sind stolz darauf, nicht so unsensibel, nicht so kritisch oder so verletzend wie andere zu sein. Wie oft haben wir uns auf die Schulter geklopft und uns versichert, dass wir in Ordnung sind?

Aber was passiert, wenn wir uns mit Jesus vergleichen? Dann ist all der Stolz weg und unsere Sünden, unsere „Behinderung", die wir geschickt vor den anderen verbergen, werden sichtbar. Uns wird deutlich, wie sehr uns die Sünde durchdringt. Wir sind überwältigt, dass Jesus uns lieben und annehmen kann, so wie wir sind.

Die Bibel rät, andere auch so anzunehmen, wie Jesus uns angenommen hat. Wir sollen mitfühlend und geduldig mit ihren Schwächen umgehen. Ist unsere Beziehung zu Christus echt, werden wir uns nicht auf Behinderungen anderer konzentrieren, sondern darauf achten, dass Jesus unsere Behinderung heilt.

Mary Barrett

Weide oder Immergrün?

Wohl dem, der nicht wandelt im Rat der Gottlosen noch tritt auf den Weg der Sünder noch sitzt, wo die Spötter sitzen, sondern hat Lust am Gesetz des HERRN und sinnt über seinem Gesetz Tag und Nacht! Der ist wie ein Baum, gepflanzt an den Wasserbächen, der seine Frucht bringt zu seiner Zeit, und seine Blätter verwelken nicht. Und was er macht, das gerät wohl. Psalm 1,1-3

Ich habe das Vorrecht, im „Großen Nordwesten" zu leben, wie wir unser Gebiet oft stolz nennen. Wir sind mit einer Fülle von Regen und verschiedenen Baumarten gesegnet. Man nennt Washington nicht umsonst den immergrünen Staat!

Am Tag nach einem Regenguss liebe ich es, einfach dazusitzen, die Bäume anzusehen und den frischen Duft der Zedern und Fichten einzuatmen, die unsere Straße säumen.

Als ich darüber nachdachte, fiel mir auf, dass Bäume und Menschen sich auf verschiedene Weise ähneln. Ich habe beobachtet, dass die Weide mit ihren tief und weit reichenden Wurzeln ihre Äste oft in verschiedene Richtungen ausstreckt. Sie scheinen nach etwas zu greifen, das gerade außer Reichweite ist.

Die Zypresse dagegen streckt ihre Ästen gerade in den Himmel und bleibt das ganze Jahr grün.

Manchmal bin ich in meinem Glaubenswandel wohl wie die Weide, die nach etwas greift, das gerade außer meiner Reichweite liegt. Ich drehe mich in verschiedene Richtungen, unsicher, wonach ich suche: Frieden, vielleicht. Bestätigung, vielleicht. Trost, bestimmt.

Jedoch möchte ich wie die immergrüne Zypresse sein – stattlich, majestätisch, zuversichtlich auf meinem Weg. Auf den Himmel ausgerichtet und zugleich tief in Gottes Kraft verwurzelt.

Wenn er meine Äste durch das Wirken des Heiligen Geistes beschneidet und mein Herz mit seiner Liebe nährt, weiß ich, dass es Hoffnung auf neues Wachstum gibt. Ich sehne mich danach, ein lebendiges Zeugnis dafür zu sein, dass es uns möglich ist, zu wachsen, weil Gott da ist.

Criss Kramer

Noch einmal anfangen

Ich tilge deine Missetat wie eine Wolke und deine Sünden wie den Nebel.
Kehre dich zu mir, denn ich erlöse dich! Jesaja 44,22

Am Anfang waren wir zu dritt – Gott, mein Mann und ich. Wir waren sehr verliebt. Nichts konnte uns trennen. Kleine und große Dinge – wir teilten alles.

Aber das Leben hat die unangenehme Gewohnheit, sich zwischen Liebende zu stellen ... Unsere beiden Kinder beanspruchten einen großen Teil unserer Zeit. Hatten wir früher lange Abende nur miteinander verbracht, fielen wir jetzt einfach erschöpft ins Bett. Dann kam der Job, die Art von Arbeit, von der jeder träumt. Er war eine Herausforderung und lohnte sich. Weitere Aufstiegsmöglichkeit schimmerte am Horizont, und Einsatz machte sich bezahlt. Nun ja, die Arbeitszeit war ziemlich lang. Bald schon mussten sogar die Kinder zurückstehen, weil der Job so anstrengend war. Und die Beziehung zwischen Gott, meinem Mann und mir wurde immer mehr beiseite geschoben und verschwand, bevor es uns bewusst wurde.

Es war erschütternd, als ich eines Tages aufwachte und erkannte, dass ich mit einem völlig fremden Menschen sprach. Ich hatte keine Ahnung, was mein Mann dachte, glaubte oder wollte. Ich wusste nicht einmal mehr, was Gott wollte. Es war eine traurige, eine schwierige Zeit. Denn dort draußen, außerhalb unserer verkümmerten Beziehung, gab es andere sehr interessante Möglichkeiten ... für uns beide.

War es möglich, aus Asche eine Flamme zu entfachen? Wollte ich es überhaupt? Wie wäre das Leben ohne ihn? Was wäre es ohne Gott? Schließlich kam ich zu einem einfachen Schluss: Ich brauchte Gott. Ohne ihn wäre mein Leben nicht lebenswert. Dann traf ich eine Entscheidung. Irgendwie musste ich zu dem liebenden Gefühl für meinen Mann zurückfinden, das mir zeigte: Wir gehören zusammen.

Aber ich konnte es nicht. Die alte Beziehung war tot. Wir hatten uns beide zu sehr verändert. Am Ende mussten wir zum Anfang zurückkehren und uns neu kennen lernen.

Wir sind immer noch äußerst beschäftigt, und da das Leben nun mal so ist, wird sich das nie ändern. Dennoch hat es Veränderungen gegeben. Statt den Abend miteinander zu verbringen, stehen wir jetzt am Morgen früher auf und unterhalten uns. Oder wir gehen mittags gemeinsam zum Essen. Manchmal besorgen wir einen Babysitter und gehen aus, nur wir zwei. Auch Gott ist wieder ein Teil unseres Lebens geworden. Ich hatte viel Glück. Mein Mann hat mir eine zweite Chance gegeben. Gott war die ganze Zeit da, wartend, hoffend.

Es ist ziemlich aufregend, jemanden neu kennen zu lernen, besonders, wenn es mal deine erste Liebe war.

Trudy Rankin

Liebe verändert

Und wie ihr wollt, dass euch die Leute tun sollen, so tut ihnen auch! Lukas 6,31

E s heißt: „Diejenigen, die die Liebe am wenigsten verdienen, brauchen sie am meisten". Wir reden viel über Dinge wie zwischenmenschliche Beziehungen, inneren Frieden und erfülltes Leben. Aber man kann dies alles mit einem Wort zusammenfassen: Liebe.

Durch die Jahrhunderte hindurch wurden darüber mehr Lieder gesungen, Gedichte geschrieben und Predigten gehalten als über jedes andere Thema. Und doch scheinen nur wenige sie als die stärkste Kraft im Universum zu erkennen.

Vor einiger Zeit hörte ich von einem Soldaten, der die Macht der Liebe erlebte und von ihr nachhaltig verändert wurde.

Es geschah in Ägypten. Die Kompanie war von Malta nach Ägypten gekommen und hatte dort für die Nacht Quartier bezogen. Die Männer waren durchnässt und erschöpft.

Als ein einfacher Soldat sich zum Gebet still neben sein Bett kniete, griff sein Unteroffizier nach seinem Stiefel. Er fand diese ungewonte Form der Frömmigkeit anstößig und schlug dem Soldaten erst mit einem, dann mit beiden Stiefeln ins Gesicht. Dem Soldaten brannte das Gesicht. Aber vielleicht war der Schmerz der Demütigung noch schlimmer. Trotz dieser grausamen Behandlung betete der Soldat weiter.

Als der Unteroffizier eingeschlafen war, „revanchierte" sich der Soldat, und so fand der Unteroffizier am nächsten Morgen nach dem Aufwachen seine Stiefel frisch geputzt neben seinem Bett.

Die Betroffenheit des Unteroffiziers war immer noch spürbar, als er diese Geschichte erzählte. „Das war die Antwort des Soldaten, und sie brach mir das Herz."

An jenem Tag musste sich der Unteroffizier mit dem Thema Liebe auseinandersetzen. Er erhielt eine unerwartete und kraftvolle Antwort. Seither hat sich für ihn viel verändert. Er übergab sein Leben Gott und wurde selber ein strahlendes Beispiel für die Macht der Liebe.

Gott, hilf uns, deine Liebe an die Menschen in unserer Umgebung weiterzugeben!

Gwendolyn Ward

Mein Plan

... Fürchtet euch nicht! ... Ihr gedachtet es böse mit mir zu machen, aber Gott
gedachte es gut zu machen, um zu tun, was jetzt am Tage ist ...
1. Mose 50,19.20

Täglich Krankengymnastik, Medikamente, die dreimal am Tag genommen werden müssen, wöchentlich ein Besuch im Krankenhaus, ganze Nachmittage im Bett und Tage, an denen ich mit ständigen Schmerzen kämpfen muss – so hatte ich mir mein Leben nicht vorgestellt!

Ich hatte damit gerechnet, meinem Ehemann im Predigtdienst helfen zu können, sobald unsere beiden Töchter in die Schule kämen. Aber jetzt muss ich mich einzig und allein darauf konzentrieren, zu verhindern, dass meine degenerative Krankheit allzu schnell fortschreitet.

An jenen Tagen, an denen ich mich frage, ob Gott wirklich die Kontrolle über mein Leben hat, schenkt mir Josefs Erfahrung Trost. Alles schien so schief zu gehen für ihn. Sicherlich hatte er sein Leben anders geplant. Er litt unter den Problemen einer gestörten Familie und kämpfte mit den Vorwürfen, die seine Brüder ihm wegen seiner Träume machten (1. Mose 37,5-11).

Sein Lebensweg veränderte sich dramatisch als seine hasserfüllten Brüder ihn in die Sklaverei verkauften. Sein gutes Aussehen führte sogar dazu, dass er wegen eines Verbrechens, das er nicht begangen hatte, ins Gefängnis gesteckt wurde. Als die Möglichkeit auftauchte, befreit zu werden, hatte man ihn vergessen.

Gott aber segnete Josef fortwährend. Nicht, indem er ihn von seinen Prüfungen befreite, aber auf andere Weise. Am Ende seines turbulenten Lebens konnte Josef seinen Brüdern sagen: „Ihr wolltet mir Böses tun, aber Gott hat es zum Guten gewendet."

Satan versucht uns zu schaden, indem er unser Leben in Verzweiflung, Verwirrung und Sorgen stürzt, aber Gott benutzt diese Erfahrungen zu unserem Besten.

Nachdem ich die Diagnose meiner Krankheit vor mehreren Jahren erfahren habe, ist mir immer klarer geworden, was Gott an Gutem für mich vorgesehen hat. Ich habe einen Gott erlebt, der mir Wege eröffnet hat, die mich begeistern und herausfordern. Ich habe einen Gott erlebt, der wahrlich liebt, wirklich mächtig ist, ganz vergibt und vollkommen treu zu seinen Verheißungen steht.

Nein, mein Leben ist nicht das Leben, das ich für mich geplant hatte. Es ist von einer geistlichen Intensität, die ich mir niemals vorgestellt habe!

Mary Barrett

Herr, mach mich zum Segen!

Und es soll geschehen: ... dass ihr ein Segen sein sollt ... Sacharja 8, 13

H err, mach mich heute zum Segen. Mein Gebet klang wie auswendig gelernt, bedeutungslos, routinemäßig. Vor kurzem in den Ruhestand getreten, frisch verwitwet, ohne Erfahrung im Solodasein und den Tränen nahe, war mir eher danach, mich bei Gott zu beschweren. Keiner brauchte mich!

Als mein Mann einem Herzinfarkt erlegen war, unsere Kinder sich ihren Lebensbereich selber ausgesucht und junge Führungskräfte die Verantwortung für die Gemeinde übernommen hatten, konnte ich keinen Sinn mehr darin erkennen, weiterzuleben. Wer brauchte mich schon!?

Etwa vor 3.500 Jahren musste der achtzigjährige Hirte Mose mit der entgegengesetzten Situation fertig werden. Aus einem brennenden Busch heraus gab ihm Gott eine Aufgabe, aber Mose wies auf seine Unfähigkeit hin. „Was hast du da in deiner Hand?", fragte Gott ihn. Er antwortete: „Einen Stab" (2. Mose 4,2). Ein gewöhnlicher Hirtenstock – und doch benutzte Gott ihn, um sein Volk aus der Sklaverei zu befreien.

Nun quälte mich die Frage: Was konnte Gott in meinem Fall benutzen? Ich besaß ein bescheidenes Haus, ausreichende Kleidung und Essen. Außerdem hatte ich die gleichen Schmerzen und Leiden wie andere, denen Gott ein Lebensalter von mehr als siebzig Jahren geschenkt hat.

Mein Blick fiel auf meine Schreibmaschine. Als Sekretärin meines Mannes hatte ich sie viel benutzt. Vielleicht konnte Gott sie gebrauchen? Ich betete: „Mache meine Schreibmaschine jemandem zum Segen." Kurze Zeit später wurde ich mit dem Erstellen des Mitteilungsblattes für zwei Gemeinden betraut. Ich belegte einen Kurs für kreatives Schreiben, tippte Gedichte, Memoiren und Manuskripte. Aber eines Morgens schaltete ich meine elektrische Schreibmaschine ein und – sie gab keinen einzigen Ton von sich!

Als ich erfuhr, dass sich eine Reparatur nicht mehr lohne, war ich ganz niedergeschlagen! Ich brachte meinen Kummer vor Gott. „Du weißt, dass ich diese wöchentlichen Mitteilungsblätter tippen muss. Hilf mir bitte, dass diese Maschine wieder funktioniert." Aber Gott tat es nicht. Dafür erschien ein junger Geschäftsmann, der gehört hatte, dass ein weiteres Erscheinen der Mitteilungsblätter infrage stand, und brachte mir eine neue Typenrad-Schreibmaschine. Dieses Wunderding kann speichern und verfügt über weitere phantastische Möglichkeiten. Ich bekam sie geschenkt!

Unser Gott hat wirklich tausend Möglichkeiten, unsere Gebete zu erhören. Und wieder sitze ich fröhlich und dankbar vor meiner Maschine und bete: *„Herr, mach uns weiterhin zum Segen."*

Ina Ziegler

Bevor ich rief

Und es soll geschehen: ehe sie rufen, will ich antworten; wenn sie noch reden, will ich hören. Jesaja 65,24

Eines Morgens wurden wir gebeten, zum Verwaltungsbüro meines Mannes zu kommen. Zwei Stunden später nahmen wir betäubt und sprachlos Johns Kündigung entgegen. Weiteren fünfzehn Predigern musste gleichfalls gekündigt werden, weil finanzielle Mittel für eine weitere Beschäftigung fehlten. Auf dem Heimweg haderte ich mit Gott. „Warum hast du es zugelassen, dass ich meine Stelle als Lehrerin am College aufgebe, warum verliert John seinen Arbeitsplatz?", verlangte ich zu wissen. „Warum vier lange Jahre der Ausbildung und jetzt bald arbeitslos? Warum, Herr? Du weißt, dass es in dieser Zeit der Rezession keine Arbeitsstellen gibt, nicht einmal für jemanden, der zwei Sprachen beherrscht."

Unser schönes Haus am See würden wir aufgeben müssen. „Warum, Gott?" Schließlich betete ich: „Herr, gib mir bitte ein Zeichen, dass du da bist – lass uns ein Haus mit einer billigeren Miete finden." Verletzt und zornig, wie ich war, hielt ich das für unmöglich.

Am nächsten Morgen begannen wir Immobilienanzeigen zu studieren. Am Telefon hörte ich John sagen: „Wir brauchen sie sofort. ... Ja, eine Katze. ... Doch, eine Menge Möbel... Nein, wir können Ihnen nicht sagen, wie lange wir bleiben werden ... Großartig."

Eine Viertelstunde später waren wir unterwegs. Am Ende eines kleinen Feldwegs, direkt am Hang, stand ein Haus aus Zedernholz, direkt an einem See. Scham und Ehrfurcht überkamen mich gleichzeitig, als ich an meinen Zorn auf Gott dachte.

Mit den freundlichen Vermietern, die uns in vielem entgegenkamen, wurden wir schnell einig. Drei Wochen später zogen wir schon um. Am nächsten Morgen hämmerte ich Nägel in die Wände unseres neuen Heims und hängte Bilder auf.

„Wie lange werden wir hier bleiben, Herr?", fragte ich mich. „Was hält die Zukunft für uns bereit? Wenigstens wird Johns Arbeitslosengeld für diese Miete reichen." Das Telefon unterbrach meine Gedanken. Johns Vorgesetzter teilte uns mit, dass die Kündigung rückgängig gemacht worden sei. Die Angestellten hatten sich bereit erklärt, eine Kürzung des Gehalts zu akzeptieren. Sollte ich lachen oder weinen?

In nächsten Frühling legten wir einen großen Gemüsegarten an und entdeckten Stück für Stück unsere neue Umgebung. Wir genossen den morgendlichen Nebel und den Sonnenuntergang am Abend über dem ruhigen Wasser. Und wir könnten sogar genug Geld sparen, um uns einen Urlaubstraum zu erfüllen! Ich werde nie vergessen, wie Gott mein Gebet erhörte.

Dawna Beausoleil

Afrika

Verlass dich auf den Herrn von ganzem Herzen, und verlass dich nicht auf
deinen Verstand, sondern gedenke an ihn in allen deinen Wegen,
so wird er dich recht führen. Sprüche 3,5.6

S chon immer wollte ich Missionarin werden. Auf seine Frage nach meinem Berufswunsch antwortete ich, damals siebzehnjährig, dem damaligen Präsidenten der Generalkonferenz Robert Pierson: „Lehrerin in einem Missionsgebiet." Er gab mir ein paar gute Ratschläge und meinte: „Vielleicht sehen wir uns in Afrika wieder."

Doch aus meinem Traum schien nichts zu werden. Ich war inzwischen mit einem deutschen Prediger verheiratet, und Deutsche wurden damals nicht in die Mission gerufen. Anscheinend waren alle Türen zu. Doch dann öffnete Gott ein Fenster!

Es wurden junge Prediger gesucht, die bereit waren, Französisch zu lernen, um danach in Afrika eingesetzt zu werden. Wir mussten nicht lange überlegen, bevor wir uns meldeten. Eigentlich wollten wir zum Studium nach Amerika gehen. Nun jedoch stellten wir unsere eigenen Pläne zurück, ließen uns auf Gottes Abenteuer ein. In Afrika würden wir mehr denn je auf Gottes Hilfe angewiesen sein. Dort stand nicht wie in Deutschland für alles fachmännische Hilfe zur Verfügung.

Mit allen Problemen ging ich nun zu Gott und freute mich über jede Verbesserung der Lebenssituation.

Von der Hauptstadt brauchten wir zehn Stunden für die 380 km bis in die zweitgrößte Stadt des Landes. 230 km davon fuhren wir meist im Schritttempo, von einem Schlagloch zum nächsten.

Unser zukünftiges Heim war wohl das schönste Haus der Stadt – allerdings in der Kolonialzeit gewesen! Nun war es heruntergekommen und schmutzig. Kakerlaken und Mäuse hatten überall ihre Spuren hinterlassen. Es gab keinen Herd, keinen Kühlschrank, keinen elektrischen Strom und kein fließendes Wasser. Müde und den Tränen nahe setzte ich mich auf die Treppe und dachte: „Schlimmer kann es kaum werden!" Nach und nach lernten wir, wie man im afrikanischen Busch lebt. Im Laufe der Zeit bekamen wir einen Herd und sogar einen petroleumbetriebenen Kühlschrank, obwohl ich während der langen Abwesenheiten meines Mannes immer zitterte, ob der nicht ausfallen würde.

Es waren sechs schöne und schwierige Jahre, die ich um nichts missen möchte. Ein Teil meines Herzens blieb in Afrika zurück. Ich habe erfahren, wie viel besser es ist, Gottes Weg zu gehen, statt eigene Pläne durchzusetzen, egal wie gut wir sie durchdacht haben. Wenn wir auf ihn hören, schenkt er seinen Segen.

Ich bin froh, dass wir ihm damals gefolgt sind, der uns dieses große Geschenk gemacht hat.

Hannele Ottschofski

„Keine Rollstühle, Mama!"

Da werden die Wölfe bei den Lämmern wohnen und die Panther bei den Böcken lagern. Ein kleiner Knabe wird Kälber und junge Löwen und Mastvieh miteinander treiben. Jesaja 11,6

Sie hieß Melody und eroberte die Herzen ihrer Pflegeeltern im Sturm. Einen Tag vor ihrem siebten Geburtstag zog sie bei uns ein. Ihre freundliche Art und das fröhliche Lächeln waren uns von Anfang an eine Freude. Gespannt beobachtete ich Melody an jenem ersten Abend, um herauszufinden, wie sie sich in ihre neue Pflegefamilie integrieren würde. Gierig mampfte sie ihren Rosenkohl. Ich würde es leicht haben! Sie war keine anspruchsvolle Esserin! „Danke, Herr", seufzte ich erleichtert.

Melody hatte nur einen Intelligenzquotienten von 51 und galt als geistig behindert. Unsicher, ob ihre Behinderung physiologische Ursachen hatte oder von Jahren der Vernachlässigung stammte, umsorgten wir diese Kleine, die Gott uns anvertraut hatte, mit aller Kraft. Melody hatte nie Gelegenheit gehabt gutes Benehmen zu lernen, und so begannen wir mit den Grundlagen: wie man die Kommode benutzt, die Zähne putzt, sich richtig anzieht und nicht mit den Händen isst.

Nach einigen Wochen saß mein Mann im Wartezimmer des Zahnarztes, während ihr Zähne gezogen wurden. Er fragte sich besorgt, wie sie wohl ihren ersten Zahnarztbesuch überstehen würde. Aber alle Sorgen verschwanden, als Melody quietschvergnügt aus dem Behandlungszimmer kam, ein Spielzeug in der einen Hand, eine neue Zahnbürste in der anderen und den Mund voller Wattepfropfen. Wochenlang bekamen alle unsere Besucher ihre Zahnlücken gezeigt ...

Melody lernte gern. Es war eine Freude, ihrer Entwicklung zuzusehen. Mein Rollstuhl faszinierte sie besonders. Aber am liebsten hatte sie es, wenn wir ihr von Gott und vom Himmel erzählten. Ich ließ sie meine Worte wiederholen und so erzählte sie ihren Teil der Geschichte und beschrieb die Löwen, die nicht beißen, die goldenen Straßen und die Menschen ohne Tränen.

Eines Abends fragte ich sie: „Melody, wie wird der Himmel noch sein?" Sie sprang mit einem Leuchten im Gesicht auf und zeigte mit einem Finger auf mich und rief: „Keine Rollstühle, Mama! Keine Rollstühle!" Sie warf sich mir in die Arme, als ob sie einen persönlichen Sieg errungen hätte. Ganz fest hielt ich sie, während wir uns versprachen, uns eines Tages im Himmel zu treffen und dann ein Wettrennen zu veranstalten.

Nach dreieinhalb Jahren und mit einem IQ von 69 verließ uns Melody. Sie begann ein neues Leben in einer Adoptivfamilie.

Herr, hilf mir, dir fest zu vertrauen. Ich habe versprochen, ein Rennen zu laufen.

Joan Bova

Ein Traum wird wahr!

Alle gute Gabe und alle vollkommene Gabe kommt von oben herab,
von dem Vater des Lichts ... Jakobus 1,17

Wie eine Seifenblase zerplatzte mein Traum von der wunderbaren Nähmaschine, die schöne Blumen, Schmetterlinge und Muster sticken konnte – ihr Preis war zu hoch. Zusätzlich müsste ich Musterscheiben kaufen, Garn und andere teure Zubehörteile. Ich könnte eine solche Ausgabe nie rechtfertigen! Also verwarf ich den Gedanken, jemals Besitzer einer solchen Nähmaschine zu sein.

Schon immer hat es mir Freude gemacht, für mein Zuhause schöne Gegenstände und Geschenke für Freunde und die Gemeinde anzufertigen. Deshalb schenkten meine Eltern mir zum achtzehnten Geburtstag eine Nähmaschine. Sie begleitete mich überall hin und ich flickte, nähte Vorhänge, Kleidung, die Kleider für die Brautjungfern bei unserer Hochzeit und Babykleidchen für meine Tochter. Meine Nähmaschine hatte sicherlich schon mehrere hundert Kilometer an Nähten produziert.

Aber schließlich ging sie kaputt. Ihr Motor war nicht mehr zu reparieren. Was tun? Wir hatten wenig Geld und ich fand mich damit ab, eine billige gebrauchte Maschine zu besorgen.

Dann geschah das „Wunder". Bernie, mein Mann, besuchte eine ältere Frau namens Hilda. Während seines Besuches erwähnte er auch meinen Kummer mit der Nähmaschine. Hilda sagte: „O, sie kann meine haben! Ich bin Diabetikerin und kann nicht mehr gut genug sehen, um sie zu benutzen."

Bernie dachte an eine alte „Tretmaschine", als er ihr ins hintere Zimmer folgte. Sie öffnete einen Schrank, und dort stand, mit einem Tuch abgedeckt, meine Traummaschine! Sogar komplett mit allem Zubehör und den Stickereischeiben sowie vier Schachteln mit Stickgarn in jeder erdenklichen Farbe!

Diese Maschine sollte mir gehören!! Ich rief Hilda an und erzählte ihr, dass durch sie ein Traum wahr geworden sei. „Dann hat Gott mich diese Maschine wohl kaufen lassen, damit ich sie dir eines Tages schenken könnte", vermutete sie.

Ich konnte nur staunen über meinen liebevollen Vater im Himmel, der all meine Bedürfnisse erfüllt – und sogar meine Wünsche!

Karen Holford

Nur zehn Minuten, bitte!

... Wenn ihr ... redet und nicht mit deutlichen Worten, wie kann man wissen,
was gemeint ist? ... 1. Korinther 14,9

Jch hatte an diesem Tag schon zwei größere Referate gehalten und war dankbar, mich einfach hinsetzen, abschalten und den Gesang genießen zu können, während ich den jungen Leuten zusah, die an der Andacht teilnahmen. Plötzlich hörte ich meinen Namen. Die Leiterin der Andacht sah mich an und meinte: „Und nun Schwester Stenbakken." Ich hatte keine Ahnung, was ich tun sollte, erhob mich jedoch und ging nach vorne. Als ich an ihr vorbeiging, sagte sie: „Etwa zehn Minuten."

Ich konnte keinen klaren Gedanken fassen. Die Aufforderung kam so überraschend. Soweit mir bekannt war, hatte die Andacht kein Thema, sondern bis jetzt nur aus Gesang bestanden. Nur noch fünf Schritte trennten mich vom Rednerpult, so dass mir keine Zeit blieb, mir etwas auszudenken. „Herr, hilf mir bitte!", flüsterte ich.

Ich kann gar nicht sagen, worüber ich sprach. Ich wollte etwas über Frauen in der Bibel sagen, und denke, dass ich über Sara im alten Testament erzählte und von etwas ausging, was ich vor einem Jahr für eine Andacht verfasst hatte. Aber eine geschriebene Andacht dauert bei weitem keine zehn Minuten!

Schließlich nahm ich an, die zehn Minuten müssten vorbei sein, und setzte mich. Mir war elend zumute. Welch eine Gelegenheit hatte ich gehabt, und ich fühlte mich wie eine Versagerin, weil ich nicht vorbereitet gewesen war. Ich nahm mir vor, künftig immer eine Andacht parat zu haben, wenn ich je wieder überrascht werden sollte. Zum Glück hat sich diese Erfahrung nicht wiederholt, aber nun wäre ich vorbereitet.

Meine Situation bleibt hoffentlich ein Einzelfall, aber wie oft will Christus etwas durch uns sagen und wir versäumen die Chance, weil wir nicht vorbereitet sind. Wir haben unseren Sinn nicht mit Ideen und Gedanken über Jesus gefüllt und dann fehlen uns die Worte, von seinen Taten zu sprechen.

Ich möchte bereit sein, einer Nachbarin, einer Freundin oder einer Zufallsbekanntschaft etwas über meinen Glauben zu erzählen. Sollte ich heute dazu die Gelegenheit bekommen, möchte ich vorbereitet sein. Und diese Vorbereitung muss jetzt beginnen.

Ardis Dick Stenbakken

Vater für Alleinerziehende

Wie sich ein Vater über Kinder erbarmt, so erbarmt sich der HERR über die,
die ihn fürchten. Denn er weiß, was für ein Gebilde wir sind; er gedenkt daran,
dass wir Staub sind. Die Gnade aber des HERRN währt von Ewigkeit zu
Ewigkeit über denen, die ihn fürchten, und seine Gerechtigkeit auf
Kindeskind ... Psalm 103,13.14.17

D ie meiste Zeit genieße ich mein Leben als allein erziehende Mutter. Es hat
aber Tage gegeben, an denen ich mich nach einem Menschen gesehnt habe, auf den ich mich verlassen könnte. Ab und zu erschrecke ich – wie an
dem Abend, als mir bewusst wurde, dass meine Tochter mich wegen ihrer Hausaufgaben angelogen hatte. Mehrere Wochen lang erzählte sie mir, sie habe keine Hausaufgaben auf bzw. sie schon in der Schule erledigt. Der Anruf der Lehrerin brachte
ein böses Erwachen.

Zuerst war ich wütend, denn meine Tochter hatte mich bewusst gelogen. Die
Atmosphäre war gespannt, während ich das Strafmaß festsetzte und überlegte, wie
sie die Hausaufgaben nachholen könnte. Nachdem wir ruhig miteinander gesprochen hatten und sie zu Bett gegangen war, befiel mich Angst.

Ich erinnerte mich an Abende, an denen ich zu müde gewesen war, um ihr
zuzuhören, während sie versuchte, mir von ihrem Tag in der Schule zu berichten.
Oft war ich mit meinen Sorgen beschäftigt, wie ich meine Rechnungen bezahlen
und die Arbeit in der Firma bewältigen sollte. Meine eigenen Jahre des Heranwach-
sens hatten mir nicht erlaubt, Kind zu sein, und viele Male musste ich mich daran erinnern, dass Kinder keine kleinen Erwachsenen sind. Vielleicht hatte ich zu viel
Verantwortungsbewusstsein von ihr erwartet und ihr nicht genug Zeit gewidmet.

Ich fühlte mich deprimiert, während ich mich zum Gebet niederkniete: Ich war
in keinem christlichen Elternhaus aufgewachsen und wollte meine Tochter nach anderen Wertmaßstäben erziehen, als ich sie erlebt hatte. Oft fragte ich mich, was ich
tun sollte, und ob es einen besseren Weg gäbe. An jenem Abend musste ich mir erneut diesen Fragen stellen, und ich fühlte mich sehr klein und allein. Ich bat Gott inständig, mir die Führung zu schenken, die ich brauchte.

Während ich vor dir in Stille ausharre, spüre ich deine liebevollen Arme, die sich
um mich und meine Tochter legen. Ich spüre deine Sorge um uns. Ich weiß, dass ich
nichts zu befürchten habe; dass ich nicht wirklich allein bin. Deine treue Liebe ist hier
bei mir.

Dotti Tremont

Wunder passieren doch!

Befiehl dem HERRN deine Wege und hoffe auf ihn, er wird's wohl machen ...
Psalm 37,5

Jch war seit mehr als 35 Jahren nicht mit jemanden ausgegangen und wenn man 60 Jahre alt ist, ist diese Erfahrung etwas ganz anderes als in den „guten alten Zeiten". Nach dem Tod meines Mannes hatte ich beschlossen nicht wieder zu heiraten. Einmal eine lange, stressige und unheilbare Krankheit mit zu durchleiden reichte mir. Aber ich bin immer ein sehr geselliger Mensch gewesen, und so wagte ich mich nach einer Weile wieder unter Menschen.

Nach neun Jahren des Single-Daseins und vielen schönen Erinnerungen an meine Ehe änderte ich meine Einstellung: Mein restliches Leben wollte ich doch nicht allein verbringen. Dann erzählte mir meine jüngste Tochter von einer Frau, die eine Liste all der Eigenschaften, die sie an einem Ehemann wünschte, aufgestellt und diese in ihre Bibel gelegt hatte. Das schien mir eine gute Idee zu sein, wenn ich an meine vergangenen Erfahrungen dachte, bei denen ich meine eigenen Wünsche durchgesetzt hatte. Und so fertigte ich meine eigene Liste an.

Mein künftiger Ehemann sollte wie ich Gott lieben und sich für Religion interessieren, Sinn für Humor haben und Musik mögen. Ich wollte jemanden, der gern Zeit mit mir verbringt und liebevoll wäre. Er sollte mit mir diskutieren können und sich für eine gesunde Lebensweise interessieren. Und schließlich wollte ich jemanden, der Photographie schätzte, eines meiner liebsten Hobbys.

Ich legte die Liste in meine Bibel, steckte sie fest und sagte zu Gott: „Herr, jetzt ist es deine Sache. Du weißt, was ich mir wünsche; nun werde ich loslassen und dir die Führung übergeben." Es würde ein großes Abenteuer werden, zu sehen, was nun passierte.

Nach etwa vier Monaten besuchte ich eine Veranstaltung in unserem Senioren-Zentrum. Ich kam mit einem Herrn ins Gespräch, den ich glaubte dort schon einige Male gesehen zu haben. Es war nur eine kurze Begegnung, aber als ich weiterging, schenkte ich ihm ein freundliches Lächeln. Das gefiel ihm anscheinend und er lud mich zu einer Unternehmung ein.

Während wir uns besser kennen lernten, stellte ich fest, dass er alle Eigenschaften meiner Wunschliste besaß. Drei Monate später wurden wir getraut. Wir sind beide davon überzeugt, dass der Herr uns zusammengeführt hat. Welch eine wunderbare Lektion des Vertrauens habe ich aus dieser Erfahrung gelernt!

Sheila Sanders Delaney

Jeder kann Erlösung haben!

Dies ist gut und wohlgefällig vor Gott, unserm Heiland, welcher will,
dass allen Menschen geholfen werde und sie zur Erkenntnis der Wahrheit
kommen. 1.Timotheus 2,3.4

E s klopfte an der Küchentür. Ein bekanntes Ehepaar, Kollegen, kam auf einen kurzen Besuch vorbei. Die Frau begann vom Chef ihres Mannes zu erzählen, der dessen Arbeit wiederholt scharf kritisiert hatte. Ihr Mann sei nun verunsichert und unglücklich, was wiederum sie selbst abwechselnd aufrege und niederdrücke. Sie wurde nicht müde an Beispielen zu zeigen, was für ein gemeiner Kerl der Chef ihres Mannes doch sei.

Ich stimmte mit ihr überein und konnte ihre Gefühle verstehen, denn ich hatte auch schon solche Situationen erlebt. Ihre Sorgen hatten sich bereits körperlich niedergeschlagen, denn sie musste sich wegen äußerst schmerzhafter Verspannungen im Rücken in ärztliche Behandlung begeben.

Plötzlich unterbrach der Mann den Redefluss seiner Frau und meinte nachdenklich: „Schatz, ich glaube, Gott liebt diesen Mann auch und will ihn erretten."

Diese Aussage überraschte uns – und sie auch. Schlagartig verstummte sie. Ich erkannte, wie Recht ihr Mann da hatte: Gottes Liebe galt auch diesem unhöflichen Kollegen! Er kümmert sich auch um ihn, spricht sein Gewissen an, macht ihn auf Dinge aufmerksam, erteilt ihm Lektionen und schenkt Gelegenheiten sich zu verändern, genauso wie er an uns arbeitet.

Diese Erfahrung hat mir geholfen, Gott besser zu verstehen. Er arbeitet an uns und wartet geduldig, bis wir reagieren und annehmen, was er für uns getan hat. Er möchte uns verändern, uns ein neues Herz schenken. Aber er zwingt uns sein Angebot nicht auf. Er ist immer da und bemüht sich um uns. Er lässt uns nicht fallen, wenn wir in einer unangenehmen Situation stecken. Ich bin froh, dass Gott so geduldig ist.

Bitte, Herr, hilf mir heute, liebevoll, geduldig und verständnisvoll zu sein. Hilf, dass ich die Menschen, denen ich heute begegne, nicht vorschnell verurteile, sondern sie liebe.

Ellen E. Mayr

Einsamkeit

Ich kann niedrig sein und kann hoch sein; mir ist alles und jedes vertraut: beides, satt sein und hungern, beides, Überfluss haben und Mangel leiden ...
Philipper 4,12

Einsamkeit. Wir haben sie alle schon erlebt. Für mich zogen dunkle Wolken auf, als wir die Geschäftigkeit und die Freundschaften, die wir mehrere Jahre lang auf einem College-Campus genossen hatten, verließen und wegzogen. Obwohl ich im Predigerteam einer freundlichen Gemeinde eingebunden war, überfiel mich an manchen Tagen quälende Einsamkeit. Nun gab es keine engen Freunde mehr auf demselben Gang oder der anderen Straßenseite. Der Kontakt fand nur noch über das Telefon statt. Das tägliche Miteinander reduzierte sich auf unpersönliche monatliche Berichte über längst vergangene Ereignisse.

Als Menschen haben wir das Bedürfnis dazuzugehören, geliebt zu werden und auch persönliche Zuwendung zu erfahren. Ein Umzug reißt aus allem heraus, was wohlbekannt ist. Wir müssen nicht nur neue Einkaufsgelegenheiten und eine neue Bank finden, sondern auch neue Freunde. Gemeindeglieder und Mitarbeiter mögen freundlich sein, aber man benötigt Zeit, um enge Beziehungen aufzubauen, in denen man sich traut, hinter die schöne äußere Fassade blicken zu lassen.

Während der trostlosen Regenschauer nach unserem Umzug entdeckte ich schließlich, was die dunklen Wolken vertreiben und den Sonnenschein hereinlassen könnte. Ich lernte, wie Paulus, das Geheimnis, in allen Lagen zufrieden zu sein. Jede von uns sehnt sich danach, mit Liebe gefüllt zu werden. Aber wer füllt uns? Wenn wir uns dabei auf Freunde verlassen, geschieht es immer wieder, dass wir enttäuscht werden. Freunde sind nicht immer da, wenn wir sie brauchen. Sie sind vielleicht beschäftigt oder unaufmerksam. Kein Mensch kann unsere Bedürfnisse ständig zu hundert Prozent stillen. Wie aber können wir dann mit Liebe „gefüllt" sein und bleiben?

„Der HERR ist mein Hirte, mir wird nichts mangeln ... Du ... schenkst mir voll ein." (Psalm 23,1-5) Gott ist der Einzige, der uns dabei helfen kann. Obwohl mir diese Einsicht nicht ganz neu war, drang sie diesmal tiefer ein. Nur Jesus konnte meine Sehnsucht stillen.

Auch Jesus kannte während seiner Erdenzeit dieses Geheimnis der Zufriedenheit. Er war weit entfernt von seiner gewohnten Umgebung. Und obwohl er einige Freunde unter den Tausenden Menschen hatte, die ihm folgten, versagten sie in der Stunde seiner größten Not. Deshalb war es immer seine Gewohnheit gewesen, einen Ort der Stille aufzusuchen, an dem der Einzige, der immer zur Verfügung steht, ihn mit Liebe füllen konnte. – Gott wird das auch für uns tun.

Heide Ford

Vielfältige Gastfreundschaft

Seid gastfrei untereinander ohne Murren. 1.Petrus 4,9

Nach dem Tod meines Mann erhielt ich über ein Jahr lang regelmäßig am Freitagabend einen Anruf einer älteren Witwe. „Ich weiß, dass du alleine lebst, und ich wollte nur hören, ob es dir gut geht", sagte sie oft. Ich war nicht die Einzige, der sie Gastfreundschaft übers Telefon anbot.

Eine andere Freundin pflanzt in ihrem Gemüsegarten immer mehr an, als sie und ihr Mann essen können. „Ich verschenke gern das übrige Gemüse an die Studenten an der Universität", erklärte sie mir. „Sie freuen sich sehr darüber, denn das tut ihrem Lebensmittelbudget gut."

Ich kenne eine Frau, die oft ihre zwei kleinen Töchter bittet, einem älteren Ehepaar eine Schachtel mit selbstgebackenen Plätzchen zu bringen. „Es ist immer eine so nette Überraschung, wenn sie kommen", erzählten mir die alten Leute. „Wie schön, dass sich jemand um uns kümmert und wir nicht vergessen worden sind."

Eine andere Freundin strickt Babydecken. Wenn ein Baby geboren wird, nimmt sie dieses Ereignis zum Anlass, um die Leute zu besuchen und ihnen eine schöne selbstgefertigte Decke zu bringen.

Meine persönliche Art Gastfreundschaft zu zeigen, ist es, die Blumen, die um mein Haus herum wachsen, mit anderen zu teilen. Es macht mir große Freude, sie jemandem zu schenken, der im Krankenhaus liegt oder sein Zuhause nicht mehr verlassen kann.

Früher dachte ich, Gastfreundschaft bedeute, Leute nach Hause zum Essen oder für eine Übernachtung einzuladen. Doch das ist nur eine Möglichkeit, wahre christliche Gastfreundschaft zu zeigen, aber nicht die einzige. Wir brauchen nur Liebe auf eine konkrete Art und Weise zu zeigen und das kann für jede von uns anders aussehen.

Gastfreundschaft kann aus Blumen bestehen, genauso wie aus Essen. Sie kann eine Decke für ein Neugeborenes sein oder ein Bett, das einem Fremden angeboten wird. Gastfreundschaft kann man sowohl übers Telefon als auch durch einen Korb Gemüse zeigen. Eine Schachtel Plätzchen, die ins Haus geliefert wird, kann dieselbe Botschaft der Liebe mitteilen wie eine Einladung zu einem Teller Suppe.

Herr, mein Gott, gib mir Augen, die vielen Gelegenheiten wahrzunehmen, die du mir schenkst, Liebe auf greifbare Weise zu zeigen. Schenk mir Erkenntnis, wie ich meine Mittel und Fähigkeiten einsetzen kann, wie gering sie auch sein mögen, um einen Menschen wissen zu lassen, dass du ihn liebst. Und dann, Herr, gib mir die Gnade, dies mit Freude zu tun!

Fonda Cordis Chaffee

Kein Zutritt für Frauen

Jesus ... stand ... vom Mahl auf, legte sein Obergewand ab und nahm einen Schurz und umgürtete sich. Danach goss er Wasser in ein Becken, fing an, den Jüngern die Füße zu waschen, und trocknete sie mit dem Schurz, mit dem er umgürtet war. Johannes 13,3-5

Als mir bewusst wurde, dass beim letzten Abendmahl Jesu keine Frauen anwesend waren, fühlte ich mich ausgeschlossen. Mehr noch, ich war deprimiert. Warum hatte Jesus, der zu den Frauen so gütig war, sie völlig ausgeschlossen? Hatte ihr Fehlen eine Bedeutung? Ich glaube schon.

Weil sich keine Frauen im Obergemach aufhielten, konnte Jesus seinen Jüngern eine wichtige Erkenntnis vermitteln. Hätte es dort eine Frau gegeben, wäre die Fußwaschung anders abgelaufen. Eine Frau hätte nämlich automatisch die Stelle der Dienerin eingenommen. Sie war es so gewohnt. Füße zu waschen war für sie eine alltägliche Verrichtung. Sie galt ohnehin nur wenig mehr als die Diener, die wie eine Sache betrachtet wurden. Ich bin mir sicher, dass eine Frau die Schüssel aus den Händen Jesu genommen hätte, schockiert von dem Gedanken, er solle jemandem dienen. Sie selbst hätte sich nie für zu fein gehalten, um zu dienen.

„Jesus aber sprach zu ihnen: Die Könige herrschen über ihre Völker, und ihre Machthaber lassen sich Wohltäter nennen. Ihr aber nicht so! Sondern der Größte unter euch soll sein wie der Jüngste, und der Vornehmste wie ein Diener. Denn wer ist größer: der zu Tisch sitzt oder der dient? Ist's nicht der, der zu Tisch sitzt? Ich aber bin unter euch wie ein Diener." (Lukas 22,25-27)

Kein Wunder, dass die Frauen Jesus liebten und ihm nachfolgten – sie konnten sich mit ihm identifizieren. Der einzige Bericht, aus dem hervorgeht, dass jemand Jesus finanziell in seinem Dienst unterstützte, handelt von einer Gruppe Frauen (Lukas 8,3).

Mich deprimiert dieser biblische Bericht nicht mehr. Denn mir gefällt der Gedanke, einem Heiland nachzufolgen, der sich auf diese Weise mit mir identifizierte.

Ardis Dick Stenbakken

Der Himmel über uns

Ich hebe meine Augen auf zu dir, der du im Himmel wohnest. Psalm 123,1

D er Wirbelsturm „Andrew" hatte Miami und den Bundesstaat Florida mit voller Wucht getroffen. Meine Gemeinde bat mich als ausgebildete Katastrophenhelferin, dorthin zu fliegen, um bei den Hilfsmaßnahmen nach dem Wirbelsturm zu helfen.

Das Flugzeug startete vom Flughafen in Connecticut an einem stark bewölkten Tag. Alles war trist und grau, und als wir uns auf den Abflug vorbereiteten, fing es an, heftig zu regnen. Ich lehnte mich in meinem Sitz zurück und dachte traurig an die Opfer dieses Wirbelsturms.

Kurz nach unserem Abflug stiegen wir auf mehr als 7.000 Meter Höhe. Während wir uns über die Erde erhoben, verschwand sie unter einer dicken grauen Wolkendecke. Und plötzlich sah ich den Himmel über uns – unglaublich klar und blau. Die Sonne schien hell, und unter uns erschien die vorher so undurchdringliche graue Schicht wie leichte, weiße Schneeverwehungen.

Meine Stimmung veränderte sich.

Wie oft lassen wir uns von irdischen Sorgen und Verpflichtungen so vereinnahmen, dass wir Gott nicht sehen können. Alles sieht dunkel und trist aus. Wir fühlen uns hoffnungslos. Aber gerade zu solchen Zeiten müssen wir uns geistlich „erheben" über die Finsternis um uns herum. Dann können wir uns in Gottes wunderbaren Liebe wärmen, umhüllt von seiner Fürsorge.

Pam Caruso

Die Freude des Dienstes

Wir wissen aber, dass denen, die Gott lieben, alle Dinge zum Besten dienen, denen, die nach seinem Ratschluss berufen sind. Römer 8,28

Solange ich mich erinnern kann, ist es mein Traum gewesen, Missionarin zu sein. Deshalb ergriff ich die Gelegenheit, als man mich 1982 fragte, ob ich an der Elfenbeinküste in Westafrika arbeiten möchte. Ein Traum wurde wahr!

Doch nur zwei Wochen später befand ich mich wieder in England, in einem Krankenhaus, mit der Aussicht, mindestens neun Monate der Rekonvaleszenz zu benötigen. Was war geschehen?

An meinem dritten Sabbat in Afrika waren meine Kollegen und ich unterwegs zum Gottesdienst, als unser Auto von einem anderen Wagen gerammt wurde. Zwei Tage später flog man mich nach Hause.

Die Tage im Krankenhaus dehnten sich und die Nächte wollten nicht enden. Die Tränen flossen, wenn ich allein war. Warum hatte Gott dieses Unglück zugelassen, wo ich doch immer nur ihm dienen wollte?

Von einem Mitglied der Ortsgemeinde erhielt ich ein Buch zum Lesen, in dem dazu aufgefordert wurde, Gott in allen Lebenslagen zu loben. Das fiel mir schwer!

Ich hatte bereits eine Woche im Krankenhaus verbracht, als eine Mutter mit ihrer Tochter zu mir auf die Station kam. Ihre Familie hatte einen tragischen Unfall erlitten, bei dem der Vater getötet worden war und die zweite Tochter im Koma lag. Allmählich erkannte ich, für wie viel ich Gott dankbar sein konnte.

Bald freundeten wir uns an und meine Bettnachbarin fragte mich, wie ich unter diesen Umständen so gelassen sein konnte. Ich erzählte ihr von meinem Glauben an Jesus und begann, Verheißungen aus der Bibel zu nennen. Oft bat sie mich, aus meiner Bibel vorzulesen und lieh sich meine Cassetten mit geistlichen Liedern. Für sie musste ich stark sein! In meinem Bemühen, ihnen zu helfen, vergaß ich meine eigene Niedergeschlagenheit. Es würden noch schwere Tage auf mich zukommen, aber ich konnte auch hier, vom Krankenbett aus, meinen Glauben mit jemandem teilen – dreieinhalb Monate lang!

Meine Zimmernachbarin stammte nicht aus der Gegend und wollte keinen weiteren Kontakt nach ihrer Entlassung. Aber sie hatte erfahren, dass sie in Jesus einen Freund besaß.

Neun Monate später kehrte ich nach Westafrika zurück, um meine Arbeit fortzusetzen. Jeden Tag habe ich mehr gelernt, wie viel Freude es macht, dem Herrn und anderen zu dienen.

Chelcie Sterling-Anim

Blut auf der Decke

... Denn der Herr hat gesagt „Ich will dich nicht verlassen und nicht von dir weichen." So können auch wir getrost sagen: „Der Herr ist mein Helfer, ich will mich nicht fürchten; was kann mir ein Mensch tun?" Hebräer 13,5.6

Jch hatte vor einer Ampel gestanden und auf Grün gewartet, als plötzlich mit fürchterlichem Knall mein Auto in das meines Vordermannes hineingeschoben wurde. Nun lag ich auf einer Trage in der Notaufnahme. Jemand kontrollierte meinen Blutdruck. Ich konnte ihn nicht sehen, da mein Kopf und mein Rücken an ein Brett befestigt waren, um meine Wirbelsäule zu fixieren. „Könnte ich bitte noch einmal anrufen?", flüsterte ich. „Tut mir Leid, Fräulein, wir haben da zwei Schwerverletzte." Enttäuscht biss ich mir auf die Lippe. Dann versuchte ich meine Zehen zu bewegen. Ja, es funktionierte! Eine Krankenpflegerin sauste vorbei. „Entschuldigen Sie!", rief ich. Keine Antwort. Ich dachte an die gelähmte Joni Eareckson. Ich wusste, was die Sanitäter befürchteten – Wirbelsäulenfraktur.

„Aber ich kann doch meine Zehen und Finger bewegen", hatte ich mich gegen die Rettungssanitäter gewehrt. Die Sanitäter ließen nicht locker. „Aber wenn ich gelähmt bin, warum kann ich mich dann bewegen?" „Hören Sie", erklärte einer der Sanitäter geduldig, „etwa die Hälfte der Leute mit Wirbelsäulenfrakturen sind sofort gelähmt. Bei den anderen geschieht es nachher. Sie bewegen sich, und dann verschieben sich die Wirbel." Das brachte mich zur Besinnung. Ich schluckte und rührte mich nicht mehr. Nun lag ich schon über eine Stunde in dieser unbequemen Position und wartete auf das Röntgen. Die Sanitäter und Ärzte waren immer noch mit den Schwerverletzten beschäftigt.

Allein gelassen starrte ich an die Decke und fing an zu beten: „Lieber Gott, ich habe mich noch nie so allein gefühlt. Ich kenne hier niemanden und das Schlimmste steht mir noch bevor. Bitte tröste mich. Ich weiß, dass du hier bei mir bist."

Ja, es stimmte. Ich war nicht allein. Gottes Gegenwart umgab mich und schenkte mir inneren Frieden. Ich dachte: „Auch wenn ich gelähmt bin, kann ich immer noch mit dir reden, Gott. Ich kann noch Musik genießen und mich mit meinen Freunden unterhalten und gute Bücher lesen. Ich kann immer noch die Wärme der Sonne auf meinem Gesicht spüren und den Wind in meinen Haaren und die Wellen im Ozean hören."

Als die Röntgenaufnahmen zeigten, dass eine Bandscheibe im Genick nur einen Riss hatte, hätte ich Gott vor Freude und Erleichterung am liebsten umarmt!

Wie froh bin ich, heute wieder gehen und mich frei bewegen zu können! Aber ich denke auch daran, wie deutlich ich die Gegenwart Gottes erlebte, als ich sie am meisten brauchte – damals, als ich mich so allein, ängstlich und verletzlich fühlte.

Lori Peckham

Gott, hilf mir bitte!

Der HERR ist mit mir, mir zu helfen ... Psalm 118,7

E s ist Montagmorgen. Der Wecker klingelt um 6.00 Uhr. Nach einigen Minuten fängt mein Gehirn an zu arbeiten und ich überdenke schon die Termine des Tages: 7.30 Uhr Ankunft im Büro. Wie viel Post es wohl nach dem Wochenende gibt? Um 9.00 Uhr Treffen mit anderen Mitarbeitern; nach dem Mittagessen ein Interview mit ADRA; danach gibt es noch Briefe zu schreiben und Radiosendungen, die produziert werden müssen.

Meine Gedanken beginnen zu rasen. Wann soll ich bloß die Bügelwäsche erledigen? Sie häuft sich immer noch in einer Ecke. Auch ein Geburtstagsgeschenk für meinen Ehemann muss ich noch kaufen. Die Pflanzen lechzen nach Wasser und eine Freundin wartet auf den längst fälligen Anruf. Wie kann ich all das heute nur schaffen? In meiner Verzweiflung rufe ich: „Gott, hilf mir bitte!"

Sicherlich kennst du diese Situation auch. Man weiß nicht, wo man anfangen soll. Die Erfahrung hat mich Folgendes gelehrt: Je mehr ich zu erledigen habe, desto mehr Zeit brauche ich morgens, um mit Gott zu reden. „Gott, du bist der Einzige, der mir heute helfen kann meine Arbeit gut zu organisieren. Ich möchte nicht den ganzen Tag herumrennen ohne zu merken, dass jemand ein Lächeln oder ein offenes Ohr braucht. Bitte gib mir Weisheit zu entscheiden, was am wichtigsten für heute ist und wo ich anfangen soll."

Ein solches Gebet hilft mir, mich zu beruhigen. Nun kann ich klar denken. Ich nehme mir die Zeit, kräftig zu frühstücken und vielleicht sogar die Nachrichten zu hören. Ich finde es sehr nützlich, eine Prioritätenliste aufzustellen. Ich schreibe alles auf, was ich heute tun muss, damit ich nichts vergesse. Dann überlege ich, welches die wichtigsten Punkte sind und stelle fest, dass einige Dinge bis zum nächsten Tag warten können.

Wenn ich schließlich am Ende des Tages meine Liste betrachte, ist es sehr befriedigend zu sehen, wie viele Aufgaben ich an einem Tag geschafft habe. „Danke, Gott!"

Gabriele Ziegler

Gebügelte Schlafanzüge und Laken

... kauft die Zeit aus; denn es ist böse Zeit. Epheser 5,16

Meine Freundin Carol bügelt ihre Schlafanzüge, Kopfkissenbezüge und Laken. Sie erklärte mir, gebügelt sähen sie adretter aus und passten dann auch besser in ihre Schubladen. Ihr Schrankinhalt ist tadellos und sie muss nie suchen. Soll ich sie belächeln oder beneiden? Carol ist eine Person, die auf Kleinigkeiten achtet. Ich bin das nicht.

Als berufstätige Mutter und Ehefrau eines Predigers und Evangelisten habe ich immer gekämpft, mir die Zeit weise einteilen zu können. Doch es ist einfach unmöglich, alles in unserem Haus tipptopp in Ordnung zu halten und gleichzeitig mit meinem Mann in Vollzeit in der Öffentlichkeitsarbeit zu stehen. Ich habe schon meine liebe Not die Wäsche zu waschen, vom Bügeln ganz zu schweigen.

Ich kann mir nicht vorstellen, dass Jesus hektisch von einer Person zur anderen rannte, sie heilte, ihnen predigte und dann zu einem weiteren Termin hastete. Er nahm sich Zeit für die Menschen und war nie in Eile, obwohl er kaum mehr als drei Jahre Zeit für seinen öffentlichen Dienst hatte.

Ich suchte in der Bibel und anderen christlichen Büchern nach Aussagen zum Thema Zeit. Was ist wichtig und was nicht? Folgendes Zitat von Ellen G. White half mir weiter: „Wenn wir jeden Augenblick schätzen und richtig einsetzen würden, könnten wir für alles Zeit haben, was wir für uns selber oder für die Welt zu tun brauchen." (Messages to Young People, p. 322)

Der Schlüsselbegriff hier ist „brauchen". Soll Carol doch ruhig Schlafanzüge und Bettwäsche bügeln, meine Schlafanzüge brauchen nicht gebügelt zu werden. Ich grüble nachts nicht wegen der Ordnung in meinen Schubladen, obwohl mein Mann das vielleicht wünschte! Carol und ich sind eben verschieden. Ich will mit Menschen umgehen. Carol dagegen ist eine zurückhaltende Frau, die im Verborgenen hart arbeitet.

Ja, ich brauche noch eine bessere Form der Organisation, weil das Zeit spart. Aber wir sollten Extreme vermeiden. Auch Ordnung sollte im richtigen Rahmen gesehen werden. Alle Aktivitäten müssen im rechten Verhältnis zueinander stehen. Manchmal ist es wichtiger mein eigenes Leben in Ordnung zu bringen, damit ich auf eine Nachbarin einen besseren Einfluss haben kann.

Es gibt lebenswichtige Dinge. Ich muss Zeit mit Jesus verbringen, um meine Aufgabe erfüllen zu können, anderen von seiner Liebe und seiner Gnade zu erzählen. Ich möchte meine Talente weise einsetzen und sie entwickeln und meinem Herrn Jesus Christus immer ähnlicher werden. Ich bete jetzt täglich, dass Gott meine Aktivitäten lenken möge, jeden Augenblick des Tages.

Crystal Earnhardt

Mein Freundschaftsgarten

Ein Freund liebt allezeit ... Sprüche 17,17

J ch kann es kaum noch erwarten, die Arbeit in meinem Garten anzupacken. Tulpen und Märzenbecher schauen schon aus der Erde! Primeln und Veilchen blühen und die ersten Rosentriebe zeigen sich auch bereits. Ich muss mir Zeit nehmen für meinen Garten. Es gibt haufenweise Herbstlaub wegzuräumen und das Unkraut muss gejätet werden. Aber ich brauche Geld für Samen und Dünger. Weil mein Garten mir wichtig ist, werde ich eine Möglichkeit finden meinen Frühlingsgarten zu verschönern.

Letztens kam mir folgender Gedanke: Ich vergleiche meine Freundinnen mit den Blüten in meinem Garten. Für sie zu sorgen bedeutet auch Geld auszugeben, doch dringender brauchen sie meine Zeit, weil ich ihnen beim Wachsen helfen kann.

In diesem Freundschaftsgarten gibt es einige bereits „verblühte" Blumen wie Oma Jones. Für sie zu sorgen kann bedeuten, sie zum Gottesdienst mitzunehmen, bei ihr zu sitzen und sie später zum Essen einzuladen.

Lynne ist eine „welke" Blume. Geschieden und als allein erziehende Mutter von zwei kleinen Kindern macht sie oft einen überforderten Eindruck. Für sie zu sorgen könnte heißen, sie freundlich zu umarmen, damit sie weiß, dass ich sie nicht vergessen habe. Oder sie zu unserem nächsten Ausflug einzuladen.

Es gibt noch andere Blumen in meinem Freundschaftsgarten – Blumen wie Beth, deren Mann vor nicht all zu langer Zeit starb. Sie fühlt sich von vielen Dingen ausgeschlossen. Ich könnte sie zum „Blühen" bringen, wenn ich mich im Gottesdienst neben sie setze oder sie bitte, mir bei der Organisation des nächsten gemeinsamen Mittagessens zu helfen.

Es gibt leuchtende, glückliche „Blumen", die mir Freude machen, z. B. durch ihre Beiträge im Gottesdienst. Sie benötigen nur wenig Pflege, etwa einen Anruf oder eine kurze Mitteilung der Anerkennung und Wertschätzung. Es ist leicht, zu „blühen", wenn man geschätzt wird!

Ich denke an neue „Blumen" in meinem Freundschaftsgarten – diejenigen, die nach meiner Ankunft gepflanzt wurden. Für sie wende ich viel Zeit auf, denn der fremde Boden um sie herum ist noch neu und unbekannt. Sie benötigen hin und wieder meine Unterstützung, damit sie ihre Wurzeln bald tief in ihre neue Heimat einsenken und ich mich durch den Kontakt mit ihnen erfreuen kann.

Eine Menge „Blumen" blühen in meinem Freundschaftsgarten. Werden sie nächstes Jahr um diese Zeit noch da sein? Das hängt zu einem guten Teil von meiner Zuwendung und Pflege für sie ab!

Dorothy Eaton Watts

Viel kann geschehen

Und sie gingen eilends weg vom Grab mit Furcht und großer Freude und liefen,
um es seinen Jüngern zu verkündigen. Matthäus 28,8

An einem schönen Osterwochenende fuhren mein Mann und ich auf dem Weg vom Gottesdienst nach Hause eine Landstraße entlang. Die Sonne schien schon so warm und blendete, so dass wir das Schiebedach schließen mussten.

Zwanzig Minuten später hatte sich der Himmel zugezogen, dicke Wolkenberge türmten sich auf und Windböen tobten um die Häuserecken. Der Wetterbericht warnte vor Hagel. Blitze zuckten am Himmel und fast gleichzeitiger Donner ließ die Erde erbeben. Regenschauer prasselten heftig an die Fensterscheiben. Statt auf der Terrasse zu essen, wie wir vorgehabt hatten, überlegten wir uns, ob wir das Mittagessen in den Keller verlegen sollten!

Zwei Stunden später war der Spuk vorbei und die Sonne schien wieder. Nur noch ein paar Pfützen, in denen sich das Blau des Himmels spiegelte, erinnerten an das Gewitter.

Ich denke an Maria, wie sie an jenem Freitagnachmittag vor langer Zeit am Fuße des Kreuzes stand. Wie konnte sich ihre Welt so verändert haben? Noch vor einer Woche hatte die Menschenmenge „Hosianna!" gerufen und Jesus zum König ausrufen wollen. Und nun musste sie seinen Tod miterleben. Das brach ihr als Mutter das Herz.

Am Sonntagmorgen besuchten die Frauen das Grab im Garten. Sie waren Jesus nachgefolgt und hatten seinen Dienst unterstützt. Nahe beim Kreuz hatten sie gestanden und beobachtet, wie sein Leichnam ins Grab gelegt wurde. Nun wollten sie ihm einen letzten Dienst mit duftenden Kräutersalben erweisen. Wie schnell doch alles gegangen war! Oder hatten sie nur geträumt? Aber nein! An die Stelle ihrer Hoffnung war durch sein Sterben tiefe Verzweiflung getreten! Das Grab, zu dem sie gingen, war raue Wirklichkeit.

Aber viel kann in sehr kurzer Zeit geschehen. Die Frauen fanden das Grab leer, die Tücher sauber zusammengelegt, die römische Wache nicht an ihrem Platz. Jesus war auferstanden.

Viel kann in kurzer Zeit geschehen.

Bitte geh mit mir durch diesen Tag und diese Nacht, Herr. Halte mich fest. Ich brauche die Beständigkeit deiner Hand und deiner Hoffnung, wenn ich die Zukunft nicht erkennen kann. Es kann so viel in so kurzer Zeit geschehen.

Ardis Dick Stenbakken

Denk an die Wildgänse

Seid nüchtern und wacht; denn euer Widersacher, der Teufel, geht umher wie ein brüllender Löwe und sucht, wen er verschlinge. Dem widersteht, fest im Glauben, und wisst, dass ebendieselben Leiden über eure Brüder in der Welt gehen. 1. Petrus 5,8.9

Wildgänse ziehen jeden Sommer von den Seen in Irland und Schottland in die arktischen Regionen nach Grönland. Der Sommer in der Arktis ist sehr kurz und so vergeuden die Vögel keine Zeit, um einen Brutplatz auf den hohen Felsen zu finden, von denen man auf das Meer blicken kann. Hier beginnt jedes Gänsepaar mit der Familiengründung. Doch bald schon wird seine Nestfestung für die neu geschlüpften Gänschen, meist sind es vier, ein gefährlicher Ort.

Erwachsene Wildgänse können ihren Jungen keine Nahrung bringen, wie die meisten Vögel es tun. Die Gänschen müssen sich selber ernähren. Aber es gibt in einem Nest, so hoch gelegen und an eine Felswand „geklebt", nichts zu essen. Darum müssen diese Babys innerhalb der ersten paar Tage eine Reise auf Leben oder Tod unternehmen, indem sie mit einem buchstäblichen Glaubenssprung anfangen.

Die einen Tag alten Jungen folgen der Führung ihrer Eltern, springen in die Luft und versuchen, einen freien Fall von 100 Metern zu überstehen, indem sie sich auf ihre großen Füße und flauschigen Federn verlassen. Sie sollen den Sturz verlangsamen und den Aufprall auf den großen Felsen darunter dämpfen. Nur etwa die Hälfte überlebt diesen Sturz – aber ohne diesen Sprung haben sie keine Chance.

Diejenigen, die diesen unglaublichen „Flug" überleben, müssen sich sofort auf den beschwerlichen Weg machen, um die etwa 800 Meter zum Meer über einen felsigen, von tückischen Spalten durchfurchten Strand zurückzulegen. Dabei müssen sie sich vor den arktischen Füchsen, Möwen und anderen Raubtieren hüten, die diese zarten kleinen Gänschen als willkommene Mahlzeit betrachten. Es ist wie ein Wunder, dass etliche von ihnen diesen Hindernisparcours bewältigen und es bis zum Wasser und damit zum Leben schaffen. Die Gänseeltern fliegen um sie herum und ermutigen sie, halten sie zusammen, leiten ihre Schritte und achten den gesamten Weg über auf Gefahren, die sie wenn nötig wild bekämpfen.

Satan wartet wie ein arktischer Fuchs darauf, dass wir auf die Felsen geschmettert werden. Er ist wie ein Raubtier, das uns verschlingen will. Vielleicht hat dir das Leben Prellungen zugefügt, die dich schmerzen, aber gib nicht auf! Höre auf die Ermutigung deines himmlischen Vaters! Bleib bei den anderen und suche nicht deinen eigenen Weg! Lass ihn deine Schritte leiten, der die kürzeste Strecke zum sicheren Ziel kennt. Er wird dich erfolgreich verteidigen, wenn es notwendig ist.

Wenn du meinst, von geistlichen Feinden umzingelt zu sein und dein Untergang unvermeidlich scheint, denke an die Wildgänse.

Delilah Briggs

Er kommt!

Denn nur noch eine kleine Weile, so wird kommen, der da kommen soll, und wird nicht lange ausbleiben. Hebräer 10,37

D ie Arbeit meines Mannes führt ihn häufig von zu Hause weg – und das manchmal wochenlang. Diese Zeiten der Trennung sind für uns beide schwierig. Wir bleiben zwar durch häufige Briefe und Telefonanrufe in Verbindung, aber es ist nicht dasselbe, als wenn er zu Hause wäre.

Ich habe gelernt die Zeiten des Wartens auf ihn auszufüllen, indem ich mir ein besonderes Projekt vornehme, das ihn überraschen soll; etwas, das ihm besondere Freude machen wird. Jede Stunde bis zu seiner Rückkehr vergeht mit Planungen für ihn. Am Abend vor seiner Heimkehr bleibe ich lange auf und vergewissere mich, dass das Haus tadellos sauber ist, sein Lieblingsessen bereit steht, Blumen den Tisch, ja die ganze Wohnung schmücken ...

Wenn ich ihn am Flughafen abhole, sind die Kinder besonders gut angezogen, und ich trage das Kleid, in dem er mich am liebsten sieht. In meiner Vorfreude auf meinen Mann höre ich schon seine Komplimente über mein Aussehen, über die gepflegte Atmosphäre unseres gemütlichen Heims und seine Lobesworte über all das, was ich in der Zeit seiner Abwesenheit erledigt habe. Dann sind alle Mühen vergessen, denn unsere Wiedersehensfreude entschädigt mich vielfach.

Während ich alles für die Rückkehr meines Mannes vorbereite, wandern meine Gedanken zu der Heimkehr, die Jesus Christus, mein Herr, für mich vorbereitet. Er will auch, dass mich seine Vorbereitungen erfreuen. Er plant für mich ein Haus, das genau auf meine Person zugeschnitten ist und füllt es mit Blumen, die niemals verwelken. Er verspricht mir, dass er mit dem Fest, das er vorbereitet, genau meinen Geschmack treffen und mich für immer jung erhalten wird. Täglich sehnt er sich nach Gemeinschaft mit mir, von Angesicht zu Angesicht. Er verspricht, dass meine Heimkehr zu ihm ein Ereignis wird, das alles bisher Dagewesene in den Schatten stellt.

Genau wie ich mich auf die Wiederkehr meines Mannes vorbereite, sollen wir für Jesu Wiederkunft bereit sein. Es gibt Charaktereigenschaften und Gewohnheiten an uns, die noch stören und verändert werden müssen. Es gibt Teile unseres Lebens, die korrigiert und neu gestaltet werden müssen, damit Christus sich an uns erfreuen kann, wenn er kommt. Das Wunderbare daran ist aber, dass er uns bei diesen Vorbereitungen sogar behilflich ist.

Sehnt sich dein Herz nach seiner Wiederkehr? Meines schon!

Sarah L. Burt

Ihr zum Gedächtnis

Wahrlich, ich sage euch: Wo dies Evangelium gepredigt wird in der ganzen Welt, da wird man auch sagen zu ihrem Gedächtnis, was sie getan hat.
Matthäus 26,13

Ich lag auf der Couch und hörte mir per Kassette einen evangelistischen Vortrag über das letzte Abendmahl Jesu vor seinem Tod an. Der Evangelist beschrieb die Fußwaschung und schilderte anschaulich das Bedauern der Jünger darüber, dass nicht sie Jesus die Füße gewaschen, sondern er ihnen diesen Dienst erwiesen hatte. Ich dachte: Sicher tat es ihnen Leid! Mir kam urplötzlich ein Gedanke, so dass ich mich aufrecht hinsetzte und dabei den Kassettenrecorder umstieß. Die Jünger hatten Jesus die Füße nicht gewaschen, aber eine Frau hatte es getan!

Du kennst die Geschichte (Matthäus 26,6-13), dessen bin ich mir sicher. Es war die Woche vor der Kreuzigung. Jesus war in Bethanien Gast bei einem Essen im Hause von Simon, dem Aussätzigen. Irgendwie war die übliche Fußwaschung übersehen worden, die in einem gut geführten orientalischen Hause den Gästen Wohlbefinden und die Achtung ihres Gastgebers vermitteln sollte. Aber noch während der Mahlzeit betrat Maria unauffällig den Raum, kniete vor Jesus nieder und salbte ihn mit wertvollem, duftendem Öl, für das sie vielleicht all ihre Ersparnisse hergegeben hatte.

Sie wollte mit ihrem Verhalten nicht etwa das Versäumnis des Gastgebers nachholen, sondern ihre Tat war Ausdruck ihrer Dankbarkeit Jesus gegenüber. Jesus hatte sie bedingungslos angenommen und ihr vergeben, und nun wollte sie ihm ihre Liebe zeigen. Sie handelte nicht aus Verpflichtung oder gar Zwang, sondern aus freien Stücken.

Anschließend wischte sie das übrige Öl und ihre Tränen mit ihren langen Haaren ab. Aber sie wusch und trocknete Jesu Füße nicht nur, sie hörte auch nicht auf, seine Füße zu küssen – weil ihre Liebe so groß war (siehe Lukas 7,47), denn er hatte ihr all ihre Schuld vergeben.

Ardis Dick Stenbakken

Geburtswehen

*Denn ich höre ein Geschrei wie von einer Gebärenden, Angstrufe wie von einer,
die in den ersten Kindsnöten ist ... Jeremia 4,31*

C heryl ist meine Nachbarin. Als ich mit ihr am Sonntag sprach, war sie hoch schwanger. Ängstlich sah sie dem morgigen Tag entgegen, denn das war der errechnete Geburtstermin. Aber weder Montag noch Dienstag hörte ich etwas von ihr. Mittwochabend sah ich sie in einem Restaurant. Nichts geschah. Der Donnerstag verging. Am Freitagmorgen erfuhr ich von ihrem Mann, dass sie in der Nacht im Krankenhaus gewesen seien, aber wieder heimgeschickt wurden. Sie hatte sich nicht wohl gefühlt und solche Schmerzen gehabt, dass sie seit fast sechsunddreizig Stunden nicht geschlafen hatte. Nach ihrem Besuch beim Arzt am Nachmittag sah ich sie im Zeitlupentempo um den Häuserblock gehen und dabei immer wieder wegen ihrer Schmerzen stehen bleiben. Freitagabend berichtete Dave, dass Cheryl vor lauter Schmerzen die Tränen kamen.

Ein paar Stunden später brachte ich ihnen ein frisch gebackenes Brot. Nun kamen die Wehen etwa alle fünf Minuten. Ihre letzte Entbindung erfolgte durch Kaiserschnitt, deshalb war sie nicht sicher, was sie erwartete. Die heftigen Schmerzen und ihre Erschöpfung ließen sie der Geburt mit Schrecken entgegensehen. Ich machte mir Sorgen, weil sie schon so entkräftet war und die richtige Wehenarbeit noch gar nicht begonnen hatte. Voller Inbrunst betete ich um Kraft für Cheryl.

Dann musste ich an eine Stelle aus dem Buch Jeremia denken. Vielleicht könnt ihr euch daran erinnern: Gott hatte Jeremia gesagt, er solle nicht heiraten. Deshalb ist es höchst interessant, dass er als „Ehe-Laie" darüber schreibt, was Frauen während einer Geburt erdulden. Neunmal vergleicht er Notsituationen und Qual mit den Schmerzen einer Frau, die in den Wehen liegt. Ich bin davon überzeugt, dass wir alle niemals mehr als ein Kind haben wollten, wenn wir die Schmerzen der Geburt nicht vergessen würden. Irgendwie hat Jeremia durch göttliche Inspiration den Schmerz der Frauen verstanden.

Er identifizierte sich mit den Machtlosen, deren Schmerz von der Welt ignoriert wurde. Aber der Prophet verheißt uns auch, dass Gott immer bei uns sein wird, wenn wir uns an ihn wenden: „Ich will ihr Trauern in Freude verwandeln und sie trösten und sie erfreuen nach ihrer Betrübnis" (Jeremia 31,13).

Danke, Herr, dass du zu allen Zeiten verstehst, was wir an Schmerzen und Kummer erleiden müssen. Segne die kleine Anne Marie, die endlich am Freitagabend geboren wurde. Sei mit uns heute, schenke uns Freude und Trost.

Ardis Dick Stenbakken

Der letzte Strohhalm

Alle eure Sorge werft auf ihn; denn er sorgt für euch. 1.Petrus 5,7

Wir waren gerade von unserem ersten Familienurlaub seit sechs Jahren heimgekehrt, und ich fühlte mich fit, gesund und in der Lage alles anzupacken. Aber am nächsten Tag kam der Tiefschlag! Mein Bruder Roy hatte Krebs im Endstadium. Die ganze Urlaubserholung war dahin! Jede Faser meines Wesens in mir schrie, dass ich keinen weiteren Todesfall ertragen könnte, ertragen würde, ertragen wollte. Ich war völlig mit den Nerven am Ende!

Die nächsten paar Tage verbrachte ich wie in Trance – ich begleitete meinen Bruder zu seinen Arztterminen und Untersuchungen, sprach mit den Ärzten, den Krankenschwestern und setzte ein fröhliches Gesicht auf, wenn ich das Zimmer meines Bruders betrat. Bis sich die Wolke der Verzweiflung wieder auf mich herabsenkte, wenn ich das Krankenhaus verließ.

Ich rebellierte. „Gott, das Maß ist voll! Ich will nicht, dass mein Bruder stirbt! Er ist noch viel zu jung!" Derartige Gedanken nahmen mich gefangen, banden meine Energie und ließen mich schier verzweifeln. Schließlich erkannte ich, dass ich so nicht weitermachen konnte. Mit meinem Aufbegehren würde ich mich selbst zerstören. Mein Zorn auf Gott verhinderte, dass er mir seine Kraft zukommen lassen konnte, die ich so dringend benötigte. Gott schenkte mir ja schon die Ausdauer, um Roy Mut zuzusprechen; nun brauchte ich noch Kraft, um das Chaos in mir zu ordnen.

Sobald ich mich an Gott wandte, war er da. Die dunkle Wolke verzog sich. Auch wenn die Traurigkeit immer noch in mir war, vergeudete ich keine kostbare Energie mehr auf selbst zerstörerisches Wüten. Ich konnte meinen Bruder nach Hause bringen. Meine Fröhlichkeit war nicht mehr aufgesetzt. Ich empfand es als Vorrecht, für Roy zu sorgen und es ihm bequem zu machen, und wir konnten kostbare Stunden miteinander verbringen.

Es gibt kein größeres Vorrecht, als sich um jemanden in den letzten Tagen seines Lebens zu kümmern, bei ihm zu sein, wenn er seine Augen schließt. Man ist sich der Vergänglichkeit des Lebens in dieser Zeit sehr bewusst. Gott hat uns jedoch nicht zum Sterben geschaffen. Nicht er hat Krankheit und Trauer in diese Welt gesandt. Es schmerzt ihn genauso wie uns, wenn er Leid und Not sieht. Er möchte seine liebevollen Arme um uns legen. Er ersehnt mehr als wir den Tag, an dem der Tod für immer verbannt wird. Bis dahin bietet er uns seine Kraft an, um alle Untiefen und Klippen in unserem Leben zu bewältigen.

Wenn du meinst, deine Last sei dir zu schwer, wende dich an ihn. Du wirst feststellen, dass Gott dir tragen hilft.

Audrey Balderstone

Das teure Blut Jesu

... denn ihr wisst, dass ihr nicht mit vergänglichem Silber oder Gold erlöst seid von eurem nichtigen Wandel nach der Väter Weise, sondern mit dem teuren Blut Christi als eines unschuldigen und unbefleckten Lammes. 1. Petrus 1,18.19

W ir brauchen Ihre Blutgruppe", sagte die Stimme am Telefon. „Könnten Sie bald kommen, um zu spenden?" So fuhr ich spät nachmittags zur Blutbank, wo Tests gemacht wurden, um festzustellen, ob mein Blut in Ordnung war. Nach einem turbulenten Tag war ich froh, mich entspannen zu können. Mein Nacken wurde abgestützt und meine Beine hochgelagert und die schöne Aussicht lenkte meine Gedanken von der Nadel in meiner Vene ab.

Eine Frau betrat den Raum und riss mich aus meinen Betrachtungen. „Du kannst heute ein Leben retten, ich nicht", hörte ich ihre Begleiterin sagen, die ihr mit einem Wattebausch um die Fingerkuppe folgte. „Deine Eisenwerte werden bis zum nächsten Mal auch wieder in Ordnung sein", ermutigte sie die erste Frau.

Dieser kurze Austausch ließ mich an das lebensrettende Blut Jesu denken. Mein halber Liter Blut, wenn es in seine Komponenten aufgeteilt wird, kann einigen Menschen helfen – aber die Blutspende Jesu ist lebensrettend für die ganze Menschheit.

Was hat es mich gekostet, Blut zu spenden? Etwa eine Stunde meiner Zeit, einen Stich in den Finger für den Hämoglobintest, eine Befragung über meinen Lebensstil und meine Gesundheit, einen unangenehmen Augenblick, während die Nadel in die Vene eingeführt wurde. Blut zu spenden hat mich wirklich nicht mein Leben gekostet. Nachdem ich mit Saft und Keksen „belohnt" worden war, durfte ich gehen, nur für kurze Zeit mit einem Pflaster auf der Einstichstelle.

Aber was kostete Jesus seine Blutspende? Mehr als ich begreifen kann. Der Preis seiner Entscheidung, das Opfer zu sein, war so hoch, „dass sein Schweiß ... wie Blutstropfen (wurde), die auf die Erde fielen" (Lukas 22,44). Er musste sich nicht nur einer Umfrage stellen, sondern ein entsetzliches Verhör erdulden. Sein Blut floss nicht nur wegen eines Nadeleinstichs, sondern aus Wunden, die ihm Peitschen und Dornen geschlagen hatten. Ihn stützte kein bequemer Stuhl und er genoss auch keine entspannende Aussicht. Er spendete sein Blut, indem er voller Schmerzen am Kreuz hing und Spott ihn zusätzlich quälte. Die Blutspende kostete ihn sein Leben und hinterließ ewige Spuren an seinen Händen und Füßen und eine Narbe in seiner Seite.

Warum habe ich Blut gespendet? Weil mein Blut jemandem helfen kann, sich von einer Krankheit oder einer Verletzung zu erholen. Warum spendete Jesus Blut? Weil nur sein Blut dich und mich von der tödlichen Krankheit der Sünde heilen kann, weil er uns so sehr liebt, dass er sein Leben für uns gab.

Rita Eisenhower Duncan

Der Fremde

Denn ich bin hungrig gewesen, und ihr habt mir zu essen gegeben. Ich bin durstig gewesen, und ihr habt mir zu trinken gegeben. Ich bin ein Fremder gewesen, und ihr habt mich aufgenommen. Matthäus 25,35

Er saß auf dem Bürgersteig vor dem Supermarkt. Das war nichts Ungewöhnliches. Oft sieht man Leute in der Nähe dieses Geschäftes mit Schildern wie „Hilf einem Drogenabhängigen bei der Wiedereingliederung", „Schicke ein armes Kind zum Sommercamp" oder „Rette die schwarzen Bären". Dieser Mann jedoch fiel auf. Er saß dort, mit hängendem Kopf. Seine schmutzigen, zerlumpten Kleider hingen an seinem mageren Körper herunter. Lange, fettige Haare umrahmten sein unrasiertes Gesicht. Er hatte kein Schild, bot keine Artikel zum Verkauf an, bat um nichts. Der Mann ging mir nicht aus dem Kopf, während ich meine Lebensmittel einkaufte. Auf dem Weg zur Kasse verfolgte mich sein trauriges Gesicht immer noch. Deshalb schob ich meinen Einkaufswagen zur Seite und ging hinaus, um nach ihm zu suchen.

„Sind Sie hungrig?", frage ich ihn. Er hebt kaum seinen Kopf, zögert einen Augenblick und antwortet dann leise: „Ja, bin ich." „Möchten Sie ein Sandwich?" „Schon", sagt er mit derselben weichen Stimme. Ich biete ihm eine Auswahl an. „Oder mögen Sie lieber einen Salat?" Er hebt seinen Kopf gerade weit genug hoch, um mich anzusehen. „Egal, ist schon in Ordnung."

Als ich zurück in den Laden gehen will, nimmt er all seinen Mut zusammen und fragt zögernd: „Könnte ich vielleicht beide haben?" Also lege ich noch ein Sandwich und einen Kartoffelsalat in meinen Einkaufswagen und gehe zur Kasse. Als ich ihm sein Essen reiche, schaut er noch einmal hoch, bedankt sich und öffnet dann voller Ungeduld den Deckel.

An manchen Tagen sitze ich auf dem Bürgersteig des Lebens, kraftlos und innerlich ausgebrannt. Alles ist falsch gelaufen, ich bin verzweifelt und brauche Hilfe, doch wage ich es nicht, meine Bedürfnisse den erfolgreichen Männern und Frauen einzugestehen, die an mir vorübergehen. Dann kommt ein Fremder auf mich zu. „Ist deine Seele hungrig?", fragt er. Ich zögere mit meiner Antwort. Könnte dieser Mann sich für meine Not interessieren? „Ja", sage ich leise. „Möchtest du Linderung?" „Ja, das möchte ich." „Möchtest du Hoffnung oder Frieden?", fragt er.

„Ist egal", antworte ich und habe Angst, die falsche Antwort zu geben. Dann nehme ich all meinen Mut zusammen, sehe ihn an und frage, weil ich die Liebe in seinem Gesicht sehe: „Könnte ich beides haben?"

Er lächelt, und mit seinem eigenen Blut erkauft er mir Frieden und Hoffnung, Glauben und ewiges Leben. „Danke, Herr Jesus", antworte ich und nehme seine wunderbaren Geschenke freudig an.

Mildred C. Williams

Er kümmert sich doch

Mein Gott aber wird all eurem Mangel abhelfen nach seinem Reichtum in Herrlichkeit in Christus Jesus. Philipper 4, 19

Jch fragte mich, warum ich überhaupt in jenem Sommer zu den Vorträgen ging. Als Mutter von zwei kleinen Söhnen und Frau eines sehr beschäftigten Predigers war ich erschöpft und entmutigt, mein Glaube war auf einem Tiefpunkt angelangt. Gott schien so weit weg zu sein und ich zweifelte an seiner Fürsorge und seinem Interesse an mir persönlich.

Eine Freundin ermutigte mich zu den Abendveranstaltungen für junge Leute zu gehen, und ich packte lustlos meine Babys in den Kinderwagen und ging hin.

In den Vorträgen ging es um das ABC des Gebets. Die beiden Sprecher betonten die Wichtigkeit des Dreischritts, nämlich zu bitten, zu glauben und die biblischen Verheißungen in Anspruch zu nehmen, wenn wir unsere Bedürfnisse im Gebet vor Gott bringen. Würde Gott mir tatsächlich seine Verheißungen erfüllen, wenn ich mich darauf berief? Ich wollte es gerne ausprobieren.

Am nächsten Morgen stand ich nach meiner Gewohnheit um 5 Uhr auf und wollte duschen. Nun waren die Duschen auf dem Campingplatz, den die meisten der Veranstaltungsteilnehmer bevölkerten, mit einer Wassersparvorrichtung ausgestattet. Für 25 Cents konnte man 5 Minuten lang duschen.

An jenem Morgen durchsuchte ich die Hosentaschen meines Mannes und meinen Geldbeutel, konnte aber kein 25-Cent-Stück finden. Frustriert fragte ich mich: „Was nun?" Dann kam mir der Gedanke: Nimm eine Verheißung in Anspruch! Hier war Gottes Gelegenheit zu beweisen, dass er wirklich Gebete erhört. Mir fiel Philipper 4,19 ein: „Er wird all eurem Mangel abhelfen".

Ein Schild an der Tür zum Duschraum verkündete „Kein Wasser". Jetzt wurde es wirklich interessant! Wie konnte Gott wohl diese Sache lösen? Als ich die Duschen betrat, sagte eine Freundin: „Heute wird's nichts mit dem Duschen, es gibt kein Wasser." Erstaunen breitete sich auf ihrem Gesicht aus, als ich ihr antwortete: „Ich gehe trotzdem duschen." Ich wählte eine Duschkabine aus und drehte den Wasserhahn auf, ohne die erforderliche Münze eingeworfen zu haben. Sofort schoss warmes Wasser heraus. Mein Herz jubelte: „Danke, Herr, dass du dich um mich kümmerst und meine Bedürfnisse stillst!"

Später hörte ich, dass es auf dem ganzen Campingplatz bis mittags keinen Tropfen Wasser gegeben hatte. Ich dankte Gott, dass er für mich ein Wunder getan hatte, nur um meinen schwachen Glauben zu stützen. Er verstand die Sehnsucht meines Herzens hinter meinem ziemlich vermessenen Gebet und bewies, dass er sich wirklich um mich und die Umstände meines täglichen Lebens kümmerte.

Sylvia Atkins

Reine Laken

... Diese ... haben ihre Kleider gewaschen und haben ihre Kleider hell gemacht im Blut des Lammes. Offenbarung 7,14

Während meiner Tätigkeit als Krankenpflegerin hatte ich das Glück, dass Margaret mir im Haushalt half. Sie war eine tadellose Haushälterin und kam jeden Freitag für den wöchentlichen Hausputz. Zu ihren Aufgaben gehörte auch das wöchentliche Wechseln der Bettwäsche in unserem Schlafzimmer, was bisher keine Haushaltshilfe getan hatte. Jeden Freitag, wenn ich heimkam, fand ich akkurat bezogene Betten vor und perfekt zusammengelegte Laken auf der Waschmaschine in der Waschküche. Margaret hatte die Fähigkeit, die ich mir nie hatte aneignen können, nämlich die Laken genau so zu falten, als ob sie direkt aus dem Geschäft gekommen wären.

Mehrere Monate vergingen, bis ich eines Freitags wegen einer Erkältung zu Hause blieb. Ich trödelte ein wenig herum, während Margaret die Betten machte, und beobachtete sie, wie sie die gebrauchten Laken und Kissenbezüge abzog und sofort ordentlich zusammenlegte und dabei perfekt faltete.

Ich folgte ihr in die Waschküche und sah, wie sie die Laken auf die Waschmaschine legte. Erschrocken stellte ich fest, dass dies Margarets perfektionistische Art war, die Wäsche für die Waschmaschine bereit zu legen statt sie in den Wäschekorb zu werfen, wie ich es getan hätte! So hatten die ungewaschenen Laken immer wieder ihren Weg vom Bett zum Wäscheschrank gefunden, an der Waschmaschine vorbei!

So viele unserer täglichen Erlebnisse, vielleicht sogar alle, haben eine geistliche Komponente, nicht wahr? Zum Beispiel das Wechseln der Bettwäsche. Ich war zufrieden bei dem Gedanken, dass freitags unsere Betten immer frisch bezogen würden, und dabei waren sie es nicht. Wie sahen wohl meine „geistlichen Laken" aus? Ist mein Leben in der Quelle des Herrn reingewaschen worden, von Sünde und Schuld befreit (Sacharja 13,1)?

Werde ich unter denen sein, die in weiße Gewänder gekleidet sind, die „ihre Kleider gewaschen haben und sie weiß gemacht haben im Blut des Lammes"? Lasse ich meinen Charakter von Jesus reinigen oder habe ich selbstzufrieden angenommen, dass ich geistlich in Ordnung bin?

Nach dieser Erfahrung wanderten die benutzten Laken wieder wöchentlich in den Wäschekorb, und ich gehe täglich zum Herrn, um von ihm die Reinigung und Erneuerung entgegenzunehmen, die er für mich bereithält.

Marilyn King

Nur eine Puppe

*Wiederum gleicht das Himmelreich einem Kaufmann, der gute Perlen suchte,
und als er eine kostbare Perle fand, ging er hin und verkaufte alles,
was er hatte, und kaufte sie. Matthäus 13,45.46*

Ich besitze viele wunderschöne Puppen aus der ganzen Welt. Einige sind schon sehr alt und wertvoll, aber keine von ihnen ist mir wertvoller als Boo-Boo.

Boo-Boo war meine erste Puppe. Ich bekam sie, bevor ich richtig sprechen konnte, und ich bin mir nicht ganz sicher, was Boo-Boo in der Babysprache bedeutet. Sie war mein Ein und Alles, aber ihr Körper bestand aus Gummi und löste sich im Laufe der Jahre auf.

Meine Mutter gab mir vor kurzem meine Puppen aus den Kindertagen wieder, und Boo-Boo bestand nur noch aus einem Plastikkopf mit einem Fetzen über dem, was früher ihr Körper gewesen war. Ihre Arme waren schon lange verschwunden und ihre Beine baumelten locker herum.

Ich nahm Boo-Boo und bastelte ihr aus Baumwolle einen neuen Körper, wusch ihr schmutziges Gesichtchen und zog ihr ein neues Kleid an. Sie war wieder wie neu und wunderhübsch!

Manchmal kommt es mir vor, als ob ich für Jesus auch eine solch zerfetzte Puppe bin. Ich komme zu ihm, wie ich bin – mit unvollkommenem Charakter und gebrochenem Geist – aber er baut mich wieder auf und schenkt mir ein neues Herz.

Gina Lee

Ich habe nichts für den Herrn getan

Er lenkt ihnen allen das Herz, er gibt Acht auf alle ihre Werke. Psalm 33,15

Mutter von drei kleinen Kinder zu sein, ist ein Full-Time-Job. Ich bekam Schuldgefühle angesichts der vielfältigen missionarischen Aktivitäten anderer. Ich nahm nicht einmal an einem Hauskreis teil und besuchte auch keine Seniorenheime, um einsame Bewohner aufzumuntern, und ich gab auch keine Kochkurse. Meine Kinder ließen mir nur hin und wieder etwas Zeit, in der ich die Bibel las. Konnte Gott verstehen, warum ich nichts tat, oder sollte ich meine Zeit besser einteilen?

Sechs Tage kamen und gingen. Unzufrieden saß ich wieder einmal im Gottesdienst. Eine Großmutter berichtete mit ihrer Enkelin, wie sie jeden Mittwochnachmittag in ein Seniorenheim gingen. Ich tat immer noch nichts!

Am Montag rief ich in meiner Verzweiflung meinen Prediger an. „Ich habe Gewissensbisse, weil ich nichts tue, Pastor." „Du tust nichts?" „Genau. Andere Christen haben mit anderen Leuten zu tun. Ich lese zwar meine Bibel, aber all die anderen Dinge – Hauskreis, Kochkurse, Seniorenheime – ich habe einfach keine Zeit dafür." Ich verstand nicht, warum er lachte. „Du meinst, du tust all diese Dinge nicht? Vielleicht denkt Gott ein wenig anders als du. Hast du in der vergangenen Woche die Bibelbetrachtung mit deinen drei Kindern gelernt?" „Ja, jeden Abend." „Dann wollen wir mal sehen. Ich meine, du hast 18 Bibelstunden gehalten mit deinen Kindern. Nicht schlecht. Und du hast jeden Tag drei Mahlzeiten für deine Familie zubereitet?" „Nun, ja", gab ich zögernd zu.

„Ich meine, du hast 21 Kochkurse für deine Kinder durchgeführt. Und du hast vor den Mahlzeiten mit ihnen gebetet, nicht wahr?" „Das tun wir immer." „Und du hast mit ihnen gebetet, bevor sie ins Bett gingen, oder? Dann schauen wir mal – du hast drei Kinder und du hast zu drei Mahlzeiten gebetet und vor dem Zubettgehen – das macht vier Gebete für jedes Kind an sieben Tagen – ich denke, du hast vierundachtzig Mal in der vergangenen Woche mit anderen Menschen gebetet. Und Connie, du würdest doch wohl lieber deine Kinder mit in den Himmel nehmen als irgendwelche anderen drei Leute?" „Ja, natürlich!"

Seine Worte stimmten. „Jeder Mensch hat einen anderen Arbeitsplatz. Eine Mutter tut ihre Missionsarbeit zu Hause. Dank deines Vorbilds und deiner Unterweisung haben deine Kinder den rechten Weg kennen gelernt. Dein Lohn wird kommen, wenn sie die Entscheidung treffen, mit dir im Himmel sein zu wollen."

„Danke schön, Pastor." Bei diesen Worten blinzelte ich voller Dankbarkeit die Tränen aus meinen Augen. Gott weiß, dass wir Mütter eine wichtige Aufgabe haben, und wird unsere Treue belohnen.

Connie Wells Nowlan

Wie kleine Kinder

... wie der Herr euch vergeben hat, so vergebt auch ihr! Kolosser 3,13

W ährend ich die ersten vier Klassen in einer kleinen Gemeindeschule unterrichtete, durfte ich bei vielen Gelegenheiten das Wirken seines Heiligen Geistes an den Herzen der kleinen Kinder beobachten. Eine Begebenheit, an die ich mich besonders gern erinnere, ereignete sich eines Tages während der Pause.

Zwei Jungen der zweiten Klasse begannen, miteinander zu raufen. Jimmy hatte Gregory wohl gehänselt und nun war das Maß voll. Mein erster Gedanke war, dazwischenzugehen, aber etwas hielt mich davon zurück. Ich stellte mich zwischen die beiden und legte je einen Arm um ihre Schultern. Sie hatten erhitzte Gesichter und kochten vor Wut. Ich hielt sie einfach einige Augenblicke ganz still, drehte sie dann nebeneinander mir zu und sagte: „Jungs, wir sind doch Christen, oder? Wir wollen nicht, dass Satan in unserer Schule ist."

Jimmy, der Ältere und doch Kleinere der beiden, war in jenem Jahr getauft worden und hatte vor kurzem auch die Taufe seines Vaters als Antwort auf seine Gebete miterlebt.

„Jimmy, ich weiß, dass du nicht wirklich willst, dass Satan dich zu solchen Dingen verführt, oder?", fragte ich ihn, während er mich mit seinen braunen Augen noch wütend, aber auch beschämt ansah. „Nein", murmelte er kleinlaut. „Möchtest du dich nicht bei Gregory entschuldigen?"

Ohne zu zögern sagte er: „Es tut mir leid, Gregory." Dies ließ Gregorys Herz schmelzen, er gab Jimmy die Hand: „Ich mag dich, Jimmy."

Wir beteten zusammen und baten Gott um Vergebung und Hilfe. Die beiden Jungen kehrten zu ihrem Spiel zurück als Freunde, ohne Schuldgefühle, die einen negativen Einfluss auf ihr zukünftiges Verhalten haben könnten.

Später fand ich einen Zettel von Jimmy auf meinem Tisch, geschrieben mit rotem Buntstift: „Es tut mir wirklich Leid, dass ich so gemein zu Greg war."

Das deutliche Bewusstsein der Gegenwart des Heiligen Geistes an jenem Tag ist mir eine große Hilfe gewesen in meinem Bemühen, so zu vergeben, wie kleine Kinder es tun. Aber auch die Vergebung Gottes mit der Einfalt eines Kindes anzunehmen.

Reva I. Smith

Ein Schritt vorwärts, zwei zurück

... Ich habe dich je und je geliebt, darum habe ich dich zu mir gezogen
aus lauter Güte. Jeremia 31,3

Erschöpft stieg ich die Treppen zu unserer Wohnung hinauf. Es war ein langer, stressiger Tag gewesen. Ich war müde. Aber als ich die Wohnungstür öffnete, begrüßte mich ein freudiges zahnloses Lächeln unserer 7 Monate alten Tochter Kelsi-Anne. Ihre strahlenden Augen bei meinem Anblick schenkten mir das Gefühl, etwas Besonderes zu sein und geliebt zu werden. Die Müdigkeit verflog im selben Augenblick.

Statt sie sofort hochzuheben, setzte ich mich auf der anderen Seite des Zimmers auf den Boden und rief: „Kelsi-Anne, komm zu Mami! Komm her!"

Mit unverändertem Lächeln, ihre Augen auf mein Gesicht fixiert, schob und zog sie sich in meine Richtung. Es machte ihr nichts aus, dass sie für jeden Zentimeter, den sie vorwärts kam, anscheinend zwei zurückrutschte. Ihre Entschlossenheit, mich zu erreichen, wärmte mein Herz. Ich hätte sie hochheben und tragen können, aber ich wusste, dass sie Übung brauchte, um ihre Krabbeltechnik zu entwickeln.

Ganz langsam aber rückte sie doch vorwärts. Mit freudigem Quietschen zeigte sie, wie entzückt sie war, ihr Ziel erreicht zu haben. Ich hielt sie fest und mein Herz schlug voller Zuneigung für sie. Noch nie hatte ich ein solch intensives Gefühl gekannt, bevor ich Mutter wurde!

Nun fing ich an, Gottes Opfer besser zu verstehen, als er seinen einzigen Sohn sandte, damit er für uns sterben sollte.

Als ich an jenem Abend auf die Knie fiel, betete ich darum, in meinem Glauben und Vertrauen wie ein Kind zu sein. Und darum, wie Kelsi-Anne, meine Augen auf mein Ziel und meinen Schöpfer gerichtet zu halten. Trotz aller Herausforderungen bin ich entschlossen mich auf den Weg zu machen, bis ich ihn erreiche, mit Freude im Herzen und dem Himmel vor Augen. Er hat mich gerufen und versprochen, auf mich zu warten.

Danke, lieber himmlischer Vater, dass du mir durch mein Baby gezeigt hast, dass das, was ich manchmal für einen Schritt vorwärts und zwei zurück halte, in deinen Augen Fortschritt ist, wenn ich meine Augen auf dich richte. Danke, dass du bei mir bleibst, während ich meine geistliche Krabbeltechnik entwickle, bis ich sie beherrsche. Danke für die Einsichten, die ich aus der Mutterliebe gewinnen kann.

Appy Niyo Benggon

Reines Gold

Das Gesetz des HERRN ist vollkommen und erquickt die Seele ...
Sie (die Gebote) sind köstlicher als Gold und viel feines Gold, sie sind süßer
als Honig und Honigseim. Auch lässt dein Knecht sich durch sie warnen;
und wer sie hält, der hat großen Lohn. Psalm 19,8-12

E ines Tages erzählte Michail Kulakov, ehemaliger Vorsteher der Euro-Asien-Division, bei einem Mittagessen meiner Freundin Susan und mir folgende Geschichte:
Zwischen 1930 und 1940, als die Christenverfolgung in der ehemaligen Sowjetunion am schlimmsten war, wurde die Gemeindearbeit von Frauen fortgeführt. Unter großer Gefahr für Leib und Leben besuchten sie Gemeindeglieder, um mit ihnen zu beten, und ermutigten sie, Gott treu zu bleiben. Tragischerweise saßen die meisten unserer Prediger in Gefängnissen oder sie waren erschossen worden.

Die Bibel war der kostbarste Besitz eines jeden Gläubigen, und viele verloren ihr Leben, weil sie das Wort Gottes abschrieben, um es mit Männern und Frauen zu teilen, die auf der Suche nach Hoffnung waren. Auf uralten Schreibmaschinen hämmerten sie in die Tasten, um mit zehn Blättern Kohlepapier und elf Bögen hauchdünnem Durchschlagpapier Kopien herzustellen. Sie wussten, dass ihnen die Todesstrafe drohte, falls sie entdeckt würden.

Eines Abends unterhielten sich mehrere Frauen in einer Zelle des Frauengefängnisses. Sie erzählten einander, warum sie ins Gefängnis gekommen waren. Viele von ihnen gaben zu, dass sie gegen ein Gesetz der Regierung verstoßen hatten, das alle Bürger aufforderte, ihren Goldschmuck an den Staat auszuhändigen. Man brauchte das Edelmetall als Ersatzwährung, um damit kriegswichtiges Material zu beschaffen.

Auch eine ältere Frau, eine Christin, beteiligte sich an dem Gespräch. „Ich bin auch hier wegen des Goldes, des reinsten Goldes. Das Gold des Wortes Gottes, von dem ich mich nicht trennen konnte", bekannte sie mit fester Stimme voller Überzeugung.

Viele von uns besitzen heute eine Menge unterschiedlicher Bibelversionen in vielen Größen und Farben. Haben wir Schwierigkeiten bei der Entscheidung, welche wir wählen sollen? „Nehme ich die schwarze oder die weinrote? Oder vielleicht würde die dunkelblaue besser zu meinem Mantel passen?"

Wenn du das nächste Mal vor der Qual der Wahl stehst, welche Bibel du mitnehmen sollst, denke daran, dass der Inhalt der Bibel das Gold enthält; äußere Attribute wie Form und Farbe sind von untergeordneter Bedeutung.

Rose Otis

Bring's dem Herrn!

Wenn euch nun der Sohn frei macht, so seid ihr wirklich frei. Johannes 8,36

Nicht einmal zwei Wochen nach meiner Taufe habe ich wirklich ‚Mist gebaut'. Aber ich hatte Glück. Niemand wurde verletzt und keiner hat es entdeckt. Ich werde dir nicht erzählen, was ich tat. Etwas anderes ist mir wichtiger:

Mein erster Gedanke war, welche Lüge ich wohl auftischen könnte, wenn ich mich verteidigen müsste. Während ich noch überlegte, erkannte ich die ganze Ungeheuerlichkeit meiner Tat.

Hatte ich das wirklich getan? Ich war über meine erste spontane Reaktion, zu verschleiern und zu lügen, entsetzt. Wie konnte Gott mich mögen, ich war mir ja selbst zuwider! Gott schien mir Lichtjahre weit weg zu sein.

Diese Empfindungen waren Neuland für mich. Noch vor einem Jahr hätte ich keinen einzigen Gedanken an Gott verschwendet, wenn mir so etwas wie jetzt passiert wäre.

„Was tut man, wenn man wirklich ‚Mist baut'?", fragte ich eine Freundin einige Tage später um Rat.

„Sprich mit Gott darüber und überlass es ihm", lautete ihre Empfehlung.

Au weia! Selbst wenn ich Gott finden sollte, wollte ich ihm davon nicht erzählen. Aber die Angelegenheit ließ mir keine Ruhe. Am nächsten Tag stellte ich dieselbe Frage einer Kollegin. Ihre Antwort glich der ersten: „Bring's zu Gott!"

Eigentlich hatte ich wenigstens eine Ermahnung erwartet, es nicht wieder zu tun oder so etwas Ähnliches, aber Gott blieb stumm, und so sagte ich auch nichts. Er schien geduldig zu warten. Ich wartete ebenfalls. Ich dachte: Hier bin ich; jetzt bist du dran. Du weißt, dass es mir Leid tut. Vielleicht wartete er darauf, dass ich zu ihm aufschaute, aber so sehr ich mich auch bemühte, ich konnte es nicht. Ich schämte mich. Ich konnte ihm einfach nicht „in die Augen schauen".

Dann zog mich die Hand, die mich zärtlich an der Schulter berührt hatte, neben sich. Er legte seine liebenden Arme um mich. Mir ging es wieder gut.

Von all den ‚Vergeltungsmaßnahmen', die ich mir vorgestellt oder erwartet hatte, traf nichts ein. Wie geduldig bist du, Gott über alle Lebewesen, und wie großartig bist du zu mir! Deine Vergebung und Annahme übertreffen meinen Verstand. Gelobt sei der Herr!

Alice Heath Prive

Grenzenlose Schönheit

Und warum sorgt ihr euch um die Kleidung? Schaut die Lilien auf dem Feld an,
wie sie wachsen: sie arbeiten nicht, auch spinnen sie nicht. Ich sage euch,
dass auch Salomo in aller seiner Herrlichkeit nicht gekleidet gewesen ist
wie eine von ihnen. Matthäus 6,28.29

N eben meiner Familie sind Blumen meine größte Freude im Leben. Ihre Farben, Formen und Düfte ziehen mich immer an, ganz gleich, wo ich mich befinde: Ich bin glücklich, wenn ich Blumen um mich habe.
Als ich zum ersten Mal den großen Blumenmarkt um drei Uhr morgens besuchte, um an einem kalten Morgen Blumen zu kaufen, überwältigten mich ihr Anblick und ihr Duft. Selbst heute noch erhöht sich mein Blutdruck jedes Mal aus Vorfreude über die herrliche Vielfalt, wenn wieder ein Besuch auf dem Blumenmarkt ansteht.

Jesus wusste, wovon er sprach, als er uns aufforderte, an die Blumen zu denken und daran, wie sie wachsen. Blumen gibt es in allen Formen und Größen, aber sie wachsen miteinander in Harmonie. Jede hat ihre eigene Schönheit und sie wetteifern nicht miteinander. Nimm eine Blume in die Hand und betrachte sie genau! Ihre stille Schönheit wird dir den Atem verschlagen und doch machen sie kein Aufhebens davon. Sie blühen nur eine kurze Zeit, aber während ihrer Lebensspanne geben sie sich selbstlos dahin. Ihre Schönheit enthalten sie niemandem vor, jeder darf sie genießen, und wenn sie alles gegeben haben, verwelken sie still und leise.

Wenn ich mit Blumen arbeite, schenken sie meiner Seele immer Frieden. Sie haben eine sanfte, beruhigende Wirkung, die meine Gedanken immer auf den Schöpfer lenkt.

Wie sehr wünschte ich, den Blumen ähnlich zu werden und in Harmonie mit meinen Mitmenschen zu leben und nur Schönheit und Wohlgeruch zu verbreiten! Wenn wir so leben könnten, was wäre das für eine wunderbare Welt! Lasst uns heute versuchen, den ‚Wohlgeruch‘ der Liebe Jesu in unserem Leben spürbar zu machen.

Audrey Balderstone

Was mich Selma lehrte

Gott ist unsre Zuversicht und Stärke, eine Hilfe in den großen Nöten,
die uns getroffen haben. Psalm 46,2

S elma stammte aus Sarajevo. Sie war nur elf Jahre alt, als sie mit ihrer kroatischen Mutter, einer Christin, mit dem letzten Zug ‚in die Freiheit' floh. Bevor der Zug den Bahnhof verließ, umarmte sie unter Tränen ihren moslemischen Vater. Sie hatten ihr Zuhause verloren, ihr Geschäft war zerstört und nun wurde die Familie sogar noch auseinander gerissen. Für immer?

„Mach dir keine Sorgen", tröstete Selma. „Ich werde dich in zehn Tagen wiedersehen." Aber es sollten vier Jahre vergehen.

Sie zogen von Ort zu Ort und versuchten immer einen Schritt schneller als der Krieg zu sein. Im Sommer lebten sie von Erdbeeren und Hüttenkäse, weil das die einzige vorhandene Nahrung war. Sie badeten in Wasser, das sie in der Sonne wärmten, weil es keinen Strom gab.

Ich begegnete Selma, als eine Hilfsorganisation sie nach England brachte, um einen Sommer der Freiheit zu genießen. Das unglaubliche Leid, das sie erlebt hatte, schien ihre Lebenslust nicht gebrochen zu haben. Sie hatte einige wichtige Lektionen gelernt und erzählte uns davon.

„Gott ist immer dagewesen für mich, auch wenn viele meiner Freunde sich von ihm abgewendet haben", berichtete sie. „Einige meiner Klassenkameraden sind tot. Wenn wir auseinander gehen, weiß ich nie, ob ich sie alle gesund wiedersehe. Jedes Mal, wenn ich mich von einer Freundin verabschiede, sage ich ihr: ‚Wir sehen uns in zehn Tagen wieder', denn das Leben hier auf dieser Erde ist nur wie zehn Tage im Vergleich mit der himmlischen Zeitrechnung.

Ich habe gelernt, dass ich nicht mehr besitzen kann als das, was sich bequem in zwei Taschen tragen lässt, denn jedes Mal wenn wir laufen müssen, ist das alles, was ich von einem Ort zum anderen mitnehmen kann. Das hat mir geholfen zu erkennen, was im Leben wirklich wichtig ist."

Selma lachte und spielte und pflückte sogar Erdbeeren mit uns. Als sie schließlich wieder nach Hause zurückkehren musste, schrieb sie unseren Kindern eine Karte. „Danke, dass ihr mir etwas von meiner Kindheit zurückgegeben habt, die ich im Krieg verloren hatte."

Danke, Selma, für all das, was du uns gegeben hast, und was wir von dir lernen konnten.

Danke, Herr, für die Erinnerung heute Morgen: das wirklich Wichtige im Leben sind
Liebe, Hoffnung, Freundschaft und Vertrauen in dich!

Karen Holford

Seid auch ihr bereit?

Seid auch ihr bereit! Denn der Menschensohn kommt zu einer Stunde,
da ihr's nicht meint. Lukas 12,40

Mein Bruder war zu einer Abschlussfeier eingeladen. Wir halfen ihm bei seinen Vorbereitungen. Er sollte mit einem Freund fahren, der ihn um 7.00 morgens abholen wollte. Aber wir warteten vergebens. Um 7.30 Uhr lockerte mein Bruder seine perfekt gebundene Krawatte. Um 8.00 Uhr zog er sein Sakko aus. Er war des Wartens müde und wir auch. Um 8.15 Uhr endlich kam der Freund. Er war im morgendlichen Berufsverkehr stecken geblieben. Alle sprangen um meinen Bruder herum, um seinem Aussehen wieder den letzten Schliff zu geben.

Jesus hat verheißen, wieder zu kommen. Wir haben uns vorbereitet und warten sehnsüchtig auf dieses Ereignis. Wie leicht wird man müde vom Warten, besonders, weil Jesus uns die genaue Zeit seiner Ankunft nicht mitgeteilt hat. So kann es sein, dass wir weniger wachsam sind. Unsere Verbindung zu Christus könnte sich lockern und uns gleichgültig werden. Es besteht die Gefahr, dass wir die Begeisterung verlieren, anderen von ihm zu erzählen. Oder wir ziehen die „Waffenrüstung Gottes" Stück für Stück aus, bis wir schutzlos den „listigen Anschlägen des Teufels" (Epheser 6,11) ausgeliefert sind.

Wenn Jesus wiederkommt, ist es zu spät, unsere Kleider schnell anzuziehen und in hektische Betriebsamkeit zu verfallen, um ihn willkommen zu heißen. Wir müssen uns anziehen – mit dem Kleid der Gerechtigkeit Christi – und angezogen bleiben. Jesus selbst wird uns vorbereiten, wenn wir es ihm erlauben. „Bleibt in mir und ich in euch" (Johannes 15,4).

Der tägliche Stress des Lebens kann dazu führen, dass wir das Wichtigste aus den Augen verlieren. Manchmal sind wir so beschäftigt mit unseren vielen Aufgaben, die täglich zu erledigen sind, dass wir Christus vergessen und erst an ihn denken, kurz bevor wir abends wieder zu Bett gehen, um etwas von ihm zu erbitten.

Wir können bereit bleiben, wenn wir täglich aus dem Wort Gottes lernen, durch das Gebet mit ihm in Verbindung bleiben und seine Liebe begeistert weitergeben.

„Lasst uns freuen und fröhlich sein und ihm die Ehre geben; denn die Hochzeit des Lammes ist gekommen, und seine Braut hat sich bereitet" (Offenbarung 19,7).

Maria G. McClean

Ohne Vorbehalt

Darin besteht die Liebe: nicht, dass wir Gott geliebt haben, sondern dass
er uns geliebt hat ... 1. Johannes 4,10

A ls ich eines Tages mit meiner zwölfjährigen Tochter unterwegs war, fragte sie mich: „Mutti, warum hast du eigentlich angefangen, den Gottesdienst zu besuchen? Du bist doch früher nie in die Gemeinde gegangen."
Tatsächlich hatten wir in unserem Zuhause nie über Gott gesprochen oder ihn erwähnt, und sie wollte die Veränderung, die in mir stattgefunden hatte, verstehen lernen.

Ich versuchte ihr meine Beweggründe zu erklären, aber sie war mit meinen Antworten nicht zufrieden. Das überraschte mich nicht sonderlich, denn es hatte kein spektakuläres Ereignis in meinem Leben gegeben, das aus mir einen Kirchgänger hätte machen können. Und so versuchte ich es mit einem Beispiel, in dem ich sie an ihr schönes und eigenwilliges graues Kätzchen namens Bailey erinnerte.

Ich liebe Bailey, meine Tochter auch. Ich erklärte ihr, dass ich Bailey liebe, unabhängig davon wie sie sich benimmt. Ich liebe sie, wenn sie mir hoheitsvoll erlaubt, ihren Kopf zu kraulen, auch wenn sie davonläuft, während ich mich bücke, um sie zu streicheln. Ich liebe Bailey, wenn sie anschmiegsam, niedlich und freundlich ist, aber auch wenn sie ihre Launen hat oder gar ihre Krallen zeigt. Selbst wenn sie sich von mir abwendet und meinen Liebkosungen ausweicht, liebe ich das Tier. Ich liebe Bailey ohne jegliche Vorbehalte.

„Stimmt, Mama", bestätigte meine Tochter. „Wenn Bailey davonläuft, rennst du ihr sogar hinterher und nimmst sie trotzdem hoch."

„Ja, meine Liebe, das tue ich."

Genau das tut Gott auch mit mir: Wenn ich mich unmöglich verhalte und seiner Zuneigung widerstehe, wenn ich mich abwende statt zu antworten. Gott liebte mich ohne Vorbehalte. Schließlich neigte er sich eines Tages zu mir und zog mich trotz meiner Launen zu sich. Und seitdem bin ich nicht mehr dieselbe.

Alice Heath Prive

Eine glänzende Fassade

... Denn nicht sieht der HERR auf das, worauf ein Mensch sieht. Ein Mensch sieht, was vor Augen ist; der HERR aber sieht das Herz an. 1. Samuel 16,7

Ich hing an meinem Zahn, aber allmählich kostete er mich zu viel, sowohl Geld als auch Nerven. Er war schon mehr als fünf Jahre lang sehr empfindlich gewesen; nun aber konnte ich nicht mehr schlafen wegen des pulsierenden Schmerzes. Er war mehrfach gefüllt worden, mein Zahnarzt hatte gebohrt, geprüft, den Zahn provisorisch gefüllt, wieder geprüft und schließlich plombiert. Aber trotzdem hatte ich Schmerzen! Die Zahnärzte behaupteten, der Schmerz existiere nur in meiner Einbildung! Denn äußerlich war dem Zahn nichts anzusehen – der Schmelz war sauber und stark, die Füllung perfekt. Aber der dauernde Schmerz überzeugte mich, ihn ziehen zu lassen, wenn ich jemals wieder schmerzfrei essen und schlafen wollte.

Den Zahn entfernen zu lassen war nicht so schlimm, wie ich insgeheim befürchtet hatte. Nach vollbrachter Tat fragte mein Arzt, ob er den ‚Übeltäter' aufschneiden dürfe. Wir entdeckten, dass er in vier Teile gespalten war und ein Loch in der Mitte hatte, das über die Wurzel direkt in meinen Blutkreislauf führte, und die empfindlichen Nerven bloßlagen. Er wunderte sich, dass ich nur Schmerzen und keine Infektion erlitten hatte und so lange warten konnte, um den Schaden beheben zu lassen.

Mir kam der Gedanke, wie viele Dinge in meinem Leben mir tröstlich erscheinen, die in Gottes Augen jedoch einer Erschütterung der Grundfesten meines Christseins gleichkommen – auch wenn sie nach außen hin gar nicht so schlecht aussehen mögen und sogar gesellschaftlich akzeptiert sind.

Wie schnell verurteile ich manchmal einen Mitmenschen wegen seiner erwiesenermaßen schädlichen Gewohnheiten, ohne mir Gedanken über den Kummer zu machen, der ihn vielleicht zu seinen Tun veranlasst hat! Bete ich für ihn und warte ich auf eine Gelegenheit, seinen Schmerz zu verstehen und ihm zu helfen, diesen Kummer vor Gott zu bringen, oder verurteile ich ihn?

Ich muss mich darum bemühen zu verstehen und zu trösten, niemals zu verurteilen. Eine glänzende Fassade ist noch lange keine Garantie für solides Mauerwerk! Während ich versuche andere zu verstehen, spendet der Herr mir für mein eigenes Herz Trost.

Danke, Herr, dass du in mein Herz siehst und meine Bedürfnisse kennst.

Linda Franklin

Papa wird kommen

Siehe, ich komme bald ...! Offenbarung 3,11

Die Sonne stand schon tief am Horizont. Es war Zeit für Scott, unseren vierjährigen Sohn, ins Bett zu gehen. „Bitte, Mama", sagte er, „lass mich aufbleiben, bis Papa kommt. Er hat versprochen zurückzusein, bevor ich ins Bett muss. Ich weiß, dass er kommen wird." Seine Stimme enthielt so viel Überzeugung und seine großen grünen Augen waren voller Vertrauen, so dass ich nicht mit ihm diskutieren wollte. Ich wollte ihn auch nicht ängstigen mit möglichen Ursachen, die meinen Mann aufgehalten haben könnten – z. B. einem Unfall.

„Okay", willigte ich ein. „Wir setzen uns auf die Treppe und lesen, während wir auf Papa warten." Ich begann mit seinen Lieblingsgeschichten und war sicher, dass ihn der Schlaf übermannen würde. Dann wollte ich ihn in sein Bett tragen, ohne seine Proteste ertragen zu müssen. Die Sonne war bereits untergegangen und die Sterne funkelten am Nachthimmel. Es wurde zu dunkel, um die Seiten des Buches zu erkennen, und immer noch war sein Papa nicht gekommen.

„Scott, ich glaube, jetzt ist es wirklich Zeit, ins Bett zu gehen."

„Nein, bitte nicht, Mama", bettelte er schluchzend. „Papa hat gesagt, dass er kommt, und er wird kommen. Warte nur noch ein bisschen, bitte." Ich stimmte zu, noch einige Minuten zu warten, und dachte dabei, dass Scott einschlafen würde.

Aber der Junge war immer noch hellwach, als sein Vater eine halbe Stunde später in unsere Einfahrt einbog.

„Siehst du, Mama?", rief Scott siegesbewusst, als er von meinem Schoß aufsprang und wild winkend in die Einfahrt lief. „Ich wusste doch, dass er kommt!"

An jenem Abend lernte ich eine Lektion in Sachen Glauben und Geduld von meinem Sohn. Daran musste ich wieder denken, als mein Sohn mir erneut dieselbe Lektion erteilte – diesmal ging es um die Wiederkunft meines himmlischen Vaters!

Die Jahre sind vergangen und Scott ist nun Anwalt. In dieser Woche hat er den Nachlass meines Vaters, seines Großvaters geregelt. Mehrere Tage hatte er viel damit zu tun, die Angelegenheiten zu ordnen, die mit dem Tod eines geliebten Menschen zusammenhängen. Auf dem Heimweg von der Beerdigung unterhielten Scott und ich uns über die Glaubensüberzeugungen unserer Familienmitglieder und über Tod und Wiederkunft Christi.

„Mir scheint, Jesus wird nie kommen", beklagte ich mich.

Scott wandte sich mir zu, mit demselben Ausdruck auf seinem Gesicht und in seinen Augen, den ich vor 24 Jahren an jenem Sommerabend mit den leuchtenden Sternen über uns gesehen hatte. Mit felsenfester Überzeugung in der Stimme und voller Vertrauen in seinen grünen Augen tröstete mich mein erwachsener Sohn: „Mama, er hat gesagt, dass er kommt, und er wird kommen."

Ellie Green

Mein Hirte

Der HERR ist mein Hirte, mir wird nichts mangeln. Psalm 23,1

Auf meinem Weg zur Arbeit fuhr ich jeden Tag an einer kleinen Wiese vorbei, die von einer Hecke umgeben war. Sie lag ein wenig außerhalb des reizvollen Dorfes Crawley (England), mit seinen strohgedeckten Häuschen und einem Ententeich. Die Zeit schien hier stehen geblieben zu sein, denn oft weidete darauf eine kleine Schafherde wie in längst vergangenen Tagen.

Im Laufe des Herbstes ähnelten die trächtigen Mutterschafe immer mehr dicken Wollknäueln auf vier Beinen. Nach Weihnachten war die Wiese übersät mit schneeweißen kleinen Lämmchen. Bald tapsten sie ihren Müttern auf ihren kurzen, dünnen Beinchen hinterher, aus denen bald „Sprungfedern" werden sollten, wenn sie übers Gras hüpften. Im späten Sommer waren aus den jungen Lämmern kräftige, fast erwachsene Schafe geworden, deren Hauptbeschäftigung aus Fressen und Wachsen bestand.

Zwei Szenen werde ich immer im Gedächtnis behalten. Beide beobachtete ich nur wenige Sekunden, aber sie machten einen tiefen Eindruck auf mich.

An einem trüben Wintertag stand der alte Farmer im Tweedmantel am Gatter. Die Schafe blickten auf und kamen laut blökend aus allen Richtungen auf ihn zugerannt, um ihn zu begrüßen. Welch eine Zuneigung! Welche Freude!

Im Frühling fuhr ich wieder an der Stelle vorbei. Der Farmer wanderte auf der Wiese umher. Schafe und Lämmer sah ich als Silhouetten gegen die Sonne, ihre wollenen Pelze mit einer silbernen Umrandung versehen. Sie umringten ihn und schauten zu ihm auf. Einige vollführten Freudensprünge hinter ihm und folgten ihm auf Schritt auf Tritt. Welch eine Hingabe!

Ob die Menschen, die mir tagein, tagaus auf meinem Arbeitsweg einige Sekunden lang begegnen, durch mich einen Eindruck von der Herrlichkeit Christi erhaschen? Sehen sie einen Augenblick lang einen Hauch der Liebe, die ich ihm entgegenbringe?

Gott, mein Hirte, schenke mir diese Gabe, damit ich sie weitergeben kann. Hilf, dass andere meine Liebe für dich, meine Freude über dich und meine Hingabe an dich erkennen!

Die Beobachtung des Schäfers lehrt mich auch etwas über meinen himmlischen Hirten. Nur Liebe kann eine solch freudige Willkommensreaktion hervorrufen. Nur Liebe kann solches Vertrauen und diese Nachfolge auslösen.

Lehre mich dies Tag für Tag, mein Gott und mein Hirte! Hilf mir, dir immer in Liebe und mit Freude nachzufolgen!

April Dunnett

Gottes beständige Fürsorge

Der HERR erhöre dich in der Not, der Name des Gottes Jakobs schütze dich!
Psalm 20,2

H ast du jemals deine Schlüssel im Auto liegen lassen und die Tür zugeschlagen? Sicher kennst du das niederschmetternde Gefühl der Hilflosigkeit. Meine Freundin Lois und ich waren unterwegs nach South Padre Island in Texas, 2.400 Kilometer von zu Hause entfernt. Wir hatten auf einem sehr wenig frequentierten Rastplatz ohne Telefon gehalten, und es dämmerte bereits. Lois hatte für alle Fälle den Ersatzschlüssel dabei. Doch nun waren unsere beiden Handtaschen – einfach alles – im Auto eingeschlossen! „Was jetzt?", fragte mich Lois ratlos – ich wusste auch nicht weiter. Das Auto besaß eine Diebstahlssicherung, die es schwer macht, einzubrechen. Einige Leute auf dem Rastplatz sahen wenig Vertrauen erweckend aus. Inständig baten wir Gott, uns aus dieser Notlage zu helfen.

Ein großer Lkw parkte in der Nähe, und so fragte ich den Fahrer um Rat. Er bot sich an, über Funk Hilfe anzufordern.

Inzwischen hatte ein zweiter Lkw-Fahrer erfolglos versucht das Auto mit einem Drahtkleiderbügel zu öffnen. Aber er versprach, uns an diesem entlegenen und Furcht einflößenden Ort nicht allein zu lassen. „Danke, Herr", seufzte ich.

Andere hilfsbereite Autofahrer probierten ihre Schlüssel aus und hofften, einer werde passen, und eine Familie mit einem Autotelefon forderte nochmals Hilfe an.

Untätig und ungeduldig warteten wir, während es stockfinster geworden war. „Herr, vergib uns unsere Dummheit, und hilf uns aus unserer Not und beschütze uns", betete ich. Was würden wir tun, wenn wir das Auto nicht aufbekämen? Wo sollten wir ohne Geld oder Kreditkarten übernachten?

Schließlich hielt der Sheriff neben uns. „Sind Sie die Frauen mit dem verschlossenen Auto?" Wir nickten. Während er sein Werkzeug ansetzte, warnte er uns: „Könnte sein, dass die automatische Zentralverriegelung und die Fensterheber danach nicht mehr funktionieren." Doch uns war das in diesem Moment völlig egal. Bald war das Auto offen. Bevor wir weiterfuhren, dankten wir Gott für seinen Schutz.

An jenem Abend funktionierte die Zentralverriegelung nicht, aber die manuelle Verriegelung war in Ordnung. Ich betete, dass beide wieder funktionieren sollten. Warum war ich also am nächsten Morgen überrascht, als die Zentralverriegelung richtig funktionierte? Mir kam der Text aus Matthäus 14,31 in den Sinn: „Du Kleingläubiger, warum hast du gezweifelt?"

Ich weiß, dass ich ständig unter der Führung des Herrn stehe, aber mir scheint, manchmal brauche ich einen Auffrischungskurs. Danke, Herr.

Marge Lyberg McNeilus

Mein Lastenträger

Wirf dein Anliegen auf den HERRN; der wird dich versorgen und wird den Gerechten in Ewigkeit nicht wanken lassen. Psalm 55,23

Als unsere drei Kinder heranwuchsen, planten wir als Familie eine große Wanderung zu unternehmen. Es sollte die ultimative „Gemeinschaftserfahrung" werden. Unsere Freunde, erfahrene „Wandervögel", steckten uns an mit ihrer Begeisterung über die schöne Landschaft, die wir „jenseits der Trampelpfade" erleben würden. Sie informierten uns sorgfältig über die unterschiedlichen Typen und Marken von Ausrüstung und schärften uns immer wieder ein, wie wichtig es sei, genug Wasser mitzuführen und leichtes Gepäck zu haben.

Der Aufbruch zu unserer ersten Wanderung rückte näher und wir fühlten uns vorbereitet wie erfahrene Wanderer, furchtlos und zuversichtlich. Wir beschlossen in eine Gegend, die „Klein Yosemite" genannt wurde, zu wandern. Die Planung und das Packen nahmen fast mehr Zeit in Anspruch als die Wanderung selbst.

Als wir unsere Rucksäcke in unserem gemütlichen Wohnzimmer packten, kamen mir Bedenken. Ich hatte jahrelang chronische Rückenprobleme gehabt und nun sollte ich fünfunddreißig Pfund den Pfad hoch zu den Wasserfällen tragen. Ich vertraute meine Sorgen meinem Mann an. „Ja, Schatz, dann solltest du vielleicht lieber hier bleiben, denn wer sollte deinen Rucksack sonst tragen?", lautete seine schnelle Antwort. Unser sechzehnjähriger Sohn dagegen bot ohne zu zögern an, meine Last zu tragen, wenn ich nur wenigstens für das Kochen mitging.

Wir einigten uns schließlich, dass ich nur meine Kleidung zum Wechseln tragen sollte. Die schweren Sachen trug mein Sohn für mich. Diese Abmachung blieb während all der vielen Wanderungen bestehen, die wir noch machen sollten. Da seine Beine viel länger waren als meine, ging er immer voraus, ließ am Ziel seinen Rucksack fallen und kam zurück, um mir mit meiner kleinen Last zu helfen.

Ich habe diese Begebenheit oft mit dem Angebot verglichen, das Jesus, unser Freund und Bruder, uns gemacht hat. Er will alle Lasten tragen, die uns in unserem Leben beschweren. Es ist eine so einfache Vereinbarung. Wir brauchen ihn nur zu bitten unsere Lasten zu tragen, und ohne zu zögern nimmt er sie uns ab. Wir müssen nicht erst verhandeln, sondern nur eine einfache Bitte aussprechen. Es ist auch nicht nötig, im Voraus zu planen oder auf eine passende Gelegenheit zu warten. Er ist immer da und wartet darauf, dass wir ihn darum bitten.

Wenn du heute Lasten trägst, wie leicht oder schwer sie auch sein mögen, übergib sie dem göttlichen Lastenträger. Du wirst feststellen, dass das Leben dann viel leichter ist, wenn du nicht damit kämpfst, alles aus eigener Kraft zu tun. Und dann danke Gott dafür!

Jean Reiffenstein Rothgeb

Lavendel des Lebens

Das ist ein köstlich Ding, dem HERRN danken ... Psalm 92,2

Mein Mann und ich waren zu Besuch bei Christen auf der Halbinsel Krim, nicht weit vom Schwarzen Meer entfernt. Wir hatten den Gemeindegliedern in Simferopol unsere Grüße überbracht, bevor wir beim dortigen Prediger zum Essen eingeladen wurden.

Nach mehreren köstlichen ukrainischen Spezialitäten signalisierte unser Magen ‚Kapazität erschöpft!' und wir legten wunderbar gesättigt das Besteck auf den Teller. Mich hat immer die Mühe überwältigt, mit der die Hausfrauen in Russland eine Mahlzeit vorbereiteten. Nichts war einfach, dass wusste ich sehr wohl. Ich hatte vor dem Haus einen Brunnen gesehen, von dem die Familie ihr Wasser zum Kochen, Baden und Wäschewaschen holte.

Ich erinnerte mich an die unebene Sandstraße, die zum Haus führte. Der älteste Sohn war aus einem Sanatorium übers Wochenende nach Hause gekommen, wo er wegen Tuberkulose behandelt wurde. Die Gastfreundlichkeit der Familie bot jedem wohltuende Wärme, aber die rauen Schatten des täglichen Lebens lauerten in allen Ecken. Dann war da der Schmerz, dass dieser aufgeweckte junge Mann mit einer behindernden Krankheit kämpfen musste. Nein, das Leben hatte sie nicht auf Rosen gebettet, das erkannte selbst ein oberflächlicher Betrachter.

An beiden Enden des mit Speisen beladenen Tisches flatterten roséfarbige Vorhänge im Wind. „Was ist das für ein Duft?", fragte ich. „Lavendel", erklärte mir mein Gastgeber. „Das riecht ja wundervoll!", antwortete ich.

Wie der Blitz verschwand die junge Tochter des Predigers durch die Hintertür. Augenblicke später kam sie mit einer Hand voll Lavendel zurück, der lieblicher duftete als alles, was mir jemals begegnet war. Immer wieder hielt ich die Blüten hoch, um dieses Parfum der Natur aufzunehmen, während die Predigerfrau strahlte. Sie war sichtlich froh etwas zu besitzen, was mir solche Freude bereitete.

„Ja", sagte sie mit einem breiten Lächeln, „wir haben so viel Glück, dass wir in einem Lavendelfeld wohnen können!"

Ihre Worte berührten mein Herz! Meine geistliche Schwester hatte das Vorbild Jesu ausgelebt, und ich habe mich lange an ihr Lächeln erinnert, nachdem ich die Wärme ihres Hauses verlassen hatte. Ich nahm mir für die Zukunft vor, auch wenn die Umstände weniger perfekt sind, Gott für den ‚Lavendel des Lebens' zu danken!

Rose Otis

Himmlische Nachbarn

Ein Freund liebt allezeit ... Sprüche 17,17

M eine Freundinnen sind wie Edelsteine, die ich in der Schmuckschatulle meines Herzens überallhin mit mir trage. Ab und zu hole ich sie hervor und erfreue mich an ihrem unschätzbaren Wert. Ich habe eine bestimmte Zeit meines Lebens mit diesen Frauen verbracht, und dann sind wir, beruflich bedingt, an andere Orte weitergezogen. Wohin es mich auch verschlägt: meine Freundinnen bleiben ein kostbarer Teil meines Lebens. Einige sehe ich nicht oft, aber wenn wir zusammenkommen, setzen wir das vertraute Verhältnis an der Stelle fort, an der wir uns getrennt haben. Unsere Herzen schlagen im selben Takt. Wir haben ein Band der Freundschaft geflochten, das die Entfernung nicht zu zerreißen vermag.

Wie wertvoll waren mir die Freundinnen, die mir beistanden, als Herausforderungen mich auf die Probe stellten! Eine tauchte mitten in der Nacht im Krankenhaus auf, in dem mein schwer verletzter Sohn lag, und bangte mit mir.

Damit unsere Familie einen unmöglichen Umzugstermin einhalten konnte, griff mir eine andere unter die Arme und half beim Packen der Umzugskartons, putzte Waschbecken und Toiletten und kochte für uns.

Ich werde nie vergessen, wie Gott eine Freundin an meine Tür sandte, gerade zum rechten Zeitpunkt, bevor ich eine beunruhigende und unerwartete Nachricht durch meinen Arzt erhielt.

Andere zeigten Verständnis, wenn meine Arbeitsbelastung es mir nicht ausreichend erlaubte, unsere Freundschaft zu pflegen. Auch sie haben mit mir gefühlt und keine langatmigen zeitraubenden Erklärungen von mir verlangt. Sie haben mir die Treue gehalten ohne Zeit einzufordern oder ihrer Enttäuschung Luft zu machen. Dieses Netzwerk verlässlicher Freundinnen wird immer einer meiner kostbarsten Schätze in diesem und im zukünftigen Leben bleiben.

June Strong hat es am treffendsten formuliert – wie so oft! Wir hatten zusammen ein Programm bei einem Begegnungswochenende in San Antonio präsentiert. Obwohl wir beide bei Frauenveranstaltungen sprechen, treffen sich unsere Wege leider nicht oft. Bei der Verabschiedung sagte June etwas, das ich nie vergessen habe: „Rose, ich nehme an, dass wir hier auf dieser Erde nie sehr viel Zeit miteinander verbringen können. Du sollst aber wissen, dass du eine der Personen bist, die ich als meine Nachbarin auf der neuen Erde haben möchte."

Stell doch einmal eine Liste der Personen auf, die du dir im Himmel als deine Nachbarn wünschst, und dann pflege diese Freundschaften schon jetzt! Bete für diese Freundinnen, damit dein Wunsch auf der neuen Erde Wirklichkeit wird!

Rose Otis

In Zeiten der Not

Sorgt euch um nichts, sondern in allen Dingen lasst eure Bitten in Gebet und Flehen mit Danksagung vor Gott kundwerden! Philipper 4,6

Mein Sohn studierte Medizin, und ich war seine einzige finanzielle Stütze, die ihm helfen wollte, seinen Traum zu verwirklichen. Eines Tages teilte er mir mit, dass sein Auto ihn nun endgültig im Stich gelassen habe und der Kauf eines ‚neuen‘ Gebrauchten anstehe. Er habe deshalb schon während des Sommers gearbeitet, es fehlten ihm aber noch immer $1.000. Zusammen mit seinem Brief kam mein Kontoauszug. Kontostand: $6.85!

Geld war knapp bei uns, denn ich studierte auch. Vor zwei Wochen hatte ich mein Krankenschwesterexamen abgelegt, ein jahrelanger Wunsch von mir, der jetzt in Erfüllung gegangen war. Endlich durfte ich die Arbeit tun, die ich liebte.

Aber ich hatte keine $1.000. Was tun? Zuerst bot sich mir die Gelegenheit, eine Freundin zu vertreten, die privat im selben Krankenhaus arbeitete wie ich. Wenn ich Überstunden machte, könnte ich einen Kredit abbezahlen. Aber den müsste ich zuerst besorgen. An jenem Abend zermarterte ich mir das Hirn, überlegte und rechnete hin und her: Ein Bankkredit schien die beste Alternative zu sein.

Am nächsten Morgen kam eine Freundin vorbei und fragte mich nach meinen Plänen für den Tag. „Ich gehe zur Bank, um einen Kredit zu beantragen." Sie fragte nicht, wie viel Geld ich brauche, sondern überraschte mich mit ihrer Antwort: „Ich kann dir $1.000 überlassen, wenn dir das hilft." Einen Augenblick starrte ich sie sprachlos an. „Ich kann's nicht glauben", platzte ich heraus, „das ist genau der Betrag, den ich brauche!"

Sie zückte ihr Scheckbuch, stellte den Scheck auf meinen Namen aus und meinte dann nachdenklich: „Ich wunderte mich schon, warum ich den Eindruck hatte, ich solle mehr Geld als gewöhnlich auf meinem Konto lassen. Das tue ich sonst nie. Ich glaube, Gott wusste, dass du es heute brauchst."

Sie hatte Recht. Gott kannte meine Notlage und hatte Vorsorge getroffen, schon bevor ich mir den Kopf zerbrochen hatte, um eine angemessene Lösung zu finden. Und dann schickte er auch noch meine Freundin an meine Tür, um mir den Weg zur Bank zu ersparen.

Seither habe ich mir nie mehr Sorgen über Finanzen gemacht. Warum sollte ich auch, wenn es jemanden gibt, der sich für mich um solche Dinge kümmert? Deswegen wiederhole ich Jesaja 65, 24: „Und es soll geschehen: ehe sie rufen, will ich antworten; wenn sie noch reden, will ich hören." Gott hat mir gezeigt, dass diese Verheißung auch mir gilt, und ich nehme sie freudig und dankbar in Anspruch.

Alyce Pickett

Aufregung beim Autowaschen

*Gott aber erweist seine Liebe zu uns darin, dass Christus für uns gestorben ist,
als wir noch Sünder waren.* Römer 5,8

Wir leben in einer schlimmen Welt, in der menschliches Leben oft wenig Wert hat. Unschuldige werden für nichts und wieder nichts umgebracht. Deshalb sollten wir uns auch nicht wundern, wenn Menschen manchmal nach uns schlagen, obwohl wir nichts Unrechtes getan haben. Es wäre falsch, sich darüber aufzuregen und dann zu glauben, dass sie deshalb auch unsere Liebe und unseren Respekt nicht verdienten.

An einem lang ersehnten schönen, sonnigen Nachmittag wollte ich zur Autowaschanlage fahren, um die Streusalzschicht von meinem Auto zu entfernen. Da ich aus dem Süden stamme, mag ich die Winterspuren an meinem Auto nicht. Ein sauberes Auto hebt meine Stimmung ungemein!

Vor der Waschanlage mit Service wartete schon eine riesig lange Schlange. Weil ich mein Auto selbst waschen wollte, fuhr ich an der Schlange vorbei zur „Selbstbedienungs-Bahn".

Im selben Augenblick erscholl eine Flut von Schimpfwörtern, – in meine Richtung! Vorsichtig öffnete ich mein Fenster und hörte einen Mann brüllen, niemand werde sich vor seiner Nase in die Schlange schmuggeln! Er werde schon dafür sorgen, dass ich mich nicht vordrängelte, auch wenn er aussteigen müsse, um es mir zu zeigen! Eine kurze Pause in seiner Schimpftirade – er musste Atem holen – gab mir die Gelegenheit zur Erklärung: Ich wolle doch zur Selbstbedienungsanlage!!

Völlig unbeeindruckt begann er von vorne. Ich solle es nur probieren, mich reinzudrängeln, dann werde er sich schon um mich kümmern. Ich sah die Schlagzeilen in den Zeitungen des nächsten Tages bereits vor mir: „Frau in der Warteschlange vor der Autowaschanlage erschossen!"

Vorsichtig fuhr ich zur Selbstbedienungsanlage weiter, während der wütende Mann mich mit Argusaugen beobachtete und seinen Motor demonstrativ aufheulen ließ. Mein Gesicht brannte, als hätte ich Ohrfeigen bekommen.

Ist dir so etwas auch schon einmal passiert? Wir sind unschuldig Opfer einer Beschimpfung geworden. In solch einer Situation fühlen wir uns verletzt und bloßgestellt. Und manchmal steigt Ärger oder sogar Wut in uns hoch.

Wie erstaunlich ist dagegen das Verhalten von Jesus! Er liebt die Beleidigte genauso wie den Verursacher der Beleidigung! Er hätte auch dann sein Leben am Kreuz geopfert, wenn dieser wütende Mann der einzige Mensch auf Erden gewesen wäre, – nur um ihn zu retten! Oder mich!

Was für ein wunderbarer Heiland!

Sharon Cress

Prioritäten

Wenn ich nur dich habe, so frage ich nichts nach Himmel und Erde. Psalm 73,25

Mich fasziniert immer die Antwort auf die Frage, womit Leute die unendliche Zeit ausfüllen wollen, wenn sie in den Himmel kommen. Typische Antworten von Kindern lauten: den Hals einer Giraffe herunterrutschen, auf einem Löwen reiten oder einen Affen halten. Teenager sind etwas kreativer. Himmlischer Spaß könnte für sie das Surfen auf dem gläsernen Meer bedeuten oder vom Berg Zion aus mit einem Gleitschirm zu starten. Erwachsene träumen davon, das Universum zu entdecken und mit den Glaubensvätern zu reden. Nur gelegentlich erwähnt jemand: „Als Erstes möchte ich Gott umarmen."

Der Psalmist setzt ganz andere Prioritäten. „Meine Seele dürstet nach Gott, nach dem lebendigen Gott. Wann werde ich dahin kommen, dass ich Gottes Angesicht schaue?", Psalm 42,3.

Ich war noch ein Teenager, da bezahlte unsere Großmutter in Deutschland die Fahrt für unsere ganze Familie, damit wir sie in den Sommerferien fünf Wochen lang besuchen konnten. Es war großartig, Oma und Opa zu sehen. Ihre Erdbeertorte und die Schwarzwälder Kirschtorte waren köstlich. Welch ein Spaß, in einem Daunenbett zu schlafen, die Heimatstadt meiner Mutter zu entdecken und sich verwöhnen zu lassen! Aber ohne Auto wurde das Leben nach einigen Wochen eintönig. Eines Sonntags lieh unsere Familie sich ein Auto und besuchte ein Kurheim, das gerade gebaut wurde. ‚Helfende Hände' waren rar, und so beschloss ich, einige Tage dort zu bleiben, um zu helfen. Natürlich war Oma ziemlich enttäuscht, denn ich war schließlich nach Deutschland gekommen, um sie zu besuchen. Sie hatte sogar die Reise bezahlt, weil sie Zeit mit mir verbringen wollte.

Unserem himmlischen Vater geht es ähnlich wie unseren irdischen Eltern oder Großeltern. Er liebt uns sehr, hat viel aufgewendet, um uns die Gelegenheit einer himmlischen Reise zu bieten. Er möchte keine ‚Hallo, wie geht's'-Beziehung, sondern sehnt sich nach Nähe und Gemeinschaft. Wir haben einen mächtigen Gott, der das Weltall befehligt und doch die Zeit schätzt, die wir mit ihm persönlich verbringen.

„Wenn ich nur dich habe". Was sollte im Himmel wichtiger sein?

„Meine Seele dürstet nach Gott, nach dem lebendigen Gott. Wann werde ich dahin kommen, dass ich Gottes Angesicht schaue?"

Heide Ford

Frühlingserwachen

Kommt her zu mir, alle, die ihr mühselig und beladen seid;
ich will euch erquicken. Matthäus 11,28

Der Frühling ist meine liebste Jahreszeit. Nach einem langen grauen Winter scheint die Erde wieder vor neuem Leben zu bersten, voller Hoffnung auf bessere Tage, die nun kommen werden. Fast über Nacht wird das Einheitsgrau von frischen grünen Farbtönen ersetzt, vom hellsten Grün der Trauerweide bis zum dunkelsten Grün des immergrünen Waldes. Die roten Knospen sind wunderbar. Der Hartriegel schlüpft in ein weißes, gestärktes Kleid. Der Flox malt den Boden mit einem blassen Lavendelton an. Die gelben Tulpen leuchten. Aufrechte Iris reckt die Köpfe und begrüßt lächelnd die Sonne. Süße Frühlingsdüfte erfüllen die Luft. Der ,Meisterkünstler' hat ein wunderbares Auge bewiesen, als er die Farbenpalette zusammenstellte.

Die Berge im östlichen Kentucky waren in diesem Frühjahr besonders prächtig. Karges Gelände mit Hügeln und Tälern verliert seine Eintönigkeit durch Tausende aufgehender Knospen.

Ich sehe jeden Tag Gottes Handarbeit, wenn ich achtzig Kilometer zur Arbeit und wieder nach Hause fahre. Obwohl die satten Farben des Herbstes einfach atemberaubend sind, ist für mich der junge Frühling noch intensiver. Der Anblick der erwachenden Natur ist immer wieder aus Neue Balsam für meine Seele. Welch ein Vorrecht, einen Arbeitstag auf diese Art und Weise zu beginnen und zu beenden!

Ich arbeite in der Krankenpflege und sehe viele Menschen, die gegen ihre Krankheiten kämpfen müssen, gegen ihren Kummer, ihren Schmerz, ihre Verzeiflung und viel Herzeleid. Mir scheint, sie haben oft weder den Blick noch die Kraft, über Gottes wunderbare Schöpfung zu staunen.

Alle durch Schmerz und Sorgen Betrübten lädt er ein: „Komm, lass mich deinem Herzen Ruhe schenken. Ich will dein Leben neu schaffen; ich schenke dir himmlische Augen, die weiter sehen und meine Liebe für dich erkennen können." Welch ein wunderbarer Erlöser!

Das Erwachen des Frühlings kann zur selben Zeit geschehen wie das Entstehen neuen Lebens in meinem Herzen. Obwohl ich den Weg noch nicht bis zum Ziel überblicken kann, darf ich mich vertrauensvoll ausruhen in dem Wissen, von meinem liebenden Vater an der Hand geführt zu werden. Ich freue mich über die neue Schöpfung, die er in mir hervorbringt!

Herr, schenke mir heute Ruhe, während ich meine Hand in deine lege. Schenke mir neue Augen, die deine Liebe in all ihrer Schönheit um mich herum sehen!

Carolyn Brackett Kassinger

Das Fensterbrett des Himmels

*Denn so spricht der Hohe und Erhabene, der ewig wohnt, dessen Name heilig
ist: Ich wohne in der Höhe und im Heiligtum und bei denen, die zerschlagenen
und demütigen Geistes sind, auf dass ich erquicke den Geist der Gedemütigten
und das Herz der Zerschlagenen. Jesaja 57,15*

S tütze deine Arme jeden Morgen für eine Weile auf das Fensterbrett des
Himmels und betrachte deinen Herrn; dann wirst du mit diesem Bild in
deinem Herzen den Anforderungen des Tages gewachsen sein" (Verfasser
unbekannt).

Als ich vor kurzem den glitzernden Nachthimmel bewunderte, fragte ich mich,
was mein himmlischer Vater wohl gerade in jenem Augenblick tat.

Ich stellte mir vor, wie er auf seinem atemberaubenden Thron aus Saphiren
sitzt und die leuchtenden Farben des Regenbogens ihn umgeben. Vielleicht zucken
Blitze, der Auftakt für den grollenden Donner. Gottes prachtvoller Thronsaal ist voller Aktivität. Die vier sonderbaren Wesen bringen ständig Lob und Danksagung. Die
vierundzwanzig Ältesten schließen sich der Anbetung an, während sie Verwaltungs-
aufgaben erledigen. Der Engelchor komponiert und probt neue aufregende Meister-
werke. Aus allen Teilen des Universums liefern diensthabende Engel ihre Berichte:
aus der hydrogalaktischen Abteilung, der interstellaren Abteilung und der Abteilung
für kosmische Forschung und Entwicklung, der Abteilung für Video-Chronologie,
der kommunigraphischen Abteilung – die Liste ließe sich beliebig fortsetzen.

Gott kann in seiner Allmacht Mega-Aufgaben in Mikrosekunden vollführen.
Trotz seines ‚Full-Time-Jobs' in seinen Myriaden von Galaxien bin ich mir sicher,
dass er mich sieht und mir zulächelt, als ich meine Ellbogen auf das Fensterbrett
stütze.

„Fürchte dich nicht", sagt er, „ich rufe die Sterne beim Namen und kenne dich
auch mit Namen. Ich weiß, in welcher Straße du wohnst, sogar die Farbe deines
Hauses kenne ich. Meine Augen ruhen auf dir. Wie sehr liebe ich es, wenn du jeden
Morgen deine Arme für eine Weile auf das Fensterbrett des Himmels stützt und dei-
nen Herrn betrachtest; damit du mit dieser Vision in deinem Herzen stark in den
Tag hineingehen kannst."

Heide Ford

Eine Frage des Vertrauens

... Fürchte dich nicht, glaube nur! Markus 5,36

Jch wünschte, ich könnte meine Zukunft im Zeitraffer anschauen, damit ich wüsste, was ich tun soll!", seufzte ich in Gegenwart einer meiner Freundinnen. „Welchen Beruf soll ich wählen, welche Fächer belegen? Zu einem anderen College überwechseln, mein Studienhauptfach ändern?" – Fragen, die viele Studenten beschäftigen. Ach, wenn Gott mir doch einfach gerade heraus sagen würde, was ich tun sollte!

In alter Zeit war Jesus mit Jairus, einem Synagogenverwalter, unterwegs zu dessen Heim, wo seine Tochter im Sterben lag. Eine riesige Menschenmenge hinderte sie daran, vorwärts zu kommen, und bevor sie Jairus' Haus erreichten, erhielten sie die traurige Nachricht, das kleine Mädchen sei gestorben. Und was tat Jesus? Er hätte Jairus trösten können: „Sie ist jetzt zwar tot, aber ich werde sie wieder auferwecken." Stattdessen antwortete Jesus: „Hab keine Angst. Glaube nur." Welch eine eigenartige Aussage gegenüber einem Vater, der gerade sein Kind verloren hatte!

Vielleicht gibt Jesus uns dieselbe Antwort. Wir möchten gern einen Blick in die Zukunft tun, wissen, welchen Berufsweg wir einschlagen sollen, wen wir heiraten, wie viele Kinder wir haben, wo wir wohnen werden usw. Aber Jesus lüftet den Schleier unserer Zukunft nicht. Er ruft uns einfach zu, keine Angst vor der Zukunft zu haben, ganz gleich, was sie für uns bereit hält. Er ermutigt uns, ihm zu vertrauen und zu glauben, dass er unsere Zukunft in seinen Händen hält.

„Hab keine Angst. Glaube nur." Leichter gesagt als getan – für mich jedenfalls. Aber wenn wir unsere Ängste loslassen und auf Gott vertrauen, werden zwei Dinge geschehen. Wir werden jenen Frieden entdecken, der alle Vernunft übersteigt. Weil wir uns darauf verlassen, dass Gott in unserem Leben wirkt.

Außerdem geschehen wundersame Dinge. Jairus vertraute Jesus und bekam seine Tochter zurück! Gott hält wunderbare Dinge für uns bereit, wenn wir ihm nur erlauben nach seinem Zeitplan zu verfahren. Glaube nur, dass er sich um deine Zukunft kümmert, und du wirst entdecken, dass sie besser wird, als du dir je vorstellen konntest.

Mindy Rodenberg

Regenbogen verblassen

Denn das Leben ist mehr als die Nahrung und der Leib mehr als die Kleidung
... Lasst eure Lenden umgürtet sein und eure Lichter brennen ... Selig sind die
Knechte, die der Herr, wenn er kommt, wachend findet ... Seid auch ihr bereit!
Lukas 12,23-40

Ab und zu gibt es eine Gelegenheit, bei der ich ein weiteres Kleinod in meine Schatztruhe der Erinnerungen legen kann. Eine solche Gelegenheit kam, als ich auf dem Weg zu meiner Arbeitsstelle den Highway entlang brauste, um einem Notruf vom Krankenhaus zu folgen.

Plötzlich erblickte ich den schönsten Regenbogen, den ich jemals gesehen hatte, noch besonders betont durch die goldgelbe Sonne, die hinter den Hügeln hervorlugte. Seine Farben überspannten die fernen Berge auf der einen Seite bis wenige Meter auf der anderen Straßenseite. Während ich das faszinierend leuchtende Farbenspiel beobachtete, erwachten meine Lebensgeister. Ich hatte es eilig, aber irgendetwas in mir sagte: „Halt an! Genieße den Augenblick!" Und genau das tat ich.

Ich stand immer noch unter dem Zauber der Himmelserscheinung, als ich wenige Minuten später die Notaufnahme erreichte. „Habt ihr auch den wundervollen Regenbogen gesehen? So ein Leuchten habe ich noch nie erlebt!"

Ein Kollege blieb stehen und fragte: „Hast du gesehen, dass es ein doppelter Regenbogen war? Komm heraus! Ich zeig's dir."

Tatsächlich, ein zweiter Regenbogen, parallel zum ersten, prangte am Himmel und schien die Welt in fröhliche Farben zu tauchen. Und wieder erhielt ich in meine ‚Gedächtnisbank' eine ‚Gutschrift': Der großartige Anblick des Regenbogens ließ meine Seele Atem holen.

Patricia Clafford bringt eine Saite meines Herzens zum Klingen, wenn sie feststellt: „Die Arbeit wird warten, während du dem Kind den Regenbogen zeigst, aber der Regenbogen wird verblassen, während du die Arbeit tust."

Wie oft versäumen wir bedeutungsvolle Augenblicke, wenn wir durch das Leben hetzen, goldene Augenblicke, die die Seele ernähren."

In diesem Augenblick genieße ich die Freude deiner Gegenwart. Hilf mir, oft eine Pause zu machen, um deine Liebe und die Freuden, die du mir schenken willst, auszukosten. Öffne meine Augen für die vielen Farben deiner Fürsorge. Schenke mir Zeit zum Einhalten, um die Wunder deiner Schöpfung mit anderen zu teilen, bevor der Regenbogen verblasst.

Shari Chamberlain

Meine Augen gehören Gott

Wirf dein Anliegen auf den HERRN; der wird dich versorgen und wird den Gerechten in Ewigkeit nicht wanken lassen. Psalm 55, 23

Als ich sie im Gefängnis besuchte, zog ihr bisheriges Leben an meinem inneren Auge wie ein Film vorüber. Wie konnte sie nur in eine solche Sackgasse geraten? Sie war so ein niedliches, liebes Kind gewesen, mit solch unschuldigen und sanften Augen! Wir hatten ihr einen besonderen Namen gegeben. Er bedeutete: meine Augen gehören Gott. Und doch wandte sie ihre Augen von ihm ab und richtete sie auf den Feind.

Sie hatte die besten christlichen Schulen besucht, nahm an den Gottesdiensten teil und setzte ihre Stimme und musikalische Begabung oft in der Gemeinde ein.

Was veranlasste ein junges Mädchen mit so vielen Talenten und Möglichkeiten, sich Freunde und Wege auszusuchen, die ins Abseits führen? Ich konnte es nicht ertragen, das unglückliche Leben mit ansehen zu müssen, das meine Tochter mit einem Mann führte, der drogenabhängig war.

„Wo habe ich versagt?" fragte ich mich und weinte, bis ich keine Tränen mehr hatte. Das Scheitern meiner Tochter betrachtete ich als persönliche Niederlage, ich fürchtete mich sogar davor, anderen von Gott und seiner Güte zu erzählen, weil ich nicht in der Lage gewesen war meine eigene Tochter zu bewahren.

In meiner Depression und Trauer erreichten mich eines Tages folgende Worte: „Stehe auf! Jeder ist vor Gott für seine eigene Schuld verantwortlich. Niemand hat das Recht, dir das Glück über deine Erlösung zu nehmen."

Von jenem Augenblick an kehrte mein gewohntes Glücksgefühl zurück, und ich beschloss, dass nichts und niemand mehr meinen Frieden stehlen oder meine Beziehung zu Christus beeinflussen dürfe. Mir wurde neu bewusst, dass Gott auf meiner Seite stand und sich meiner Tochter annahm. Zuversichtlich und voller Hoffnung vertraute ich darauf, dass Gott alles zu seiner Zeit lösen werde.

Es geschah tatsächlich etwas, zu einer Zeit, als wir nicht damit rechneten. Heute hat sich meine Tochter wieder gefangen und ist sehr glücklich. Sie schließt gerade ihre Ausbildung ab und arbeitet.

Viele gläubige Eltern leiden wegen ihrer Kinder, die ihren eigenen Weg gehen wollen. In ihrem Schmerz verzweifeln die Eltern und die zurückliegende froh machende Erfahrung Jesu im eigenen Leben verblasst. Aber unser Vater möchte, dass sie sich wieder erheben und ihm die Sorge um ihre Kinder anvertrauen. Seine Hand ist immer in Liebe ausgestreckt, eine kraftvolle Retterhand.

Maria de Jesus Vale Menezes

Ein schmerzender Zeh

Denn wie wir an einem Leib viele Glieder haben, aber nicht alle Glieder dieselbe Aufgabe haben, so sind wir viele ein Leib in Christus, aber untereinander ist einer des andern Glied. Römer 12, 4.5

K inder vermögen die Wohltat des Schlafes noch nicht genügend zu würdigen. Der Schlaf erfordert reibungslose Zusammenarbeit der verschiedenen Körperteile. Das Gehirn befiehlt dem Körper, sich zu entspannen, und dann muss es sich in Geduld üben und darauf warten, bis der Schlaf eintritt.

Beobachtet man ein Baby vor dem Mittagsschlaf, wird diese perfekt abgestimmte Zusammenarbeit sichtbar. Die Augen fallen zu, aber die Hände spielen weiter. Schließlich entsteigt dem Munde ein ausgiebiges Gähnen und die Körperbewegungen erlahmen mitten im Spiel, die Hand das Spielzeug noch umklammernd.

Erwachsene jedoch haben gelernt, mit dem Schlaf zusammenzuarbeiten. Ich beobachte meinen Vater in seinem Lehnstuhl. Er wolle einfach „seine Augen ausruhen", sagt er. Und bald machen all die anderen Körperteile mit. Aufeinander abgestimmte Zusammenarbeit macht den Schlaf so erholsam.

Eines Nachts riss mich ein klägliches „Mama!" plötzlich aus dem Schlaf. Meine Augen öffneten sich; mein Gehirn, das immer noch schlief, versuchte meine Ohren zu überzeugen, sie hätten nur geträumt. Die Augen schlossen sich für einen Augenblick wieder; dann ertönte erneut „Mama!". Jetzt war mein Gehirn schon hellwach, und meine Augen gingen weit auf. Meine Füße, die eigentlich noch schlafen wollten, quälten sich aus dem warmen Bett und bewegten sich schwerfällig ins Kinderzimmer. Leider übersah mein kleiner Zeh den Rand der Feuerstelle. Ein schrecklicher Schmerz durchfuhr meinen Zeh! Nun war er wach! Ich humpelte den Rest des Weges ins Kinderzimmer, um nach der Ursache für das klägliche „Mama!" zu fahnden.

„Ist es schon Morgen?", fragte meine Tochter.

„Nein, Liebes, schlaf weiter", seufzte ich und hinkte zurück in mein Bett. Meinem Kind ging es gut, und so befahl mein Gehirn meinem Körper, sich zu entspannen und wieder einzuschlafen. Leider forderte mein kleiner Zeh jetzt die ungeteilte Aufmerksamkeit des Körpers.

Während ich in jener Nach wach lag, lernte ich eine wertvolle Lektion durch meinen schmerzenden Zeh. Es ist erstaunlich, wie ein so kleiner Teil den übrigen Körper beeinflussen kann. Die Bibel sagt uns, dass wir alle ein Teil des Leibes Christi sind. Wenn wir jemanden mit einem Wort oder einer Tat verletzen, verletzen wir den ganzen Leib. Außerdem beanspruchen wir wie jener ramponierte Zeh die Aufmerksamkeit des gesamten Körpers. Aber wenn wir mit den anderen zusammenarbeiten und in Harmonie mit ihnen leben, heilen wir den Körper. Jede von uns, unabhängig von unserer Größe, hat Einfluss auf das Ganze.

Tammy Vice

Ohne meine Tochter

Der HERR behüte deinen Ausgang und Eingang von nun an bis in Ewigkeit!
Psalm 121,8

Sie trägt ihren Kopf hoch, diese Frau Gottes. Und sie ist meine Tochter. Ich bin glücklich, weil ihr Herz singt und ihr Sinn danach trachtet, ihre Gaben mit ihren Brüdern und Schwestern in Kalkutta, Indien, zu teilen. Ich beobachte das Flugzeug, in dem meine Tochter sitzt, wie es am Fenster des Flughafengebäudes vorbeirast, um dann in die Wolken zu steigen mit einem Ziel weit, weit weg von mir. Ich frage mich: Wohin sind all die Jahre verschwunden?

Sie ist aus den vier Wänden unseres Heimes weggezogen und der Zusammenhalt unseres Kleeblattes wird nie mehr derselbe sein. Mir scheint, es fällt uns leicht, Wurzeln wachsen zu lassen, dagegen aber schwer, Flügel zu verschenken.

Sie fehlt mir so, dieses Kind, diese schöne junge Frau, die vor gar nicht so langer Zeit noch die Windeln füllte, mich mitten in der Nacht für ihre Mahlzeiten aufstehen ließ und mir so viele Erinnerungen an Lachen und Freude schenkte.

Es wird Jubelfeiern beim Wiedersehen geben, auf die wir uns schon freuen können, und noch mehr Erinnerungen, die uns kostbar sind. Aber das Heim ist nicht mehr dasselbe – so ohne meine Tochter.

Ich bat Gott um eine Verheißung und er sagte: „Sei getrost und unverzagt. Lass dir nicht grauen und entsetze dich nicht, denn der Herr, dein Gott, ist mir dir in allem, was du tun wirst" (Josua 1,9).

Joyce Hanscom Lorntz

Mutters Liebe

... Ich habe dich je und je geliebt ... Jeremia 31,3

Z eit ins Bett zu gehen!" Wenn Mutter in dieser Tonlage sprach, wusste ich, dass Widerstand zwecklos war. Widerwillig stapfte ich nach oben und kroch unter die Decke. Ich war nicht müde. Ich wollte spielen. Plötzlich hatte ich eine wunderbare Idee. Ich warf die Bettdecke zurück, ging auf Zehenspitzen auf die andere Seite des Zimmers und öffnete leise die Tür zum Flur. Das Radio lief. Mein Vater saß wohl in seinem Lehnstuhl und hörte die Nachrichten. Mutter hörte ich aus der Küche, wie sie sich mit jemandem am Telefon unterhielt.

Ich kann es schaffen! sagte ich mir. Sie werden's nie rauskriegen. Leise ging ich auf Zehenspitzen die Treppe hinunter in den Keller, wo Frisky, mein Cockerspaniel, von sechs jungen Hündchen in einer Holzkiste umlagert wurde. Ich nahm zwei der Kleinen heraus, drückte sie an mich, schlich die Treppe wieder hoch, nahm die Hündchen zu mir ins Bett. Welch ein Spaß!

Gerade da hörte ich Schritte auf der Treppe. Oh, nein! Das muss Mutti sein, die kommt, um mir ‚gute Nacht' zu sagen. Was soll ich bloß tun? Ich schubste die Hündchen ans Fußende des Bettes, zog die Decke fest unter mein Kinn und tat so, als ob ich schliefe. Mutti öffnete die Tür und schaltete das Licht ein. „Was machst du da, Dorothy?", fragte sie. „Schlafen, Mama," sagte ich gähnend. Da bewegte sich die Bettdecke! „Was ist da unten los?" Mutti klang misstrauisch. „Nichts! Das sind nur meine Füße." Ich wackelte heftig mit den Zehen unter der Decke. Mutti warf die Decke zur Seite und griff sich die beiden Hündchen. „Komische Zehen", war ihr ganzer Kommentar.

Ich dachte: Jetzt bin ich dran. Ich war ungehorsam und Mama wird mich sicher bestrafen. Ergeben fügte ich mich in mein Schicksal, schloss die Augen und erwartete den ‚Urteilsspruch'. Aber Mutti bückte sich und küsste mich auf beide Wangen. „Ich liebe dich, Dorothy. Gute Nacht. Schlaf jetzt; und keine weiteren Tricks!"

Als sie mein Zimmer verlassen hatte, seufzte ich erleichtert und kuschelte mich tiefer unter die Decke. Mama liebt mich, obwohl ich ungehorsam war, dachte ich. Ich habe die beste Mama der ganzen Welt!

Heute will ich für einen Augenblick innehalten, um Gott für eine Mutter zu danken, die seine gnädige, vergebende, bedingungslose Liebe demonstrierte. Manchmal, wenn ich nach einem schwierigen Tag, an dem ich versagt habe und gegenüber Gott ungehorsam war, spüre ich seine ‚Küsse' der Vergebung auf meiner Wange und höre seine Worte, die durch die Jahre widerhallen: „Ich liebe dich, Dorothy."

Ich kuschele mich ein wenig tiefer unter die Decke und seufze erleichtert. Gott liebt mich, auch wenn ich sündige. Welch ein wunderbarer Gott ist er!

Dorothy Eaton Watts

Vertrau mir!

Darum verlasst euch auf den HERRN immerdar; denn Gott der HERR ist ein Fels ewiglich. Jesaja 26,4

Jch lag im Krankenhaus und wusste nicht, ob ich die Nacht überleben würde. Schon tagelang hatte ich nichts zu mir nehmen können, nicht einmal Wasser. Ein Tropf hielt mich am Leben. Der sorgenvolle Ausdruck auf den Gesichtern der Ärzte und Krankenschwestern verriet mir, dass es ziemlich schlimm um mich stand.

Ich war eine Kämpferin und nahm mir vor, mich nicht unterkriegen zu lassen. Mein Mann war schon heimgefahren, um sich auszuruhen, er war völlig erschöpft, und so war ich in der Dunkelheit des Krankenzimmers mit meinen Gedanken allein. Ich konnte einfach nicht (oder wollte nicht?) glauben, dass Gott mit mir hier auf Erden abgeschlossen haben sollte.

„Herr, du weißt, dass mein Mann ohne mich nicht gut klarkäme. Er braucht mich so sehr. Wie würde er mit seiner Trauer umgehen?" „Ich werde mich um ihn kümmern, Connie."

„Aber Herr, du weißt, dass er mich braucht, und dann gibt es noch meine Eltern. Wer wird sich um sie kümmern in ihrem Alter?" „Ich werde mich auch um sie kümmern."

Gottes sanfte, liebevolle Stimme beruhigte mich, und doch rang ich weiter mit ihm. Schließlich kam ich zum Punkt: „Herr, du kannst mich nicht sterben lassen. Ich werde gebraucht, verstehst du das nicht?" Seine Antwort traf mich direkt ins Herz. „Was ist, Connie? Vertraust du mir nicht?"

In jenem Augenblick erkannte ich meinen Mangel an Vertrauen zu meinem Heiland, und meine Hilflosigkeit. Hier war ich und verließ mich auf mich selbst, statt mich auf Christus zu verlassen. Ich betrachtete mich als verantwortlich für das Wohlergehen anderer. Erschrocken, antwortete ich: „Oh ja, Herr, du würdest dich so viel besser um sie kümmern, als ich es könnte."

Während ich ihm meinen Willen und mein Leben übergab, durchströmte Frieden meine Seele. Ich wusste, was auch geschah: Er würde für alles sorgen.

Seit unserer Unterhaltung in jenem Krankenzimmer sind mehr als vier Jahre vergangen, und er hat mich immer wieder daran erinnert, dass er mich liebt und bei mir ist. Welch eine Freude, sein Kind zu sein und sich auf seine Güte zu verlassen!

Wo bist du heute? Vertraust du ihm? Studiere mit ihm, bete mit ihm, übergib dich ihm täglich, jeden Augenblick. Lege dein Leben in seine Hände und fühle, wie Frieden und Gewissheit deine Seele erfüllen.

Connie Hodson White

Denk an die Untertasse!

Du bereitest vor mir einen Tisch im Angesicht meiner Feinde. Du salbest mein Haupt mit Öl und schenkest mir voll ein. Gutes und Barmherzigkeit werden mir folgen mein Leben lang ... Psalm 23,5.6

Jm Schrank meiner Schwiegermutter befand sich ihre Sammlung feiner Teetassen aus Porzellan, jede mit einem anderen Muster. Einige waren niedrig und bauchig, andere hoch und schlank. Ihre Henkel hatten unterschiedliche Formen, schlicht oder filigran, keiner glich dem anderen. Einige waren mit Blattgold überzogen oder mit Silberstreifen bemalt. Ihre wunderschönen Farben stimmten mit dem Spektrum des Regenbogens überein. Zu jeder Tasse gehörte die passende Untertasse.

Ursprünglich besaßen Tassen keine Untertassen. Wenn man zu viel hineingoss, floss die Flüssigkeit auf den Tisch oder auf die Kleidung einer Person. Tropfen rannen die Seite der Tasse hinunter und hinterließen Flecken auf der Tischdecke. Dann entwarf jemand eine Untertasse mit einer kleinen Erhebung, die die Tasse in der Mitte halten und alles, was überlief, auffangen sollte.

Jede Frau ist wie eine Tasse. Wir sind alle verschieden und haben unterschiedliche Bedürfnisse und Wünsche. Wir müssen mit verschiedenen „Getränken" gefüllt werden. Eine Untertasse ist in besonderem Maße nötig, wenn man die Tasse mit Gelächter füllt. Erinnere dich, wie ein sanftes Lachen geboren wird; wie daraus ein herzhaftes Lachen tief unten aus dem Bauch heraus entsteht, das deine Tasse füllt. Nimm schnell die Untertasse, denn dein Lachen wird sicher überfließen, und du willst doch keinen Tropfen der Freude vergeuden. Die Erhöhung auf der Untertasse braucht man, um dem Gefäß Standfestigkeit zu verleihen, während dein Kichern die Hand zittern lässt.

Fülle deine Tasse mit Liebe – Liebe zur Familie, zu Freunden, Nachbarn. Freude, Friede und Zufriedenheit folgen schnell, wenn die Lebenstassen mit Liebe gefüllt sind. Denke an die Untertasse, um die überfließende Fülle aufzufangen. Gib von deiner Liebe weiter, bis sie die Gefäße anderer Frauen überfließen lässt, und sie werden auch an ihre Untertassen denken müssen. Untertassen haben die Aufgabe, Tropfen aufzufangen. Tropfen sind wie kleine Irritationen des Lebens.

Als ich vor kurzem aus mein Fenster hinausschaute, sah ich, wie sich die Kühe des Nachbarn gütlich taten – an meinem Blumengarten! Da brauchte ich meine Untertasse, um die vielen Tropfen meiner Traurigkeit aufzufangen.

Beschäftige dich ganz bewusst mit Dingen, die dich froh stimmen, fülle damit deine Tasse und lass sie überfließen auf deine Untertasse. Der Herr freut sich, wenn wir nicht vergessen, unsere Untertassen einzusetzen.

Evelyn Glass

Gottes Kunstwerk

Denn wir sind sein Werk, geschaffen in Christus Jesus zu guten Werken ...
Epheser 2,10

Meinen Bibelstudienhilfen entnehme ich, dass der griechische Begriff, der in diesem Vers für Werk verwendet wird, ‚Kunstwerk' bedeutet. Deshalb habe ich diesen Text wie folgt übersetzt: „Denn ich bin Gottes Kunstwerk, geschaffen in Jesus Christus, schön, vollständig und lieblich. Ich bin ein Kunstwerk, das Gott gerne anschaut; aber ich bin von ihm auch dazu geschaffen worden, anderen ein Segen zu sein, und deshalb werden meine Taten wohl überlegt sein, die mich zu einem angenehmen Zeitgenossen machen, von innen wie außen: Gottes kostbares Kunstwerk".

Ich hatte lange Zeit Schwierigkeiten, mich zu mögen. Als junges Mädchen fühlte ich mich hässlich und ungeliebt. Oft war ich unglücklich und traurig, so dass meine eigentliche Persönlichkeit gar nicht recht zum Vorschein kam. Im Laufe der Jahre bin ich reifer geworden und ich habe meinen Selbstwert erkannt. Aber in Zeiten besonderer Belastung wütet der Kampf immer noch stark in mir.

Diese Minderwertigkeitsgefühle verleiten mich dazu, ‚das Loch in meiner Seele' mit allzu viel Arbeit aufzufüllen, was wiederum zur Erschöpfung und zur Unfähigkeit geführt hat, das Leben zu genießen.

So gibt es auch heute noch Phasen, bei denen ich mehr leisten möchte, als ich kann, wo ich den Leuten alles recht machen will, damit sie zufrieden sind. In Wirklichkeit bin ich es, die ruhelos ihr inneres Gleichgewicht sucht und hofft, es in hektischer, teils sinnloser Betätigung für andere und mit anderen endlich zu finden. Dass ich dabei zu einer Karikatur der Persönlichkeit werde, die Gott in mir geschaffen hat, erkenne ich oft erst, wenn ich bis zum Hals ‚in der Tinte stecke'.

Dann wende ich mich in meiner Verzweiflung wieder an Jesus und er richtet mich neu aus wie eine Satellitenschüssel für den besten Empfang. Vor kurzem entdeckte ich Vers 10 im zweiten Kapitel des Epheserbrief und mir wurde bewusst, dass Gott mich als ein Kunstwerk geschaffen hat. Außerdem schuf er mich zu seinem Bilde, zu seiner Freude. Die Nägelmale an seinen Händen zeugen davon, wie wertvoll ich ihm bin. Jesus hätte den Himmel auch dann verlassen, wenn ich der einzige sündige Mensch auf Erden gewesen wäre.

Er hat versprochen, mich ständig zu begleiten; auf mich zu achten, während er mich führt; mich nie zu verlassen; meine wie Seifenblasen zerplatzten Träume und Vorhaben in etwas Schönes zu verwandeln; wiederzukommen, und mich nach Hause zu holen, damit er sein Kunstwerk aus der Nähe genießen kann, immer und ewig. Ich lobe seinen Namen! Gott wird uns wieder in seine kostbaren Kunstwerke verwandeln, wenn wir ihn nur bereitwillig an uns arbeiten lassen.

Marilyn Bennett Justessen

Die Mutter auf dem Berg

*Bekennt also einander eure Sünden und betet füreinander, dass ihr gesund wer-
det. Des Gerechten Gebet vermag viel, wenn es ernstlich ist. Jakobus 5,16*

Nichts bewegt mich mehr als die Geschichte einer Mutter. Mein Herz leidet
mit den Müttern, deren Kinder unter tragischen Umständen ums Leben
kommen; deren Kinder verschwunden sind oder ermordet wurden. Wie
würde ich mich in ihrer Lage fühlen?

Vor etlichen Jahren zeigte ein Fernsehbericht lange Reihen von müden, gebrochenen Menschen, bepackt mit nur wenigen Habseligkeiten in Tüchern oder Sä-
cken. Kurdische Flüchtlinge flohen aus dem Irak. Schwangere Frauen gebaren am
Straßenrand und mussten sich und ihr Baby dann hastig weiterschleppen. Im
Flüchtlingslager starben Menschen massenweise aus Mangel an Nahrung, Wärme,
Wasser und sanitären Einrichtungen. Die Mütter wiegten ihre winzigen, hungern-
den, kranken Kinder, und versuchten ihnen Trost zu geben. Ihre Lage war verzweifelt. Ich konnte das Leid der Mütter kaum mit ansehen und helfen erst recht nicht.

Die Nachrichten waren vorüber und ich saß allein in der Abendstille. Ich
durchlitt die Verzweiflung jener kurdischen Mütter, die sich bemühten, das Beste
für ihre Kinder zu tun.

„Lieber Vater, was kann ich für sie tun? Ich fühle mich hier so hilflos. Mir sind
durch die Entfernung die Hände gebunden, dabei hätten sie Hilfe so nötig!"

Während mein Hilferuf noch in mir nachhallte, schien es mir, als hörte ich eine
Stimme. „Du kannst beten. Bete vor allem für eine ganz besondere Mutter dort
draußen auf dem Berg. Ihr Kind ist sehr krank, und sie weiß nicht, was sie tun soll.
Bete einfach für sie und ich werde deine Gebete erhören."

Also betete ich, betete und fühlte Frieden. Es war das Einzige, was ich tun
konnte, aber es war viel mehr, als einige Mark in die Sammelbüchse zu stecken oder
getragene Kleidung oder eine Dose Bohnen zu spenden. Es bedeutete, ein Teil einer
Liebesverbindung vom Himmel zur Erde zu sein – sich an die größte Energiequelle
des Universums anzuschließen.

Und dort auf dem Berg ... was geschah dort? Ich weiß es nicht. Vielleicht fühlte
sich eine Mutter ermutigt und getröstet. Vielleicht bekam ein kleines Kind Medikamente und Nahrung von einem Flüchtlingshelfer. Vielleicht schlief das Kind ein und
sein Fieber war kräftig gesunken, als es aufwachte. Ich weiß es nicht. Es genügte
mir, dass ich mich in der Nacht ihr nahe fühlte und mit einem Gebet die Last einer
leidenden Mutter teilen konnte.

Wenn du heute die Nachrichten verfolgst, konzentriere dich auf eine Mutter,
deren Leben von den Weltereignissen direkt betroffen ist, und mache sie zum Anliegen deiner Gebete.

Karen Holford

Nur eine Berührung

Denn sie sprach bei sich selbst: Könnte ich nur sein Gewand berühren,
so würde ich gesund. Matthäus 9,21

Durch meine Arbeit als Pflegerin in einem Hospiz habe ich erkannt, wie wichtig der Tastsinn ist. Eines unserer wirksamsten Mittel, um unsere Gefühle unseren Patienten mitzuteilen, ist ihre Hände zu halten, sie zu umarmen, ihre schmerzenden Arme, Beine und Rücken sanft zu massieren. Sie genießen jeden Augenblick und ‚schnurren‘ vor Vergnügen im wahrsten Sinn des Wortes. Die Wärme, die durch die menschliche Berührung vermittelt wird, gibt ihnen das Gefühl, etwas Besonderes zu sein. Sie schätzen die Tatsache, dass wir sie als lebendige und nicht sterbende Menschen behandeln.

Dieses Wohlbefinden erhält nicht nur derjenige, den wir berühren. Mit unserer Berührung vermitteln wir Liebe und Mitgefühl in einer spürbaren Art, die Worte manchmal nicht vermögen. Durch einfühlende Berührung bekommen auch wir einen Segen.

Die Frau mit dem Blutfluss wollte nur den Saum des Gewandes Jesu berühren, eine Tat, die ihr Vertrauen in seine göttliche Kraft bezeugte. Sie hatte nicht so sehr das Bedürfnis, berührt zu werden, sondern zu berühren. Ihr war bewusst, dass ihre Unreinheit sie unberührbar machte. Niemand wollte es riskieren, sich der damaligen Vorstellung entsprechend verunreinigen zu lassen, indem er sie berührte. So lebte sie schon lange als Randfigur der Gesellschaft und wurde von ihr gemieden.

Trotz der Ausgrenzung, des Selbstmitleids und der Enttäuschungen der vergangenen zwölf Jahre verzweifelte die kranke Frau nicht. Sie setzte all ihre Hoffnung darauf, den Saum des Gewandes Jesu zu berühren. So stark war ihr Glaube, dass es für sie keinen Zweifel an ihrer Heilung gab, wenn sie nur Jesus durch den Kontakt mit seinem Gewand nahe sein konnte.

Kannst du dir ihre Freude und Dankbarkeit vorstellen, als sie tatsächlich gesund wurde bei Jesu Worten: „Sei getrost, meine Tochter, dein Glaube hat dir geholfen" (Matthäus 9,22)?

Ich muss Jesus berühren, wie jene Frau es tat. Ich bin auch krank von den Sünden und Sorgen dieses Lebens. Ich muss ihn berühren, wenn ich Trost nötig habe, wenn ich Vergebung brauche, wenn ich geheilt werden muss – körperlich und geistlich. Ich muss ihn auch dann berühren, wenn ich meine Freude und Dankbarkeit weitergeben will.

Ich weiß, dass er seine liebevollen Arme ausstrecken wird, um mich zu berühren, wenn ich nach ihm suche. Seine Berührung wird mich heil machen.

Frances Charles

Himmlische Mutterschaft

Und Gott wird abwischen alle Tränen von ihren Augen, und der Tod wird nicht mehr sein, noch Leid noch Geschrei noch Schmerz wird mehr sein; denn das Erste ist vergangen. Offenbarung 21,4

S obald ich feststellte, dass wir unser drittes Kind erwarteten, beschloss ich, unsere fünfjährige Bethany an diesem Ereignis teilhaben zu lassen. Ich fühlte mich während einer Schwangerschaft immer sehr elend, und wir dachten, die Kinder würden sich weniger Sorgen wegen mir machen, wenn sie wüssten, warum mir häufig übel war. Ich wollte sie aber nicht beunruhigen. Bevor Bethany und Nathan geboren wurden, hatte ich zwei Fehlgeburten gehabt und wusste daher, dass eine Schwangerschaft viele Risiken mit sich brachte.

„Bethany", begann ich, „wir möchten dir etwas Besonderes sagen. Mama ist schwanger, und in ihr wächst ein kleines Baby heran, deshalb fühlt sie sich nicht so gut." „Oh Mama, ich freue mich so! Ich habe schon gebetet, dass du noch ein Baby bekommst!" „Aber Bethany, ich möchte, dass du weißt, dass nicht alle Babys immer gut geraten. Manche sterben, bevor sie geboren werden. Das ist sehr traurig. Wir hoffen und beten, dass es diesem Baby gut geht, aber wir müssen es abwarten." „Macht nichts, Mama", sagte sie. „Wenn dein Baby stirbt, dann wirst du im Himmel ein kleines Baby haben, wenn du hinkommst. Das wäre doch schön, nicht?"

Wir hatten über solche Dinge nie gesprochen, aber irgendwie können Kinder Gott auf eine Art verstehen, die uns Erwachsenen verloren gegangen ist.

Ich hatte immer Trost bei dem Gedanken empfunden, dass Engel bei der Auferstehung den Müttern Babys bringen, aber meine Gedanken waren nicht weiter als bis zu diesem Punkt gekommen. Nun stellte ich mir vor, wie es wäre, im Himmel eine Mutter zu sein. Welch eine Wonne!

Es wäre wunderbar, eine Mutter mit grenzenloser Energie und wenig Hausarbeit zu sein. Es gäbe keine Schmerzen beim Zahnen, kein Fieber, das man um Mitternacht bekämpfen muss, keine Tage, an denen der Kopf wegen Schlafmangel schwer wird. Auch keine Angst vor Gefahren – nur die Freude, in einer vollkommenen Welt miteinander zusammen zu sein, die Wonnen des Paradieses zu genießen, und zu beobachten, wie das Kind alle Talente und Fähigkeiten in größtmöglicher Weise entfaltet, natürlich und ungehindert. Mutterschaft, wie sie vorgesehen war.

Wir wissen nicht alles, was der Himmel zu bieten hat. Meine kühnsten Vorstellungen werden wahrscheinlich völlig mangelhaft sein im Vergleich zu der Realität, die Gott für uns vorgesehen hat. Aber ich weiß, dass Gott einen Ort vorbereitet, wo all unsere Traurigkeit zu Ende ist und reines, ewiges Glück anfangen wird. Gott bereitet in seiner Liebe eine Ewigkeit der Freuden für jede von uns vor, einerlei welchen Kummer wir auf Erden erlebt haben.

Karen Holford

Gottes Blumengarten

Seht die Lilien an, wie sie wachsen: sie spinnen nicht, sie weben nicht. Ich sage euch aber, dass auch Salomo in aller seiner Herrlichkeit nicht gekleidet gewesen ist wie eine von ihnen. Wenn nun Gott das Gras, das heute auf dem Feld steht und morgen in den Ofen geworfen wird, so kleidet, wie viel mehr wird er euch kleiden, ihr Kleingläubigen! Lukas 12,27.28

Heute Morgen sehe ich aus meinem großen Fenster den Regen fallen, um die Natur zu erfrischen. Die Frühlingsblumen beugen ihre Häupter in stiller Erwartung. Das schöne grüne Gras saugt die Tropfen auf. Viele Vögel singen ihre Lieder. Die Schönheit der Natur Gottes lenkt den Blick fort vom Unkraut und den toten Blättern des letzten Sommers.

Gott erinnert mich sachte an all die Sündenflecken in meinem Leben – Neid, Gier, geringer Selbstwert, Faulheit, Furcht und viele andere. Er versichert mir, dass er Regenschauer des Segens bereit hält und nur darauf wartet, dass ich sie genieße, wenn ich mich ihm übergebe und dem Regen seiner Liebe erlaube, mein Herz zu erfrischen, um neues Wachstum hervorzubringen. Er wird reichlich für mich sorgen, wenn ich es ihm erlaube.

Ich danke ihm heute für die Sanftheit dieser Welt. Für den belebenden Regen und den darauf folgenden Sonnenschein. Für den rosigen Sonnenaufgang früh am Morgen. Ich danke ihm für das Rotkehlchen, das sein lustiges, fröhliches Lied singt.

Ich danke Gott für die Segnungen durch seinen Sohn, der am Kreuz starb, um meine Tränen der Traurigkeit und der Sünde wegzuwischen. Und dafür, dass er meinen Schmerz heilt. Für die Sanftheit seiner Liebe und Fürsorge sowohl für die Lilien wie für die Lasten und Sorgen meines Herzens.

Carolyn Voss

Ein kleines Mädchen

... Jesus sah, wie sie weinte ... Und Jesus gingen die Augen über.
Johannes 11,33.35

Lauren, sieben Jahre alt, stürmte ins Haus, knallte die Tür zu, warf sich quer aufs Bett und rief: „Wenn ich bloß mein Leben noch einmal leben könnte!" Irgendwie wusste ich, wie er sich fühlte. So wie ich, als ich ein Geburtstagspäckchen von meiner Schwester öffnete. Da schaute mir aus einem schönen Bilderrahmen ein zweijähriges kleines Mädchen ernst entgegen. Die Wirkung war so groß, dass ich beinahe die Fassung verlor. Dieses kleine Mädchen sah so unschuldig und vertrauensvoll aus. Ich verspürte den Drang zu weinen, ohne zu wissen, warum. Vielleicht weil ich die Fehler kannte, die es machen würde. Ich hätte ihm gern gesagt, was es tun sollte, „wenn es bloß sein Leben noch einmal hätte leben können". Ich wollte ihm meine Hand reichen und es vor Irrwegen bewahren.

Es war ein kleines Mädchen mit sonnigem Gemüt, intelligent und fröhlich. Die Kleine trug dazu bei, die Wunden im Herzen ihrer Eltern zu heilen, die davon stammten, dass sie ein kleines Mädchen verloren hatten, bevor es geboren wurde. Später lebte sie auf einer Farm und lernte zu arbeiten, zu spielen und zu lieben. Sie hatte Tiere sehr gern, in jeder Größe und Art.

Ich wünschte mir, sie auf ihrem Schulweg begleiten und sie darauf aufmerksam machen zu können, ihren Eltern gegenüber ein wenig rücksichtsvoller zu sein, etwas selbstloser. Sie sollte freundlicher sein, wenn die Eltern müde sind. Sie sollte ihnen mehr helfen und sich bemühen, ihnen weniger Sorgen zu bereiten.

Dann würde ich ihr Tipps geben, wie sie ihre Ehe harmonischer gestalten könnte. Vielleicht, wie sie ihre eigenen Kinder erziehen sollte. Ich würde ihr raten, ihre Probleme vor Gott zu bringen.

Es ist erschreckend, in ein unschuldiges kleines Gesicht zu sehen und zu erkennen, dass die Zukunft dieses Kindes für dich ein offenes Buch ist. All die Fehler, die es machen wird, genau zu sehen und ihm doch nicht helfen zu können.

Ich glaube, dass Gott vielleicht auch so für jede von uns fühlt. Er weiß genau, was passieren wird als Folge jeder Entscheidung, sie sei nun gut oder schlecht. Er weiß es, aber weil er versprochen hat in unseren freien Willen nicht einzugreifen, wird er uns nicht daran hindern, unsere Entscheidungen zu treffen. Er wird uns das Leid und die Konsequenzen unserer Fehler nicht ersparen. Vielleicht war das der Grund, warum Jesus weinte, genau wie mir jetzt nach Weinen zumute ist.

Warum beschäftigen sich meine Gedanken so sehr mit diesem Mädchen? Weil ich die Uhr nicht zurückdrehen kann. Weil ich vor vielen Jahren dieses kleine Mädchen war!

Faith Keeney

Gedanken an einem Fenster

Ich, der HERR, wandle mich nicht ... Maleachi 3,6

E s ist früh am Morgen, ich sitze an meinem Erkerfenster und blicke auf eine Baumgruppe am entfernten See. Der Nebel des jungen Morgens schwebt sanft vom Wasser empor, während die ersten Sonnenstrahlen durch die Bäume dringen und das Grau der Nacht verjagen. Eine einsame Ente bewegt sich durch dieses Panorama. Tautropfen schillern auf dem Fensterbrett, während die Sonne zaghaft meine Usambara-Veilchen küsst.

Hierher komme ich Morgen für Morgen, um mir Wegweisung für den Tag zu holen und mit Gott zu reden. Dieser besondere Ort – der Stuhl, das Fenster – wird zum „heiligen" Ort, wo Gott und ich uns nahe kommen. Hier spricht Gott zu mir in leisen Tönen, wenn ich meine Seele öffne. Hier kann ich meine Lasten ablegen, die dann verschwinden wie der Tau, und ich bekomme Mut für den Tag.

Mein Leben scheint so voller Veränderungen zu sein. Meine Kinder sind erwachsen. Ich bin nicht mehr die so dringend benötigte Mutter von vier aktiven kleinen Kindern. Meine jüngste Tochter ist zu Hause und plant ihre Hochzeit, und uns steht ein Umzug aus diesem Haus in Georgia bevor, in dem wir so sehr geliebt und gelebt haben und das so voller Erinnerungen steckt. Tief in meinem Herzen ist ein banges Gefühl, das mich unruhig macht. Warum nur müssen Dinge sich so verändern? Das Kaleidoskop dieses irdischen Lebens bewegt sich ständig vor meinen Augen.

Ich nehme mein Tagebuch zur Hand und schreibe: „Lieber Gott, ich fühle mich heute Morgen so unruhig. Ich danke dir, dass du immer da bist, obwohl sich alles um uns verändert. Danke für deine Verheißung, die du gegeben hast: Ich, der HERR, wandle mich nicht (Maleachi 3,6). Danke für die Dinge der Natur, die von deiner Gegenwart zeugen – die Stille dieser Morgenstunde und die Zeit, um zu erkennen ... (Psalm 46,11). Danke für deine Verheißung, dass Jesus Christus gestern und heute und derselbe auch in Ewigkeit (Hebräer 13,8) ist."

Während ich meinen Erker verlasse, um die Verpflichtungen des Tages anzupacken, habe ich die Gewissheit der Stabilität. Mein Herz äußert seine Bitte in den Worten des Gebets um Gelassenheit:

Gott, schenk mir die Gnade,
mit Gelassenheit all die Dinge anzunehmen,
die nicht verändert werden können,
den Mut, die Dinge zu verändern,
die verändert werden müssten,
und die Weisheit, das eine vom anderen zu unterscheiden. (Reinhold Niebuhr)

Joan Minchin Neall

Seid stille!

Seid stille und erkennet, dass ich Gott bin! ... *Psalm 46,11*

Nicht allein sein zu können – niemals – so lautet eine meiner Definitionen für die ‚Hölle'. Ich brauche täglich Zeit für mich, um die Löcher in meiner Seele zu stopfen, genau so sehr wie ich Kalorien und Bewegung brauche. Da ich eine Melancholikerin bin, habe ich mir immer wieder Grenzen setzen müssen im Trubel von Arbeit, Geselligkeit und Gemeindeaktivitäten. Mein Mann, ein Choleriker und Sanguiniker, verträgt davon viel mehr als ich.

Ich habe oft davon geträumt, außerhalb des Hauses einen ‚Kokon' zu haben – vielleicht einen alten Bauwagen, der im hinteren Bereich unseres Grundstücks untergebracht wird, ein gemütliches Baumhaus oder ein altes kleines aufgegebenes Schulhaus. Dort würde ich einen bequemen Stuhl mit Fußbank, einen Schreibtisch, vollgestopfte Bücherregale, eine gute Leselampe und einige mir lieb gewordene Schätze unterbringen. Kein Telefon, Radio oder Fernseher – nur himmlische Stille!

Da das jedoch Wunschträume bleiben werden, nutze ich die Zeit früh am Morgen in meinem Arbeitszimmer, wenn ich mit dem Auto zu Terminen unterwegs bin, nach der Arbeit beim Spazieren gehen oder auf meinem Lauftrainer. Es dauert immer eine Weile, um der Hektik zu entfliehen, aber bald habe ich den ‚Autopiloten' eingeschaltet und kann meine Gedanken für Eindrücke öffnen, die von Gott kommen, und meine Bitten zurücksenden.

Biblisch gesehen bin ich in guter Gesellschaft, was meine Suche nach Einsamkeit betrifft. Vier meiner Lieblingsschreiber zogen sich zurück – zwei als Hirten (Mose und David) und zwei waren im Exil (Daniel und Johannes). Jesus hungerte nach Zeit, die er allein mit seinem Vater verbringen konnte, und keine Tages- oder Nachtzeit war tabu, um dadurch seine Seele zu erfrischen und zu stärken.

Willst du der ‚Tretmühle der Geschäftigkeit' entkommen und deinem Herzen wohltuende Erquickung gönnen? Dann reserviere einige Minuten täglich für geistliche Erneuerung – jene stille Zeit, in der man hören kann, wie ein Gedanke entsteht, und vielleicht Botschaften vom Himmel erhalten kann.

Carole Beckenridge

Lieblingssünden

Neige deine Ohren zu mir, hilf mir eilends! Sei mir ein starker Fels und eine Burg, dass du mir helfest! Psalm 31,3

Eines Morgens geriet ich mit meinem Auto hinter einen Schulbus mit seinen blinkenden roten Lichtern. Ich hatte es sehr eilig, und so trommelte ich ungeduldig auf das Lenkrad. Plötzlich erkannte ich den Grund der Verzögerung: Ein niedliches kleines Hündchen hatte mit den Kindern gespielt, die an der Bushaltestelle warteten, und es bestand darauf, mit ihnen zur Schule zu fahren. Ein Mädchen legte ihren Schulranzen und ihre Frühstücksdose auf die Stufe des Busses, nahm das Hündchen hoch und trug es zurück auf den Bürgersteig. Dann lief das Kind, so schnell es konnte, wieder zum Bus. Aber der unermüdliche kleine Hund flitzte hinter ihm her. Wieder nahm das Mädchen das Hündchen hoch, trug es vom Bus weg, setzte es auf den Boden und beeilte sich, den Bus zu erreichen. Aber das Hündchen holte es wiederum ein und noch einmal nahm es das Tier hoch, um es zurückzubringen. Beide wurden nicht müde ihr Verhalten immer und immer zu wiederholen.

Ich überlegte mir, dass dies den ganzen Tag so weitergehen konnte, wenn nicht irgendjemand eingreifen würde, und so verließ ich mein Auto und hielt das Hündchen fest, bis der Bus mit seinen blinkenden roten Lichtern weiter die Straße entlang fuhr. Dann brachte ich den ‚Flüchtling‘ zu seinen Besitzern, bevor ich weiter in die Stadt fuhr.

Angesichts der vielen zu erledigenden Dinge glaubte ich mit ‚Bleifuß‘ die verlorene Zeit aufholen zu können. Da hörte ich Gott zu mir sprechen. Er verglich das Hündchen auf dem Gehsteig mit den Lieblingssünden in meinem Leben, die mir auf dem Fuß folgen. Er erinnerte mich daran, dass ich jemanden brauche, der mächtiger ist als ich, um diese Sünden zurückzuhalten, damit ich meine geistliche Reise fortsetzen kann. Er schenkt mir nicht nur die Kraft, meine Lieblingssünden zu bewältigen; er versenkt sie dort, wo sie hingehören – in die Tiefen des Meeres.

Gibt es in deinem Leben auch Sünden, die du ihm gern übergeben möchtest?

Ronna Witzel und Shonna Dalusong

Dies ist nicht eure Schlacht

Es ist aber der Glaube eine feste Zuversicht auf das, was man hofft, und ein Nichtzweifeln an dem, was man nicht sieht. Hebräer 11,1

Drei Monate, nachdem ich das College verlassen hatte, war ich immer noch auf der Suche nach einer Anstellung – und keine Hoffnung in Sicht. Schließlich bekam ich durch eine Zeitarbeitsvermittlung eine Arbeit als Empfangsdame. Aber es war nicht wirklich das, was ich mir vorgestellt hatte.

Ich betete, fastete und bat den Herrn speziell um die Art von Arbeit, um das Gehalt und die Kollegen, die ich mir wünschte. Aber immer noch machte ich mir Sorgen. Warum antwortet Gott nicht auf meine Gebete?, wunderte ich mich.

Der nächste Auftrag war eine weitere Tätigkeit als Empfangsdame, und allmählich wurde es mit zuwider, das Telefon zu bedienen. Diese Firma arbeitete jedoch mit der neuesten Software, die es auf dem Markt gab, und so war es eine Gelegenheit für mich, so viel wie möglich zu lernen.

Eines Tages wanderte ich in dem Bürogebäude etwas umher und fand dabei eine Zeitarbeitsagentur, bei der ich mich schon lange anmelden wollte, aber immer wieder etwas dazwischen gekommen war. Jetzt jedoch meldete ich mich dort während meiner Mittagspause an. Am nächsten Tag wurde ich unerwartet entlassen. Doch wenig später bot mir genau diese Agentur eine auf zwei Wochen befristete Arbeit an.

Obwohl ich keine so kurz befristeten Angebote wollte, beschloss ich die Stelle trotzdem anzunehmen. Alles ging gut; es schien genau die Stelle zu sein, um die ich gebetet hatte. Deshalb beschloss ich, mich um die Stelle auf Dauer zu bewerben und reichte meine Bewerbungsunterlagen ein.

Weil ich dennoch Sorgen und Zweifel hatte, begann ich über Gebet und Fasten nachzulesen. Ich stellte fest, dass mir etwas Wichtiges fehlte: Glauben. Ich glaubte nicht daran, worum ich Gott bat. Ich wollte seine Hilfe – und machte mir weiterhin Sorgen. Schließlich erkannte ich, dass Gott mir geeignete Tätigkeiten geschenkt hatte, mit deren Hilfe ich Erfahrungen in meinem Beruf sammeln konnte.

Aus den zwei Wochen wurde ein Monat, und ich erhielt einen Termin zu einem Vorstellungsgespräch, aber ich zweifelte nicht mehr und machte mir keine Sorgen. Ich hatte beschlossen loszulassen, und übergab meine berufliche Zukunft Gott. Er würde zu seiner Zeit das tun, was für mich das Beste war.

Zwei Tage später bot man mir die Stelle an. Das war ein herrlicher Tag, aber am beglückendsten war, dass ich zum ersten Mal felsenfestes Vertrauen zu Gott gehabt hatte. Er wusste, was für mich das Beste war.

Worum du auch immer im Gebet bittest, glaube daran, und es wird dir zufallen!

Tabitha Mershell Thompson

Fensterputzen

Was siehst du aber den Splitter in deines Bruders Auge und nimmst nicht wahr den Balken in deinem Auge? Matthäus 7,3

D ie Fenster haben es aber nötig, denkst du nicht auch?", meint meine Freundin, während sie in Richtung meiner Fensterscheiben nickt, die Staub und Regen in einen beklagenswerten Zustand versetzt haben. Die Frühlingssonne scheint herein und macht erbarmungslos jedes bisschen Schmutz sichtbar, das vom Winterwetter übrig geblieben ist.

„Lass mich dir beim Putzen helfen", bietet sie an, wie immer voller Energie und Fürsorge. Also legen wir los – sie von außen, ich von innen; wir schrubben, putzen und trocknen.

„Da!", lese ich von ihrem Mund ab, während sie auf einen Fleck mitten auf der Scheibe zeigt. Ich reibe und rubble, aber er verschwindet nicht. „Auf deiner Seite!", grinse ich, während ich auf den störrischen Fleck deute. Sie reibt lächelnd und bringt die Fläche mit Elan zum Glänzen. Davon ermutigt sehe ich einen weiteren Fleck und zeige ihn ihr. Ihr Tuch bleibt ohne Wirkung, und so klopft sie auf die Scheibe und bedeutet mir: „Deine Seite!" Oh, tatsächlich! Und so geht es weiter.

Warum benehmen wir uns so oft wie Fensterputzer? Fehler, Probleme und Makel scheinen häufig ‚dort draußen' zu sein, auf der anderen Seite. Und wir zeigen so schnell darauf! Wann werden wir erkennen, dass sie allzu oft auf unserer Seite der ‚Scheibe' sind?

Wenn ich auf die Fehler eines anderen sehe, Herr, hilf mir daran zu denken, wie es mit den Fensterscheiben ist.

Alice Fahrbach

Mit den Augen eines Kindes

Da werden die Wölfe bei den Lämmern wohnen und die Panther bei den Böcken lagern. Ein kleiner Knabe wird Kälber und junge Löwen und Mastvieh miteinander treiben. Jesaja 11,6

Der Gottesdienst war vorüber und meine zweijährige Tochter Heather und ich gingen zu Fuß die zwei Häuserblocks nach Hause. Nachdem wir mehrere Stunden in geschlossenen Räumen verbracht hatten, mussten sich unsere Augen an den hellen Sonnenschein gewöhnen.

Nach einer Weile lachte Heather: „Mama, die Sonne kitzelt meine Augen!"

Ich freue mich über ihre Umschreibung. Das war der Anfang einer Reise, die wir als Familie unternommen haben, indem wir unsere Augen für das öffnen, was Kinder uns zeigen können. Sie staunen über winzige Dinge: die schönen Steinchen, die sie sammeln und in ihre Taschen stopfen, zarte Wiesenblumen, die sie pflücken und uns in Liebe schenken. Sie genießen die Ausflüge, die wir in den Zoo unternommen haben, weil sie von den Tieren fasziniert sind. Wir Erwachsene sind gewöhnlich eifrig dabei, ihnen das Eichhörnchen zu zeigen, das in den Baum huscht, oder den Kardinalsvogel, der auf dem Ast sitzt. Wir gehen mit ihnen zum Teich, um die Enten zu beobachten und sie mit Brotstückchen zu füttern, die wir für diesen Zweck gesammelt haben.

Gott wusste, was wir in dieser Welt brauchen: Kinder, die uns unschuldig und rein auf Gott hinweisen. Ich habe so viel über Gott erfahren, weil ich durch die Augen meiner Kinder auf die unglaublichen Dinge des Universums gesehen habe. Ich habe den Abdruck Gottes in den gesprenkelten Steinen und den zarten Blumen, im mächtigen Löwen und im faszinierenden Teich entdeckt. Ich habe Gottes Bild in der Wonne des Kindes und in der Freude der Entdeckung gesehen. Ich habe Gottes Bild gesehen, weil mein Kind mich lehrte innezuhalten und mein Herz sanft berühren zu lassen von der Erkenntnis: „Dies ist Gottes Welt. Freue dich darüber."

Ich habe Gott kennen gelernt, weil ein kleines Kind mich bat anzuhalten, stille zu sein und zu erkennen, „dass ich Gott bin" (Psalm 46,11). Wir können viel von unseren Kleinen lernen!

Norma Osborn

Gott bleibt bei uns

Mein Gott aber wird all eurem Mangel abhelfen nach seinem Reichtum in
Herrlichkeit in Christus Jesus. Philipper 4,19

Gestern Abend vollzogen meine beiden Kinder und ich die übliche Zeremonie: baden, Familienandacht machen, Zähne putzen, trinken und ins Bett gehen.

Danach legte ich mich einige Minuten neben meinen fünfjährigen Sohn, während er sanft einschlummerte. Mit Becky, meiner Tochter, kuschelte ich eine Weile in ihrem Zimmer. Sie ist meine ‚Nachteule‘, lag mit großen Augen im Bett und lauschte einer Cassette in ihrem Recorder. Die Entstehungsgeschichte der amerikanischen Flagge, des Sternenbanners, schien sie völlig in ihren Bann gezogen zu haben. Ich hielt das Band kurz an, küsste sie auf die Nase und sagte: „Der Herr segne dich und behüte dich; der Herr lasse sein Angesicht leuchten über dir ... und gebe dir Frieden" (4. Mose 6,23-26). Dann streichelte ich ihre Schulter und schaltete die Cassette wieder ein. „Ich bin gleich wieder zurück", versprach ich, denn ich wollte in unserem von der Sonne ausgedörrten Garten die durstigen Pflanzen noch versorgen.

Im Garten draußen genoss ich die leichte Brise, während ich Bäume, Blumen und Gemüsepflanzen goss. Als ich näher zum Haus kam, um das Wasser abzudrehen, hörte ich eindeutiges Weinen aus dem Haus. Ich lief hinein und fand meine beiden zusammen schluchzend in Beckys Zimmer vor, mit tränennassen Gesichtern. Sie stürzten auf mich zu und umklammerten mich!

„Mami, Mami, wir dachten, dass dich Räuber gekidnappt hätten." Während ihre Tränen langsam versiegten, erklärte ich ihnen, ich sei nur kurz zehn Minuten draußen gewesen, um den Garten zu gießen. Becky berichtete: „Ich wollte dich fragen, warum damals die Briten zu uns herübergekommen sind und gegen uns gekämpft haben, nachdem die Unabhängigkeitserklärung der Vereinigten Staaten verkündet worden war. Aber du warst weg! Dann hab ich Benjy geweckt und wir haben überall nach dir gesucht! Wir haben ganz schreckliche Angst gekriegt und gedacht, dass Kidnapper dich geholt haben." „Zum Schluss haben wir beide zum lieben Gott gebetet", trug Benjy zur Erklärung bei.

Mit weiteren Umarmungen und Küssen erklärte ich meinen Kleinen, dass Gott immer bei ihnen ist. Mutter mag versagen oder zu weit weg sein, um die Schreie ihrer Kinder zu hören (leider!), aber Gott ist immer bei uns, immer bereit.

Während meine Kinder wieder einschliefen, dachte ich darüber nach, wie abhängig sie doch von mir sind und wie wichtig es ist, für sie da zu sein. Aber dieses Erlebnis zeigte mir auch deutlich meine Grenzen auf. Ich kann nicht immer hören und nicht immer da sein. Aber ich kann sie auf ‚Gott-mit-uns‘ hinweisen, unsere ewige Hoffnung und Kraftquelle.

Judy Broeckel

Kostbare Verheißungen

Euer Herz erschrecke nicht! Glaubt an Gott und glaubt an mich! In meines Vaters Hause sind viele Wohnungen. Wenn's nicht so wäre, hätte ich dann zu euch gesagt: Ich gehe hin, euch die Stätte zu bereiten? Und wenn ich hingehe, euch die Stätte zu bereiten, will ich wiederkommen und euch zu mir nehmen, damit ihr seid, wo ich bin. Johannes 14,1-3

Jn den Wochen vor der Geburt unserer Tochter steckte ich voller Unruhe, denn es war unser erstes Kind. Alles war neu für mich, und ich hatte so viele Fragen. Was sollte ich für die Ankunft des Babys vorbereiten? Wann wird es kommen? Wie werden die Wehen und die Geburt sein? Wie werde ich mit den Schmerzen klarkommen? Hin und wieder verdrängten diese ängstlichen Gedanken die Vorfreude darauf, mein neugeborenes Baby in meinen Armen zu wiegen – so winzig und weich.

Ich nähte Vorhänge für das Kinderzimmer, besuchte den Geburtsvorbereitungskurs und hätte mich dabei auf ihre Geburt freuen können. – auf die unvergleichlichen Augenblicke, die ihr Vater und ich erleben würden, wenn wir ihre kleinen Händchen zum ersten Mal berührten und ihre weichen Wangen küssten. Ich hätte mich darüber freuen können, dass wir zwei bald drei sein würden, dass wir teilhaben durften an dem Wunder und der Freude der Schöpfung. Aber ich fürchtete mich vor den Schmerzen der Geburt und hatte Angst vor dem Unbekannten. Wie wäre unser Leben nach der Ankunft des Babys? Wirklich so wunderbar, wie andere frisch gebackene Eltern uns versicherten?

Als Christen erleben wir oft ähnlich widersprüchliche Emotionen, was die Ereignisse der Zukunft, und hier besonders die Wiederkunft Christi anbetreffen. Wir wissen, dass das Leben schwer sein wird vor seiner Wiederkunft, genau wie ich wusste, dass die Geburt schmerzhaft sein würde. Gott hat uns aber auch versprochen bei uns sein, und unsere Belohnung wird so groß sein, dass sie unser Vorstellungsvermögen übersteigt.

Obwohl ich nicht alle Antworten auf meine Fragen kannte, bevor mein Baby geboren wurde, können wir jeden Tag die schönen und kostbaren Verheißungen in Gottes Wort lesen, die uns helfen werden, für seine Wiederkunft bereit zu sein. Dann werden wir erkennen, wie wunderbar die Ewigkeit im Himmel sein wird. Wenn wir uns auf den Himmel freuen, werden wir es schaffen, die schwierigen Zeiten durchzustehen!

Brenda Dickerson

Die Glaskatze

Darum sorgt nicht für morgen, denn der morgige Tag wird für das Seine sorgen.
Es ist genug, dass jeder Tag seine eigene Plage hat. Matthäus 6,34

Matt, mein Hund, freute sich riesig, mich wieder zu sehen, nachdem er das Wochenende im Hundehotel verbracht hatte. Als er sich etwas beruhigt hatte, nahm ich seine Leine in die Hand und wollte hinausgehen. „Können Sie alleine mit ihm klarkommen?", fragte der Tierpfleger. „Kein Problem", antwortete ich.

Aber ich hatte nicht mit den Katzen gerechnet. Eine grau getigerte Katze saß friedlich vor der Tür. Sobald sie Matt erblickte, schoss sie über den Rasen davon. Matt reagierte prompt, riss mir die Leine aus der Hand und sauste ihr hinterher. „Matt! Komm zurück! Sofort!", befahl ich. Doch er jagte unbeeindruckt der Katze nach, bis sie sich auf einem Baum in Sicherheit brachte.

Der Tierpfleger ging Matt holen. „Es ist wohl besser, wenn ich ihn für sie halte", bot er an. Ich war dankbar dafür, denn Matts 100 Pfund konnte ich niemals zurückhalten, wenn er sich in den Kopf gesetzt hatte, irgendwo hinzugehen.

Plötzlich zerrte der Hund wieder an der Leine. Der Pfleger ließ nicht locker und wurde zu einem weiteren Baum gezogen, unter dem eine weiße Perserkatze ruhig schlief. Obwohl Matt sich ihr schnell näherte, verharrte die Katze ganz still. Dann erreichte er sie, doch sie wich keinen Zentimeter, auch als der Hund sie von Kopf bis Schwanz beschnüffelte. Sie sträubte weder Fell noch fauchte sie ihn an. Völlig verblüfft von dem ungewöhnlichen Verhalten blickte Matt hilfesuchend zu mir zurück.

„Du dummer Hund", lachte der Tierpfleger. „Kannst du nicht zwischen einer richtigen Katze und einer Glasfigur unterscheiden?" Matt stolzierte mit aller Würde, deren er noch fähig war, zu unserem Auto, während der Tierpfleger und ich den ganzen Weg über lachten.

Oft bin ich wie Matt und jage einer Sache nach, die nicht einmal existiert. Ich rege mich auf über zukünftige Probleme, die mich kaum mehr bedrohen als jene Glaskatze. Ich mache mir Sorgen und brüte über Gefahren der Zukunft, die nie auf mich zukommen werden.

Herr, hilf mir, dass ich heute den eingebildeten Probleme nicht nachjage. Hilf mir, deinen Rat anzunehmen, damit ich dem, was morgen an Sorgen kommen wird nicht heute schon nachjage. Die wirklichen Probleme des heutigen Tages sind genug, und auch denen wirst du nicht erlauben mir zu schaden, wenn ich unter deiner Obhut bleibe!

Dorothy Eaton Watts

Der, dem ich am meisten ähnlich bin

Nun aber schauen wir alle mit aufgedecktem Angesicht die Herrlichkeit des Herrn wie in einem Spiegel, und wir werden verklärt in sein Bild von einer Herrlichkeit zur andern von dem Herrn, der der Geist ist. 2. Korinther 3, 18

M an hatte mich eingeladen, ein Gebetsseminar in einer schönen, neuen Kirche in der Nähe von San Francisco zu halten. Die Gemeinde war eine bunte Völkermischung und strahlte eine warme, freundliche Atmosphäre aus. Mein Mann und ich wohnten für das Wochenende bei einem netten Ehepaar mit Kindern im Teenageralter. Freitagabend trafen wir eine ganze Reihe der Familienmitglieder unseres Gastgebers – seinen Vater und seine Mutter, eine Schwester und ihre Familie. Am nächsten Morgen lernten wir auch den jüngeren Bruder, einen großen gut gebauten jungen Mann, kennen. Wir erwähnten nebenbei, dass keiner in seiner Familie einem anderen ähnelte. Unser Gastgeber, ein eher kurzer, pummeliger Mann, lachte über den Unterschied zwischen sich und seinem jüngeren Bruder.

Als mein Mann und ich beim Mittagessen im Nebenraum der Gemeinde saßen, kam unser Gastgeber zu unserem Tisch, um uns noch ein Familienmitglied vorzustellen. „Ich möchte, dass ihr den Bruder trefft, dem ich am meisten ähnlich bin", sagte er.

Wir sahen auf und lächelten spontan, denn diese zwei Männer ähnelten sich in der Tat. Die gleiche Größe, beide etwas untersetzt, schwindender Haaransatz. Die gleichen glitzernden Augen. Identisches Lächeln auf ihren Lippen. Aber wir lachten herzlich mit unserem Gastgeber, denn auf den ersten Blick hatten wir den auffallendsten Unterschied bemerkt: der eine Mann war schwarz und der andere weiß.

„Er liebt diesen Spaß", erklärte unsere Gastgeberin. „Die beiden sind so gute Freunde, dass sie sogar anfangen, sich äußerlich zu ähneln! Deshalb geben sie vor Brüder zu sein."

Sollte das nicht so mit allen unseren Brüdern und Schwestern in der Gemeinde sein? Keine Hautfarbe sollte uns trennen können. Wir sollten einander einfach lieben, miteinander arbeiten und unseren Glauben als Familienmitglieder weitergeben.

Je enger unsere Freundschaft mit Jesus wird, umso mehr werden wir ihm ähneln – und uns untereinander. Das ist die Verheißung Gottes. Wir können Jesus ähneln – das gleiche Lächeln, die gleichen warmen, liebevollen Augen, die gleiche Liebe für andere haben.

Dann können wir unseren Nachbarn Jesus vorstellen, indem wir sagen: „Ich möchte dir den Bruder vorstellen, dem ich am ähnlichsten bin."

Carrol Johnson Shewmake

Erlösung nur durch seine Gnade

Denn aus Gnade seid ihr selig geworden durch Glauben, und das nicht aus euch: Gottes Gabe ist es, nicht aus Werken, damit sich nicht jemand rühme.
Epheser 2,8.9

Die Feuer-Zeremonie wird in Kataragama abgehalten, und es ist interessant, sie zu sehen", sagte Vater, dem sehr daran gelegen war, dieses für die Hindus sehr wichtige Ereignis mitzuerleben.

Bald erreichten wir den Ort und sahen schon von weitem, dass viel Aufregung in der Gegend herrschte. Menschen drängten sich Schulter an Schulter vorwärts in Richtung zu dem Platz, wo die Zeremonie stattfinden sollte, bei der man über glühende Kohlen geht. Wir beobachteten die Hauptakteure genau, die sich auf ihren Gang vorbereiteten. Mehr als 25 Kohlengeher waren aufgestellt. Das Kohlebett glühte hell in der dunklen Nacht.

„Warum tun sie das?", fragte unsere Tochter Virginia. „Warum müssen sie diese entsetzliche Erfahrung durchmachen?"

„Wegen der Leistung", sagte jemand, der die Frage mitgehört hatte. „Wenn sie auf diesen Kohlen gehen, werden ihre Sünden ausgebrannt und sie werden sehr heilige Menschen. Nicht nur das, auch ihre Krankheiten werden geheilt. Und einige tun es, um ein Gelübde zu erfüllen."

„Wie traurig", flüsterte Lavona, unsere jüngere Tochter. „Wissen sie denn nicht, dass Jesus für sie starb? Dass wir nicht durch unsere eigenen Leistungen gerettet werden, sondern durch das Blut Jesu Christi, der sein Leben für jeden einzelnen von uns gab?"

„Ich bin froh, dass wir nicht über diese glühenden Kohlen gehen müssen, um in den Himmel zu kommen", seufzte jemand anderes in unserer Gruppe erleichtert.

„Der Weg, den Gott für uns vorbereitet hat, ist mit Blumen übersät, nicht mit Kohlen", meinte unsere Tante. „Seine Liebe ist anders als alles, was diese Leute kennen."

Du und ich, wir haben einen Heiland, der sich um uns kümmert, der nicht verlangt, dass wir unsere Erlösung mit unseren eigenen Leistungen verdienen. Wollen wir doch jeden Tag ihm näher kommen und dieses Geschenk der Erlösung annehmen.

Indrani J. Ariyaratnam

Die Macht der Musik

... lehrt und ermahnt einander in aller Weisheit; mit Psalmen, Lobgesängen und geistlichen Liedern singt Gott dankbar in euren Herzen. Kolosser 3,16

L eise Musik ertönte aus dem Radio, während ich an meinem Lieblingsfenster saß und lauschte. Die entfernten Hügel und Felder formten ein wunderbares Panorama, das von den kahlen Ästen der Bäume nicht gestört wurde. Ich saß ganz still, sog die Aussicht in mich auf und genoss die Musik.

Eine große weiße Wolke schwebte am Himmel. Langsam veränderte sich der blaue Himmel in ein weiches Blaugrau, und über dem Hügel lag gerade noch ein Hauch von hellen Malven. Die Wintersonne ließ die Wolken einen kurzen Augenblick aufleuchten. Die leise wehmütige Musik der Violinen schien die Winterstimmung einzufangen.

Was war das für eine Musik? Eigentlich war das Nebensache. Ihr nur zuzuhören war bereits entspannend und gab mir das Gefühl, ausgeruht und friedlich zu sein. Die Musik verschmolz mit der Landschaft.

Ich schloss meine Augen und fragte mich, was der Komponist wohl gedacht hatte, als er oder sie die Musik schrieb, und was wohl die Musiker fühlten, als sie für mich diese Musik interpretierten.

„Noch ein Segen", flüsterte ich. „Danke, Herr, für die Gabe der Musik, die uns hilft, mit dem modernen Leben klarzukommen."

Manchmal verarmen wir geistlich, weil wir den materiellen Werten zu viel Aufmerksamkeit widmen. Oft arbeiten wir geistig zu hart und werden überreizt. Musik hilft uns loszulassen, unseren Körper, unseren Geist und unsere Seele wieder ins Gleichgewicht zu bringen.

Kein Wunder, dass der Apostel Paulus empfiehlt, Musik in uns reichlich wohnen, uns mit aller Weisheit lehren und ermahnen zu lassen. Er fügt noch hinzu: „... und dankt Gott, dem Vater, durch ihn" (Kolosser 3,17).

Musik hat die Macht, Herzen zu erreichen, uns unserem Vater näher zu bringen, wenn wir ihn durch Gesang loben. Musik bringt Harmonie, Freude und Frieden in unser Leben.

Philippa Marshall

Unsere Fahrkarte in die Zukunft

Jene verlassen sich auf Wagen und Rosse; wir aber denken an den Namen des HERRN, unsres Gottes. Psalm 20,8

J ch sammle Eintrittkarten zu Veranstaltungen, die ich über die Jahre besucht habe, und bewahre sie in einer schönen Kristallschale auf dem Esstisch auf. Auf die Eintrittskarten habe ich die Namen der Menschen geschrieben, mit denen ich dort gewesen bin, das Endergebnis des Spiels, den Dirigenten des Orchesters oder den Solisten des Konzerts, die Namen der Schauspieler usw. Wenn ich einsam bin oder das Gefühl habe, das Leben wird langweilig und nichts Interessantes passiert, nehme ich mir die Kristallschale vor und ziehe eine Eintrittkarte heraus. Sofort kehren meine Gedanken zu dem Ereignis zurück und ich denke an all die Menschen, mit denen ich in meinem Leben Freude erlebt habe. Manche sind immer noch da für mich. Ich brauche mich nur mit ihnen in Verbindung zu setzen.

Das Gedächtnis ist eine wunderbare Sache – vielleicht weil es wählerisch ist. Wir neigen dazu, die unglücklicheren Zeiten unseres Lebens zu vergessen und erinnern uns nur an jene, die es lohnt, festzuhalten. Das Problem entsteht, wenn wir vergessen, uns daran zu erinnern. Wir können ziemlich leicht in unserem Leben entmutigt werden, besonders wenn wir das, was um uns her passiert, zu genau betrachten. Verrat und Tragödien gibt es überall, manchmal sogar in unserem eigenen Leben. Vielleicht fragen wir uns, wo Gott in all dem steckt. Hin und wieder könnten wir sogar zum Schluss kommen, dass er uns verlassen hat. Manchmal vergessen wir Gott völlig oder schlimmer noch, wir denken, er habe uns vergessen.

Aber gerade da kommt unser Gedächtnis ins Spiel. Wo könnten wir unser Gedächtnis besser trainieren als in der Bibel, dieser wunderbaren Sammlung von Eintrittskarten zu Ereignissen, die Gott und seine Liebe darstellen. Wo könnten wir besser erkennen, wie sehr Gott sich um uns kümmert und dass er da ist, um uns all die Kraft und Unterstützung zu schenken, die wir brauchen, um unsere Prüfungen und Herausforderungen zu bestehen? Wohin könnten wir gehen, um seinen Plan für unsere Gegenwart sowie unsere Zukunft besser zu verstehen?

Wenn wir uns einsam und verlassen fühlen, wenn unser Herz schmerzt und wir mit Zweifel zu kämpfen haben, liegt es vielleicht daran, dass wir vergessen haben, wie das Leben sein kann, wenn Christus dazugehört. Es ist also wichtig – lebensnotwendig – zurückzuschauen und uns an die Ereignisse der Vergangenheit zu erinnern.

Wenn wir uns erinnern, wie Christus andere zum Sieg geführt hat, können wir in der Gewissheit Ruhe finden, dass er auch unser Leben leiten wird. Durch die Erinnerung gestärkt können wir ihn dann in unser Leben einladen.

Rondi Aastrup

Mein Reisepass

Und auch ihr habt nun Traurigkeit; aber ich will euch wiedersehen, und euer
Herz soll sich freuen, und eure Freude soll niemand von euch nehmen.
Johannes 16,22

M it Reisepass und Flugticket in der Hand schlossen wir uns der langen
Schlange von Reisenden vor dem Check-in-Schalter des Flughafens an,
froh und erwartungsvoll. Wir waren unterwegs nach Hause, in das Land,
das wir liebten!

Vor uns war ein junger Mann eindeutig in Schwierigkeiten, obwohl wir uns zuerst nicht vorstellen konnten, was sein Problem war. Er durchsuchte seine Taschen,
und dann, als es bei ihm dämmerte, schlug er sich in Verzweiflung an die Stirn.
„Mein Pass!", jammerte er. „Ich muss ihn in der Schublade im Hotel zurückgelassen
haben! Bitte fliegt nicht ohne mich ab. Ich werde zurückkommen."

Er hatte seinen Reisepass vergessen und ohne ihn konnte er nirgends hinfliegen.
Nicht einmal der Schalterbeamte mit all seiner Autorität konnte es ihm erlauben,
ohne dieses wichtige Dokument zu reisen. Er beeilte sich, um ihn zu holen. Wir nahmen seine Stelle am Schalter ein, händigten dem Beamten unsere Pässe und Tickets
aus und waren bald auf dem Weg nach Hause. Den jungen Mann sahen wir nie wieder. Das Flugzeug flog ohne ihn ab.

Eine Bekannte von mir, die vor kurzem mehrere Wochen in einem Land verbracht hatte, in dem die Umstände weniger angenehm waren, erzählte mir von ihrem Heimweh während ihres Aufenthaltes. Sie vergewisserte sich, dass sie jeden Tag
auf den Augenblick vorbereitet war, an dem sie in das Flugzeug steigen konnte, um
nach Hause zu fliegen. Körperlich und seelisch war sie bereit jederzeit loszufahren.

„Weißt du was ich jeden Morgen getan habe, sobald ich aufgewacht bin?", vertraute sie mir an. „Ich habe meinen Reisepass geküsst!" Ihr Pass verkörperte für sie
Hoffnung und ein Mittel, um in das Land zurückkehren zu können, das sie liebte.

Jesus und seine Verheißungen sind unser Reisepass in sein Reich. Ohne ihn haben wir keine Chance, jemals den Himmel betreten zu können. Mit ihm, wird uns
versichert, können wir eintreten. Sorgen wir dafür, dass unsere Verbindung mit ihm
immer frisch und lebendig ist? Sind wir sicher, dass nichts vergessen ist, was unseren Eintritt in jenes bessere Land verhindern könnte, in dem wir für immer mit ihm
leben sollen? Ist unsere himmlische Heimat uns so kostbar, dass nichts damit verglichen werden kann? ‚Küssen' wir unseren ‚Reisepass' jeden Morgen?

Edna May Olsen

Schätze

Ihr sollt euch nicht Schätze sammeln auf Erden, wo sie die Motten und der Rost fressen und wo die Diebe einbrechen und stehlen. Sammelt euch aber Schätze *im Himmel, wo sie weder Motten noch Rost fressen und wo die Diebe nicht einbrechen und stehlen. Denn wo dein Schatz ist, da ist auch dein Herz.*
Matthäus 6,19-21

Die ‚Schätze', die die Regale und Schubladen im Zimmer meiner Söhne füllen, sind nur in den Augen von kleinen Jungen Schätze. Da ist eine leere Eierschale, die wir in diesem Frühjahr im Garten gefunden haben, Steine von Omas Einfahrt, bevor diese geteert wurde, eine Glühbirne mit einer sonderbaren Form, Werbesendungen, die vor der Altpapiersammlung gerettet wurden.

Wenn wir erwachsen werden, verändern sich unsere ‚Schätze'. Wir wollen schöne Kleider, neue Autos und große Häuser. Allzu oft scheint es aber, dass mit unseren ‚Schätzen' etwas passiert und sie uns bald weniger wertvoll erscheinen. Ich weiß nicht, wie oft ich ein neues Kleid, eine Bluse oder ein Sweatshirt bekommen habe, das mir wirklich gefiel – und damit passierte dann etwas.

Wie der weiche grüne Pulli, den mir meine Mutter einmal zu Weihnachten schenkte. Ich befolgte die Waschanleitung ganz genau. Er sollte flach getrocknet werden und so breitete ich ihn auf der Waschmaschine sorgfältig aus. Aber darin wurde eine Ladung weißer Kochwäsche mit Chlor gewaschen. Waschlauge trat während eines Waschgangs aus den Ritzen um den Deckel aus ... Jetzt hat mein Pulli ein weißes Abzeichen, die Konturen des Deckels, auf dem Rückenteil.

In Matthäus 6,19-21 werden wir davor gewarnt, uns Schätze auf Erden zu sammeln, weil sie nicht von Dauer sind. Schätze dagegen, die im Himmel angelegt werden, halten für die Ewigkeit.

Welche Schätze können wir für uns im Himmel anlegen? Die einzigen Schätze, die wir mitnehmen können, sind unsere Kinder, Familien und Freunde – Menschen, die wir lieben. Wenn wir für sie beten, sie bedingungslos lieben, ihnen durch unsere Worte und unser Leben ein Zeugnis für die unglaubliche Größe unseres Gottes geben, können wir uns darauf verlassen, dass der Heilige Geist in ihnen sein Werk vollendet, damit wir alle zusammen im Himmel sein können.

Psalm 153,4 sagt uns, dass wir Gottes Schätze sind, Jesaja 33,6 wiederholt diesen Gedanken. Kannst du dir vorstellen, dass du ein Schatz des Königs des Universums bist? Der Allmächtige, der alles haben könnte, der alles gemacht hat?

Obwohl die Sünde ihre Spuren hinterlassen hat, genau wie das Chlor der Waschlauge an meinem Pulli, schätzt uns Gott immer noch. Er deckt uns mit seiner Herrlichkeit zu und die Flecken meiner Sünde werden entfernt.

Ist seine Liebe nicht unglaublich?

Tamyra Horst

Das echte Ding

Die Liebe sei ohne Falsch. Hasst das Böse, hängt dem Guten an. Römer 12,9

U nsere Nachbarin wollte nicht hereinkommen. Atemlos forderte sie uns auf: „Kommt schnell! Schaut mal, was wir in unserem Garten haben!" Da wir im tropischen Singapur lebten, rechneten wir immer mit Überraschungen. Also ließen wir alles fallen und sausten hinaus. Sie zeigte uns ein dickes grünes Insekt, etwa 35 cm lang, das sich fest an einen Baumstamm klammerte.

„Es hat sechs Beine, aber Insekten sind doch nicht so groß!", rief ich. „Lasst es nicht entkommen, bevor ich das Buch geholt habe."

Schnell hatte ich die richtige Abbildung gefunden. „Es ist ein ungewöhnliches Exemplar eines ‚Spazierstocks', eines der größten Insekten, und lebt nur von Guavenblättern. Weil seine Flügel zu klein sind, um den schweren Körper im Flug zu tragen, lebt es gleich inmitten seiner Nahrung."

„Mama, können wir es als Haustier halten? Ich hole ihm jeden Tag frische Guavenblätter. Wir haben eine große 5-Liter-Flasche, in die wir es hineintun könnten und auf unserem Küchenbuffet halten", bettelte unser siebenjähriger Kevin.

Wir behielten das Insekt, und welch ein Wunder, es gedieh mit den Guavenblättern. Fast ein Jahr lang lebte es mit uns in unserer Küche. Als es Eier legte, bewahrten wir sie auf. Später gab es Unmengen von durchsichtigen Babys, die die Wände der Flasche bedeckten. Obwohl es uns nie gelang, sie durchzubringen, bis sie ausgewachsene Exemplare waren, setzten wir Dutzende auf dem Guavenbaum aus.

Unser Haustier beherrschte die Kunst der Täuschung. Bei oberflächlichem Hinsehen hielt man den ‚Spazierstock' für einen Zweig oder einen Ast, aber nichts Lebendiges. Diese Insekten können nicht fliegen oder springen – nur kriechen. Obwohl einige Vögel und Insekten sie fressen, nehmen die meisten an, sie seien nur leblose Stöckchen. Wenn sie gestört werden, verharren sie reglos und stellen sich tot, ein angeborenes Verhalten, das Gott ihnen gegeben hat, um ihre Art vor dem Aussterben zu bewahren.

Auch manche Menschen sind Meister der Täuschung. Sie geben vor, Christen zu sein, obwohl sie nicht gelernt haben, Jesus zu lieben und zu vertrauen. Sie benehmen sich zwar wie Christen – gehen zur Kirche, lesen die Bibel, beten. Aber es gibt in ihrem Verhalten keine tiefe Liebe, keine persönliche Beziehung zu ihrem Herrn. Sie mögen zwar andere täuschen, aber nicht Gott.

Wenn du dich wie eine Fälschung fühlst, bitte doch Gott, dich in ein echtes Original zu verwandeln. Er kann dir wahre Liebe schenken. Dann wirst du eine persönliche Beziehung zu ihm haben, die jeder Echtheitsüberprüfung standhält.

Eileen E. Lantry

Gemütliche Engel

Wenn es aber jemandem unter euch an Weisheit mangelt, so bitte er Gott, der
jedermann gern gibt und niemanden schilt; so wird sie ihm gegeben werden.
Jakobus 1,5

Engel mögen Ordnung, und dein Engel würde in deinem Zimmer einen Nervenzusammenbruch bekommen!" Mein Ärger brandete in mir hoch, als ich das Zimmer meines heranwachsenden Sohnes betrachtete.

„Aber Mama, mein Engel geht mit mir und ist nicht hier, um mein Zimmer zu sehen, also warum sich Sorgen machen?" Mit seinem Alter nahm gleichzeitig auch sein loses Mundwerk zu. Ich hatte Probleme, weil Shawns ‚Flügel der Unabhängigkeit' in einem ‚unbequemen Winkel' gewachsen waren.

Meine Freundin Bonita hatte drei Jungen großgezogen. Sie hörte zu und lächelte, während ich ihr mein Herz ausschüttete. „Ich habe mich schließlich geweigert, ihre Zimmer zu putzen", versuchte sie mir zu raten.

„Aber ich möchte nicht, dass mein Sohn ein Ferkel wird", wandte ich ein. „Ich auch nicht. Heute würde ich nicht wagen, meinen Mantel auf einen ihrer Stühle hinzuwerfen oder einen Bleistift auf ihrem Schreibtisch liegen zu lassen." Ich wusste, dass ihre Söhne jetzt mit ihrer Ausbildung fertig waren, und so wartete ich auf Aufklärung. „Wie hast du ihnen beigebracht Ordnung zu halten?" Ihr Erfolg machte mich mehr als neugierig. „Ich schloss ihre Tür und erlaubte ihnen nicht, ihre Unordnung in den übrigen Räumen zu verbreiten." „Du hast sie nicht zum Ordnung halten gezwungen?" „Nein! Und ich hatte dreimal so viel Chaos wie du." „Dauert es ewig?" Ich stellte mir das Zimmer vor, das ich gerade verlassen hatte.

Fünf Jahre später betrat ich Shawns Zimmer im Studentenwohnheim. Seine Bücher standen, nach Größe sortiert, in Reih und Glied im Regal, seine Bleistifte waren sorgfältig gespitzt und nach Größe bereit gelegt. Es gab kein ungemachtes Bett und seine Kleidung hing sorgfältig auf Bügeln im Schrank.

Shawn probierte gerade seine Robe für die Abschlussfeier, mit einer gelben Quaste als Zeichen für akademische Leistung. Er schaute mich an und lächelte. „Mama, bist du stolz?" „Natürlich. Warum sollte ich nicht?" „Übrigens, wie gefällt dir mein Zimmer?" „Ich kann damit leben", lächelte ich.

„Meinst du, mein Engel würde sich heute wohl fühlen?" Gemeinsam lachten wir. „Er wird sowieso den Mittelgang entlang gehen. Komm, wir müssen los. Er möchte deine Abschlussfeier genauso wenig verpassen wie ich."

Connie Wells Nowlan

Im Kreuzfeuer

Und der König wird antworten und zu ihnen sagen: Wahrlich, ich sage euch:
Was ihr getan habt einem von diesen meinen geringsten Brüdern,
das habt ihr mir getan. Matthäus 25,40

D er Sommer des Jahres 1993 war in unserem Haus sehr turbulent. Freunde kamen für einen längeren Besuch, Studienkollegen unserer Söhne wohnten bei uns, und wir waren niemals weniger als neun Personen unter unserem Dach. Andere Besucher kamen und gingen alle paar Tage, und obwohl es wie im Taubenschlag zuging, hatten wir viel Spaß miteinander.

Inmitten all dieses Trubels verließ uns mein Mann, der im Auftrag einer internationalen Hilfsorganisation hin und wieder einen Lkw mit Hilfsgütern nach Kroatien fährt. Da ich unser Geschäft in seiner Abwesenheit führen musste, war ich vollauf beschäftigt und freute mich auf seine Rückkehr.

Eines Freitagabends rief er uns an, um mitzuteilen, dass er die Ladung wohlbehalten abgeliefert hatte. Nachdem er erzählt hatte, wie die Fahrt verlaufen war, machte er eine Pause und fragte: „Wie denkst du darüber, wenn ich nach Sarajevo fahren würde?" Er erklärte, dass es ein mit Lebensmitteln gefülltes Lager in Zagreb gab, aber sie brauchten jemanden mit einem ausländischen Pass und einem Lkw, um die Hilfsgüter weiter zu verteilen. Er und sein Freund Bob waren bereit, zu fahren.

Mein Herz setzte einen Schlag lang aus, während ich mir die Auswirkungen überlegte, die eine solch gefährliche Reise in die belagerte Stadt beinhalten konnten. Aber als ich meine vergrößerte, glückliche Familie betrachtete und ihre zufriedenen Gesichter am übervollen Esstisch, stand meine Antwort fest. „Wir werden jeden Tag um eure Bewahrung beten", sagte ich ihm.

Erst drei Wochen später hörten wir wieder von David und Bob, und es gab ein Freudenfest bei ihrer Rückkehr nach Hause. Seitdem hat die Lage der Bürger jener einst so schönen Stadt David immer am Herzen gelegen und noch viele Fahrten führten ihn dorthin. Einmal geriet ihr Konvoi ins Kreuzfeuer. Fünf Einschusslöcher ‚zierten' den Lkw, aber zum Glück wurde niemand verletzt.

Wenn man diesen Zwischenfall mit der schrecklichen Not, die die Menschen in Sarajevo leiden mussten, vergleicht, wird er zur Nebensache und die Fahrer zögerten nicht, ihre Ladung abzuliefern, wegzufahren und wieder zurückzukommen. Sie sind mutige Männer, die ihr Christsein auf eine praktische Art demonstrieren.

Wir können nicht alle heroische Taten vollbringen, aber wir können uns dennoch beteiligen, um die Not dort lindern zu helfen. Indem wir Lebensmittel sammeln, um Spenden bitten und für Helfer an der ‚Front' ernsthaft beten, können wir den Auftrag Jesu erfüllen, für diejenigen zu sorgen, denen es nicht so gut geht wie uns.

Audrey Balderstone

Gott der Geschiedenen

Denn der Herr, der dich erschaffen hat, ist dein Ehemann. Er heißt „der Herr, der allmächtige Gott". Er ist der heilige Gott Israels, dein Erlöser, und der Gott der ganzen Welt. Jesaja 54,5 (Hfa)

Grace' Ehemann starb vor ihrem 30. Geburtstag an einem Herzinfarkt. Ich fühlte mich verpflichtet, einen Beileidsbrief, meinen ersten, zu schreiben. Irgendwie entdeckte ich Jesaja 54,5: „Denn der dich gemacht hat, ist dein Mann." Was sonst konnte ich einer Freundin aus Kindertagen in ihrer Trauer sagen? Fünfzehn Jahre später brach mein eigenes Heim auseinander, und der Text kehrte wieder zu mir zurück, um mich zu trösten. „Denn der dich gemacht hat, ist dein Mann." Dabei fand ich Kraft für die besonderen Probleme, die jeder geschiedenen Frau begegnen. Wer selbst eine Scheidung erlebt hat, weiß, wovon ich rede: Verlust des Selbstwerts; überwältigende Einsamkeit; ein akutes Gefühl des Verworfenseins; das Bewusstsein einer ungerechten und überwältigenden Verantwortung für die Erziehung der Kinder, die zum Teil entfremdet sein können; das immerwährende Problem, die Finanzen zu strecken; die Gewissheit, dass Freunde unbarmherzig über einen herziehen; den Verlust einer oft schönen und bequemen Umgebung.

Jesaja 54 spricht hier diejenigen an, die „leidgeprüft ... vom Sturm gepeitscht, von keinem getröstet" sind (Vers 11, Hfa). Das beschrieb doch wirklich mich! Ich fand dort mindestens einen Vers, der für jedes dieser Probleme Trost anbietet.

Verlust des Selbstwertes: „du wirst nicht mehr erniedrigt werden! Niemand darf dich je wieder beschämen ... Du wirst ... nicht mehr an die schwere Zeit zurückdenken, in der du als Witwe allein dastandst." (Vers 4) „Ich will dich wieder zu mir holen." (Vers 7) – *Einsamkeit:* „Denn der Herr, der dich erschaffen hat, ist dein Ehemann." (Vers 5); – *Verworfensein:* „Du bist wie eine verstoßene Frau, die tief enttäuscht ist, weil ihr Mann, der sie als junge Frau liebte, sie verlassen hat" (Vers 6). – *Verantwortung für die Kinder:* „Deine Kinder werden meine Schüler sein, und ich schenke ihnen Frieden und Glück" (Vers 13). – *Finanzielle Probleme:* „Meine Liebe zu dir wird nie erschüttert, und mein Friedensbund mit dir wird niemals wanken" (Vers 10). – *Unfreundlicher Tratsch:* „Jede Zunge, die sich gegen dich erhebt, sollst du im Gericht schuldig sprechen" (Vers 17, Luther). – *Verlust eines schönen Zuhauses:* „Dein Fundament lege ich aus Saphiren, fest gemauert mit bestem Mörtel ... auch die Mauer soll aus Edelsteinen sein" (Vers 11,12). – *Physische Gefahr:* „Doch alle Waffen, die man gegen dich richtet ... – sie treffen ins Leere" (Vers 17).

Wie erfüllt Gott all diese Verheißungen? Ich stellte fest, dass dies durch Freunde, durch Beratung und durch die Einsicht geschah, die er mir schenkte, während ich sein Wort studierte und betete. Wie Jesus es ausdrückt: „Ich lasse euch nicht als Waisenkinder zurück" (Johannes 14,18).

Ruth Anneke

Vergangen, aber nicht vergessen

Sondern du sollst ihm geben, und dein Herz soll sich's nicht verdrießen lassen,
dass du ihm gibst; denn dafür wird dich der HERR, dein Gott, segnen in allen
deinen Werken und in allem, was du unternimmst. 5. Mose 15,10

Meine Großmutter war von Kindheit an behindert. Sie wurde 1909 geboren, und als sie mit 87 Jahren starb, war sie taub und fast blind. Viele Jahre lang verließ sie sich auf ihre Fähigkeit, von den Lippen zu lesen und Zettel zu schreiben, um sich anderen mitzuteilen. Auf manche Weise war sie wegen ihrer Behinderungen wie in einem Gefängnis eingesperrt.

Großmutter liebte es, zu reisen und Gäste zu bewirten. Als ich ein Mädchen war, kamen die Frauen des Wohlfahrtswerkes, um bei ihr Steppdecken zu nähen. Treu schrieb sie an Familienmitglieder und Freunde und vergaß unsere Geburtstage nie. Sie wartete auch freudig auf unsere Briefe.

Mein Zuhause ist ein gesegneter Ort, aber es ist auch ein privates Gefängnis geworden für mich und meinen Mann, weil wir einen geistig schwer behinderten Sohn haben, Sonny. Unsere Schränke und Türen im Haus müssen zugesperrt bleiben, um ihn zu beschützen. Wir müssen jede Minute auf Sonny aufpassen. Obwohl wir alle drei unser Bestes geben, prüft er uns ständig. Briefe, die ich geschrieben und bekommen habe, Telefonanrufe und Besuche haben mir geholfen, es auszuhalten. Großmutter schrieb immer zuverlässig, solange sie lebte.

Als ich meine Familie vor kurzem besuchte, betrat ich ihr Zimmer. In diesem Raum erhielt sie die Krankensalbung, und hier starb sie auch. Ich blieb stehen und betrachtete einiges, was auf ihrer Kommode lag. „Diese Dinge gehörten Großmutter und ließen sich nicht auf dem Flohmarkt verkaufen", erklärte mir meine Tante.

Darunter befand sich eine Tafel mit einem Spruch, der meine Aufmerksamkeit fesselte. Nach dem Lesen war mir klar, dass diese Ratschläge genau an mich gerichtet waren. Ich nenne es ein verspätetes Geburtstagsgeschenk von Großmutter:

Zähle deinen Garten an den Blumen,
niemals an den fallenden Blättern.
Zähle deine Tage an den goldenen Stunden,
denke gar nicht an die Wolken.
Zähle deine Nächte an den Sternen, nicht den Schatten.
Zähle deine Jahre am Lächeln, nicht an den Tränen.
Zähle deine Segnungen, nicht deine Sorgen.
Zähle dein Alter an deinen Freunden, nicht den Jahren.
Danke, Herr, für die Blumen, Sterne, Freunde, Lächeln und goldenen Stunden.
Du hast mich gesegnet!

Deborah Sanders

Die Patchworkdecke

Siehe, wie fein und lieblich ist's, wenn Brüder einträchtig beieinander wohnen!
Psalm133,1

Vor nicht allzu langer Zeit fertigte ich meine erste große Patchworkdecke an. Da sie aus nur 30 Blöcken bestand, rechnete sch mir aus, innerhalb eines Monats fertig zu sein, wenn ich im Durchschnitt einen pro Tag schaffen könnte. Was für eine Fehleinschätzung! Es gab in der Tat 1.230 winzige Stücke, aus denen die 30 Blöcke bestanden. Dazu kamen noch all die Streifen, mit denen sie zusammengefasst wurden.

Obwohl ich mich sehr bemühte, gelang es mir nie, einen völlig quadratischen Block anzufertigen. Es gab immer irgendwo ein kleines Stückchen, das sich nicht gut mit den anderen zusammenfügen ließ. Und da für mich Geometrie immer eine Herausforderung gewesen ist, musste ich jeden Block mit dem Muster überprüfen. Manchmal musste ein Stück gewendet oder verdreht werden. Wie dankbar war ich, eine gute, klare Vorlage zu haben!

Nach vielen Tagen – ja sogar Monaten – des Nähens ist die Decke nun endlich fertig. Wenn man sie aus der Entfernung betrachtet, ist sie wirklich wunderschön geworden. Nicht vollkommen – aber auf jeden Fall schön. Ich bin jetzt froh, wenn ich die Decke auf unserem Bett sehe, dass ich nicht „Dieses Projekt ist mir zu kompliziert!" gesagt und aufgegeben habe.

Jede Frau am Leib Christi ist einzigartig, doch keine von uns ist vollkommen. Aber wenn wir lernen, Gott jeden Tag das Muster für unser Leben aussuchen zu lassen, fügt er uns zu einer Einheit zusammen. Unsere Wesensmerkmale passen vielleicht nicht perfekt zusammen, aber wir können immer noch miteinander harmonieren, jede an ihrem eigenen Platz im großen Entwurf Gottes.

Ich bin froh, dass Jesus uns nie aufgibt, ganz gleich wie chaotisch unser Leben zu sein scheint. Er ist wirklich der Meisterhandwerker, „der Anfänger und Vollender des Glaubens" (Hebräer 12,2). Gott, der in uns ein gutes Werk angefangen hat, verheißt es auch treu zu Ende zu führen (Philipper 1,6). Und dann, wenn die Welt uns ansieht, wird sie in der Tat ein einheitliches Werk von großer Schönheit sehen!

Wie eine meiner Lieblingsautorinnen es ausdrückt: „Das Geheimnis der Einheit in der Gemeinde und in der Familie besteht weder aus Diplomatie noch Verwaltung noch übermenschlicher Anstrengung, die Schwierigkeiten zu überwinden – obwohl es davon vieles geben wird –, sondern in der Verbindung zu Christus" (Ellen G. White, The Adventist Home, p. 179).

Christus hat die Fähigkeit, die unvollkommenen Quadrate der Patchworkdecke unseres persönlichen Lebens zu einem Werk von großer Schönheit zusammenzufügen.

Brenda Forbes Dickerson

Mein bester Freund

Ein Freund liebt allezeit, und ein Bruder wird für die Not geboren.
Sprüche 17,17

B is zu meinem Termin um 13.00 Uhr hatte ich noch Zeit, deshalb ging ich auf einen kurzen Sprung zu meiner Freundin. Mir kam es gar nicht in den Sinn, dass ich ungelegen kommen konnte. Ich wusste, ich war jederzeit willkommen, auch an einem Sonntag um 11.45 Uhr. Ich klopfte an und hörte das erwartete „Herein!" Harriet lag auf der Couch in eine Decke eingekuschelt, und an ihrem strahlenden Gesicht erkannte ich, dass ich sie mit meinem spontanen Besuch erfreute. Wir verbrachten eine angenehme Stunde im Gespräch. Wie schön, eine Freundin zu haben!

Das Wort Freundin lässt mich an Vertrautheit, Lachen und an eine treue Verbündete denken. Eine Freundin ist ein wahrer Kumpel, jemand, mit dem man ‚Pferde stehlen' kann. Freundschaften halten durch dick und dünn. Jahre, die wir getrennt voneinander verbracht haben, haben keinen Einfluss auf eine echte Freundschaft. Die Erinnerungen, die wir gemeinsam teilen, sind etwas Besonderes.

Freunde sind Menschen, zu denen wir eine besondere Verbindung spüren und mit ihnen gemeinsame Interessen teilen. Sie unterstützen uns und tun für uns Dinge, ohne an eine Belohnung zu denken. Wenn wir Freunde treffen, die wir seit Jahren nicht gesehen haben, ist es leicht, unsere Freundschaft auf derselben Ebene wie früher fortzusetzen. Freunde sind loyal und treu.

Freundschaft ist wie ein Seil, das uns zusammenhält. Bergsteiger verlassen sich auf das Seil aus Sicherheitsgründen und um vorwärts zu kommen. Freunde benutzen das Seil der Freundschaft, um im Vertrauen aufeinander ihr Leben miteinander zu verbinden.

Ich habe viele Freundinnen. Einige leben ganz in meiner Nähe. Die Freunde, die ich am meisten schätze, sind meine Familie: mein Mann, meine Kinder, meine Schwiegertochter und meine Enkelkinder.

Aber ich habe einen ganz besonderen, einmaligen Freund. Seine Treue mir gegenüber ist unübertrefflich. Obwohl ich manchmal vergesse, Zeit im Gespräch mit ihm zu verbringen, es versäume, ihm für seine Liebe zu danken, oder mich verhalte, wie er es nicht gern sieht, bleibt er doch immer derselbe. Er schätzt mich und sorgt für mich, wie es sonst niemand je getan hat.

Dieser Freund gab sein Leben für mich in bedingungsloser Liebe. Er ist immer bereit zu vergeben und mich weiterhin zu lieben. Er möchte mit mir in Verbindung bleiben. Ich kann meine innersten Gedanken mit ihm teilen und dabei wissen, dass er mich versteht. Er bittet so wenig und gibt so viel. Er ist Jesus, mein besonderer Freund.

Evelyn Glass

Gib ihm, was du hast!

Kauft man nicht zwei Sperlinge für einen Groschen? Dennoch fällt keiner von ihnen auf die Erde ohne euren Vater. Matthäus 10,29

Vor mehr als zehn Jahren war das Spiel ‚Trivial Pursuit' der Renner bei den Jugendlichen am Samstagabend. Ich kann mich an eine Gruppe von Studenten erinnern, die sich auf meinem Wohnzimmerboden verteilten und mich einluden, dieses neue und faszinierende Spiel mitzuspielen. Fragen wie „Wer war der Erste, der mit einem Heißluftballon aufstieg?" – „Welche Mannschaft gewann die Weltmeisterschaft im Jahr 1958?" und „Welches Land produziert die meisten kernlosen Weintrauben?" beschäftigten uns bis in die Morgenstunden.

Während ich ins Bett fiel, meinen Kopf noch voller Informationsfragmente, fragte ich mich, wozu all dieses Triviale denn gut sei. Welchen Nutzen hatten solche Wissensstückchen?

Manchmal fühle ich mich selbst trivial, als Nebensache, von geringem oder keinem Wert. Der Gedanke, dass ich „ganz gewöhnlich" bin, könnte mich niederdrücken. Ich kenne auch andere, die diese düstere Einstellung teilen, wenigstens hin und wieder. Wir haben nichts Außerordentliches geleistet, sehen nicht umwerfend aus, werden nicht mit Lob überhäuft. Unweigerlich haben wir Tage, an denen tatsächlich alles schief geht, was schief gehen kann. Manchmal erscheint uns das Leben wie ein triviales Unternehmen. Wir sind nur ein kleiner Teil im Spiel des Lebens – und nicht einmal in der Gewinnermannschaft!

Gerade dann müssen wir daran denken, dass es mit Jesus nichts Triviales gibt.

Eines Tages, als er lehrte, kam eine große Menschenmenge zusammen. Die Stunden vergingen allzu schnell, und als es Essenszeit wurde, konnten die meisten ihren Hunger nicht mehr ignorieren, obwohl sie von der Botschaft Jesu begeistert waren. Was also tun? Wahrscheinlich wurden sie unruhig und murrten, während ihr Magen protestierte.

Die Jünger Jesu wussten, dass sie etwas unternehmen mussten, um die Massen zu beschwichtigen. Schließlich waren mindestens 5.000 Männer anwesend, von den Frauen und Kindern gar nicht zu reden. Dann entdeckte einer der Jünger einen kleinen Jungen mit einer kleinen Brotzeit. Mit erstaunlichem Glauben und Vorahnung brachte er den Jungen zu Jesus. – Du kennst den Rest der Geschichte. Ein unbedeutendes kleines Kind mit fünf Broten und zwei Fischen, die nicht allzu groß sein konnten, stand plötzlich im Mittelpunkt.

Wir sind vor Gott nicht Nebensache, unbedeutend. Er vermehrt unsere Bemühungen. Mit Gott kann alles geschehen. Das Wenige, das wir haben, kann genau das sein, was er braucht, um ein Wunder zu bewirken. Mit Gott an unserer Seite ist das Leben nicht mehr ein Spiel aus trivialen Unternehmungen.

Lilya Wagner

Die Sache mit dem Lexikon

Es ... gibt Freunde, die hangen fester an als ein Bruder. Sprüche 18,24

Es war mein erster Tag in meinem neuen Sommerjob. Während der Einarbeitung wurden wir in Teams aufgeteilt. Ich arbeitete mit einer Frau namens Ethel zusammen. Sie war nett, aber weil dies ja nur ein Sommerjob sein sollte, hatte ich nicht vor, eine dauerhafte Freundschaft aufzubauen. Ich wollte nur meinen Job tun und nach Hause gehen. Ethel jedoch erkundigte sich jeden Tag mehr nach meinem persönlichen Leben. Während eines Gesprächs stellten wir fest, dass wir beide in derselben Stadt lebten, nur wenige Straßen voneinander entfernt.

Eines Tages fragte mich Ethel, ob sie nach der Arbeit einige Bände meines Lexikons ausleihen könne. „Ja", sagte ich, „aber ich habe versprochen, heute Abend mit meinem Mann und unserem Neffen ins Schwimmbad zu gehen." „Wir haben einen Pool in der Anlage, wo ich wohne. Warum kommt ihr nicht dorthin zum Schwimmen?", schlug sie vor.

Mit Schwimmzeug und Lexika rückten wir bei ihr an. Bevor ich es mir gemütlich machen konnte, hörte ich sie lachen, während sie in den Büchern blätterte. Ich war etwas erstaunt und auch beleidigt. Schließlich hatten wir die schweren Bände extra für sie mitgeschleppt! Nachdem sie sich beruhigt hatte, teilte sie uns mit, warum sie so eigenartig reagiert hatte – die Ausgabe von 1951 (!) helfe ihr leider nicht weiter. Jetzt war mir alles klar: In meiner Eile hatte ich versehentlich die Bände des Lexikons gegriffen, die mein Mann von seiner Großmutter geschenkt bekommen hatte, ein Familienerbstück! Ich fand diesen ‚Irrtum' auch lustig. Oder war es gar kein Irrtum? War es vielleicht Gottes Plan, um das Eis zum Schmelzen zu bringen, damit sich eine tiefe, bereichernde, bleibende Beziehung zwischen uns entwickeln konnte?

Nach diesem Vorfall verbrachten Ethel und ich mit unseren Familien viel Zeit miteinander. Wir studierten gemeinsam die Bibel; sie besuchte mit mir den Gottesdienst und wurde schließlich in die Familie Gottes getauft.

Ein Sommerjob oder eine Sommergelegenheit, um ein Zeugnis zu geben? Ich erkannte damals, dass Gott jede Situation benutzen kann, um uns ein Zeugnis für jemanden sein zu lassen, wenn wir nur willig sind.

Versäume nicht die Gelegenheit, in Freundschaft auf jemanden zuzugehen! Vielleicht möchte Gott andere durch dich zu sich ziehen!

Ella Tolliver

Bitte zeige mir einen wahren Christen

Desgleichen hilft auch der Geist unsrer Schwachheit auf. Denn wir wissen nicht, was wir beten sollen, wie sich's gebührt; sondern der Geist selbst vertritt uns mit unaussprechlichem Seufzen. Römer 8,26

D ie Kirche war ein wesentlicher Teil meines früheren Lebens gewesen. Doch hörte ich auf, regelmäßig zur Kirche zu gehen, als ich erwachsen wurde. Ich fühlte mich dazu berechtigt, weil ich mit dem Verhalten von praktizierenden Christen, die ich kannte, nicht einverstanden war. Ich hielt mich für christlicher als diejenigen, die ständig die ‚Kirchbänke drückten'.

Nach einiger Zeit stellte ich jedoch ernüchtert fest, dass mein Lebensstil und meine Freundschaften mir immer weniger gefielen, und ich kann mich noch daran erinnern, wie ich Gott darum bat, mir einen besseren Weg zu zeigen. Es musste ja nicht unbedingt die Kirche sein, aber ich wusste, dass es etwas Besseres geben musste als das, was ich erlebte.

Als allein erziehende Mutter versuchte ich, mich für den Lehrberuf zu qualifizieren. Ich bemühte mich zu studieren, ganztags zu arbeiten, mein Kind zu versorgen und und und ...

Mit drei anderen jungen Frauen fand ich eine Stelle als Berufsbereitschaftsberaterin. Wir wurden paarweise eingeteilt, meine Partnerin war Ella. Sie war ganz anders als ich erwartet hatte, anders als alle, die mir in letzter Zeit begegnet waren. Woran lag es nur?

Ich konnte mich hervorragend mit ihr unterhalten, und sie war auch eine gute Zuhörerin. Am meisten beeindruckte mich, dass sie mich nicht verurteilte, sondern mich akzeptierte, wie ich war. Je mehr wir zusammen arbeiteten, desto mehr sehnte ich mich nach dem, was sie hatte – sie schien fast zu ‚strahlen'. Es dauerte lange, bevor ich die Verbindung herstellte – sie war eine wirkliche Christin.

Ich hatte ein Forschungsprojekt für eines meiner Studienfächer zu erledigen und musste dazu einige Bände eines Lexikons ausleihen. Ich fragte Ella, ob sie mir ihre ausleihen könnte. Und nun – du kennst die Geschichte (siehe Andacht vom 10. Juni).

Aber Ella wusste nicht, dass ich geistliche und emotionale Kämpfe durchzustehen hatte und wirklich auf der Suche nach einer neuen Richtung für mein Leben war.

Ich bin so dankbar, Gott, dass du Ella und mich zusammengeführt hast. Ich musste erst eine wirkliche Christin erleben, die dein Wort auslebt, damit ich zurück in deine Herde kommen konnte. Jemand musste dein Licht durch sich hindurchscheinen lassen, um mich zu einem Leben zu führen, das so viel erfüllter ist als vorher.

Ethel Wilson

Arbeiten Sie hier?

Daran wird jedermann erkennen, dass ihr meine Jünger seid, wenn ihr Liebe
untereinander habt. Johannes 13,35

„Arbeiten Sie hier?", fragte mich eine Frau. „Ja", nickte ich und lächelte. „Kann ich Ihnen helfen?"

In der Bibliothek, in der ich als Botin arbeite, fragen die Leute meistens: „Arbeiten Sie hier?", bevor sie um Hilfe bitten, um ein bestimmtes Buch finden können. Natürlich ist die Vermutung vernünftig anzunehmen, dass ich dort arbeite, wenn ich einen Bücherwagen schiebe, aber oft laufe ich einfach in der Bibliothek umher und werde dabei dann angesprochen. Woher wissen die Bibliotheksbesucher wohl, dass ich eine Angestellte und keine Kundin bin?

Nachdem ich meine Kolleginnen genau beobachtet hatte, erkannte ich, dass wir Angestellten uns anders verhalten. Wir rücken Stühle zurecht und sortieren liegen gelassene Bücher ein. Wir wandern nicht ziellos umher. Wir kennen uns aus. Die Bibliothek ist für uns eine zweite Heimat, und wir fühlen uns in der Umgebung der Bücher wohl.

Ein Arzt, der statt im weißen Kittel in Jeans und Flanellhemd steckt, wäre genauso tüchtig wie jeder andere Arzt, aber viele Patienten würden ihn nicht so leicht akzeptieren. Wir sind es gewohnt, Ärzte in weißen Kitteln zu sehen, und es könnte sein, dass wir uns Sorgen machen, ob sie befugt sind, Patienten zu behandeln, wenn sie sich nicht wie Ärzte kleideten. Ohne den gewohnten Kittel könnte man einen Krankenhausangestellten leicht für einen Besucher oder einen Patienten halten. Wir müssten sie fragen, ob sie Ärzte sind.

Ein Pilot in einem Jogginganzug könnte einen Jumbojet genauso gut fliegen wie in seiner Uniform, aber die Passagiere hätten vielleicht nicht so viel Vertrauen.

Es gibt keine allgemein übliche Uniform für Christen, an der wir erkannt werden. Man kann uns nur an unseren Aktionen erkennen. Wissen Leute, dass wir Christen sind, oder müssen sie uns danach fragen? Können sie es daran erkennen, wie wir gehen, an unserer optimistischen Einstellung des Glaubens, die wir im Auf und Ab des Lebens beibehalten? Erkennen uns die Leute als Christen, weil wir in unserem Geschäft ehrlich sind, weil wir mit Problemen geduldig umgehen? Zeigt unser Lächeln in der Gemeinde den Besuchern, dass sie willkommen sind und wir dorthin gehören? Kennen unsere Nachbarn unser Lächeln, unsere Liebe, unsere Geduld und wissen sie, dass wir Christen sind? Wir müssen unser Christsein sehen lassen, damit die Leute erkennen, dass wir mit Gott arbeiten – und gehen.

„Entschuldigen Sie, aber sind Sie Christ?" „Ja; kann ich Ihnen helfen?"

Gina Lee

Alltägliche Aufgaben

Und alles, was ihr tut mit Worten oder mit Werken, das tut alles im Namen des Herrn Jesus und dankt Gott, dem Vater, durch ihn. Kolosser 3,17

Als ich meine Arbeit als Krankenpflegerin aufgab, um als Mutter den ganzen Tag zu Hause sein zu können, dachte ich, mein Leben nähme eine dramatische Wendung zum Besseren. Ich glaubte, viel Freizeit zu haben und nichts weiter zu tun zu haben, als in hübsche Kinder in niedlichen Mützen und Schuhchen vernarrt zu sein.

In der Arbeit hatte ich auf der Neugeborenenstation neun Säuglinge allein versorgt. Sicher würde ein Baby zu Hause kaum Zeit beanspruchen! Schließlich schlafen die Kleinen doch die meiste Zeit. Jetzt, da ich zwei Kinder habe, lache ich selber über meine naiven Ansichten.

Nach neun Jahren Mutterschaft wische ich immer noch Pos, plage mich, um Spuren vom Küchenboden zu entfernen, und putze jeden Mittwoch die Toiletten. Manchmal frage ich mich: Was macht ein Mädchen wie ich an einem Ort wie diesem? Es ist alles so routinemäßig, langweilig, irdisch.

Aber darum geht es nicht. Gott hat mir gezeigt, wie dankbar ich sein kann, dass ich zwei gesunde Kinder habe, die versorgt werden wollen. Ich bin froh, dass wir Schuhe haben, die Spuren auf dem Boden hinterlassen und dass ich starke Hände habe, die schrubben können. Das Toilettenputzen gehört mit zu meinem göttlichen Auftrag als Ehefrau und Mutter. Ich kann die Toiletten zur Ehre Gottes putzen und es als Vorrecht ansehen, ihn zu ehren, indem ich meine langweiligen Routinearbeiten fröhlich erfülle.

Ist es nicht interessant, dass der König aller Könige, der Herr und Schöpfer den größten Teil seines Lebens in einer Schreinerwerkstatt verbrachte? Sicher war seine Arbeit oft Routine, langweilig und irdisch. Er hätte sagen können: „Was macht der Messias an einem solchen Ort?"

Doch unser Erlöser betrachtete keine Aufgabe als unter seiner Würde. Sein Leben war still und einfach, als er demütig über diese Erde ging. Unser Herr tat Gottes Werk an der Werkbank des Schreiners genauso gewissenhaft wie als Sprecher vor einer großen Menschenmenge.

Ja, ich kann auch dem Beispiel Christi folgen und in meinen bescheidenen Aufgaben treu und gewissenhaft sein. Wenn ich mich dabei ertappe, eine Aufgabe als zu gering für meinen Intellekt oder meine Fähigkeiten zu betrachten, denke ich einfach an meinen demütigen Heiland. Ich erlebe große Freude, wenn ich meinen Vater im Himmel in allem, was ich tue, verherrliche.

Julie Reynolds

Kein Tropfen Wasser

Wohlan, alle, die ihr durstig seid, kommt her zum Wasser! ... Jesaja 55,1

Jung, enthusiastisch und idealistisch begannen mein Mann und ich mit der Gründung einer Missionsschule in Neu-Guinea. Wir waren sicher, dass dies Gottes Aufgabe für uns war. Die Arbeit bedeutete nicht nur eine „geistliche" Erfahrung, denn sie verlangte von uns auch harte Knochenarbeit, um den Urwald zu roden und provisorische Gebäude zu errichten, in denen wir den Unterricht beginnen konnten.

Unsere Sitzgelegenheiten in der Klasse waren einfach. Baumstämme dienten in ordentlichen Reihen als Bänke. Ein Fluss diente als Bad.

An Begeisterung mangelte es jedoch nicht. Nach dem morgendlichen Unterricht arbeiteten Schüler und Lehrer zusammen, um weiteren Urwald zu roden, um einen Garten anzulegen, um Nahrung für die Schulfamilie anzupflanzen. Weil Ausbildung ein Luxus war, schätzten die Schüler einen Platz in der Schule.

Unser Budget musste in viele Richtungen gestreckt werden, aber wir hatten vier große Wassertanks von jeweils 4.000 Litern für Trinkwasser und zum Kochen. Glücklicherweise gab es im Fluss genug Wasser für alle anderen Bedürfnisse.

Dann wurde das Wetter ungewöhnlich heiß und die Trockenzeit wollte nicht enden. Der Wasserpegel in den Tanks sank drastisch, obwohl das Wasser rationiert wurde. Mein Mann und ich beteten. Alle Lehrer beteten. Die Schüler beteten. Obwohl die Gemüsebeete welkten, glaubten die Schüler, Gott werde Regen schicken, und beschlossen zu bleiben, wenn die Schule ihnen eine Tasse trockenen Reis und vier Tassen Wasser pro Kopf und Tag geben konnte. Schließlich war es doch Gottes Schule, oder?

Doch der Wassermangel nötigte die Lehrer zu dem Entschluss, die Schule zu schließen, wenn nicht innerhalb der nächsten 24 Stunden Regen fiel. Der Fluss war fast ausgetrocknet, drei Wassertanks gaben fast nichts mehr her und der Tank an unserem Haus enthielt auch nur noch wenig Wasser.

Nach einer ernsthaften Gebetsstunde an jenem Abend klopfte mein Mann an die Seite des Wassertanks. Dreieinhalb Messstriche Flüssigkeit waren noch übrig. Der Himmel war sternenklar. Aber sicher würde Gott Regen schicken.

Er tat es nicht. Verunsichert und entmutigt klopfte mein Mann am nächsten Morgen aus Gewohnheit an die Seite des Wassertanks. Drei, vier, fünf, sechs. Aufgeregt kletterte er auf einen Stuhl und zählte weiter. Der Tank war voll! Gott hatte geantwortet. Die Schule blieb geöffnet und wir beteten weiter. Nach zwei Tagen setzte der Regen ein, und unsere Becher flossen über, buchstäblich als auch geistlich.

Ich ermutige dich, auch heute von dem Wasser des Lebens zu trinken, und du wirst nie mehr Durst haben (Johannes 4,14).

Ursula M. Hedges

Ein Hirte im Sturm

Er sorgt für sein Volk wie ein guter Hirte. Die Lämmer nimmt er auf den Arm und hüllt sie schützend in seinen Umhang. Die Mutterschafe führt er behutsam ihren Weg. Jesaja 40,11 (Hfa)

J ch glaube, wir sollten jetzt umkehren", schlug ich vor. „Da scheint sich ein Sturm zusammenzubrauen." Es war wunderschön, dort oben in den Bergen. Wir hatten wegen der Kinder den leichteren Weg nach oben gewählt und waren mit dem Skilift über die Alpenwiesen geschwebt, begleitet vom fernen Läuten der Kuhglocken. Eine Idylle!

Die Kinder waren einverstanden; sie waren noch klein und vom Laufen müde. Als wir um die letzte Ecke bogen, bestätigte sich mein ungutes Gefühl. Der Skilift hatte den Betrieb für den heutigen Tag schon eingestellt! Wir befanden uns hoch oben in den Alpen, ohne Essen, ohne Regenbekleidung, mit drei kleinen Kindern und einem herannahenden Sturm.

Fünf Minuten später brach der Sturm über uns herein. Wir fanden eine abgeschlossene Hütte, gegen deren Wände wir uns drückten. In wenigen Minuten waren wir nass bis auf die Haut, und dann prasselten auch noch dicke Hagelkörner auf uns nieder! Das Eis ließ mich bis auf die Knochen frieren, während ich versuchte meine entsetzten Kinder zu schützen. Ich sah uns dort schon die ganze Nacht verbringen – mit dem Ergebnis Unterkühlung, Lungenentzündung oder noch Schlimmeres.

Da kam mir ein Text in den Sinn: „Er wird ... die Mutterschafe behutsam führen." „Herr", bat ich, „wir brauchen jetzt behutsame Führung. Bitte hilf uns! Die Kinder sind müde und ihnen ist kalt, sie haben Angst und Hunger, sie sind nass und fühlen sich elend, und ich auch. Bitte hilf, dass der Sturm aufhört. Bitte lass ihn in den nächsten fünf Minuten aufhören! Amen."

Wir fingen an zu singen, um uns fröhlicher und zuversichtlicher zu stimmen. Plötzlich merkten wir, dass der Regen aufgehört hatte. Wir jubelten vor Freude und gingen zum Pfad, der sich jetzt in einen reißenden Bach verwandelt hatte. Auf diesem Weg konnten wir nicht gehen, und so quälten wir uns durch die Wiesen mit dem hohen Gras, das vom Hagel und Regen rutschig geworden war, die Füßen schon ganz taub vor Kälte.

Der Regen hielt inne, während wir langsam unseren Weg zur Hauptstraße zurücklegten und eine kleine überdachte Bushaltestelle erreichten. Bernie lief weiter, um das Auto zu holen. Mehr als eine Stunde hatte uns eiskaltes Wasser durchnässt, aber keiner von uns wurde krank!

Gott führt diejenigen sanft, die Verantwortung für Jüngere tragen. Er kümmert sich um unsere Kämpfe und Bedürfnisse, hört unsere Bitten um Hilfe und antwortet, wenn wir ihn rufen.

Karen Holford

Vaterlos

Singet Gott, lobsinget seinem Namen! Macht Bahn dem, der durch die Wüste einherfährt; er heißt HERR. Freuet euch vor ihm! Ein Vater der Waisen und ein Helfer der Witwen ist Gott in seiner heiligen Wohnung. Psalm 68,5.6

Mein Mann, meine Tochter und ich aßen in einem Restaurant, als ich auf die Leute am Nachbartisch aufmerksam wurde. Ich beobachtete sie interessiert. Eine junge Frau, etwa in meinem Alter, und ein älterer Herr unterhielten sich angeregt, und ich ertappte mich dabei, wie ich versuchte Bruchstücke ihrer Unterhaltung aufzufangen.

„Schau", sagte ich zu meinem Mann nach einer Weile, „ist es nicht nett, wie sie da sitzen und sich unterhalten?" Mein Mann schaute unbeeindruckt hinüber. Ich fuhr fort: „Das sind sicher Vater und Tochter. Worüber werden die sich wohl unterhalten?"

Mein Mann betrachtete sein Essen. „Sie versuchen zu entscheiden, was der Mann der Mutter zu Weihnachten schenken soll." Es drängte mich, ihnen zu sagen, was für eine besondere Gelegenheit sie hatten. Ich wollte der jungen Frau raten, jeden Augenblick zu schätzen, den sie mit ihrem Vater verbringen konnte.

Dann erinnerte ich mich an meinen eigenen Vater, der nun schon seit fast sieben Jahren tot war. Als er starb, war ich erst siebenundzwanzig. Er war schon vor seinem Tod einige Jahre krank. Nicht einmal während meiner Collegezeit hatten wir die Gelegenheit, nur zu zweit essen zu gehen.

Als Jüngste von sechs Kindern musste ich gewöhnlich meine Eltern immer mit einem meiner Geschwister teilen, wenn wir etwas unternahmen. Mein Herz sehnte sich nach diesem besonderen Umgang mit meinem Vater, den ich nie erleben würde. Sofort schaute ich zu meiner zweijährigen Tochter hinüber, die jetzt intensiv in ein Gespräch mit ihrem Vater vertieft war. Eines Tages könntet ihr zwei so dasitzen, dachte ich.

Die Stimmen des Vaters und der Tochter wurden etwas lauter und ich hörte, wie sie darauf bestand, zu bezahlen, und vorschlug, sich ein weiteres Mal zu treffen, damit er sie ausführen könnte. Vielleicht war sie sich des Vorrechts bewusst, einen Vater zu haben, den man zum Essen einladen kann. Sie standen auf. Während ich beobachtete, wie sie sich entfernten, fühlte ich einen Kloß im Hals. Wenn nur mehr Väter und Töchter die Gelegenheit schätzten, eine solche Beziehung zu pflegen!

Ich sprach ein stilles Dankgebet demjenigen, der den Vaterlosen ein Vater ist, denn auch für Erwachsene ist es manchmal schwer, ohne Vater zu sein.

„Ich werde euer Vater und ihr werdet meine Söhne und Töchter sein. So spricht der allmächtige Herr" (2. Korinther 6,18).

Carel Clay

Ich habe deine Tränen gesehen

... Ich habe dein Gebet gehört und deine Tränen gesehen. Siehe, ich will dich gesund machen ... 2. Könige 20,5

J ch hatte mich noch nie so verlassen gefühlt! Probleme in der Familie, Langzeitarbeitslosigkeit, vielschichtige chronische Gesundheitsprobleme plagten mich ständig. Was aber noch schlimmer war, Gott schien mein Kummer kalt zu lassen!

Antidepressiva hatten die Probleme nicht beheben können und würden dies auch nicht tun. Ich konnte nicht aufhören zu weinen. Ich begann Selbstmordgedanken aufzuschreiben und zu verschicken, und das machte mich nur noch trauriger.

Ich verwarf unsere Campingpläne fürs Wochenende und wollte nicht mal mehr zum Gottesdienst gehen. Sicherlich würde man mich wegen meiner verweinten und verquollenen Augen ausfragen. Mein Mann schlug vor, in den Bergen zu wandern. Ich stimmte widerwillig zu.

Auf dem Weg dorthin schalteten wir das Radio ein. Die Verheißung des Tages stand in 2. Könige 20,5. Darauf folgte eine Predigt, die scheinbar endlos auf Beispiele einging, wie Gott für uns sorgt.

Ich hatte nur wenig Energie, um den Pfad aufwärts zu gehen. Ich könnte doch einfach ausrutschen oder zu Tode frieren, dachte ich. Schließlich kamen wir zu einem riesigen Baumstamm, auf dem wir unser Mittagessen einnahmen, das mein Mann rücksichtsvoll vorbereitet hatte. Seine Bemühungen rührten mich wirklich. Während wir dort saßen, versicherte er mir immer wieder, wie sehr er mich liebe.

Während der nächsten Woche erlebte ich viele Fingerzeige der Liebe Gottes, die er extra für mich geplant haben musste. Andere Verheißungen, die ich irgendwann einmal gehört hatte, kamen mir in den Sinn, und langsam ging es mir besser. Ich lernte Folgendes aus diesen Erfahrungen:

Ganz gleich wie schlimm die Situation ist, sie ist nie so hoffnungslos, dass wir Satans Plan ausführen sollten, uns selber zu zerstören.

Wenn wir uns mit Gottes Verheißungen jeden Tag stärken, wird er sie uns in Erinnerung rufen, wenn wir sie am nötigsten brauchen.

Wir müssen uns an zuverlässige Leuten wenden.

Wir müssen im Gebet bleiben und darauf vertrauen, dass Gott antwortet, wenn auch nicht immer so schnell, wie wir möchten.

Wir müssen uns auf die positiven Dinge im Leben konzentrieren.

Joyce Willes Brown-Carper

Gott wirkt in unserem Leben

Denn ich bin gewiss, dass weder Tod noch Leben, weder Engel noch Mächte
noch Gewalten, weder Gegenwärtiges noch Zukünftiges, weder Hohes noch
Tiefes noch eine andere Kreatur uns scheiden kann von der Liebe Gottes,
die in Christus Jesus ist, unserm Herrn. Römer 8,38.39

Der Nachmittag verging wie alle anderen. Nichts von Interesse passierte. Alles verlief so eintönig normal, dass ich nicht mehr nach etwas Neuem Ausschau hielt. Da plötzlich legte mir mein Sohn einen Brief von meiner Schwester Celia in die Hände. Bevor ich ihn öffnete, erinnerte ich mich an lange zurückliegende Zeiten.

Ich sah ein schmächtiges kleines Mädchen, so dünn, dass man seine Knochen erkennen konnte. Ihr mit Sommersprossen übersätes Gesicht war nicht allzu hübsch; sie war unansehnlich und unattraktiv. Ein Bild, auf dem Celia ihren Sohn Caio im Arm hielt, kam mir in den Sinn. Jetzt sah sie nicht mehr dünn wie eine Bohnenstange und hässlich aus, sondern gesund und stark. Ein Lächeln verschönte ihr Gesicht.

Gespannt öffnete ich ihren Brief. Wir lebten so weit auseinander, dass wir nur durch Briefe in Kontakt bleiben konnten. Dieser hier brachte Neuigkeiten von ihrer Familie, ihrem Sohn, seinem Unfug, und berichtete, wie Gott sie segnete.

Nur wenige in meiner Familie interessieren sich für Religion. Die meisten machen sich nichts aus Gott. Wir hatten nie die Gelegenheit, die Bibel zu studieren. Vater ließ nicht zu, dass wir in die Kirche gingen. Er hielt es für Zeitverschwendung und war der Meinung, die Kirche würde niemanden retten.

Als ich erwachsen war, nahm ich mir vor, die Heiligen Schriften zu studieren. Aber sonst schien niemand in der Familie sich dafür zu interessieren. Man bat mich sogar, nichts über das Wort Gottes zu sagen. Wann immer ich eine Gelegenheit hatte, lud ich jemanden von meiner Familie ein, mit mir zum Gottesdienst zu gehen, aber Hausarbeit, Faulheit oder Gleichgültigkeit hinderte sie immer daran, mitzugehen.

Celia schrieb: „Du wirst erstaunt sein zu hören, dass ich dich immer wegen deines Glaubens bewundert habe. Ich wollte auch das Glück, den Frieden und die Freude haben, die du hattest, und so fing ich an die Bibel zu lesen, wie du sie liest. Sie ist mir eine große Hilfe. Jesus ist dabei, mein Leben zu verändern." Dann zitierte sie Römer 8,38.39.

Tränen der Freude liefen mir die Wangen hinunter. Ich fühlte mich so glücklich darüber, dass Gott mich als Werkzeug im Leben meiner Schwester gebrauchen konnte. Manchmal scheint es uns so wirkungslos, von Jesus zu reden! Aber der Samen ist gelegt. Eines Tages wird er keimen und Frucht tragen, ewige Frucht für unseren Heiland Jesus Christus.

Ruti Rodrigues de Carvalho Garcia Dos Santos

Ein Geschmack der Freundlichkeit

Sie breitet ihre Hände aus zu dem Armen und reicht ihre Hand dem
Bedürftigen. Sie tut ihren Mund auf mit Weisheit, und auf ihrer Zunge
ist gütige Weisung. Sprüche 31,20.26

Von unserem Missionsfeld in Westafrika waren wir nach Großbritannien in Urlaub unterwegs. Weil in Amsterdam eine Zwischenlandung erfolgen sollte, hatten wir der Gemeinde im Voraus geschrieben und sie gebeten, für uns eine günstige Übernachtungsmöglichkeit zu arrangieren.

Doch als wir den Flugsteig verließen, holte uns niemand ab. Es war auch keine Nachricht für uns hinterlegt. Wir hatten nur eine Telefonnummer, aber das Büro war geschlossen. Unsere finanziellen Mittel waren begrenzt und unsere drei kleinen Jungs quengelten nach einem langen, anstrengenden Tag, an dem sie in einem Flugzeug eingepfercht gewesen waren. Wir erklärten dem Mann am Schalter für Hotelvermittlung unsere Situation und baten ihn, uns eine billige Unterkunft zu besorgen. Nach einigen Telefonanrufen rief er ein Taxi und gab Anweisungen.

Wir fuhren kilometerweit. Schließlich zeigte man uns den Weg in eine warme, einladende Pension. Unser Zimmer war groß genug, so dass wir die Liegen, die hereingebracht wurden, für die Jungen unterbringen konnten.

Während wir unsere Sachen auspackten, fragte unsere Gastgeberin: „Wollen Sie nicht den Jungs ihr Abendessen geben und sie dann ins Bett stecken? Dann können Sie und Ihr Mann gemütlich essen gehen. Wir werden auf die Kinder aufpassen."

Welch eine Freude! Es schien uns Jahre zurückzuliegen, dass wir miteinander alleine gewesen waren.

Am nächsten Morgen erwähnte ich beiläufig, dass mir eine der Käsesorten, die uns zum Frühstück angeboten worden waren, besonders gut geschmeckt habe. Unsere Gastgeberin lächelte und erzählte, wie berühmt Holland für seinen Käse sei. Als wir unsere Rechnung bezahlen wollten, erwartete uns eine Überraschung. Das Zimmer kostete weniger, als wir erwartet hatten. Dann griff sie unter die Theke und übergab mir ein in Alufolie gewickeltes Paket.

„Das ist für Sie", sagte sie. „Wir sind so froh, dass Sie bei uns gewesen sind." Sie behandelte uns wie geladene Gäste, nicht wie zahlende Kunden. „Ich kann nicht wegfahren und ein Missionar sein, aber Sie haben das Missionsfeld zu uns gebracht. Gott segne Sie." Das Päckchen enthielt zwei Kilo der Käsesorte, die mir so gut geschmeckt hatte. Ich habe unsere Gastgeberin nie vergessen, obwohl diese Begebenheit schon fünfundzwanzig Jahre zurückliegt. Ich kenne ihren Namen nicht, aber ich danke Gott immer noch für ihren Dienst.

Ich versuche ihrem Vorbild zu folgen, indem ich mich bemühe, großzügig, fürsorglich und freundlich zu sein.

Valerie Fidelia

Ein neuer Tag

Dies ist der Tag, den der HERR macht; lasst uns freuen und fröhlich an ihm sein. Psalm 118,24

D er Wecker klingelte. Ich drehte mich um und schaltete ihn ab, in der Hoffnung, noch einige Augenblicke Schlaf herauszuschlagen, bevor ich mich den Anforderungen eines weiteren Tages stellen musste. Ich sollte in Poppi (Italien) bei einem Frauenbegegnungswochenende reden. Meine Hoffnung erfüllte sich jedoch nicht, und so zog ich meinen Morgenmantel an und ging den Flur entlang zum Badezimmer.

Als ich zurück in mein Zimmer kam, merkte ich, wie abgestanden die Luft roch. Der Raum war düster und das Bett einladend. Ich wollte wieder unter die warmen Decken kriechen und schlafen, ging aber ans Fenster und öffnete die Läden. Tief atmete ich die frische Bergluft ein, die ins Zimmer strömte, und plötzlich fühlte ich mich hellwach und lebendig in der Herrlichkeit eines neuen Tages. Das Sonnenlicht strömte über das Fensterbrett und erhellte mein Herz. In den Bäumen in der Nähe zwitscherten die Finken und irgendwo zur Linken ertönte der schmetternde Gesang einer Amsel.

Hinter den Bäumen versteckte der Hochnebel mit seinen wattigen Schwaden Bauernhöfe und Kuhweiden, die ich am vorigen Tag gesehen hatte. Eine kleine braune Eidechse huschte über die Dachziegel auf dem Vordach, das von meinem Fenster bis nach unten auf einen gepflasterten Innenhof reichte, wo Blumenkästen voller Geranien blühten.

Welch ein herrlicher Tagesbeginn!, dachte ich. Danke, Herr, für diesen Augenblick der Helligkeit und Freude!

Während ich die Schönheit der toskanischen Landschaft in mich aufsog, verzog sich langsam der Nebel und enthüllte Kühe, die auf der Weide am Hügel grasten, wo roter Mohn in Hülle und Fülle blühte. Es war ein wunderbares Gefühl, zu leben, Augen und Ohren zu haben, die eine solche Schönheit aufnehmen konnten.

Herr, an diesem Morgen öffne ich weit die Fenster meiner Seele. Dein Heiliger Geist kommt herein und erfrischt mich und schenkt mir neues Leben und Freude. Deine Liebe überflutet mich mit ihrer Wärme, ihrem Licht und ihrer Energie. Deine Stimme ist für mich wie der Morgengesang der Vögel. Mein Herz ist wie ein Echo auf ihre Lieder des Lebens, der Freude und der Hoffnung. Danke, Herr, für diesen Tag! Welch ein Tag, an dem ich leben darf!

Dorothy Eaton Watts

Mini-Hosiannas

Als aber die Hohenpriester und Schriftgelehrten die Wunder sahen, die er tat, und die Kinder, die im Tempel schrien: Hosianna dem Sohn Davids!, entrüsteten sie sich und sprachen zu ihm: Hörst du auch, was diese sagen? Jesus antwortete ihnen: Ja! Habt ihr nie gelesen: „Aus dem Munde der Unmündigen und Säuglinge hast du dir Lob bereitet"? Matthäus 21,15.16

Wir waren dabei, ohne große Begeisterung das Schlusslied im Gottesdienst zu singen, als ich eine Stimme heraushörte, die unbekümmert einen halben Ton höher sang. Einige hatten ihre Augenbrauen gehoben und schauten aus den Augenwinkeln auf den Missetäter.

Mein Mann ortete ihn und stieß mich an. Ein pummeliger kleiner Junge, vielleicht drei Jahre alt, hatte sein großes Liederbuch gegen die Bankreihe vor sich gelehnt. In krasser Dissonanz brachte er sein Lob mit seiner eigenen Melodie.

Immer mehr Köpfe drehten sich in seine Richtung. Er hob den Kopf, weil er sich beobachtet fühlte. Wir schauten wieder in unsere Liederbücher und er setzte seine laute individuelle Anbetung fort.

Fast genauso wie der kleine Sänger gefiel mir die Einstellung seiner Mutter. Kein einziges Mal beugte sie sich zu ihm herunter, um sein Singen zu beenden. Obwohl sie sich der Blicke der Leute bewusst war, untersagte sie ihrem Sohn aus eigener Verlegenheit nicht das Singen. – Die Atmosphäre veränderte sich spürbar, denn die anfängliche Belustigung war in Bewunderung umgeschlagen.

Wie oft verbringen wir unsere Zeit mit dem Versuch, andere davon zu überzeugen, dass wir über das Einfache und Unkomplizierte hinausgewachsen sind. Doch Jesus gab uns ein Beispiel davon, wie anders sein Reich ist. Er schaute auf die Hüter des Tempels mit ihren geschliffenen Reden und trieb die muhende und blökende Marktware hinaus. Dann sammelte er eine Gruppe kleiner Kinder um sich, nahm Babys auf seinen Schoß und lehrte sie Hosianna zu singen.

Auf der einen Seite lag ein Stoß weggeworfener Krücken, schmutziger Binden und klumpiger Matten. In den Marmorhallen, die jetzt von Marktgeschrei und Kuhmist gereinigt waren, erklangen die einfachen, unvollkommenen Loblieder der Kinder, die sich mit ihrem neuen Freund Jesus freuten.

Unser Gottesdienst war denkwürdig, weil der kleine Lobsänger keine Angst hatte, seine freudige Anbetung laut hinauszusingen. Sein Schutzengel muss in der Nähe mit stolz geschwellter Brust gestanden haben. Sein junger Schützling hatte uns durch den Kontrast etwas verdeutlicht: „... sondern was töricht ist vor der Welt, das hat Gott erwählt, damit er die Weisen zuschanden mache; und was schwach ist vor der Welt, das hat Gott erwählt, damit er zuschanden mache, was stark ist" (1. Korinther 1,27).

Marilyn Applegate

Geduld lernen

Aber die auf den HERRN harren, kriegen neue Kraft, dass sie auffahren mit Flügeln wie Adler, dass sie laufen und nicht matt werden, dass sie wandeln und nicht müde werden. Jesaja 40,31

Als Ärztin war ich viele Male im Herz-Kreislauf-Zentrum unseres Krankenhauses gewesen. Dann, ganz unerwartet, befand ich mich an einem Abend als Patientin dort, mit einem Herzen, das unregelmäßig schlug. Das gehörte nicht in meinen Plan. Obwohl ich am folgenden Tag aus dem Krankenhaus entlassen wurde und das Problem nicht allzu ernst war, überraschte es mich, wie schwach ich mich fühlte. Ich hatte gehofft in einigen Tagen die Arbeit wieder aufzunehmen, aber eine Woche später war ich immer noch nicht in der Lage, etwas zu tun.

Eines Tages, als ich mich ganz entmutigt fühlte, fand ich eine besondere Verheißung in meinem Losungskästchen: „Die auf den Herrn harren, kriegen neue Kraft" Jesaja 40,31. Am selben Tag bekam ich auch noch von zwei Gemeindegliedern Karten mit genau diesem Text.

Das ist es, was ich brauche, dachte ich, und so nahm ich diese Verheißung im Gebet in Anspruch. Herr, ich will nicht wie die Adler fliegen, auch nicht laufen, nicht gerade jetzt. Aber es wäre schön, ohne Schwindelgefühle gehen zu können.

Am nächsten Tag fühlte ich mich schon viel besser, ging in den Garten und erledigte dort einige Arbeiten. Ich fühlte, dass Gott mein Gebet erhört hatte. Am nächsten Morgen musste man mich wieder in das Herz-Kreislauf-Zentrum bringen, weil ich wieder Herzrhythmusstörungen hatte. „Was ist mit deiner Verheißung passiert, Herr?", jammerte ich. „Hast du mir nicht Kraft versprochen? Was mache ich dann wieder hier?"

Auch diesmal war ich nur kurze Zeit im Krankenhaus, aber die Schwäche blieb. Zwei Wochen später, als ich immer noch nicht arbeiten konnte, las ich den Jesaja-Text wieder. „Aber die auf den Herrn harren" – irgendwie sprang mir dieses Wort harren ins Auge, und ich verstand die Botschaft. Gott versuchte mir zu sagen, dass ich geduldig sein musste.

Ich lernte viel während dieser vier Wochen der erzwungenen Ruhe. Während ich unten lag, schaute ich nach oben. Ich dachte viel nach, über den Sinn meines Lebens und wie sehr ich eine engere Verbindung zu Gott brauchte. Wenn ich zurückschaue, bin ich für diese Erfahrung dankbar, auch für die Glieder meiner Gemeinde, die mir an jenem Tag die Karten sandten mit dem Text: „Die aber auf den Herrn harren, kriegen neue Kraft."

Ruth Lennox

Gerettet

Denn der Menschensohn ist gekommen, zu suchen und selig zu machen, was verloren ist. Lukas 19,10

Es war Frühsommer auf dem Lande in Pennsylvania, und der Winterweizen vor unserem Fenster nahm im frühen Sonnenlicht des Morgens einen satten Goldton an. Ich beobachtete eine Rehkuh mit ihrem Kitz, die sich ins Weizenfeld begaben, und rief meine Söhne, damit sie sich das anschauten. Während wir zusahen, verließ die Rehkuh das Feld auf der anderen Seite und betrat den Wald. Ich erklärte den Jungen, dass Rehe oft ihre Kitze an einem sicheren Ort zurücklassen, während sie auf Nahrungssuche gehen.

Etwa eine Woche später begannen ein großer Mähdrescher, Traktoren und Lkws die Ernte einzufahren. Ryan und Cody schauten fast den ganzen Morgen zu, wie die riesige Maschine das Feld auf und ab fuhr und saubere Reihen von Stroh hinterließ.

Plötzlich rief einer der Jungen, dass ein Reh aus dem Wald gekommen sei. Warum verbarg es sich nicht vor der Mittagshitze und neugierigen Blicken? Es schien, als ob es nach etwas suchen würde. Als ich begriff, wonach es suchte, wurde mein Herz schwer. Hatte es wieder sein Kitz in diesem Feld gelassen, unter den goldenen Getreidehalmen versteckt, nicht wissend, dass heute Erntetag war? Hatte der Mähdrescher es überfahren? Oder war es so verängstigt, dass es vor dem mechanischen Monster die Weite gesucht hatte und seine Mutter würde es nicht wieder finden? Mit schwerem Herzen folgten unsere Blicke der Rehkuh, die sich den Hügel hinauf zurückzog und verschwand.

Während ich zu meinen Aufgaben zurückkehrte, blieb einer der Jungen am Fenster und beobachtete weiter. „Hier kommt sie!", rief er nach mehreren Minuten. „Ist sie allein?", fragte ich ängstlich, während ich zum Fenster lief. Ein ,Hurra' ertönte, als wir sahen, wie sie nicht nur mit einem, sondern mit zwei gesprenkelten Babys in den schützenden Wald sprang. Gut gemacht! Die Rehkuh hatte den Lärm der Traktoren gehört und gespürt, dass ihre Babys in Gefahr waren. Sie hatte ihr eigenes Leben riskiert, um ihnen zu Hilfe zu kommen.

Was für ein anschauliches Beispiel für die Erlösungstat unseres Heilands! Er dachte nicht an seine eigene Sicherheit, als er kam, um uns zu retten. Er wartete auch nicht darauf, dass wir nach Hilfe rufen oder bis wir nach ihm suchen würden. Nein, er verließ den Himmel und suchte nach uns! Kannst du dir vorstellen, wie die himmlischen Heerscharen ,Hurra' riefen, als er seine Mission erfüllt hatte? Ihm sei Dank, er hat uns gefunden!

Fühlst du dich hilflos wie jene Rehkitze? Stehst du in der Gefahr, vom Leben überrollt zu werden? Jesus steht neben dir, um dich in Sicherheit zu bringen – glaub es und folge ihm nach.

Linda McCabe

Über Häuser und Hypotheken

In meines Vaters Hause sind viele Wohnungen ... Johannes 14,2

Unsere gesamte Familie saß da, hörte der Maklerin zu und beantwortete ihre Fragen. Sie zeigte uns verschiedene Häuser in ihrer Präsentationsmappe, und es wurde uns immer klarer, dass es nicht viele in der Preiskategorie gab, die wir uns leisten konnten. Doch bald waren wir unterwegs, um unser zukünftiges neues Heim auszusuchen.

Aber die Häuser entsprachen ganz einfach nicht der Beschreibung. Wir erfuhren, dass das Maklergewerbe voller beschönigender Ausdrücke und Umschreibungen steckt, die eine Menge Erwartungen wecken, die der Wirklichkeit dann aber nicht standhalten. Die gespannte Vorfreude wich bald tiefer Enttäuschung. Als ich an jenem Abend meine Bibel aufschlug, las ich Johannes 14. Das passte gut zu unserer erfolglosen Suche nach einem neuen Zuhause.

Wir haben seit jenem entmutigenden Tag mehrere Häuser gekauft und verkauft, aber die Wirklichkeit bleibt bestehen – das, was wir uns leisten können, ist nicht das Haus unserer Träume.

Ich denke wieder einmal an Häuser und Baupläne. Dieses Haus wird das erste sein, das wir nur für uns geplant haben und bauen lassen. Das ist aufregend, aber auch etwas beängstigend. Die Wünsche können leicht die Mittel überschreiten. Und was ist, wenn ich etwas sehr Wichtiges vergesse oder etwas plane, das mir später nicht gefällt? Es wird dann niemanden geben, auf den ich die Schuld schieben kann!

Mein himmlischer Baumeister hat jedoch eine Liste, die jedem Geschmack entspricht. Keines seiner Angebote ist zu teuer – er hat persönlich für jedes voll bezahlt, mit seinem Blut. Wir brauchen nicht einmal eine Anzahlung zu leisten. Es wird keine Umbaumaßnahmen geben, auf die man warten muss, keine Enttäuschung, keine Frustrationen. Er weiß schon, was ich möchte und brauche, und er hat versprochen, dass ich höchst zufrieden sein werde. Jedes Detail wird vollkommen sein. Er wird mir sogar beim Umzug behilflich sein!

Unser Vater hat auch dir ein perfektes Haus in der Straße deiner Träume verheißen. Wie werden diese Heime aussehen? Werden sie Wände aus Blättern haben und einen Whirlpool mit Wasserfall, oder werden die Wände aus Edelsteinen und die Fenster aus Kristall sein? Werden unsere Häuser nach außen hin offen sein, oder werden wir den Garten ins Haus hineinbringen? Es wird auf jeden Fall alles wunderbar sein!

Warum zögern wir dann, die Besitzurkunde zu unterschreiben?

Ardis Dick Stenbakken

Sorgt euch um nichts

Sorgt euch um nichts, sondern in allen Dingen lasst eure Bitten in Gebet und Flehen mit Danksagung vor Gott kundwerden! Philipper 4,6

Ich fuhr nach Sao Paulo zu einem Rüstwochenende und wollte am Samstagabend zurückkehren. Für den Sonntagmorgen war die Rückkehr meines Mannes von einer zwölftägigen Reise geplant. Da meine Veranstaltung bis in den Abend hinein dauerte, konnte ich nicht mehr nach Hause fahren. Ich machte mir Sorgen, weil ich doch zu Hause sein wollte, um meinen Mann willkommen zu heißen. Wir wollten gemeinsam zum College fahren um unsere Töchter zu besuchen. Nun befürchtete ich, er könnte sich ohne mich auf den Weg machen. Ich betete um meine Anliegen.

Der erste Bus würde um 7.00 Uhr morgens fahren, der zweite um 9.00 Uhr. Weil meinen Gastgebern, die mich zum Busbahnhof bringen wollten, das frühe Aufstehen nicht zuzumuten war, wählte ich den späteren Bus.

Am nächsten Morgen kaufte ich meine Fahrkarte und ging zur Haltestelle. Schon von weitem sah ich eine mir wohl vertraute Gestalt auf mich zukommen – meinen Mann! Wir hatten im Bus sogar Plätze nebeneinander gebucht! Glücklich fuhren wir zusammen nach Hause!

Welch ein Vorrecht ist es, alle unsere Anliegen unserem himmlischen Vater anvertrauen zu können in dem Wissen, dass er für uns sorgt. Darin liegt das Geheimnis eines friedvollen Lebens.

Als der Apostel von „allen Dingen" sprach, hat er nichts ausgeschlossen. Es reicht nicht, dass wir Gott unsere Probleme erzählen oder zeigen, wie groß unser Schmerz ist. Wir müssen alles ohne Vorbehalte in seine Hände legen. Er hat die beste Lösung. Lasst uns in allem dankbar sein.

Meibel Mello Guedes

Schwimmunterricht

Ihr aber, seid getrost und lasst eure Hände nicht sinken; denn euer Werk hat seinen Lohn. 2. Chronik 15,7

Nach meiner Operation glaubte ich nie mehr Sport treiben zu können. Ich schaffte es kaum bis zum Briefkasten am Ende unserer Einfahrt und zurück. Wie nur sollte ich meine Kraft und Vitalität zurückerlangen? Nicht einmal einen kleinen Spaziergang konnte ich mir vornehmen. Deshalb beschloss ich es mit Schwimmen zu versuchen, einer Tätigkeit, die ich immer genossen hatte. Wir wohnten in der Nähe des städtischen Schwimmbads, und ich wollte so bald wie möglich beginnen.

Als ich das erste Mal auf wackligen Beinen am Eingang erschien, erklärte ich der Bademeisterin meinen Plan. „Ich möchte schwimmen, aber nur in der ersten Bahn, damit ich schnell das Wasser verlassen kann, falls ich das Gefühl bekomme, genug zu haben", sagte ich ihr. „Könnten Sie am Beckenrand neben mir gehen, während ich schwimme?" „Ich werde die ganze Zeit auf Sie aufpassen", versprach sie.

Mit dieser Zusage begann ich mein Ausdauertraining. Das Wissen, unter besonderer Beobachtung der Bademeisterin zu stehen, gab mir Sicherheit. Zuerst schaffte ich nur eine Bahn, aber indem mein Vertrauen wuchs, vergrößerte ich die Distanz, bis ich bald jeden Tag eine halbe Meile schwamm. Die sanfte Bewegung im Wasser half, meine schwachen Muskeln aufzubauen und beschleunigte die Genesung.

Mein Mann und ich schwimmen immer noch regelmäßig und können die Heilwirkung des Schwimmens bezeugen, besonders bei denen, deren Knochen und Muskeln nicht mehr so beweglich sind, wie sie einmal waren.

Das Leben eines Christen wird mit einem Wettlauf verglichen, aber für mich ist es mehr wie Schwimmen. Wir können uns darauf verlassen, dass unser ‚Bademeister' immer da ist, auf uns aufpasst, uns ermutigt und uns manchmal korrigiert und uns großes Zutrauen schenkt.

Es gab am Anfang Zeiten, in denen ich aufgeben wollte, aber die Bademeisterin forderte mich immer wieder heraus, noch ein Stück zu schwimmen, im Bewusstsein dessen, dass es ihre Aufgabe war, ständig auf mich aufzupassen und mich zu retten, wenn ich in Gefahr geriet.

Herr, du bist mein ‚Bademeister', der mich ermutigt, „stark zu sein und nicht aufzugeben." Du siehst mich und jeden Zentimeter meines Weges. Ich vertraue dir; du bist immer in der Nähe, um mich in Zeiten der Gefahr zu retten. Ich gehe heute voller Zuversicht in den Tag hinein.

Edna May Olsen

Warten

*Und Gott machte die Tiere ..., ein jedes nach seiner Art ... Und Gott sah,
dass es gut war. 1. Mose 1,25*

Bevor mein Bus kam, wollte ich noch schnell bei unserem kleinen Postamt auf dem Lande meine Briefe aufgeben.

Auf dem Rückweg zur Bushaltestelle entdeckte ich einen schönen deutschen Schäferhund, der regungslos am Straßenrand stand. Auch als ich ihm näher kam, rührte er sich nicht vom Fleck, sondern blickte weiterhin konzentriert in eine bestimmte Richtung. Ich überlegte, ob er vielleicht krank wäre. „Was ist los, mein Junge?", sprach ich ihn leise und freundlich an.

Als fiele eine Starre von ihm ab, ging er plötzlich neben mir her und begleitete mich gemächlich zur Bushaltestelle. Ich sah auf meine Uhr – immer noch fünf Minuten bis zur Ankunft des Busses. Um mir noch etwas Bewegung zu verschaffen, entschied ich mich, bis zur nächsten Haltestelle zu laufen. Aber der Hund hatte kein Interesse daran, mitzugehen.

Nach einer Weile schaute ich mich um und sah, dass der Bus an der Stelle anhielt, wo ich den Schäferhund zurückgelassen hatte. Ich wusste, dass der Fahrer die Haltestelle erst in einigen Minuten verlassen würde und so beeilte ich mich zur nächsten Haltestelle zu kommen.

Dort angekommen schaute ich dem Bus entgegen. Zu meiner Verwunderung war der Fahrer ausgestiegen und warf einen Stock, dem der Schäferhund nachjagte, um ihn wieder zurückzubringen. Der Hund erwischte ihn sogar in der Luft! Etliche Male wiederholte sich das Spiel. Es war schwer, festzustellen, wem es mehr Spaß machte – dem Hund, dem Fahrer oder den Zuschauern.

Als ich etwas später in den Bus stieg, sprach ich den Fahrer an: „Mir hat Ihre Hundevorstellung Spaß gemacht!" Der Fahrer grinste. „Der Bursche wartet dort jeden Morgen auf mich. Ich weiß nicht, wem er gehört, aber er ist ein treuer Freund", erklärte er.

Nun wurde mir das sonderbare Verhalten des Hundes verständlich. Er hatte auf den Bus gelauert, auf seinen Freund gewartet.

Ich erwarte auch das Kommen meines Freundes. Ich wünsche mir genauso ernsthaft und aufmerksam zu sein wie der Schäferhund, damit ich bei seiner Ankunft bereit bin.

„Amen, ja, komm, Herr Jesus!" (Offenbarung 22,20)

Roberta Sharley

Mein Trost

Fürwahr, er trug unsre Krankheit und lud auf sich unsre Schmerzen ...
Jesaja 53,4

Der Traum war so lebhaft, so klar, so tröstend, dass ich ihn in mein Tagebuch schrieb. Ich versuchte die friedliche grüne Landschaft darin in Worte zu fassen. Dann vergaß ich ihn.

Ich hatte diesen Traum zu einer Zeit, als ich viel Trauer und Herzeleid erlebte wegen verschiedener Probleme, für die ich keine Lösung wusste. Dies kann uns doch niemals passieren!, hatte ich gedacht, aber es war geschehen. Der betäubende Schock und die Verantwortung, die ich zu tragen hatte, schienen mein Selbstbewusstsein zu zerstören. Etwas musste sich verändern.

Ich schlug Jesaja 53 auf und las, bis mein schwerfälliges Gehirn anfing zu begreifen, dass Jesus Christus meine Krankheit und Schmerzen getragen hatte. In jenen Versen sah ich ein buntes Glasfenster-Bild von Jesus Christus am Kreuz, und lernte seinen Opfertod etwas mehr zu schätzen. Allmählich gelang es mir, meine Last am Kreuz abzulegen und ausgestattet mit neuer Kraft weiterzugehen.

Eines Morgens erhielten wir einen Anruf, in dem wir gebeten wurden, in einer ganz neuen Umgebung zu arbeiten. Wir waren darüber erstaunt, sagten aber erfreut zu. Eifrig begannen wir an unserem neuen Einsatzort die Wohnräume, die zwei Jahre lang unser Zuhause sein sollten, herzurichten. Durch unsere neuen Aufgaben fielen die Sorgen von uns ab und wir entdeckten uns selber neu durch den Dienst für andere. Gottes Plan für uns übertraf unsere Erwartungen bei weitem.

Nachdem wir uns in unserer neuen Umgebung eingelebt hatten, blätterte ich in meinem Tagebuch. Überrascht las ich meinen Traum, den ich vollkommen vergessen hatte. Ich sah aus unserem Wohnzimmerfenster den grünen Rasen hinauf zum Krankenhaus, wo ich als Seelsorgerin arbeitete. Es war die tröstliche Landschaft meines Traumes. Mir war dieser Traum in meinem Schmerz geschenkt worden, eine Vorausschau auf einen Segen, der kommen würde.

Danke, Herr, für deine wunderbare Liebe, die dich veranlasste nach Golgatha zu gehen, indem du meine Schmerzen und Sorgen trugst. Hilf mir, meine Last heute am Kreuz abzulegen in der Gewissheit, dass du für mich sorgst und die Dinge sich zu deiner Zeit lösen werden.

Linda M. Driscoll

Papas Mädchen

„... so will ich ... euer Vater sein, und ihr sollt meine ... Töchter sein",
spricht der allmächtige Herr. 2. Korinther 6,17.18

D er Juni war für mich immer ein schwieriger Monat, wegen des Vatertags und Vaters Geburtstag. Ich brauchte lange, um eine Gratulationskarte für ihn zu finden, die so gut wie gar nichts aussagte. Ich litt bei der Suche nach solch einem Exemplar, besonders dann, wenn mir Karten in die Hände fielen mit Sprüchen wie „Du warst immer für mich da" oder „Wir haben so viele glückliche Erinnerungen an gemeinsame Zeiten".

Meine Eltern ließen sich scheiden, als ich neun Jahre alt war. Mein Vater, obwohl ein guter Mensch, hat in meinem Leben keine große Rolle gespielt. Ja, er war bei meiner Abschlussfeier und bei meiner Hochzeit dabei, auch meinen Geburtstag und Weihnachten vergaß er nicht. Aber es ist etwas völlig anderes, einen Vater zu haben, der sich wirklich für mich interessiert und an meinem Leben Anteil nimmt.

Weil mir so ein Vater fehlte, habe ich all die Jahre auf Gott als meinen Vater geblickt. Ich weiß, dass er immer für mich da ist, sich immer interessiert – sogar für die Kleinigkeiten meines Lebens. Ich suche von ihm die Zustimmung, die jedes Mädchen von seinem Vater haben möchte. Ich fühle mich in seiner Anwesenheit geliebt und geschätzt.

Mein himmlischer Vater sagt mir, wie wertvoll ich in seinen Augen bin (Jesaja 43,4). Er flüstert mir zu, dass ich sein Augapfel bin (Sacharja 2,12) und er mich nie verlassen wird (5. Mose 31,6). Ich soll ihn Abba, lieber Vater, nennen (Römer 8,15), und er versichert mir, dass mich nichts von seiner Liebe trennen kann (Verse 38.39). Wenn ich betrübt bin, umgibt er mich mit seinem Frieden (Johannes 14,27). Habe ich ein gebrochenes Herz, verbindet er meine Wunden (Psalm 147,3) und tröstet mich (2. Korinther 1,3.4). Mein himmlischer Vater sehnt sich nach der Zeit, wenn ich für immer in seinem Hause wohnen werde (Psalm 23,6).

Mein Herz war meistens zufrieden – außer im Juni. Nachdem ich jahrelang über meine Situation gejammert hatte, beschloss ich, mit meinem Vater über unsere Beziehung zu reden. Ich versicherte mir immer wieder, dass ich nichts zu verlieren hätte, aber alles gewinnen könnte und machte mir Mut. Schließlich konnte ich ihm sagen, wie sehr ich mir mehr Kontakt mit ihm wünschte, wie groß mein Hunger nach seiner Liebe und Bestätigung sei. Ich war über seine Reaktion erstaunt – er war begeistert! Ich wurde in seinen Augen etwas Besonderes nur dadurch, dass ich ihm sagte, wie sehr ich ihn brauchte.

Mein Vater ist nicht vollkommen – kein Vater ist das. Aber ich weiß in meinem Herzen, dass ich wieder einen Vater habe. Und mit meinem himmlischen Vater und meinem leiblichen Vater werde ich einst viele schöne Erinnerungen haben.

Heide Ford

Sonderlieferung

Darum sage ich euch: Alles, was ihr bittet in eurem Gebet, glaubt nur,
dass ihr's empfangt, so wird's euch zuteil werden. Markus 11,24

E s war der letzte Junitag, und ich saß am Schreibtisch meiner Arbeitsstelle, die mir so viel Spaß machte. Ich war hoch schwanger, und morgen wollte der Arzt die Geburt einleiten. Als ich meine letzten Aufgaben erledigte, kam eine Bekannte zur Tür herein. „Hast du das Baby immer noch nicht bekommen?" „Morgen wird die Geburt eingeleitet", antwortete ich. „Willst du das wirklich zulassen?", fragte sie. „Bete, dass das Baby heute Nacht kommt!"

Nicht einmal meine beste Freundin hatte so deutlich mit mir gesprochen. Aber die Worte der Bekannten gingen mir nicht mehr aus dem Sinn. Bevor ich am Abend zu Bett ging, gab es immer noch keine Anzeichen einer bevorstehenden Geburt und so betete ich demütiger, ernsthafter und mit größerem Glauben als je zuvor. Bitte, Herr, wenn es dein Wille ist, lass mein Baby heute Nacht geboren werden! Als ich mein Gebet beendet hatte, war ich felsenfest davon überzeugt, dass Gott unsere Tochter ohne Spritzen und Medizin das Licht der Welt erblicken lassen werde.

Um zwei Uhr morgens wurde mein Gebet erhört. Wir kamen gerade drei Stunden, bevor die Geburt eingeleitet werden sollte, im Krankenhaus an. Gottes Zeitplan war perfekt!

Fast zwei Jahre später betete ich in derselben Weise: Bitte, Herr, wenn es dein Wille ist, lass meinen Sohn heute Nacht geboren werden. Immer noch gab es keine Anzeichen einer beginnenden Wehenarbeit. Die Geburt sollte nicht eingeleitet werden. In der Tat war es eine Woche vor der Zeit. Drei Stunden nach meinem Gebet fuhren wir ins Krankenhaus.

Zweifellos hat Gott meine Gebete erhört . Er schenkte mir nicht nur den Segen seiner Gegenwart, sondern gab uns auch zwei schöne, gesunde Kinder. Ich weiß, dass Gott nicht immer meine Gebete mit solcher Genauigkeit erhören wird, aber er wird sie sicher zu seiner Zeit erhören. Er wird dasselbe für dich tun.

Lynn Best Connelly

Sich erinnern

Und er streckte die Hand aus und rührte ihn an und sprach: Ich will's tun,
sei rein! Und sogleich wich der Aussatz von ihm. Lukas 5,13

L eise betrat ich ihr Krankenzimmer. Sie lag dort mit geschlossenen Augen, diese Frau, die vor mehreren Monaten die Diagnose „inoperabler Krebs" erhalten hatte.

Es ging ihr nicht gut. Besucher berichteten: „Sie ist durcheinander, kann nicht selber essen." „Ihr Augenlicht ist betroffen, und sie kann nicht sehen." „Sehr durcheinander, ruft oft." „Isst sehr wenig, hat Brechreiz." „Spricht wirres Zeug."

Die Kissen waren so hergerichtet, dass der schmerzende Rücken entlastet wurde. Das Nachttischchen stand nahe bei ihrem Bett, so dass sie die Papiertücher bequem greifen konnte. Am Kopfende ihres Bettes hing ihr Stock, schon lange unbenutzt. Das alte blaue Tuch fehlte. Sie brauchte es nicht mehr, um ihre Augen vor dem Licht zu schützen.

Ich zögerte sie zu wecken, trat ans Bett, legte meine Hand sanft auf ihren Arm und wartete. Es dauerte einige Sekunden, bis sie reagierte. Sie öffnete ihre Augen nicht, aber ein kleines Lächeln erhellte ihr Gesicht wie ein winziges Licht in dunkler Nacht. Ihre Worte, obwohl sie langsam und zögernd kamen, waren voll stiller Freude. „Ich weiß, wer Sie sind; ich kann Sie an Ihrer Berührung erkennen. Sie sind die Krankenschwester, die mich geküsst hat. Ich kann mich an den Tag erinnern ..."

Mir lief es kalt den Rücken hinunter. Aber dann erinnerte ich mich auch an jenen Tag. Sie kam als neue Patientin, und es war mein erster Arbeitstag als Krankenschwester in diesem Krankenhaus. Sie hatte schon viel Schweres erlebt und war nun an diesen Ort gekommen, um ihre letzten Monate hier zu verbringen. In meinem Leben war auch nicht alles glatt gelaufen, aber ich war am Leben und gesund, und ich hatte viel, wofür ich dankbar sein konnte.

Damals machte ich es ihr auf einem Stuhl bequem, beugte mich über sie und küsste sie auf die Stirn. Es war eine impulsive Tat. Sie brauchte Zuneigung und ich wollte sie ihr geben.

Wie konnte eine so kranke Person bei dem Grad ihrer Verwirrung einen Menschen nur an der Berührung ihrer Hand erkennen? Wie konnten sich die vom Tumor befallenen Gehirnzellen an diese kleine Begebenheit vor drei Monaten erinnern? Ich weiß es nicht, aber ich kann es nicht vergessen.

Derselbe Gott, der versprochen hat: „Ich will dich nicht verlassen und nicht von dir weichen." (Hebräer 13,5), sagte auch: „Was ihr getan habt einem von diesen meinen geringsten Brüdern, das habt ihr mir getan" (Matthäus 25,40).

Myrtle Hicks

Das Wunder der Vergebung

Und vergib uns unsere Schuld, wie auch wir vergeben unsern Schuldigern.
Matthäus 6,12

Es war ein wunderschöner Tag im Juli. Wir waren gerade von einem viertägigen Familientreffen der Radkes an der Küste Oregons nach Hause gekommen und freuten uns darauf, die Familienmitglieder, die um Portland herum wohnten, am nächsten Tag bei uns zum Mittagessen zu haben.

Meine Cousine aus Saskatchewan, die mit ihrem Mann bei uns untergebracht war, wollte für den Nachtisch am Sabbat die sagenhaften Krapfen nach Mutters Rezept zubereiten. Während sie die Krapfen frittierte, wollte ich im Himbeerfeld noch frische Beeren pflücken, und in den Supermarkt, um fürs Wochenende genug andere Leckereien vorrätig zu haben, da auch meine Tochter mit ihren drei Söhnen bei uns war.

Mein Abstecher zum Supermarkt dauerte länger als vorgesehen. Deshalb beeilte ich mich auf der Heimfahrt, denn es waren noch etliche Vorbereitungen für das Wochenende zu treffen. Als ich in unsere Straße einbog, sah ich eine schwarze Rauchsäule kerzengerade in den Himmel steigen und wusste sofort: unser Haus brannte.

Die Zufahrt zu unserem Haus war gesperrt, aber ich überzeugte den Sheriff, dass ich zu meiner Familie gelangen musste, und er erlaubte es mir. Ich werde nie den gequälten Ausdruck im Gesicht meiner Cousine vergessen, als ich in die Einfahrt fuhr. Sie warf sich mir in die Arme, schluchzte herzzerreißend und wiederholte immer wieder unter Tränen, wie Leid es ihr tat. Das Öl, in dem sie die Krapfen frittieren wollte, hatte Feuer gefangen, während sie einen Augenblick die Küche verlassen hatte. Hilflos musste ich zusehen, wie unser Haus in Flammen aufging. Alle Erinnerungsstücke und Andenken einer vierzigjährigen Ehe verbrannten vor meinen Augen.

In diesem Augenblick machte mir der Herr ein großes Geschenk: Er zeigte mir, dass Menschen wichtiger sind als Dinge. Niemand war in dem Brand ums Leben gekommen. Nur meine Cousine war wegen des Unfalls am Boden zerstört, dabei hätte es mir selber auch passieren können. Gott füllte mein Herz mit Vergebung, Liebe und Mitgefühl, schon bevor ich darum bitten konnte. Nun danke ich ihm neben vielen anderen Wundern im Zusammenhang mit dem Brand am meisten für das Wunder der Vergebung, die meine Cousine und mich noch enger miteinander verbunden hat als vorher.

Anna May Radke Waters

Sie hat getan, was sie konnte

Sie hat getan, was sie konnte; ... Markus 14,8

E s ist eine Binsenweisheit, dass in einem Haushalt mit nur einem Verdiener jeder Euro zweimal umgedreht werden muss, bevor man sie ausgibt. Dies führt dazu, dass viele Frauen, die liebend gern zu Hause bleiben und ihre Kinder großziehen würden, Geld verdienen müssen.

Ich gehörte auch zu diesen Müttern, die den ganzen Tag über für ihre beiden Kinder da sein wollten, aber leider schien dies fast unmöglich, da mein Mann noch Student war. Deshalb brachte ich meine Wünsche vor Gott.

„Gib ihnen dein Bestes, und ich werde mich um den Rest kümmern", war seine Antwort auf meine Gebete. Gott zeigte mir, wie ich meine Kinder geistlich erziehen konnte, während ich weiterhin arbeitete. Ich war Bibellehrerin in der Kirche während ihrer Krabbeljahre. Wir verbrachten unsere gemeinsame Zeit, indem wir Lieder über Jesus sangen, beteten und in der Bibel lasen und auf lustige Weise Bibelverse auswendig lernten.

Gott sei Dank fanden wir eine christliche Tagesmutter. Ihr Zuhause war tadellos in Ordnung, alles war an seinem Platz. Und es gab eine spürbare geistliche Atmosphäre. Mein Sohn freute sich jeden Morgen darauf, zu ihr zu gehen. Täglich erzählte er mir von den Geschichten, die er gehört hatte. Biblische Persönlichkeiten wurden für ihn lebendig.

Eines Tages, er war schon dreieinhalb Jahre alt, marschierte er im Hause herum und sang aus voller Kehle: „Blast die Posaune, dass laut es erklingt; Jesus kommt bald noch einmal!"

„Wo hast du dieses Lied gelernt?", fragte ich.

„Bei Mrs. Osborne. Magst du's? Jesus kommt bald wieder, weißt du. Mama, wir müssen es allen Leuten erzählen."

Mit Tränen in den Augen dankte ich Gott. Er hatte mir eine Pflegemutter geschenkt, die Christin von ganzem Herzen, und meinen Kindern in ihren Vorschuljahren ein geistliches Vorbild war. Sicherlich hat sie entscheidenden Anteil daran, dass meine beiden jetzt erwachsenen Kinder ihr Leben Christus geweiht haben.

Mrs. Osborne ist vor kurzem gestorben, aber ich weiß, dass sie auf der neuen Erde eine Krone tragen wird, in der die Juwelen ihrer irdischen Mühe funkeln werden. Ich danke Gott für sie und bete, dass meine Kinder sie dort wiedertreffen werden. Wie bemerkenswert, dass Gott uns verspricht, auch in den kleinsten Dingen alle unsere Bedürfnisse zu stillen!

Sonia E. Paul

Verloren, ohne es zu wissen

Manchem scheint ein Weg recht; aber zuletzt bringt er ihn zum Tode.
Sprüche 14,12

Als ich ein Kind war, gab es jedes Jahr vier ganz besondere Tage, auf die ich mich immer freute. Weihnachten war natürlich der wichtigste. Dann kam mein Geburtstag, das Erntedankfest und der vierte Juli – der Unabhängigkeitstag der Vereinigten Staaten von Amerika. Von der Jahreszeit her war der vierte Juli der beste Tag, denn es war Sommer, und wir konnten draußen etwas unternehmen.

An einem solchen vierten Juli beschlossen wir, das Schafcamp meines Cousins oben auf dem Battlement Mesa Berg zu besuchen. Das war ein anstrengendes Unternehmen für so kleine Leute wie mich. Wir fuhren mit dem Auto, und als die Straße zu Ende war, ging's auf dem Pferderücken weiter. Die Packpferde wurden mit all den Leckereien beladen, die wir für ein ausgiebiges Picknick brauchten.

Mein Cousin Aaron, sechs Wochen älter als ich, gab mir Zeichen, ihm zu folgen; er kannte eine Abkürzung zum Camp. Jeden Sommer verbrachte er in dem Schafcamp und kannte die raue Gegend wie seine Westentasche. So kamen wir innerhalb weniger Minuten an unserem Ziel an und begannen die Gegend zu erkunden. Nachdem wir einige Zeit damit zugebracht hatten, beschlossen wir, einige Feuerwerkskracher anzuzünden. Wir waren in unserem Entdeckerdrang vollkommen beschäftigt gewesen, deshalb hatten wir nicht bemerkt, dass die anderen immer noch nicht zu uns gestoßen waren.

Aarons Vater war der Besitzer des Schafcamps und viele Jahre lang jeden Sommer hier oben gewesen, doch diesmal hatte er aus irgendeinem Grund die Orientierung verloren und sich verirrt. Als er unsere Kracher explodieren hörte, folgte er dem Geräusch, weil er glaubte, wir hätten uns verlaufen und würden nun Hilfe benötigen. Wie verblüfft war er, als er entdeckte, dass er den falschen Weg eingeschlagen hatte!

Auch nach so vielen Jahren begreife ich immer noch nicht, wie ein Mann, der so oft zum Camp gegangen war, sich verirren konnte. Doch das Schlimmste daran war, dass er es nicht einmal gemerkt hatte. Wie genau müssen wir das Wort Gottes lesen und seine Anweisungen befolgen, damit wir nicht verloren gehen und dabei noch meinen, genau zu wissen, wo wir sind!

Pat Madsen

Heilende Hände

Als aber Jesus sie sah, ... legte (er) die Hände auf sie; und sogleich richtete
sie sich auf und pries Gott. Lukas 13,12.13

Danke", sagte ich meinem Chiropraktiker, „ich fühle mich jetzt viel besser.
Dieses ,Zurechtrücken' war genau das Richtige."
Schon ließen das Gefühl der Taubheit und das Prickeln, die unerklärlichen
Schmerzen sowie der Kopfschmerz nach. Mein Chiropraktiker kannte meinen Rücken. Er wusste genau, wo er ansetzen musste, um meine Wirbel wieder einzurenken. Das war ein Teil einer Behandlung mit dem Ziel, mich wieder gesund zu machen.

Wenn ich nur schon vor Jahren auf meine Freunde gehört hätte! Hätte ich gewusst, welche Erleichterung ich erleben würde, wäre ich sicher nicht so misstrauisch gewesen. Mein Chiropraktiker und seine Frau waren liebevolle, mitfühlende
und gut ausgebildete Therapeuten, denen ich völlig vertraute.

Erleichtert sprang ich vom Tisch und ging merklich aufrechter zur Theke der
Sprechstundenhilfe, um meine Rechnung zu begleichen. Ich fühlte mich jetzt schon
großartig, die Behandlung war ihr Geld wirklich wert.

Vor Jahren hat Jesus, der Meister-Heiler, angeboten, seine sanften, heilenden
Hände auf jeden von uns zu legen. Er versprach, unseren armseligen geistlichen
Leib, der von den Schmerzen der Sünde niedergedrückt wird, zurechtzurücken. Er,
unser Schöpfer, kennt uns besser als alle anderen und er weiß, was alles aus den Fugen geraten ist. Er möchte uns mit heilender Hand leicht anzustoßen oder beharrlich schieben, wann immer wir es benötigen. Am Ende wird unser kranker geistlicher Leib wieder gesund sein. Wir sind vollständig wiederhergestellt, durch die Berührung des Meisters neu geschaffen.

Aber wie oft ignorieren wir den Rat unserer Familie und Freunde, die uns verkünden, wie viel Gutes er für uns tun kann. Wir weigern uns sogar ihm zuzuhören,
wenn er selber spricht und uns sanft zusichert, dass er uns wieder neu machen
kann. Wenn wir nur seine liebevolle Fürsorge annehmen wollten, die er so großzügig schenken möchte.

Herr, bitte lege heute deine liebevollen Hände auf mich. Rücke mich zurecht. Tue,
was du tun musst, um aus mir das zu machen, was ich nach deinem Plan sein soll. Mache mich wieder neu.

· *Iris L. Stovall*

Ihr seid das Licht der Welt

... Und wer weiß, ob du nicht gerade um dieser Zeit willen zur königlichen
Würde gekommen bist? Ester 4,14

J ch gehörte früher zum Sicherheitspersonal im Palast des jordanischen Königs. Durch meine Arbeit hatte ich Gelegenheit, viele Soldaten und Sicherheitskräfte kennen zu lernen, die dort Dienst taten. Als Christin unter hauptsächlich muslimischen Kollegen gab es wunderbare Gelegenheiten, für Christus zu zeugen. Ich nannte ihnen Bibeltexte, um meine Einstellung zu belegen und manchmal verglich ich Bibelverse mit Abschnitten des Korans, des heiligen Buchs der Muslime. Sie schienen überrascht zu sein, dass ich meinen Glauben so fundiert bezeugen konnte. Wenn ich darum gebeten wurde, besorgte ich ihnen Bibeln und Traktate in arabischer Sprache. Ich gab ihnen auch Gesundheitslektionen und ermutigte eine Anzahl Soldaten das Rauchen aufzugeben.

Eines Tages rief mich der Befehlshaber des Palastes in sein Büro. Er habe von den Soldaten und anderen Wachen viel über mich gehört, auch dass sie mich wie eine Mutter und Beraterin betrachteten. „Deshalb möchte ich, dass Sie mich anleiten", setzte er fort, „denn ich weiß nichts über das Christentum oder Gesundheitsprinzipien."

Er stellte viele Fragen und schien mit den Antworten zufrieden zu sein. „Wir Muslime wissen über diese Dinge nicht viel", bemerkte er. Still bat ich Gott um Hilfe und fragte: „Möchten Sie noch mehr wissen?" „Sehr gern!", lautete seine Antwort.

Ich gab ihm einige Traktate, Gesundheitszeitschriften und das Buch Patriarchen und Propheten von E. G. White. Wenn er etwas nicht verstand, ließ er mich durch seinen Chauffeur holen, damit ich es ihm erklärte. Während dieser Fahrten betete ich immer, dass Gott mir die Worte geben würde, die der Mann brauchte.

Eines Tages meinte er: „Die Person, die das Buch Patriarchen und Propheten geschrieben hat, muss von Gott inspiriert gewesen sein. Die Geschichten werden so interessant dargestellt, und ich bin von ihnen stark beeinflusst worden. Stellen Sie sich vor! Ich habe die Geschichte über unseren Vater Joseph dreimal gelesen, und immer noch weine ich jedes Mal wieder beim Lesen. Ich verspreche Ihnen, dass ich dieses großartige Buch aufbewahren und ganz lesen werde. Ich möchte, dass Sie auch meiner Familie helfen, denn wir wissen sehr wenig über das Christentum und die Gesundheit. Besonders auf die Art, wie Sie es uns präsentiert haben."

Manchmal haben wir nicht die Möglichkeit, die Ergebnisse unserer Bemühungen zu sehen, aber ich bin überzeugt, dass Gott mich aus gutem Grund in den Palast führte. Ich bete, dass ich im Himmel Freunde von dort treffen werde.

Turkeah Nimri

Zwei Grabsteine

Denn also hat Gott die Welt geliebt, dass er seinen eingeborenen Sohn gab,
damit alle, die an ihn glauben, nicht verloren werden,
sondern das ewige Leben haben. Johannes 3,16

Joels röchelnde Atmung schreckte mich aus meinem leichten Schlaf. Ich erkannte die Symptome des Krupp-Hustens, schleppte mich erschöpft aus meinem Bett und nahm unser Baby in seinem Tuch auf den Arm. Am offenen Fenster ließ ich ihn einige tiefe Atemzüge in der kalten Nachtluft machen. Dann gingen wir nach unten, um Wasser heiß zu machen.

Nach einer halben Stunde Dampfinhalation atmete er wieder leichter. Er schlief schon auf meinem Arm, als ich müde und ausgelaugt die Treppe wieder hinaufging, um den Nachtschlaf fortzusetzen. Zärtlich deckte ich unseren Kleinen in seinem Bettchen zu und dankte Gott für seine Wiederherstellung.

Auf der Insel Wight in England gibt es eine Dorfkirche mit einem uralten Friedhof. Dort entdeckte ich inmitten moosbewachsener verwitterter Grabsteine die tragische Geschichte des Kampfes einer Mutter. Ein winziges Grab mit einem Stein. Vier kleine Mädchen im Alter von ein bis acht Jahren waren innerhalb von zehn Tagen gestorben, alle an Krupp-Husten, wie die Inschrift des Steines bezeugte.

Meine lebhafte Fantasie stellte sich die Seelenqual der Mutter vor, die hilflos zusehen musste, wie ihre Kinder starben. Ich konnte mir kaum die Tiefe ihrer Trauer vorstellen, während ihr Herz im Laufe von wenigen Tagen viermal brach. Als ich an dem Grabstein stand, den der Küstenwind 150 Jahre lang fast glatt geschliffen hatte, litt ich mit jener Mutter vergangener Zeiten. Schließlich riss ich mich los und wandte mich dem nächsten Grabstein zu, der für eine junge Frau von nicht einmal 30 Jahren aufgestellt worden war. Eine weitere Tragödie.

Und dann bemerkte ich noch etwas. Dieser Grabstein war der letzte Hinweis auf die junge Mutter, die vor lauter Gram gestorben war. Drei Monate tiefer Trauer waren mehr, als sie ertragen konnte, dann wurde sie neben ihre vier kleinen Mädchen in die Erde gelegt.

Die Tragödie war umso größer, weil eine einfache Methode ihr viel Herzeleid hätte ersparen können: Ein dampfender Wasserkessel mitten in der Nacht hätte ihren Mädchen das Atmen erleichtert und ihr Leben gerettet.

Heute sterben viele Menschen auf tragische Weise ohne zu wissen, was ihr Leben retten kann, wo sie Vergebung, Annahme, Frieden und Trost, Hoffnung und Freude bekommen können. Jesus wartet und klopft an die Tür mit all der Hilfe, die sie brauchen. Die Rettung ist so nahe, so einfach, aber sie kennen den Weg nicht.

Aber vielleicht begegne ich heute Menschen, die genau diese einfache Lösung nötig haben, gerettet werden können. Fühle ich die Dringlichkeit, ihnen zu helfen?

Karen Holford

Nur eine Berührung

Alle Bitterkeit und Grimm und Zorn und Geschrei und Lästerung seien fern von euch samt aller Bosheit. Seid aber untereinander freundlich und herzlich und vergebt einer dem andern, wie auch Gott euch vergeben hat in Christus.
Epheser 4,31.32

Das Bedürfnis des Erwachsenen nach Berührung ist größer als das Verlangen nach Sex. Dieses Bedürfnis besteht schon bei der Geburt, denn Berührungen sind für den Säugling der erste Beweis dafür, dass er umsorgt wird. Das Streicheln des Neugeborenen ist für seine zukünftige Entwicklung von großer Wichtigkeit. Kinder, die ohne diese liebevolle Fürsorge aufwachsen, können emotional gestörte Erwachsene werden. Die Berührung ist für das körperliche Wohlbefinden äußerst wichtig.

Erwachsene unterscheiden sich kaum von den Kindern, wenn es um körperliche Nähe geht. Wir haben alle ein tiefes Bedürfnis nach Berührung und der Intimität, die dadurch entsteht. Ein anderes Wort für Berührung ist Liebkosung. Das Wörterbuch definiert dies als eine zärtliche oder liebende Berührung.

Drei Umarmungen am Tag sollen Depressionen vertreiben. Neuen medizinischen Forschungen zufolge kann die Berührung auch den Herzschlag eines Patienten auf der Intensivstation beruhigen und die Beweglichkeit beim Schlaganfallopfer erhöhen. Sowohl die Bibel als auch heutiges Wissen bezeugen, dass Kranke durch das Auflegen der Hände geheilt werden können. Durch Berührung und Liebkosung werden auch Hämoglobinproduktion und Gehirnströme aktiviert.

Wenn wir regelmäßig ein gesundes Maß an Berührung pflegen, werden wir erleben, dass wir Wärme, psychische Zufriedenheit und emotionale Geborgenheit erleben. Berührungen können die Wunden des Nörgelns und der Feindseligkeit besser heilen als jede andere Behandlungsmethode.

Ein verheiratetes Paar kann eine dramatische Veränderung in seiner Ehe einfach dadurch erleben, dass sie einander liebevoll berühren. Sie können sich während des Gebets an den Händen halten; sich beim Spazieren gehen an der Hand fassen oder sich abends im Bett aneinander kuscheln, ohne an Sex zu denken. Sie können im Gottesdienst dicht beieinander sitzen oder beim Fernsehen, und sich mit einer Umarmung und einem Kuss begrüßen, wenn sie sich nach einer Trennung wiedersehen.

Harry folgt mir oft in die Küche (besonders, wenn er etwas Gutes riecht), legt seinen Arm um mich und hält mich fest. Ich brauche diese Umarmung. Sie schenkt mir die Gewissheit seiner Liebe und lässt mich in seiner Zuneigung geborgen sein.

Es gibt jemanden dort draußen, der heute eine liebevolle Berührung von dir braucht. Bitte Gott, dir jemanden zu schicken, der deine persönliche Fürsorge braucht. Strecke deine Hand aus und berühre jemanden in deiner Nähe.

Nancy L. Van Pelt

Universelle Krankenversicherung

Mein Lieber, ich wünsche, dass es dir in allen Dingen gut gehe und du gesund seist, so wie es deiner Seele gut geht. 3. Johannes 1,2

Wer wünscht sich schon Schmerzen? Schmerzen nagen an unserer guten Laune und lassen sogar die kleinsten Aufgaben unmöglich erscheinen. Jede Apotheke mit ihren Regalen voller Flaschen und Tuben, die schnelle, beruhigende Hilfe versprechen, ist ein Beweis für unseren Wunsch, schmerzfrei zu leben. Aber hast du jemals bedacht, dass das Schmerzempfinden einer der wichtigsten Sinne ist, die wir haben?

Was täten wir ohne Schmerzempfindlichkeit? Mein Vater ist querschnittsgelähmt und erlitt, während er an einem Auto arbeitete, Verbrennungen dritten Grades an seinen Füßen, ohne es zu wissen. Er würde dir bestätigen, dass die Fähigkeit, Schmerzen zu empfinden manchmal Vorteile hat. Schmerzen sind die Antwort des Körpers auf Stress, Verletzung oder Trauma. Sie zu ignorieren wäre so, als ob wir den Rauchmelder abschalten, weil er Lärm macht, oder ein Klebeband auf die Alarmleuchten auf dem Armaturenbrett kleben, weil sie uns in der Nacht blenden.

Vor kurzem las ich eine Studie. Die meisten Befragten behaupteten bei guter Gesundheit zu sein, und doch enthüllten weitere Antworten, dass sie regelmäßig viele Medikamente nahmen, weil ihr Körper ihnen signalisierte, dass etwas nicht in Ordnung war. Sie hielten Sodbrennen, Verstopfung, Kopfschmerzen, und andere Wehwehchen für normale Erscheinungen in ihrem Leben. Es klingt zwar sonderbar, aber sie waren alle an ein gewisses Maß an Schmerz gewohnt.

Unser Geist sendet genau wie unser Körper Warnsignale aus und informiert uns über Überlastung. Doch leider wissen viele Leute heute weniger über ihren Geist als über ihren Körper. Einige dieser Warnsymptome sind Depression, Apathie, Zorn, Hoffnungslosigkeit, Schuldgefühle. Oder auch Beziehungs- und Familienprobleme, eine Mauer zwischen sich und Gott oder nur ein undefinierbares Gefühl, dass etwas nicht in Ordnung ist. All dies kann ein Zeichen für psychischen oder emotionalen Schmerz sein. Mentale und emotionale ‚Schmerzmittel‘ wie Arbeitssucht, Esssucht und Materialismus setzen viele ein, um die eigentlichen Probleme zu verschleiern.

Gottes Ziel für uns ist ein erfülltes Leben, in dem es uns gut geht und wir gesund sind. Der große Arzt ist bereit, die Grundursache unserer Schmerzen zu diagnostizieren und zu behandeln. „Denn er weiß, was für ein Gebilde wir sind; er gedenkt daran, dass wir Staub sind" (Psalm 103,14). „Denn ich bin der HERR, dein Arzt" (2. Mose 15,26). Jeder kann sich ihn leisten, er nimmt immer neue Patienten auf, und er macht sogar Hausbesuche! Das ist doch eine tolle Krankenversicherung!

Linda McCabe

Unsere Sünden werden zugedeckt

HERR, ... der du die Missetat vormals vergeben hast deinem Volk und alle seine Sünde bedeckt hast; Psalm 85,2.3

J n der Nähe meines Hauses gibt es eine enge Schlucht in einem alten Wald, durch den ein schmaler Pfad führt. Unten in der Schlucht fließt ein Bach. Die viel befahrene Straße befindet sich auf der einen, ein Neubaugebiet auf der anderen Seite, die von einer kleinen hölzernen Brücke miteinander verbunden werden. Ich freue mich immer, wenn ich durch diesen grünen ‚Gürtel' wandere. Das dichte Unterholz, die hohen Bäume und der Bach haben ihn zu einer Oase in meinem geschäftigen Leben gemacht. Ich spüre die Ruhe ihrer lieblichen Atmosphäre.

Dann kam der Winter. Frost und beständiger Wind veränderten das satte Grün des Gebietes. Das Unterholz und die Blätter waren verschwunden und gaben den Blick auf einen halben Autoreifen im Bach, auf achtlos weggeworfene Flaschen und Dosen frei. Ich bemerkte sogar die umgefallenen und verfaulenden alten Bäume. Der Spaziergang war nicht mehr so angenehm.

Im Frühjahr gab es plötzlich wieder überall neues grünes Wachstum. Der frische Duft des Frühlingsregens erfüllte die Luft. Der Müll verschwand unter einer Decke von grünen Blättern, und sogar einige der umgefallenen Bäume fingen an zu treiben. Die älteren Baumstümpfe boten Nistplätze für Vögel, und ihr Gezwitscher und die Eichhörnchen erfreuten meine Seele. Der Duft der neuen Blumen wehte in der Luft und alles war schön. Wieder einmal hatte Gott in seiner Liebe das Hässliche und Nutzlose zugedeckt. Wandern wurde erneut zur Freude, eine Gelegenheit zur Erfrischung.

Ich dachte an die Decke, die Gott über meine Sünden legt, wie er die Auswirkungen meiner menschlichen Achtlosigkeit mit seinem Mantel der Gerechtigkeit zudeckt. Über die unangenehmen und hässlichen Taten breitet seine Liebe eine herrliche weiße Decke. Er kann sogar aus den gebrochenen Teilen meines Lebens etwas Gutes entstehen lassen und sie zu seiner Herrlichkeit einsetzen.

Herr, ich bitte dich heute, bedecke mich weiterhin und mache aus mir eine Freude für diejenigen, die um mich herum sind. Ich möchte, dass das Nutzlose, Alte und Kaputte von deiner Liebe zugedeckt wird. Mögen diejenigen, die heute in meine Nähe kommen, deine erbarmende Liebe erkennen.

Ruth Lennox

Herr auch über Naturgewalten

So sollst du nun heute wissen und zu Herzen nehmen, dass der HERR Gott ist
oben im Himmel und unten auf Erden und sonst keiner. 5. Mose 4,39

Jch stand neben meinem Wecker, als das Erdbeben mein Heim im Süden Kaliforniens erschütterte. Die Stromversorgung war in Sekundenbruchteilen unterbrochen und ich fand mich auf dem Boden wieder. Im Allgemeinen bin ich durch nichts so schnell aus der Ruhe zu bringen. Wenn alle anderen verschreckt durcheinanderlaufen und schreien, behalte ich einen kühlen Kopf und gehe überlegt zu Werke. Ich wusste sofort, wo sich meine Taschenlampe befand, und hatte für Wochen genug Wasserreserven. Da ich bereits mehrere kleine Erdbeben erlebt hatte, wusste ich, wie man sich verhalten sollte. Was also habe ich getan?

Ich sprang wieder auf die Füße und versuchte, den Flur entlang zu laufen, während mein Wohnanhänger heftig hin- und herschwankte, dass ich zuerst gegen die linke und dann gegen die rechte Wand geschleudert wurde. Als ich im Stockfinsteren gegen den Wäscheschrank am Ende des Flurs prallte, hockte ich mich erst einmal leicht benommen neben den Schrank. Dann hörte ich eine gewaltige Explosion. Anstelle in Ruhe nachzudenken, eine Taschenlampe zu suchen und eventuelle Lecks in der Gasleitung aufzuspüren, dachte ich nur an eins: Das ist es! Das ist es! Es passiert wirklich! Ich dachte, das Ende der Welt sei gekommen!

Es war ein Trugschluss. Ich atmete noch – wenn auch schwer zwar – und musste mich auch weiterhin mit dem Leben auseinandersetzen. Während die Tage vergingen und Stromversorgung und Kommunikationsnetz wiederhergestellt wurde, beschäftigten sich die Leute damit, Geschichten darüber auszutauschen, wie sie überlebt hatten.

Hätte das Erdbeben einige Minuten später begonnen, wäre ich vermutlich in der Dusche gewesen und in eine Glastür gefallen, statt nur auf den Boden zu stürzen. Eine Frau erzählte, wie sie aus keinem nachvollziehbaren Grund aufgestanden sei, um ihr Baby hochzunehmen, bevor nur Sekunden später Trümmer die Wiege ihres Kindes zerstörten. Immer wieder hörte ich, wie Leute aufgewacht waren und sich aus einer Gefahrenzone begeben hatten, gerade bevor das Erdbeben begann. Die Engel müssen an jenem Morgen viel zu tun gehabt haben!

Während eine Stadt darum kämpfte, wieder zur Normalität zurückzukehren, erkannte ich, wie groß Gott ist. Sogar die schlimmsten Zyniker wissen von der Existenz einer größeren Macht, die wir anrufen können, auch wenn der Boden bebt, auf dem wir stehen. Viele fanden in dieser schrecklichen Katastrophe zu Gott. Nur das Eingreifen eines allmächtigen Gottes kann uns retten, wenn wir uns selber nicht helfen können. Unser Gott ist stärker als Erdbeben, Überschwemmungen und Wirbelstürme. Er ist der Herr über alles!

Gina Lee

Er versteht

Meine Kinder, dies schreibe ich euch, damit ihr nicht sündigt. Und wenn jemand sündigt, so haben wir einen Fürsprecher bei dem Vater, Jesus Christus, der gerecht ist. 1. Johannes 2,1

Wie oft habe ich wegen meines Versagens als Mutter gelitten! Obwohl ich mein Bestes in der Erziehung meiner Kinder gab, damit sie Gott kennen und lieben lernen, hat sich einer nach dem anderen von Gott abgewandt. Ich weiß, dass ich mit meiner Verzweiflung darüber nicht allein stehe. Viele andere gläubige Mütter haben denselben Aufruhr in ihrem Herzen erlebt.

„Wenn ich nur ...", rufen sie. „Wenn ich mich nur anders verhalten hätte." Wenn nur! Aber während ich zu Gott in meinem tiefsten Schmerz rufe, erinnere ich mich daran, dass er versteht. Trotz seiner Vollkommenheit und seines makellosen Vorbilds entschied sich ein Drittel seiner Engel im Himmel, sein Leben ohne ihn zu führen. Auch Adam und Eva hatten einen Sohn, der sich dafür entschied, Gott nicht zu folgen, obwohl er die Geschichte des Sündenfalls seiner Eltern kannte. Ich will nicht behaupten, eine perfekte Mutter gewesen zu sein. Aber mein himmlischer Vater weiß, dass ich mein Bestes gegeben habe, und er versteht mich und leidet mit mir. Ich bekomme neuen Mut und Hoffnung aus dem Wissen, dass Gott, der seinen einzigen Sohn opferte, um mich zu erlösen, meinen Schmerz kennt.

Wenn ich Tag für Tag meine Kinder in ernsthaften Gebeten vor Gott bringe, trösten mich Verheißungen wie Philipper 1,6: „Ich bin darin guter Zuversicht, dass der in euch angefangen hat das gute Werk, der wird's auch vollenden bis an den Tag Christi Jesu." Ich habe die Gewissheit, dass Gott meine Kinder noch unendlich mehr liebt als ich. Deshalb wird er sie weiterhin an sich ziehen und sie nicht aufgeben.

„Gott geht in seiner Liebe auch dem noch nach, der sich frei dafür entschieden hat, sich von ihm zu lösen, und lässt nichts unversucht, ihn ins Vaterhaus zurückzuführen ... Gott legt um jede gefährdete Seele eine goldene Kette seiner Liebe, Gnade und Barmherzigkeit" (Bilder vom Reiche Gottes, S. 175).

Liebe deine Kinder weiter und bete für sie. Solange es Leben gibt, gibt es Hoffnung.

Pam Caruso

Im Gefängnis für mich

Wir wissen ja, dass unser alter Mensch mit ihm gekreuzigt ist, damit der Leib der Sünde vernichtet werde, so dass wir hinfort der Sünde nicht dienen. Denn wer gestorben ist, der ist frei geworden von der Sünde. Römer 6,6.7

D er ehemalige Berater des amerikanischen Präsidenten Nixon, ein verurteilter Verbrecher und bekehrter Christ, Christian Chuck Colson, erzählt von einem Besuch in einer Justizvollzugsanstalt in der Nähe von Sao José Compos in Brasilien. Dies war kein gewöhnliches Gefängnis. Vor Jahren hatte die brasilianische Regierung es Christen übergeben, damit sie das Gefängnis nach christlichen Prinzipien führen sollten.

Chuck berichtete, dass er Gefängnisinsassen begegnete, die lächelten, sogar der Mörder, der die Tore öffnete, um sie hereinzulassen. Er sah saubere Wohnräume, Menschen, die fleißig arbeiteten und in Frieden miteinander lebten. Die Wände waren dekoriert mit Weisheiten aus den Psalmen und Sprüchen.

Der Führer begleitete Chuck in eine Gefängniszelle, die als Folterkammer traurige Berühmtheit erlangt hatte. Nur ein Gefangener hielt sich jetzt in der Zelle auf. Chucks Begleiter sperrte die Zelle auf, hielt inne und fragte ernst: „Sind Sie sicher, dass Sie hineingehen wollen?"

Chuck nickte entschlossen. Er hatte Einzelzellen auf der ganzen Welt gesehen. Langsam öffnete der Führer die massive Tür, und Colson erblickte einen besonderen Gefangenen: an einem wunderschönen handgeschnitzten Kruzifix hatten die bekehrten Insassen Jesus dargestellt. Leise und ehrfürchtig erklärte der Führer: „Er sitzt im ‚Knast' für uns andere."

Genau das hat Jesus für uns getan. Durch Schande, Schuld und Erniedrigung, die er auf sich nahm, beglich er unsere Schuld. Die Strafe für Sünde ist der Tod. Jemand musste sterben. Entweder ich oder Jesus. Die Sünde steckte uns ins Gefängnis, hinter Gitter aus Schuld und Schande. Jesus verbüßte unsere Schuld am Kreuz als Preis für unsere Begnadigung!

Die Türen stehen offen. Du bist frei, begnadigt. Ich möchte nicht in Einzelhaft bleiben, wenn ich frei bin. Und du?

Danke Jesus, dass du für mich ins Gefängnis gegangen bist!

Nancy L. Van Pelt

Seid stille und erkennt

Seid stille und erkennet, dass ich Gott bin! Ich will der Höchste sein unter den Heiden, der Höchste auf Erden. Psalm 46,11

Der vorzeitige Tod meines Mannes in der vergangenen Woche hatte mir viele verwirrende Sorgen beschert. Könnte ich das Haus, das wir ein Jahr zuvor gekauft hatten, weiter abbezahlen? Würde mein Einkommen die Steuern und Versicherungen, die damit verbunden waren, abdecken? Sollte ich weiterhin in meiner jetzigen angenehmen Arbeitsstelle bleiben, bei der ich einen Anspruch auf Betriebsrente erworben hatte? Oder sollte ich eine Stelle suchen, die besser bezahlt wurde? Viele, viele weitere Fragen beschäftigten mich! „Was soll ich tun, Herr?", betete ich.

Dann fiel mir ein, dass dies vielleicht gar kein Gebet war. In meinem Kummer wiederholte ich diese fünf Wörter immer wieder und sagte weiter nichts. Als ich dieses Gebet beendet hatte, aber noch weiterhin neben meinem Bett kniete, spürte ich plötzlich, wie diese sorgenvollen Fragen langsam aus meinen Gedanken verschwanden.

Dann vernahm ich, still und klar, obwohl ich wusste, dass es keine menschliche Stimme war, die Worte: „Seid stille und erkennet, dass ich Gott bin" (Psalm 46,11)!

Die belastenden Gedanken kehrten auch nicht wieder zurück, nachdem ich ins Bett gegangen war, und ebenso sorgenfrei erledigte ich meine Büroarbeit am nächsten Tag. Als ich abends heimkam, begann ich die persönlichen Dinge meines Mannes durchzusehen. Für seine Fachbücher interessierte sich die Universität. Dann sichtete ich die Werkzeuge in der Garage. Zur selben Zeit fand ich Gelegenheit und ausreichend Gelassenheit, einen realistischen Finanzplan aufzustellen und für meinen zukünftigen Lebensweg Vorsorge zu treffen.

Ein Makler übernahm den Verkauf unseres Anwesens, und innerhalb von zwei Monaten hatte ich alles erledigt, was getan werden musste. Ich fühlte mich wohl in meiner schön eingerichteten neuen Wohnung und konnte mich auf meine beruflichen Aufgaben konzentrieren.

Gott fordert uns auf, all unsere Sorgen auf ihn zu werfen (Psalm 55,23), aber er rät uns auch, stille zu sein (Psalm 46,11), weil seine Antwort manchmal nur in der Stille zu hören ist (1. Könige 19,12).

Lois E. Johannes

Hefeteig

... Er wird kein Gutes mangeln lassen den Frommen. Psalm 84,12

Vor vielen Jahren stand ich als junge Studentin oft fast bis zu meinen Knien in Eis und Schnee und wartete auf den Bus. Warum haben alle anderen ein Auto, nur ich nicht? Nicht einmal Aussicht auf ein Auto habe ich in der nächsten Zeit. Warum ist das Leben so schwer für mich?, klagte ich im Stillen.

Ich kam gar nicht auf die Idee, dankbar dafür zu sein, dass ich das Geld für die Busfahrkarte hatte, so dass ich nicht laufen musste, oder dass ich Geld für meine weitere Ausbildung hatte. Auch Beine und Füße zu haben oder uneingeschränkte Beweglichkeit ohne Schmerzen, warme Winterkleidung, all das hielt ich für selbstverständlich. Ich hatte Gott nicht einmal dafür gedankt, dass er auf mich Acht gab und bisher vor allem Leid und vor Gefahren beschützt hatte.

Das Leben erinnert mich ein bisschen an ein Hefegebäck – an diese kleinen Brötchen, die in manchen Restaurants serviert werden. Hefe, Mehl, Salz, Zucker, Öl und warmes Wasser werden sorgfältig vermischt und verknetet. Dann wird der Teig zu einer Kugel geformt und muss ruhen. Nach einer halben Stunde hat er etwa die dreifache Größe erreicht. Nach nochmaligem Kneten wird er in der gewünschten Stärke ausgerollt, dann werden kleine Brötchen daraus geformt und ein zweites Mal zum Gehen beiseite gestellt werden.

Viele von uns fühlen sich wie dieses Hefegebäck. Wir werden hin- und hergeworfen, gewendet und vom Leben ‚geknetet'. Aber wir gehen wieder auf und sind besser als vorher. Wenn du das Gefühl hast, dass dich das Leben hart behandelt, dann halte Ausschau nach Dingen, für die du dankbar sein kannst. Gott hält nichts zurück vor seinen Kindern. Es ist gut, nachzudenken und dem Herrn für seine Güte zu danken. Er ist so gut und gnädig, nicht weil wir seine Gebote halten, sondern weil er uns liebt.

Ganz gleich wo du im Leben steckst, Gott hat einen Plan und eine Ausrichtung für dich. Die alltäglichen Dinge mögen dir abgestanden und fad erscheinen, aber als Nachfolger Christi hast du guten Grund, jeden Tag als wertvoll zu betrachten. Er kann das Fundament sein, auf dem dein Morgen aufgebaut wird.

Herr, hilf mir heute, meine vielen Segnungen aufzuzählen. Gib mir Kraft, mein Selbstmitleid aufzugeben und dich auch inmitten von Schlägen zu loben. Du kannst mir helfen, wieder aufzugehen wie Hefegebäck, wenn mich das Leben hart gebeutelt hat.

Betty G. Perry

Du hast Talent

Denn es ist wie mit einem Menschen, der außer Landes ging: er rief seine
Knechte und vertraute ihnen sein Vermögen an; dem einen gab er fünf Zentner
Silber, dem andern zwei, dem dritten einen, jedem nach seiner Tüchtigkeit,
und zog fort. Matthäus 25,14.15

Vielleicht besaß ich die Anlage dazu. Ganz sicher jedoch weiß ich, dass meine Eltern mich dazu anhielten. Bei jeder nur möglichen Gelegenheit wiesen sie mich und den Rest der Familie darauf hin, dass unsere Lebensaufgabe der Dienst für andere sei. Je älter ich wurde, um so mehr wollte ich auf andere zugehen, mit ihnen Kontakt pflegen, ihr Leben angenehmer machen. Ich akzeptierte ohne Widerspruch, als Kind Gottes ein Segen für die Menschen um mich herum zu sein – Freunden wie Fremden gegenüber, ohne Unterschied.

Dennoch nagte tief in mir eine Unzufriedenheit darüber, dass ich mein Ziel meistens nicht erreichte. Ich erinnerte mich an niemanden, den ich zur Taufe geführt hätte. Durch die Bekanntschaft mit mir hatte sich das Leben keines Menschen tiefgreifend verändert. Was hatte ich tatsächlich erreicht? Welchen Unterschied hatte ich wirklich gemacht?

Die Tage schlichen endlos dahin und meine Depressionen wegen der Sinnlosigkeit meines Lebens nahmen beständig zu.

Der Weg zur Entmutigung ist eine breite, vielbefahrene und scheinbar endlose Bahn. Je mehr ich versuchte, es zu überhören, desto häufiger flüsterte mir der Teufel zu: „Ich hab dich erwischt! Du bist egoistisch und taugst nichts! Gott kann dich nicht gebrauchen, glaub es doch endlich!"

Ich schwankte zwischen Entmutigung und Aggression gegenüber meiner Familie und meinen Freunden. Wie konnte ich Freude am Dienst für andere haben, wenn ich nur herumstolperte und nicht einmal wusste, ob ich in der richtigen Richtung unterwegs war?

Wie lange Satan mich in der Falle der Selbstzerstörung gefangen hielt, kann ich nicht sagen. Eines Tages jedoch erkannte ich, dass Gott in seiner Liebe jeden Menschen mit Talenten ausgestattet hatte, die wir für ihn einsetzen können. Jeder Mann, jede Frau und jedes Kind hat wenigstens ein Talent, z. B. das Talent der Zeit. Wir bekommen sie jeden Tag pünktlich geliefert – in 24-Stunden-Abschnitten.

Dann weitete sich mein Blick für andere Talente: Geld (ob ich wenig oder viel habe), meine Hände und Füße, meine Stimme, die ich für Gutes oder Böses einsetzen konnte – um aufzubauen oder niederzureißen. Die Liste ist lang. Vielleicht wirst du deine eigene Liste anlegen oder zu meiner etwas hinzufügen. Ganz gleich was du tust, denke daran, du hast Talent! Ja, du. Setze es für etwas Gutes ein! Vergrab es nur nicht!

Ginger Mostert Church

Auch in der Dunkelheit

Der Engel des HERRN lagert sich um die her, die ihn fürchten,
und hilft ihnen heraus. Psalm 34,8

J ch habe die Dunkelheit nie besonders gemocht. Jeden Morgen baten wir bei unserer Andacht um den Schutz durch unsere Engel, aber irgendwie war ich mir nicht ganz sicher, ob dieser Schutz auch außerhalb des Lichtkegels in die Dunkelheit hineinwirkte.

Abends sammelte ich immer die Eier auf, die die Hühner während des Tages gelegt hatten. Dabei musste ich aus dem Licht in die Finsternis gehen, wenn ich meine Arbeit hinausschob, bis es dunkel wurde. Meistens beeilte ich mich, aber eines Abends ging die Sonne unter, bevor ich meine Aufgabe erledigt hatte. Ich ging mit einer Taschenlampe und einem Eierkorb ausgestattet langsam zum Hinterhof hinüber.

Trotz meiner Taschenlampe war es düster. Die Hühnerstalltür quietschte in den Angeln, als ich sie öffnete. Mit mulmigem Gefühl ging ich hinein und durchsuchte die Nester.

Plötzlich ertönte direkt vor mir ein Gerassel, bei dessen Vorstellung mir immer noch das Blut in den Adern gefriert: sssssssss! In der Nähe musste eine Klapperschlange sein! Zentimeterweise und wie in Zeitlupe trat ich den Rückzug zur Tür an, machte in sicherer Entfernung auf dem Absatz kehrt und rannte auf das Haus und das rettenden Licht zu.

Mein kalkweißes Gesicht und meine ‚Lichtgeschwindigkeit‘ verrieten meinen Eltern, dass etwas passiert war. Vater griff zur Harke und zusammen gingen wir zurück zum Stall. Mit der Taschenlampe leuchtete er das Terrain aus und ermutigte mich dann nachzukommen. Widerwillig folgte ich.

Da war es wieder: sssssssss! Er richtete die Taschenlampe auf die Futterkrippe und wir entdeckten in ihrem Lichtschein eine ausgewachsene Klapperschlange, die sich in dem gemütlichen Nest neben drei Eiern zusammengerollt hatte. Mein Vater angelte sich das Tier mit der Harke und schlug ihm den Kopf ab.

„Hole die Eier, Connie", forderte er mich auf. Am ganzen Körper bebend sammelte ich sie ein. Ich war mir nicht sicher, ob die Schlange nicht vielleicht eine Freundin irgendwo in der Nähe hatte.

Als wir an jenem Abend zum Gebet niederknieten, dankten wir Gott aus vollem Herzen für die Bewahrung durch seine Engel. Schließlich hatte ich mir durch das Hinausschieben meiner Pflichten bis nach Einbruch der Dunkelheit das Erlebte selbst zuzuschreiben. Damals lernte ich, dass Gott uns nicht nur dann beschützt, wenn wir uns richtig verhalten. Wie froh bin ich, dass Gott uns liebt und für uns sorgt, auch außerhalb des „Lichtkreises", wenn wir zögern.

Connie Wells Nowlan

Gottes Wunsch wurde meiner

Du bist mein Schirm, du wirst mich vor Angst behüten, dass ich errettet gar fröhlich rühmen kann „Ich will dich unterweisen und dir den Weg zeigen, den du gehen sollst; ich will dich mit meinen Augen leiten." Psalm 32,7.8

J ch will nicht nach Sibirien! Muss ich das, Herr?" Mein Mann sollte während unseres Urlaubs im tiefsten Sibirien evangelistisch arbeiten. Unser ältester Sohn würde ihm beistehen. Sicher konnten sie ohne mich klarkommen, aber ich empfand so, als würde ich Jesus im Stich lassen.

Jahrelang hatten wir für die Menschen in kommunistischen Ländern gebetet. Nun bekamen wir die seltene Gelegenheit, die Liebe Christi und die Hoffnung auf seine baldige Wiederkunft mit ihnen zu teilen. Aber Müdigkeit und Sorge hielten mich zurück. Der Stichtag für die Beantragung der Visa rückte näher und verlangte eine Entscheidung.

Ich rief meine Schwester an, die meinem Dilemma geduldig zuhörte und dann sagte: „Du könntest Gott darum bitten, dass er dir den Wunsch schenkt, hinzufahren, wenn das sein Wille für dich ist." Vehemente Ablehnung stieg in mir hoch. „Aber das kann ich nicht tun! Er könnte den Wunsch in mir entstehen lassen, und dann müsste ich fahren!" Die Wahrheit war ans Tageslicht gekommen – ich hatte mich seinem Willen nicht unterstellt.

Am nächsten Morgen betete ich: „Herr, wenn du willst, dass ich nach Sibirien fahre, schenke mir bitte den Wunsch dazu." Dann ergriff mich der große Schöpfer und Erlöser sanft und mein Widerstand gegen die Reise schmolz dahin. Ich freute mich sogar auf die Evangelisation in Russland.

Ein Kaleidoskop vieler schöner Erinnerungen entsteht vor meinem inneren Auge: Menschen, die Abend für Abend kamen, um Hoffnung und Hilfe aus Gottes Wort zu erhalten. Kleine Hände, die nach den Geschenken griffen; eine liebevolle Bindung, die zu den treuen, geduldigen Gläubigen entstand.

Ich hätte ja so viel versäumt, wenn ich nicht mitgefahren wäre! Ich hätte Alexander nicht getroffen, der genug Englisch konnte, um mir bei den Kinderstunden zu helfen. Seine Worte klingen noch in meinem Herzen: „Bevor du gekommen bist, war ich niedergeschlagen, weil meine Frau und mein Sohn mich verlassen haben. Aber jetzt brennt in meinem Herzen ein Feuer und mein Leben hat wieder Sinn. Gott schenkt mir eine neue Familie."

Mein liebevoller Vater wollte nicht, dass ich diese geistlich stärkende Erfahrung versäume, und so ließ er in mir den Wunsch wachsen, ihm in Sibirien zu dienen. „Niemals führt Gott seine Kinder anders, als sie es sich selbst wünschten, falls sie bereits am Anfang den Ausgang sehen und die herrliche Frucht schauen könnten, die sie als Mitarbeiter Gottes wirken dürfen" (Das Leben Jesu, S. 214).

Lila Lane George

Ewigkeit schon jetzt

... auch hat er die Ewigkeit in ihr Herz gelegt; ... Prediger 3,11

Jch sehne mich nach dem Himmel, du auch? Was wirst du dort tun, wenn wir hinkommen? Harfen und goldene Kronen interessieren mich nicht sehr. Ich möchte Zeit haben, um die Schönheit des Universums zu genießen, Zeit, um mit meiner Familie und meinen Freunden zusammen zu sein, Zeit, um einfach in meiner Hängematte zu liegen, meine Augen zu schließen und den Flieder und die Pinien zu riechen. Das ist Ewigkeit!

Aber warte einen Augenblick! Zeit schenkt uns Gott doch jeden Tag: ganze 24 Stunden! Wir müssen nicht bis morgen warten, um die Ewigkeit zu genießen. Lass sie doch heute schon beginnen. Du kannst ein kleines Stück des Himmel in dein Herz holen, indem du etwas tust, was du wirklich tun willst.

Das habe ich heute ausprobiert. Ich habe meinen Computer ausgeschaltet und ein Buch in die Hand genommen, das ich schon lange lesen wollte. Dazu setzte ich mich in den Liegesessel an unserem kleinen Teich, fütterte die Goldfische und fand Nahrung für meine Seele in den schönen Worten aus dem Buch Longing for Love (Sehnsucht nach Liebe) von Ruth Senter. Nun, das nenne ich leben!

Ich weiß nicht, was für dich leben heißt, aber ich möchte dich ermutigen, nicht wie die Menschenmenge zu sein, die in dumpfer Fremdbestimmung nur existiert. Das ist nicht Gottes Plan! Er hat in jeden Tag ein kleines Stück Ewigkeit gepflanzt: ein freundliches Lächeln, ein Wort der Anteilnahme, einen Nebelhauch, einen Sonnenstrahl – alles Realitäten hier auf dieser Erde, die wir genießen können.

Für all diejenigen, die glauben und sich Zeit nehmen, kann die Ewigkeit heute schon beginnen, in unserem Herzen.

Denk an die Worte des weisen Mannes: „Man mühe sich ab, wie man will, so hat man keinen Gewinn davon. Ich sah die Arbeit, die Gott den Menschen gegeben hat, dass sie sich damit plagen. Er hat alles schön gemacht zu seiner Zeit, auch hat er die Ewigkeit in ihr Herz gelegt" (Prediger 3,9-11).

Vater, hilf mir das kleine Stückchen Ewigkeit zu finden, das du in den heutigen Tag gelegt hast. Lass mich in meiner Geschäftigkeit einhalten, um die Schönheit zu genießen, die du in das Hier und Jetzt gelegt hast. Teile mit mir deinen ewigen Frieden und lass mich den Himmel in meinem Herzen erfahren.

Kay Kuzma

Warten auf den Herrn

Ihr sollt vor allem wissen, dass in den letzten Tagen Spötter kommen werden,
die ihren Spott treiben, ihren eigenen Begierden nachgehen und sagen: Wo bleibt
die Verheißung seines Kommens? Denn nachdem die Väter entschlafen sind,
bleibt es alles, wie es von Anfang der Schöpfung gewesen ist. 2. Petrus 3,3.4

Mein Mann und ich wollten von Bangalore im Süden Indiens nach Jullundur im Norden reisen, um Versammlungen in der dortigen Gemeinde abzuhalten. Aber als wir den Bahnhof erreichten, erfuhren wir, dass die Züge nach Jullundur wegen Überschwemmungen gestrichen worden seien. Wir konnten entweder wieder nach Hause gehen oder nach Bombay reisen und es von dort aus versuchen.

Nachdem wir um Gottes Führung gebetet hatten, wählten wir die Route über Bombay. Am Bahnsteig angekommen entdeckten wir, dass es nur einen Zug nach Jullundur gab und Fahrkarten erst eine Stunde vor Abfahrt verkauft werden würden. Ich wartete auf dem Bahnsteig mit unserem Gepäck, während mein Mann fast fünf Stunden in der langen Warteschlange stand. Obwohl wir weder Essen noch Wasser hatten, war unsere einzige Sorge, Fahrkarten zu bekommen.

Schließlich hatten wir sie in der Hand, aber unsere Wartezeit war damit noch nicht zu Ende. Mit uns warteten Hunderte von Leuten auf den selben Zug, und immer mehr kamen dazu. Es wurde so eng, dass wir uns zuletzt auf unser Gepäck setzten.

Eine gelangweilte Stimme aus dem Lautsprecher verkündete eine einstündige Verspätung. Und wieder warten, warten ...

In unserer unbequemen Stellung musste ich an das zweite Kommen Jesu denken. Das Warten darauf kann auch schwierig und unangenehm sein. Angst, Spannung, Irritation und Enttäuschung sind seine Begleiter. Aber Jesus hat verheißen: „Siehe, ich komme bald" (Offenbarung 22,7). Seit unseren Kindertagen hören wir, wie unsere Eltern, Lehrer und Prediger gesagt haben: „Jesus kommt bald wieder." Aber die Frage kommt auf: „Wie bald?" Oft rufen wir, wenn Nöte, Sorgen, Krankheit, Naturkatastrophen und der Tod uns unerträglich erscheinen: „Wie lange, Herr, wie lange noch?"

Unser Zug kam beinahe drei Stunden später, aber als wir den Zug in den Bahnhof einfahren hörten, waren wir im selben Augenblick bereit zum Einsteigen. Wenn wir auf unserer himmlischen Reise sind, wollen wir uns doch nicht entmutigen lassen und zurückkehren. Deshalb „lasst uns laufen mit Geduld in dem Kampf, der uns bestimmt ist, und aufsehen zu Jesus, dem Anfänger und Vollender des Glaubens" (Hebräer 12,1.2).

Hepzibah G. Kore

Eine Frau, die Gott gebrauchen kann

Tut euren Dienst mit gutem Willen als dem Herrn und nicht den Menschen;
denn ihr wisst: Was ein jeder Gutes tut, das wird er vom Herrn empfangen,
er sei Sklave oder Freier. Epheser 6,7.8

Vor mehreren Monaten erzählte eine Frau in ihrem Zeugnis etwas, was mich inspiriert hat. Elf Jahre zuvor war sie als Arbeitnehmerin in ein Büro eingetreten und eine Freundin schenkte ihr damals einen herzförmigen Magneten mit den Worten „Ich bin eine Frau, die Gott gebrauchen kann" auf der Vorderseite. Die Sprecherin erzählte, dass sie den Magneten auf einen Ablageschrank befestigte, den sie von ihrem Arbeitsplatz aus sehen konnte. All diese Jahre war er dort geblieben und hatte ihr als ständige Erinnerung gedient, dass Gott ihre Talente für sein Werk benutzen wollte.

Diese einfache, tiefsinnige Aussage „Ich bin eine Frau, die Gott gebrauchen kann" hat bei mir einen tiefen Eindruck hinterlassen. Als ich von der Versammlung nach Hause kam, begann ich sogleich, die Bastelgeschäfte zu durchforsten auf der Suche nach kleinen hölzernen Herzen, roter Farbe und Magneten. Ich wollte diese Idee mit all den Frauen in meiner Gemeinde und anderen Freundinnen umsetzen und weitergeben.

Wenn wir alle diese ständige Erinnerung hätten – und wirklich daran glaubten – welch einen Unterschied würde dies in unserem persönlichen Leben, im Leben unserer Familie, unserer Gemeinde und unserer Umgebung machen! Wenn wir gewillt sind, kann und wird Gott uns auf vielfältige Art und Weise gebrauchen. Oftmals werden es kleine, unspektakuläre Dinge sein, die oberflächlichen Betrachtern nicht auffallen. Manchmal merken wir es selber gar nicht. Unsere kleinen, von Christus inspirierten Taten und Worte werden für uns so selbstverständlich sein wie das Atmen.

Eine meiner liebsten Autorinnen schrieb: „Nicht der Besitz glänzender Gaben befähigt uns, einen annehmbaren Dienst zu leisten, sondern Gewissenhaftigkeit in der Erfüllung täglicher Pflichten, Zufriedenheit und aufrichtige, herzliche Anteilnahme am Wohlergehen anderer. Noch im bescheidensten Los ist echte Größe zu finden. Auch die gewöhnlichsten Aufgaben erwecken, wenn sie mit liebevoller Hingabe ausgeführt werden, in Gottes Augen Wohlgefallen." (Ellen G. White, Propheten und Könige, S. 155).

Herr, ich bin dafür dankbar, dass ich eine Frau bin, die du gebrauchen kannst. Hilf mir bitte, all das zu sein, wozu ich unter deiner Führung in der Lage bin. Lass mich heute anderen ein Segen sein.

Dorothy Wainwright Carey

Etwas Schönes

Lass nicht außer Acht die Gabe in dir, die dir gegeben ist durch Weissagung mit Handauflegung der Ältesten. 1. Timotheus 4,14

Paulus spricht zu Timotheus ausdrücklich von den geistlichen Gaben, die aus ihm ein nützliches Werkzeug Gottes machten. Wie steht es mit uns? Könnte es sein, dass auch wir, wie Timotheus, unsere Gaben vernachlässigen? Dazu eine kleine Geschichte:

Kleine nackte Füße, braungebrannt von vielen Ausflügen, trommelten ein Staccato auf den Gehweg, während das Kind versuchte den Erwachsenen einzuholen, mit dem es unterwegs war. Eine schmutzige Hand hielt die viel zu große Hose fest. Seine hellen, wachen Augen jedoch schweiften frei umher – immer auf der Suche nach interessanten Attraktionen in seiner Umgebung. Da ich nichts Interessantes im Schmutz der verwahrlosten Straße dieser großen Stadt fand, wollte ich mich beeilen, in eine bessere Umgebung zu kommen, aber der kleine Junge mit den scharfen Augen fesselte meine Aufmerksamkeit und ich machte eine Pause.

Armer kleiner Junge, dachte ich. Wie schlimm, dass du barfuß durch diesen Schmutz stapfen musst! Du brauchst jemanden, der sich mehr um dich kümmert ... Es schien fast, als ob er meine Gedanken lesen konnte, denn der Junge schoss einen trotzigen Blick in meine Richtung. Er schien zu sagen: Ich brauche dein Mitleid nicht! Sorgfältig, aber dennoch in Eile betrachtete er mich.

Dann sah er zur Seite und erblickte einen fast schon verblühten Strauch. Nur noch wenige Blüten reckten wie zum Trotz ihre Köpfe in den Himmel. Viele lagen bereits auf dem Boden, in unterschiedlichen Stadien des Welkseins. Der Junge, der immer noch seine Jeans festhielt, streckte die andere Hand behutsam aus, um die Blüten an dem Busch zu berühren. Ganz sanft streichelte er mehrere, bevor er diejenigen auf dem Boden entdeckte. Wählerisch suchte er die leuchtendsten und am wenigsten verwelkten Kelche aus. Die kleinen Finger nahmen eine abgefallene Blüte schützend in die Hand und er rief seiner geduldigen Begleiterin zu: „Warte, Candy. Ich habe etwas Schönes für dich gefunden."

Candy drehte sich um und nahm das Geschenk der Liebe an. Darüber vergaßen sie beide den Schmutz ihrer Umgebung.

Als ich weiterging, sah ich Parallelen zwischen meinem Erlebnis und meiner christlichen Erfahrung. Wie oft bleibe ich hinter der Führung meines Gottes zurück. Ich lasse mich faszinieren von den vielen Attraktionen in meiner Umgebung und meine Füße werden staubig auf dem Weg dorthin. Doch dann entdecke ich eine Begabung, die ungenutzt da liegt, ich nehme sie hoch und laufe damit weiter: „Warte, Herr, ich habe etwas Schönes für dich entdeckt!" Er dreht sich liebevoll um, lächelt mir freundlich zu und nimmt mein Geschenk an.

Wilma Atkinson

Sterne oder Unrat?

Weiter, liebe Brüder: Was wahrhaftig ist, was ehrbar, was gerecht, was rein,
was liebenswert, was einen guten Ruf hat, sei es eine Tugend, sei es ein Lob -
darauf seid bedacht! Philipper 4,8

D ie Aussicht war großartig, nachdem wir auch die letzten paar Meter auf den 2.200 Meter hohen Gipfel des Arvaniti bewältigt hatten, einen der höchsten Berge Griechenlands. Uns war heiß und wir schwitzten, die Muskeln in unseren Beinen schmerzten vom zweieinhalbstündigen Aufstieg, und wir setzten uns auf die Felsen, um das herrliche Panorama zu genießen. Hinter drei weiteren Bergketten lag der schneebedeckten Olymp, der höchste Berg Griechenlands.

So weit das Auge reichte, erblickte ich bewaldete Hügel und felsige Berge, die nur wenig Vegetation aufwiesen, eine bunte Mischung aus Grau- und Grüntönen. Hinter uns lag der Weg, dem wir gefolgt waren. Er wand sich durch ein Meer von Wildblumen – winzigen, zarten schneeweißen Sternchen, purpurroten Veilchen mit lächelnden Gesichtern, gelben Butterblumen und Schlüsselblumen, Vergissmeinnicht und Adonisröschen in leuchtendem Blau. Hier und da lagen noch große Schneehaufen, die von Tausenden orangefarbener Krokusse umrahmt wurden, während weitere Zehntausende noch unter dem Schnee auf ihre Chance warteten und die Schneeschmelze ersehnten.

Es gibt in dieser Welt noch so viel Schönheit, so viele Erinnerungen an die Schöpfermacht unseres liebenden Gottes.

Nur die Fliegen, die uns umschwirrten, waren lästig. Die Insektenstiche ließen meine Arme so anschwellen, dass ich meine Uhr abnehmen musste. Meine Beine fühlten sich an wie Blei, mein Gesicht war wund und rot von einem Übermaß an Frühlingssonne. Nur das schnelle Eingreifen meines Mannes verhinderte, dass ich von einem Skorpion gebissen wurde, der auf meinem Rücken krabbelte.

Aber das ist das Leben! Schönheit und Hässlichkeit, Freude und Trauer, Gutes und Böses existieren nebeneinander, und wir müssen uns jeden Augenblick entscheiden, woran wir denken, wovon wir reden und was wir in unserer Erinnerung speichern wollen. Wir können die positive Seite – oder die negative – wählen. Es ist unsere Entscheidung, und unser Glück hängt weitgehend davon ab.

In meinen Teenagerjahren schrieb ich einmal einen herabsetzenden Aufsatz. Die Schulleiterin rief mich in ihr Büro, tadelte mich wegen meiner negativen Gedanken und fasste alles in den folgenden Worten zusammen: „Zwei Männer sahen durch Gefängnisgitter hinaus; der eine sah den Schmutz, der andere die Sterne."

Fünfzig Jahre sind seither vergangen, aber ich habe ihre Lektion nie vergessen.

Revel Papaioannou

Gestrichen

Freuet euch in dem Herrn allewege, und abermals sage ich: Freuet euch!
Philipper 4,4

J ch blickte aus dem Flugzeugfenster hinunter auf Salt Lake City. Wie hätte ich mir gewünscht, die Sehenswürdigkeiten dieser Stadt besichtigen zu können, aber mit meinem Ticket konnte ich dort nicht über Nacht bleiben. Mein Anschlussflug ging erst in einer Stunde. Ich beeilte mich, um zum nächsten Abflugschalter zu kommen, überprüfte, ob alles stimmte und suchte dann einen Buchladen auf der anderen Seite der Halle auf.

Als ich zwischenzeitlich hinüber zum Abflugschalter sah, war die Anzeigetafel leer. Der Flug war nicht mehr ausgewiesen! Das ist doch komisch, dachte ich und ging hinüber, um Informationen einzuholen. Der Flug war gestrichen worden! Das Bodenpersonal erklärte, was geschehen war, und buchte mich auf den nächsten Flug, zwei Stunden später. Mit Gratis-Telefonkarte und Essensgutschein rief ich meinen Bruder an, der mich am Flughafen abholen sollte, um ihm meine neue Ankunftszeit mitzuteilen, und sauste dann zum Infoschalter der Stadt. „Wie lange brauche ich, um ins Stadtzentrum zu kommen?", fragte ich die freundliche Dame. Sie gab mir die nötige Auskunft und einen Plan des Stadtzentrums und empfahl mir, mich zum Tempelplatz fahren zu lassen. Den Taxistand hatte ich schnell gefunden. Mein ‚Chauffeur' versprach sogar, zur vereinbarten Zeit auf mich zu warten, damit ich rechtzeitig wieder am Flughafen eintreffen würde.

Ich war ja so aufgeregt! Ich war in Salt Lake City und bekam das zu sehen, was ich mir gewünscht hatte. Wie herrlich, dass mein Flug gestrichen worden ist! Danke, Gott, für den Bonustripp ins Stadtzentrum.

Später im Flugzeug hörte ich ein Ehepaar, dass sich beim Flugbegleiter aufgebracht darüber beschwerte, wie schlecht sie an jenem Abend von der Fluglinie behandelt worden seien. Sicherlich unterschied sich ihre Situation von meiner, aber mir wurde plötzlich ganz klar, wie leicht wir uns über kleine Dinge aufregen und uns dabei selber am meisten schaden. Was für mich die Chance war, hatte diesen Leute großen Ärger bereitet.

Es kommt auf unsere Einstellung an. Ich hätte mich auch über die Verspätung ärgern können und mich dabei unglücklich gemacht. Aber ich muss kein Opfer der Umstände sein. Ich kann mir vornehmen, mich jeden Tag zu freuen. Es gibt immer etwas, worüber wir uns freuen können, z. B. über den Teil des Lebens, der noch vor uns liegt.

Wollen wir doch das Gute in allen Umständen suchen und es als göttlichen Bonus annehmen. Es wird unseren Tag heller machen.

Hannele Ottschofski

Der Garten des Herzens

Die Frucht aber des Geistes ist Liebe, Freude, Friede, Geduld, Freundlichkeit,
Güte, Treue. Galater 5,22

Wie sieht der Garten meines Herzens aus? Zieht er Vögel und Schmetterlinge an? Bummeln Menschen durch meinen Garten, um dort bunte Blumen und süße Düfte zu genießen, die die Luft erfüllen? Oder durchqueren die Besucher einfach meinen Garten und bemerken vor lauter Unkraut die Blumen, die ich gepflanzt habe, nicht einmal? Fühlen sich andere frei, ihren Abfall dort liegen zu lassen?

Der Heilige Geist möchte der Chefgärtner in unserem Herzen sein und ist eifrig darum bemüht, uns zu helfen, eine qualitativ hochwertige und reichhaltige Ernte der besonderen Früchte, die er uns verheißen hat, einzufahren. Es steht mir frei, zu entscheiden, welche Pflanzen in meinem Garten wachsen sollen – große oder kleine; rote, blaue oder gelbe; mit oder ohne Dornen.

Wie in jedem Garten wird Unkraut die Pflanzen und Blumen überwuchern und ihr normales Wachstum unterdrücken, wenn ich nicht ständig aufpasse. Es ist einfacher, Unkraut zu jäten, wenn es noch klein ist. Denn ist es erst einmal ausgewachsen, wird es schwieriger, es nur mit den Händen herauszuziehen. Dann brauche ich besonderes Werkzeug. Und es erfordert unter Umständen einen größeren Kraft- und Arbeitsaufwand von mir.

Wenn ich dem Heiligen Geist erlaube, im Garten meines Herzens zu arbeiten, werden die wohlriechenden und bunten Blumen der Liebe, Freude, des Friedens, der Geduld, Freundlichkeit, Güte, Treue, Sanftmut und Selbstbeherrschung in Mengen in meinem Leben sichtbar werden und mir und anderen Glück bescheren.

Ich möchte für meinen Garten so sorgen, dass er blüht, dass er ein Ort der Liebe, der Freude und des Friedens für die Menschen um mich herum wird. Bestimmt werden Leute sich frei fühlen, zu Besuch zu kommen und die Schönheit und den Duft dieser Blumen zu genießen, aber ich brauche die Hilfe des Chefgärtners, um das zu erreichen. Er ist bereit, mir zu helfen, um meinen Garten zu pflegen und vom Unkraut zu befreien.

Danke, Herr, dass du hilfst, meinen geistlichen Garten gedeihen zu lassen. Bitte jäte alles aus meinem Leben, was unnötig ist, damit die Blumen der Gnade aufgehen können, um anderen ein Segen zu sein.

Ellen E. Mayr

Kontaktlinsen

Schaffe in mir, Gott, ein reines Herz, und gib mir einen neuen,
beständigen Geist. Psalm 51,12

Wir waren nach einem Besuch beim Optiker auf dem Heimweg. Meine zehnjährige Tochter trug begeistert ihre ersten Kontaktlinsen. Nun konnte sie wieder scharf sehen, die Schilder vor den Geschäften erkennen, die Straßennamen lesen und sogar Blätter auf den Bäumen genau betrachten. Die Linsen hatten viel Geld gekostet, aber wir brachten dieses Opfer gern, damit sie besser sehen könnte und nie wieder „vieräugig" genannt wurde! Ich nützte die kurze Fahrt nach Hause, um ihr noch einmal einzuschärfen, wie sehr sie auf ihre Kontaktlinsen aufpassen müsse, besonders weil sie noch ungewohnt für sie waren.

Zwei Tage später schaute ich meiner Tochter zu, die mit einer Freundin fröhlich spielte und Purzelbäume auf dem Rasen schlug. Plötzlich durchfuhr mich der Gedanke: ‚Susanna hat ihre Kontaktlinsen drin. Könnte sie die verlieren, wenn sie so spielt?' Ich lief hinaus, um sie zu erinnern, ihr Spiel nicht zu wild zu treiben, aber da kam sie mir schon entgegen, kleinlaut und den Tränen nahe. „Ich glaube, ich habe eine meiner Kontaktlinsen verloren." „Wo?" Die Frage war fast lächerlich. Natürlich irgendwo im hohen Gras. „Kannst du mir sagen, wo ihr gespielt habt, als du sie verloren hast?" Noch eine sinnlose Frage. „Irgendwo hier, Mama", sagte sie und zeigte auf ein etwa vier Quadratmeter großes Stück.

Nachdem ich eine Weile vergeblich gesucht hatte, gab ich auf. „Wer kann schon eine winzige Kontaktlinse in diesem hohen Gras finden? Es ist einfach unmöglich! Wir haben es versucht. Wir müssen einfach eine neue kaufen."

Susanna sah mich mit ihrem hoffnungsvollem Blick an und antwortete: „Jesus weiß, wo sie ist. Er weiß alles. Er kann sie uns zeigen. Beten wir, Mama."

Die Sonne sank tiefer am Himmel. Wir knieten uns gleich dort nieder, wo wir waren, und schlossen unsere Augen. In meinem Herzen bat ich den Herrn, mir die Worte zu schenken, um Susanna zu erklären, warum er sich nicht immer um all unsere kleinen Probleme kümmern kann. Wir beteten beide. Als ich meine Augen öffnete, zeigte mein Finger genau auf die Linse, die in den letzten Sonnenstrahlen glitzerte, als ob sie sagen wollte: „Hier bin ich!" Ich fühlte etwas ganz Besonderes in diesem Augenblick und wusste nicht, was ich zuerst tun sollte, weinen, lachen oder laut rufen: „Danke, Herr!" Meine Tochter wird immer wissen, dass es den Einen gibt, der sich um die großen und kleinen Dinge im Leben kümmert.

Viele Male sind in unserem Haus in den vergangenen Jahren Kontaktlinsen verloren gegangen, aber der Herr hat geholfen, uns die Augen zu öffnen. Er hat sogar die Haare auf unserem Kopf gezählt, passt auf uns auf und führt uns, wenn wir, wie die kleinen Kinder, unsere Herzen in seine Hände legen.

Eunice Peverini

Schmerzfrei

Und das Gebet des Glaubens wird dem Kranken helfen,
und der Herr wird ihn aufrichten ... Jakobus 5,15

L ieber Gott, schenke bitte den Menschen, die heute krank sind, einen schmerzfreien Sabbat." Ich hatte noch nie ein solches Gebet gehört. Aber in der Gemeinde lag eine Frau im Sterben, und so wurde dieses Gebet immer wieder gesprochen. Es richtete meinen Blick auf etwas, das vor langer Zeit geschehen war.

Ich lag mit fünf gebrochenen Wirbeln im Krankenhaus. In der ersten Nacht kamen die Ärzte jede Stunde und kitzelten mich an den Füßen, um festzustellen, ob sich Lähmungserscheinungen zeigten. Damit ich zur Ruhe kam, wurde mir ein starkes Schmerzmittel verabreicht. Auch die nächsten Tage konnte ich nur dann schlafen, wenn die Nachtschwester mir meinen schmerzstillenden ‚Zaubertrank' zusammenbraute. Morgens war der Schmerz wieder da und ich verlangte nach einer weiteren Dosis.

Am Sabbatmorgen jedoch, etwa um 10 Uhr, war der Schmerz wie weggeblasen. Als die Nachtschwester mir an diesem Abend die Medizin geben wollte, lehnte ich dankend ab. Ich erzählte allen, die mich besuchen kamen, wie erstaunt ich war, dass ich plötzlich keinen Schmerz mehr spürte. Die ganzen zehn Wochen, die ich noch im Krankenhaus verbrachte, kamen die Schmerzen im Rücken nicht wieder.

Manchmal haben wir eine sehr lange ‚Leitung'. In meinem Fall brauchte ich achtzehn Jahre, bis ich verstand, was geschehen war. Erst als ich im Gebet die Bitte um den schmerzfreien Sabbat hörte, erkannte ich, dass die Gemeinde wahrscheinlich für mich gebetet hatte und meine Schmerzen als Antwort darauf aufhörten.

Wie gut ist Gott doch zu uns! Er schenkte mir nicht nur einen schmerzfreien Sabbat, sondern nahm die Schmerzen ganz weg. Ich musste noch warten, bis meine Wirbel auf natürlichem Weg heilten, aber Gott richtete mich schließlich wieder auf.

Vielleicht wartet Gott heute darauf, dass wir für jemanden beten, der seine heilende Kraft braucht. Er ist bereit zu helfen.

Hannele Ottschofski

Toby

Zuflucht ist bei dem alten Gott und unter den ewigen Armen ... 5. Mose 33,27

Toby, ein vier Jahre alter schwarzer Mops mit Stammbaum trat in unser Leben, nachdem sein Frauchen in ein Pflegeheim umziehen musste. Ich bat meinen Mann, einen großen Katzenfreund, um seine Zustimmung zur ‚Adoption'. Der Hund war ein niedlicher kleiner Kerl mit glänzendem Fell, hervorstehenden Augen in einem lustigen eingedrückten, runzligen Gesicht und einem Schwanz, der sich über seinem Rücken kraus zusammenzog.

Obwohl er offiziell das Haustier der Familie war, entwickelten Toby und ich bald unsere eigene ‚Liebesbeziehung'. Ich ging mit ihm zur Hundeschule, gab ihm Futter und pflegte ihn. Weil die anderen Familienmitglieder den ganzen Tag in der Schule oder in der Arbeit verbrachten, wurden wir zwei enge Freunde. Er dankte es mir besonders, wenn ich ihn bei unseren Spaziergängen auf den Arm nahm, um ihn vor größeren, bedrohlich aussehenden Artgenossen zu schützen.

Während unseres Urlaubs am Strand wohnte unsere Familie in einer alten Hütte, die aus drei aneinander gereihten Zimmern bestand. Zwei waren ziemlich groß, eines kaum größer als eine Abstellkammer. Weil wir befürchtete, dass wild streunende Hunde unserem kleinen Liebling etwas antun könnten, bestand ich darauf, Toby für die Nacht ins Haus zu nehmen. Also richteten wir ihm in der Abstellkammer ein Lager her.

Eines späten Abends, die Kinder und ich waren schon zu Bett gegangen, blieb es meinem Mann überlassen, Toby in die Abstellkammer zu bringen. Doch der kleine Hund hatte seine eigenen Vorstellungen und lieferte meinem Mann eine wilde Verfolgungsjagd durch die beiden Haupträume und sauste unter dem Tisch, den Stühlen und Betten hindurch.

Für Christopher, Cathy und mich war die Vorstellung ein riesiger Spaß, für meinen Mann allerdings weniger. Plötzlich nahm Toby einen Anlauf und warf sich mir mit einem mächtigen Satz in die Arme. Hätte er, wie Bileams Esel, wirklich sprechen können, so hätte sein Hilferuf vielleicht gelautet: „Rette mich, bitte rette mich!" Es war zu komisch! Sogar mein Mann schloss sich unserem herzlichen Gelächter an.

Obwohl es ein lustiges Familienereignis war, erinnerte mich dieser kleine eigensinnige Hund an den heutigen Text. Wenn wir in Not sind, versuchen wir, es alleine zu schaffen oder fliehen wir in Jesu Arme, der uns am besten kennt und liebt? Auch wenn wir die Not manchmal selber hervorgerufen haben, ist er immer bereit, uns in seine starken, ausgestreckten Arme zu nehmen.

Irene Powell

Brot oder Zehnten?

Bringt aber die Zehnten in voller Höhe in mein Vorratshaus, ... und prüft mich hiermit, spricht der HERR Zebaoth ... Maleachi 3,10

Es war für meine allein erziehende Mutter schwierig, für sich und ihre fünf Kinder mit ihrem kleinen Gehalt als Lehrerin in Indien zu sorgen. Aber sie schaffte es irgendwie immer, jedem von uns eine Münze zu geben, damit wir sie während des Gottesdienstes in die Gaben geben konnten. Ich beobachtete, dass andere Leute Geld in die Zehntentüten steckten.

„Warum gibst du keinen Zehnten?", fragte ich sie einmal. „Gott weiß alles, und er kennt meinen Kampf. Sicher erwartet er nicht, dass ich den Zehnten gebe, wenn ich so wenig habe", antwortete sie. Das erschien mir vernünftig.

Dann predigte der Pastor eines Tages über den Text in Maleachi 3,8-10. Selbst uns Kindern wurde deutlich, dass der zehnte Teil unseres Einkommens an Gott zurückgegeben werden sollte.

Als wir nach Hause kamen, verkündete Mutter: „Ab dem nächsten Monatsgehalt werde ich dem Herrn treu den Zehnten geben." Ihrem Vorhaben gemäß machte sie am Anfang des Monats ein Budget und setzte den Zehnten oben auf die Liste. Für alle Ausgaben reichte das Geld mit einer Ausnahme – für den Bäcker fehlten genau 14 Rupien, so viel wie Mutter Zehnten geben wollte. Die Alternative hieß also Brot oder Zehnten. Was nun? Wir beteten bei unserer Andacht an jenem Abend darüber und dann traf Mutter ihre Entscheidung: „Ich werde meinen Zehnten geben."

Am nächsten Morgen schien sie im Gottesdienst glücklicher als sonst zu sein, obwohl sie kein Geld mehr übrig hatte. An selben Abend besuchte uns eine Frau und bat unsere Mutter, ihrer Tochter Nachhilfeunterricht zu geben. Mutter stimmte zu. Die Frau gab Mutter einen Vorschuss von 25 Rupien.

„Seht, Kinder", sagte sie, nachdem die Frau gegangen war. „Gottes Verheißungen sind zuverlässig. Er hat uns gerade die Fenster des Himmels geöffnet und Segen herabgeschüttet, mehr als wir brauchen, um die Bäckerrechnung zu bezahlen."

Wir waren so glücklich, lobten Gott und dankten ihm für seine Treue. Mutter gab 14 Rupien dem Bäcker, und die übrigen 11 Rupien halfen uns durch den Monat.

Winnie Kurian

Der Sturz der Riesen

Und dabei habe ich den Amoriter vor ihnen her vertilgt, der so hoch war wie die Zedern und so stark wie die Eichen, und ich vertilgte oben seine Frucht und unten seine Wurzel. Amos 2,9

Eines der bekanntesten Naturwunder Kaliforniens ist der Sequoia National-park. Irgendwie verblassen im Vergleich zu den Sequoias sogar ihre noch höheren Verwandten in den riesigen Rotholzwäldern. Einmal im Natio-nalpark angekommen zieht es die Besucher immer zum General-Sherman-Baum, der über neunzig Meter hoch ragt in seinem Hain, der von nur wenig jüngeren Sequoias bevölkert ist. In der Gegenwart eines der ältesten und massivsten Formen des Le-bens auf Erden wird sogar der oberflächlichste Tourist anhalten. ‚General Sherman‘ war schon Hunderte von Jahre alt, als Jesus geboren wurde, und heute betrachten die Förster ihn und seine „Nachbarn" als verehrungswürdige alte Herren, die sie ja auch sind. Ein Riesensequoia mit seinem Rindenmantel von etwa 60 cm Dicke ist gegen Buschfeuer immun. Keine Krankheit kann ihn zerstören. Er wächst, vermehrt sich und scheint stark und lebendig zu sein!

Aber auch dieser Baum kann fallen, wie im Gerichtsurteil von Amos so poe-tisch beschrieben. Er ist verletzlich. Er hat eine tragische, tödliche Schwäche. Er hat keine Pfahlwurzeln, die tief in die Erde reichen, nur Spreizwurzeln. Obwohl die Wurzeln des ‚Generals‘ sich auf über einen halben Hektar Land verteilen, verlaufen sie nirgends mehr als knapp zwei Meter tief in der Erde. Und so hat er über zweitau-send Jahre lang einen empfindlichen Balanceakt betrieben. Die Kraft des Windes oder das Gewicht des Schnees in seiner Krone könnte ihn leicht zu Fall bringen.

Das Gleichnis Jesu vom schönen, aber unfruchtbaren Feigenbaum verdeutlicht den Unterschiedet zwischen Inhalt und äußerer Form. So traurig es auch sein mag, einen kranken oder sterbenden Baum anzusehen, ist es nicht so herzzerreißend wie den Sturz eines Riesen zu erleben. Tod durch Sturz ist der Weg der großen Sequoias. Der Prediger, dessen einflussreiche Karriere von einem Skandal zerstört wird; die „idealen" Eltern, die ihre Kinder missbrauchen; der erfolgreiche (und vielleicht groß-zügige) Geschäftsmann, der sich als korrupt erweist; das hingebungsvolle und scheinbar gut zu einander passende Ehepaar, das beim Scheidungsrichter erscheint. Der geschätzte Arzt, der von Drogen abhängig ist; der Freund, der unser Vertrauen missbraucht. Wir haben alle gesehen, wie die ‚Riesen fallen‘, und ihre weit ausladen-den ‚Wurzeln‘ jämmerlich hilflos in den Himmel strecken.

Die äußere Fassade mag wichtig sein, aber der Schlüssel zu unserem Überleben liegt im bescheidenen und unsichtbaren ‚Wurzelsystem‘. Es muss gepflegt werden, damit die Wurzeln nach unten dringen und die unerschöpfliche Quelle des geistli-chen Lebens anzapfen können. Dort – und sonst nirgends – finden wir Sicherheit.

Dorothy Minchin-Comm

Tut es für den Herrn

Tut euren Dienst mit gutem Willen als dem Herrn und nicht den Menschen;
denn ihr wisst: Was ein jeder Gutes tut, das wird er vom Herrn empfangen,
er sei Sklave oder Freier. Epheser 6,7.8

Was tust du, wenn du eine Aufgabe, die du erledigen musst, wirklich verabscheust? Verdrehst du die Augen und sagst „Iiiiih"? Nun, es gibt einen besseren Weg.

Denise hatte noch nie gern Geschirr gespült. Sie freute sich auf die Ehe und auf Kinder. Sogar volle Windeln würden ihr nichts ausmachen, aber Geschirr spülen? Dreimal am Tag? Nun, das war zu viel! Am Anfang schimpfte sie, während sie spülte. Dann probierte sie es mit einem Abwasch pro Tag. Aber weder das eine noch das andere funktionierte besonders gut. Sie probierte es sogar mit Singen, aber ihre einzige Freude beim Abspülen war der Schaum.

Eines Morgens während ihrer stillen Zeit bat Denise Jesus, ihre Einstellung zum Geschirr Spülen zu verändern. Plötzlich fielen ihre die Worte aus Epheser 6, 7.8 ein: „Tut euren Dienst mit gutem Willen als dem Herrn und nicht den Menschen; denn ihr wisst: Was ein jeder Gutes tut, das wird er vom Herrn empfangen, er sei Sklave oder Freier."

„Als dem Herrn ..." Geschirr spülen, als ob sie es für Jesus täte, das war ihr noch nie eingefallen. Sie versuchte sich die Küche wie den Palast Gottes vorzustellen – schön und geräumig! Die makellosen goldenen Wasserhähne, den perlenähnlichen Schaum in der Spüle, Kristallgläser und goldene Teller. Und im oberen Stockwerk war der Thronsaal. Wie wäre es, wenn Jesus gerade ein Festessen veranstaltet und sie gebeten hätte, für ihn das Geschirr zu spülen? Welch eine Ehre, eine solche Aufgabe übertragen zu bekommen! Sie würde für ihren Herrn doch alles tun!

Je mehr sie betete und über das himmlische Geschirr nachdachte, umso attraktiver wurde ihr eigenes Geschirr. Schließlich hielt sie es nicht länger auf dem Stuhl. „Ich werde Geschirr spülen, als ob ich es für den Herrn täte", sagte sie entschlossen, während sie die Teller stapelte und heißes Wasser in das Spülbecken einlaufen ließ.

Wenn du also manchmal Dinge tun musst, die du verabscheust, hilft es nicht, darüber zu schimpfen; auch wenn du die Aufgabe vor dir herschiebst, wartet sie dennoch auf dich. Denise rät dir, den Rat aus Epheser 6,7.8 in die Tat umzusetzen und die Aufgaben so zu erledigen, als ob du sie für den Herrn selbst tun würdest.

Denke daran, Jesus selber sagte, „Was ihr getan habt einem von diesen meinen geringsten Brüdern, das habt ihr mir getan" (Matthäus 25,40).

Kay Kuzma

Persönliche Aufmerksamkeit

... Ich habe dich je und je geliebt, darum habe ich dich zu mir gezogen
aus lauter Güte. Jeremia 31,3

E s klingt unglaublich, aber es ist wahr. Wirklich wahr! Gott kümmert sich um mich auf individuelle Weise. Um mich, die Bedeutungslose. Warum sollte er mich lieben – es gibt keinen ersichtlichen Grund. Ich bin grau und runzelig. Ich bin krank. Ich bin hässlich, aber er liebt mich. Ich habe ihn viele Male enttäuscht, und doch vergibt er mir und liebt mich weiterhin.

Ich strenge mich nicht an, damit er mich liebt. Ich kann keinen Ton halten, deshalb singe ich ihm keine schönen Loblieder. Ich kann kein Musikinstrument spielen, deshalb komponiere ich keine majestätische Musik, um seinen Namen zu verherrlichen. Ich kann keine bewegenden Predigten halten, in denen die Zuhörer aufgerufen werden, ihm zu dienen. Ich schreibe keine Gedichte, die seine Güte und Gnade preisen.

Ich liebe ihn nicht einmal so viel, wie ich sollte. Warum bin ich dann trotzdem so sicher, dass Gott mich liebt? Es liegt weder am herrlichen Sonnenschein oder am Leben spendenden Regen noch am Zwitschern der Vögel oder den bunten Blumen. Die sind für alle da, damit wir sie genießen.

Nein; es liegt an seiner individuellen Fürsorge für mich. Nicht nur in den großen Dingen – wie Schutz, Nahrung und Kleidung – sondern Fürsorge auch in den winzigen Dingen, die nur für mich Bedeutung haben.

Mir fällt ein Beispiel ein. Eine alte Freundin sandte mir eine Weihnachtskarte, aber ohne Absender. Ich wusste, sie würde sich freuen, von mir zu hören, aber wie sollte ich ihr antworten ohne Anschrift? Ich kannte niemanden in dem Land, wo sie wohnte.

Für den nächsten Tag plante ich, die Schreibtischschublade aufzuräumen. Dabei fand ich mehrere alte Umschläge, die ich wegen der Briefmarken aufbewahrt hatte, denn meine Enkelkinder waren begeisterte Sammler. Ich drehte einen Umschlag um, und – hatte die Anschrift meiner Freundin in ihrer altmodischen Schrift in der Hand!

Gott hat mich so sehr lieb, dass er sogar die Haare auf meinem Kopf gezählt hat (Lukas 12,17). Er wird nie müde mich zu lieben. „Ja, ich habe dich je und je geliebt" (Jeremia 31,3). Welch ein wunderbarer Gott!

Goldie Down

Umzugswagen

Verlass dich auf den HERRN von ganzem Herzen, und verlass dich nicht auf deinen Verstand. Sprüche 3,5

Heute Morgen lief Mama geschäftig im Haus umher, bevor wir zur Kirche fuhren. Sie stellte die Aufläufe in den Backofen, schaltete die Zeitschaltuhr ein, überprüfte mich und meine Schwester noch einmal schnell und schob uns dann zur Haustür hinaus.

Auf dem Weg zu Papa in den Gottesdienst fragten wir Mama: „Was ist denn los?" „Der Vereinigungsvorsteher wird heute hier sein", erklärte sie.

Da wir in einem Predigerhaushalt aufgewachsen sind, hatten wir Besuch von Vereinigungsvorstehern schon öfter erlebt, und wir kannten ihre Bedeutung – bald würde ein Umzugswagen in unserer Einfahrt stehen und all unsere Möbel einladen. Wir würden natürlich nachkommen, aber das hieß weg von unseren Freunden; weg von unserem Zuhause; weg von all dem Bekannten.

Der Vereinigungsvorsteher hatte den weiten Weg von Kalifornien auf sich genommen, um Papa zu bitten, eine Gemeinde auf der anderen Seite der Vereinigten Staaten zu übernehmen.

Meine Schwester und ich liefen aus dem Haus und setzten uns an den Bach. Wir weinten und schworen nicht mitzugehen, sondern bei unseren Freunden zu bleiben. Aber irgendwie landeten wir doch in dem Auto, das nach Kalifornien unterwegs war.

An unserem neuen Wohnort hatte ich Angst vor der Schule, die ich nun besuchen sollte. Aber nach kurzer Zeit entdeckte ich, dass meine neue Lehrerin mich wirklich mochte. Anscheinend hatte die Lehrerin im Osten keinen Bericht über meine Verhaltensauffälligkeiten geschickt, so dass niemand wusste, dass ich die Hälfte der vierten Klasse mit meinem Pult vor dem Klassezimmer im Flur verbracht hatte. Nun entdeckte die neue Lehrerin plötzlich, dass ich Talent zum Schreiben hatte und ermutigte mich darin. Sie schickte sogar einige meiner Gedichte an einen Wettbewerb der Ortszeitung und eines wurde abgedruckt. Plötzlich mochte ich die Schule.

Als ich damals den Umzugswagen in der Einfahrt gesehen hatte, wurde mein Herz schwer. Aber ich hatte nicht an das Prinzip Gottes gedacht, dass er uns etwas Besseres schenken will.

Nach der Grundschule habe ich weitere Umzüge erlebt. Und obwohl es auch heute noch schmerzlich ist, umzuziehen und jeder Umzug Verlust bedeutet, schenkt uns Gott immer etwas Besseres. Eine neue Erfahrung, die uns hilft, zu wachsen. Eine neue Freundin. Ein neues Verständnis für seine Gegenwart.

Ich habe nicht mehr so viel Angst vor Umzugswagen.

Lori Peckham

Eine Tochter lehrt ihre Mutter

... du (musst) nicht erschrecken ... vor dem Grauen der Nacht, vor den Pfeilen,
die des Tages fliegen. Psalm 91,5

W enn du jemals Angst oder Sorgen haben solltest, schlage Psalm 91 auf und lies ihn sorgfältig", riet mir meine siebzehnjährige Tochter Moira Rose.
Moira studierte am Helderberg College, einem christlichen Internat in Südafrika. Zu den liebsten Hobbys der Mädchen gehörte es, im Wohnheim nachts Geistergeschichten zu erzählen. Anscheinend ist diese Gegend des Kaps wegen ihrer sonderbaren Geschichten berüchtigt.

In einer besonders stürmischen Nacht hockten sie sich vor der passenden Geräuschkulisse – schlagende Fenster und knarrende Türen – zusammen, um ihrer Lieblingsbeschäftigung nachzugehen.

Als Moira schließlich am Ende der Geisterstunde in ihr eigenes Zimmer ging, fürchtete sie sich und konnte nicht einschlafen. Sie kniete nieder und betete, „Bitte, Herr, gib mir etwas zu lesen, das mir meine Angst wegnimmt und meinen Seelenfrieden wieder schenkt." Dann kroch sie mit ihrer Bibel ins Bett, die sich bei Psalm 91 öffnete. Nach kaum der Hälfte des Psalms schlief sie schon tief.

Am nächsten Morgen erzählte sie mir aufgeregt, wie Gott ihr Gebet erhört hatte. Ich freute mich über ihre Erfahrung und entdeckte auch für mich den Psalm 91.

Einige Monate nach diesem Vorfall starb Moira bei einem Autounfall. Ich war am Boden zerstört. Um mit meiner Trauer fertig zu werden, begann ich ihre Bibel von vorne bis hinten durchzulesen und auf ihre Unterstreichungen und Notizen zu achten, die sie überall auf die Ränder geschrieben hatte. Einige der Texte schienen mehr als andere hervorzustechen, als ob meine Tochter mir einen Hinweis geben wollte auf den einzigen Weg, der mir bei der Bewältigung meiner Trauer helfen konnte.

Hier sind zwei dieser Texte aus Moiras Bibel: „Überlasst alle eure Sorgen Gott, denn er sorgt für euch" (1. Petrus 5,7 Hfa). „Der Herr ist denen nahe, die verzweifelt sind, und rettet jeden, der alle Hoffnung verloren hat" (Psalm 34,19 Hfa).

Diese Texte halfen mir durch den dunklen Tunnel der Trauer hindurch. Moira schien mir zu sagen: „Du bist nicht alleine; halte nur fest an Jesus, und er wird dich hindurchführen."

Ich freue mich auf den Tag, wenn ich ihn von Angesicht zu Angesicht sehen und ihm danken kann für seine Liebe und seinen Trost, und auch Moira für ihre Hilfe danken kann.

Frances Charles

Die falsche Nummer

*Und es soll geschehen: ehe sie rufen, will ich antworten; wenn sie noch reden,
will ich hören. Jesaja 65,24*

D as Telefon klingelte zum zehnten Mal an diesem Samstagabend. „Hallo,
hier spricht Pastor Campbell." Der Anrufer sagte keinen Ton. Ich versuchte
es noch einmal. „Möchten Sie den Pastor sprechen?" Eine matte Stimme
antwortete: „Ich muss wohl die falsche Nummer gewählt haben." Dann fügte sie
langsam hinzu: „Höre ich da Kinderstimmen im Hintergrund?"

„Ja", antwortete ich, „wir haben zwei kleine Mädchen. Sie spielen im Flur."

„Was für ein Glück Sie haben." Ihre Stimme klang ein wenig interessierter. „Lieben Sie sie! Sie werden so schnell erwachsen." Ich spürte ihren sehnsüchtigen
Wunsch, sich auszusprechen. „Und wie viele Kinder haben Sie und wo wohnen
sie?", wollte ich wissen. Die Frau am anderen Ende der Leitung erzählte, wie sehr sie
ihre Kinder geliebt hatte. Nun waren sie schon seit langem aus dem Haus und gingen ihre eigenen Wege. „Ich habe schon ewig nichts mehr von ihnen gehört. Nicht
einmal ihre Adresse weiß ich und keiner fragt nach mir."

„Lieber Herr, hilf mir, das Richtige zu sagen", betete ich. Ihr sagte ich: „Aber
Gott liebt Sie. Sie sind ihm wertvoll." „Meinen Sie, dass er sich auch um mich
sorgt?" Ihre Stimme klang ungläubig.

„Ja, Jesus liebt uns alle. Er starb für uns alle. Und er kommt wieder." Unsere Unterhaltung wurde länger. Sie sehnte sich nach Freundschaft. Schließlich bat ich sie:
„Ich hätte gern Ihre Adresse", denn ich hoffte ihr weiterhelfen zu können. Aber ihre
Antwort kam schnell. „Oh, nein." „Mein Mann ist heute Abend nicht zu Hause,
aber wir würden Sie gern einmal besuchen." „Oh, bitte, tun Sie das nicht", wehrte
sie ab. „Mein Bruder sitzt mit einem Gewehr an der Tür und droht jeden zu erschießen, der es wagt, uns zu besuchen."

Wir unterhielten uns weiter. Sie schien das Gespräch nicht abreißen lassen zu
wollen. Schließlich vertraute sie mir nach einem tiefen Seufzer an: „Ich bin ja so
froh, dass ich aus Versehen Ihre Nummer gewählt habe."

Hörte ich da einen Funken Hoffnung in ihrer Stimme? „Dies sollte mein letzter
Anruf sein, bevor ich in der Küche den Gashahn aufdrehe. Danke, dass Sie mein Leben gerettet haben." Ihre Stimme ging unter in einem Schluchzen, während der Hörer aufgelegt wurde.

Ich danke Gott, dass sie die falsche Nummer gewählt hat. Ich lobe ihn, dass er
es mir möglich machte, auf ihr Gebet zu antworten, sogar bevor sie seinen Namen
aussprach. Wie wunderbar ist doch unser immer aufmerksamer liebender Vater!

Margaret I. Campbell

Bring es dem Herrn

Gelobt sei der Herr täglich. Gott legt uns eine Last auf, aber er hilft uns auch.
Psalm 68,20

Belasten dich manchmal die Probleme, die andere dir anvertrauen? Das ist mir früher oft passiert, aber heute nicht mehr! Nein, ich habe nicht aufgehört, den Leuten zuzuhören, aber ich habe meine Methode geändert, wie ich mit den Sorgen und Lasten der anderen umgehe.

Ich werde oft gefragt, warum ich Englisch studiert habe und nicht Sozialpädagogik. Die Leute meinen, ich solle Sozialarbeiterin sein, weil mein Mann Prediger ist. Meine Antwort war immer die gleiche. Ich nehme intensiv Anteil an den Schmerzen anderer und bin nur bis zu einem bestimmten Punkt belastbar.

Vor einer Weile sprach ich darüber mit Betty Rayl. Wir trafen uns bei einem Begegnungswochenende für Frauen in Idaho und plauderten miteinander. Betty ist als Vertreterin der Frauen im Verbandsausschuss des Nordpazifischen Verbandes und hat deshalb eine tiefe Einsicht in die Problematik der Frauen.

Betty fragte mich: „Was machst du mit deinen Problemen?" „Nun, ich bringe sie Gott und vertraue darauf, dass er sich darum kümmern wird", antwortete ich. „Warum tust du nicht dasselbe mit den Problemen anderer Leute?", schlug Betty vor.

Irgendwie hatte ich immer die Verpflichtung empfunden, die Lasten der anderen zu tragen. Aber das fiel mir zunehmend schwerer. Warum war ich nicht schon früher darauf gekommen? Ich glaube, mein Stolz stand mir im Weg.

Nun habe ich Bettys Rat befolgt und es funktioniert! Wenn mir jetzt jemand seine Sorgen anvertraut, höre ich zu. Dann bete ich mit ihm und gebe die Last an den Herrn weiter. Seine Schultern sind viel breiter als meine.

Wenn du einen schweren Tag vor dir hast, weil die Probleme eines anderen dich tief niederdrücken, dann weise diese Person auf Jesus hin und denke daran: „Zuflucht ist bei dem alten Gott und unter den ewigen Armen" (5. Mose 33,17).

Jean Sequeira

Gleichnis von der beschäftigten Hausfrau

Wirf dein Anliegen auf den HERRN; der wird dich versorgen ... Psalm 55,23

Eine viel beschäftigte Hausfrau nahm sich vor, jeden Morgen eine Stunde mit Jesus zu verbringen. Als sie die Bibel zur Hand nahm, fiel ihr ein, dass sie die Bohnen fürs Mittagessen schon aufsetzen könnte, damit sie kochten, während sie liest. Sie legte ihre Bibel auf den Tisch und ging zum Küchenschrank, um einen Topf zu holen, aber der stand in der Spüle – wie immer mit angebrannten Frühstücksresten.

„Ich kann ja genauso gut das Geschirr spülen", überlegte sie sich. Nach einer Viertelstunde schüttete sie die Bohnen in den sauberen Topf und setzte sie auf den Herd. Aber der Haferbrei war an diesem Morgen übergekocht, und wenn sie ihn nicht sofort aufwischte, würde er hart werden.

Der klebrige Haferbrei auf ihrem Lappen erinnerte sie an die Geschirrtücher, die gewaschen werden mussten. Während sie die Schmutzwäsche im Badezimmer einsammelte, bemerkte sie, dass ihr Mann vergessen hatte, nach der Rasur das Waschbecken zu säubern. Während sie sich um das Waschbecken kümmerte, sah sie überall auf dem Spiegel Flecken, und beim Spiegel Putzen erschrak sie vor ihrem Aussehen.

„Oh nein", stöhnte sie, „meine Haare sehen schrecklich aus! Ich muss mich frisieren, bevor irgendjemand kommt und mich so sieht. Aber wo ist wohl meine Bürste?"

Nachdem sie eine Weile gesucht hatte, fand die beschäftigte Hausfrau die Bürste im Schlafzimmer ihrer Tochter unter der Decke des noch nicht gemachten Bettes. Während sie die Laken glättete und das Kissen aufschüttelte, hielt sie plötzlich inne und schnupperte. Dieser Geruch ... roch da nicht etwas angebrannt?

„Die Bohnen!", rief sie. „Ich habe die Bohnen vergessen!"

Crystal Earnhardt

Was sieht Gott in mir?

Der HERR schaut vom Himmel auf die Menschenkinder, dass er sehe, ob jemand klug sei und nach Gott frage. Psalm 14,2

A ls das Flugzeug über Calgary kreiste, bevor es in Richtung Salt Lake City davonflog, hielt ich aus dem Fenster Ausschau nach den Wahrzeichen dieser Stadt. Der über zweihundert Meter hohe Calgary Tower verlor an beeindruckender Höhe, wenn man ihn vom Himmel aus betrachtete. Der Saddledome, eine einzigartige Konstruktion, hatte etwa die Größe eines Shetland-Ponys. Meine Augen folgten den Autos, die Ameisen gleich die Straßen bevölkerten. Der sich dahinschlängelnde Bow River teilte die Stadt.

Obwohl das Flugzeug weiterhin an Höhe gewann, gestattete ein wolkenloser Himmel eine gute Sicht auf die Landschaft tief unten. Ich beobachtete geometrische Feldformen in unterschiedlichen Grünschattierungen, dazwischen schwarze Äcker und gelbe Rapsfelder. Dunkelgrüne Baumgruppen umrahmten winzige Farmgebäude mit Metallsilos, die in der Sonne blinkten. Ich erkannte schlammfarbige Moraststellen, mit weißer alkalischer Asche eingefasst.

Während ich das Landschaftsmosaik unter mir bewunderte, stellte ich mir vor, wie fasziniert der Astronaut John Glenn gewesen sein musste, als er 1962 die Erde dreimal in weniger als fünf Stunden umrundete. Nach seiner Rückkehr aus dem Weltraum erzählte er, wie beeindruckend es für ihn gewesen sei, an einem Tag vier Sonnenuntergänge zu erleben – drei während des Fluges und einen nach der Landung. Er war fasziniert von den leuchtenden Farben der Sonnenuntergänge und der Helligkeit des Orion und der Plejaden.

Während meiner Überlegungen kam mir der Psalmtext in den Sinn. Was sieht Gott vom Himmel aus, wenn er auf die Erde schaut? Sicher viel mehr als Astronauten, Piloten, Fluggäste und ich! Die Bibel berichtet uns, dass er einen Sperling zu Boden fallen sieht, die Anzahl der Haare auf meinem Kopf kennt und in unser Herz sieht.

Ich schnitt den Text auf mich zu: „Der Herr sah hinab vom Himmel auf Edith (setze hier deinen Namen ein), um zu sehen, ob sie verständig ist und Gott sucht."

Herr, ich bete, dass du Weisheit in mir siehst, wenn du aus dem Himmel auf mich herabschaust; Schönheit und ein reines Herz; eine Frau, die sich täglich auf die Begegnung mit dir von Angesicht zu Angesicht vorbereitet.

Edith Fitch

In Liebe verbunden

Darum sorgt nicht für morgen, denn der morgige Tag wird für das Seine sorgen. Es ist genug, dass jeder Tag seine eigene Plage hat. Matthäus 6,34

In den letzten sechs Monate habe ich eine große Veranstaltung geplant, um Spenden für eine Wohlfahrtsorganisation zu sammeln, für die mein Mann als freiwilliger Helfer arbeitet. Wir hatten begonnen, Lebensmittel für die Menschen in Sarajevo zu sammeln und genug Geld, um ihren Transport dorthin zu finanzieren. Als Höhepunkt unserer Aktion planten wir in unserer Kirche ein großartiges Blumenfest, bei dem wir die weltweite Arbeit der Organisation vorstellen wollten.

Aber bis es so weit war, hatte ich noch scheinbar unüberwindliche Hürden zu nehmen: die Werbung für die Veranstaltung managen, das Fest planen, für mein Schlussexamen an der Uni lernen und auch noch das Familienunternehmen zwei Wochen lang führen, während mein Mann in Sarajevo war, und den Haushalt auf dem Laufenden halten. Das war fast mehr, als ich bewältigen konnte.

Weil die Nächte angesichts dieser Aufgabenfülle immer sehr kurz waren, hoffte ich wenigstens auf einen tiefen, erholsamen Schlaf. Aber meine Gedanken machten auch Überstunden und drehten sich unaufhörlich wie ein Karussell, sobald ich mich hinlegte. Ich wusste, dass ich aus eigener Kraft niemals alles schaffen würde, was ich tun musste, und so lernte ich mich vollständig auf Gott zu verlassen. Jeden Tag bat ich ihn nur um so viel Kraft, wie ich für einen Tag brauchte, und er schenkte mir die Verheißung aus Matthäus 6 als ‚Rettungsanker'.

Jeden Tag fühlte ich seine Kraft, während sich die Gebete meiner Freunde mit meinen vereinigten. Meine Kraft reichte gerade aus für jeden Tag.

Der Aufruf und unser Blumenfest waren ein großer Erfolg. Wir sammelten Lebensmittel und Geld im Wert von mehr als 15.000 Euro, doch alles, was wir erreichen konnten, war nur aus Gottes Kraft möglich.

Unsere kostbaren Energien verpuffen leider allzu oft umsonst, weil wir uns über zukünftige Pläne oder gegenwärtige Schwierigkeiten Sorgen machen.

Ich bete jetzt darum, dass ich die Lektion in mein alltägliches Leben übernehmen kann. Denn es ist sehr einfach, sich dann auf Gott zu verlassen, wenn es stürmisch wird, aber ihn zu vernachlässigen, wenn die Normalität wieder einkehrt.

Das Motto unseres Blumenfestes lautete „In Liebe verbunden" und ich stellte fest, dass ich auch meinen Mitmenschen in Liebe verbunden bin, wenn ich eine enge Verbindung zu Gott habe. Nur wenn ich online mit ihm bin, kann er mir die Kraft für jeden neuen Tag schenken.

Wollen wir heute beten, dass wir alle durch unsere Gebete mit Gott „in Liebe verbunden sind".

Audrey Balderstone

Heilende Kraft

*Da wandte sich Jesus um und sah sie und sprach: Sei getrost, meine Tochter,
dein Glaube hat dir geholfen. Und die Frau wurde gesund zu derselben Stunde.*
Matthäus 9,22

Hilkka litt seit fünf langen Jahre an starken Rückenschmerzen. Sie war noch jung, als die Ärzte ihr rieten, sich darauf einzustellen, den Rest ihres Lebens in einem Rollstuhl zu verbringen, weil eine Lähmung zu erwarten war. Ihre Rückenwirbel hatten „Spitzen" entwickelt und die Knochenmasse begann zu zerfallen. Bald würde sogar das Stahlkorsett, das sie trug, nicht mehr genug Stütze bieten können, um aufrecht zu stehen. Das Liegen war äußerst schmerzhaft, an Aufstehen ohne fremde Hilfe oder Bücken war gar nicht zu denken.

In Kürze sollte eine Vereinigungskonferenz stattfinden. Hilkka musste an die biblische Geschichte von der Frau denken, die geheilt wurde, als sie das Gewand Jesu berührte. Wenn sie ihn nur berühren könnte!

„Wird es eine Versammlung geben, bei der für die Kranken gebetet wird?", fragte Hilkka einen der Prediger. „Wir werden darüber nachdenken", war die Antwort. Und tatsächlich! Nach der Morgenveranstaltung am Sonntag wurde eine besondere Versammlung für alle Kranken abgehalten, die Fürbitte wünschen.

Hilkka saß in der Andacht, aber sie hörte kein Wort von dem, was gesprochen wurde. Sie betete: „Bitte, Herr, ich weiß nicht, ob ich genug Glauben habe, damit du mich heilen kannst, aber schenke mir doch diesen Glauben, damit ich gesund werden kann!"

Als die Kranken in einem kleinen Raum zum Gebet zusammenkamen, schloss sich ihnen eine ganze Reihe von Predigern an. Sie legten ihre Hände auf die Menschen und beteten einer nach dem anderen für die Leidenden. Als Pastor Arasola für Hilkka betete, spürte sie, wie eine Kraft durch ihren Rücken fuhr und ihre Wirbelsäule aufrichtete. Beim Auseinandergehen erzählte der Prediger: „Ich spürte eine heilende Kraft, und ich hoffe so sehr, dass dir geholfen werden konnte."

Als er wenig später noch einmal für Hilkka beten wollte, hörte er eine Stimme, die ihn anwies: „Bitte nicht, sondern danke!"

Inzwischen war Hilkka mit einem Begleiter unterwegs zum Bahnhof. Sie erzählte ihm: „Ich wurde heute geheilt!" Zu Hause angekommen nahm sie das Stahlkorsett ab, holte den Putzeimer und wischte den Boden. Dabei krümmte sie ihren Rücken, wie sie es seit Jahren nicht mehr hatte tun können. Die Ärzte trauten ihren Augen nicht, als sie die junge Frau wiedersahen, aber am Befund gab es keinen Zweifel: Hilkkas Wirbelsäule war gesund! Sie hatte nie mehr Schmerzen im Rücken. Diese junge Frau ist meine Mutter.

Hannele Ottschofski

Angst in Sibirien

Fürchte dich nicht, ich bin mit dir; weiche nicht, denn ich bin dein Gott.
Ich stärke dich, ich helfe dir auch, ich halte dich durch die rechte Hand
meiner Gerechtigkeit. Jesaja 41,10

Ein hartes Klopfen an der Tür zerriss die Stille der sibirischen Nacht. Ein Blick nach draußen zeigte zwei lauernde, fremde Schatten. Der Prediger der Ortsgemeinde hatte uns vor solchen Besuchen gewarnt. Mein Mann, unser ältester Sohn und ich wollten in diese Stadt im Osten Sibiriens das Evangelium weitergeben. Die Veranstaltungen waren sehr gut besucht. Die Menschen hatten Hunger nach dem Wort Gottes, aber es gab auch andere, die unsere Arbeit vereiteln wollten. Waren diese nächtlichen Gestalten gekommen, um dem ersten Amerikaner, der je dort gepredigt hatte, Angst einzujagen? Dann unterschätzten sie meinen Mann! Ben lässt sich nur schwer Angst einjagen und von seiner Aufgabe ablenken.

Ich aber kenne Angst. Mein Herzschlag war ein Echo ihrer Hiebe gegen die Tür, während Ben, Dave und ich uns zusammen zum Gebet niederknieten. Wir hatten kein Telefon, um Hilfe herbeizurufen, aber wir benutzten den heißen Draht zum Himmel und baten unseren allmächtigen Vater um Beistand in dieser Situation. Schließlich verstummte das hartnäckige Klopfen, alles wurde ruhig und wir konnten uns mit dankbaren Herzen schlafen legen.

Doch der Schlaf wollte sich bei mir nicht einstellen. Ich dachte über Angst nach – jene zwiespältige Emotion, die einerseits ein Freund sein kann, der uns zur Umsicht rät, andererseits aber auch ein Feind, der uns Frieden, Freude und Mut raubt. Diese Angst hatte fast verhindert, dass ich meine beiden Männer nach Sibirien begleitete, aber Gott half mir trotz meiner Angst.

Eine Woge von Angst drohte mich immer zu verschlingen, wenn ich bepackt mit evangelistischer Ausrüstung, einen alten, dunklen Aufzug benutzen musste. Obwohl der Ortsprediger und der Übersetzer mich begleiteten, litt ich Todesängste.

„Herr, du weißt, dass ich vor diesen dunklen, engen Räumen Angst habe. Werden die Kabel halten? Ich bin hier hilflos. Bitte begleite uns, während wir neun Etagen hinunterfahren."

Es war für mich eine ungeheure Herausforderung, meine Ängste nicht überhand nehmen zu lassen. Ich habe Angst davor, in der Öffentlichkeit zu sprechen, aber wenn ich abends die Gesichter der fast zweihundert Kinder sah, besiegte die Liebe meine Angst.

In Sibirien lehrte Gott mich, ihm zu vertrauen. Er stellte mich in Situationen, in denen ich völlig abhängig von ihm war, und ich lieferte mich ihm ohne Vorbehalte aus – und erlebte, wie vertrauenswürdig er war.

Lila Lane George

Nicht nur eine Nummer

Ich bin der gute Hirte und kenne die Meinen, und die Meinen kennen mich ...
Johannes 10,14

Als ich an die Kasse im Supermarkt kam und den Scheck für meine Einkäufe ausfüllen wollte, fragte mich die Kassiererin nach meiner Kundenkarte. Wir hatten diese Kundenkreditkarte vor einem Jahr beantragt und mussten auf dem Antragsformular u.a. Führerscheinnummer und Rentenversicherungsnummer eintragen. Daraufhin wurde uns die Karte ausgehändigt mit einer weiteren Nummer, über die uns der Computer der Firma identifizieren sollte.

Wir sind bloß Nummern! Überall wo wir hingehen, um irgendetwas zu erledigen, müssen wir uns mit einer Nummer identifizieren – Telefonnummer, Adresse, Rentenversicherungsnummer, Führerscheinnummer, Krankenversicherungsnummer, Kundenkartennummer, Girokontonummer, PIN-Nummer. Die Nummern begleiten uns das ganzes Leben.

Aber es gibt einen, der sich nicht mit einer Nummer identifizieren muss. Man sieht seine Spuren an jeder Blume und jedem Baum. Man erkennt ihn in der Schönheit der majestätischen Berge und der Meere. Die Vögel lassen seine Stimme widerschallen. Sogar die Tiere kennen seinen Namen.

Und doch wird dieser Große von seiner intelligentesten und wertvollsten Schöpfung am wenigsten anerkannt und respektiert. Für ihn sind wir viel mehr als nur eine Nummer: Wir sind sein Augapfel, sein Stolz und seine Freude, für die er den Himmel verließ, als kleines Kind auf die Erde kam, als Mann litt und wie ein Verbrecher starb.

Überall im Geschäftsleben müssen wir uns hier mit Nummern identifizieren, aber zu Christus brauchen wir nur zu sagen: „Ich bin dein Kind, eine Sünderin, die durch deine Gnade gerettet ist. Bitte vergib mir und schenke mir eine weitere Chance." Welche liebenden Eltern verlangen Identifikationsnummern von ihren Kindern? Sie werden an ihrem Gesicht und am Klang ihrer Stimme erkannt, seien sie nun störrisch oder rechtschaffen .

Es wird auch keine Nummer für unseren Eintritt in den Himmel gefordert, denn Gott kennt uns mit Namen, an unserem Gesicht und unseren Taten. Er kennt uns durch unsere Beziehung zu ihm als seine gehorsamen Kinder, die seinen Willen hier auf Erden erfüllt und die Verbindung zu ihm aufrechterhalten haben. Ja, für ihn sind wir viel mehr als nur eine Nummer.

Gloria J. Stella-Felder

Zuverlässiger Kleber

Es gibt Allernächste, die bringen ins Verderben, und es gibt Freunde,
die hangen fester an als ein Bruder. Sprüche 18,24

J st dir das auch schon passiert? Du willst Briefumschläge zukleben, einen Brief mit Marken versehen oder Adressaufkleber aufbringen, aber der Kleber ist eingetrocknet!
Bombenfest dagegen haften Etiketten auf den gekauften Waren, und man muss oft zu Tricks wie Wärme oder Nagellackentferner greifen, um die widerspenstigen Dinger loszuwerden.

Früher mischte man Mehl mit Wasser und hatte einen Kleber, der billig war und sogar funktionierte!

Manche Situationen verlangen eine andere Art von Kleber – loyale Freundschaften von der Sorte, die auch in Schwierigkeiten, in Trauer und in manchmal turbulenten persönlichen Beziehungen halten.

Als ich eines Abends in meinem Klassenzimmer arbeitete, klopfte es an der Tür. Eine Schülerin bat aufgeregt um ein Gespräch, weil ihr ein Gerücht über mich zu Ohren gekommen war, das im Mädchenheim verbreitet wurde.

„Ich bin es Leid, diesen Tratsch zu hören. Deshalb möchte ich Informationen von dir, damit ich der üblen Nachrede ein Ende setzen kann", erklärte sie. „Mir reicht's! Ich glaube kein Wort davon und möchte dieser falschen Darstellung über dich entgegentreten." Ich freute mich über ihre Loyalität und Ehrlichkeit.

„Weißt du, manchmal ist es besser, Verleumdungen dadurch zu begegnen, dass man sie ignoriert, statt ihrem Urheber nachzujagen. Unser Verhalten wird beweisen, was wirklich stimmt. Böse Gerüchte laufen sich dann schnell tot." Ich dankte ihr jedoch für ihre Aufrichtigkeit und Loyalität.

Heute brauchen wir wirklich den Kleber loyaler Freundschaft. Guten Kleber, zuverlässigen Kleber, der standhaft genug macht, den biblischen Prinzipien der Wahrhaftigkeit treu zu bleiben und genug Halt bietet trotz Spott, Hohn und Drohungen.

Zuverlässiger Kleber ist stark. Er lässt nicht so leicht los. So ist auch Jesus, der noch zäher an dir fest hält als ein leiblicher Bruder.

Marilyn Brown

Verloren in der Nacht

Wie ein Hirte seine Schafe sucht, wenn sie von seiner Herde verirrt sind, so will ich meine Schafe suchen und will sie erretten von allen Orten, wohin sie zerstreut waren zur Zeit, als es trüb und finster war. Hesekiel 34,12

M ein Mann und ich kamen am Freitagabend rechtzeitig zur Campveranstaltung und fanden einen guten Platz, um unser Zelt aufzustellen. Als Erstes machte ich die Damentoiletten ausfindig und prägte meinem Gedächtnis den Weg dorthin gut ein. Wie erfreut war ich, als ich entdeckte, dass ein großes, helles Licht, das vom ganzen Campingplatz aus gesehen werden konnte, die Vorderseite des Gebäudes beleuchtete. Ich könnte mich unmöglich verlaufen. Zuversichtlich schlief ich ein.

Etwa gegen drei Uhr nachts machte ich mich auf den Weg zur Toilette. Vorher zog ich meinen Bademantel über, schlüpfte in meine Schuhe, nahm die Taschenlampe und folgte den hellen Strahlen zum ersehnten Örtchen.

Erst als ich auf dem Rückweg war, wurde mir meine prekäre Lage klar. Es gab kein Licht, das mein Zelt markierte! Ich hatte mir nicht einmal gemerkt, an wie vielen Reihen ich vorbeigekommen war! Und in der Dunkelheit sahen alle Zelte gleich aus!

Eine Reihe nach der anderen schritt ich ab und hatte dabei Angst, mit dem herumgeisternden Lichtstrahl meiner Taschenlampe die Bewohner der anderen Zelte zu wecken. Nirgends kam mir ein Zelt bekannt vor. Schließlich befand ich mich auf einem sandigen Pfad in die felsige Wüste, die den Campingplatz umgab, und nicht mehr auf dem geteerten Weg. Erschrocken drehte ich mich um und wollte zurückgehen. Hoffentlich würde ich nicht bis zum Tagesanbruch herumirren müssen! Ich hatte Angst, weinte, war müde und fror. Als ich erkannte, dass ich mein Zelt alleine nie wieder finden würde, fing ich an zu beten.

Herr, wecke meinen Mann und schicke ihn hinaus, um mich zu suchen, bat ich.

Als meine Füße wieder auf Asphalt trafen, näherte sich mir ein Licht. Ja, es war mein Mann! Er hatte mich vermisst – so lange konnte doch kein Toilettenbesuch dauern – und war auf der Suche nach mir.

Wie der Hirte sein Schaf, wie die Hausfrau ihre Münze, wie der Vater den verlorenen Sohn fand, hatte mich mein Mann gefunden. Ich danke Gott, dass er sich um verirrte Schafe, Münzen, Söhne und Ehefrauen kümmert.

Carrol Johnson Shewmake

Der Knoten

Der Herr ruft: „Ihr habt Durst? Kommt her, hier gibt es Wasser! Auch wer kein Geld hat, kann kommen ... Bedient euch, es kostet nichts! ... Hört doch auf mich, und tut, was ich sage, dann bekommt ihr genug! Ihr dürft köstliche Speisen genießen und euch satt essen. Hört mir zu, und kommt her! Ja, nehmt meine Weisungen an, damit ihr am Leben bleibt! Jesaja 55,1-3 (Hfa)

J ch hatte den Knoten ignoriert, wollte seine Existenz nicht wahrhaben. Vielleicht würde er einfach verschwinden, wenn ich nicht darüber nachdachte. Aber die Worte meines Frauenarztes machten jegliche Illusion zunichte: „Da ist ein Knoten in Ihrer Brust. Sie müssen ihn gemerkt haben." „Nun, eigentlich nicht", antwortete ich. Ich hatte es tatsächlich geschafft, ihn zu vergessen. Aber das war nun vorbei. „Wir werden eine Mammographie machen lassen, um Klarheit zu gewinnen." Dann kam der Anruf. „Wir können immer noch nichts Genaues sagen. Deshalb möchten wir eine Biopsie machen, um sicherzugehen. Könnten Sie nächste Woche ins Krankenhaus kommen?" Ich würde keine Ruhe haben, wenn ich es nicht tat, und sagte zu.

Wie lang kann eine Woche sein! Und wie kurz! Es gab so vieles noch zu erledigen, bevor ich wegging. Ganz bestimmt ist es nur ein harmloser Knoten – und wenn nicht? Was, wenn ich sterben muss? – Man muss heute nicht an Brustkrebs sterben, wenn er früh genug entdeckt wird. – Aber ich hatte den Knoten doch monatelang ignoriert. Wie dumm von mir! – Hör auf mit diesen Gedanken und mach deine Arbeit! Aber mitten in der Nacht überfielen mich diese Gedanken aus Neue und ich konnte keine Ruhe finden. Ich griff zu meiner Bibel und schlug sie aufs Geratewohl auf. Sie öffnete sich bei Jesaja 55. „Ihr habt Durst? Kommt her ..." Ich konnte mich nicht konzentrieren. Ich las die Verse immer wieder, aber ich verstand lange kein Wort von dem, was ich las. Und doch trösteten mich die Worte. „Nehmt meine Weisungen an, damit ihr am Leben bleibt!" In jeder Nacht, wenn der Schlaf nicht kommen wollte, las ich diese Verse.

Bevor ich morgens einem neuen Tag ins Gesicht sehen musste, tat ich dasselbe. Äußerlich gelassen ging ich ins Krankenhaus nach einer Nacht voller Tränen. Wer wusste wann und ob ich nach Hause kommen würde? Ein letzter Blick in die Bibel, und ich bat Gott, mir zu helfen.

Kannst du dir meine Erleichterung vorstellen, als der Arzt mir die frohe Botschaft verkündete, der Knoten sei ganz harmlos und alles in Ordnung? Gott sei Dank! Waren all jene Ängste unnötig gewesen? Ja und nein. Vielleicht kann ich das Leben jetzt mehr schätzen und andere in der gleichen Lage besser verstehen. Die Narbe erinnert mich jeden Tag an die Erfahrung, die Gott mir durch diesen Bibeltext schenkte.

Hannele Ottschofski

Sei die Antwort auf ein Gebet

Er sagte ihnen aber ein Gleichnis darüber, dass sie allezeit beten und nicht nachlassen sollten. Lukas 18,1

S ei doch heute die Antwort auf ein Gebet! Ist das möglich? Ja, ich habe es schon erlebt. Oftmals bemerken wir es gar nicht. Aber manchmal schenkt uns Gott Einblick.

Wir beten alle für uns – um Vergebung, Gesundheit und Kraft, für unsere täglichen Bedürfnisse. Wir beten auch für andere – um Fürsorge und Schutz für diejenigen, die wir lieben, und um Führung für die, die in unseren Gemeinden und in unserem Land Verantwortung tragen. Aber hast du jemals darum gebetet, dass du die Antwort auf ein Gebet sein könntest?

Gott führt Menschen auf verborgene Weise zusammen, um seine Pläne für unser Leben zu erfüllen. Wenn ich einen freien Platz in unserem Pflegeheim habe, bete ich jedes Mal darum, dass Gott mich zu der Person führt, die dringend der Pflege bedarf. Ich weiß, dass er jede unserer Heimbewohner zu uns geschickt hat. Dabei habe ich oft wunderbare Erfahrungen gemacht.

Eine alte gebeugte Frau nimmt meine Hand in die ihre und sagt: „Oh, dein Anruf war eine Antwort auf mein Gebet!" Oder ein besorgter Sohn sagte mir, „Sicher hat Gott meine Eltern hierher geführt. Ich wusste nicht mehr, wer ihnen helfen könnte, und so betete ich einfach um Führung."

Du kannst auch die wunderbare Erfahrung erleben, dass du einen Brief oder einen Anruf tätigst, und dass man dir sagt, „Ich hatte es so nötig, dass mich heute jemand ermutigt" oder „Ich betete, dass jemand meine Ängste mit mir teilt, um mich heute aufzuheitern, damit ich mich nicht so einsam fühle."

Ich glaube, Gott schenkt uns diese Erfahrung, wenn wir darum beten. Dann können wir wirklich die Antwort auf ein Gebet sein.

„Mein Leben wird ein Dutzend andere Leben berühren, bevor dieser Tag vergangen ist, und unzählbare Zeichen zum Guten oder zum Bösen hinterlassen, bevor die Sonne untergeht. Mein Wunsch und mein Gebet sind, dass mein Leben den anderen Leben, die es auf dem Weg berührt, eine Hilfe sein kann" (Strickland Gillian).

Barbara Smith Morris

Gott ist wie ...

Trachtet zuerst nach dem Reich Gottes und nach seiner Gerechtigkeit,
so wird euch das alles zufallen. Matthäus 6,33

Viele meiner Freundinnen fühlen sich in der Gegenwart Gottes unwohl. Das erinnert mich an meinen Vater. Eines Tages traf ich mich nach der Arbeit mit einer Freundin zum Bummeln. Das machte mich hungrig, aber in meinem Geldbeutel war „Ebbe", denn ich hatte meinen letzten Dollar meinen Söhnen für ihr Pausenbrot mitgegeben. „Kein Problem", meinte ich dann zu meiner Freundin. „Wir sind ganz in der Nähe von Vaters Büro. Er wird mir etwas leihen."

Meiner Freundin fiel das Kinn herunter. „Du kannst doch nicht einfach ins Büro der Generalkonferenz gehen und um Geld bitten!", protestierte sie. „Kann ich sehr wohl!", sagte ich im Brustton der Überzeugung. „Komm mit!" Schon schleppte ich sie zu dem imposanten Gebäude. Sie arbeitete als Sekretärin in einer Gemeinde in der Nähe, hatte aber nie das Gebäude der Kirchenverwaltung betreten.

„Bist du sicher, dass es ihnen nichts ausmacht?", fragte sie zweifelnd, als ich uns bei der Sicherheitskontrolle eintrug und sie den Gang entlang zum Büro meines Vaters zog. Während ich anklopfte und die Tür öffnete, konnte ich fühlen, wie sie auf Abstand ging.

Papa grinste mich breit an. „Wie viel brauchst du diesmal?", fragte er, während er lachend seinen Geldbeutel zückte. „Nur $ 5", antwortete ich. Er gab mir $ 10. „Viel Spaß, ihr beiden. Bis später!"

„Ich kann es nicht glauben!", sagte Sharon verblüfft, als wir das Gebäude verließen. „Er wusste, was du brauchst, bevor du deinen Mund aufgemacht hast, und dann gab er dir doppelt so viel, wie du erbeten hast." Ich lachte. „Er wusste, dass ich mit dir unterwegs war, und ist nie überrascht, wenn mir das Geld ausgeht. Auch wenn ich pleite bin, freut er sich immer, mich zu sehen, und wir sollten doch miteinander Spaß haben."

Ich glaube, dass Gott mich mit derselben amüsierten Gutmütigkeit begrüßt, wenn ich zu ihm mit meinen Bitten komme. Er weiß schon, was ich brauche, und erfüllt meine Bedürfnisse und schenkt mir noch mehr ... weil auch er möchte, dass ich Freude habe. „Freude die Fülle" heißt seine Aussage in der Lutherbibel.

Sally Pierson Dillon

Anrufbeantworter

... Denn ich rief, und niemand antwortete, ich redete, und sie hörten nicht ...
Jesaja 66,4

H at dich der Erdboden verschluckt?" „Ich scheine immer nur deinen Anrufbeantworter zu erwischen." „Spielen wir wieder Verstecken am Telefon?" Anrufbeantworter. Ein nützliches Instrument, und doch so frustrierend, wenn wir uns mit jemandem unterhalten wollen. Manchmal nervt das Telefon. Es klingelt zu unmöglichen Zeiten. Deshalb lasse ich oft den Anrufbeantworter eingeschaltet, selbst wenn ich zu Hause bin. Vielleicht bin ich gerade beschäftigt, möchte nicht unterbrochen werden oder will einfach im Augenblick mit niemandem sprechen. Das sind dann die Zeiten, zu denen meine Freunde Frustbotschaften auf dem Band hinterlassen. Manche sagen auch gar nichts, und ich höre beim Abspielen nur den Signalton.

Könnte mein Gebetsleben manchmal meinem Anrufbeantworter ähneln? Spreche ich mit Gott nur am Sabbat oder wenn ich ins Bett gehe oder mir gerade danach ist? Ob Gott meine Geschäftigkeit (oder Faulheit) manchmal beobachtet und sich wünscht, dass ich ganz einfach mit ihm reden würde? Fühlt er sich manchmal frustriert, wenn ich auf seine „Anrufe" hin nicht „zurückrufe"? Welche Botschaften hinterlässt er?

Welch ein Unterschied zwischen Gott und mir! In Jeremia 33,3 verheißt er: „Rufe mich an, so will ich dir antworten". Und in Jeremia 29,12 verspricht er: „Und ihr werdet mich anrufen ... und ich will euch erhören." Kein Anrufbeantworter und kein Besetztzeichen! Einfach ein liebender Gott, der möchte, dass ich ihm näher komme und mich in allen Lebenslagen auf ihn verlasse.

Vater, hilf mir, auf deine Stimme zu achten. Ich möchte nicht, dass du nur ein Signalton wirst! Hilf mir, in meinem geschäftigen Leben meine Beziehung zu dir an die erste Stelle zu setzen. Bringe mir auch bei, auf die Bedürfnisse derjenigen zu achten, die mich anrufen. Schenke mir Zeit und die Bereitschaft anderen zuzuhören und mich um sie zu kümmern. Das würde Jesus tun. Mache mich ihm ähnlich.

Lilly Tryon

Bin ich flexibel?

Denn ich weiß, dass du hart bist und dein Nacken eine eiserne Sehne ist und deine Stirn ehern. Jesaja 48,4

Das Wörterbuch definiert das Wort hartnäckig als unbeweglich, an seiner Meinung oder seinem Ziel starr festhaltend – manchmal im widerspenstigen Sinn. Geben wir's doch zu, das Wort hartnäckig hat eine negative Bedeutung. Flexibel zu sein ist keine angeborene Eigenschaft. Wir müssen daran arbeiten.

Während eines christlichen Seminars, hörte ich eine interessante Definition des Wortes Flexibilität. Der Sprecher erklärte, es bedeute, „sein Herz nicht auf Ideen oder Pläne zu fixieren, die Gott oder andere verändern könnten." Ich mag diese Definition und habe seither oft über sie nachgedacht, die allem eine ganz andere Richtung gibt.

Durch die Jahre hat diese menschliche Eigenschaft, unbeweglich zu sein, eine Menge Stress verursacht – uns selber, unseren Familien, unseren Nachbarn, unseren Kollegen und den anderen Gemeindegliedern. Du weißt sicher, was ich meine. Wir haben alle den Umgang mit Menschen erlebt, die eine feste Überzeugung haben und Aussagen gehört wie „Nein, ich will darüber nicht diskutieren" oder „Ich kann von meiner Meinung nicht abgehen".

Wie wichtig ist die Sache? Manchmal lässt unser Gewissen nicht zu, dass wir unsere Denkweise verändern, aber bei vielen Gelegenheiten verhindert nur unsere Sturheit eine Veränderung. Gibt es einen christlichen Ansatz, um eine halsstarrige Einstellung loszuwerden? Man kann Dinge so viel leichter regeln, wenn wir lernen nachzugeben, wann und wo wir können.

Durchleuchte die Angelegenheiten sorgfältig mit einem willigen Geist und einem betenden Herzen. Wo stehen sie auf deiner Prioritätenliste? Sind sie sehr wichtig? Was wird die Folge sein, wenn du nachgibst? Oder wenn du nicht nachgibst? Gibt es ein ethisches Problem, das gelöst werden muss? Oft stellen wir bei genauerem Hinsehen fest, dass das, was auf den ersten Blick wichtig erschien, in Wirklichkeit gar nicht wichtig ist. Nachdem wir unser Gewissen nach der passenden Reaktion befragt haben, setze es sie in die Tat um. Je mehr wir geben, desto mehr werden wir bekommen.

Flexibel zu sein ist nicht nur eine großartige menschliche Eigenschaft, es ist eine Gabe Gottes, die es uns in diesem zerbrechlichen Leben erleichtert zu leben. Experten propagieren ständig effektive Methoden, mit Menschen auszukommen. Angemessene Flexibilität zu praktizieren ist eine der besten!

Arlene E. Compton

Gottes Vorratshaus

Bringt aber die Zehnten in voller Höhe in mein Vorratshaus, auf dass in
meinem Hause Speise sei, und prüft mich hiermit, spricht der HERR Zebaoth,
ob ich euch dann nicht des Himmels Fenster auftun werde und Segen
herabschütten die Fülle. Maleachi 3,10

U nsere beiden Jungen brauchten dringend wieder neue Kleidung. Sie waren
in einem Alter, wo man ihnen beim Wachsen fast zusehen konnte. Weil
wir nur von dem nicht gerade üppigen Predigergehalt meines Mannes lebten, waren wir auf der Suche nach Schnäppchen.

Um Zeit zu sparen, war der vierjährige Tim mit seinem Vater unterwegs, während ich mit Ted Junior die Kleiderständer durchforstete. Tim tauchte plötzlich neben mir auf und zeigte mir eine wunderschöne kleine Sportjacke, aus bestem Material hergestellt. Die konnten wir uns bestimmt nicht leisten, aber wir sahen dennoch
auf dem Preisschild nach und stellten fest, dass der Preis mehrere Male herabgesetzt
worden war: auf zwei Euro! Wir kauften sie vom Fleck weg!

Einige Jahre zuvor sollten mein Mann und ein anderer Kollege fürs Predigtamt
eingesegnet werden. Für die Einsegnungsfeier suchten wir für ihn nach einem neuen
Anzug. Schnell fanden wir ihn – einen hübschen anthrazit-grauen Anzug zu einem
Spottpreis herabgesetzt. Er war der einzige in dieser Größe.

Ein anderes Mal, als unser Sohn von der Schule aus unbedingt goldfarbene Hosen tragen musste, sah ich nicht ein, dass wir dafür so viel Geld ausgeben sollten,
aber wir gingen trotzdem auf die Suche. Du hast es erraten – wir fanden eine Hose
in der richtigen Größe, im Preis herabgesetzt, so dass wir sie für die Schule kaufen
konnten. Wieder gab es einen glücklichen Jungen und eine glückliche, erleichterte
Mutter. Ich habe viele solcher Erfahrungen erlebt, bei denen die Schleusen des Himmels aufgetan wurden als Segen, wie die Bibel denen verheißt, die den Zehnten
ganz in Gottes Vorratshaus bringen.

Versuchen wir Gottes Segnungen zu kaufen? Natürlich nicht. Wir „bezahlen"
nicht den Zehnten. Alles, was wir haben, haben wir von Gott und es gehört ihm daher. Er bittet uns lediglich darum, ihm den zehnten Teil davon zurückzugeben. Gott
braucht unser Geld nicht – wir brauchen die Erfahrung, zur Unterstützung seines
Werkes auf Erden beizutragen. Wenn wir den Zehnten geben, hat er verheißen, die
Schleusen des Himmels aufzutun und uns mehr Segen herabzuschütten, als wir in
Empfang nehmen können.

Sein Segen wird nicht immer so eindeutig wie bei der kleinen Sportjacke oder
der goldfarbenen Hose sein. Gott anerkannt unsere Treue manchmal auch auf eine
Weise, die nichts mit materiellen Bedürfnissen zu tun hat. Prüfe ihn, und lass dich
überraschen!

Mary Jane Graves

Er heilt immer noch

Und sogleich versiegte die Quelle ihres Blutes, und sie spürte es am Leibe,
dass sie von ihrer Plage geheilt war. Markus 5,29

B etroffenheit überwältigte mich, als mir der Ernst ihrer Lage bewusst wurde. Myrtle hatte Brechreiz, sie konnte sich nicht mehr orientieren, hatte Sehstörungen, war blass und fühlte sich sehr schwach. Der zuständige Arzt riet uns, sie sofort ins Krankenhaus zu bringen.

Dort ließ ich sie in der Obhut der Ärztin zurück und beeilte mich, zu meinem Termin zurückzukommen. Dies war der letzte Tag einer Frauentagung, die ich leitete, und ich musste mich vergewissern, dass alles für den Abschluss vorbereitet war. Und doch beschäftigten sich meine Gedanken hauptsächlich mit Myrtles Erkrankung.

Am Tagungsort traf ich Juanita, eine unserer Hauptreferentinnen, und berichtete ihr von Myrtles Zustand. Sie wollte sofort zu ihr fahren und für sie beten. Unser Gebet um Heilung beinhaltete unseren Wunsch, dass Gottes Wille geschehe. Als wir unsere Augen öffneten, bemerkten wir einen rosigen Hauch auf Myrtles Gesicht. Sie fühlte sich sofort wohler und wollte sogar wieder zur Veranstaltung zurückkehren.

Für die Ärztin war es ein Wunder, wie sie später erzählte, denn bei der Suche nach der Ursache für die Symptome bei Myrtle wurde festgestellt, dass ein großes Geschwür im Darm geplatzt sein musste und bis zum Zeitpunkt des besonderen Gebets geblutet hatte. Es bestand Lebensgefahr für Myrtle, wenn die Blutung damals nicht sofort gestillt worden wäre.

Unsere Freundin erlebte die heilende Berührung Gottes. Ich habe sie auch erfahren. Wie gern sähe Gott es, wenn jede von uns erkennen würde, dass er für uns persönlich sorgt.

Er heilte mich von meinem nagenden Zweifel, ob er mich hört und für mich sorgt. Dieser Zweifel tauchte immer auf, wenn ich in schwierigen Situationen stecke. Mein schwacher Glaube wurde dann gestärkt, und die Verheißung, dass er mein Vertrauen in ihn honoriert, wenn es nur so groß ist wie ein Senfkorn, wurde wahr.

Gott ist für mich ein persönlicher Gott geworden, der immer noch bereit ist, eine Frau zu berühren, deren Lebensblut davonfließt (Markus 5,29), obwohl wir in einem Land leben, wo uns moderne medizinische Einrichtungen zur Verfügung stehen.

Norma Jean Parchment

Freude

*Freut euch, dass ihr zu Jesus Christus gehört. Und noch einmal will ich
es sagen: Freut euch! Philipper 4,4 (Hfa)*

Traurige Gesichter schauen leer aus schmutzigen Decken und Pappkarton-Betten jeden Morgen dem Sonnenaufgang zu. Dann machen die Obdachlosen sich auf und raffen ihre wenigen Habseligkeiten zusammen.
Keine Hoffnung auf einen guten Tag ist vergangen – überleben heißt die Devise.
Slums lassen die von Drogen, Alkohol und Kriminalität Versklavten nicht mehr aus
ihren Fängen. Die Kinder streunen umher und versuchen sich warm zu halten und
Essen zu finden. Kaum einen Tag legen sie sich gesättigt schlafen. Ihre Würde ist verschwunden.

Manchmal fühlen wir auch diese Art von Verzweiflung. Traurig und einsam
vermissen wir die Wärme der Zugehörigkeit. Wir fragen nach dem Warum und bekommen keine Antwort. Unsere tägliche Nahrung ist die Leere. Wir raffen und hetzen durch das Leben in der Hoffnung auf ein besseres Morgen. Wir strecken uns danach aus, aber immer wenn wir es zu berühren scheinen, entschwindet es in unerreichbare Ferne.

Gott sei Dank gibt es einige Antworten! Hast du die Gewissheit der Liebe Gottes? „Ich habe dich je und je geliebt" (Jeremia 31,3). Wenn du müde und schwach
bist, denke daran: „Die auf den Herrn harren, kriegen neue Kraft" (Jesaja 40,31).

Wenn es dir an Freude fehlt, lies Jesaja 51,11: „Ewige Freude wird auf ihrem
Haupte sein. Wonne und Freude werden sie ergreifen, aber Trauern und Seufzen
wird von ihnen fliehen."

Halt fest an dem Frieden, der verheißen ist. Mache dir keine Sorgen; dann wirst
du Gottes Frieden erleben, der viel wunderbarer ist als der menschliche Verstand begreifen kann. Sein Friede wird deine Gedanken und deine Sehnsucht stillen.

Unser Herr hat seine Arme ausgestreckt und ruft uns, seine Kinder, um in seiner Gegenwart auszuruhen. „Kommt her zu mir, alle, die ihr mühselig und beladen
seid; ich will euch erquicken."

*Herr, nur in deiner Gegenwart fühle ich mich sicher. Meine Kraft kommt von dir.
Freude ist meine Belohnung, wenn ich lerne, dir zu vertrauen. Und danke, dass du die
Antworten auf alle meine Fragen bereit hältst sowie Ruhe und Trost für meine Seele.*

Peggy Clark

Hörst du zu?

So kommt denn und lasst uns miteinander rechten ... Jesaja 1,18

J ch ging ins Bett, frustriert und verletzt. Die ganze Woche war mein Mann sehr beschäftigt gewesen: Vorbereitung auf eine Prüfung; eine Ausarbeitung fertig stellen; arbeiten. Aber all das war erledigt. Ich hatte so gehofft, dass wir endlich heute Abend Zeit für ein Gespräch miteinander hätten. Um zu reden. ‚Ich bin die ganze Woche geduldig gewesen‘, sagte ich mir. ‚Warum kann er mir nicht heute Abend ein wenig Zeit widmen?‘ Stattdessen hörte er Musik über seine Kopfhörer und entspannte sich vom Stress der Woche. Ich wollte seine Aufmerksamkeit. Ich wollte Zeit mit ihm verbringen. Ich wollte mit ihm so reden, dass er wirklich zuhörte. Ich kämpfte mit den Tränen, während ich die Decke über den Kopf zog.

Dann dachte ich über Gott nach. Er möchte auch Zeit mit mir verbringen. Er will mit mir so reden, dass ich wirklich zuhöre. Aber wie oft bin ich mit anderen Dingen beschäftigt. Guten Dingen, wichtigen Dingen. Vielleicht überfliege ich meine Bibel während meiner Andacht, aber „höre" nicht wirklich zu. Allzu oft bleibe ich noch ein wenig länger im Bett und stehe zu spät auf, um mir die Zeit mit Gott leisten zu können. Das Resultat ist Hektik während des gesamten Vormittags.

Wie reagiert Gott auf meine Geschäftigkeit und Unaufmerksamkeit? Er zieht sich nicht schmollend zurück. Er verliert nicht die Geduld mit mir. Er versucht weiterhin, meine Aufmerksamkeit auf sich zu lenken; mit mir durch eine Freundin zu sprechen; mir durch die Natur einen Einblick in sein Wesen zu gewähren; zu mir durch ein Lied oder meine Söhne zu sprechen; mich sanft daran zu erinnern, dass er da ist und auf mich wartet; dass er Zeit mit mir verbringen möchte.

Danke, Herr, dass du es mit mir nie aufgibst. Ich kann es kaum fassen, dass du, der König des Universums, dich danach sehnst, mit mir Zeit zu verbringen, meine völlige Aufmerksamkeit zu haben. Herr, hilf mir, auf deine Stimme zu hören. Hilf mir, Zeit zu nehmen, die ich mit dir verbringen kann. Zeige mir, wie ich dich an die erste Stelle in meinem Leben setzen kann.

Tamyra Horst

Er hat mich berührt

Jesus aber trat zu ihnen, rührte sie an und sprach: Steht auf und
fürchtet euch nicht! Matthäus 17,7

Als ich heute Morgen die Nachrichten einschaltete, hörte ich, wie ein Reporter berichtete, dass persönliche Gegenstände der verstorbenen Jacqueline Kennedy Onassis versteigert werden sollten. Die erwarteten Erträge aus der Versteigerung waren erstaunlich! Nachdem er ihren Schmuck und einige Gebrauchsgegenstände beschrieben und ihren potentiellen Wert genannt hatte, sagte der Reporter: „Alles, was Jackie berührt hat, wird ein Vermögen wert sein!" Ich war verblüfft. Ihre Sachen waren ein Vermögen wert, nur weil sie berühmt war?

Dann dachte ich an den Wert dessen, was Jesus mit seinem Blut am Kreuz „berührte" – die Seelen der Menschen seit Anfang der Zeit. Er ist viel berühmter, und wenn er uns mit seiner Liebe und Gnade berührt, kann man unseren Wert mit keiner Summe ermessen! Wir sind von unschätzbarem Wert.

Es wird keine Auktion geben müssen, um unseren Wert festzulegen. Wir sind schon Bürger des größten Reiches, das es je geben wird. Wir werden bald in dieses himmlische Reich einziehen, wo die Häuser für dich und mich alles, was auf dieser alten Erde je erträumt worden ist, übertreffen. Sie werden mit glitzernden Edelsteinen besetzt sein, die nicht aus einer Auktion stammen, sondern vom Schöpfer selber.

Hast du Gott erlaubt, dich heute zu berühren?

Bessie Siemens Lobsien

Die Wahrheit oder Liebe?

... Wo sind sie, Frau? Hat dich niemand verdammt? Johannes 8,10

K itty hatte eine starke Meinung von sich. Sie musste zu jedem Thema ihre Meinung sagen. Damit schüchterte sie die weniger Mutigen ein. Eines Tages sagte ihr jemand die Meinung in ganz klaren Worten und sie war verletzt. Wie konnte man sie nur so missverstehen?

Sie rief mich noch am selben Tag an und lud mich für den nächsten Morgen zum Frühstück in ein hübsches Gasthaus ein.

„Ich habe etwas auf dem Herzen, worüber ich mit dir sprechen möchte", begann sie das Gespräch. Nachdem wir unsere Bestellung aufgegeben hatten, legte Kitty los. „Mary, ich brauche eine ehrliche Einschätzung." Sie erzählte mir die Geschichte, wie die Frau ihr vernichtendes Urteil über sie abgegeben hatte und wie sehr sie dies schockiert und verletzt hatte. „Bin ich wirklich eine so verachtungswürdige Person?"

Ich war sprachlos. Sie hatte mich manchmal auch schon aus der Fassung gebracht. Was sollte ich sagen? Aber mein Schweigen sagte ihr mehr als Worte. „Mary, bitte sag mir die Wahrheit!"

Ich spürte, dass Kitty litt. Ich wollte ihr helfen sich zu verändern, damit andere sie leichter mögen könnten. „Kitty, ich habe viel von dir gelernt und mag dich. Viele Menschen, mit denen du zu tun hast, sind genauso begabt wie du, erwarten aber nicht, dass andere alles so sehen müssen wie sie. Sie fühlen sich von dir erdrückt. Vielleicht könntest du sie zu Wort kommen lassen und von der Gruppe eine Meinungsäußerung auf ruhige Art bekommen."

Sie reagierte, als hätte ich ihr eine Ohrfeige gegeben, wandte sich ab und schaute aus dem Fenster. Die Unterhaltung drehte sich plötzlich nur noch ums Wetter. Keine von uns aß zu Ende.

Nach kurzer Zeit zog ich aus der Stadt weg. Ich habe Kitty nie wieder gesehen. Ich habe oft an diese Unterhaltung gedacht. Wählte ich die richtigen Worte? Hat Christus nicht immer den Sündern vergeben und sie getröstet? Und doch sagte er auch: „Geh und sündige hinfort nicht mehr."

Herr, hilf mir, Rat bereitwillig anzunehmen. Hilf mir, mich so zu sehen, wie andere mich sehen, aber ganz besonders so, wie du mich siehst. Ich möchte heute mein Leben nach deinem Vorbild führen.

Mary C. Edmister

Keine Schmerzen mehr

Und Gott wird abwischen alle Tränen von ihren Augen, und der Tod wird nicht mehr sein, noch Leid noch Geschrei noch Schmerz wird mehr sein; denn das Erste ist vergangen. Offenbarung 21,4

Benjamin ist mein geliebter Enkel. Ein blondes Energiebündel von vier Jahren mit wachen Augen, das anscheinend keine Minute still sitzen kann. Was war das eine Aufregung bei seiner Geburt! Mein Sohn und meine Schwiegertochter waren ja so glücklich über das erste „lebendige" Ergebnis ihrer Liebe! Sie brachten ihn nach Hause, und wir machten alle viel Aufhebens um ihn und boten an, auf ihn aufzupassen, nur um ihn ein wenig länger behalten zu können. Ich fühlte mich, als ob er mir gehörte und liebte ihn so sehr, als ob ich ihn selber ausgetragen hätte.

Und doch schien mit ihm nicht alles in Ordnung zu sein. Als Krankenschwester konnte ich das erkennen. Aber was war los? Schließlich wurde er mit acht Tagen ins Krankenhaus eingewiesen. Ich kann mich immer noch an die Kälte erinnern, die in meinem Herzen hochkroch, als die Krankenschwester mir das Ergebnis der Untersuchungen mitteilte.

Mukoviszidose! Mein Herz wehrte sich verzweifelt! Nicht bei uns, nicht Benjamin! Meine ganze Erfahrung mit Mukoviszidose bestand darin, Teenager zu pflegen, die vorzeitig starben, und ihre Eltern zu trösten. Wie würden meine Kinder damit klarkommen? Wie würden wir es verkraften? Benjamin verbrachte die nächsten acht Monate in Krankenhäusern. Wir weinten und beteten zu Gott um Hilfe.

Inzwischen nimmt Benjamin tapfer seine Medizin, indem er sie mit den ersten paar Bissen hinunterschlingt, damit er den Rest seines Essens genießen kann. Er lässt die tägliche Physiotherapie geduldig über sich ergehen und hat gelernt, still auf dem Schoß zu sitzen, während jemand ihm Medikamente in seine Lungen injiziert. Bald wird er zur Schule gehen und feststellen, dass nicht alle Kinder diese Prozeduren täglich erdulden müssen. Schließlich wird er auch über seine Krankheit und seine Prognose aufgeklärt werden müssen.

Manchmal denke ich darüber nach, was sein Vater und seine Mutter durchmachen müssen, wenn ich als seine Großmutter schon solchen Schmerz erlebe. Aber sie reden nicht darüber.

Wir haben gelernt, die Stärke und innere Kraft von Kindern mit Mukoviszidose und die ihrer Familien zu bewundern; und, uns auf Gott zu verlassen – wir haben aus uns selber nicht genug Kraft. Aber wir sehnen uns nach der Zeit, wenn jeder Gedanke an den Tod abgelegt ist, und der Schmerz, den wir fühlen, für immer verschwunden sein wird.

Valerie Fidelia

Das Gebet eines Kindes

Und ob ich schon wanderte im finstern Tal, fürchte ich kein Unglück; denn du bist bei mir, dein Stecken und Stab trösten mich. Psalm 23,4

Meine Heimat ist in Sao Paulo, Brasilien. Während mein Mann einige Gemeindeschulen besuchte, für die er tätig ist, kam an einem Sommernachmittag ein großes Gewitter auf. Meine vierjährige Tochter fragte: „Wo ist Papa?" „Bei der Arbeit." „Im Büro?", fragte sie nach.

Dann erzählte ich ihr, dass er unterwegs war, um einige Schulen zu besuchen. Mir wurde klar, dass sie sich große Sorgen machte und keine Ruhe geben wollte. „Mama, knien wir doch nieder und bitten Jesus, für Papa zu sorgen."

Ich hatte schon still für mich gebetet, aber jetzt knieten wir uns gemeinsam nieder und beteten zusammen. Einige Minuten vergingen; dann bat meine Tochter wieder darum, dass wir beteten, und die Szene wiederholte sich. Ich dachte: ‚Wie eigenartig, dass sie sich bei dem bisschen Regen solche Sorgen um ihren Papa macht.'

Als mein Mann nach Hause zurückkehrte, hatte ich keine Gelegenheit, ihm zu erzählen, welche Sorgen sich unsere Tochter um ihn gemacht hatte, denn er fing sofort an, uns davon zu berichten, was ihm an jenem Nachmittag passiert war. Als er einen steilen Hügel hinunterfuhr, stellte er fest, dass seine Bremsen nicht funktionierten. Die Straße war nass und rutschig; das Auto wurde immer schneller, und er raste immer schneller auf eine belebte Kreuzung am Fuß des Hügels zu. Mein Mann stellte sich auf einen unvermeidlichen Zusammenstoß ein, doch in diesem Augenblick überquerten keine anderen Autos die Kreuzung! Kurz danach konnte er das Auto zum Stehen bringen.

Plötzlich rief unsere Tochter: „Papa, Jesus hat dich beschützt! Ich habe für dich gebetet!" Da erkannte ich, dass Gott tatsächlich das Gebet des Kindes erhört hatte.

Diese einfachen Erlebnisse in unserem alltäglichen Leben verwandeln sich in große Siege, wenn wir sie in die Hände Jesu legen.

Unser Leben kann mit diesem Auto verglichen werden. Die Hetze des Alltags treibt uns mit fast unkontrollierbarer Geschwindigkeit voran. Der steile Hügel kann alles darstellen, was unsere Gemeinschaft mit Christus verhindert. In welchem Zustand sind unsere Bremsen, wenn wir sie brauchen?

Ellen Rockel Dos Reis

Gottes Werkzeuge

Und es soll geschehen: ..., dass ihr ein Segen sein sollt. Fürchtet euch nur nicht
und stärket eure Hände! Sacharja 8,13

N ach mehrmonatiger Krankheit verlor ich die Fähigkeit, Klavier zu spielen. Meine Finger gehorchten mir nicht mehr. Dies war für mich eine harte Prüfung, da ich das Klavierspielen genossen hatte.

Ein paar Tage nachdem ich festgestellt hatte, dass meine Finger ihre Beweglichkeit verloren hatten, kam meine beste Freundin Millie zu Besuch, wie sie es jede Woche tat. Ich vertraute ihr mein Problem an und sie bestand darauf, dass ich sofort zum Klavier gehen und versuchen sollte, nur einen Takt zu spielen. Bevor sie wegging, verschrieb sie mir eine Therapie: einen Takt pro Tag zu spielen, und jedes Mal einen weiteren Takt dazu, bis ich ein ganzes Lied spielen konnte.

Mit der Zeit, mit Gebet, Geduld und schmerzlicher Ausdauer konnte ich wieder alle meine Finger benutzen. Aber bis zu dieser Erfahrung hatte ich mir über die Bedeutung meiner Hände nie richtig Gedanken gemacht.

Im Kampf bedeuteten Moses erhobene Hände das Siegeszeichen für die Israeliten in ihrem Kampf gegen die Amalekiter (2. Mose 17,8-12). Als seine Hände müde wurden, stützten sie Aaron und Hur. Genauso sollten wir stellvertretend die Hände unserer leitenden Geschwister im Gebet hochhalten, mit ihnen zusammenarbeiten, sie respektieren und finanziell unterstützen.

Die tüchtige Frau in Sprüche 31 benutzte ihre Hände, um zu pflanzen, zu nähen, zu weben und für ihre Familie zu kochen. Sie nahm sich auch die Zeit, den Armen und Bedürftigen beizustehen.

Dorcas, eine Frau in der frühen christlichen Kirche, die hoch geschätzt wurde, nähte mit ihren geschickten Händen Kleider für die Armen.

Als Jesus auf dieser Erde war, arbeitete er mit fleißigen Händen in der Schreinerwerkstatt seines Vaters. In seinem kurzen Leben als Erwachsener waren seine Hände voller Mitgefühl und Sympathie zu dem leidenden Volk ausgestreckt. Mit seinen Hände brach er das Brot und gab der hungrigen Menge zu essen. Er heilte die Kranken, machte die Blinden sehend und weckte Tote auf.

Unsere Hände sind eine Verlängerung der Hände des Meisters. Gott erwartet, dass wir in seiner Kraft füreinander beten, einander aufrichten, helfen und ermutigen durch Wort und Tat. Mögen unsere Hände sich doch auf Geheiß seiner Liebe bewegen.

Mabel Rollins Norman

Wie der Jasmin

*Gott aber sei gedankt, der uns allezeit Sieg gibt in Christus und offenbart
den Wohlgeruch seiner Erkenntnis durch uns an allen Orten! Denn wir sind
für Gott ein Wohlgeruch Christi unter denen, die gerettet werden,
und unter denen, die verloren werden. 2. Korinther 2,14.15*

Eine meiner Mitarbeiterinnen schenkt den Frauen, mit denen sie arbeitet, im Sommer einen frischen weißen Jasminzweig. Während ich dies schreibe, habe ich eine einzelne Blüte auf meinem Schreibtisch, die mit ihrem himmlischen Duft das ganze Büro erfüllt. Heute Morgen, als Stella von Büro zu Büro ging und ihre Blüten verteilte, fiel mir auf, wie sehr das Leben eines Christen einer Jasminblüte ähneln sollte. Ich hatte nicht vor, darüber zu schreiben, aber die Blüte duftet nicht nur gut; sie schenkt meinem Herzen eine geistliche Einsicht, die ich dir weitergeben möchte.

Die einzelne Blüte ist ein Teil einer ganzen Pflanze. Auch wenn sie von der Pflanze getrennt ist, verbreitet sie weiterhin ihren unvergleichlich süßen Duft. Die Blüte auf meinem Schreibtisch ist rein und weiß, und sie hat eine zarte Form und ihr Duft ist beständig. Stella steckt Blüten in ihre Haare, und wenn sie von Büro zu Büro eilt, hinterlässt sie eine Spur des süßen Dufts.

Vor einigen Jahren reiste ich mit ihr nach Indien, ihrer Heimat und der Heimat des Jasmins. Zusammen gingen wir durch die Straßen von Bangalore und hielten an, um frische Jasmingirlanden zu kaufen, die man um den Hals hängen oder in die Haare flechten kann. In der Stadt waren die Wagen der Jasminverkäufer mit Blüten beladen, und eine sanfte Brise wehte den süßen Duft über den Markt und durch die ärmlichen Straßen. Wo der Jasmin auch hinkommt, verbreitet er Schönheit.

Mein Leben soll wie die einzelne Jasminblüte sein, die mir meine Freundin schenkte: in der Lage, den ‚Duft' meiner Identität zu erhalten, wenn ich alleine für mich stehen muss; bereit, den ‚Duft' der Erkenntnis unseres Herrn zu verbreiten, ganz gleich wo ich mich befinde, rein im Charakter; und den ‚Duft' Christi weiterzugeben, wo ich auch hingehe.

Danke, Stella, dass du Gottes Liebe durch einen kleinen Teil seiner Schöpfung weitergegeben hast. Meine Blüte spricht leise von seiner Liebe zu mir.

Rose Otis

Elfenbeintasten

... so wählt euch heute, wem ihr dienen wollt ... Josua 24,15

Meine zwei kleinen Enkelinnen kamen zu Besuch. Sie schauten sich wie gewöhnlich im Hause um, hielten kurz an, um die Porzellanpuppe zu untersuchen, sich auf dem Sofa auszustrecken und das Haustelefon zu benutzen. Dann wurden sie vom Klavier angezogen. Die ältere bekommt Klavierunterricht und so erkannten wir ihre Melodie ohne Schwierigkeiten, während sie die Elfenbeintasten berührte. Als die jüngere dazu kam, hörten wir den Unterschied.

Ich setzte mich zu den beiden kleinen Mädchen und setzte Grenzen fest für die Entdeckungsreise auf den Tasten. Die ältere bekam die Oktaven oberhalb des mittleren C und die jüngere die Tasten unterhalb dieser Note. Meine Strategie funktionierte wunderbar – etwa drei Minuten lang. Und dann hörten wir den Notruf.

„Oma!", rief die ältere Enkelin. „Sie spielt auf meiner Seite."

„Liebes", tadelte ich die jüngere Virtuosin, „denke daran, auf deiner Seite zu bleiben. Wenn du spielen willst, müsst ihr es zusammen tun. Wenn ihr nicht zusammen spielen könnt, dürft ihr gar nicht spielen." Nach diesem gelösten Problem kehrte ich in die Küche zurück, um das Abendessen zuzubereiten.

Eine Minute später sah ich erstaunt, wie meine jüngere Enkelin in die Küche marschiert kam. Dann erkannte ich mit der Einsicht einer erfahrenen Großmutter, was dahinter steckte: Ich hatte sie vor die Wahl gestellt, gemeinsam mit ihrer Schwester oder gar nicht zu spielen, und sie hatte ihre Entscheidung getroffen. Es war sicherlich nicht die beste, aber ich respektierte ihre Wahl, obwohl sie noch nicht zwei Jahre alt war.

Gott ist auch so. Er zwingt uns nicht, seinen Weg zu wählen, sondern bittet uns liebevoll, ihm zu folgen. Welche Entscheidungen treffen wir jeden Tag? Möge es doch unsere Wahl sein, dem Herrn zu dienen und nur ihm, unser Leben lang. Diese Entscheidung wird Gott – und dich – sehr glücklich machen.

Carol Joy Greene

Es ist wirklich gut

Dein Wort ist meines Fußes Leuchte und ein Licht auf meinem Wege.
Psalm 119,105

Jch habe mich erst vor kurzem an einer Universität als „spät berufene" Studentin eingeschrieben. Die ersten Wochen waren ein ziemlicher Albtraum, da mir meine großen Wissenslücken bewusst geworden sind. Einigen Vorlesungen konnte ich kaum folgen, andere waren interessant, und einige sind sogar aufregend gewesen!

Zu den letzteren zählte eine Vorlesung über die Bibel als Kulturquelle. Ich habe mich gefreut, wie selbstverständlich uns die Bibel als wesentlicher Teil des Studiums der Englischen Literatur präsentiert worden ist und während dieser Vorlesung konnte ich allem perfekt folgen. Ich verließ die Vorlesung in dem Bewusstsein, dass ich wenigsten ausreichende Kenntnisse über das Buch besaß, das als wichtigstes eingestuft wurde, wenngleich ich auch nicht alles über die griechische Mythologie wusste.

Während wir uns im Anschluss an die Vorlesung noch unterhielten, fragte mich eine der jungen Studentinnen: „Hast du die Bibel gelesen?" Als ich bejahte, fragte sie mit sehr ernstem Ausdruck: „Taugt sie etwas?" Natürlich sagte ich ja, und da sie keine Bibel besaß, schenkte ich ihr am nächsten Tag ein Exemplar.

Ihre Frage jedoch ließ mir keine Ruhe mehr. Wie viel war mir das Wort Gottes wert? Wann hatte ich sie das letzte Mal wirklich so begierig gelesen, wie ich andere Bücher verschlinge? Rate ich jemals meinen Freunden: „Dies ist wirklich gut; du solltest es lesen", wie ich von anderen Artikeln und Büchern spreche?

Die Bibel ist für uns schon so lange ein Licht gewesen und ihre Worte sind so wohl bekannt, dass wir sie vielleicht als selbstverständlich betrachten. Nach dieser Begegnung mit der jungen Studentin habe ich meine Bibel mit neuen Augen gelesen und gebetet, dass der Heilige Geist mir beim Lesen Erkenntnis schenkt. Jeden Tag finde ich etwas Neues und Aufregendes, das es mir leicht macht, mit Überzeugung zu sagen: „Sie ist wirklich gut!"

Audrey Balderstone

Überraschung!

Sorgen drücken einen Menschen nieder - aber freundliche Worte richten ihn
wieder auf. Sprüche 12,25 (Hfa)

Jch musste noch für meine Familie einkaufen bevor ich zu einem Wochenendseminar für Frauen aufbrach, bei dem ich sprechen sollte. Anscheinend hatten ziemlich viele Leute gerade zu der Zeit vor, einzukaufen und die Schlange vor der Kasse war lang. Während ich meine Lebensmittel in den Einkaufswagen legte, sah ich ein Kleinkind auf Entdeckungstour zwischen den Regalreihen herumwandern. Ich reihte meinen Einkaufswagen in die Warteschlange ein.

Eine junge Mutter stellte sich hinter mich und ich erkannte den abenteuerlustigen kleinen Jungen an ihrer Seite. Sie war nur gekommen, um schnell einige Kleinigkeiten einzukaufen und hatte sich nicht die Mühe gemacht, einen Wagen zu holen. Wie so oft hatte sie noch dieses und jenes attraktive Angebot gesehen und mitgenommen, und nun hatte sie ihre Hände voller Waren und versuchte, den Jungen in ihrer Nähe zu halten, indem sie ihn zur Ordnung rief. Ich schaute eine Weile zu und bewunderte, wie die Mutter es schaffte, gerade noch ein Glas Würstchen zu retten, bevor er es auf den Boden fallen ließ.

„Möchten Sie Ihren Kleinen in meinen Kindersitz setzen?", bot ich ihr an. Sie sah mich verblüfft an. „Was für eine gute Idee! Vielen Dank! Wie freundlich von Ihnen!" Sie atmete tief aus, nachdem sie den Jungen auf dem Sitz deponiert hatte. Bald waren wir an der Kasse angekommen. „Möchten Sie Ihre Sachen zuerst bezahlen?" fragte ich sie.

Gerade vor der Kasse standen eimerweise Blumensträuße auf dem Boden. Die junge Frau nahm einen Strauß Rosen heraus. Dann fragte sie mich: „Was wäre ein schöneres Geschenk, Rosen oder Tulpen?" „Nun", sagte ich, „es kommt darauf an – manchmal verwelken die Rosen so schnell." Dann sah ich einige Amaryllisknospen. „Aber die Amaryllis sind doch auch schön, oder?" Sie nahm einen Strauß, bezahlte ihre Einkäufe und deponierte ihn auf dem Packtisch. In der Zwischenzeit wurden meine Waren abgerechnet. Da kam sie auch schon zurück, um ihr Kind abzuholen.

„Und diese Blumen sind für Sie, weil Sie sich so nett um mein Kind gekümmert haben!" Sie drückte mir die Amaryllis in die Hand. Welch eine Überraschung für mich. „Oh, nein ... vielen Dank!" Zu mehr war ich nicht in der Lage. Ich war überwältigt, weil sie die kleine Hilfe, die ich angeboten hatte, so freundlich und großzügig erwiderte. Mir wurde ganz warm uns Herz.

Noch bedeutungsvoller war dieses Erlebnis im Supermarkt für mich deshalb, weil ich damit das Beispiel hatte, was mir für eines meiner Themen an dem Wochenende noch fehlte. Es war, als ob Gott zu mir gesagt hätte: „Fahre hin und präsentiere deine Themen. Ich bin der Meinung, dass das, was du sagst, richtig ist!"

Hannele Ottschofski

Auch Käfer widerstehen

... Widersteht dem Teufel, so flieht er von euch. Jakobus 4,7

Jch spielte mit meinen drei Kindern am Sandstrand des Atlantischen Ozeans. Die Wellen spülten kleine Krustentiere ans Land, die zurückblieben, als die Wellen sich wieder zurückzogen. Einige der kleinen Tierchen versteckten sich schnell im Sand. Andere lagen auf dem Strand und warteten, bis sie von der nächsten Welle wieder ins Meer geschwemmt wurden.

Nachdem wir eine Weile in den Wellen gespielt hatten, liefen wir den Strand entlang und entdeckten einen großen schwarzen Käfer, der auf dem nassen Sand saß. Wenn eine Welle hereinspülte und sich wieder zurückzog, verharrte der Käfer auf dem Sand. Er kam jedes Mal dem Ozean näher, wurde aber nicht von den Wellen weggetragen.

Meine Sonnenbrille, ein Männerhut, Krustentiere und andere Dinge waren von den Wellen mit Leichtigkeit weggespült worden, und so warteten wir darauf, dass auch der Käfer fortgeschwemmt würde.

Jedes Mal, wenn die Welle sich wieder zurückzog, krabbelte der Käfer einfach ein Stück weiter landeinwärts oder blieb wo er war. Die Kinder schoben den Käfer näher ans Meer, damit die Welle ihn mitnehmen sollte. Sie verabschiedeten sich sogar von ihm, doch der Käfer blieb, wo er war. Da er nicht vorhatte, ins Meer zu gehen, beschlossen wir schließlich, ihn in Ruhe zu lassen.

Satan schickt ständig Versuchungen auf unseren Weg und möchte uns zur Sünde verführen. Manchmal gibt es auch Menschen, die uns versuchen zu verführen. Doch obwohl wir von Versuchungen umgeben sind und von der Sünde fast verschlungen werden, verheißt Gott: „Widersteht dem Teufel, so flieht er von euch."

Als Jesus in der Wüste versucht wurde, zitierte er die heiligen Schriften, um seiner Entscheidung, nicht in Versuchung zu fallen, Ausdruck zu verleihen. Nach einer Weile verließ ihn Satan, weil er erkannte, dass es keinen Sinn hatte, Jesus zu versuchen.

Joy Cavins

Superfrauen

Und er sprach zu ihnen: Geht ihr allein an eine einsame Stätte und ruht ein wenig ... Markus 6,31

A ls Frauen sind wir oft hin- und hergerissen zwischen unserer Erziehung und der Wirklichkeit des Alltags. Wir erleben viel Stress und Druck durch die Erwartungen und Forderungen, die andere an uns stellen. Das verleitet uns oft dazu, Superfrauen sein zu wollen.

Superfrauen sind diejenigen, die völlig unterschiedliche Rollen perfekt ausfüllen: Ehefrau, Mutter, freiwillige Helferin, bezahlte Arbeitskraft und Hausfrau in einem. Dies kann zu psychischen wie zwischenmenschlichen Problemen führen und physische Schäden hervorrufen.

Die Religion bringt ernsthafte christliche Frauen in die Gefahr, dieses Syndrom zu entwickeln. ‚Christentum' fängt damit an, dass wir ‚Gott an erste Stelle, andere an die zweite und uns selber an die letzte Stelle' stellen. Es setzt sich damit fort, dass es ‚seliger ist zu geben als zu nehmen'; und fügt noch die Beschreibung der ‚tüchtigen Frau' in Sprüche 31 dazu. Kein Wunder, dass die christliche Frau so beschäftigt sein kann, sich um alle und alles zu kümmern, dass sie vergisst, wie Christus Maria dafür lobte, dass sie sich Zeit nahm, um ihr persönliches Wachstum und ihre geistliche Verbindung mit Gott zu fördern (Lukas 10,38-42).

Manchmal sind Frauen verwirrt über den Unterschied zwischen ‚sich um etwas sorgen' und ‚Fürsorge.' Fürsorge beinhaltet, etwas für jemanden zu tun, wozu sie selber in der Lage sind. Das kann Erschöpfung, Ermüdung, Groll und Burnout verursachen. In weiterem Sinn ist Fürsorge keine ‚christliche' Tugend, weil sich selbst zu vernachlässigen niemandem auf Dauer hilft. Andererseits beinhaltet, sich um etwas sorgen die gesunde, ausgeglichene Pflege unseres Selbst wie auch anderer, mit dem Ziel, alle darin zu unterstützen, dass sie sich der Wirklichkeit aussetzen und dabei ihr individuelles Potential in höchstmöglichem Maß erreichen.

Christus nahm sich regelmäßig Zeit für sich selbst. Er nahm sich regelmäßig Zeit, um sich an einen stillen Ort zurückzuziehen, und einen Wechsel in der Umgebung zu erleben. Er tat dies, um uns ein Beispiel der Ausgeglichenheit zu geben (Markus 6,31.32).

Um vorbildliche Christen zu sein, müssen wir in unserem alltäglichen Leben einen Ausgleich finden. Wenn wir uns anders verhalten, werden wir verletzlich und riskieren, uns von der Vielzahl unserer Aufgaben im Leben ablenken zu lassen und das, was ‚notwendig' ist (Lukas 10,42), zu vernachlässigen. Wir müssen uns hin und wieder an einen stillen Ort zurückziehen, um Stärkung zu bekommen und etwas auszuruhen.

Arlene Taylor

Meine besondere Freundin

Nein, wie die Liebe eures Vaters im Himmel, so soll auch eure Liebe sein:
vollkommen und ungeteilt. Matthäus 5,48 (Gute Nachricht)

Jch glaube, es lag an diesen Worten der Bergpredigt, die mich dazu ermutigten, sie zu meiner Freundin zu wählen. Sie war Ausländerin und unterschied sich von den meisten Frauen unserer Gemeinde. Mir schien, dass niemand ihre Freundin sein wollte; man ging ihr sogar aus dem Weg. Ich hatte Mitleid mit ihr, besonders als ihr Mann starb.

Da ich selber verwitwet bin, verstand ich ihre Trauer. Ich wurde ihre Freundin und hörte ihr zu, wenn sie von ihrem Leid erzählte. Sie hatte einen starken Akzent und sie redete zu viel, aber ich hörte ihr weiterhin zu, weil ich wusste, dass es ihr helfen würde, Heilung zu finden. Wir gingen zusammen aus, aßen zusammen, gingen einkaufen und machten Botengänge. Immer, wenn ich ihr einen Gefallen tat, revanchierte sie sich mit einer netten Geste.

Sie war manchmal anmaßend, aber ich gab sie nicht auf. Dann sagte ich eines Tages etwas, was sie falsch verstand. Sie weinte und begann danach, mich von oben herab zu behandeln, besonders, wenn andere Freundinnen anwesend waren. Sie sagte verletzende Dinge und stellte mich bloß. Ich dachte: ‚Nun verstehe ich, warum alle anderen ihr aus dem Weg gehen. Sie hat meine Freundschaft nicht verdient.'

Dann las ich wieder Matthäus 5: „Wollt ihr etwa noch dafür belohnt werden, wenn ihr die liebt, die euch auch lieben? Das tun sogar die, die Gott verachten! Wenn ihr nur euren Freunden liebevoll begegnet, ist das etwas Besonderes?" (V. 46,47 Hfa)

Ich erkannte: Jesus möchte, dass ich auch zu denen freundlich bin, die es nicht verdienen. Also beschloss ich ihr weiterhin freundlich zu begegnen, unabhängig davon wie sie sich mir gegenüber verhalten hatte.

Ich denke an eine Aussage über Jesus, die ich besonders schätze: „Während seines Lebens auf Erden war er immer freundlich und sanft. Sein Einfluss hatte immer einen Wohlgeruch, denn in ihm lebte die vollkommene Liebe. Er war niemals mürrisch oder unzugänglich, und er schloss nie Kompromisse mit dem Bösen, um eine Gefälligkeit zu erlangen." (Ellen G. White, In Heavenly Places, S. 31)

Herr, ich möchte deine Sanftmut, deine Geduld, deine selbstlose Liebe. Hilf, dass ich wie du sein kann im Umgang mit allen Menschen.

Bessie Siemens Lobsien

Liebe ist, beieinander zu sein

Und wenn ich hingehe, euch die Stätte zu bereiten, will ich wieder kommen und euch zu mir nehmen, damit ihr seid, wo ich bin. Johannes 14,3

A ls ich während meiner Studentenzeit in der Mission tätig war, blieben mein Freund und ich miteinander durch Briefe in Verbindung. Manchmal gab es viel Post, so dass die Kommunikation fortbestand, aber es gab auch Zeiten, in denen der Kontakt fast zum Erliegen kam. Ich war mit meiner Arbeit beschäftigt und er stellte sich auf seine neue Arbeit ein, und so waren wir beide äußerst eingespannt. Es war schwer, so oft zu schreiben, wie wir es uns gewünscht hätten.

Wenn ich dann in seinen Briefen von seinen Gedanken, Erlebnissen und Gefühlen las, konnte ich spüren, dass wir zusammen waren, fast als ob er persönlich da gewesen wäre. Manchmal war das ein wahrer Trost für mich. Aber ich erkannte, dass es für uns so viel mehr Schönes gab, wenn wir wieder richtig zusammen sein könnten.

Als Jesus seine Freunde verlassen musste, sandte er ihnen den Heiligen Geist, damit seine Freunde weiterhin seine Gegenwart auf Erden verspüren konnten. Seine Gegenwart ist real, aber es gibt immer noch so viele Dinge, die sich zwischen Gott und sein Volk drängen. Wir lassen uns ablenken von den Kämpfen dieser Welt, und wir blicken zum Himmel, um von unserem Leid erlöst zu werden.

Obwohl die Wiederkunft Christi zwar unserem Leid ein Ende bereiten wird, gibt es einen noch gewichtigeren Grund für sein erneutes Kommen. Jesus sehnt sich danach, seine Kinder bei sich im Himmel zu haben, damit es keine Trennung mehr gibt. Der Herr möchte, dass nichts mehr zwischen ihm und uns steht.

Aus den letzten Worten unseres heutigen Textes spricht eine tiefe Liebe. Gott bereitet für uns Wohnungen vor, „damit ihr seid, wo ich bin", wie Jesus es ausdrückte. Gott sehnt sich danach, seine Kinder bei sich zu haben. Seine Liebe ist so groß, dass wir sie nicht begreifen können. Er möchte uns alles sagen. Selber. Zu Hause.

Cindy Sumarauw

Eine andere Form des Redens

... ein jeder Mensch sei schnell zum Hören, langsam zum Reden ... Jakobus 1,19

Als ich vor einigen Tagen meine Ablage sortierte, stieß ich auf folgendes Sprichwort der amerikanischen Indianer: „Hör zu oder deine Zunge wird dich taub machen." Ich legte es in die Nähe meines Telefons, um mich daran zu erinnern. Es ist nicht leicht, ein guter Zuhörer zu sein, besonders, wenn man selber gerne redet – und das tue ich. Aber weil das Zuhören eine der wichtigsten Kommunikationsformen ist, sollten wir sie alle beherrschen und anwenden.

Zuhören ist Lernen. Ein Kind, das früh gelernt hat, zuzuhören, kann sich glücklich schätzen. Zu lernen, genau hinzuhören, wird jedem jungen Menschen gut tun, sowohl in der zukünftigen Arbeit wie in der Schule.

„Versagen im akademischen und sozialen Wachstum kann man mehr auf die Unfähigkeit zurückführen, zuzuhören als auf jeden anderen einzelnen Aspekt der Sprachfähigkeit", sagt Professor Mark Neville in Listening Is an Art.

Wenn ich Gottes Ermahnung „Seid stille und erkennet, dass ich Gott bin!" (Psalm 46,11) befolge, mir Zeit nehme, meinem Ehepartner zuzuhören, wenn ich meinen Kindern die volle Aufmerksamkeit ihrer Mutter schenke, bin ich dabei, zu kommunizieren. Zuhören ist eine Form der Konversation, die sagen will: „Du bist mir wichtig."

Alice Duer Miller hat es treffend formuliert: „Zuhören ist nicht nur nicht reden ... es bedeutet, Interesse dafür zu zeigen, was uns gesagt wird. Man kann zuhören wie eine leere Wand oder wie ein wunderbarer Konzertsaal, wo jeder Ton voller und reicher zurückkommt."

Unter meinen Freunden gibt es viele gute Zuhörer. Alle haben sie die folgenden Eigenschaften gemeinsam:

1. Sie haben ein grundsätzliches Interesse an Menschen.
2. Sie unterbrechen nie, sondern hören mich geduldig zu Ende an.
3. Sie respektieren mein Recht, meine Meinung auszudrücken.
4. Sie haben Interesse daran, ihre Ansicht mit meiner zu vergleichen.
5. Sie haben ein Interesse, ihre Meinung zu erweitern statt sie zu verteidigen.

Natürlich bin ich gern unter solchen Freunden. Ihr selbstloses Zuhören hilft mir, mich selber besser zu verstehen und die Lösung zu einigen meiner Probleme zu finden. Durch ihr Vorbild lehren sie mich eine bessere Zuhörerin zu sein, und dafür bin ich dankbar. „Wer Ohren hat, der höre!" (Matthäus 11,15).

Evelyn Vande Vere

Klare Sicht

HERR, deine Güte reicht, so weit der Himmel ist, ... Wie köstlich ist deine Güte,
Gott, dass Menschenkinder unter dem Schatten deiner Flügel Zuflucht haben!
... Denn bei dir ist die Quelle des Lebens, und in deinem Lichte sehen wir
das Licht. Psalm 36,6-10

Mutter liebte gelbe Erbsensuppe und servierte sie immer mit Maisbrot. Eines Tages stellte sie einen großen Topf mit getrockneten Erbsen auf den Herd. Sie kochten und kochten und doch waren sie immer noch hart. Mutter konnte sich nicht vorstellen, woran das lag. Sie rief mich in die Küche und bat: „Schau bitte mal nach den Erbsen, Dellas, und versuch herauszubekommen, was nicht stimmt."

Ich fing an zu lachen. „Mutter, vielleicht hättest du lieber Erbsen nehmen sollen statt Maiskörner." Sie hasste ihre Brille und trug sie nur, wenn es unbedingt notwendig war. Wenn sie ihre Brille aufgesetzt hätte, wäre alles klar gewesen, aber wie gewöhnlich konnte sie sie nicht finden.

Eines Tages während sie eine Diät machte, nahm sie Hüttenkäse und griff nach einer Orange vom Tisch für ihr Mittagessen bei der Arbeit. Als es Mittagszeit war, hatte sie ziemlichen Hunger und griff zu der Orange. Doch ihr Versuch, sie zu schälen, misslang, da sie eine künstliche Orange aus der Tischdekoration genommen hatte. Die echte lag noch zu Hause auf dem Tisch. Ihre häufig verlegte Brille hat auch schon oft Anlass zu Gelächter geboten. Einmal wusch Mutter ihre Haare mit Handcreme und reinigte ihr Gebiss mit Haarschaum.

Auch Leute, deren Sehkraft in Ordnung ist, stellen manchmal fest, dass ihre Augen sie im Stich lassen, dass die Dinge nicht immer so sind, wie sie scheinen. Glücklicherweise müssen wir uns nicht auf unsere eigene Sicht verlassen, um die wichtigsten Dinge des Lebens zu entdecken. Der Herr sieht wirklich perfekt. Nichts verdeckt ihm die Sicht. Nichts entgeht seiner Aufmerksamkeit. Es gibt keine noch so dichte Finsternis, dass sein Licht sie nicht durchdringen und verbannen könnte. Gott hat eine klare Sicht für mein Leben und ich kann mich auf ihn verlassen. Ich muss auf seine Sicht vertrauen, besonders wenn ich meine eigene in Frage stellen muss.

Mein Leben ist unter deinen Flügeln geborgen. Ich vertraue darauf, dass du heute
mein Licht und meine Sicht sein wirst. Deine Güte reicht wirklich weit, o Herr!

Dellas McCan

Ist dein Gott allmächtig?

Ich will dir danken, HERR, unter den Völkern, ich will dir lobsingen unter den Leuten. Denn deine Gnade reicht, so weit der Himmel ist, und deine Treue, so weit die Wolken gehen. Psalm 108,4.5

E ines Abends saß ich am Bett unserer siebenjährigen Tochter, um mit ihr vor dem Schlafengehen zu beten. Schließlich war sie so weit, faltete die Hände, machte ihre Augen zu und fing an. Ich hörte, wie sie wie immer für Mama, Papa, Oma, Opa, den Hund der Nachbarn usw. betete. Plötzlich fing sie an, für die Kinder in Afrika zu beten, die sie im Fernsehen gesehen hatte, die nicht genug Kleidung und Essen hatten. Sie kuschelte sich in ihr weiches Bett und betete: „Bitte, Jesus, schicke jedem Kind in Afrika eine Decke, ein Kissen mit einem Bezug und ein Laken." Sie machte eine lange Pause, bevor sie schließlich hinzufügte: „Wenn das zu viel ist, könntest du ihnen Schlafsäcke schicken?"

Ich muss lächeln. Sie war erst sieben und verstand noch nicht, was ein allmächtiger Gott, für den nichts unmöglich ist, bedeutete. Sie befürchtete wohl, Gott um mehr gebeten zu haben, als er verkraften könnte, und wollte ihm helfen. Sie glaubte, dass er das Problem lösen könnte, aber gleichzeitig übertrug sie ihre eigenen Grenzen auf Gott.

Ich lächle nicht mehr über ihr Gebet oder ihren Mangel an Verständnis, denn ihr Gebet öffnete meine Augen für die vielen Male, bei denen ich als Erwachsene denselben Fehler begangen habe. Ich kann nicht zählen, wie oft ich Gott vorgeschlagen habe, wie er meine Probleme lösen sollte, oder wie oft ich im Unglauben meine Grenzen auf Gott übertragen habe, obwohl ich wusste, dass er das Universum lenkt. Ich vertraute ihm immer, aber gleichzeitig machte ich oft zusätzliche Pläne für den Fall, dass etwas fehlschlagen würde.

Als Gott Abraham rief und ihn fragte: „Vertraust du mir so viel, dass du deine Heimat, das Haus deines Vaters, die Sicherheit deiner Verwandtschaft verlassen kannst, um in ein Land zu gehen, das ich dir zeigen werde?", wissen wir, dass Abraham mit „Ja, Herr, das tue ich" antwortete. Gleichzeitig gab Gott Abraham eine Verheißung, die in jenen Tagen für die Menschen sehr wertvoll war: viele Nachkommen und nationale Größe. Es ist leicht sich vorzustellen, wie Abraham zu Sara nach Hause lief mit den guten Neuigkeiten, dass Gott ihnen doch noch Kindersegen schenken würde. Abrahams Gehorsam, der keine Fragen stellte, ist das größte Zeugnis für den Glauben, den wir in der ganzen Bibel finden können.

Manchmal vergessen wir, dass der Gott, den wir anbeten, allmächtig ist. Ein Gott, der das Ende vor dem Anfang kennt, ein Gott, der uns nicht bittet, an ihn zu glauben, ohne uns ausreichende Beweise für seine Verlässlichkeit zu schenken.

Birthe Kendel

Gewissheit der Liebe

Ihr Väter, behandelt eure Kinder nicht so, dass sie widerspenstig werden!
Erzieht sie mit Wort und Tat so, wie es dem Herrn gemäß ist. **Epheser 6,4 (GN)**

Jch weiß aus Erfahrung, wie weh es tut, wenn meine Kinder das Haus verlassen, besonders das Erstgeborene. Man braucht Zeit, um sich umzustellen und die Leere im Kinderzimmer und den fehlenden täglichen Kontakt zu akzeptieren. Als mein ältester Sohn ins Internat zog, war es mir ein Trost, dass er auf eine christliche Schule ging und dass ich immer noch den zweitgeborenen Sohn zu Hause hatte.

Als die Zeit für seine Abreise kam, erkannte ich, dass ich als Einziges für ihn beten und ihm Briefe schreiben könnte. Ich nahm mir vor, ihm zweimal in der Woche zu schreiben, kurze, aber informative Briefe. Sobald er weggefahren war, fing ich an, den ersten Brief zu schreiben, weil er ihn so bald wie möglich erhalten sollte.

Während er seine Ferien zu Hause verbrachte, sprach ich mit ihm darüber: „Vielleicht sind meine Briefe nicht allzu interessant, da ich dir nur von meinen täglichen Aktivitäten erzähle."

„Nein, Mama", antwortete er, „ich möchte, dass du weiterhin solche Briefe schreibst, weil sie mir das Gefühl geben, dass ich immer noch zu Hause bin."

Eines Tages erhielt ich vom Schulleiter einen Brief, in dem er die Eltern bat, ihren Kindern zu schreiben. Er berichtete, dass einige Eltern nur dann schrieben, wenn sie ihren Kindern Geld schickten, und die Kinder schrieben den Eltern auch nicht, es sei denn, sie brauchten Geld.

Jeder braucht mehr als Essen, ein Dach überm Kopf und Geld, um ein normales Leben zu führen. Menschen brauchen die ständige Gewissheit, dass man sich um sie kümmert und sie schätzt. Wenn wir für jemanden sorgen und mit ihm in Kontakt bleiben, helfen wir ihm, indem wir ihm Sicherheit schenken. Geborgenheit ist ein wichtiger Bestandteil, der jungen Menschen hilft, Probleme und Schwierigkeiten zu überwinden, auch wenn sie älter werden.

Danke, Herr, für die Gelegenheit, die mir dieser Tag schenkt, um einer lieben Person die Gewissheit meiner Liebe zu schenken. Hilf mir, dass ich einen Weg finde, wie ich jemandem mit einem Brief, einem Anruf oder einem Besuch helfen kann.

Ellen E. Mayr

Ich brauche die Gebete meiner Lieben

Bekennt also einander eure Sünden und betet füreinander, dass ihr gesund werdet. Des Gerechten Gebet vermag viel, wenn es ernstlich ist. Jakobus 5, 16

Ich kann mich immer noch genau an den Vorfall erinnern. Ich war zu Besuch bei einer Freundin, die nur wenige Tage zuvor die Nachricht vom Unfalltod ihres Mannes erhalten hatte, während er dienstlich für die Gemeinde im Ausland gewesen war. Zwischen ihren Tränen sagte sie: „Ich wunderte mich immer, warum Leute in einer solchen Situation sagen, ‚Ich bete für dich.' Jetzt erkenne ich, wie wichtig es ist, zu wissen, dass diese Leute wirklich für mich beten, weil ich selber zu erstarrt bin, um zu beten."

Bald darauf nahm ich an einer Gebetsversammlung teil und sang dort das Lied von James Vaughan „Ich brauchte die Gebete jener, die ich liebe," und dies vertiefte den Eindruck der Worte meiner Freundin noch. Es ist wohl nicht nötig zu sagen, dass viele Gebete für sie gesprochen wurden, nicht nur an jenem Abend, sondern auch bei vielen anderen Gelegenheiten.

Etwa zwei Jahre danach erlebte ich aus erster Hand den Trost der Aussage „Ich bete für dich". Ein naher Verwandter hatte die Diagnose erhalten, lebensgefährlich erkrankt zu sein. Immer wieder kamen die Worte: „Ich bete für ihn jeden Morgen und Abend." „Ich bete, dass Gott ihn heilen möge, und ich bete auch für dich." „Ich bete für euch alle als Familie."

Während aus Tagen Wochen und Monate wurden, blieben jene Beter dabei, fleißiger für meine Familie zu beten, als ich selber konnte (so schien es mir). Manche waren enge Freunde, andere kannte ich kaum, und einige waren ganz besondere Leute – wie die ältere Witwe, die selber gesundheitliche Probleme hatte und deren Enkelin schwer krank in einem weit entfernten Krankenhaus lag. Trotzdem konnte sie für uns einen Gedanken, ein zusätzliches Gebet erübrigen. Meine Familie und ich brauchten diesen Trost und die Unterstützung jener Gebete. Viele Male stellte ich fest, dass meine Gedanken einfach keine Worte an Gott bilden konnten. Ich war oft müde, und verwirrt war ich auch. Worum sollte ich beten? Um Heilung? Um Mut, das Schlimmste anzunehmen? Für beides auf einmal? Ich danke Gott für die Unterstützung und die Ausdauer der betenden Freunde, wenn ich die Worte von Vaughan wiederhole:

„Ich möchte, dass meine Freunde für mich beten, um meine versuchte Seele nach oben zu tragen, und bei Gott für mich eintreten; ich brauche die Gebete derer, die mich lieben."

Jennifer Baldwin

Angezogen fürs Leben

So kommt denn und lasst uns miteinander rechten, spricht der HERR.
Wenn eure Sünde auch blutrot ist, soll sie doch schneeweiß werden, und
wenn sie rot ist wie Scharlach, soll sie doch wie Wolle werden. Jesaja 1,18

Die Frau saß mir auf der anderen Seite meines Schreibtisches gegenüber und versuchte, ihre geröteten Augen aufzuhalten. Ihr pockennarbiges entstelltes Gesicht zeigte die Spuren auf, die von 23 Jahren Drogen- und Alkoholmissbrauchs herrührten. Sie sah eher aus wie 66 statt wie 36 Jahre alt.

Während wir die Formulare ausfüllten, die ihr die Berechtigung zum Sozialhilfebezug einbringen würden, fluchte sie. Als ich sagte, dass ich solche Wörter nicht benutze und sie deshalb bitte, sie in meinem Büro auch nicht zu benutzen, schüttelte sie ungläubig den Kopf. Ihr durch Alkohol geschädigtes Gehirn konnte das nicht begreifen. Verwundert sagte sie: „Sie haben nie geflucht? Dann müssen Sie ein Engel sein! Sie müssen in den Himmel gehen!"

Ruhig fragte ich: „Und wenn ich in den Himmel gehe, wollen Sie mit mir dorthin gehen?" Sie setzte sich aufrecht, schaute mir in die Augen und sagte: „Natürlich werde ich da sein. Aber, sehen Sie, ich werde so sauber und gut angezogen sein und aussehen wie neu, dass Sie mich nicht erkennen werden!"

Über diese Antwort schockiert, sah ich darin eine Herausforderung. Eine Herausforderung, alle Menschen als wertvoll, von Gott geliebt und als Kandidaten für den Himmel anzusehen. Es ist eine Herausforderung, sie zu lieben, ganz gleich in welchen Umständen und welchem physischen Zustand sie sich befinden.

Diese betrunkene Frau lehrte mich eine wichtige Lektion: In jedem Herzen gibt es eine Hoffnung auf Besseres. Sie machte mir auch bewusst, dass ich jeden Tag lernen kann, diejenigen zu lieben, die ungeliebt und anscheinend der Liebe nicht würdig sind. Warum? Weil Gott mich auch jeden Tag liebt.

Maureen O. Burke

Gott beantwortet auch einfache Gebete

Denn du bist mein Fels und meine Burg, und um deines Namens willen wollest
du mich leiten und führen. Psalm 31,4

Der Wetterbericht gestern hatte Schneefall und Sturmböen vorausgesagt; und doch planten wir immer noch, heute im Sugar Bowl in den Sierra Nevadas in Kalifornien Ski zu fahren, bevor wir uns nach Hause in Richtung Idaho begeben würden.

Ich war unruhig, als ich aufwachte und fing an zu beten: „Ich weiß nicht, warum ich mich so unruhig fühle, Herr, aber ich brauche deine Führung. Sollen wir heute wirklich Ski fahren oder sollen wir nicht besser einfach heimfahren?" Obwohl Jesus und ich schon jahrelang gute Freunde waren, kam ich mir ein wenig einfältig vor, ihn zu fragen. Er musste sich um so viele wichtigere Dinge kümmern! Dennoch betete ich weiter: „Herr, ich brauche etwas Greifbares, etwas ganz Klares, um deinen Willen zu erkennen."

Im selben Moment erfasste eine Sturmböe den elf Meter langen Wohnwagen, in dem wir schliefen, und rüttelte gewaltig an seiner Verankerung. ‚Dies scheint eine ziemlich konkrete Antwort zu sein!', dachte ich. Wir waren jetzt auf einer Höhe von 300 Metern und planten in 1.750 Metern Höhe Ski zu fahren. ‚Wenn der Wind hier unten schon so stark ist, wie wird er erst oben am Sugar Bowl sein?' Ich hatte meine Antwort, aber wäre das genug, um die anderen zu überzeugen, die sich auf die Abfahrt freuten?

Als ich bei meiner Schwester im Haus zum Frühstück erschien, erfuhr ich, dass ihre verheiratete Tochter, die uns begleiten wollte, angerufen hatte, um abzusagen. Bei diesem Wind würde sie niemals Ski fahren! Noch ein Zeichen!

In den Frühnachrichten wurde bekannt gegeben, dass es am Donner Pass schon zu schneien begonnen hatte. Jetzt waren auch die anderen davon überzeugt, dass wir einfach das Auto beladen und nach Hause fahren sollten.

Nur etwa eine halbe Stunde nachdem wir den Pass überquert hatten, wurde er für jeglichen Verkehr geschlossen. Wir brauchten viereinhalb Stunden, um nach Reno zu gelangen, eine Strecke, für die wir gewöhnlich eineinhalb bis zwei Stunden brauchen. Wir mussten uns durch 15 cm hohen Schnee pflügen und hätten es ohne Schneeketten nie geschafft.

Es gab an jenem Tag in einem der Skigebiete in den Sierra Nevadas einen Lawinenabgang, bei dem ein Mensch starb. Einige Lkws und Autos wurden dort oben im Schnee mehr als einen Tag festgehalten.

Ich hatte Gott gebeten, mich zu führen und zu leiten. Er hatte das nicht nur für mich getan, sondern uns allen zur selben Zeit denselben Eindruck vermittelt. Wir kamen sicher zu Hause an und lobten Gott für seinen Schutz.

Lois Moore

Über Dolmetscher

Ist doch offenbar geworden, dass ihr ein Brief Christi seid, ... geschrieben nicht mit Tinte, sondern mit dem Geist des lebendigen Gottes, nicht auf steinerne Tafeln, sondern auf fleischerne Tafeln, nämlich eure Herzen. 2. Korinther 3,3

Mein ,Sprachrohr' hatte einen Defekt! Ich versuchte meine Botschaft über eine Übersetzerin mitzuteilen. An der Körpersprache der Frau, mit der ich mich unterhielt, erkannte ich, dass die Aussagen, die sie von meiner Übersetzerin hörte, nicht übereinstimmen konnten mit meinen Worten. Ich versuchte den negativen Eindruck, den die Übersetzung hinterlassen hatte, zu neutralisieren, indem ich sie anlächelte und mit freundlicher Stimme sprach. Aber ich hatte keine Ahnung, ob ich die Situation rettete.

Natascha stellte mich dar – meine Gedanken, meine Worte, meine Taten. Ich wollte von einem freundlichen, liebevollen Heiland erzählen, aber sie machte sich nichts aus Menschen, die ihrer Meinung nach keinen Wert hatten.

„Sieh mal, Jesus starb für Menschen mit törichten Fragen genauso wie für dich und mich", erinnerte ich sie, aber ich schien zu einer Wand zu reden. Sie antwortete: „Du bist in unserer Stadt eine prominente Persönlichkeit und die Menschen stehen Schlange, um mit dir zu sprechen. Statt dumme Fragen zu beantworten solltest du dich lieber ausruhen. Wenn die Leute keinen Termin mit dir vereinbart haben, dann lass sie doch warten!" Mein Einwand, nicht müde und außerdem zum Dienen gekommen zu sein, verhallte bei ihr wie ein Echo im Wind.

Ich konnte mich nie darauf verlassen, was sie sagte. Nie war ich wirklich sicher, ob meine Worte korrekt übersetzt wurden. Statt mein ,Sprachrohr' zu sein, wie zuverlässige Dolmetscher es sind, wurde sie eine Barriere, ein Hindernis.

Du trägst den Namen Christi – nennst dich Christ. Verwendest du wirklich die Worte, die er wählen würde? Stellst du ihn dar? Kann er sich auf dich verlassen? Sprichst du auf eine Weise, wie er es täte? Bist du wie ein Brief Christi?

Natascha musste entlassen werden und eine andere Dolmetscherin nahm ihre Stelle ein. Wie sicher ich mich dem neuen ,Sprachrohr' fühlte! Wenn wir nicht sofort die Absicht der anderen verstanden, sprachen wir darüber miteinander bis alles klar war. Sie verstand, wo ich mit meinen Aussagen begann und welches Ziel ich im Visier hatte. Und wenn sie nicht immer das ganze Bild begriff, folgte sie meiner Führung und meinen Motiven und ließ mich nie im Stich.

Welch eine ernste und doch freudige Erfahrung ist es, den Namen Jesu zu tragen und seine Stimme und sein Brief zu sein. Wie korrekt übersetzen wir seine Worte, Taten und Motive?

Barbara Huff

Höre mich, Herr

HERR, höre mein Gebet und lass mein Schreien zu dir kommen! Verbirg dein
Antlitz nicht vor mir in der Not, neige deine Ohren zu mir; wenn ich dich
anrufe, so erhöre mich bald! Psalm 102,2.3

Jch saß in der Arztpraxis und wartete auf das Untersuchungsergebnis. Schließlich kam der Arzt; der Test war positiv. Unser zweites Kind würde etwa Mitte April nächsten Jahres geboren werden. Wir hatten dieses Baby geplant. Warum überfiel mich dann plötzlich das Gefühl, dieses Kind nicht haben zu wollen?

Zu Hause überwältigte mich dieses Gefühl. Mein Mann jubelte und freute sich, ich aber war deprimiert, erzählte jedoch niemandem davon. Ich spürte, das Kind in mir würde nicht gesund sein. Ich wollte es nicht haben! Darum betete ich, dass ich das Baby verlieren möge! Meine Schwangerschaft war mir zuwider! Ich hasste das Baby und wünschte sogar eine Abtreibung gutheißen zu können! „Also, Herr", betete ich, „warum tust du nichts?" Er schien mein Gebet nicht zu hören und erst recht nicht so zu beantworten, wie ich es wollte.

Im sechsten Monat schließlich sprach ich mit meinem Arzt über mein Problem. Er stellte mich in etlichen Untersuchungen total auf den Kopf: Herzschlag und Wachstum waren normal, alles schien in Ordnung zu sein. Was war also los mit mir?

Ich betete und machte Gott Vorschriften, statt darum zu bitten, dass sein Wille geschehe. Als ich mich schließlich zusammennahm und ihn um Rat bat, kam die Antwort sofort. „Ich werde dir beistehen, wenn es schwierig wird." Der Friede, den ich empfand, war unglaublich. Schließlich konnte ich das Kind, das ich trug, lieben. Diese Liebe wuchs so sehr, dass ich während der restlichen Schwangerschaft nicht einmal mehr daran dachte, was nicht in Ordnung sein könnte.

Nach der Geburt teilte mir der Arzt behutsam mit: „Sie haben ein kleines Mädchen und es hat einige Probleme." Das überraschte mich nicht. Mein erster Gedanke war: ‚Danke, Herr, für den Seelenfrieden; nun werde ich wirklich deine Hilfe benötigen!'

Wir beten oft um Dinge und schreiben Gott dann vor, was er tun, wie er es tun und wann er es tun soll. Und wenn es dann nicht eintrifft, wie wir es wollten, behaupten wir, Gott habe unsere Gebete nicht erhört. Er verheißt nicht, uns in unserem Leben auf Rosen zu betten, aber er hat versprochen, uns die Kraft zum Durchhalten zu geben. Er ist immer da, hört unsere Gebete und ist bereit zu antworten. Wir müssen nur auf ihn hören.

Linda Reynolds

Ich lebe!

Leben und Wohltat hast du an mir getan, und deine Obhut hat meinen Odem bewahrt. Hiob 10,12

Ich lebe!, rief ich, als ich wieder an den Unfallort in der Nähe meines Heimes im südlichen Tennessee zurückkehrte.

Da waren sie immer noch, die offiziellen roten Markierungen auf dem Straßenbelag, wo ich mich vor wenigen Wochen mit meiner Mutter hingekauert hatte. Wir bluteten, hatten etliche Knochenbrüche und warteten darauf, dass uns jemand helfen würde – wir beteten um ein Wunder! Es kam uns gar nicht in den Sinn, dass einfach am Leben zu sein schon einem Wunder gleichkam.

Mein Mann hatte mich damals gewarnt, nicht diese Straße zu fahren. Etwa drei Kilometer von zu Hause beschleunigte ich und brauste den Hügel hinunter. Dann kam mir der Kleinbus mit hoher Geschwindigkeit auf meiner Fahrspur entgegen, gerade als ich die nächste Kuppe erklomm. „Weg von meiner Fahrbahn!", schrie ich, und trat voll auf die Bremse. Aber der Zusammenstoß war nicht zu vermeiden.

In den vergangenen Wochen habe ich wohl etliche Hunderte Male den Unfall wieder durchlebt.

Damals schnappte ich nach Luft und schrie: „Mama, sag etwas! Mama, sprich mit mir!" Sie lag zusammengesunken auf dem Beifahrersitz und antwortete nicht. Ich versuchte sie zu berühren, aber ich konnte mich nicht umdrehen. Das demolierte Auto hatte mich eingeklemmt.

Nur ein Gedanke beherrschte mich – ich musste zu meiner Mutter durchkommen! „Helfen Sie mir meine Tür aufzukriegen!", rief ich der jungen Frau zu, die leichenblass aus dem Kleinbus gestiegen war. Sie hatte sich doch wirklich nur einen Augenblick zu ihren Kindern auf dem Rücksitz umgedreht, statt auf die Straße zu achten. Gemeinsam zogen und drückten wir, bis sich die zerdrückte Tür bewegen ließ. Meine Mutter lebte!

Wenn man 77 Jahre alt ist und an Osteoporose leidet, sollte man nicht in einen Frontalzusammenstoß verwickelt sein. Mutter war so schwer verletzt, dass sie nur noch drei Wochen lebte. Ich wollte für sie ein Wunder. Ich betete zu Gott, aber dieses Wunder sollte nicht sein. Warum blieb ich am Leben und meine Mutter nicht? Es gibt viele Dinge, die ich nicht verstehe. Aber eines weiß ich – mein Leben ist ein Wunder.

Ich sehe alle Dinge jetzt anders – die Blumen, die Vögel, all die kleinen Dinge, die ich immer für so selbstverständlich hielt. Ich hätte tot sein müssen. Das sagen alle, die unseren schwer beschädigten Wagen gesehen haben. Aber ich lebe. Ich habe eine zweite Chance bekommen – und ich will sicher gehen, dass dieses unglaubliche Wunder des Lebens nicht vergeudet wird!

Kay Kuzma

Freundlichkeit für einen Dollar

Darum sollt ihr auch die Fremdlinge lieben; denn ihr seid auch Fremdlinge gewesen in Ägyptenland. 5. Mose 10,19

Ich hatte mit meinen beiden zwei und fünf Jahre alten Kindern ohne jede Begleitung schon mehr als 1.000 Meilen (1.600 km) zurückgelegt. Obwohl sie am ersten Tag wirklich lieb waren, strapazierte der heutige Tag ihre Geduld. Ich konnte es ihnen nachfühlen, denn ich war auch müde. Vor uns tauchte ein Hinweisschild auf die letzte Mautstelle in Oklahoma auf. Halb vor mich hin murmelte ich: „Herr, ich möchte keine weitere Mautgebühr bezahlen!"

Ich nahm das Gas zurück und zückte meine Geldbörse. Während ich an der Station ausrollte, vernahm ich verblüfft die Worte des Beamten: „Danke, aber heute kostet es Sie nichts. Sehen Sie das vierte Auto da vorne? Die Fahrerin bezahlte für die nächsten vier Autos nach ihr mit." Aber ich kannte sie doch gar nicht! Er auch nicht, trotzdem brauchte ich nichts zu bezahlen. Ich steckte immer noch sprachlos meine Dollar weg und setzte meine Fahrt freudig fort.

Wer die Frau wohl war? Eine Christin? Wohl kein Engel, aber welch einen Einfluss zum Guten hatte sie mit ihren 4 Dollar bewirkt. Nur 4 Dollar! Unverdiente Freundlichkeit einer völlig Fremden gegenüber. Sie weiß nicht, was ihre Tat bewirkt hat, aber für den Rest meiner Fahrt wurde ich fröhlich, und seitdem habe ich viele freudige Gedanken daran gehabt.

Sie hatte mir einen Dollar geschenkt. Das war nicht viel, aber es bedeutete viel. Können wir auch „Dollargeschenke" machen? Vielleicht gibt es eine Nachbarin, ein Gemeindeglied oder einen völlig Fremden, die von einer „Dollar-Tat" der Freundlichkeit viel profitieren könnten. Der Geber und derjenige, der empfängt, werden wahrscheinlich beide mehr bekommen als das, was ausgegeben wurde. „Umsonst habt ihr's empfangen, umsonst gebt es auch" (Matthäus 10,8).

Julianne Pickle

Reparaturbedürftig

Er heilt, die zerbrochenen Herzens sind, und verbindet ihre Wunden.
Psalm 147,3

Jch war gespannt auf die neuen Noten, die meine Lehrerin mir gegeben hatte, und machte meinen Geigenkasten auf, nahm mein Instrument in die Hand und wollte die Noten durchgehen.

Ich hatte wieder angefangen, Geige zu üben nach vielen Jahren, in denen ich kein Instrument besessen oder gespielt hatte. Deshalb ging ich mit Begeisterung an die Sache heran, nachdem mein Entschluss feststand, wieder Unterricht zu nehmen. Wie viele Möchtegernmusiker, hätte ich lieber eine Bach-Sonate gespielt als immer nur zu üben, üben, üben. Aber ich war fest entschlossen, mir die Zeit zu nehmen, das Musikstück auf dem Notenblatt vor mir spielen zu lernen.

Es passierte, während ich das Instrument vorbereitete und stimmte. Ich drückte ein wenig zu fest auf die Saite und sie riss – und mit ihr auch meine Begeisterung! Da ich keine Ersatzsaiten zur Hand hatte, setzte ich mich enttäuscht auf meine Couch. Dann dachte ich: „Ich werde die Geige zu meinem Freund dem Geigenbauer, bringen, der sie gemacht hat. Er wird die kaputte Saite ersetzen und die Geige perfekt stimmen, und sie wird so gut wie neu sein."

Das Leben ist manchmal voller Stress. Die Anforderungen des heutigen Lebens fordern von Millionen Menschen ihren Tribut. Niemand scheint den hektischen Situationen zu entkommen, die uns fast täglich begegnen.

Fast 2.000 Jahre sind vergangen, seit Jesus in der Synagoge aufstand und vorlas: „Mit mir ist der Geist des Herrn. Er hat mich beauftragt, den Armen die frohe Botschaft zu bringen. Den Gefangenen soll ich die Freiheit verkünden ... und den Unterdrückten, dass sie bald von jeder Gewalt befreit sein sollen" (Lukas 4,18, Hfa). Gott kann uns „reparieren", ganz gleich ob wir mentale, physische oder emotionale Reparatur benötigen.

Maria Magdalena brauchte verzweifelt eine „Reparatur", als sie damals ihren Weg ins Haus des Simon fand. Mutig und ohne Scham kniete sie sich vor Christus hin – wusch seine Füße mit ihren Tränen und trocknete sie mit ihren Haaren. Jesus nahm ihr gebrochenes Herz in seine liebevollen Hände, und sie ging getröstet von ihm.

Jesus ist unser Schöpfer. Er hat uns das Leben gegeben und kennt uns von innen und außen. Was aber noch wichtiger ist, er ist der Einzige, der uns vollkommen wiederherstellen kann, wenn wir gebrochen sind.

Irma R. Lee

Königin der Nacht

Wie vergänglich ist der Mensch! Wie kurz sind seine Jahre! Wie mühsam ist sein Leben! Er blüht auf wie eine Blume - und verwelkt; er verschwindet wie ein Schatten - und fort ist er! Und doch verlierst du ihn nicht aus den Augen ...
Hiob 14, 1-3 (Hfa)

Jn den sechziger Jahren brachte mein Onkel ein Kakteenblatt aus Brasilien zu meiner Großmutter nach Finnland. Die Pflanze wuchs und gedieh, bis sie die ganze Ecke eines Zimmers in Anspruch nahm. Eines Abends rief Großmutter uns um etwa 22 Uhr an. „Kommt und schaut euch die Königin der Nacht an. Sie hat etwa 25 Blüten, die anfangen, aufzugehen." Sie waren wunderbar!

Als wir vor über dreißig Jahren heirateten, sah meine Schwiegermutter die Pflanze und nahm ein Blatt mit nach Deutschland. Die Königin der Nacht blühte hin und wieder in ihrer Wohnung, bis sie zu groß geworden war. Schließlich bekam ich auch ein Blatt und begann meine Königin der Nacht zu ziehen.

Als sie das erste Mal eine Blüte trieb, beobachtete ich die Knospe jeden Tag und jeden Abend. Gespannt fragte ich mich: „Wird sie heute Nacht aufgehen?"

Eines Abends kam ich um etwa 22 Uhr nach Hause und schaute mir die Nachrichten an. Ein starker Duft lag in der Luft und ich drehte mich um, um die Quelle dafür auszumachen. Und siehe da, meine erste Blüte der Königin der Nacht öffnete ihre Knospe! Wenn es ihren Duft nicht gegeben hätte, wäre mir dieses wunderbare Erlebnis entgangen. Ich kann die Schönheit dieser Blüte nicht beschreiben, aber jedes Mal wenn ich sie sehe, erfüllt sie mich mit Freude.

Vor einiger Zeit blühte sie gerade zu meinem 50. Geburtstag. Am nächsten Abend gab es drei weitere Blüten. Da es eine laue Sommernacht war, ging ich auf die andere Straßenseite, wo Nachbarsfrauen noch draußen zusammensaßen und die kühle Nachtluft genossen, um sie einzuladen, meine Königin zu bestaunen. Welch eine Freude war es, diesen Schatz mit ihnen zu teilen.

Aber diese Schönheit besteht nur eine Nacht. In der Morgendämmerung verwelken die Blütenblätter und der Duft verschwindet. Ich schätze die Erinnerung an vergangene Blüten und staune über die Extravaganz Gottes, der so viel Schönheit in eine so kurzlebige Blüte gesteckt hat. Aber die Bibel erinnert mich, dass das Leben vergehen wird wie meine schöne Blume. Wir sollten unseren Blick nicht auf das Vergängliche fixieren.

Und doch lerne ich aus der Großzügigkeit Gottes, dass ich während meines kurzen Lebens auf Erden so viel Schönheit wie möglich erleben und weitergeben soll. „Deshalb lasst nun auch uns ... hinschauen auf Jesus, den Anfänger und Vollender des Glaubens" (Hebräer 12, 1.2). Er ist die wunderbare Blüte von Scharon, eine Lilie der Täler, die niemals verwelken wird.

Hannele Ottschofski

Unser Herd – von Gott reserviert

Und ich sage euch auch: Bittet, so wird euch gegeben; suchet, so werdet ihr finden; klopfet an, so wird euch aufgetan. Lukas 11,9

„Pfennigfuchser" war die einzige Zeitung, die an unsere Tür ausgetragen wurde, und ich studierte gerade die Anzeigen unter „Haushaltsgeräte". Ich betete, dass Gott uns helfen würde, einen Herd zu finden. Unser Baby schlief in seinem Körbchen und unsere zweijährige Tochter spielte leise in der Nähe. Wir hatten beschlossen ein Zusatzstudium aufzunehmen, mit großem Glauben, aber geringen Finanzen. Die einzige Wohnung, die wir uns leisten konnten, hatte nur eine elektrische Kochplatte in der Küche. Wir aber brauchten einen richtigen Herd – zum erschwinglichen Preis.

Die Anzeigen enthielten nur wenige Herde, aber einer fiel mir ins Auge. Den konnten wir uns leisten. Ich dankte leise für diese Ermutigung und wartete, bis mein Mann vom Unterricht nach Hause kam. „Liebling! Schau!", rief ich, als er zur Tür hereinkam. „Hier ist eine Anzeige für einen Herd, und ich glaube, wir können ihn uns leisten."

Wir stiegen in der beginnenden Abenddämmerung alle vier in ein geliehenes Auto und suchten nach der angegebenen Adresse. Schließlich fanden wir das Haus, aber es gab kein Licht. Wir wanderten auf die Veranda, klingelten – und warteten. Keine Antwort. Wir klingelten wieder. Das Verandalicht wurde eingeschaltet und die Haustür öffnete sich, nicht aber die Insektentür. „Ja?", knurrte eine unfreundliche Stimme aus der Dunkelheit. „Wir wollten uns wegen des Herdes erkundigen ..." „Wir haben keinen Herd!" Und schon wurde die Tür zugeknallt.

Eine traurige kleine Familie kehrte zum Auto zurück. Wir sahen wieder in der Zeitung nach. Ja, wir befanden uns bei der angegebenen Adresse, aber hier gab es keinen Herd. Ich war mir so sicher gewesen, dass die Anzeige die Antwort auf unser Gebet wäre.

Auf dem Heimweg gab mir der Herr plötzlich eine Idee: Könnte es sein, dass es einen Fehler in der Adresse gab? Es war klar, dass die Leute, von denen wir kamen, die Anzeige nicht aufgegeben hatten – aber jemand hatte es getan.

Vielleicht war es eine Adresse in der nördlichen 52. Straße, nicht in der südlichen! Wir fuhren los. Es war jetzt ganz dunkel, und wir konnten die Hausnummern kaum erkennen. Da, ein Licht auf einer Veranda, ja, die Hausnummer stimmte.

Wieder klingelten wir und warteten. Diesmal empfingen uns freundliche Gesichter. Ja, sie hatten einen Herd zu verkaufen und wunderten sich schon, warum sich niemand meldete. Wir erzählten ihnen unsere Geschichte. Da stand unser Herd – tadellos, mit einem wunderbaren Backofen zu einem erschwinglichen Preis. Es war der Herd, den der Herr für uns reserviert hatte.

Lois May Watts

Schmerzende Hände

... Er aber sprach zu ihnen: Wenn ich nicht in seinen Händen die Nägelmale sehe und meinen Finger in die Nägelmale lege und meine Hand in seine Seite lege, kann ich's nicht glauben. Johannes 20,25

Jch weiß, was es heißt, schmerzende Hände zu haben. Jahrelang litt ich am Karpaltunnelsyndrom und kenne die Schmerzen, die von Überbeanspruchung herrühren, wenn die Nerven eingeklemmt werden. Eine Operation sollte das Gewebe lösen, das auf die Nerven drückte, und ich spürte den brennenden, beißenden Schmerz dort, wo das Skalpell in meine Hände schnitt.

Während meine Wunden heilten, dachte ich an Christi Hände. Das, was ich erlitt, so schmerzhaft es auch sein mochte, war nicht im Geringsten vergleichbar mit seinen Schmerzen, als seine Hände und Füße ans Kreuz genagelt wurden. Sie wurden ganz durchbohrt! Es schmerzte und pulsierte – und er hat es alles gespürt!

Meine Hände sind jetzt viel besser. Ja, ich habe Narben. Aber jedes Mal, wenn ich sie betrachte, werde ich an die Narben Christi erinnert. Ich weiß, dass meine Narben verschwinden werden, wenn Christus wiederkommt und uns einen neuen Leib schenkt. Aber seine Narben werden bis in Ewigkeit bleiben.

Wenn ich an den Preis denke, den er bezahlte, entsteht in mir ein Gefühlswirrwarr: Scham und Bestürzung, dass ich dazu beigetragen habe, ihm auf diese Art wehzutun, aber auch Dankbarkeit für sein Opfer. Er starb, um uns zu retten, damit diejenigen, die ihn lieben, nach seiner Wiederkunft in den Himmel eingehen und auf einer neuen Erde leben können, wo es kein Leid und keine Trauer mehr geben wird (Offenbarung 21,4).

Herr, hilf uns daran zu denken, dass du für uns verwundet wurdest. Mögen wir unsere Hände in deine von den Nägeln gezeichneten Hände legen. Hilf uns, andere zu denselben Hände zu führen.

Bonnie Moyers

Letzte Gelegenheit

... Siehe, jetzt ist die Zeit der Gnade, siehe, jetzt ist der Tag des Heils!
2. Korinther 6,2

E ines Abends wartete ich eine geschlagene Stunde lang auf meinen Bus, mit dem ich nach Hause fahren wollte. Ich beobachtete die Menschen, wie sie kamen und gingen, und bemerkte, wie tüchtig die junge Frau am Informationsschalter war.

Viele Leute stellten Fragen: „Wann fährt der letzte Bus nach ...?" „Wann ist die letzte Möglichkeit für mich nach ... abzufahren?" Sie wollten auf die letzte Gelegenheit warten, sich so lange wie möglich in der Stadt aufhalten und doch noch heute Abend nach Hause kommen.

Wenn diese Leute pünktlich am Bahnhof sind, werden sie wahrscheinlich die letzte Fahrgelegenheit nach Hause erreichen. Aber sie gehen ein Risiko ein, wenn sie auf die letztmögliche Gelegenheit warten. Wenn sie nun die Zeit vergessen? Oder ihre Uhr einige Minuten nachgeht? Wenn der Bus so voll ist, dass nicht alle Fahrgäste hineinpassen? Sie könnten nicht auf den nächsten Bus warten, sie müssten ganz einfach zurückbleiben.

Verhalten sich nicht viele Menschen im Leben genauso wie die ‚Nachtschwärmer'? Sie wollen den letzten Bus in den Himmel nehmen. Sicher, sie wollen schon hin, aber sie möchten noch so lange wie möglich in der Welt bleiben und sich vergnügen. „Wann ist die letzte Gelegenheit, mich dem Herrn zuzuwenden um gerettet zu werden?", fragen sie. „Wie lange kann ich in der Sünde und bei den Vergnügungen der Welt bleiben und immer noch gerettet werden?"

Gehen wir nicht ein Risiko ein, wenn wir auf den ‚letzten Bus' in den Himmel warten? Wenn wir nun so von den Sorgen der Welt gefangen sind, dass wir vergessen, uns dem Herrn zuzuwenden, bis es zu spät ist? Wenn unsere ‚Zeitmessgeräte' nicht mit denen Gottes übereinstimmen? Wir meinen vielleicht, wir hätten noch einige Jahre vor uns, und die werden uns unerwartet genommen!?

Wollen wir nicht auf Nummer Sicher gehen und den nächsten Bus nehmen – die nächste Gelegenheit – um uns dem Herrn zuzuwenden? Wir können das jetzt tun, indem wir von diesem Augenblick an bereit sind, dem Herrn zu dienen, und alles ablegen, was ihm nicht gefällt. Gehen wir doch kein Risiko ein! Der Bus fährt jetzt los. Steig ein!

Laura Drown

Zu seinem Bilde

... Wir wissen aber: wenn es offenbar wird, werden wir ihm gleich sein;
denn wir werden ihn sehen, wie er ist. 1. Johannes 3,2

W ir waren gespannt wie ein Flitzebogen, als wir an jenem Frühlingsabend die Autobahn entlangrasten, um unsere neugeborene Enkelin zu besichtigen. Ihre Mama und ihr Papa waren total entzückt, wie sie da in ihrer Wiege lag, ein Abbild der Zufriedenheit.

Als ich in jenes kleine Gesicht sah, war ich geschockt, aber ich verriet niemandem meine Gedanken. Sie in meinen Armen zu wiegen war eine wahre Freude, und auch, wenn ich ihren Kopf mit den seidenen Härchen küsste. Liebe ist erstaunlich; sie scheint zu wachsen, wenn ein neues Familienmitglied in ihren Kreis aufzunehmen ist.

Dann war es Zeit, das Krankenhaus und die neue kleine Familie zu verlassen. Während wir heimfuhren, erinnerten wir uns an die Freude bei der Geburt unserer Tochter und hofften, dass ihr eigenes kleines Mädchen ihr Herz mit ähnlich schönen Erinnerungen füllen würde in den Jahren, die kommen würden.

Das Telefon klingelte bei unserer Rückkehr ins Haus. Es war meine Schwester, die gerade das neue Baby gesehen hatte. „Hast du dein kleines Ebenbild gesehen?", lachte sie. Das war eine Anspielung auf die Ähnlichkeit des Babys mit mir, die mich so schockiert hatte. „Was meinst du?", stellte ich mich unwissend. Das Baby sah wirklich aus wie seine Oma!

Damit hatte ich nicht gerechnet! Unsere anderen Enkelkinder sahen aus wie ihre Eltern oder vielleicht ein wenig wie ihr Opa. Es war ein Schock für mich, eine so winzige Person mit meinen Gesichtszügen zu sehen. Und diese Ähnlichkeit ist von Jahr zu Jahr offenkundiger geworden! Ich hoffe, Tochter und Mutter werden mit der Zeit von denselben Dingen angezogen und verbringen schöne Zeiten miteinander in ihrer Beziehung zueinander, wie ich sie mit meiner Tochter erlebt habe.

Nach der Geburt meiner Enkelin hatte ich Gelegenheit, nicht nur über die Vererbungslehre nachzudenken, sondern auch darüber, dass wir zum Bilde Gottes gemacht worden sind und Menschen meinen himmlischen Vater in mir erkennen sollen – in meinem Gesicht, meiner Einstellung, meinen Taten und Lebensstil. Wenn er wiederkommt, wird das Bild klar sein, denn „wir werden ihm gleich sein; denn wir werden ihn sehen wie er ist."

Welch eine Verheißung!

Ursula M. Hedges

Gib dein Ganzes

Und der Friede Gottes, der höher ist als alle Vernunft, bewahre eure Herzen und Sinne in Christus Jesus. Philipper 4,7

Ich saß im abgedunkelten Schlafzimmer und wachte über die schlafende Gestalt unter der Bettdecke. Erinnerungen stiegen in mir auf, als ich an die vergangenen Jahre dachte, in denen ich unterrichtet, durchgehalten und Energie verbraucht hatte.

„Wie weiß man, ob man eine gute Mutter ist?", fragte ich Gott. „Wann man sprechen, wann man schweigen soll, wann Kompromisse eingehen und wann festbleiben? Wie weiß man, was richtig ist?"

Das Mädchen in dem Bett bewegte sich, als ob es auf die Fragen meiner Seele antworten würde, dann lag es wieder still in friedlichem Schlaf. Sie war eine Herausforderung, dieser ungestüme Teenager, der sich viel zu schnell in eine junge Frau verwandelte.

„Wie verhalte ich mich richtig?" „Liebe sie ganz einfach", schien Gott zu antworten. „Liebe sie auch, wenn du müde bist. Auch wenn du nichts zurückbekommst. Wenn du keine Ergebnisse sehen kannst." „Ich weiß nicht, woher ich solche Liebe nehmen soll, Herr?", fragte ich. „Ich weiß", flüsterte Gott, „deshalb habe ich sie dir ja geschenkt."

Ich berührte sanft die Hand meiner Tochter und verließ den abgedunkelten Raum, während die Wahrheit in seinen Worten auf mein Herz drückte. Es ist kein Opfer, diejenigen zu lieben, die dich schon lieben. Aber Wachstum in der Liebe kostet Mühe und ist manchmal schmerzhaft.

Mein großes Vorbild schob sich vor mein inneres Auge. Obwohl Jesus falsch verstanden und schlecht behandelt wurde, entschied er sich zu lieben. Er hätte die Menschheit aufgeben, uns allein lassen können, damit wir die Folgen unseres Egoismus ernten. Wir hätten Waisenkinder bleiben können. Niemand hätte ihm deshalb einen Vorwurf machen können.

Und dennoch gab er alles für uns – seine Zeit, seine Energie, sein Wissen, seine Mittel, seine Pläne, seine Zukunft und am Ende sein Leben.

O Gott, ich kann eine solche Liebe nicht verstehen, aber ich sehne mich danach. Ich bitte darum. Lehre mich, wie ich mit deiner Art von Liebe lieben kann. Ich kenne ein junges Mädchen, das es dringend braucht.

Joan Bova

Denke

Denk an deinen Schöpfer in deiner Jugend ... Prediger 12,1

Diesen Bibeltext habe ich in meinem ersten Jahr in der höheren Schule kennen gelernt. Unser Chor bereitete sich auf sein erstes Konzert des Jahres vor und unser Chorleiter hatte ein Werk ausgesucht, dem der Text in Prediger 12 zugrunde lag. Während wir sangen, erfasste mich Freude über die Großartigkeit der Musik und des Textes.

Die Stelle „Denk an deinen Schöpfer in deiner Jugend" hinterließ einen tiefen Eindruck in mir. Ich hatte mich entschieden, Gott, dem ich dienen wollte, in meinem Leben richtig darzustellen. Ich beschloss, diesen Text als Lebensmotto zu übernehmen, denn er kleidete meinen Wunsch für mein Leben in Worte. Ich war sein Kind und er sorgte für mich. Das wenigste, was ich tun konnte, war an ihn zu denken und mich so zu schätzen, wie er es tat.

Die Jahre sind vergangen und ich zähle nicht mehr zu den Jugendlichen. Und doch fühle ich mich in meinem Herzen immer noch jung, und dieser Bibeltext ist immer noch mein Lieblingstext. Jeden Morgen, wenn ich meinen Tag mit Gott beginne, wird mir klar, dass ich in seinen Augen immer noch jung bin. Er führt mich, während ich ganz langsam wachse, um ihm ähnlicher zu werden.

Es gibt so viele Dinge, die ich über ihn, seine Herrlichkeit und Majestät wissen möchte. Ich lerne ständig, ihn mehr zu loben, mich weniger auf meinen eigenen Verstand zu verlassen und mich über seine Liebe zu freuen. Jeder neue Tag ist eine Gelegenheit, meinen Glauben neu zu beleben, ihm zu vertrauen, wenn die Stürme toben.

Soll ich meine „Jugend" verwelken lassen? Nein. Es ist meine Entscheidung, an meinen Schöpfer in den Tagen meiner Jugend zu denken und jeden Tag des Lernprozesses hier auf Erden zu genießen, während er mir zur Seite steht. Die rutschigen Wege des Lebens sind leichter zu durchwandern, wenn er an meiner Seite ist. Sich mit ihm und über seine Güte zu freuen ist jeden Tag ein neues Erlebnis.

Evelyn Glass

Der fehlende Garantieschein

Gott ist unsre Zuversicht und Stärke, eine Hilfe in den großen Nöten ...
Psalm 46,2

*U*m notwendige Reparaturarbeiten an der Dachrinne unseres Hauses vornehmen zu lassen, brauchte ich den ursprünglichen Garantieschein. Da mein verstorbener Mann diesen Kauf sowie unsere geschäftlichen Angelegenheiten erledigt hatte, wusste ich nicht, wo dieses Papier zu finden war.

Ich fuhr zur Bank und sah die Dokumente in unserem Bankschließfach durch, aber es war nicht dort. Ich durchwühlte alle Schubladen und Ablagen im Schreibtisch meines Mannes ohne Ergebnis. Im Keller durchsuchte ich erfolglos etliche Kisten mit der Aufschrift „Quittungen und Geschäftspapiere".

Aufgebracht wollte ich die Treppe zur Küche hinaufgehen. „Warum finde ich diesen Beleg nicht?", schimpfte ich laut. „Habe ich dieses Jahr nicht schon genug Probleme gehabt?"

In der Küche setzte ich mich auf einen Stuhl und dachte über meine Situation nach. Was sollte ich als Nächstes tun? Dann fiel mir ein: ‚Du hast noch nicht um die Lösung für dein Problem gebetet.' Das holte ich sofort nach. Und schon kam mir ein Gedanke in den Sinn: ‚Schau im grauen Kästchen im Kleiderschrank deines Mannes nach'. Ich öffnete das Kästchen und dort, ganz oben auf einem Stoß Papiere, lag die Garantieurkunde, als ob sie auf mich wartete!

„O, danke, lieber Gott!", flüsterte ich. „Es tut mir so Leid, dass ich nicht gleich zu dir kam, um Führung zu erbitten."

Wann immer nun ein Problem in meinem Leben auftaucht, denke ich an all die verlorenen Stunden des Suchens und gehe direkt zur Quelle der Hilfe – zu Gott!

Herr, heute liegt ein Tag vor mir. Ich weiß nicht, welches Problem mir begegnen wird. Hilf mir nur, daran zu denken, dass ich dich um Führung und Kraft bitte, bevor ich meine Energie dabei vergeude, alleine klarkommen zu wollen. Ich sehe auf dich als meine allgegenwärtige Hilfe in jeder Not.

Rosemary Baker

Die Aussicht vom Gipfel

Von dem HERRN kommt es, wenn eines Mannes Schritte fest werden,
und er hat Gefallen an seinem Wege ... Ich bin jung gewesen und alt geworden
und habe noch nie den Gerechten verlassen gesehen und seine Kinder
um Brot betteln. Psalm 37,23-25

Vor zwanzig Jahren stand ich auf einem Berg und sah auf Genf hinunter, eine Stadt im Tal. Ich besuchte in Collonges, Frankreich, einen Sommerkurs und beschloss eines Nachmittags den Berg zu besteigen. Patrick, ein erfahrener Bergsteiger, und Loida, eine Freundin, begleiteten mich, aber ich fühlte mich völlig ausgeliefert und unsicher. Mir kamen die Tränen, als ich vom Steilhang 150 Meter in die Tiefe auf die Felsen da unten blickte. Wir kletterten ohne Seil und hätten jeden Augenblick in den Tod stürzen können.

Während der ganzen Kletterpartie unterstützte uns Patrick, half uns über die schwierigen Stellen und ermutigte uns. „Wir sind bald oben, da können wir uns ausruhen." Ich hatte noch nie in meinem Leben so viel Angst gehabt oder mich so hilflos gefühlt. Stunden später, als wir den Gipfel des Salève erreicht hatten, erfuhr ich von Studenten, die buchstäblich in den Tod gestürzt waren oder sich auf diesem Kletterweg schwer verletzt hatten.

Die Aussicht von oben war atemberaubend! So weit das Auge sehen konnte, gab es Berge, saftige, grüne Täler und Straßen, die sich durch die Landschaft wanden. Alle Mühen und Ängste des Aufstiegs waren vergessen, während wir uns ausruhten und auf das Tal blickten. Wir hatten den Gipfel erreicht!

Ich habe immer noch angenehme Erinnerungen an die kostbaren Lektionen, die ich bei dieser Kletterpartie erhielt. Viele Berge und Täler habe ich inzwischen erlebt: Hochs und Tiefs in meinem täglichen Leben. Vom Gipfel des Berges kann ich erkennen, dass jedes Tal einen Ausgang hat. Ich sehe, dass Täler eher Gelegenheiten bedeuten, was ich in meinen jüngeren Jahren noch nicht erkennen konnte.

Patrick, unser Bergführer, wurde in Collonges der ‚Katzenmensch' genannt, weil er den Berg in Rekordzeit sicher hinauf- und heruntersteigen konnte. Mit so viel Erfahrung war es ihm ein Leichtes uns durch die Schwierigkeiten, mit denen wir kämpfen, zu führen. Wir vertrauten ihm völlig.

Genau wie Patrick uns während der Kletterpartie ermutigen konnte, ist es mir jetzt klar, dass Gott genau das Gleiche tut. Welche Herausforderungen uns auch begegnen, er hat Vorsorge getroffen, dass wir es bis oben schaffen. Wir können ihm völlig vertrauen, auch wenn wir den Gipfel nicht sehen können.

Wenn du in einem Tal der Entmutigung steckst, gehe voran und klettere weiter. Du kannst alles mit der Hilfe unseres Führers, unseres Herrn schaffen (Philipper 4,13). Die Aussicht von ‚oben' ist die ‚Kletterpartie' wert.

Lynn Marie Davis

Ein neuer Name

... und ich will auf ihn schreiben ... meinen Namen, den neuen.

Offenbarung 3,12

Im Juni besuchte ich eine Konferenz für christliche Krankenpfleger. Mich sprach das Mottolied von D.J. Butler stark an. „Ich werde dir einen neuen Namen geben", hieß es da. Während einer Nacht, die Jakob im Gebet verbrachte, wurde er von jemandem angegriffen. Diese Begegnung veränderte ihn nachhaltig. Er blieb lahm und hinkend zurück, war aber eine andere Person geworden mit einem neuen Namen.

Welch ein Angebot! Es ist wie alte Lumpen gegen schöne neue Kleidung auszutauschen. Wo kann ich meine abgetragene Kleidung gegen neue eintauschen? Bei Benetton, Joop, H&M, C&A? Würde eine Verkäuferin meinen Namen offiziell von ‚Verlierer' in ‚Heilige' verwandeln? Wohl kaum!

Mein Gott ist ein Gott der Hoffnung. Jesus sehnt sich danach, mein verfahrenes Leben ‚geschenkt' zu bekommen, auch wenn es voller Schmerz steckt und von meinen eigenen schlechten Entscheidungen oder den Entscheidungen anderer beschädigt ist. Er hat das Besitzrecht an mir schon am Kreuz bezahlt und sehnt sich danach, dies einzulösen. Er will mir seinen Namen geben, damit ich ihm persönlich gehöre. Auch jetzt bedeckt Jesus mich mit seinem Leben der Freude und des Friedens und verändert mich auf wunderbare Art, zu der nur er mitten im Chaos und den Turbulenzen meines Lebens in der Lage ist. Wenn er mir neues Leben schenkt, sucht er mir auch einen neuen Namen aus.

Für dich könnte diese Veränderung ein plötzlicher, dramatischer Vorfall sein wie für Jakob. Für mich war es ein beständiger und allmählicher Prozess der Rückschläge, die mit Wachstumsschüben vermischt waren. Vielleicht verdeutlicht das Bild eines Fötus, der sich in der Gebärmutter entwickelt, am besten meinen Entwicklungsprozess. Aber wie auch immer die neue Geburt stattfindet, wir erhalten einen neuen Namen – einen Namen, den uns Gott selber gegeben hat. Wollen wir ihn doch heute stolz für ihn tragen .

Gina Youngberg Lonser

Eine gute Nachricht

... Was wahrhaftig ist, was ehrbar, was gerecht, was rein, was liebenswert, was einen guten Ruf hat, sei es eine Tugend, sei es ein Lob - darauf seid bedacht!
Philipper 4, 8

Eilig schnitt sie eine Banane in Scheiben und goss Milch in eine Schüssel Corn Flakes. Die Predigerfrau war Mutter und Chefsekretärin. Bald würde sie in ihr Auto steigen für die täglichen 80 Kilometer zur Arbeit.

Du hältst es für leichtsinnig, eine Schüssel Corn Flakes beim Autofahren zu essen, aber diese erfahrene Pendlerin frühstückte nicht zum ersten Mal während der Fahrt. Sie hatte schon eine mehr als fünf Jahre lange Übung darin.

Vielleicht versuchte sie ihre aufgewühlten Gefühle zu beschwichtigen nach den ungeduldigen Worten, die sie mit ihrem Mann gerade ausgetauscht hatte; vielleicht wollte sie einfach einen Augenblick der Ruhe vor den ständigen Anforderungen des Lebens. Jedenfalls genoss sie ihr Frühstück einen kurzen Moment zu lange.

Sie kam plötzlich zu sich, als sie im morgendlichen Nieselregen nur wenige Meter vor sich einen schwarzen Kleinlaster stehen sah, der den linken Blinker gesetzt hatte. Obwohl sie in die Bremsen stieg, kam es zum Unfall. Einen Augenblick saß sie da, vom Aufprall geschockt, und beobachtete, wie die Bananenscheiben die milchige Windschutzscheibe hinunterrutschten und fragte sich, wie wütend ihr unbeabsichtigtes ‚Opfer' sein würde.

Der Fahrer des Kleinlasters hätte böse sein müssen. Schließlich war er schuldlos. Nun würde er zu spät zur Arbeit kommen und müsste sich einen ganzen Tag frei nehmen, um seinen neuen Wagen in die Werkstatt zu bringen, und all das wegen der Nachlässigkeit seiner ‚Hinterfrau'. Stattdessen machte er sich Sorgen um sie! Er fragte: „Sind Sie okay? Legen Sie den Leerlauf ein, dann kann ich Sie an den Straßenrand schieben, damit wir den Verkehr nicht behindern."

Und das war noch nicht alles! Als sie später mit dem Polizeibeamten sprach, berichtete dieser, der Fahrer des Kleinlasters habe darum gebeten, ihr das Bußgeld zu erlassen. So konnte sie den Unfallort verlassen, ohne ihren makellosen Status als Fahrerin zu verlieren.

Warum sind wohl Ereignisse, bei denen es um Mitgefühl, Großzügigkeit und Vergebung geht, nicht genauso interessant für die Nachrichten wie Einbrüche, Morde und Vergewaltigungen?

Unser Text schlägt vor, an das Gute, Ehrbare und Schöne zu denken. Stell dir vor, du seiest ein Berichterstatter auf der Suche nach guten, ehrbaren und wohltuenden Erlebnissen, die du dann zu Hause, in der Schule, in der Arbeit und überall, wo du Zuhörer finden kannst, erzählst!

Linda Klinger

Krüge mit Tränen

... Sammle meine Tränen in deinen Krug ... Psalm 56,9

J ch komme morgen wieder", versprach sie ihrem Sohn. Ihre Worte erstaunten mich, denn ich hatte drei Stunden im Verkehr zugebracht, um meine ältere Freundin in Washington, D.C. abzuholen. Ich glaubte sie nicht vor Sonntag zurückbringen zu müssen. Vielleicht war es ihr nicht klar, dass Virginia, wo ich lebte, nicht nur ‚eben mal kurz um die Ecke‘ lag. Schweigend nahm ich ihre Tasche auf und los ging es.

Am nächsten Morgen war sie früh auf und munter. Während wir über den James-Fluss fuhren, zählte ich in meinen Gedanken die bisher zurückgelegten Kilometer. Meine Begleiterin machte sich Notizen über Ortsnamen, Landzeichen und sogar über die Flüsse.

Nachdem ich sie am nächsten Tag bei ihrem Sohn abgeliefert hatte, versprach ich, bei der nächsten Gelegenheit mit ihr das Meer und historische Sehenswürdigkeiten zu besuchen. Sie schien zu zögern und gab zu, nicht gewusst zu haben, wie weit weg ich wohnte.

Ein Jahr später war sie tot. Ich musste an unser kurzes anstrengendes Wochenende in Virginia denken und über die vielen Tage, die ich während meiner Studienzeit mit ihr in ihrem Unternehmen in Michigan und in ihrem Heim verbracht hatte. Sie hatte langsam Vertrauen gewonnen und mir Teile ihrer Lebensgeschichte erzählt. Als älteste Tochter von Erntehelfern aus Alabama war sie zweimal verheiratet gewesen und doch hatte sie vier Kinder alleine großgezogen. Als ich ihr begegnete, war sie Besitzerin eines florierenden Pflegeheims, obwohl sie wegen Arthritis im Knie hinkte.

Ihre Worte „Mein Kopfkissen war oft tränenfeucht" blieben mir im Gedächtnis. Trotz ihres erfolgreichen Lebens hatte auch sie geweint. Sie besaß auch einen ‚Tränenkrug‘.

Als sie mir ihre Geschichte erzählte, war ihr sicher nicht bewusst, wie sehr sie die Aufforderung erfüllte, wonach ältere Frauen die jüngeren unterweisen sollen (Titus 2,3). Sie lehrte mich durchzuhalten, meine Prüfungen und Probleme in Relation beispielsweise zu ihren zu sehen. Dann waren meine wirklich gering. Sie hatte ausgehalten – und das könnte ich auch.

Ich schaue zurück und bin dankbar, dass ich Gelegenheit hatte, Zeit mit meiner Freundin und Lehrerin zu verbringen. Wenn weitere Tränen in meinen Krug fallen, weiß ich, dass auch andere den Kummer in ihrem Leben erfahren und Tränen vergossen haben. Doch Gott führt, sieht, weiß und versteht. Er schickt uns Menschen in unser Leben, die Anleitung und Ermutigung geben.

Paula C. Barnes

Don't worry, be happy

Alle eure Sorge werft auf ihn; denn er sorgt für euch. 1. Petrus 5,7

Neulich gingen mir in der Nacht viele Dinge durch den Kopf, die mir Sorgen machten. Das Gemeindefest sollte vorbereitet werden und es lief nicht alles ganz nach Wunsch. Ich konnte nicht richtig schlafen, weil mich diese Sorgen beunruhigten.

Am Morgen musste ich meine Tochter zum Bahnhof fahren und beschloss, auch gleichzeitig einkaufen zu gehen. Das erste Geschäft hatte auch schon geöffnet und ich konnte meine Einkäufe erledigen. Dann fuhr ich an einem anderen Laden (fast) vorbei, und mir fiel ein, dass ich dort auch etwas brauchte. Ich wunderte mich zwar, dass der Parkplatz noch ziemlich leer war, aber erst als ich eine Frau vor dem Geschäft warten sah, schaute ich auf meine Uhr. Es war 8.56 Uhr. Das Geschäft war noch zu. Nun, die vier Minuten kannst du noch warten, dachte ich und schaltete das Radio ein.

„Don't worry, be happy … don't worry, be happy!", sang eine Stimme. Natürlich kannte ich das Lied, hatte schon einige Takte gehört. Aber ich hatte noch nie das ganze Lied gehört. Und so konzentrierte ich mich auf seine Aussage. Je länger ich zuhörte, umso mehr gefiel es mir und ich merkte, wie es in meinen Mundwinkeln zuckte. Sie wollten unbedingt nach oben! Als das Geschäft öffnete, war auch das Lied zu Ende und ich musste nicht einmal in den Rückspiegel sehen, um festzustellen, dass ich glücklich lächelte. Warum sich Sorgen machen? Ich hatte ja noch ein Dach überm Kopf und vieles mehr. Ich weiß nicht, wieso ich gerade an dieses Lied im Autoradio geriet, aber es tat mir unendlich gut. Ich musste Gott einfach dafür danken, dass er mir dieses Lied ‚geschenkt' hatte.

Hannele Ottschofski

Hoffnung: ein willkommener Begleiter

Ich will mich an etwas anderes erinnern, damit meine Hoffnung wiederkommt:
Von Gottes Güte kommt es, dass wir noch leben. Sein Erbarmen ist
noch nicht zu Ende. Klagelieder 3,21.22 (GN)

J ch war fassungslos! Mein 59-jähriger Ehemann, der einen massiven Schlaganfall erlitten hatte und links gelähmt war, würde sich wahrscheinlich niemals wieder erholen. „Beantragen Sie einfach eine volle Arbeitsunfähigkeitsrente", riet mir die Neurologin. „Gibt es keine Hoffnung?" „Nun", antwortete sie, „ein Drittel der Patienten erholt sich, ein Drittel bleibt wie es ist – und bei einem Drittel verschlimmert sich der Zustand."

Niedergeschlagen ging ich von der Intensivstation ins Wartezimmer und kämpfte gegen die Tränen an. Das Leben, wie ich es die letzten dreißig Jahre gekannt hatte, war vorbei. Mein intelligenter, fähiger, schlanker, gesunder Ehemann war in einer entsetzlichen Schrecksekunde zu einer hilflosen Seele geworden.

Allein in dem überfüllten Raum war mein Herz so schwer, dass ich es nicht mehr zu ertragen glaubte und innerlich schrie: „Hilf uns, Herr! Was wird aus Jan? Ich habe Angst!"

Ein Arzt steckte seinen Kopf durch die Tür und rief einen Namen. Leute gingen erwartungsvoll auf ihn zu und jubelten, weil sie gute Nachrichten über ihre Lieben erhalten hatten. Ich freute mich für sie, aber meine eigene Situation schien so hoffnungslos. Kein noch so guter Chirurg könnte die Gehirnzellen wiederbeleben, die zerstört worden waren. Keine Medizin könnte ihre Funktion wiederherstellen. Krankengymnastik wäre nützlich, aber ob das auch für Jan zutraf?

In meinem tiefen Schmerz hörte ich das Telefon auf der Station klingeln. „Kay Kuzma?", rief eine Stimme. Ich putzte meine Nase und nahm den Hörer.

„Kay, ich habe gerade von der Sache mit Jan gehört. Hör nicht darauf, wenn sie sagen, dass er sich nicht wieder erholen kann. Jan kann wieder auf die Beine kommen." Dann fing Hans Diehl an, mir von Leuten zu erzählen, die massive Schlaganfälle erlitten und sich wieder erholt hatten.

Als ich den Hörer auflegte, merkte ich, dass die Sonne schien. Ich schaute um mich und lächelte. Mein Herz fing an zu singen. Hoffnung ist ein wunderbarer Begleiter in Zeiten der Not.

Ich möchte dir zusichern, dass Gott denen, die auf ihn warten, wunderbar gut ist. Jan hat sich jetzt fast vollständig erholt.

Wenn dich eine Tragödie trifft und alles hoffnungslos erscheint, denke bitte daran: „Von Gottes Güte kommt es, dass wir noch leben. Sein Erbarmen ist noch nicht zu Ende."

Kay Kuzma

Suche das Schöne

Weiter, liebe Brüder: Was wahrhaftig ist, was ehrbar, was gerecht, was rein,
was liebenswert, was einen guten Ruf hat, sei es eine Tugend, sei es ein Lob -
darauf seid bedacht! Philipper 4,8

Mein Mann und ich machen jeden Morgen einen fünf Kilometer langen Rundgang. Das schnelle Gehen schenkt uns nicht nur Erfrischung, sondern bietet uns auch Gelegenheit, die schöne Landschaft in unserer Gegend zu genießen.

Eines Morgens fand mein Mann eine Fünf-Cent-Münze. Zwei Tage danach fand ich einen ‚Schatz' im Wert von zwei Pennies, eine Woche später fanden wir 25 Cents, jeweils in unterschiedlichen Straßen. Was, meinst du, haben wir nach unseren ‚großen Entdeckungen' getan? Du hast richtig geraten! Statt Gottes schöne Schöpfung zu genießen, hielten wir Ausschau nach weiteren kleinen Münzen! Unsere Augen suchten nicht die Schönheit der Blumen und den gut gepflegten Rasen! Auch unser Tempo verlangsamte sich.

„Meinst du nicht, dass das bald lächerlich wird?", fragte ich meinen Mann. „Nun suchen wir nach Pfennigen statt uns an der schönen Natur zu erfreuen."

Können auch in unserem Christenleben die Prioritäten durcheinander geraten? Gott hat uns Intelligenz geschenkt, damit wir die Dinge aus der richtigen Perspektive betrachten. Aber wir konzentrieren unsere Aufmerksamkeit auf weltliche Dinge und lassen uns von dem, was weniger wichtig ist, in Anspruch nehmen. Sie führen uns nicht zu christlicher Reife und verzögern oder verhindern oft auch unser geistliches Wachstum.

Unsere Erfahrung erinnert mich an zwei Leute, die aus ihrem Haus heraustraten. Der eine erblickte den Müll auf der Straße, der andere die Sterne, die am Himmel blinkten. Manchmal schauen wir uns die Leute an, erblicken nur das Negative und Hässliche in ihrem Charakter statt auch ihre guten Eigenschaften zu sehen. Sie erscheinen uns abstoßend, obwohl sie uns helfen könnten, Fortschritte in unserer Charakter- und Persönlichkeitsentwicklung zu machen. Etwas Positives und Lobenswertes steckt in jeder Person, wenn wir nur gewillt sind, danach zu suchen.

Hilf mir, Herr, mich heute auf das, was ehrbar, anständig und lobenswert im Leben ist, zu konzentrieren statt auf das Hässliche und Verachtenswerte. Hilf mir, meine Augen von den schmutzigen Dingen dieser Welt auf die schönen Dinge der neuen Erde zu lenken.

Ofelia A. Pangan

Namen

Aber jetzt sagt der Herr, der euch geschaffen hat ... „Hab keine Angst, Israel,
denn ich habe dich erlöst! Ich habe dich bei deinem Namen gerufen,
du gehörst zu mir." Jesaja 43,1 (Hfa)

Für ein Kind den passenden Namen auszusuchen ist nicht so einfach. Ich habe eigentlich nie den Namen gemocht, den mir meine Eltern gaben. Ich habe in Ländern gelebt, in denen mein finnischer Name Hannele sonderbar klang und so wurde er oft falsch ausgesprochen. Aber das machte mir nicht so viel aus, weil es mir klar war, dass die Leute einfach Probleme mit der fremden Aussprache hatten.

Als ich dann nach Deutschland kam, wo mein Name ganz normal klingt, begannen die Leute, meinen Namen zu ändern. Hannele ist für sie eine Verniedlichung und kann demzufolge nicht mein richtiger Name sein. Und so geschieht es, dass ich offizielle Post bekomme, bei der die korrekten Deutschen meinen Namen oft in „Hannelore" abändern. Nun kann ich den Namen Hannelore nicht ausstehen!

Wie sehr mir diese Verwechslung zu schaffen macht, wurde mir erstmals bewusst, als ich in einer Gemeinde ein Doppelkonzert von Bach zusammen mit zwei Geigern spielen sollte. Ich hatte zu wenig Zeit zum Üben gehabt und dann legten die Geigen auch noch presto los. Ich glaube, ich hätte mich noch aus der Affäre ziehen können, wenn wir nicht vor dem Auftritt mit Namen angekündigt worden wären: „So und so und so und so und „Hannelore O ...", ‚Was haben sie mit meinem Namen gemacht? Das bin ich doch gar nicht!'

Mein empörtes Herz pochte über die Misshandlung meines Namens so aufgeregt, dass ich mich gar nicht recht auf das Spielen konzentrieren konnte und meine Finger über die Tasten stolperten in verzweifeltem Bemühen, mit den davonrasenden Violinen mitzukommen.

Nach dieser Aufführung war ich über meine Reaktion total schockiert. Warum war es mir so wichtig, bei meinem richtigen Namen genannt zu werden, wo ich ihn doch gar nicht so sehr mochte? Schließlich erkannte ich: Mein Name ist ein wesentlicher Teil meiner Persönlichkeit geworden, so dass ich mich ‚misshandelt' fühlte, als ob ich nicht existieren würde und die Leute über jemand anders sprächen.

Namen sind wichtig. Gott weiß das. Er kennt uns alle mit Namen und wird nie einen falschen benutzen, wenn er zu mir spricht. Er wird mich nie mit jemand anders verwechseln, weil dessen Name ähnlich ist. Er hat mich geschaffen und vom Mutterleibe an behütet. Und er sandte seinen Sohn, um mich zu erlösen. Er wollte mich auf dieser Erde haben und wird mich begleiten, bis ich eines Tages auf der neuen Erde hören werde, wie er sagt: „Hannele, meine liebe Tochter, willkommen daheim!"

Hannele Ottschofski

Sing ein Lied, geh baden

So lasst uns hinzutreten mit wahrhaftigem Herzen in vollkommenem Glauben,
besprengt in unsern Herzen und los von dem bösen Gewissen und gewaschen
am Leib mit reinem Wasser. Hebräer 10,22

E r war knapp zwei Jahre alt, aber wir hatten ihm schon beigebracht, während des Gottesdienstes still zu sein. Konnte ich als seine Mutter erwarten, dass er nicht aufgeregt und voller Fragen wäre, wenn er seine erste Taufe durch Untertauchen erlebte? Sicher nicht. Er sah genau zu, während mehrere Personen getauft wurden. Nach jedem Untertauchen sang die Gemeinde ein Lied. Vielleicht war er noch zu jung, um der Zeremonie eine besondere Bedeutung beizumessen. Ich hätte es besser wissen sollen!

Erst als wir nach Hause fuhren, griff er nach meinem Gesicht, drehte es zu sich (er hatte damit wirklich meine volle Aufmerksamkeit) und sagte ernsthaft: „Mama, sing ein Lied, geh baden, sing ein Lied, geh baden."

Ich fragte mich, ob mein Kind die Taufzeremonie nicht besser verstanden hatte als mancher Erwachsener. Während er noch nicht die volle Bedeutung der Zeremonie begreifen konnte, hat er wenigstens verstanden, dass die Taufkandidaten gereinigt wurden.

Von Zeit zu Zeit erlauben wir es Satan, Schuldgefühle in uns zu wecken über Dinge, die schon längst weggewaschen worden sind – für immer. Lasst uns daran denken, dass wir ‚ein Lied gesungen und gebadet haben'. Uns ist vergeben worden, wir sind von aller Ungerechtigkeit gereinigt worden (1. Johannes 1,9). Lobe den Herrn!

Dorothy Wainwright Carey

Elias Gott

Und alles, was ihr bittet im Gebet, wenn ihr glaubt, so werdet ihr's empfangen.
Matthäus 21,22

Bagdal ist ein Dorf in Karnataka, Indien. Die Bewohner sind einfache, ungebildete Bauern. Für die Bewässerung ihrer Äcker sind sie auf den Monsunregen angewiesen. Leider blieb der Monsun drei Jahre hintereinander aus und eine Hungersnot brach aus, die die Menschen schier verzweifeln ließ. Eines Morgens besuchte ein Pastor das Dorf und predigte dort. In seiner Botschaft sprach er davon, wie Elia ernsthaft um Regen gebetet und Gott sein inbrünstiges Gebet erhört hatte. Diese Bibelgeschichte bewegte die Herzen der Kinder und Jugendlichen. Nach der Versammlung trafen sie sich und beschlossen, um Regen zu beten.

Am Nachmittag trafen sich die jungen Leute im Alter von sechs bis 20 Jahren auf einem nahe gelegenen Hügel, um Gott um Regen anzuflehen. Sie wollten dort mit geschlossenen Augen bleiben, bis er antwortete.

Die Sonne versank im Westen und es wurde dunkel. Noch kein Zeichen der Hoffnung, aber auch kein Anzeichen, dass sie aufgeben wollten! Die jungen Leute beteten weiter. Um etwa 20.30 Uhr spürten sie Regentropfen. Nach wenigen Minuten rauschte ein wolkenbruchartiger Platzregen vom Himmel herab. Ihre Bitten verwandelten sich in Freude, aus den Bittgebeten wurden Dankgebete.

Mit durchnässten Kleidern und dankbaren Herzen kehrten sie ins Dorf zurück und lobten Gott. Eltern und Dorfbewohner freuten sich mit ihnen, und ihr Glaube an den Gott Elias war gestärkt worden. „Und der Herr erhörte die Stimme Elias" (1. Könige 17,22).

Sei dessen gewiss, dass derselbe Gott auch deine Stimme erhören wird.

Hepzibah Kore

Zerstören oder bauen?

... So werdet ihr einander ermutigen und trösten ...
1. Thessalonicher 5,11 (Hfa)

Sein kleiner Körper zitterte, als ich auf den Zweijährigen herabsah und ihn weiterhin beschuldigte und mit ihm schimpfte. Er biss sich auf die Unterlippe, seine Augen wurden tellergroß, aber er nahm sich vor, nicht zu weinen. Die verängstigten blauen Augen, die zu mir aufsahen, gehörten dem kleinen Jungen, für den ich viele Stunden damit zugebracht hatte, die bunte Decke mit den Buchstaben zu häkeln, auf der er jetzt stand. Nun zitterte er vor mir. Ich war schockiert, als ich anhielt, um Luft zu holen, und seine körperliche Reaktion erkannte. Waren meine Worte tatsächlich so machtvoll?

John Wyclif sagte einmal: „Die Zunge bricht Knochen, obwohl sie selber keine hat." Ist sie wirklich so stark? Wie kann ich sie im Zaum halten und über sie herrschen?

Für eine junge frustrierte und müde Mutter ist es eine große Versuchung, mit bösen Worten auf die Missgeschicke des Tages zu reagieren. Es ist eine Versuchung, wenn du unter deinen Freunden bist, den lustigen Geschichten noch eins ‚draufzusetzen', indem du dich über die Gewohnheiten und Eigenarten deiner Freunde lustig machst. Es ist so leicht, jemandem die Schuld für den dummen, peinlichen Fehler zu geben, den du selber in der Arbeit gemacht hast.

Aber wie schön und aufbauend können Worte auch sein! Sanfte Worte der Wahrheit, Freundlichkeit, Annahme, Ermutigung und des Verständnisses. Worte des Bekennens und der Gnade, die vom Wunder der Liebe Gottes sprechen und seiner Weisheit. Worte des Willkommens für den Fremden und Worte der Hingabe einer Freundin gegenüber. Wie großartig ist es, wenn persönliche Integrität und die verbale Ausdrucksweise mit christusähnlichen Taten harmonieren.

Eines herrlichen Tages wird Gott uns verändern, sogar unsere Sprache. In Zefanja 3,9 verheißt er: „Dann aber will ich den Völkern reine Lippen geben, dass sie alle des Herrn Namen anrufen sollen und ihm einträchtig dienen." Welch ein wunderbarer Tag, auf den wir uns freuen können! Schon jetzt dürfen wir Gottes Kraft in Anspruch nehmen, um eine disziplinierte Zunge zu haben und um ihn zu loben und zu ehren. Eine Zunge, die andere aufbaut und nicht zerstört. Eine Zunge, die mit jedem Wort allen, die sie hören, vom Leben und der Hoffnung spricht.

Evangeline Lundstrom

Er schenkt inneren Frieden

Den Frieden lasse ich euch, meinen Frieden gebe ich euch ... Johannes 14,27

Fünfundzwanzig Jahre als Hausfrau in einem Predigerhaushalt haben mir Augenblicke großer Freude und Erwartung geschenkt. Sie haben aber auch Zeiten gebracht, in denen ich darüber nachgedacht habe, was Gott an Freude und Schmerz verheißen oder nicht verheißen hat. Manchmal habe ich die Frage gestellt: „Warum ich?", nur um zu entdecken, dass Gottes Liebe am Ende des Tunnels um so heller schien.

Es heißt, eine Familie, die miteinander betet, bleibt zusammen, und das stimmt. Wenn Satan versuchte, Finsternis in unser Leben zu bringen, vergaßen mein Mann und ich nie, zu unserem Gott zu beten, der uns sofort und beständig die Kraft schenkte, die wir brauchten.

Ich kann die Jahre, die wir im Studium in Amerika verbrachten, nicht vergessen. Eines Tages war uns das Geld fürs Studium ausgegangen, gerade als ich unsere zweite Tochter erwartete. Mein Arzt empfahl mir, meine Arbeit aufzugeben. Meine Gesundheit litt unter der Schwangerschaft so sehr, dass ich nicht laufen konnte, und mein Mann musste mir ins Bett und wieder heraushelfen. Ohne Krankenversicherung und mit einem Wust von Arztrechnungen fragte ich mich, wie wir es schaffen sollten. Schließlich setzte ich mich hin, weinte und schüttete Gott mein Herz aus. Dann fiel mir ein: ‚Du solltest dem Herrn dafür danken, dass er uns schon so weit gebracht hat, und auf die Sonnenseite des Lebens blicken, die uns auf den Sieg ausrichtet.'

Mein Mann arbeitete an drei verschiedenen Stellen und studierte noch, aber Gott schenkte ihm genug Kraft. Er übernahm eine Nachtschicht und verbrachte den Tag im Studium und an zwei weiteren Arbeitsplätzen. Ich danke dem Herrn, dass weder seine Noten noch seine Gesundheit Schaden erlitten. Worte reichten nicht mehr aus, um meine Freude und meinen Dank dem Herrn gegenüber auszudrücken, als unsere kleine Tochter geboren wurde.

Ich habe den Segen Gottes erlebt. Durch Gebet kann Gott uns den inneren Frieden schenken, der uns durch alle Schwierigkeiten trägt.

Juliana Agboka

Wühlmäuse

Fangt uns die Füchse, die kleinen Füchse, die die Weinberge verderben;
denn unsere Weinberge haben Blüten bekommen. Hoheslied 2, 15

Noch vor einigen Jahren wusste ich nicht, wie viel Freude mir mein Garten machen würde. Ich hatte eigentlich nie einen eigenen Garten gehabt, wo ich nach Herzenslust wühlen konnte. So betrat ich also Neuland, als ich begann, unseren Garten zu gestalten, um ein kleines Paradies auf Erden zu schaffen. Der Rasen begann ganz gut zu wachsen und ich pflanzte Blumen und Büsche. Als ich eines Morgens meinen Rasen betrachtete, entdeckte ich zwei lange Gänge, die den neuen Rasen verunstalteten! „Das kann das Werk einer Wühlmaus gewesen sein", meinte mein Mann. Ich erinnerte mich, dass Wühlmäuse keine starken Gerüche mögen. Also steckte ich Knoblauchzehen in die Gänge und verschloss sie. Am nächsten Morgen waren die Eingänge wieder offen und der Knoblauch herausgeworfen worden!

Wir fragten in einem Fachgeschäft nach, was wir tun könnten, um die Wühlmäuse loszuwerden. „Wollen Sie sie töten oder nur von Ihrem Grundstück verjagen?" Wir beschlossen, sie nicht zu töten, unsere Kinder hätten das nicht gewollt. Wir kauften eine Dose mit einem übelriechenden Granulat, das Gas entwickelt, wenn man es in die Gänge schüttet. Jedes Mal, wenn ich einen geöffneten Gang fand, gab ich einen Löffel voll Granulat hinein und verschloss den Gang. Nach einer Weile kam ich zu dem Ergebnis, dass es wohl doch besser gewesen wäre, sie gleich zu töten. Es gab Löcher überall um meine Büsche herum und ich konnte mir vorstellen, wie die Wühlmäuse an den Wurzeln meiner kostbaren Pflanzen genüsslich knabberten.

Im Herbst hörte ich von der Kaiserkrone. Die Zwiebel dieser schönen Blume verströmt einen Geruch, den Wühlmäuse nicht ausstehen können. Ich pflanzte einige von diesen Stauden und hoffte auf das Beste. Vielleicht war es der kalte Winter oder diese Pflanzen, aber seitdem habe ich keine Spur von Wühlmäusen mehr gesehen.

Aus meinem Kampf gegen die Wühlmäuse lernte ich etwas: Wenn ich nicht sofort energisch auf kleine Dinge aufpasse – ,kleine Sünden' – wird es so viel schwerer, sie loszuwerden. Es ist wie mit den scheinbar harmlosen Gewohnheiten, die mit der Zeit wachsen und sich vermehren, bis der Kampf dagegen fast unmöglich wird. Ich war hilflos, bis ich das natürliche Gegenmittel fand, das Gott in Form der Pflanzenzwiebel geschaffen hatte, um den Wühlmäusen ihre Grenzen aufzuzeigen.

Gott hat auch die Macht, uns in unserem Kampf gegen die Sünde zu helfen, wenn wir ihn darum bitten. Er hat das Gegenmittel bereitgestellt.

Hannele Ottschofski

Das Garagentor

Sie sind allesamt Sünder und ermangeln des Ruhmes ... Römer 3,23

Matt, mein Hund, stieß meine Hand leicht an und winselte. Ich kraulte seine Ohren, während ich weiter die Abendnachrichten ansah. Der Hund lief einige Schritte fort, winselte etwas lauter und kam wieder zurück, um mich anzustoßen. Ich kraulte seine Brust. Matt bellte laut und lief einige Schritte. Ich stand auf und dachte, er wolle hinausgehen, doch er führte mich an die Garagentür, winselte wieder und kratzte an der Tür.

Als ich die Tür öffnete, roch ich Gas! Meine Nase und Augen brannten. Ich bekam einen gewaltigen Adrenalinschub! Dies war ein Notfall! Es gab ein Leck in der Gasleitung! Wenn das Gas mit der Zündflamme des Wasserboilers in der Nähe in Berührung käme, könnte das Haus in die Luft fliegen!

,Ich muss frische Luft hier hineinkriegen!', überlegte ich mir und drückte auf den Türöffnerknopf in meiner Nähe. Der Gasgeruch schien beim roten Wagen stärker zu sein. Ich sprang ins Auto und startete. Natürlich war das unüberlegt und lebensgefährlich, aber der Adrenalinstoß schien mein Gehirn ausgeschaltet zu haben. Ich legte den Rückwärtsgang ein und fuhr hinaus. Es gab ein lautes knirschendes Geräusch und so stieg ich auf die Bremse. In meiner Panik hatte ich nicht bemerkt, dass beim Auto die Heckklappe offen war. Die Klappe verfing sich in der Garagentür und riss sie aus der Führungsschiene. Die Heckklappe war auf das Dach des Autos geknickt worden und hatte einen Schaden von mehr als 1.000 Dollar verursacht.

Ich versuchte, das Garagentor zu schließen, aber es ließ sich nicht bewegen. Meine Muskeln taten mir weh von meinen Bemühungen, das Tor zu verschließen, als das Telefon klingelte. Es war Ron, mein Mann. Ich erzählte ihm meine Horrorstory. „Ich werde wohl die ganze Nacht im Auto schlafen müssen, um aufs Haus aufzupassen", sagte ich ihm. „Ach was!", meinte Ron. „Ruf jemanden an!"

Ich versuchte es bei einer Freundin. Der Anrufbeantworter war eingeschaltet. Ich versuchte es bei einem Freund. Er ließ seine Gäste stehen, um mir zu helfen. Innerhalb kurzer Zeit war das Garagentor wieder an seiner Stelle und das Haus sicher.

„Irgendjemand hat auf dich aufgepasst", sagte Dale. „Du hättest nie den Motor anlassen dürfen!" „Ich weiß, woran du denkst", antwortete ich kleinlaut. „Frauen am Steuer!" „Glaube nur nicht, dass nur du ein Monopol für Dummheiten hast", lachte Dale. „Ich habe mir auch schon manche geleistet!" Ich fühlte mich besser. Es war gut zu wissen, dass ich nicht allein dastand in der Abteilung ,Dummheit'.

Wenn ich es mir überlege, sitzen wir doch alle im selben Boot, nicht wahr? Wir machen alle unsere Fehler. Wir machen alle Dummheiten und sündigen. Wir brauchen alle das Blut Jesu und die Hilfe, die nur er uns geben kann. Es ist gut, ab und zu daran erinnert zu werden.

Dorothy Eaton Watts

Gott lebt in mir

Aber Jesus sprach: Lasset die Kinder zu mir zu kommen und wehret ihnen nicht;
denn solchen gehört das Himmelreich. Matthäus 19,14

D ie Familie war im Wohnzimmer versammelt, um ein Video über die Geschichte des barmherzigen Samariters anzuschauen. Unsere drei Enkelkinder saßen geduldig da und warteten die lange Einführung ab, bis die Geschichte wirklich losging. Im Raum war es still, nur die Stimme des Erzählers war zu hören – bis Jesus auftrat. Unser dreijähriger Enkel sprang auf und zeigte auf Jesus auf dem Bildschirm. „Das ist Jesus!", rief er mit offensichtlicher Freude. „Er ist derjenige, der in meinem Magen lebt. Genau hier, Mama!", sagte er und zeigte auf seinen kleinen Bauch.

„Ja, Süßer, das ist ein Bild von Jesus. Aber Jesus lebt in deinem Herzen, nicht in deinem Magen. Das weißt du doch?" „Oh ja. Er lebt in meinem Herzen, und ich lebe auch in seinem Herzen", bekräftigte er mit all der Überzeugung, zu der ein Dreijähriger fähig war.

Die anderen versuchten ihr Gelächter zurückzuhalten. Sein älterer Bruder und seine Schwester sahen zu den Erwachsenen hinüber, die versuchten ernste Gesichter aufzusetzen, aber Eric hatte Recht. Jesus lebt in uns und sagt uns auch, dass wir in seinen Gedanken und in seinem Herzen sind. Ich glaube, dass Jesus auch über das falsche Organ, das Eric aussuchte, lachen musste, und dann freute er sich, dass Eric wollte, dass Jesus in ihm lebt.

Komm heute in mein Herz, Herr Jesus, und in meinen Sinn und – ja – sogar in meinen Magen. Denn du hast meinen Leib geschaffen zu einem Tempel des lebendigen Gottes, und der Gott meines Lebens muss ganz in mir leben.

Rose Otis

Gescheit wie eine Dreijährige

Da war ich ein Narr und wusste nichts ... Psalm 73,22

J ch betrat die Küche und fand meine dreijährige Enkelin Bethany dort, die auf Zehenspitzen auf einem Küchenstuhl stand und in einem der Küchenschränke die Dosen hin- und herschob. „Was machst du, Bethany?", fragte ich.

„Ich suche Popcorn", antwortete sie. „Hier ist es", half ich ihr. „Ich mache dir Popcorn." „Nein!", schrie sie entsetzt. „Nein, Oma! Das ist nicht Popcorn. Das sind Körner!" „Doch, das ist Popcorn", beharrte ich. „Ich weiß, das es Popcorn ist." „Nein, es ist nicht Popcorn!" Bethany fing an zu weinen. „Du weißt es nicht, Oma. Ich weiß es." „Liebling, es ist Popcorn", versuchte ich sie zu beruhigen.

„Bethany, vielleicht weiß Oma etwas, was wir nicht wissen", mischte sich die fünfjährige Rachel ein. „Oma kennt sich aus."

Ich ignorierte Bethanys Proteste und holte einen Topf, goss etwas Öl hinein und gab einige der gelben Körner dazu. Bethany sprang von ihrem Stuhl herunter und lief schreiend zu ihrem Vater. „Papa, komm schnell! Oma kocht Körner!"

Er nahm sie auf den Arm und hob sie hoch, damit sehen konnte, wie die Maiskörner im Topf anfingen zu poppen. Es war köstlich, den Ausdruck der Verwunderung auf ihrem Gesicht zu sehen, als die Körner tatsächlich aufplatzten und sich in Popcorn verwandelten. Sie hatte nach den Mikrowellen-Popcorn-Packungen gesucht. Bis jetzt hatte sie noch keine Erfahrung damit, dass es Körner gab, die sich in Popcorn verwandelten. Sie hatte Popcorn nur fertig zubereitet aus der heißen Mikrowellentüte gesehen.

Wie oft bin ich wie Bethany gewesen. In meiner beschränkten Perspektive habe ich meinen Standpunkt verteidigt und sogar gemeint, selbst Gott sagen zu können, wie die Dinge sein müssten. Ich konnte keinen anderen Weg sehen. Meine eingeschränkte Erfahrung machte mir die Lösung sehr deutlich. Warum tat Gott Dinge anders? „Gott, weißt du nicht, dass das nicht funktionieren wird? So kann es doch nicht sein! Gott, höre auf mich – du weißt nicht Bescheid. Ich schon!"

Herr, hilf mir heute wie Rachel zu sein, wenn ich in eine Situation gerate, in der deine Weisheit meiner entgegensteht. Hilf mir, klug genug zu sein, um zuzugeben, dass du vielleicht doch etwas weißt, was ich nicht weiß.

Dorothy Eaton Watts

Blick auf den Regenbogen

Meinen Bogen habe ich in die Wolken gesetzt; der soll das Zeichen sein des Bundes zwischen mir und der Erde. Und wenn es kommt, dass ich Wetterwolken über die Erde führe, so soll man meinen Bogen sehen in den Wolken. Alsdann will ich gedenken an meinen Bund zwischen mir und euch ... 1. Mose 9,13-15

Wer machte den Regenbogen? Ich weiß es, ich weiß es; Gott machte den Regenbogen, drum liebe ich ihn so." Die Kinder sangen diese Worte mit Elan und wedelten freudig mit ihren Stöcken, an denen Krepppapierstreifen in Regenbogenfarben befestigt waren. Sie sahen so fröhlich aus, wie sie sich über die Musik und die Bewegung freuten. Die Lehrerin hatte ihnen gerade die Geschichte von Noah und der Arche erzählt und wie Gott versprochen hatte, dass er die Welt nie mehr durch eine Flut zerstören würde. Um uns immer an seine Verheißung zu erinnern, hatte Gott den Regenbogen in den Himmel gesetzt.

Während ich westwärts in die australische Wildnis fuhr, kam plötzlich ein Regenschauer auf. Einige Augenblicke später erschien ein Regenbogen, der in einem perfekten Halbrund vom Horizont bis zur Straße reichte, auf der wir fuhren. Ich stand am Fuße eines mehrstufigen Wasserfalls und sah einen schönen Regenbogen, während die Sonne die fallenden Wassertropfen anstrahlte. Die Farben waren so wunderbar, der Bogen perfekt.

In der Bibel können wir weitere Hinweise auf den Regenbogen entdecken. Hesekiel beschreibt Gott, indem er sagt: „Wie der Regenbogen steht in den Wolken, wenn es geregnet hat, so glänzte es ringsumher. So war die Herrlichkeit des HERRN anzusehen" (Hesekiel 1,28). Johannes sah auch andere Regenbögen, von denen er in der Offenbarung schreibt. In einer Szene kommt ein mächtiger Engel aus dem Himmel, mit einer Wolke bekleidet und mit einem Regenbogen auf seinem Haupt (Offenbarung 10,1). Johannes sah auch den himmlischen Thron, der von einem Regenbogen umgeben war (Offenbarung 4,3). Der Regenbogen, der Gottes Thron umgibt, ist die Zusicherung seiner ewigen Liebe.

Jeder Blick auf den Regenbogen, ob auf Erden oder im Himmel, erinnert uns an Gottes Verheißungen und Liebe. Welchen besseren Weg hätte Gott aussuchen können, um uns seiner Fürsorge zu vergewissern? Wie die roten, orangefarbenen, gelben, grünen, blauen und violetten Farben sich zu einem herrlichen Bogen zusammenfügen, so fügen sich auch Gottes Verheißungen zusammen, um seine ewige Liebe für die Kinder dieser Erde zu verkünden.

Alma Atcheson

Über einen leeren Tank und Lebensstil

Ich vermag alles durch den, der mich mächtig macht. Philipper 4, 13

Es ist erstaunlich, wie Gewohnheiten einem das Leben schwer machen können. Ich besitze eine, die meine Unrast wortwörtlich zum Stillstand gebracht hat. Zum Glück habe ich diese Gewohnheit meistens unter Kontrolle.

Hast du jemals die peinliche Erfahrung gemacht, irgendwo am Straßenrand zu stehen in der Hoffnung, dass dir jemand hilft? Aus irgendeinem Grund wartet das Auto nicht bis zur nächsten Autobahnausfahrt, um stehen zu bleiben, oder bis du bei einem wichtigen Treffen angekommen bist. Hast du jemals in einem Auto gesessen, dessen Benzinanzeiger auf ‚leer‘ steht?

Ich kenne alle die Ausreden: „Ich hatte es eilig.“ – „Mein Mann benutzt dieses Auto.“ – „Ich verstehe es nicht, ich hatte doch eben erst getankt.“ Die Zeit vergeht so schnell, wenn wir es eilig haben, und doch scheint sie zu kriechen, wenn wir in einem Auto mit einem leeren Tank sitzen.

Ich müsste es wissen. Dreimal bin ich der Gnade anderer ausgeliefert gewesen, während ich auf Benzin gewartet habe. Einmal musste ich in hohen Stöckelschuhen ein ganzes Stück in 30 cm hohem Schnee laufen. (Ich wollte doch unbedingt bei einer Abendversammlung „gestylt“ ankommen.) Ein anderes Mal saß ich mit einer Kollegin im Auto und wartete, bis die Polizei uns zu Hilfe kam. Meine letzte Erfahrung mit einem leeren Tank ergab sich, als ich eines Abends nach Hause fahren wollte.

Ein langer Tag, an dem ich viel unterwegs war und Termine einzuhalten hatte, war fast vorbei. Als das Auto stotternd zum Stillstand kam, erlebte ich ein bekanntes, aber unangenehmes Gefühl. Während ich dasaß und beobachtete, wie die Sonne hinter den Bergen versank, kam ich zum Nachdenken. Mein geschäftiger Lebensstil hatte mir diese Gelegenheit in der letzten Zeit nicht oft geboten. Ich erkannte, dass ich auch auf anderen Gebieten meines Lebens mit einem leeren Tank herumfuhr. Bewegung war für mich nicht wichtig. Ich achtete nicht auf meine Gesundheit und mein schwindelerregender Lebensstil könnte irgendwann einmal das vorzeitige Ende bedeuten.

Was war mit meiner täglichen Zeit, um mich geistig zu erneuern und meine Batterien wieder für einen neuen fordernden Tag aufzuladen? Ich glaube, auch in meinem geistigen Tank war nur wenig „Treibstoff“.

Wenn ich darauf zurückblicke, bin ich dafür dankbar, dass es mich eine kleinere Unannehmlichkeit kostete, um mich auf die anderen Mängel in meinem Leben aufmerksam zu machen

Jill Hines Richards

Lavendel

So folgt nun Gottes Beispiel als die geliebten Kinder und lebt in der Liebe,
wie auch Christus uns geliebt hat und hat sich selbst für uns gegeben als Gabe
und Opfer, Gott zu einem lieblichen Geruch. Epheser 5,1.2

Während eines Sommerurlaubs in Südfrankreich verfiel ich einem schweren Fall von ,Lavendelsucht'. Das kleine entlegene Dörflein, in dem wir wohnten, lag mitten in der Lavendelregion. Als wir dort ankamen, begann gerade die Lavendelernte. Wir kamen rechtzeitig zur „Fête de la lavande" – zum Lavendelfest in der benachbarten Stadt Sault. Die ganze Stadt zierten Lavendelblüten und die Straßen waren voller Marktstände, die die unterschiedlichsten Produkte der Region anboten, aber zum größten Teil Lavendel in all ihren unterschiedlichen Verarbeitungsformen – Sträuße, Duftsäckchen mit Blüten gefüllt, Essenzen, Kräuterkissen und Lavendelhonig. Es gab fahrbare Destilliergeräte, die auf der Straße Lavendelessenz herstellten. Als ich hinunter ins Tal blickte, sah ich eine atemberaubende ,Patchworkdecke' aus Feldern mit den ständig wiederkehrenden lavendelblauen Flächen.

Wenn wir durch die Lavendelfelder fuhren, sog ich gierig die duftende Luft ein und genoss jeden Atemzug. Unsere Ferienwohnung lag mitten unter den Lavendelfeldern und hinter dem Haus war eine Destillerie Tag und Nacht im Einsatz. Ich wusste genau, wann sie ihre Kessel öffneten, weil dann die Luft von einer intensiven Duftwolke gefüllt wurde. Meine Familie hielt mich für leicht verrückt, weil ich schnuppernd umherlief, um den herrlichen Wohlgeruch zu genießen!

Ich habe auch jetzt kleine Baumwollsäckchen mit Lavendel im Auto und in meinen Wäscheschränken, Lavendelessenz in einem Keramikspender auf dem Regal, Lavendelblüten in Vasen und Schüsseln überall in der Wohnung. Aber der Duft vergeht langsam und man würde meinen, dass die Blüten ihren Wohlgeruch verloren haben, bis ich sie über Wasserdampf halte und sie wieder duften wie frischer Lavendel.

Der Apostel Paulus scheint auch eine Leidenschaft für Wohlgerüche gehabt zu haben, wenn man daran denkt, wie oft er wohlriechende Opfer in seinen Briefen erwähnt. Genau wie ich von der duftenden Luft umgeben bin, umfängt mich die Liebe Gottes, der es zuließ, dass Jesus Christus sein Leben gab als ein wohlriechendes Opfer für mich und für dich. Er möchte, dass wir ein Leben der Liebe leben und diesen wunderbaren Geruch denen weitergeben, die um uns sind. Aber um das tun zu können, muss ich mich von Gott immer wieder berühren lassen, damit mein Duft sich nie verflüchtigt.

Hannele Ottschofski

Der Liebestest

... Kommt her, ihr Gesegneten meines Vaters, ererbt das Reich, das euch bereitet ist von Anbeginn der Welt! Denn ich bin hungrig gewesen, und ihr habt mir zu essen gegeben. Ich bin durstig gewesen, und ihr habt mir zu trinken gegeben. Ich bin ein Fremder gewesen, und ihr habt mich aufgenommen. Ich bin nackt gewesen, und ihr habt mich gekleidet. Ich bin krank gewesen, und ihr habt mich besucht. Ich bin im Gefängnis gewesen, und ihr seid zu mir gekommen.
Matthäus 25,34-36

Jn einer Zeitschrift fand ich eine Definition für ‚Liebe'. Ich muss zugeben, sie war mir noch nie eingefallen. Sie half mir, die Vorstellung zu klären, die ich von diesem großartigen und nützlichen Gefühl hatte. Der Autor behauptete: „Liebe ist Geben." Ich war sehr überrascht, denn jedes Mal, wenn ich den Begriff Liebe definieren wollte, kamen mir nur Beispiele von Menschen in den Sinn, die Liebe zeigten.

Unser heutiger Vers bestätigt diese Definition. Gott verschenkte seinen kostbarsten Besitz. Es war keine leichte Entscheidung, Jesus mit der Aufgabe, das menschliche Geschlecht zu retten, in diese Welt zu senden. Gott wusste, dass es eine riskante Unternehmung war. Sein Sohn müsste Verfolgung, Neid, Verrat, Verlassenheit, Spott, Auspeitschung und Kreuzigung erleiden. Aber Gott liebte uns so sehr, dass er all dies übersah.

Die beste Definition für die Liebe finden wir in 1. Korinther 13, dem „Liebeskapitel". Das ist die ideale Liebe, Gottes Liebe. Es ist die Art Liebe, nach der wir uns in unserem Leben sehnen sollten.

Wie liebe ich andere? Wie gebe ich anderen? Ich erkannte, dass ich wirklich sehr selbstsüchtig bin. Ich gab sehr wenig und ich meine nicht Geld geben, sondern mich selber geben – freiwilligen Einsatz, Interesse an anderen zeigen und für sie sorgen; ein Ohr schenken, das zuhört.

Als Jesus auf dieser Erde war, mischte er sich unters Volk. Er lehrte, heilte und sorgte für die Menschen. Er ging lange Strecken zu Fuß, um das Gebet eines trauernden Herzens zu erhören. Jesus besuchte Leute in ihren Häusern, auch wenn man sie als Sünder abgestempelt hatte. Denn für ihn war es das Wichtigste, zu geben.

Wenn Jesus heute käme, würde er in mir eine liebevolle, gebende Frau finden, eine Frau die ihn wirklich kennt und seine Gefühle, Werte und Prioritäten für andere teilt?

Herr, lehre mich zu lieben – zu geben – wie du geliebt hast.

Ellen E. Mayr

Blutdrucktest

Schaffe in mir, Gott, ein reines Herz, und gib mir einen neuen,
beständigen Geist. Psalm 51,12

ddi war nicht ihr wirklicher Name, aber er diente dazu, unsere runzlige kleine Patientin zu identifizieren, die ein Aborigine war, also eine der Ureinwohnerinnen Australiens.

Als Addi ins Krankenhaus kam, straffte sie ihre mageren Schultern, und ohne die Arzthelferinnen eines Blickes zu würdigen, ging sie an den wartenden Patienten vorbei und stellte sich vor die Tür des Behandlungszimmers. Es war eindeutig: Sie wusste, dass niemand das Sprechzimmer eines Arztes betreten darf, während er einen Patienten behandelt. Als sich die Tür öffnete, schlüpfte sie hinein, setzte sich vor den Schreibtisch des Arztes und fing an, ihre Krankheiten zu beschreiben.

Eine Untersuchung ließ vermuten, dass sie zwar Grund hatte, sich zu beklagen, aber ihre Krankheit nicht lebensbedrohlich war. Der Arzt könnte sie mit einer ziemlich einfachen Operation, die für sie kostenlos wäre, beheben. Sie sollte mit der Krankenschwester gehen, um bei der Verwaltung den Termin zu vereinbaren. Addi und die Krankenschwester verließen das Sprechzimmer. Augenblicke später kam die Schwester mit der Information zurück, dass Addi nach Hause gegangen sei, und sich geweigert habe, einen Termin für die Operation zu vereinbaren. Bevor die Woche zu Ende war, kam Addi wieder zum Arzt und erhielt dieselbe Antwort. Nachdem dieses Verhalten sich mehrere Male wiederholt hatte, informierte sie der Arzt, dass er nicht in der Lage sei, viel für sie zu tun, wenn sie sich nicht bereit zeige, den Operationstermin zu vereinbaren.

Addi verließ zornig das Sprechzimmer, nur um kurze Zeit darauf zurückzukommen. Sie knallte ihren Arm auf den Tisch und verlangte: „Na, dann messen Sie schon meinen Blutdruck!" Danach verließ sie zufrieden das Krankenhaus.

Wir lächelten alle über Addis Naivität! Aber als ich die Episode überdachte, erkannte ich, dass ich mich möglicherweise ein wenig wie Addi verhalte. Wie oft habe ich gebetet: Herr, nimm mir meine unangenehme Einstellung, besonders meine vorschnelle und unvernünftige Heftigkeit. Bitte nimm sie weg, Herr.

Gott antwortet: „Ich will euch ein neues Herz und einen neuen Geist in euch geben" (Hesekiel 36,26). „Ein neues Herz?", frage ich. „Ein neues Herz könnte meine Persönlichkeit total verändern, und eines ist gewiss, ich will ich bleiben! Nein, Herr, kein neues Herz. Nimm mir nur diese unangenehme Heftigkeit weg."

Aber Gott zeigt, dass er mir wirklich ein neues Herz und einen neuen Geist geben muss, damit ich mit ihm auf seinen Wegen wandeln kann. Ich kann ein überzeugter siegreicher Christ werden.

Schaffe in mir, Gott, ein reines Herz und gib mir einen neuen beständigen Geist.

Lois E. Johannes

Das Konzert

Eifer ohne Sachverstand taugt nichts; wer es zu eilig hat, macht Fehler.
Sprüche 19,2 (GN)

Hella Heizmann würde nach Schömberg für ein Konzert kommen. Das war ja nur etwa 25 Kilometer entfernt. Natürlich würde ich hinfahren. Ich rief die Infonummer an, um mehr über den Ort und die Zeit zu erfahren. Der Mann am Telefon fragte, woher wir denn kämen und sagte dann: „Ach, Sie kommen von so weit her?" Ich dachte: ‚Hat der eine eigenartige Auffassung von weit!'

Also fuhr ich am angegebenen Abend in die Stadt und suchte das Kurhaus, wo das Konzert stattfinden sollte. Kein einziges Plakat in der ganzen Stadt! Sonderbar – Ich fragte einige Passanten. Aber es gab auch kein Kurhaus. Auch die Stadthalle war verschlossen. Schließlich sagte eine Dame: „Vielleicht meinen Sie Schömberg im Schwarzwald. Das ist etwa hundert Kilometer von hier."

Nun, ich musste über meine Dummheit lachen. Ich wusste nicht, dass es mehr als ein Schömberg gab. Ich vertraute auf mein unvollständiges Wissen und meine geringe Erfahrung.

Ob ich genauso oberflächlich mit wichtigeren Dingen umging? Ich musste an die Worte Jesu denken, die er an seine Jünger über die Zeit kurz vor seiner Wiederkunft richtete: „Denn mancher falsche Christus und mancher falsche Prophet wird auftreten. Sie werden sich durch große Wundertaten ausweisen, so dass sogar die von Gott Erwählten getäuscht werden könnten – wenn das überhaupt möglich wäre. Denkt daran, dass ich es euch vorausgesagt habe!" (Matthäus 24,24.25 GN).

Hätte ich im Postleitzahlenbuch nachgeschlagen, wäre ich nicht getäuscht worden und an den falschen Ort gefahren. Gott hat uns sein Buch gegeben, damit wir Dinge nachschlagen können, um sicherzugehen. Aber wenn wir uns nicht die Mühe machen nachzuforschen, werden wir getäuscht werden. Und wir sollten uns lieber die Zeit nehmen, jetzt den Dingen auf den Grund zu gehen, damit wir nicht von unserem oberflächlichen Wissen und unserer geringen Erfahrung in die Irre geleitet werden, wie es mir damals ging.

Wenn ich wirklich darauf geachtet hätte, was der Mann am Infotelefon sagte, hätte ich merken müssen, dass ich an einen anderen Ort dachte als er. Aber ich war so sehr in meiner eigenen Erwartung gefangen, dass der ‚Groschen' bei mir nicht fiel. Ich verstand nicht, was er wirklich sagte. Genauso ist es, wenn wir zu Gott beten und nicht mit offenen Ohren darauf hören, was er uns sagen will. Dann werden wir seine Botschaft nicht verstehen. Wir erwarten eine bestimmte Antwort und begreifen nicht, dass Gott auf eine bessere oder andere Art antwortet.

Wollen wir nicht heute die Zeit nehmen, um herauszufinden, was Gott uns in seinem Wort und durch das Gebet zu sagen hat?

Hannele Ottschofski

Zerrissene Herzen ...

Das Verlangen der Elenden hörst du, HERR; du machst ihr Herz gewiss,
dein Ohr merkt darauf, dass du Recht schaffest den Waisen und Armen,
dass der Mensch nicht mehr trotze auf Erden. Psalm 10,17.18

Jch wusste, der Tag würde nicht angenehm sein. Unsere Gruppe sollte die Gedenkstätte des Konzentrationslagers in Auschwitz-Birkenau aus der Zeit des Zweiten Weltkriegs besuchen. In einem Gebäude wurde ein Berg von Schuhen aufbewahrt – Tausende Schuhe. Darunter war auch ein großer Stoß Kinderschuhe. Dann gab es die Haare, meistens Frauenhaare. Drei Tonnen waren verkauft worden vor den letzten chaotischen Tagen des Lagers, aber zwei Tonnen waren noch übrig – Zöpfe, Locken, matte Haare, meistens graue.

Man zeigte uns Koffer mit Namen und Adressen aus ganz Europa. Berge von Haarbürsten, Brillen und Waschschüsseln. Als wir das ‚Gefängnis'-Gebäude innerhalb des Lagers betraten, deutete unser Reiseleiter auf die Bilder im Mittelgang. Dies waren alles polnische Menschen. In den Lagern wurden von den Juden keine Bilder gemacht. Die meisten von ihnen waren direkt in die Gaskammern gewandert. Aber die Lagerverwaltung hatte jeden polnischen Gefangenen fotografiert und registriert. Hier waren ihre Bilder, Reihe um Reihe, mit Namen, Ankunfts- und Todesdaten. Meistens lagen die beiden Daten nur zwei bis sechs Monate auseinander.

Ich hatte viele Fotos angeschaut, bis mir klar wurde, dass diejenigen auf der linken Wand alles Frauen waren. Sie hatten dieselben rasierten Köpfe und gestreiften Uniformen an wie die auf der anderen Wand. Der einzige Unterschied waren ihre weiblichen Vornamen. Dann merkte ich, dass viele der Gefangenen lächelten. Warum würde jemand in einer solchen Umgebung unter diesen Umständen lächeln? Diese Leute waren über den Grund ihres Aufenthalts und ihres weiteren Schicksals getäuscht worden.

Das Gesehene verfolgte mich. Es überwältigte die Gedanken und zerriss das Herz. Wie konnte dies alles sein? Was macht man mit den Emotionen, die durch solchen Anblick hervorgerufen werden? Dann musste ich wieder an die lächelnden Frauen denken.

Das Leben und die Geschichte sind nie gerecht gewesen, besonders nicht zu Frauen. Aber manchmal haben wir Gelegenheit, auf Dinge Einfluss zu nehmen, wenn auch nur einen geringen. Vielleicht kannst du heute eine unerträgliche Last von einem Herzen abnehmen, etwa durch ein Lächeln; durch eine Geste, deren größere Bedeutung sich erst später erweisen wird. Aber wir dürfen nie zulassen, dass Hass und Angst uns überwältigen. Bis zum großen Tag der endgültigen Befreiung kann jede kleine freundliche Tat und jedes Lächeln ein Sonnenstrahl im tristen Alltag sein.

Ardis Stenbakken

Es ist an der Zeit

Meine Zeit steht in deinen Händen ... Psalm 31,16

Viele Leute mögen sie, andere wieder nicht. Ich gehöre zu den Gegnern der Sommerzeit. Was wird dadurch gespart? Schließlich braucht man genauso viel Strom, um morgens das Licht einzuschalten wie am Abend. Ich las von einer Frau, die sich darüber freute, dass ihre Pflanzen eine Stunde mehr Sonnenschein pro Tag bekommen würden! Die Gegner vergleichen die Sommerzeit mit dem Abschneiden einer Decke an einem Ende, um das Stück am anderen Ende wieder anzunähen. Unsere Kinder während der Sommerzeit ins Bett zu bekommen war doppelt so schwierig. Jetzt fällt es mir schwer, zur rechten Zeit ins Bett zu gehen!

Der Großvater meines Mannes hatte aus einem anderen Grund Probleme mit der Sommerzeit – er war sicher, dass dies die Erfüllung von Daniel 7,25 wäre, wenn irgend eine Autorität sich einfallen lässt, „Festzeiten und Gesetz zu ändern", und so weigerte er sich ganz einfach, die Zeit auf seinen Uhren umzustellen. Nur konnte er sich nicht merken, ob er nun eine Stunde zu spät oder zu früh dran war. Deshalb kam er zum Gottesdienst oder zu anderen Terminen nie pünktlich, entweder zu früh oder zu spät!

Als ich die achte Klasse besuchte, hatte unsere Lehrerin eine Gewohnheit, mit der sie uns Schülern auf die Nerven ging. Sie erinnerte uns immer daran, dass ein jegliches seine Zeit habe und alles Vorhaben unter dem Himmel seine Stunde (Prediger 3,1), aber es schien nie die Zeit zu geben, das zu tun, was wir gerne im Moment getan hätten.

Viele Jahre später, als mein Mann und ich in einem Internat Dienst taten, waren wir an der Reihe, die freie Zeit am Abend zu beaufsichtigen, bevor wir die Schüler wieder in die Wohnheime für die Studierzeit schicken sollten. Als diese Zeit kam, rief einer unserer Kollegen: „Zeit zu geeeheeen!" Einige unserer Schüler erfanden sogar einen Rap für einen Talentwettbewerb, indem sie den „Zeit zu geeeheeen!"-Spruch verwendeten.

Es gibt in der Bibel viele Stellen, die Zeit erwähnen, aber vielleicht sollten wir diejenigen eingehender betrachten, die vom Ende der Welt reden. In Römer 13,11 heißt es: „Und das tut, weil ihr die Zeit erkennt, nämlich dass die Stunde da ist, aufzustehen vom Schlaf, denn unser Heil ist jetzt näher als zu der Zeit, da wir gläubig wurden". In 1. Thessalonicher 4,16 lesen wir: „Denn er selbst, der Herr, wird, wenn der Befehl ertönt, wenn die Stimme des Erzengels und die Posaune Gottes erschallen, herabkommen vom Himmel". Vielleicht sagen diese Stimmen auch: „Zeit zu geeeheeen!"

Mary Jane Graves

Freundschaft

*So ist's ja besser zu zweien als allein; denn sie haben guten Lohn für ihre Mühe.
Fällt einer von ihnen, so hilft ihm sein Gesell auf. Weh dem, der allein ist,
wenn er fällt! Dann ist kein anderer da, der ihm aufhilft. Prediger 4,9.10*

Jch brauche Freundschaft und wenn ich von Freundschaft spreche, meine ich nicht die Begrüßung und das Händeschütteln an der Tür zur Gemeinde. Ich meine auch nicht das freundlichste Lächeln und die höfliche Begrüßung durch die Leute, die zum Grüßen eingeteilt worden sind, wie wichtig diese Aufgabe auch sein mag. Ich spreche nicht von der „Zeit für Freundschaft" beim Gottesdienst, wenn jemand uns sagt, wir sollen aufstehen und mit denen um uns herum Hände schütteln. Solche Übungen sind hervorragende „Eisbrecher", aber sie können persönliche Freundschaften nicht ersetzen.

Für mich ist Freundschaft außerhalb des Gottesdienstes wichtiger. Ich brauche sie während der Woche, wenn ich mit den Prüfungen des täglichen Lebens kämpfe. Ich brauche eine Freundin, die ich anrufen kann, um sie zu bitten für mich zu beten. Ich brauche Freunde am Samstagabend, wenn ich weiß, dass andere zusammenkommen. Nichts tut so weh, als wenn eine Gruppe von Frauen sich zum Mittagessen verabredet und man selbst wird nicht gebeten, sich ihnen anzuschließen. Verzweifelt will und brauche ich ihre Annahme – das Gefühl, zu einer Gruppe von Freundinnen zu gehören, die einander mögen und sich um mich kümmern.

Es gibt dort andere Frauen, die so sind wie ich. Sie wollen und brauchen auch Freundinnen, die ihren Wert bestätigen. Oft jedoch fühlen sie sich so wohl in einem solchen Kreis, in dem man einander mag und sich vertraut, dass man nicht mehr über den ‚Tellerrand' hinausschaut.

Vielleicht hast du einen Kreis von Freundinnen, die dir Geborgenheit schenken, und du fühlst diese Einsamkeit nicht, die andere beklagen. Schau dich außerhalb deines Kreises um! Gibt es dort jemanden, der deine Freundschaft nötig hätte? Jemand, dem du auf besondere Art dienen könntest?

Es ist deine Aufgabe, deiner Freundin Ermutigung und Wertschätzung durch einen Anruf oder ein paar Zeilen zu geben. Und dann suche nach einer Gelegenheit, eine neue Freundin zu finden. Gehe den ersten Schritt und lade sie zum Essen ein oder zu einer Zusammenkunft.

Nancy L. Van Pelt

Sing ein neues Lied

Gott, ich will dir ein neues Lied singen ... Psalm 144,9

Mit den Worten „Wie geht es dir?", begrüßte ich Donna Jackson, die Frau unseres Predigers, an einem Sabbatmorgen. „Heute bin ich glücklich!", rief sie mit strahlendem Lächeln und einer liebevollen Umarmung. Sofort fühlte ich mich auch glücklich. Nicht dass ich niedergeschlagen gewesen wäre, aber ihre Lebendigkeit war ansteckend. Meine gewöhnliche Antwort, wenn man mich „Wie geht es dir?" fragt, heißt „Fein". Aber das sagt weder etwas über mich aus noch muntert es jemanden auf. Es bringt auch keine Unterhaltung in Gang. Ich mochte Donnas fröhliche Antwort.

Wie oft fangen wir eine Unterhaltung an, indem wir uns übers Wetter beschweren, über die Katze des Nachbarn oder die hohen Lebenshaltungskosten, die Steuererhöhungen, die Umweltverschmutzung. Wir jammern über Gewalt auf den Straßen oder Einschnitte in den Leistungen der Krankenkassen und im Schulwesen. Wir kritisieren die jungen Leute, die Regierung, die Gemeindeleitung.

Wenn wir das Problem schon nicht lösen können, wollen wir doch wenigstens „ein neues Lied" singen, das eine positive Einstellung fördert. Ich habe mir vorgenommen, munterere Antworten auf die Frage „Wie geht's dir?" zu geben. Ich habe angefangen zu sagen: „Ich fühle mich großartig!" – „Fein. Ich habe eine gute Woche gehabt. Was ist mit dir?" oder „Ich bin glücklich! Es ist gut, hier zu sein."

Eine erschöpfte Mutter ‚überhörte', wie ihre Söhne über ihren gebrechlichen Vater sprachen, der eine streitbare Natur hatte. Einer der Jungen sagte dem anderen: „Wir können froh sein, dass wir keine zwei Väter haben, mit denen wir klarkommen müssen."

Suche etwas, worüber du glücklich sein kannst! Wenn dir jemand einen Vortrag hält über seine Arthritis, seinen schlechten Tag, seinen kranken Hund, höre aufmerksam zu, aber schließe das Gespräch in einer ‚höheren Tonlage'. Ohne dass du sein Leid herabsetzt, lehre ihn ein ‚neues Lied' singen. Bete mit ihm, lade ihn ein, nimm ihn mit auf eine Spazierfahrt, spiel ein Spiel mit ihm oder was auch immer nötig ist, dass die Sonne in seinem Leben scheinen kann.

Wenn wir diese ‚neue Lied' singen, hat das Einfluss auf die Menschen um uns. Wollen wir doch die Ermahnung befolgen, die wir in der Kindersabbatschule gesungen haben: „Leuchte mit deiner Kerze in der Ecke, in der du bist." Sing Lieder des Lobes, der Hoffnung und der Ermutigung. Jammere nicht über die Probleme in deinem Leben.

Herr, ich erkenne, dass ich wählen kann, ob ich eine harmonische Melodie oder ein dissonantes Lied singen will. Hilf mir heute, ein fröhliches Lied zu singen.

Edith Fitch

Um Hilfe bitten

Einer trage des andern Last, so werdet ihr das Gesetz Christi erfüllen.
Galater 6,2

J ch war traurig, denn unsere Tochter Robyn, die fast zwei Monate zu Hause gewesen war, würde uns in weniger als zwölf Stunden verlassen müssen. Als sie frisch von ihrer Stelle als Lehrerin in China zurückgekommen war, erschienen die acht Wochen bei uns ziemlich lang. Aber sie waren rasend schnell vergangen.

Ich wollte wie immer zur Arbeit fahren. Robyn wollte ihre Sachen fertig packen und brauchte meine Hilfe dazu nicht. Ihr Vater und ich würden bis in den Nachmittag hinein arbeiten, sie dann abholen und zum Flughafen bringen.

Im Büro war ich nicht in der Lage, mich zu konzentrieren. Im Laufe des Vormittags kam eine Kollegin vorbei. Als sie erwähnte, dass sie mich am Nachmittag sprechen wollte, sagte ich, dass ich nicht da sein würde. „Ach ja", meinte sie scherzend, „heute ist der Tag, an dem deine Tränen anfangen zu fließen, nicht wahr?"

Ich ignorierte ihre Bemerkung. Sie konnte nicht fühlen, was ich fühlte. Sie ging weg und ich saß still da, in Gedanken versunken. Plötzlich wusste ich, was ich zu tun hatte. Ich stand auf und beeilte mich, Carol aufzusuchen. Vor nur wenigen Wochen hatte sie ihre Tochter, in einer Schule zurückgelassen, die einen ganzen Tag mit den Auto entfernt war. Carol würde mich verstehen.

Ich habe sie nicht einmal begrüßt, sondern ging einfach zu ihrem Schreibtisch und sagte: „Ich fühle mich schrecklich und brauche ein wenig Mitgefühl. Robyn fliegt heute zurück. Ich werde sie ein ganzes Jahr lang nicht sehen, vielleicht sogar länger, und mir ist, als ob ich sterben müsste." „Du musst dich furchtbar elend fühlen. Mir ginge es ähnlich, wenn es um meine Sherri ginge. Wirst du es schaffen?"

Eine andere Freundin zeigte ebenfalls Anteilnahme. Beide trösteten mich damit, dass nur ganz besondere Menschen dem Ruf Gottes nachkommen, so weit weg von zu Hause zu arbeiten. Was sie sagten, war nicht so bedeutsam, aber was sie mir mit ihren Worten gaben, war unbezahlbar. Sie schenkten mir Mitgefühl, Verständnis für meine Mischung aus Glück und Verzweiflung. Aus ihrer Erfahrung trösteten sie mich.

Meine Freundinnen hätten mir nicht helfen können, wenn ich sie nicht um ihre Hilfe gebeten hätte. Ich hätte den Morgen in einem Abgrund der Niedergeschlagenheit verbringen können und keine hätte es gewusst. Ich glaube, das ist das Wichtigste, was ich gelernt habe.

Wir sprechen oft nicht über unseren Kummer, und es gibt gute Gründe dafür. Aber ich habe gelernt abzuwägen, wann es ratsam ist, um Hilfe zu bitten.

Gott hat es nicht vorgesehen, dass wir unsere Lasten allein tragen.

Penny Estes Wheeler

„Geh ins Geschäft!"

„Wenn nun ihr, die ihr böse seid, dennoch euren Kindern gute Gaben geben könnt, wie viel mehr wird euer Vater im Himmel Gutes geben denen, die ihn bitten!" Matthäus 7,11

An einem kalten Wintertag mitten im Zweiten Weltkrieg war meine Mutter auf dem Weg zu einer Freundin und musste im Stadtzentrum von Tampere, Finnland, in einen anderen Bus umsteigen. Während sie auf den Bus wartete, lehnte sie lehnte sich an die Rathauswand, um etwas Schutz vor dem kalten Wind zu haben. Plötzlich hörte sie eine Stimme: „Geh jetzt in Erdmans Stoffladen." Überrascht schaute sie sich um. Es war keine Menschenseele in Sicht! Dann hörte sie die Stimme wieder: „Geh sofort in Erdmans Stoffladen."

Mein Vater brauchte eine neue Arbeitshose und sie hatte schon überall erfolglos gesucht. Es gab einfach nichts, weder Hosen noch Stoff. Der Krieg hatte die Waren in den Geschäften verschwinden lassen. Kurz vor ihrem Aufbruch am Morgen hatte meine Mutter gesagt: „Ich habe Gott von der Hose erzählt. Es gibt nichts mehr, was ich tun könnte. Ich bat ihn, sich darum zu kümmern."

‚Na gut, ich kann ja ebenso gut im Stoffladen warten', dachte sie. ‚Dort ist es wenigstens warm.' Im Laden angekommen schaute sie sich um. ‚Warum bin ich eigentlich hier?' An einer Theke im hinteren Teil des Verkaufsraumes warteten einige Kunden. Aber es war kein Stoff zu sehen. Da betrat der Ladenbesitzer den Raum mit einem Ballen festen Stoff. Er legte den Ballen auf die Theke und beauftragte die Verkäuferin: „Geben Sie zuerst der Dame, die dort an der Tür steht, so viel, wie sie von dem Stoff braucht." Die anderen Kunden protestierten: „Aber wir waren vor ihr da!" „Das ist egal", sagte der Besitzer, „geben Sie ihr zuerst von dem Stoff."

Meine Mutter ging zur Theke und ließ sich den Stoff abmessen. Als sie zur Kasse ging, um ihn zu bezahlen, fragte sie der Ladenbesitzer noch: „Haben Sie schon eine Babydecke bekommen?" „Nein", sagte sie, „ich habe noch nichts für mein Baby bekommen." „Ist es ein Junge oder ein Mädchen?", fragte er nach. „Ein Junge." Er ging ins Lager, um eine blaue Babydecke zu holen. Meine Mutter war so sprachlos, dass ihr nicht in den Sinn kam, überhaupt etwas zu fragen, sie nahm nur, was sie kaufen konnte.

Als sie bei ihrer Freundin ankam, fragte diese überrascht: „Was ist mit dir passiert?" „Warte einen Augenblick", antwortete meine Mutter, „ich muss zuerst niederknien und dem Herrn danken, dann werde ich dir erzählen, was ich erlebt habe."

Woher wusste der Ladenbesitzer, was sie brauchte? Er kannte sie doch gar nicht. Wer hatte ihm erzählt, dass sie ein Baby hatte? Vielleicht wird sie nie eine Antwort bekommen, aber der Herr weiß es. Er nimmt sich unserer Bedürfnisse an, wenn wir ihn bitten.

Hannele Ottschofski

Seid in allem dankbar

Seid dankbar in allen Dingen; denn das ist der Wille Gottes in Christus Jesus an euch. 1. Thessalonicher 5,18

Unsere achtzigjährigen Nachbarn erleben gerade eine Reihe von unglücklichen Ereignissen. Im September wurde ihr Enkel, ein hochbegabter junger Mann, in einem Verkehrsunfall getötet. „Gott ist so gut", sagten sie uns unter Tränen. „Wir wissen nicht, warum diese Tragödie passieren musste, aber wir danken ihm dafür, dass Tim sofort tot war. Er musste nicht leiden und vielleicht fürs ganze Leben ein Krüppel bleiben. Gerade jetzt liebte Tim den Herrn – aber wer weiß, was die Zukunft hätte bringen können?"

Drei Monate später kamen unsere Nachbarn von einem Ausflug zurück und stellten fest, dass die Straße von Polizeiautos, einem Krankenwagen, der Feuerwehr und dem Notarzt blockiert war. Eine Fahrschülerin hatte die Kontrolle über ihr Auto verloren, war in ihr Haus gerast und hatte großen Schaden angerichtet.

„Ist jemand verletzt?", war die erste Frage des betagten Paares. Als man ihnen versicherte, dass niemand verletzt worden war, seufzten sie vor Erleichterung. „Das Haus ist versichert, und den Schaden kann man richten. Wir sind nur so dankbar, dass niemand verletzt wurde und wir nicht zu Hause waren, als es passierte. Einer von uns wäre sicher gerade dort gewesen, wo die Wand zusammenfiel."

Sechs Wochen später brach sich die alte Dame einen Arm. Sie hatte große Schmerzen und ihr Arm ist immer noch in Gips. Sie tröstete uns noch in unserer Anteilnahme, indem sie sagte: „Oh, ich bin so dankbar, dass es nicht mein rechter Arm ist!"

Als sie am nächsten Tag unterwegs waren, um ihre Tochter zu besuchen, ging ihr Auto kaputt. Zehn Tage waren sie ohne Fahrzeug, während das Auto repariert wurde. Als sie die Rechnung über 3.000 Dollar in Empfang nahmen, gaben sie geschockt zu. „Die Reparatur hat viel mehr gekostet, als wir erwartet hatten." Aber im selben Atemzug sagten sie: „Wir sind nur so dankbar, dass wir genug Geld haben, um sie bezahlen zu können."

Ja, meine Nachbarn nehmen die Ermahnung des Paulus ernst: „Seid dankbar in allen Dingen".

Beschränken wir unseren Dank nicht nur auf die Segnungen, die wir empfangen. Lasst uns doch einen Grund zum Danksagen in jeder Erfahrung finden, sei sie gut oder schlecht. „Sagt Dank Gott, dem Vater, allezeit für alles, im Namen unseres Herrn Jesus Christus" (Epheser 5,20).

Goldie Down

Gefängnistüren tun sich auf

Sie (Petrus und sein Engel) gingen aber durch die erste und zweite Wache und kamen zu dem eisernen Tor, das zur Stadt führt; das tat sich ihnen von selber auf. Und sie traten hinaus und gingen eine Straße weit, und alsbald verließ ihn der Engel. Apostelgeschichte 12, 10

Hilkka war unterwegs, um den Gefängnisdirektor zu sprechen. Es war Krieg. Ihr Mann war zu einem Jahr Zuchthaus verurteilt worden, weil er sich geweigert hatte, eine Waffe zu tragen, obwohl er bereit war seinem Land auf jede andere Art zu dienen. Als sie sich dem wuchtigen Eisentor in der Gefängnismauer näherte, bat sie Gott in ihrem Herzen, ihr beizustehen. Sie dachte an die biblische Begebenheit, als Petrus aus dem Gefängnis befreit wurde. Sie wusste, dass Gott Gefängnistore öffnen kann. Im großen Eisentor, das nur für große Fahrzeuge geöffnet wurde, befand sich eine kleine Tür, die von innen aufgemacht werden konnte. In dieser Tür war eine winzige Luke, durch die ein Wächter schaute, wenn man auf die Klingel drückte.

Plötzlich ging das große Tor auf. Hilkka schaute suchend um sich, ob etwa ein Lastwagen unterwegs war, für den das Tor geöffnet worden war, aber sie entdeckte kein Fahrzeug. Ein Mann in einer sauberen Uniform und einem freundlichen Gesicht gab ihr ein Zeichen einzutreten. Sie ging weiter in den Hof hinein und bald kam ihr ein aufgeregter Wachmann aus dem Hauptgebäude entgegen. „Woher sind Sie denn gekommen?", fragte er böse. „Das große Tor öffnete sich", antwortete die junge Frau. Der Wächter schien überrascht und wollte wissen: „Was wollen Sie denn?" Als er hörte, dass sie einen Termin beim Gefängnisdirektor hatte, ließ er sie ins Hauptgebäude eintreten, wo ihr Mann gerade dabei war, die Wände des Korridors abzuwaschen.

Hilkka bekam die Dokumente, die sie abholen sollte, und es wurde ihr sogar erlaubt, mit ihrem Mann eine halbe Stunde zu sprechen. Er hatte ihre Ermutigung dringend nötig.

Dies ist eine Geschichte, die ich als Kind nicht oft genug hören konnte. Niemand kann meinen Glauben an den Dienst der Engel erschüttern. Wie kann ich so sicher sein? Weil Hilkka meine Mutter ist. Der Wachmann wusste genau, dass das Tor geschlossen war. Meine Mutter sah das Tor sich öffnen, wie in der Geschichte des Petrus und ging hindurch. Der einzige Unterschied bestand darin, dass sie ins Gefängnis hinein wollte! Gott kann uns helfen, wenn wir demütig im Gebet zu ihm kommen.

Hannele Ottschofski

Invasion der Ameisen

Geh hin zur Ameise, du Fauler, sieh an ihr Tun und lerne von ihr! Sprüche 6,6

A meisen sind sehr kluge Wesen", dozierte ich vor einigen Stundenten. Ich hatte mit ihnen einige Verse aus dem dreißigsten Kapitel der Sprüche erarbeitet, in denen von Ameisen, Klippdachsen, Heuschrecken und Eidechsen die Rede ist. „Meine Forschungsergebnisse haben gezeigt, dass sie nicht nur klug sind, sondern auch vorsichtig und vernünftig", erklärte ich weiter.

Die Ameisen müssen meine Lobrede gehört haben, denn nicht lange danach kamen sie in meine Küche auf Besuch. Als ich die lange Ameisenprozession erblickte, die den Fußboden entlang marschierte, nahm ich an, dass sie mich wirklich schätzen mussten. Das Gefühl beruhte aber nicht auf Gegenseitigkeit. Ich war entsetzt, dass sie meine Küche erobern wollten, und lief, um sie mit Insektenspray zu besprühen.

Am nächsten Tag wanderte eine weitere Prozession in Reih' und Glied über meinen Küchenboden. Nun zweifelte ich an ihrer Weisheit. „Weise Wesen ärgern andere nicht", jammerte ich. „Wenn ihr weise wäret, wüsstet ihr, dass ich Ameisen in meiner Küche nicht leiden kann." Ich holte das Spray und sprühte wieder.

Aber die Ameisen gaben nicht auf, also sprühte ich weiter. Sie kamen am Tag darauf wieder und am nächsten Tag. Eine Woche lang marschierten die Ameisen jeden Tag in meine Küche. Warum waren sie so darauf aus, irgendwo hinzugehen, wo sie unerwünscht waren?

Ich beschloss, sie eine Weile zu beobachten. Was suchten sie? Warum riskierten sie den Tod, um meine Küche zu betreten? Dann merkte ich, dass die Prozession an meinem kleinen Mülleimer in der Nähe der Spüle endete, wo ich die Krümel, Obstschalen und anderen Abfall hineinwarf.

Ich verstand ihre Botschaft. Wenn ich die täglichen Ameisenprozessionen loswerden wollte, musste ich den Grund für ihre Invasion beseitigen. Ab sofort ließ ich keinen Abfall mehr in der Küche liegen. Ich spülte alles ab, bevor ich am Abend ins Bett ging, und vergewisserte mich, dass wir den Boden reinigten und Tisch und Stühle nach jeder Mahlzeit abwischten. Es würde keine oberflächliche Reinheit mehr in meiner Küche geben. Ich wollte totale Sauberkeit. Damit entfiel für die Ameisen der Anlass zu einem Besuch bei mir.

Sie kamen nie wieder! Sie hatten mit ihrem ‚Unterricht' Erfolg gehabt! Ich erkannte, dass Ameisen äußerst weise sind. Ich war es, der es an Weisheit mangelte.

Jeanne D'Harimala Rasoanindrainy

Erinnerung an unsere Taufe

Darum: Ist jemand in Christus, so ist er eine neue Kreatur ... 2. Korinther 5,17

Hattest du jemals Probleme zu fühlen, dass dir vergeben worden ist, auch wenn du Gott um Vergebung gebeten hast für etwas, was dir wirklich zu schaffen macht? Passiert es dir manchmal, dass du immer wieder für dieselbe Sünde um Vergebung bittest, obwohl du in Wirklichkeit weißt, dass er sie dir bereits längst vergeben hat? Manchmal halten uns Schuldgefühle und Schande immer noch gefangen.

Vielleicht ist deshalb die Erfahrung der Taufe so tiefgreifend und bewirkt, dass wir uns so frisch, sauber und neu fühlen. Als Kind hatte ich nie Probleme, den Begriff der Taufe und der Sündenvergebung zu verstehen. Wir lebten auf dem Gelände einer christlichen Schule in Nigeria. Die Leute, die unser Haus vor uns bewohnten, hatten im Garten ein Taufbecken aus Beton bauen lassen, weil die Kirche noch nicht fertiggestellt war. Ich beobachtete fasziniert die Taufen. Mein Freund Ricky und ich hingen auf dem Betonrand des Taufbeckens und sahen zu, wie die Leute ins Wasser untergetaucht wurden und wie sie strahlend und glücklich wieder auftauchten.

Es war meine Aufgabe, das Taufbecken zu reinigen. Ricky und ich wussten, dass viele Sünden abgewaschen worden waren, weil am nächsten Tag eine dicke Schicht grüner Schleim auf der Wasseroberfläche schwamm. Es gab zahlreiche Froschlaich und auch anderes. Wir hatten daran keinen Zweifel: Das Wasser war voller Sünden, die die Taufkandidaten hinterlassen hatten.

Als wir die Taufen in jenem Jahr im Betonbecken beobachteten, zogen Ricky und ich bestimmte Schlüsse. Unsere Logik war etwas fehlerhaft, aber unsere Schlussfolgerungen sind heute noch gültig:

1. Alle Sünden sind sich gleich. Sie werden immer ekelig, wenn wir an ihnen lange genug festhalten.

2. Das Wasser wurde schleimig, auch wenn anständige Leute getauft worden waren. Man kann nie von außen die geheimen Sünden eines Menschen sehen.

Das Schöne an der Taufe war, dass die Leute, die darin getauft worden waren, dem Wasser strahlend und sauber entstiegen. Ich kann mich an die Taufen erinnern und an das Leuchten auf den Gesichtern der Leute.

Eigentlich benötigen wir die Erfahrung der Taufe an jeden Morgen. Wenn wir uns vorstellen könnten, wie Gott uns nach unserer Bitte um Vergebung alle Sünden durch das Wasserbegräbnis abwäscht, dann würde es uns vielleicht nicht so schwer fallen, uns als sauber und rein in Jesus vorzustellen. Wenn wir bei unserer Morgenandacht das Bild unserer Taufe im Geiste erleben, könnten wir unseren Tag als neue Kreaturen in Christus Jesus beginnen.

Sally Pierson Dillon

Der Tag, an dem der Teig nicht aufging

Ich habe den guten Kampf gekämpft, ich habe den Lauf vollendet,
ich habe Glauben gehalten. 2. Timotheus 4, 7

M ein Mann liebt selbst gebackenes Brot, und so backe ich, wann immer ich dazu komme. Ich mag das Brotbacken aber nicht, vor allem wegen des mühsamen Teigknetens. Doch Jonathan schätzt mein Brot so sehr, dass ich immer weiter knete!

Vor einiger Zeit war mein Mann über Nacht von zu Hause fort. In meinem Eifer, ihn wieder zu Hause willkommen zu heißen, beschloss ich, nicht nur ein Brot zu backen, sondern drei. Ich hatte ihn wirklich vermisst! Trotzdem freute ich mich nicht darauf, den klebrigen Brotteig zu kneten. Ich dachte, ich könnte mir die Arbeit erleichtern und ein Rezept verwenden, das perfektes Brot ohne Kneten verhieß.

Ich war ein wenig misstrauisch, als ich die flüssige Mischung zum Aufgehen in drei Brotbackformen goss. Noch besorgter war ich, als die Mischung nach mehreren Stunden nicht höher als mein Fingernagel aufgegangen war. Ich nahm an, dass irgend ein ‚Wunder' passieren würde und stellte die Kästen in den Backofen.

Ich hatte das Backen zeitlich so eingerichtet, dass Jonathan, als er nach Hause kam, vom Duft frischgebackenen Brotes begrüßt würde. Aber statt drei dicke Brote auf der Küchenanrichte vorzufinden sah er drei schwere Teigklötze, die mehrere klumpige ‚Gipfel' vorzuweisen hatten. Meine Arbeitserleichterung war ein Reinfall gewesen!

Wir leben in einer Gesellschaft, die uns einredet, den leichten Weg zu nehmen, die Abkürzung zu wählen, um zu erreichen, was wir wollen. Manchmal kommen wir noch davon. Aber ein anderes Mal nicht. Es ist traurig, aber diese Einstellung hat auch Einfluss auf unsere Beziehung zu Gott. Ein schneller Blick auf die Lektion an einem Abend, fünf Minuten in der Bibel lesen, während wir das Frühstück hinunterschlingen, einige Worte des Lobes, während wir im Park joggen oder eine schnelle Bitte an Gott, um unsere Probleme zu lösen, während wir die Waschmaschine füllen.

Gott verdient mehr als die Abkürzungen, die wir in unserer Beziehung zu ihm wählen. Gott hat auch nicht den leichten Weg gewählt, als er Jesus stellvertretend für unsere Sünden opferte, und so wollen wir ihm dafür danken, indem wir in unserer Hingabe an ihn nicht die ‚Arbeitserleichterung' wählen.

Mary Barrett

Ein Zeitfenster

*Ein jegliches hat seine Zeit, und alles Vorhaben unter dem Himmel
hat seine Stunde. Prediger 3,1*

W ir sind der Meinung, dass es noch Zeit hat", schrieb Donna M. Cedar-Southworth in der Washington Post. Sie behauptete, die Veränderung in ihrem Lebensstil, nämlich bei ihrem Kind zu bleiben, stamme aus einer entspannenden Stunde an den Outer Banks an der Ostküste der Vereinigten Staaten. Während sie sich dort ausruhte, überlegte sie sich ihre Antwort, wenn Gott sie beim Weltgericht fragen würde, wie sie ihre Zeit verbracht und ihre Talente eingesetzt hätte. Sie war der Meinung, in ihrem Leben keine Meilensteine versäumt zu haben, aber sie war dabei, wichtige Meilensteine im Leben ihrer Tochter zu verpassen, falls sie so weitermachte.

„Ich war dabei, ihre ersten Schuhe, ihre Pfirsiche auf Toast zum Frühstück, ihren gegrillten Käse fürs Mittagessen zu verpassen." Deswegen kündigte sie ihre angesehene gut bezahlte Stelle, um mit ihrer 15 Monate alten Tochter zu Hause zu bleiben. Diese Überlegung an den Outer Banks hatte sie nach einem Gespräch mit ihrer Cousine anlässlich der Beerdigung eines Familienmitgliedes. „Es ist wichtig, deinem Mann an jedem einzelnen Tag zu zeigen, dass du ihn liebst. Man meint immer, es gebe Zeit genug, um alles wieder gutzumachen – und dieses ‚Alles' wäre das Abendessen mit ihm, das du versäumt hast, weil du arbeiten musstest, oder der morgendliche Abschiedskuss, zu dem du dich nicht aufraffen konntest. „Aber", schloss sie, „diese Zeit kommt nicht wieder."

Später unterhielt sich Donna mit ihrer Freundin Theresa, einer Innenarchitektin, über die Dekoration der Fenster in ihrem Haus und über ihre Entscheidung, zu Hause zu bleiben. Mit einem Metermaß markierte Theresa etwa sechs Zentimeter der Fensterfläche zwischen ihrem Daumen und Zeigefinger. „Es gibt nur ein solch kleines Zeitfenster, in der deine Tochter klein ist", bemerkte Theresa. „Ich bin für dich so froh."

Ich frage mich, wie oft ich wohl gesagt habe, „morgen," „später", „vielleicht," „schauen wir mal." Es gibt Briefe der Ermutigung, Sympathie und Freundschaft, die ich schreiben sollte. Menschen, die ich besuchen sollte und andere, denen ich helfen könnte: Anrufe, die ich machen sollte, um zu fragen: „Wie geht es denn so?"

Ich bin mir des Einflusses bewusst, den mein Leben auf andere hat, die mein Verhalten zum Vorbild nehmen. Obwohl das, was ich tue oder lasse, nicht die Welt beeinflussen wird, hat es einen Einfluss auf mich, meine Familie, diejenigen, mit denen ich arbeite, diejenigen, denen ich helfen könnte und meine Freundinnen – und meine Beziehung zu Gott.

Myrna Tetz

Nicht meine Last

*Kommt her zu mir, alle, die ihr mühselig und beladen seid; ich will euch
erquicken. Matthäus 11,28*

Mein Fernseher zeigte Babys mit aufgedunsenen Bäuchen und Beinchen wie Streichhölzer, stumme Zeugen einer Hungersnot. Kleine Mädchen und Jungen mit tränenverschmierten Gesichtern hielten leere Schüsseln und Tassen hoch und bettelten um etwas Essen. Leichen von Erwachsenen und Jugendlichen lagen verstreut in den Straßen – Opfer der Gewalt. Ihre einzige Schuld? Sie gehörten dem falschen Stamm oder ethnischen Gruppe an oder sie waren am falschen Ort zur falschen Zeit. Solche Szenen verfolgten mich.

Ich las viele Bücher und Artikel, die vorgaben, die Frage beantworten zu können, die sich in meinem Kopf drehte: „Warum müssen Unschuldige leiden?" Mir macht es nichts aus, dir zu sagen, dass mir alle jene Erklärungen sinnlos erschienen. Meine Gebete um Einsicht blieben bis zu jenem Morgen unbeantwortet.

Happy, mein kleiner Schnauzer, und ich gehen morgens für eine Stunde spazieren, wenn der Tag noch frisch und schön ist. Während wir laufen, spreche ich mit Gott. An diesem besonderen Morgen erzählte ich ihm wieder von meiner Frustration und Unfähigkeit zu verstehen, und wie die Antworten mir eher wie Ausreden vorkamen, nicht wie Argumente. Ich erklärte ihm, dass ich wissen müsste ‚warum'.

Dann hörte ich ihn. Seine Stimme war sanft und leise wie eine leichte Frühlingsbrise, die durch meine Gedanken wehte. „Mein Kind, ich kann verstehen, dass dich dies verwirrt. Hör gut zu und ich werde dir erklären, wie es ist. Deine Gedanken sind Menschengedanken, nicht göttliche. Du kannst nicht alles verstehen. Aber du musst nicht alles verstehen! Du brauchst nur zu wissen, dass ich verstehe, und dann vertraue mir ganz einfach."

In der Stille, die dieser Botschaft der Liebe folgte, durchströmte mich ein großer Friede, schwemmte meine verwirrten Gedanken fort und hinterließ Freiheit und völlige Freude!

Barbara Roberts

Königstochter sein

Ich vermag alles durch den, der mich mächtig macht. Philipper 4,13

Meine Schwester war schön, während ich unattraktiv war. Sie besaß ein lustiges, lebhaftes Wesen, während ich still, strebsam und gewissenhaft war. Alle liebten sie. Die Leute blieben sogar auf der Straße stehen, um sie zu bewundern und sich mit ihr zu unterhalten. Mich schienen sie gar nicht wahrzunehmen.

In der Schule war es jedoch anders. Margaret hatte keine akademischen Ambitionen und liebte Unfug mehr als Mathe. Sie war bei allen in der Schule beliebt, und obwohl sie gerade genug lernte, um durchzukommen, ließ man sie fühlen, dass sie ihrer großen Schwester nicht ebenbürtig war. „Warum kannst du nicht mehr wie Audrey sein?", war eine Frage, die sie in der Schule immer wieder zu hören bekam.

Der Schaden war angerichtet. Margaret wuchs heran in meinem Schatten und glaubte, ich könne alles besser als sie. Ein liebevoller Ehemann, zwei schöne Kinder und viele Freunde halfen nicht, um diese falsche Auffassung loszuwerden. Auch als sie gläubig wurde und erkannte, wie viel Wert Gott ihr beimisst, tat sich Margaret immer noch schwer mit der falschen Annahme, dass sie nicht gut genug war.

Dann nahm sich Gott vor, ihr zu zeigen, dass ihre Eigenschaften in seinen Augen genauso wertvoll sind wie akademische Leistungen. Er schickte ihr Lavine, ein Baby mit vielen Behinderungen, dass nur hören kann. Als Lavines Eltern sich nicht um sie kümmern konnten, nahm sie Mary, Margarets Freundin, in Pflege, und Margaret half ihr dabei. Nach einer Weile übernahmen Margaret und Norman die volle Pflege von Lavine. Sie lernten, einen Tubus auszuwechseln, immer ein Absauggerät mit sich zu führen, mit Epilepsie, Gehirnlähmung, Paralyse und Blindheit umzugehen, und Lavine dabei immer zu stimulieren durch die einzigen Sinne, die ihr geblieben waren: Berührung und Hören. Sie lernten mit Ärzten, Beratern, Sozialarbeitern und Anwälten umzugehen.

Durch all dies lernte Margaret, wie wertvoll sie ist. Meine Schwester lebt nicht länger in meinem Schatten. Ihr eigener Schatten wird jeden Tag immer länger, denn sie ist der lebende Beweis dafür, dass „ich (alles) vermag ... durch den, der mich mächtig macht".

Wir sind alle vor Gottes Augen gleichwertig. Der niedrigste Arbeiter ist für Gott genau so viel Wert wie der höchste Beamte. Wir müssen erkennen, dass Gott für uns alle eine Aufgabe hat.

Gib ihm einfach dein Herz und dein Leben und du wirst dich nie mehr minderwertig fühlen, denn er wird dir die Gewissheit geben, dass du eine Königstochter bist.

Audrey Balderstone

Blumen für die Ewigkeit

Dem aber, der überschwänglich tun kann über alles hinaus, was wir bitten oder verstehen, nach der Kraft, die in uns wirkt. Epheser 3,20

Als meine Tochter jung war, las ich ihr eine besondere Geschichte vor. Ich habe längst vergessen, wie das Buch hieß und wer es schrieb, aber die Botschaft der Geschichte hat auf meinem Herzen einen Abdruck hinterlassen. Es war einmal ein kleiner Junge, der wie sein Vater, Gärtner sein wollte. Ihr Häuschen umgaben die schönsten Blumen, die man sich nur vorstellen kann. Der Junge wollte auch solche herrlichen Blumen aufziehen. Nach Anweisung seines Vaters grub er ein kleines Stückchen Erde um, säte einige winzige Samen und wartete darauf, dass die Saat aufgehen würden. Er war so aufgeregt, nun er wie sein Vater ein Gärtner zu sein, dass er sein Beet jeden Tag aufsuchte. Geduldig wartete er auf die ersten grünen Triebe, die aus der Erde kommen würden.

Tage vergingen. Wochen vergingen. Sogar Monate vergingen, aber es gab kein Anzeichen von Wachstum. In seiner Frustration lief der Junge zu seinem Vater und weinte: „Meine Blumen wachsen nicht!" „Wie kannst du das wissen?", fragte ihn der Vater sanft.

„Jeden Tag gehe ich zu meinem Beet, grabe die Samen aus und sehe nach, ob sie wachsen. Dann lege ich sie wieder in die Erde zurück", antwortete der traurige Junge. Der Vater lächelte und erklärte dem Jungen liebevoll, dass die Samen nur aufgehen, wenn sie in der Erde bleiben, regelmäßig begossen und vom hellen Sonnenschein gewärmt werden.

Gott bittet jede von uns ein Teil seines Gärtnereiunternehmens zu sein und Samen auszusäen, indem wir mit anderen über die positive Auswirkung reden, die Jesus in unserem Leben hat. Er bittet uns dann, die Samen mit der Kraft des Gebetes zu begießen. Dies macht es ihm möglich, den Heiligen Geist zu senden, um die Samen durch seinen Einfluss zu beregnen.

Gott möchte, dass wir wie der Sonnenschein sind und durch wärmende Taten der Freundlichkeit, Gastfreundschaft und Freundschaft die Samen ermutigen, sich in Blüten zu verwandeln. Wir brauchen uns wegen der Samen keine Sorgen zu machen oder sie auf ihr Wachstum zu überprüfen, wenn wir all das getan haben, worum uns Gott bittet.

Es ist nicht leicht, für Jesus Pflanzen großzuziehen. Es bedeutet Mühe, es braucht Zeit, Liebe und Hingabe. Und es kann entmutigend sein. Bauern haben immer mehr Zeit damit verbracht, ihre Äcker zu bestellen und zu pflegen als zu ernten. Aber Samen für Jesus zu säen ist auch aufregend. Wenn wir das tun, haben Menschen die Gelegenheit, ihr Leben Jesus Christus zu übergeben und durch die Ewigkeit hindurch zu blühen. Ist das nicht die Mühe wert?

Mary Barrett

Er lebt

Und wir haben gesehen und bezeugen, dass der Vater den Sohn gesandt hat als Heiland der Welt. Wer nun bekennt, dass Jesus Gottes Sohn ist, in dem bleibt Gott und er in Gott. 1.Johannes 4,14.15

Jch wusste, dass es einen Gott gibt, aber ich konnte nicht erkennen, dass er sich um mein Leben kümmerte. Ich wurde in ein christliches Elternhaus geboren und glaubte an die Lehren, die mir in den christlichen Schulen, die ich besuchte, beigebracht wurden und die ich jede Woche in der Gemeinde hörte. Dennoch wünschte ich mir die Aufregung erleben zu können, die ich bei neu bekehrten Gläubigen beobachtete. Diese Sehnsucht nach einer unmittelbaren Erfahrung hielt sich viele Jahre lang bei mir.

An einem Sabbatnachmittag machten mein Mann und ich mit unseren drei Söhnen einen Fahrradausflug in die Weinpflanzungen und Obstgärten um Fresno, Kalifornien. Wir genossen das schöne Wetter und die Zeit, die wir als Familie miteinander verbringen konnten. Gewöhnlich führte uns mein Mann vorweg und die drei Jungen fuhren ihm nach, ich war das Schlusslicht unserer Fahrradkolonne. Aber an diesem Tag fuhr ich voran und mein Mann am Ende. Unser ältester Sohn Sean, acht Jahre alt, bat führen zu dürfen, und ich erlaubte es ihm. Wir kamen an eine Kreuzung, die keine Ampel oder Stoppzeichen hatte. Sean fragte, ob er hinüberfahren dürfe, und nachdem ich in beide Richtungen geschaut hatte, gab ich ihm das Startzeichen. Ich wusste nicht, dass er in eine andere Richtung fahren wollte. Plötzlich tauchte aus dem Nichts ein Kleinbus auf und blieb mit quietschenden Bremsen nur Zentimeter von Sean entfernt stehen.

Erst später am Abend wurde es mir richtig bewusst. Wie anders hätte unser Leben ab diesem Augenblick sein können. Der einzige Grund, warum Sean noch am Leben war, bestand darin, dass Gott seine Schutzengel gesandt hatte, um unsere Familie zu beschützen. Mir wurde klar, dass der Herr sich um mich sorgte, dass er sich mir auf diese Art offenbarte. Seit diesem Erlebnis habe ich keine Zweifel mehr gehabt, dass Gott sich um mein Leben kümmert. Diese Erfahrung hat es mir möglich gemacht, anderen von der Liebe Gottes zu erzählen.

Herr, hab Dank für deine Liebe und Fürsorge. Ich möchte durch mein Zeugnis anderen helfen zu erkennen, dass du wirklich da bist, auch in ihrem Leben.

Kim Otis

Auf sicherem Fuß

Mein Fuß steht fest auf rechtem Grund ... Psalm 26,12

E s war unser erster Besuch in der Gemeinde in Port Alberni, Britisch Columbia. Da ich wusste, dass der erste Eindruck zählt, zog ich mich sorgfältig an und blickte dann auf mein Ebenbild im Spiegel. Ich mochte mein Aussehen in dem dunkelblauen Kleid mit weißen Tupfen. Dann schlüpfte ich in meine dunkelblauen Schuhe.

Ein Schritt, und ich merkte, dass etwas nicht stimmte. Die Schuhe saßen nicht so wie sonst. Ich blickte nach unten und sah einen eckigen Schuh auf dem rechten und einen spitzen Schuh auf dem linken Fuß! Ich überprüfte die Absätze. Einer der Schuhe hatte einen hohen Absatz, der andere war flach. Ich versuchte, durch das Zimmer zu gehen und fing an zu lachen. Wie würde ich aussehen, wenn ich so schief in die Gemeinde humpeln würde!

„Wenigstens sind sie nicht beide für denselben Fuß", lachte mein Mann Ron. „Das ist ein schwacher Trost", antwortete ich. „Geh barfuß", schlug er vor. Ich sah ihn ratlos an und rief meine Gastgeberin. „Carol! Sieh, was ich gemacht habe!" Sie lachte auch und ging dann in ihr Schlafzimmer. „Lass mich sehen, ob wir etwas finden, was passen könnte." Nichts passte.

„Ich gehe einfach so", entschloss ich mich mutig. „Vielleicht merkt es niemand." Aber ich wusste, dass man es gar nicht übersehen konnte. Welch ein erster Eindruck! Carol rief eine Freundin an. „Ann trägt Größe 8", sagte sie. „Meinst du, das ginge?"

Als wir zu Ann kamen, hatte sie mehrere Schuhpaare aufgereiht, die ich probieren sollte. Ich wählte ein dunkelblaues Paar und versuchte einige Schritte. „Ein wenig Papier in die Spitzen, und sie werden passen", sagte ich erleichtert. „Danke, Ann, du hast mir den Tag gerettet!"

Nach einigen Minuten betrat ich stolz das Podium, um meine Ansprache zu halten, und war froh, zueinander passende Schuhe an meinen Füßen zu fühlen. Ann sei Dank, konnte ich auf sicheren Füßen stehen.

Ich bin mir jedoch sicher, dass die Frauen der Gemeinde in Port Alberni sich an mich als die Predigerfrau erinnern werden, die Anns Schuhe ausleihen musste.

Manchmal gerät unser Leben aus dem Gleichgewicht und wir fühlen uns, als ob wir auf ungleichen Schuhen herumstapfen. Manchmal ist man oben und manchmal ganz unten, und man geht seinen Weg, so gut man kann, aber man ist sich bewusst, dass es nie gut genug sein wird.

Und dann bietet mir Jesus, mein Freund, an, seine ‚Schuhe' zu tragen. Ich nehme das Angebot seiner Liebe an und stehe wieder auf ebenem Boden. Seine ‚Schuhe' – seine Gerechtigkeit – brauchen wir, um fest und sicher zu stehen. In seinen ‚Schuhen' kann ich immer auf sicheren Füßen stehen.

Dorothy Eaton Watts

Rede nicht – handle!

*Wenn aber jemand dieser Welt Güter hat und sieht seinen Bruder darben
und schließt sein Herz vor ihm zu, wie bleibt dann die Liebe Gottes in ihm?
Meine Kinder, lasst uns nicht lieben mit Worten noch mit der Zunge,
sondern mit der Tat und mit der Wahrheit. 1. Johannes 3,17.18*

Jm letzten Herbst haben mein Mann und ich bei einer Evangelisation im ehemaligen Stalingrad mitgeholfen. In eine Stadt in der russischen Provinz zu fahren, war wie eine Reise mit der Zeitmaschine. Alles verlief langsamer. Wir waren tief betroffen, was die Menschen in diesem Land haben ertragen müssen. Stell dir nur vor, dein ganzes Leben lang für etwas Schlange zu stehen, was du brauchst, um es dann schließlich doch nicht zu bekommen. Die Kapriolen der Wasser- und Stromlieferungen auszuhalten oder ohne beides auskommen zu müssen; nicht einmal ein Telefon, eine Waschmaschine, ein Auto oder vernünftiges Bügeleisen zu haben. Oder ganz einfach eine niedere Arbeit annehmen zu müssen, nur um überleben zu können.

Plötzlich zu erleben, wie Gewohntes und völlig Selbstverständliches nicht zur Verfügung steht, schafft in unserem Wertesystem einen Paradigmenwechsel. Wir sehen alles mit neuen Augen. Unser gemütliches Wohnmobil sieht aus wie ein Palast. Unser zweites Auto ist ein Luxus. Unsere aus den Nähten platzenden Kleiderschränke erinnern uns daran, dass wir für Jahre hinaus genug Kleidung haben. Sogar unsere Enkeltöchter haben beschlossen, dass sie, statt um eine neue Puppe zu bitten, einem russischen Kind eine Puppe schicken möchten!

„Rede nicht – handle!", sagt Johannes, und er hat Recht. Wir sind immer in unseren Gaben für die Gemeinde großzügig gewesen, haben den Missionaren geholfen und uns um die Bedürftigen zu Erntedank und zu Weihnachten gekümmert. Aber jetzt bemühen wir uns freudig, hier ein wenig und da ein wenig extra zu sparen. Dieser tägliche Umgang mit den Bedürfnissen der Menschen bringt die Liebe Gottes auf persönliche Art und Weise zum Leben. Jener warme Schein in unseren Herzen, wenn wir an die Freude und den Segen denken, den unsere kleinen ,Extra-Geschenke' machen können, muss ein Schein sein, der direkt aus dem Himmel kommt!

Aileen Ludington

Das Kissen

*Und es erhob sich ein großer Windwirbel, und die Wellen schlugen in das Boot,
so dass das Boot schon voll wurde. Und er war hinten im Boot und schlief auf
einem Kissen ... Markus 4,37.38*

D er Prediger beschrieb lebhaft das stürmische Wetter am See Genezareth,
eine meiner liebsten Geschichten. Man konnte fast die feuchte Luft schme-
cken und das Schaukeln des Bootes fühlen. Als die Wellen anfingen, ins
Boot zu schlagen, verließ ich das Bild. Der Prediger setzte die Geschichte fort und
machte aus einem kleinen Detail, das nur Markus in den Evangelien erwähnt hat, einen Hauptpunkt. Jesus schlief auf einem Kissen. Wer hat Jesus wohl das Kissen besorgt? Normalerweise gehörte es ja nicht zur Ausrüstung eines Fischerbootes. Seile,
Ruder, Netze, ja – aber ein Kissen? Interessanterweise schlug der Prediger vor, dass
die Jünger es wohl für Jesus gebracht haben mussten.

Ich zog meine Augenbrauen zusammen. Die Jünger sollten ein Kissen gebracht
haben? Sie hatten nicht einmal daran gedacht, auf einigen Reisen Brot mitzunehmen. Ich meinte eher, dass es wohl die Frauen waren, die Jesus nachfolgten, und
ihm fürsorglich ein Kissen mitgegeben hatten, worauf er sich ausruhen konnte.

Als ich später diesem Vers in verschiedenen Kommentaren nachging, lernte ich,
dass das Kissen wohl doch zur Bootsausrüstung gehörte. Ein Teppich oder ein gro-
bes Lederkissen wurde hinten im Boot für denjenigen untergebracht, der steuerte
oder für besondere Gäste.

Dieses Kissen ließ mich an die Frauen denken, die Jesus nachfolgten. Lukas berichtet, dass Jesus mit seinen zwölf Jüngern von Ort zu Ort zog, um zu predigen,
und dass ihn viele Frauen begleiteten. Diese Frauen folgten ihm nicht nur nach, sondern sie halfen aus ihren eigenen Mitteln, indem sie zu seinem Lebensunterhalt und
dem der Jünger beitrugen (siehe Lukas 8). Matthäus erwähnt auch, dass bei Jesu
Kreuzigung viele Frauen anwesend waren. „Die waren Jesus aus Galiläa nachgefolgt
und hatten ihm gedient" (Matthäus 27,55).

Für ihn sorgen, geben, dienen – dies waren die wunderbaren Eigenschaften der
christlichen Frauen im ersten Jahrhundert. Diese Eigenschaften sind immer noch
das Ziel der heutigen Frauen, die ihr „Kissen" mit unseren Familien, Freunden und
Nachbarn teilen, während sie den Stürmen des Lebens standhalten.

Heide Ford

Unser rücksichtsvoller Vater

Deine Ohren werden hinter dir das Wort hören: „Dies ist der Weg; den geht!
Sonst weder zur Rechten noch zur Linken!" Jesaja 30,21

Als mein ältester Sohn vor einigen Monaten von der Arbeit nach Hause unterwegs war, ließ ihn eine plötzliche Eingebung einen Weg fahren, den er längere Zeit nicht benutzt hatte. Bald sah er vor sich einen Kleinlaster, der außer Kontrolle geriet und schließlich als ein Haufen verbogenen Blechs endete. Er hielt an, beeilte sich, zum schwer beschädigten Fahrzeug zu kommen und war schockiert, als er eine Stimme „Papa" rufen hörte. Entsetzt sah er seine Tochter in dem Autowrack.

Die Frau bei Cindy im Auto war bewusstlos, und zuerst dachte man, sie sei schwerer verletzt. Die Bergungsmannschaft arbeitete schnell, um sie in den Rettungswagen zu bringen, aber es war ihnen nicht möglich, Cindy aus dem Auto zu befreien. Es gab eine weitere Wartezeit, bis die Feuerwehr sie mit der nötigen Ausrüstung aus dem verbogenen Blech herausschneiden und aus dem Auto befreien konnte.

Cindy blieb während der ganzen Zeit bei Bewusstsein. Aber als das Metall weggeschnitten war und die Rettungsmannschaft an sie herankonnte, wurde klar, dass sie ernsthafte und weitreichende Verletzungen davongetragen hatte. Sie wurde ins nächste Krankenhaus gebracht, wo das Personal einen Hubschrauber anforderte, um sie in ein besser ausgerüstetes Hospital zu transportieren.

Viele Stunden des Wartens folgten darauf, während die Ärzte all ihr Können aufbrachten, um ihre Verletzungen zu versorgen. Sie hatte mehrfache Frakturen des rechten Beines, beide Knöchel und ihr Becken waren gebrochen, aber ihre inneren Verletzungen waren noch beängstigender. Ein Teil ihrer Leber, mehrere Zentimeter ihres Dünndarms und ein Stück ihres Dickdarms mussten entfernt werden.

Auf wunderbare Weise hat sie sich so weit wie möglich erholt. Ich bekam gerade einen fröhlichen Brief von ihr, in dem sie dem Herrn dafür dankt, dass er ihr das Leben gerettet hat.

Ich danke Gott dafür, dass sie noch am Leben ist und ich bin von Ehrfurcht ergriffen, wenn ich daran denke, dass der Herr dafür sorgte, dass Cindys Vater während der langen Wartezeit, bis sie medizinisch versorgt wurde, bei ihr sein konnte.

Lillian Lawrence

Antiker Wettlauf

Wie Zuschauer im Stadion die Wettkämpfer anfeuern, so sind diese Zeugen des Glaubens Vorbilder für unseren Kampf. Darum wollen wir alles ablegen, was uns in diesem Kampf behindert, vor allem die Sünde, die uns immer wieder fesseln will. Mit zäher Ausdauer wollen wir auch noch das letzte Stück bis zum Ziel durchhalten. Dabei wollen wir nicht nach links oder rechts schauen, sondern allein auf Jesus. Er hat uns gezeigt, wie man diesen Lauf beginnt und als Sieger ans Ziel gelangt. Hebräer 12,1.2 (Hfa)

J ch stand inmitten der Überreste, die vom Stadion der antiken Stadt Perge in der heutigen Türkei übrig sind. Ich kletterte die steinerne Tribüne hoch und dachte an den Apostel Paulus, der nach dem biblischen Bericht während seiner ersten Missionsreise hier gewesen sein muss. Ich konnte mir vorstellen, wie er in der Stadt herumwanderte und zum Stadion hinausging, wo die Sportler trainierten oder Wettkämpfe austrugen. Wo jetzt umgefallene Marmorsäulen und Steinblöcke den Boden bedeckten, hatte der Apostel Sportler gesehen, die miteinander um die Wette liefen.

Wenn ich die Briefe des Paulus lese, bin ich beeindruckt, wie oft er das Bild des Athleten benutzt, der im Training oder im Wettbewerb steht. Wenn ich in seinen Fußspuren reise, wird mir der Grund dafür klar. Die Überreste der alten Städte zeigen, welch eine reiche Kultur es vor fast 2000 Jahren gegeben hat. Eine antike Stadt von einiger Bedeutung hatte ihr Stadion, und Sport war ein wichtiger Teil des Lebens. Paulus muss überall auf Sportler gestoßen sein.

Im Marathonrennen der antiken Olympischen Spiele liefen die Sportler mit einer brennenden Fackel in der Hand. Sieger war der erste Sportler, der mit einer noch brennenden Fackel über die Ziellinie lief.

Wir laufen alle im Rennen des Lebens. Es ist nicht entscheidend, wer als erster die Ziellinie überquert, denn in diesem Rennen gibt es für alle, die bis zum Ende durchhalten, dieselbe Belohnung. Es ist nur wichtig, dass unser Licht nicht von unseren Sorgen und Nöten ausgeblasen wird. Wir sollten Schutz suchen, wenn der Regen so stark herunterprasselt, dass er unser Licht bedroht. Vielleicht müssen wir auch einen Umweg machen, um eine Straße zu finden, auf der der Wind nicht so stark bläst. Was auch immer notwendig ist, um unser Licht am Brennen zu halten, sollten wir tun, damit wir unser Rennen siegreich beenden können. Jesus hat uns versprochen, jeden Tag bei uns zu sein und uns zu helfen. Lasst uns auf ihn schauen, der unseren Lauf vollenden kann.

Lieber Heiland, zeige mir, wie ich heute mein Rennen laufen soll, damit ich nicht stolpere. Wenn ich müde bin, hilf mir weiter. Zeige mir, wann ich mich ausruhen und wann ich mit Ausdauer vorwärtslaufen muss. Danke, Herr.

Hannele Ottschofski

Das verlorene Schaf

Welcher Mensch ist unter euch, der hundert Schafe hat und, wenn er eins von ihnen verliert, nicht die neunundneunzig in der Wüste lässt und geht dem verlorenen nach, bis er's findet? Lukas 15,4

Ich versuchte die Tatsache zu ignorieren. Neunundneunzig Schafe waren im Pferch und eines fehlte. Könnte ich vielleicht dieses verlorene Schaf sein? Ich war ein treues Gemeindeglied, das manchmal 150 Kilometer einfache Strecke zurücklegte, um zum Gottesdienst zu kommen. Ich tat, worum man mich bat. Ich studierte mein Bibelstudienheft. Ich stand jeden Morgen früh genug auf, um meine Bibel zu lesen. Ich war kein Alkoholiker, ich war meinem Mann treu, und ich genoss jeden Sabbat mit meiner Familie. Könnte sich die Geschichte vom verlorenen Schaf trotzdem auf mich beziehen?

Der Hirte, der die Wahrheit kannte, versuchte es immer wieder, auf unterschiedlichen Wegen und mit unterschiedlichen Methoden, unterschiedlichen Büchern, unterschiedlichen Predigten und unterschiedlichen Leuten. Und er gab nicht auf! Er wartete geduldig.

Eines Montagmorgens während meiner stillen Zeit sah ich zum ersten Mal auf – wirklich auf – das Kreuz. Ich wusste, dass ich nicht gut genug sein konnte, um es alleine in den Himmel zu schaffen. Ich brauchte Hilfe. Das Gleichnis vom verlorenen Schaf war nicht nur eine Geschichte über ein Lamm in Jesu Armen. Jenes Schaf war ich, verloren ohne den Hirten, der für mich gestorben war.

Ich dachte an die Schluchten, Stürme, den Wind und die Wölfe. Tränen traten mir in die Augen, als ich über meinen Retter-Hirten nachdachte, der um die Schluchten, durch den Sturm, im peitschenden Wind ging, um mich vor den Wölfen zu beschützen, von deren Existenz ich nicht einmal wusste.

An jenem Morgen fand er ein Schaf, das bereit war, nach Hause getragen zu werden. Das sich danach sehnte, in die Arme des Hirten genommen zu werden, weil es sich bewusst war , wie schwach es war. Ich hätte nicht die Kraft, alleine den Weg nach Hause in den Himmel zu schaffen, ich war bereit vom Hirten getragen zu werden.

Manchmal ertappe ich mich immer noch dabei, wie ich meinen Weg nach Hause mit meiner Arbeit verdienen möchte. Aber der Hirte gibt mich nicht auf, weil er mich liebt. Er ist nie mit neunundneunzig zufrieden; er will sie alle. Welch ein wunderbarer Hirte!

Herr, danke, dass du mich gesucht hast, auch als ich nicht wusste, dass ich verloren war. Danke, dass du mich nach Hause bringst.

Connie Wells Nowlan

Der Test

Samuel aber sprach: Meinst du, dass der HERR Gefallen habe am Brandopfer und Schlachtopfer gleichwie am Gehorsam gegen die Stimme des HERRN? Siehe, Gehorsam ist besser als Opfer und Aufmerken besser als das Fett von Widdern. 1. Samuel 15,22

An einem schönen sonnigen Nachmittag lief ich vom Büro aus nach Hause. Als ich das Tor zu unserem Grundstück öffnete, bemerkte ich meinen neunjährigen Sohn John, der auf dem Weg mit seinem Freund Murmeln spielte. Er war so in sein Spiel vertieft, dass er mich nicht einmal zu sehen schien, als ich an ihm vorbeiging.

„John", rief ich, „komm herein." Würde er kommen? Oder würde er so tun als ob er nicht gehört hatte? Bevor ich die hintere Veranda erreichte, hörte ich, wie er sagte: „Ja, Mama. Ich bin hier." Als er meinen Befehl hörte, suchte er sofort seine Murmeln zusammen und sagte seinem Freund auf Wiedersehen. „Ich gehe hinein. Meine Mama braucht mich", sagte er. Er hatte sofort und ohne Wenn und Aber gehorcht.

Ich war darüber natürlich sehr glücklich, aber ich fühlte mich ein wenig schuldig. Ich legte ihm meine Arme um den Hals und sagte: „Ich habe dich nur gerufen, um zu sehen, ob du mir sofort gehorchen würdest. Du hast den Test im Fach Gehorsam mit der Bestnote bestanden!" Ich küsste ihn und entließ ihn wieder zum Spielen.

Obwohl John dieses Ereignis vergessen hat, kann ich mich noch ganz genau daran erinnern. Ich frage mich oft, warum mein Sohn ohne Fragen gehorchte. War es Liebe oder Vertrauen, das den Gehorsam verursachte? Oder beides?

Gott freut sich, wenn wir ihm bereitwillig und ohne zu fragen gehorchen. Wahrer Gehorsam ist ein Prinzip, das aus Vertrauen wächst. Meine Beziehung zu Gott ist wahr, denn ich habe seine Liebe erlebt. Durch die unterschiedlichen Erfahrungen des Lebens hindurch habe ich gelernt ihm zu vertrauen, und ihm zu gehorchen ist mir eine Freude. Glückselig sind jene, die gelernt haben, dem Vater ohne Wenn und Aber und sofort zu gehorchen.

Birol C. Christo

Verbunden, aber nicht eingeschaltet

Seid so unter euch gesinnt, wie es auch der Gemeinschaft in Christus Jesus entspricht. Philipper 2,5

Viele allein erziehende Mütter oder Väter scheinen ein Leben zu führen, bei dem sie im letzten Moment hin- und herrennen, um alles noch zu erledigen. Ich befinde mich als allein erziehende Mutter ständig in solchen Situationen. Meine Zerstreutheit ist nur ein weiteres Merkmal.

Ich wollte eine Ladung Wäsche in die Waschmaschine stecken, die Kinder wecken, sie füttern und anziehen; und meine Kleidung bügeln. Dies war meine morgendliche Routine. Ich war früh genug aufgestanden, um diese Aufgaben zu erledigen, aber ich hatte nicht mit einer telefonischen Unterbrechung gerechnet. Sofort wurde mein Zeitplan über den Haufen geworfen. ‚Kein Problem', dachte ich; ‚ich werde die Zeit einholen, indem ich die Wäsche liegen lasse'.

Ich steckte das Bügeleisen ein und ging, um die Kinder zu wecken und ihnen beim Anziehen zu helfen. Alles schien ganz gut zu funktionieren. Aber etwas stimmte mit dem Bügeleisen nicht. Es entfernte die Knitterfalten nicht. Ich machte den Test mit dem nassen Finger. Es war nicht heiß. Ich überprüfte die Steckdose, um zu sehen, ob der Stecker fest eingesteckt war, schüttelte das Bügeleisen, um festzustellen, ob es genug Wasser enthielt und fing an darüber nachzudenken, was denn wohl das Problem sein könnte. Als ich schließlich die Einstellung des Eisens überprüfte, stellte ich fest, dass ich das Bügeleisen nicht eingeschaltet hatte.

Viele Christen, die auf dem Lebensweg gehen, sind wie das Bügeleisen mit der Energiequelle verbunden, aber nicht eingeschaltet. Wir kommen jede Woche zum Gottesdienst, sitzen auf unserem Platz, aber lassen uns niemals ‚einschalten' oder uns einbeziehen. Davon überzeugt, dass wir für die himmlische Reise bereit sind, hören wir auf, uns ‚einschalten' zu lassen von dem, was der Heilige Geist uns durch die Botschaft der Predigt sagen möchte.

Wenn wir vom Heiligen Geist eingeschaltet und im Wort Gottes eingesteckt sind, werden wir ein ‚gut gebügeltes' Glaubensleben führen. Das erleichtert es, die Knitterfalten des täglichen Lebens zu entfernen – irdische Sorgen, Arbeitsdruck, häusliche Angelegenheiten – und befähigt uns, all seine Segnungen in Empfang zu nehmen. Er wartet nur darauf, sie uns geben zu können.

Ivy J. Starks

China

Und der HERR ... sprach zu mir: Siehe, ich lege meine Worte in deinen Mund.
Jeremia 1,9

J ch befand mich in Tschongking, in China – dem Land, das hinter einem Bambusvorhang so lange versteckt geblieben war. Weil Englisch für Geschäftsleute wesentlich ist, gibt es eine Nachfrage nach amerikanischen Lehrern. Wir waren zu viert in Tschongking. Wir wussten, dass der Herr uns als seine Botschafter in dieses atheistische Land gesandt hatte, aber wie würden unsere Schüler sich uns gegenüber verhalten? Der erste Unterrichtstag kam und wir hatten Angst. Würden die Studenten sich freuen, uns zu begegnen, wie man uns erzählt hatte, oder würden sie uns Amerikanern gegenüber Vorbehalte haben, wie Menschen in manchen Gegenden der Welt? Wir wussten es nicht.

Bevor wir in den Speisesaal der Universität zum Frühstück gingen, öffnete ich meine Bibel, um ermutigende Worte vom Herrn zu suchen. Meine Freude kannte keine Grenzen, als ich das erste Kapitel des Buches Jeremia las. Die Verse 7 und 8 lauten: „Zu allen Menschen, zu denen ich dich sende, sollst du gehen und ihnen alles verkünden, was ich dir sagen werde. Fürchte dich nicht vor ihnen, ich bin bei dir und werde dich beschützen." (Hfa)

Wie gnädig war der Herr, dass er mir diese Worte sandte, gerade als ich sie dringend brauchte. Es war leicht, vor 25 glühenden, lebhaften, intelligenten Universitätsstudenten am nächsten Tag zu stehen, da ich wusste, dass der Herr mir die Worte geben würde, die ich sprechen sollte. Das ganze Jahr sah ich schwarze Haare und schwarze Augen, aber ich vergaß, dass es Chinesen waren und ich eine Amerikanerin.

Ein Teil des Unterrichts bestand daraus, sie einfach hören zu lassen, wie ein Amerikaner spricht. Sie hatten nur chinesische Lehrer gehört, und einige von ihnen sprachen gar kein Englisch; sie unterrichteten einfach die Grammatik und die Schrift. Es war erstaunlich, welche Vielfalt von Themen ich fand, über die ich sprechen konnte. Gott gab mir wirklich die Worte, die ich sprechen sollte.

Verna White

Mittelpunkt der Freude

Und siehe, eine Stimme vom Himmel herab sprach: Dies ist mein lieber Sohn,
an dem ich Wohlgefallen habe. Matthäus 3,17

K onzerte amüsieren mich. Das Ritual am Ende – du weißt wie das geht. Das letzte Musikstück wird gespielt und die Künstlerin verbeugt sich. Wir klatschen begeistert Beifall. Sie verlässt die Bühne. Wir klatschen weiter. Sie kommt zurück und verbeugt sich wieder. Wir klatschen noch ein bisschen. Sie verlässt die Bühne. Wir klatschen immer noch. Sie kommt und verbeugt sich noch einmal. Wir klatschen weiter. Und dann, siehe da, als ob es ihr eben erst eingefallen wäre, spielt sie eine Zugabe! Noch eine Verbeugung, weiterer Applaus und sie verlässt schließlich die Bühne.

Was wäre, wenn wir, nachdem wir das Geschirr gespült, einen Brief getippt, einen Patienten versorgt oder die Klassenarbeit korrigiert haben, uns verbeugen würden und begeisterten Applaus bekämen? Welch einen Unterschied würde das in deiner Arbeit ausmachen? Bestätigung! Wir lieben sie, aber mehr noch – wir brauchen sie auch wirklich. Deshalb war ich so begeistert, als ich entdeckte, dass Gott der Vater keine Angst davor hat, Bekräftigung auszudrücken.

Als ich das Evangelium des Matthäus las, erkannte ich, dass obwohl es viele Stellen gibt, an denen Jesus spricht, ich selten etwas davon lese, was Gott Vater gesagt hat. Matthäus 3,17 ist eine Ausnahme. Hier sagt der Vater: „Dies ist mein lieber Sohn, an dem ich Wohlgefallen habe." Gott formuliert nicht nur seine Zustimmung zu Jesus bei seiner Taufe, sondern zeigt auch seine Zuneigung.

Er gebraucht ähnliche Worte, wenn er von Jesus am Verklärungsberg spricht. Ist es nicht bedeutungsvoll, dass es sich bei den wenigen Malen, bei denen die Worte des Vaters in der Bibel erwähnt werden, um warme, liebevolle, bestätigende Worte handelt? Das ist ein Wesenszug unseres himmlischen Vaters, den wir nachahmen sollten. Unsere Ehepartner, Kinder und Mitarbeiter würde es erfreuen.

Petrus zitiert die Worte des Vaters, als er von der Erfahrung auf dem Berg der Verklärung berichtet: „Dies ist mein lieber Sohn, an dem ich Wohlgefallen habe." Jesus ist der Mittelpunkt seiner Freude! Das erstaunliche ist, dass Gott so für alle seine Kinder empfindet (siehe Johannes 17,23). Ich bin der Mittelpunkt seiner Freude! Und du bist der Mittelpunkt all seiner Freude! Schreib dir das in dein Herz und koste seine Freude aus!

Heide Ford

Keine Schande mehr

David sprach zu ihm: Fürchte dich nicht, denn ich will Barmherzigkeit an dir tun um deines Vaters Jonatan willen und will dir den ganzen Besitz deines Vaters Saul zurückgeben; du aber sollst täglich an meinem Tisch essen.
2. Samuel 9,7

Merib-Baal hatte eine schmerzliche Erfahrung gemacht. Als er gerade fünf Jahre alt war, wurden sein Vater Jonatan und sein Großvater, König Saul, im Kampf getötet. Als er diese Nachricht hörte, versuchte seine Amme ihn in Sicherheit zu bringen, und dabei ließ sie ihn fallen. Er wurde an beiden Füßen lahm. Sein Name wurde verändert und man nannte ihn Mephi-Boschet, was „Schande" bedeutet.

Kannst du dir vorstellen, dass man dich „Schande" nennt? Kannst du dir vorstellen, dass man dich jedes Mal, wenn dein Name ausgesprochen wird, an deine Wertlosigkeit erinnert? Wie Mephi-Boschet werden viele Mädchen mit verletzenden Spitznamen aufwachsen: die Dicke, Hexe, ‚Bohnenstroh', ‚Ausrutscher', ‚Niete'. Viele werden behandelt, als ob sie eine Schande wären. Solche Misshandlung lässt sie genau so lahm sein wie Mephi-Boschet.

Aber die Geschichte hat ein wunderbares Ende. David, der neue König von Israel, erinnerte sich an sein Versprechen, das er Jonatan gegeben hatte. Er ließ den jungen Mann kommen und ihm das gesamte Erbe seines Vaters überschreiben. Darüber hinaus sollte er wie ein Sohn für David sein, der bei ihm wohnen und immer an seinem Tisch essen durfte.

Wunderbare Gnade! Dieser schändliche Nichtsnutz, der sich selber als einen ‚toten Hund' bezeichnete, würde wie ein Prinz leben. Er würde am selben Tisch mit dem von Gott auserwählten König und seinen Söhnen essen: mit Salomo, dem Weisen; Absalom, dem Hübschen; Ammon, dem Kronprinzen. Wenn Mephi-Boschet am Tisch saß, sah er genau so gut aus wie die anderen Prinzen; seine Missbildung war unsichtbar.

Das Versprechen, seine Lieben zu verschonen, hatte David an Jonatan gegeben, schon bevor Mephi-Boschet geboren war. Deshalb war seine Wertigkeit nicht davon abhängig, was er konnte oder nicht konnte, sondern von einer Beziehung. Mephi-Boschet war ein Sohn des Königs, deshalb galt die Verheißung ihm.

In vergleichbarer Weise sind wir Töchter des Königs, seine eigenen Kinder, weil eine Verheißung durch Blut besiegelt wurde. Wenn wir in eine Beziehung mit Christus kommen, gehört die Verheißung uns. Unser Wert ist für ihn größer, als wir uns vorstellen können, und wir sind eingeladen, am Tisch des Königs zu essen als seine Töchter. Wir sind keine Schande, einerlei was wir getan haben oder andere über uns denken. Komm zum Tisch und genieße seine Güte!

Wanda Grimes Davis

Theologie der Bäume

Der ist wie ein Baum, gepflanzt an den Wasserbächen, der seine Frucht bringt
zu seiner Zeit, und seine Blätter verwelken nicht. Und was er macht, das gerät
wohl. Psalm 1,3

J ch wusste nicht viel über Bonsai-Bäume, bevor wir einen geschenkt bekamen. ‚Bon' bedeutet kleiner Topf, und ‚sai' eine Pflanze oder Baum. Die uralte östliche Kunst, Miniaturbäume zu ziehen und zu pflegen, ist eine lebendige, sich immer verändernde, nie abgeschlossene Form der Kunst. Wenn sie richtig gepflegt werden, können die Bäume Hunderte von Jahren leben und weiterwachsen.

Ich beachtete bei meiner achtjährigen Eugenia compacta sorgfältig die Anweisungen über das richtige Sonnenlicht, Gießen und Düngen, wie man die ursprüngliche Form beibehält, die Erde wechselt und umtopft. Ich befolgte die Anleitung ganz genau – oder ich war wenigstens der Meinung.

Eines Tages musste ich betrübt feststellen, dass einige der saftigen grünen Blätter verdorrt waren und abfielen. Als ich den Baum schleunigst ins Wasser stellte, sah ich einige neue Triebe, die hinten herausgewachsen waren, und die ursprüngliche Form der Äste störten. Wie konnte dies passieren? Der Baum war noch vor einigen Tagen in guter Form gewesen.

Als ich die neuen wilden Triebe abschnitt, um die Konturen des Baumes wiederherzustellen, dachte ich an meinen geistlichen ‚Baum'. Auch der war vor einigen Tagen noch in gutem Zustand gewesen, aber heute war ich zu beschäftigt gewesen, um zu beten und Gottes Wort zu lesen. Kein Wunder, dass der Psalmist einen Baum als Symbol des geistlichen Wachstums benutzte. Mein ‚Lebensbaum' braucht geistliche Sonne, Wasser, Nahrung, Beschneidung und Pflege genauso wie der Miniaturbaum dies braucht. Wenn ich das Wort Gottes lese, bete und Zeit mit ihm verbringe, nehme ich sein Licht, Wasser und seine Nahrung in mich auf.

Jesus, der mich geschaffen hat, hält mich in Form. Er schneidet die alten toten Äste der Routine ab, die meine Entwicklung behindern. Aber er zwickt auch die neuen Triebe des Egoismus ab, die die christusähnliche Form verunstalten, in die er mich verwandeln möchte.

Genau wie der Bonsai neue Erde braucht und hin und wieder einen größeren Topf, verändert Jesus meine Lebensumstände und ermöglicht mir wechselnde Erfahrungen, damit ich neue Dinge lernen und schneller wachsen kann. Um mir eine symmetrische Form seiner Kunst zu geben, kann er meine Lage verändern.

Dank dieses Bonsais werde ich immer daran erinnert, Jesus einzuladen, meinen ‚Baum' zu formen und zu pflegen und mich zurückzuschneiden. Wenn für ihn gut gesorgt wird, sollte mein ‚Baum' ewig leben.

Joyce Neergaard

Aufmerksame Spatzen

Wachet und betet, dass ihr nicht in Versuchung fallt! ... Markus 14,38

J n den Wintermonaten füllen wir unser Vogelhaus mit Körnern. Ich habe beobachtet, wie die Vögel bei Tagesanbruch ihr Frühstück genießen. Diese häufigen Gäste sind gewöhnlich schieferfarbige Juncos (eine Art Spatzen), die manchmal Schneevögel genannt werden, weil Kopf, Rücken und Brust gleichmäßig schiefergrau sind im Gegensatz zum elfenbeinfarbigen Schnabel. Obwohl sie ziemlich zahm sind, flüchten sie, wenn ich zu nahe komme, und dabei blitzen weiße Schwanzfedern auf.

Im Winter suchen sie Nahrung in den Feldern und Höfen, wo das Unkraut wächst. Jeden Tag fege ich den Schnee von meinem Futterhaus, damit sie die Samen finden können. Eines Tages kehrte ich den Schnee auch von einem Flecken unter dem Vogelhaus weg und streute Körner auf den Boden. Während der Schnee weiter fiel, beobachtete ich, wie sie mit ihren Füßen auf Hühnerart den Schnee wegkratzten, um die Samen zu finden.

Die Juncos haben mich an langen Tagen unterhalten, an denen ich wegen Schneefalls nicht aus dem Haus konnte. Ich beobachtete sie, wie sie ein Körnchen aufnahmen, den Kopf hoben, um sich herumschauten und dann wieder ein Körnchen aufpickten. Sie fressen nie mit dem Kopf ständig nach unten; sie sind immer auf der Hut. Wenn sie bedroht werden, tragen ihre Flügel sie schnell in Sicherheit in einen in der Nähe wachsenden Busch, wo sie sich sicher fühlen.

Als ich mir Gedanken machte über die Wachsamkeit der kleinen Juncos, erinnerte ich mich an unseren Text: „Wachet und betet, damit ihr nicht in Versuchung fallt." ‚Wie vielen Versuchungen könnte ich aus dem Weg gehen, wenn ich genauso wachsam wäre, wie meine gefiederten Freunde? Bin ich genauso flink und flitze auf den Flügeln des Gebetes davon in mein sicheres Versteck, wenn ich mit einer Versuchung konfrontiert werde?'

Eine besondere Verheißung ist mir eingefallen: „Bisher hat euch nur menschliche Versuchung getroffen. Aber Gott ist treu, der euch nicht versuchen lässt über eure Kraft, sondern macht, dass die Versuchung so ein Ende nimmt, dass ihr's ertragen könnt." (1. Korinther 10,13)

Vater im Himmel, danke für diese Verheißung deiner Treue, dass du für uns immer eine Möglichkeit vorgesehen hast, um der Versuchung zu entfliehen. Hilf mir, jeden Augenblick genau so wachsam zu sein wie meine Vogelfreunde – bereit und willig, vor der Versuchung auf den Flügeln des Gebets zu flüchten.

Nathalie Ladner-Bischoff

Wenn die Tage furchtbar sind

Alle eure Sorge werft auf ihn; denn er sorgt für euch. 1. Petrus 5,7

Jn einem Buchladen sah ich ein Kinderbuch, das „Alexander und der schreckliche, fürchterliche, nicht gute, sehr schlechte Tag" hieß. Ich hatte das Gefühl, gerade einen solchen Tag zu haben, und so nahm ich das Buch und fing an darin zu lesen. Der arme Junge! Alles, was je schief gehen konnte, ging schief. „Ich glaube, ich werde nach Australien auswandern", sagte er immer wieder. Ich kann mit ihm fühlen. Ich habe auch einige richtig schreckliche Tage gehabt, aus denen Wochen geworden sind. Und während einer dieser schlechten Tage hatte ich schließlich genug davon und fing an, mich beim Herrn darüber zu beschweren. Ich war so frustriert, besorgt und zornig, dass ich ihn fragte: „Was habe ich falsch gemacht? Liebst du mich nicht mehr? Wenn du mich liebst, warum fühle ich mich denn so schlecht?" Oh, wie tat ich mir Leid!

Ich rief eine Freundin an und versuchte, sie auch in meine Misere hineinzuziehen. Sie sagte schließlich: „Warum tust du nicht etwas, um ein wenig Bewegung zu bekommen, um dich auf andere Gedanken zu bringen?" Guter Vorschlag! Also ging ich spazieren. Während meines Spaziergangs sprach der Herr trotz meiner schlechten Laune sanft zu meinem Herzen.

Ich ging an einem kleinen Teich vorbei, in dem Enten schwammen und mit dem Kopf nach unten nach Nahrung suchten. Vögel sangen melodisch über mir, und eine kühle, sanfte Brise streichelte mein Gesicht, während ich einen strahlenden Sonnenuntergang beobachtete. Plötzlich schämte ich mich, als die Wärme des Heiligen Geistes in meinem Herzen erglühte, und ich kam zu der Erkenntnis, dass mich Zeichen der Liebe Gottes umgaben. Ich brauchte nur meine Augen aufzumachen und sie anzusehen.

Ich bat Gott um Vergebung, dass ich mich beschwert hatte. Warum war ich nicht schon vorher zu ihm gekommen, bevor ich so frustriert war? Warum hatte ich jede kleine Enttäuschung nicht mit ihm besprochen, bevor sie sich alle zu einem scheinbar unüberwindlichen Berg aufgehäuft hatten? Ich nahm mir in meinem Herzen vor, es nicht mehr zuzulassen, dass die Umstände mich entmutigen, denn ich war von der Liebe Gottes umhüllt.

Stell dir vor, nach einigen Tagen veränderte sich die Situation! Welch einen Unterschied macht unsere Einstellung!

Wenn ich wieder einen „schrecklichen, fürchterlichen, nicht guten, sehr schlechten Tag" habe, werde ich sofort mit Jesus darüber sprechen, statt nach Australien auszuwandern. Und ich werde es zulassen, dass er mich aus meiner Misere mit seiner Liebe herausholt.

Heartsong

Lächeln

*Und warum sorgt ihr euch um die Kleidung? Schaut die Lilien auf dem Feld an,
wie sie wachsen: sie arbeiten nicht, auch spinnen sie nicht. Ich sage euch, dass
auch Salomo in aller seiner Herrlichkeit nicht gekleidet gewesen ist wie eine von
ihnen. Matthäus 6,28.29*

Obwohl meine Freundin immer eine natürliche Begabung für den richtigen Stil hat, sah sie heute einfach umwerfend aus. Nachdem ich mich mit ihr einige Minuten lang unterhalten hatte, machte ich ihr ein Kompliment wegen ihres Aussehens. Mit dem Feingefühl einer Dampfwalze ergänzte ich noch: „Aber ich kann mir nicht erklären, warum." Was für eine Taktlosigkeit! Ich kam mir so ungeschickt wegen dieser letzten Worte vor, aber meine Freundin meinte, charmant wie immer, dass es vielleicht an den Blumen lag. Ja, die Blumen. Der Stoff ihres Kleides hatte ein lebhaftes Blumenmuster.

Als ich eines Tages mit einem großen Strauß Sonnenblumen vom Markt kam, bemerkte ich, dass die Leute mich lächelnd ansahen. Ich hielt einen Augenblick inne, um andere Blumenkäufer zu beobachten und sah, dass auch sie lächelten, während sie ihre Blumen trugen.

‚Warum wohl?', überlegte ich. Wenn ich eine Blume verschenke, bekomme ich ein Lächeln als Belohnung (probiere es aus und du wirst es sehen). Wenn ich eine Blume geschenkt bekomme, fühle ich, wie sich ein strahlendes Lächeln auf meinem Gesicht ausbreitet. Vielleicht ist ein Lächeln die menschliche Variante einer Blume … Oder vielleicht ist eine Blume die Variante eines Lächelns in der Natur.

Blumen sind einzigartig und unterschiedlich, und jede ist schön. Die Farbtöne reflektieren das Sonnenlicht und betonen ihre Umgebung. Wenn eine Blume aufgeht, ist es, als ob die Natur uns zulächeln würde. Der Duft, ob Rosen, Orangenblüten, Geißblatt, Lavendel oder Flieder, erfüllt die Luft.

Blumen lachen über uns dumme Menschen, die sich über so viele Dinge Sorgen machen. Sie wiegen sich in der Brise, reagieren auf den Sonnenschein, gedeihen dort, wo sie gepflanzt wurden und verschönern unsere Wohnung und unser Leben, indem sie uns beibringen, still zu stehen und die Gabe des Lebens zu genießen. Einfach durch ihr Dasein erzeugen sie Vergnügen und Genuss und erzählen damit von einem Schöpfer, der verschwenderisch ist.

Ob Gott gelächelt hat, als er die Blumen schuf? Ob er lächelt, wenn sie blühen? Meinst du, dass er Vergnügen daran hat, wenn wir uns über dieses Geschenk freuen?

Vielleicht lächelt Gott jedes Mal auf unser Leben, wenn eine Blume aufgeht. Vielleicht ist das der Grund, warum wir nichts dagegen tun können, dass wir zurücklächeln.

Alice Heath Prive

Gottes Stimme in meinem Ohr

Ein hörendes Ohr und ein sehendes Auge, die macht beide der HERR.
Sprüche 20, 12

M eine Finger flogen nur so über die Tasten der Schreibmaschine, während ich mich bemühte, einen Abgabetermin für einen Schreibauftrag einzuhalten. Dieser Termin hing über mir wie eine Sorgenwolke, die alles andere blockierte. Plötzlich flüsterte eine leise Stimme in meine Konzentration: „Geh und sieh nach Nancy."

‚Ich habe jetzt keine Zeit. Ich muss dies vor Mittag fertig bekommen!' Meine Finger tippten weiter, während ich die Stimme ignorierte.

Fünf oder zehn Minuten später unterbrach die Stimme meine Konzentration wieder. „Geh und sieh nach Nancy." ‚Ich habe keine Zeit! Ich muss dies fertig kriegen! Ich bin sicher, dass es ihr gut geht.' Also tippte ich weiter.

Nancy liebte es, draußen zu spielen. Während ihr älterer Bruder in der Schule war, verbrachte sie so oft den ganzen Vormittag in unserem großen Garten. Er bot endlose Möglichkeiten für eine neugierige Fünfjährige, die Tiere und Pflanzen liebte. Wir wohnten am Ende einer Privatstraße in der Nähe des Bella Vista Krankenhauses in Puerto Rico, und dies war der ideale Ort für eine Naturliebhaberin wie Nancy.

Wieder kam die Stimme – jetzt etwas bestimmter: „Geh und sie nach Nancy!" Diesmal gelang es der Stimme meine Aufmerksamkeit zu erregen. ‚Dreimal! Ich sollte wohl lieber nachschauen!'

Als ich draußen suchend nach Nancy Ausschau hielt, fand ich sie fest schlafend auf einer Mauer, die nicht breiter als 20 Zentimeter war! Auf beiden Seiten der Mauer konnte sie mindestens 4 Meter tief fallen! Wenn sie sich im Schlaf bewegt hätte, wäre sie wahrscheinlich heruntergestürzt und hätte sich ernsthaft verletzen können. Leise näherte ich mich ihr, berührte sie sanft und sprach leise ihren Namen. Ihre Augen sahen mein Lächeln und wir bewegten uns vorsichtig von der Mauer weg.

Danke, Herr! Danke für den Schutzengel und für deine Beharrlichkeit! Und bitte hilf mir, dass ich beim ersten Mal aufpasse, wenn du zu mir sprichst.

Wie dankbar bin ich, dass Gott nicht so einfach aufgibt. Er ruft mich sanft und mit Beständigkeit. Seine Stimme erinnert mich an Veränderungen, die in meinem Leben stattfinden sollten – Veränderungen, die schon seit Jahren nötig sind, und doch gibt er nicht auf. Ich bin zuversichtlich, dass er mich nie verlassen und seine Stimme mich jeden Tag führen wird. Es ist meine Aufgabe heute zuzuhören und zu antworten.

Donna J. Habenicht

Ein Nachbarschaftsnetzwerk

... Ein Nachbar in der Nähe ist besser als ein Bruder in der Ferne.
Sprüche 27, 10

Nachdem wir mehr als ein Dutzend Mal umgezogen waren, hatte ich mir fest vorgenommen, diesmal meine Nachbarn kennen zu lernen. Wir wohnten in einem von fünf nagelneuen Häusern in der Nähe an einer stillen Straße knapp außerhalb von Centralia, Washington. Ich wollte jede Familie willkommen heißen, die einzog. Mit meinem Computer druckte ich Karten, nahm ein kleines Gläschen Erdbeermarmelade als Geschenk mit und begann an die Türen zu klopfen.

Es ist erstaunlich, wie schwer es sein kann, Leute kennen zu lernen. Es ist schwierig, Freundschaften mit denen zu pflegen, die einen anderen Lebensstil haben, beruflich stark beansprucht sind oder ihre Privatsphäre schützen wollen. Man braucht Mut, eine Freundschaft zu wagen, weil man zurückgestoßen werden könnte. Aber ich wusste, Jesus würde es von mir erwarten, dass ich meine Nachbarn liebte.

Während sich unsere Beziehungen entwickelten, haben wir unsere Freuden und Sorgen geteilt. Jede Familie hat ihre eigenen Herausforderungen – gesundheitliche Probleme, Krebs, Operationen, Tod von lieben Angehörigen, finanzielle Probleme oder Arbeitslosigkeit. Wir tauschten Rezepte und Erziehungstipps aus. Wir halfen einander auf die Kinder aufzupassen, fütterten die Haustiere und hüteten das Haus, wenn jemand abwesend war. Brenda massierte mich und ich erledigte für sie Schreibarbeiten am Computer. Wir beteten zusammen und waren in Liebe miteinander verbunden.

Eines Tages wurde unser Haustier von einem Lkw überfahren und getötet. Cassy, ein Sheltie-Collie, hatte zwölf Jahre zu unserer Familie gehört. Sie hatte viele Umzüge überlebt. Zuerst kam Mindi, um mich zu trösten und den Hund zuzudecken. Später brachte sie einen Auflauf für meine Familie zum Mittagessen. Mike betete mit uns und gab uns eine wunderschöne Karte, in der er seine Anteilnahme im Namen seiner Familie zum Ausdruck brachte.

Wir beerdigten Cassy. Mein Sohn fertigte ein hölzernes Kreuz aus Ästen und einer roten Schleife, die das Blut Jesu darstellte. Während wir zusammen trauerten, waren wir so dankbar für unsere Nachbarn, die uns nahe waren. Ich werde immer die Hilfe und Unterstützung unserer Nachbarn schätzen.

Obwohl es nur ein Wohnort für eine begrenzte Zeit war, bin ich froh, dass Jesus uns in dieser Straße zusammengeführt hat. Wir sind alle in andere Ort zerstreut worden, aber ich werde diese Freundschaften bis in die Ewigkeit schätzen.

Carol J. Smith

Ein fröhliches Geräusch

So lasst euer Licht leuchten vor den Leuten, damit sie eure guten Werke sehen und euren Vater im Himmel preisen. Matthäus 5,16

Vielleicht war ich ein wenig selbstgerecht, als ich am Nachmittag das Haus verließ, um eine Erzählstunde für die Kinder in einem Sanierungsprojekt der Regierung für die Ärmsten der Gesellschaft in Costa Rica zu halten. Mein Mann musste auf die Kinder und unseren Besuch aufpassen. Ich arbeitete im Auftrag Gottes.

Zuerst besuchte ich die Häuser und lud Kinder ein, auf den offenen Platz zur Erzählstunde zu kommen. Die Leute waren freundlich und die Kinder folgten mir von Haus zu Haus, bis mein Anhang ziemlich umfangreich und laut war. Ich musste unwillkürlich an den Rattenfänger von Hameln denken.

Bei der Erzählstunde war ein Mädchen dabei, das mir auffiel. Von Anfang an schien sie zu stören. Während wir sangen, tutete sie wie ein Nebelhorn. Ich versuchte sie freundlich anzusprechen. Ich runzelte meine Stirn, in der Hoffnung, dass das helfen würde. Ich drohte mit dem Finger in ihre Richtung. Nichts schien sie stoppen zu können. Als ich mit der biblischen Geschichte anfing, lenkte sie die anderen ab. Während ich mein Bildmaterial herausholte, kam sie in die Nähe, ging dann aber mit einem Grunzen wieder zurück an ihren Platz. Ich hatte Mühe sie zu kontrollieren, und das machte die ganze Gruppe unruhig.

Als die Erzählstunde vorbei war, war ich erschöpft. Ich fragte eins der älteren Kinder, warum das Mädchen so auffällig gewesen sei. „Oh, wissen Sie das nicht? Das ist Sandra. Sie kann weder hören noch sprechen."

Mein Gewissen gab mir einen Stoß wie von einem Schwert. Ihr Tuten war ihr Versuch gewesen, dem Herrn ein fröhliches Geräusch zu machen. Ich wünschte, dass ich dieses Kind hätte umarmen und ihr sagen können, dass Jesus sie liebt und sie bald gesund machen wird. Aber Worte konnten sie nicht erreichen, nur liebevolle Taten – und ich hatte meine Augenbrauen zusammengezogen, geschimpft und mit meinem Finger gedroht!

Allzu oft kommen wir zu falschen Schlussfolgerungen. Allzu oft trauen wir anderen böse Absichten zu. Ich denke, dass Stephen Covey es erfasst hat, wenn er sagte: „Es ist eine Herausforderung, ein Licht zu sein, kein Richter; ein Vorbild zu sein, kein Kritiker." Das Evangelium auszuleben wäre das Einzige gewesen, das für Sandra an jenem Nachmittag bedeutungsvoll gewesen wäre.

Ich bin froh, dass Gott mein Herz sieht und nicht nur mein äußeres ungeschicktes Verhalten.

„Herr, mache mich zu einem Licht."

Felicia Phillips

Leute beobachten

Denn der Tag des HERRN ist nahe über alle Heiden. Wie du getan hast, soll dir wieder geschehen, und wie du verdient hast, so soll es auf deinen Kopf kommen.
Obadja 1,15

Vielleicht bist du ein Mensch, der wie ich gerne Leute beobachtet. Menschen sind so faszinierend. Da ich ziemlich viel auf Reisen bin, haben mir Flughäfen und Flugzeuge viele Gelegenheiten geboten, Menschen zu beobachten. Ich frage mich, wo sie denn wohl hinfahren und warum – ist es ein glücklicher oder trauriger Anlass? Sind sie erfahrene Reisende oder von all den Einzelheiten des modernen Reisens überfordert? Oft mache ich mir Sorgen um ältere Menschen, die versuchen sich zurechtzufinden.

Vor kurzem hatte ich Gelegenheit, Menschen auf einem Flug von Wien nach New York zu beobachten. Eine angenehme europäische Familie saß auf der anderen Seite des Ganges mir gegenüber. Die heranwachsenden Kinder schienen entspannt zu sein und verstanden Englisch. Der Vater stellte dem Flugbegleiter viele Fragen auf Deutsch. Die Mutter verbrachte die meiste Zeit während des Fluges damit, ein Englischbuch zu studieren und einen Reiseführer über New York durchzusehen. Sie waren wohl Touristen und dies ihre erste Reise nach Amerika.

Als wir uns dem Ziel näherten, schien die Frau aufgeregt zu sein. Der Pilot kündigte an, dass wir den Landeanflug bald beginnen würden, und die Frau knöpfte sich ihre Jacke zu (in New York City herrschten etwa 30 Grad), wickelte ihren Schal um den Hals und legte die Tasche um ihre Schulter. Ihr Fuß trommelte immer nervöser auf den Boden. Sie war bereit!

Sie war wohl doch keine Touristin. Vielleicht wollte sie jemanden treffen, den sie lange Zeit nicht gesehen hatte – vielleicht eine Mutter oder eine Schwester.

Ich kenne das Ende meiner Geschichte nicht. Ich habe die Frau mit ihrer Familie nie wieder gesehen, aber sie haben meine Gedanken beschäftigt.

Wie aufgeregt sind wir eigentlich darüber, in den Himmel zu kommen und Jesus zu sehen? Ich weiß, dass man nicht in einem ständigen Zustand der Aufregung leben kann. Aber freuen wir uns eigentlich jemals auch nur für eine kurze Zeit darüber, Gott in unserer Andacht zu treffen? Ich bin sicher, dass Gott darüber begeistert wäre.

Oft reden wir darüber, wie wunderbar es sein wird, in den Himmel zu kommen, keine Krankheit, Tränen und keinen Tod mehr zu erleben. Ich denke nur an die Aufregung, jemanden wieder zu sehen, den wir schon lange vermisst haben – Jesus. Die Reise hat lange gedauert, und das Ziel ist nahe. Spürst du, wie die Aufregung zunimmt? Bist du für den ‚letzten Abflug' bereit?

Ardis Dick Stenbakken

Mit Zorn umgehen

Ein Tor schüttet all seinen Unmut aus, aber ein Weiser beschwichtigt ihn zuletzt. Sprüche 29,11

Ruth Graham wurde einmal gefragt, ob sie je daran gedacht habe, sich von ihrem Ehemann, dem Evangelisten Billy Graham, scheiden zu lassen. „Scheidung? Nein!", erwiderte sie. „Mord? Ja!"
Wie ist es mit dir? Bist du zornig auf jemanden oder etwas? Wenn du sagst, du seiest nicht zornig, es auch nie gewesen, bist du ganz einfach nicht ehrlich. Ruth Graham wird auf Billy zornig, gibt es zu und kann damit umgehen. Das ist gesund.

Zorn ist Energie. Wenn du zornig wirst, kannst du fluchen, weinen, Dinge werfen, jemanden schlagen oder weitere andere Ausdrucksmöglichkeiten für deinen Zorn suchen, die nicht passend sind und nichts nützen. Statt deinen Zorn in einen Angriff zu verwandeln, verwandle die Energie in etwas, das dir nützlich ist.

Suche eine sichere Methode, die dir erlaubt, deine neu entdeckte Energie loszuwerden, um etwas Positives zu erreichen. Du kannst schwimmen, joggen, Rad fahren, den Rasen mähen, einen Brotteig kneten oder hundert andere Dinge tun, die den physischen Stress des Zorns abbauen werden. Du kannst deine Gefühle aufschreiben und dann das Papier zerreißen oder einfach spazieren gehen.

An seinem fünfzigsten Hochzeitstag wurde ein älterer Herr gefragt, was das Geheimnis seiner langen Ehe sei. „Wir kamen früh überein", erzählte der alte Mann, „dass sie bei einer Unstimmigkeit mir die Meinung sagen würde und ich daraufhin spazieren gehen sollte. Das Geheimnis unserer Ehe liegt darin, dass ich weitestgehend im Freien gelebt habe."

Keiner außer dir ist für deinen Zorn verantwortlich. Das Verhalten der anderen Person mag dich verletzt haben, aber du bist für deine Reaktion verantwortlich. Lass die andere Person dein Verhalten nicht bestimmen! Du kannst und musst Verantwortung für alle zornigen Reaktionen übernehmen, einerlei was sie verursacht haben könnte.

Nun bist du bereit, den Zorn auf akzeptable Art zu verarbeiten. Vermeide es, Du-Botschaften zu benutzen wie „Du machst mich so zornig, wenn du ..." Drücke deinen Zorn lieber in einer Ich-Botschaft aus: „Ich werde so zornig, wenn ..."

Wenn du gelernt hast zornige Gefühle zu zügeln, für deinen eigenen Zorn die Verantwortung übernimmst und ihn auf akzeptable Weise los wirst, bekommst du wieder die Kontrolle über dein Leben zurück und wirst frei. Wenn dein Zorn dann verraucht ist, kannst du dich mit der intellektuellen und analytischen Seite jener Situation, die den Zorn verursacht hat, auseinander setzen. Nimm dir doch heute vor, solche Situationen, die Zorn hervorrufen, dem Heiland anzuvertrauen, der alles weiß, alles sieht und alle Probleme lösen kann.

Nancy L. Van Pelt

Hoffnung für die Niedergeschlagenen

Was betrübst du dich, meine Seele, und bist so unruhig in mir? Harre auf Gott; denn ich werde ihm noch danken, dass er meines Angesichts Hilfe und mein Gott ist. Psalm 42,6

Jch bin groß geworden in der Meinung, Christen seien immer fröhlich, und außerdem sei es eine Sünde, sich entmutigt zu fühlen. Deshalb habe ich mir immer, wenn mich finstere Gefühle überwältigten, einfach vorgemacht, dass ich so nicht fühlte, und mich gezwungen, fröhlich zu erscheinen.

Ich nehme an, dass ich eine ziemlich gute Schauspielerin gewesen bin, denn jahrelang habe ich mich selber getäuscht wie auch alle anderen. Sogar heute würde ich annehmen, dass alle außer zwei oder drei meiner engsten Freundinnen erstaunt wären zu erfahren, dass ich mit Depressionen zu kämpfen habe. Meinem Mann, mit dem ich seit 37 Jahren verheiratet bin, fällt es immer noch schwer, das zu glauben.

Schließlich kam ich zu einem Punkt, an dem meine Depression so stark wurde, dass ich sie nicht länger ignorieren konnte. Indem ich vorgab, solche Gefühle nicht zu haben, hatte ich die Situation nur noch verschlimmert. Ich fing an zu verstehen, dass ich nicht nur ein Temperament habe, das die Risiken und Gefahren mit großer Klarheit erkennt und dem es schwer fällt, leichtherzig und optimistisch zu sein, sondern dass ich auch eine vererbte Depression habe. Während ich lernte dies zuzugeben und damit umzugehen, bekam ich langsam eine ganz neue Perspektive für die Gefühle von Traurigkeit und Entmutigung. Ich erkannte, dass die Bibel die Trauer nicht verleugnet oder verdammt.

Zum ersten Mal konnte ich mich wirklich mit den Psalmen Davids identifizieren, die seinen Schmerz und seine Not bloßstellen. „Ich bin müde vom Stöhnen, nachts weine ich wie ein Kind, bis die Kissen durchnässt und meine Augen ganz verquollen sind" (Psalm 6,7 Hfa). Zum ersten Mal hatte ich Augen für die Verse, die Gott als liebenden Vater zeigen, der unseren Kummer versteht und Trost verspricht. Jesaja prophezeite, dass Gott seinen Sohn senden würde, „die Verzweifelten zu trösten ..., alle Trauernden zu trösten" (Jesaja 61,1.2 Hfa). Und Jesus selber sagte: „Glücklich sind die Traurigen, denn Gott wird sie trösten (Matthäus 5,4 Hfa).

Gott klagt mich nicht einer Sünde an, wenn ich traurig bin und entmutigt werde. Weil er mich liebt und mir helfen will ermutigt er mich, meine Segnungen aufzuzählen und nicht bei den negativen Gedanken zu verweilen. Aber wenn mir dies schwer fällt, versteht er mich. Bei ihm kann ich mich geborgen fühlen und meine wahren Gefühle zugeben, ganz gleich wie niedergeschlagen ich bin. Aber zuerst muss ich zugeben, dass ich Schmerzen habe, bevor ich bereit bin zu ihm zu gehen, um Heilung zu finden.

Carrol Grady

Eine bewegende Erfahrung

Nach dem allen trachten die Heiden. Denn euer himmlischer Vater weiß,
dass ihr all dessen bedürft. Matthäus 6,32

Es war wieder einmal Zeit umzuziehen. Dieser Gedanke an einen Umzug stellte meine Welt auf den Kopf. Es waren nur zwei Jahre seit dem letzten Wohnortwechsel vergangen, und seitdem hatte ich unser drittes Kind bekommen, das gerade seine eigene Entwicklungsphase des „Auspackens" durchmachte. Nach acht Umzügen in zehn Jahren wollte ich ganz einfach in Ruhe gelassen werden.

Einige Tage später betete ich um Trost und Kraft, um mir all jene leeren Kisten auf dem Speicher wieder vorzunehmen. Ich schlug meine Bibel auf und fragte mich, wo ich wohl ein wenig Ermutigung finden könnte. Meine Augen blieben an der Textstelle in Johannes 14,1-3 hängen. Was für ein bekannter Text! Er verheißt uns den Himmel. Plötzlich sah ich ihn in neuem Licht. Mein Herz sog die Worte auf und füllte sich mit Frieden. Gott wusste schon, wo der beste Platz für uns wäre; all die Häuser auf dieser Welt befanden sich in seinen Händen. Er ist vorangegangen, um für uns besondere Wohnungen vorzubereiten. Wenn das alles bereit ist, kann er kommen und uns nach Hause holen und uns zeigen, das alles seine Richtigkeit hatte.

Eines Tages sagte mir Bethany: „Mama, wenn du das beste Haus aussuchen könntest, welches wäre es?" „Nun, wenn ich es mir aussuchen könnte, wäre es draußen auf dem Lande, aber in der Nähe einer guten Schule. Es hätte einen schönen Garten, in dem du spielen kannst, und eine große Küche, in der Platz ist zum Essen. Es gäbe auch ein Schlafzimmer für dich, eines für die Jungs und eines für uns, ein Büro für Papa und ein Arbeitszimmer für mich. Aber das ist nur ein Traum. Ein offener Kamin wäre gemütlich, und vielleicht hätten wir auch einen Wintergarten und könnten all unsere Pflanzen dort hinbringen!"

Wir suchten und suchten, aber nichts schien richtig zu sein. Schon fragten wir uns, ob Gott uns damit sagen wollte, dass wir gar nicht umziehen sollten. Wir fuhren durch ein Dorf, in dem es eine gute Schule gab, und plötzlich erinnerten wir uns an ein Haus, das wir schon einmal gesehen hatten. Wir fuhren daran vorbei. Es war leer und immer noch zu verkaufen, allerdings viel billiger als bei der ersten Besichtigung. Und mehr noch, es hatte genau die Einzelheiten, die unser „Traumhaus" haben sollte, über das ich mit Bethany gesprochen hatte! Am Ende des Tages gehörte das Haus uns! Kein Palast im irdischen Sinne, aber sicher nach unserem Geschmack!

Das passierte alles vor einer Woche. Es gibt noch viel zu tun, um alles einzupacken und um bereit zu sein, aber ich weiß, dass ich in der Zukunft nichts zu befürchten habe, weil dieses Haus wirklich seine Liebesgabe an uns ist. Es ist der beste Ort, an dem wir gerade jetzt sein können.

Karen Holford

Ich kann etwas tun

Alles, was ihr tut, das tut von Herzen als dem Herrn und nicht den Menschen.
Kolosser 3,23

Ich habe mich in meinem Leben nie nach Größe gesehnt. Ich habe auch nicht den Ehrgeiz, meinen Name in eine Marmorstatue eingraviert zu lesen. Aber ich möchte doch einen Beitrag in dieser Welt leisten, ganz gleich wie gering er auch sein mag.

Es ist leicht, sich entmutigen zu lassen, wenn man sein Leben mit dem anderer vergleicht. Ihre Leistungen, das, was sie der Welt hinterlassen, hebt sie von uns gewöhnlichen Leuten ab. Ich bin ein resignierter Feigling und so habe ich nie daran gedacht, meinen Körper der Wissenschaft zu vermachen. Ich habe schreckliche Angst vor hochgelegenen Orten und geschlossenen Räumen, und deshalb steht es außer Frage, dass ich Astronaut werde. Obwohl ich zwei Brüder habe, die Künstler sind, habe ich ihr Talent nicht geerbt. Meine Stärke sind Strichmännchen.

Ich habe viermal versucht ein Musikinstrument zu erlernen, aber ich habe den Rhythmus nie umsetzen und halten können. Obwohl ich 50 Lieder geschrieben habe (nur zu meinem eigenen Vergnügen), habe ich mich damit abgefunden, Akkorde in C-Dur auf der Orgel zu spielen. Das einzige Problem ist, dass meine Walzer und Polkas mehr wie Gemeindelieder klingen.

Wenn ich die Gelegenheit habe vor einer Gruppe von Menschen zu reden, ganz gleich wie klein, neige ich dazu, Lampenfieber zu bekommen. Es hat Zeiten gegeben, zu denen ich aus dem Raum fliehen wollte. Deshalb habe ich die öffentliche Rede als meine Berufung durchgestrichen.

Ich tue viele Dinge in minderer Qualität. Ich habe wenige Leistungen, derer ich mich rühmen könnte, und ich bin für nichts eine Expertin. Was in aller Welt könnte ich der Menschheit an Gutem hinterlassen?

Sogar in meinem Zustand habe ich beschlossen, dass ich etwas tun kann. Wenn ich schon keine Lokomotive sein kann, will ich der Bremswagen sein. Wenn ich nicht der Häuptling sein kann, will ich ein Krieger sein. Wenn ich kein Solo singen kann, will ich meine Stimme im Chor einbringen. Wenn ich nicht predigen kann, will ich einer Person von Christus erzählen. Nicht jeder kann alles tun, aber alle können etwas tun. Wir können alle lächeln.

Du musst kein Genie sein, um der Welt etwas zu hinterlassen. Übergib dein Leben einfach dem Herrn, und er wird daraus etwas von großer Bedeutung machen.

Clareen Colclesser

Anhalten, um die Rosen zu bewundern

... dass mein Volk in friedlichen Auen wohnen wird, in sicheren Wohnungen und in stolzer Ruhe. Jesaja 32,18

Ich bin eine sehr zielstrebige Person. Wenn man mir eine Aufgabe anvertraut, werde ich daran arbeiten und darüber nachdenken bis sie erledigt ist. So bin ich auch beim Wandern. Unsere Familie geht gerne an einem Ort namens Ricketts Glen im Norden Pennsylvaniens wandern, wegen der schönen Wasserfälle an der Route. Als wir das letzte Mal dort mit Freunden waren, konzentrierte ich mich so auf das Ziel, dass ich die Schönheit am Wege nicht genießen konnte. Die Wasserfälle und die Schönheit des Frühlings blieben von mir unbeachtet. Eigentlich wandern wir doch, um die Landschaft zu genießen, nicht nur um die Strecke hinter uns zu bringen. Wenn nur Wandern der Sinn des Ausflugs war, hätten wir nicht so weit fahren müssen.

Vielleicht bin ich in meinem geistlichen Leben auch so. Derart auf Ziele ausgerichtet, dass ich es versäume, die Schönheit am Wegrand zu erkennen. Ich glaube, Gott möchte, dass wir uns Zeit nehmen, um zu ruhen, um unseren Spaziergang mit ihm jeden Tag zu genießen. Man kann sich ein Ziel setzen, jeden Morgen eine bestimmte Zeit mit Gott zu verbringen, und sich dann so darauf konzentrieren, dass man die Gemeinschaft mit ihm gar nicht genießen kann. Oder man kann sich darin so verstricken, für Gott Dinge zu tun, dass man es versäumt, Zeit mit ihm zu verbringen. Wenn wir Zeit in die Gemeinschaft mit ihm investieren, kann es sein, dass wir das Gefühl bekommen, nichts geleistet zu haben. Und doch haben wir etwas geleistet! Wie sonst kann man jemanden kennen lernen, wenn man nicht Zeit mit ihm in Unterhaltung, im Zuhören, im Herausfinden, was er oder sie mag, verbringt?

Nach dieser Erkenntnis unterziehe ich mich einem Prozess der Veränderung. Ich habe mir vorgenommen, die Schönheit am Wegesrand mehr zu genießen. Ich bin dabei, mein Tempo zu verringern. Ich bemerke die Kleinigkeiten auf dem Weg. Ich lasse das Staubsaugen mal sein, um mit den Jungen draußen Ball zu spielen oder Blumen in meinem Garten zu pflanzen. Ich lassen den Computer ruhen, um mich mit meinem Mann über unseren Tag und unsere Pläne zu unterhalten. Ich versuche, nicht eine Million Dinge für Gott vollbringen zu wollen; ich höre ihm zu. Ich warte auf ihn. Ich ruhe in ihm. Ich genieße die Schönheit, die er geschaffen hat, statt an ihr jeden Tag vorbeizurasen. Ich habe erkannt, dass er mich zu einem menschlichen Wesen geschaffen hat, nicht zu einem menschlichen Roboter.

Das Erstaunliche daran ist, dass ich mehr Zeit zu haben scheine, um meine Aufgaben zu erledigen als vorher. Ich fühle mich friedvoller. Zuversichtlicher in Gott. Wie ist es mit dir? Hast du dir heute die Zeit genommen, um die Rosen zu bewundern?

Tamyra Horst

Eiskristalle

Auch ihr wart tot durch eure Übertretungen und Sünden. Epheser 2,1

W ir erwachten in einer Wunderwelt. Aus unserem großen Fenster erblickten wir staunend die künstlerische Herrlichkeit, die kein irdischer Künstler nachahmen könnte. Während der Nacht hatte die Natur ein zartes Wunder der Schönheit vollbracht und alle lebendigen Dinge mit einer weißen Schicht überzuckert. Mit größter Sorgfalt hatte Gott Eiskristalle benutzt, um jeden Zweig, jedes Unkraut, jedes Blatt und jeden Grashalm in herrliche Kunstwerke zu verwandeln.

All diese großartige Schönheit kostenlos in unserem Garten! Welch ein Überraschungsgeschenk von unserem Vater, der seinen Kindern gern das Beste gibt. Wir zogen schnell warme Kleidung und Stiefel an und gingen in den frostigen Morgen hinaus. Seine Schönheit überwältigte uns.

Langsam wanderten wir den Pfad entlang von unserem Haus weg und hielten immer wieder an, um die Vielfalt der Muster auf den Pinien- und Fichtennadeln zu untersuchen. Feine Eiskristalle zierten die Zweige aller Büsche. Die vertrockneten Wildblumen sahen jetzt noch schöner aus als zur Blütezeit im Sommer. Sechsseitige hohle Eisstäbe bildeten fantastische Formen, die in alle Richtungen ausstachen.

Plötzlich bemerkten wir ein ungewöhnliches Phänomen. Nur lebende Dinge waren vom Frost bedeckt. Steine, Erde, gefallene Piniennadeln und totes, trockenes Holz waren alle unberührt. Sie sahen immer noch kahl und hässlich aus, ein krasser Kontrast zur Schönheit, die sie umgab.

Ich stellte mir vor, wie Gott an diesem Tag zu uns sprach: „Mein Kind", schien er zu sagen, „ich möchte dich verändern und mir ähnlich machen, dich mit meiner Herrlichkeit umhüllen. Wenn du es vorziehst, fern von mir zu leben, bist du in der Sünde tot. Aber du kannst lebendig und schön sein, wenn du meinem Leben, meinem Geist erlaubst, in dir zu leben. Bitte lass mich meine kreative Kraft einsetzen, um aus dir einen neuen Menschen zu machen, graziös und herrlich wie der Frost."

Gott wird seine Verheißung einhalten, uns, die wir in der Sünde tot waren, schön zu machen, wie er schön ist. Wenn wir es ihm erlauben, uns mit seinem wunderbaren Kleid der Gerechtigkeit zu bedecken, das noch herrlicher ist als der Frost.

Eileen E. Lantry

Liebe kommt zurück

Wer nun bekennt, dass Jesus Gottes Sohn ist, in dem bleibt Gott und er in Gott.
Und wir haben erkannt und geglaubt die Liebe, die Gott zu uns hat.
1. Johannes 4,15.16

E s war ein denkwürdiger Tag. Unser jüngster Enkel Eric durfte nach Hause, noch keine 24 Stunden alt. In den ersten Stunden haben wir alle der Reihe nach seine winzigen Zehen, seine Knopfnase und seinen Bauchnabel begutachtet. Sein vierjähriger Bruder Ryan und die zweijährige Schwester Heather waren seine treuesten Fans.

Schließlich war es Zeit, schlafen zu gehen, und meine Tochter bot ihren beiden Älteren eine Belohnung dafür an, wenn sie sich ohne Verzögerungen fürs Bett fertig machen würden. Die Belohnung – eine letzte Chance, ihren neuen Bruder zu halten! Dieser Belohnung konnten sie nicht widerstehen. Bald erschienen beide gebadet und in ihren Schlafanzügen. Mit offensichtlichem Vergnügen wechselten sie sich ab, das neue Familienmitglied in den Armen zu wiegen.

Als Ryan an der Reihe war, schlug seine Mutter vor, dass er, da er der „große Bruder" war, das Baby an seine Schulter gelehnt halten konnte – so wie sie ihn gerne hielt. Und so schaukelte Ryan das Baby, indem er mit einer Hand das Köpfchen stützte. Plötzlich wachte es auf. Es machte seinen Nacken steif und zog die winzigen Beinchen zusammen und fing an sich in Ryans Armen zu winden. Als der spürte, wie sein Bruder sich gegen seine eigene Brust drückte, rief er aufgeregt: „Schau Mama, er liebt mich zurück!"

Viele Male habe ich seitdem an diese Begegnung der zwei Brüder gedacht und an Ryans Freude über die unerwarteten Bewegungen Erics – die Ryan als Erics Liebe, die zurückkam, akzeptierte. Wie wunderbar, wenn man „wiedergeliebt" wird von jemandem, den man liebt oder gern hat. Wie suchen wir doch sogar in den kleinsten Taten nach dieser Reaktion!

In dem Buch „Das Leben Jesu" fand ich eine bewegende Beschreibung darüber, wie unser Heiland sich danach sehnt, „wiedergeliebt" zu werden.

„Er dürstet danach, angenommen zu werden; er hungert nach dem Mitgefühl und der Liebe derer, die er mit seinem eigenen Blut erkauft hat. Mit innigem Verlangen sehnt er sich danach, dass sie zu ihm kommen und das Wasser des Lebens empfangen. Wie eine Mutter auf das erste erkennende Lächeln ihres Kindes achtet, das dadurch sein erwachendes Verständnis anzeigt, so wartet Christus auf den Ausdruck dankbarer Liebe, der ihm zeigt, dass das geistliche Leben in den Herzen der Menschen erwacht ist" (S. 174).

Welch eine unglaubliche Wahrheit – der Heiland der Welt sehnt sich danach, dass seine Kinder „ihn wiederlieben", auf einfache Art und Weise – jeden Tag.

Rose Otis

Den Tag mit Gott verbringen

Wie rätselhaft sind mir deine Gedanken, Gott ... Nächtelang denke ich über dich nach und komme an kein Ende. Psalm 139,17.18 (GN)

Die meisten von uns wünschen sich, jeden Tag mehr Zeit mit Gott verbringen zu können. Unser hektisches Leben verführt uns oft, unseren Umgang mit Gott auf ein Minimum zu beschränken, aber wir sehnen uns nach einem Bewusstsein seiner Gegenwart, das jede Minute unseres Lebens anhält.

Probier einmal Folgendes aus: Du stehst unter der Dusche, das heiße Wasser fließt deinen Rücken hinunter während du dich einseifst. Denke an das Wasser des Lebens und an die Reinigung, die Christus dir verheißen hat, wenn du deine Sünden bekennst. Es ist eine gute Gelegenheit zu beten, eine gute Zeit zum Nachdenken.

Es ist Frühstückszeit, du schüttest Müsli in den Teller und steckst eine Scheibe Brot in den Toaster. Christus hat Körner gegessen, während er durch ein Feld ging, und erinnert uns daran, dass er das Brot des Lebens ist. Während du ihm für deine Morgenmahlzeit dankst, danke ihm auch dafür, dass er für dich gelebt hat.

Während du dein Baby fütterst, deine Kinder für die Schule fertig machst oder deinen Enkelkindern schreibst, denke daran, dass Gott dich liebt, genau wie du deine Kinder liebst. Du gibst deiner Familie dein Bestes, und so gab Gott seinen Sohn für dich.

Du bist auf dem Weg zur Arbeit, zur Bank oder zum Einkaufen. Während dir Autos und ihre Fahrer begegnen, denke daran, dass Gott jeden Menschen sehr unterschiedlich geschaffen hat und dass er jeden mit einer immer währenden Liebe liebt, genau wie er auch dich liebt.

Im Supermarkt wirst du auch Dinge finden, die dich an Gott und Jesus erinnern. Du kaufst Weintrauben und wirst erinnert an das Blut Christi, das für dich vergossen wurde. Du kaufst vielleicht ein Shampoo, das deine Augen nicht zum Weinen reizt, und dankst Gott für die Verheißung, dass im Himmel alle Tränen weggewischt werden.

Sonnenschein erinnert dich an die Sonne der Gerechtigkeit, die Dunkelheit daran, dass Christus das Licht der Welt ist. Wenn du die Sterne siehst, denke an den Stern, der bei Christi Geburt aus dem Osten erschien.

Ich habe nur einige wenige Anregungen genannt, die dir helfen können, Gott den ganzen Tag lang bei dir zu behalten. Dir werden noch viele weitere einfallen.

Myrna Tetz

Vergebung

Und vergib uns unsere Schuld, wie auch wir vergeben unsern Schuldigern.
Matthäus 6,12

E ifrig darauf bedacht, ihr fernes Ziel zu erreichen, bekam meine Tochter einen Strafzettel wegen überhöhter Geschwindigkeit. Als sie zu Hause eintraf, gab sie mir den Zettel und das Geld und bat mich, den Betrag zu überweisen. Das Bußgeld war erst in einem Monat fällig, deshalb legte ich den Strafzettel zu den monatlichen Rechnungen, wo ich ihn prompt vergaß.

Einige Zeit später nahm ich den Strafzettel zur Hand und sah zu meinem Entsetzen, dass der Gerichtstermin für den nächsten Tag anberaumt war. Der Text auf dem Strafzettel warnte eindringlich davor, was den Straftäter erwartete, wenn er nicht zur Verhandlung erschiene oder bis zum Ablauf der Frist die Strafe bezahlt hätte. Ich schlief diese Nacht kaum. Was sollte ich tun? Ich müsste vier Stunden fahren, um die Strafe zu bezahlen.

Früh am nächsten Morgen rief ich die Auskunft an, um die Telefonnummer des Gerichts zu erfragen. Um 8.00 Uhr rief ich nervös dort an, nur um den Anrufbeantworter zu hören, der die Bürozeiten bekannt gab. Der Kloß in meinem Hals wuchs. Ich hatte jeden Wortschwall verdient, den die Gerichtsangestellten über mich ergießen würden. Sollte ich diesen Vortrag einfach umgehen, meine Arbeit verlassen und mich auf den langen Weg machen, um die Strafe zu bezahlen?

Um 9.05 Uhr rief ich wieder an und stotterte meine Erklärung der Telefonistin entgegen. „Einen Augenblick. Sie müssen mit Carol sprechen." Eine knarrende Stimme sprach: „Hier ist Carol." Ich fing mit meiner Erklärung an. Die Übung hatte nichts genützt. Ich schwitzte immer noch und die Nervosität ließ meine Stimme zittern.

„Meine Liebe, das ist kein Problem." Was? Ich konnte nicht glauben, was meine Ohren hörten! Ihnen das Geld einfach zuschicken? Ich legte auf, las die drohenden Worte auf dem Strafmandat noch einmal und geriet wieder in Panik. Erneut wählte ich die Nummer wieder. „Es tut mir Leid, Sie wieder zu stören, aber meine Tochter möchte wissen, ob die Verzögerung der Bezahlung ihr zur Last gelegt wird."

Carols Stimme war freundlich. „Sagen Sie ihr, Ihnen tue der Fehler Leid, aber sie muss Ihnen vergeben. Sie können sich vielleicht zehn Tage Zeit lassen, um uns das Geld zu überweisen." Ich hatte Gottes Gnade seit langem nicht so verstanden wie an diesem Tag. Carols Freundlichkeit, ihr Mitgefühl, ihre Vergebungsbereitschaft und die Botschaft, dass meiner Tochter keine Nachteile entstünden, nahmen mir einen Stein vom Herzen.

Vergebung ist Gottes größtes Geschenk an uns. Es mit jemandem zu teilen wird die Last deines Gegenübers erleichtern. Dich auch!

Cherie Smith

Liebe heilen lassen

Bleibt fest in der brüderlichen Liebe. Hebräer 13,1

Jch sah die attraktive Frau mit den schönen roten Haaren auf der anderen Seite des Stuhlkreises, aber mir war nicht bewusst, wie das, was sie erzählen sollte, sich auswirken würde. Unsere Gruppe hatte sich über Freundschaft unterhalten und den Wert guter Freunde in unserem täglichen Leben als Christen. Während die Diskussion voranschritt, bemerkte ich, wie ihre Stirn sich in Falten legte.

„Ich kann mich mit dem, wovon ihr sprecht, nicht identifizieren", sagte unsere neue Bekannte. „Ich habe noch nie jemanden gehabt, den ich meine beste Freundin nennen könnte. Ich verstehe nicht, warum es so wichtig sein sollte."

Ich dachte an die vielen Freundinnen, die Gott mir in meinem Leben geschenkt hatte und mein Herz ging auf für die Frau ohne Freundinnen. „Ich denke, ich sollte wohl deine Freundin sein", dachte ich, als ich ihr gespanntes Gesicht betrachtete.

Es war nicht leicht, eine Freundschaft zu ihr aufzubauen. Sie war nett und schätzte es, dass sie in die Gruppenaktivitäten einbezogen wurde, aber sie behielt immer einen Schutzwall um sich, damit ihr niemand zu nahe treten könnte.

Nach und nach begannen wir gemeinsam Dinge zu unternehmen – mal essen zu gehen, eine Unternehmung zu planen oder zusammen irgendwohin zu fahren. Ich bat den Herrn immer wieder mir zu zeigen, wie ich sie erreichen könnte, und ich betete ständig für sie. Wie gern wollte ich ihr doch helfen zu lernen, wie man vertraut!

Nach ein paar Jahren, als wir mehrere Krisen überstanden hatten, bekam ich Post von meiner Freundin ohne Freundinnen. „Danke für all das, was du getan hast", schrieb sie. „Du hast dich in mein Leben hineingewebt. Du bist mir wirklich die liebste Freundin."

Denken wir doch heute daran, dass Gott sich uns als liebster Freund anbietet. Er ist ein Freund, dem wir vertrauen können, der uns nie im Stich lässt. Wenn die Grausamkeiten des Lebens unserem Herzen Schmerzen und Schaden zukommen lassen, wirkt unser liebender Gott dagegen, indem er seine heilende Liebe für die leidenden Menschen bereit hält. Bist du bereit, sein Vertreter zu sein?

Gebrauche mich heute, Herr, wie du willst, um deine heilende Liebe einem freundlosen, schmerzenden Herzen zukommen zu lassen. Bitte führe mich zu dieser Person.

Joan Bova

Großmutters Liebe

Sie werden weder hungern noch dürsten, sie wird weder Hitze noch Sonne stechen; denn ihr Erbarmer wird sie führen und sie an die Wasserquellen leiten.
Jesaja 49,10

D er 400 Meter lange Fußmarsch zum Haus von Oma Brown versetzte mich hundert Jahre in die Vergangenheit. Sie trug knöchellange Kleider, kochte auf einem Holzherd und das Licht für ihr Haus stammte aus Öllampen. Wasser holte sie in einem hölzernen Eimer aus einem Brunnen. Oma Brown hatte ein Plumpsklo im Hof, in dem das Klopapier aus einem alten Katalog stammte.

Als kleines Kind hatte ich viele glückliche Stunden mit meiner Uroma verbracht. Andere dachten, sie sei etwas wunderlich, aber ich liebte sie sehr. In ihrer Gegenwart fühlte ich mich wohl, angenommen und gut aufgehoben.

Omas Haus war im Winter gemütlich. Sie schloss die anderen Räume und heizte nur ihr Schlafzimmer. In der Mitte des Zimmers standen ein Holzofen und zwei Schaukelstühle mit Patchworkbezügen aus Samt. In dem einem Stuhl saß ich und sie im anderen, während sie Geschichten von längst vergangenen Zeiten beim Licht der Öllampen erzählte. In der Nacht kuschelte ich mich unter ein weiches Federbett an Oma und fühlte mich sicher.

Für eine Fünfjährige war Omas Haus voller aufregender Dinge. Sie erzählte spannende Geschichten und besaß zwei Schränke voller Schachteln mit Knöpfen, leeren Garnrollen, Fläschchen, Stoffresten und alten Bildern. Sie und ihre Schätze vermittelten mir ein Gefühl der Geborgenheit.

Ihr Essen sättigte mich. Sie brachte mir bei, gebratene Kürbisblüten zu mögen, Kuchen mit wilden Brombeeren und Maisbrot, das in einer eisernen Pfanne gebacken und mit Butter und Honig getränkt wurde.

Oma ernährte nicht nur meinen Körper, sondern auch meine Seele. Die Schönheit ihrer Patchworkdecken, gestickten Kopfkissenbezüge und ihres feinen Porzellans fesselte mich. Ich liebte die Düfte in ihrem Garten: Rosen, Flieder, Azaleen, Salbei und Minze. Sie pflegte meine Liebe für das Schöne.

Manchmal möchte ich in die Geborgenheit meiner Besuche bei Oma zurückkehren. Doch gibt es Zeiten, zu denen ich die gleiche Geborgenheit, Aufregung, Seelennahrung und Annahme erlebe. Das geschieht in der Gegenwart eines anderen, der mich liebt. Er war der Gott der Oma Brown. Nun ist er auch mein Gott.

Seine Schätze sind aufregend, und das Werk seiner Hände ernährt meine Seele. Ich kuschele mich an ihn und fühle mich sicher. Er schenkt mir ein Gefühl der Annahme, ich bin Teil seiner Familie. Ich liebe ihn sehr und freue mich über seine Gegenwart.

Dorothy Eaton Watts

Freundschaft in Zeiten der Not

*Sie aber sprach zu ihnen: Nennt mich nicht Noomi, sondern Mara;
denn der Allmächtige hat mir viel Bitteres angetan.* Rut 1,20

W ir haben alle Angst vor schrecklichen Nachrichten. Ein geliebter Mensch ist gestorben. Man hat die Nachricht vielleicht erwartet, und dann ist alles vorbei. Manchmal kommt die Mitteilung auch plötzlich wie ein Schock. Eine solche Tragödie kann die Liebe Gottes scheinbar blockieren. Naomi hatte ein solches Erlebnis. Vor einer Hungersnot war sie mit ihrer Familie aus Bethlehem geflohen. Es waren schwere Zeiten, aber sie wollten sie als Familie meistern. Dann starb Naomis Mann. Aber sie hatte noch ihre Söhne, die sie versorgen würden. Die Jungen wuchsen heran und heirateten Mädchen aus Moab. Dann kam der endgültige Schlag: sowohl Machlon als auch Chilion kamen ums Leben.

Nun war Naomi verlassen und mittellos und wollte nach Bethlehem zurückkehren. Zu solchen Zeiten kann die Wohltat einer menschlichen Freundschaft Licht in die Finsternis bringen. Naomis Schwiegertochter Rut wollte sie nicht verlassen, sie wollte ihre Schwiegermutter in deren Schmerz und Bitterkeit nicht alleine lassen.

Uns fehlen oft die Worte, wenn jemand eine Tragödie erlebt hat. Das Beste ist dann, sich selber zur Verfügung zu stellen, so natürlich wie möglich.

Bist du eine enge Freundin? Dann kannst du Freunden in schweren Zeiten mit persönlichen Kleinigkeiten helfen, zum Beispiel mit Wäschewaschen, Geschirrspülen und Wohnungsputz.

Und wenn du keine enge Freundin bist? Du kannst immer noch helfen. Besuche die Freunde, lass die Familie wissen, dass du für sie betest und gehe wieder weg, wenn keine weitere Hilfe benötigt wird. Wenn man dich um Hilfe bittet, fasse mit an, öffne Türen, hänge Mäntel auf, teile Essen aus oder tröste die Kinder. Gerade Kleinigkeiten bedeuten oft am meisten.

Der Tod ist nicht die einzige Tragödie. Wie oft gibt es Kummer durch Drogenmissbrauch, ungewollte Schwangerschaft, Ehescheidung! Den Ehepartner durch Scheidung oder ein Kind an Drogen oder durch ein Verbrechen zu verlieren, kann ein wandelnder Tod sein. Der Verlust ist endgültig, aber die Person lebt noch weiter als eine Erinnerung daran!

Es gibt keine leichten Antworten, aber das Bedürfnis nach wahrer Freundschaft ist in solchen Fällen mindestens genauso groß. Biete dich als Zuhörer an. Lass die Freundin wissen, dass sie dir vertrauen kann.

Ganz gleich, welches Unglück geschehen ist, du solltest immer Gott um seine Führung bitten. Man kann ihm in jeder Lebenslage vertrauen, dass er dich und deine Freundin durch das stürmische Meer des grauen Alltags in einen sicheren Hafen führt. Stell dich ihm einfach zur Verfügung.

Kyna Hinson

Schneewehen

*Wir wissen aber, dass denen, die Gott lieben, alle Dinge zum Besten dienen,
denen, die nach seinem Ratschluss berufen sind. Römer 8,28*

J ch beobachte, wie der Schnee in weichen Flocken fällt und fühle mich entspannt und warm innerhalb der schützenden Mauern meines Hauses. Das Fenster gibt mir den Blick frei auf die Welt draußen, ohne mich ihren kalten und nassen Elementen auszusetzen.

Nachdem ich die Schönheit draußen und das Gefühl der Gemütlichkeit drinnen eine Weile genossen habe, beginne ich zu begreifen, was dieser Schnee für mich morgen bedeuten wird: Eis auf den Scheiben meines Autos! Es wird rutschige Bürgersteige, glatte Straßen und Verkehrsstörungen geben und ich muss wärmere Kleidung anziehen.

Übermorgen sind die Schneewehen schon nicht mehr so schön, weil sie in feste graue Haufen von den Straßen und Einfahrten zusammengeschoben werden. Jene Haufen bedeuten Mühe, kalte Finger, nasse Schuhe und Handschuhe sowie das Opfer kostbarer Lesezeit, die aus einem ohnehin schon vollen Tagesplan gestrichen wird. Das wunderbare Gefühl der Gemütlichkeit verblasst, während die Schneewehen draußen wachsen.

Ich muss an das Bedürfnis nach Veränderung in meinem Leben denken. Während ich die Schönheit einer verbesserten Situation betrachte, vergesse ich manchmal die damit einhergehende Mühe und Unbequemlichkeit. Das erwartete Ergebnis scheint so angenehm zu sein, dass ich von der Erkenntnis, dass diese Veränderungen ihren Preis haben, ganz erstaunt bin.

Anders als das Wetter habe ich oft auf die Veränderungen in meinem Leben Einfluss. Eine Veränderung hängt häufig von meinen Entscheidungen ab. Die schönen Schneewehen markieren vergnügliche Veränderungen in meiner Umgebung, aber sie verlangen auch, dass ich meine Energie und Zeit investiere, um z.B. die Sicherheit für Fußgänger gewährleisten zu können. Veränderungen in meinem Leben verlangen nicht weniger. Gesundheit und Fitness, Umgang mit Gott und anderen. Persönliche Fertigkeiten werden nur wachsen, wenn ich Zeit und Mühe investiere.

Ein lustiger Schneemann auf der anderen Seite der Straße bezeugt die Energie, die sich nicht damit zufrieden gab, nur einen grauen Haufen ungewollten Schnees zu hinterlassen. Indem ich jenen lustigen kleinen Kerl sehe, richte ich mich auf und nehme mir vor zu überlegen, ob ich die eine oder andere zur Seite geschobene Herausforderung nicht wieder anpacken sollte, um einige Dinge in meinem Leben zu verändern.

Stella Thompson

Mein zweiter Dolmetscher

Uns aber hat es Gott offenbart durch seinen Geist ... 1. Korinther 2,10

Jch war nicht einmal 24 Stunden in Italien, als mir meine Unfähigkeit mich mitzuteilen, bewusst wurde. Zwar hatte ich bereits versucht, mich mit einigen der 150 Frauen, die zu dem Begegnungswochenende gekommen waren, zu unterhalten, aber es war ein verlorenes Unterfangen. Ich konnte ihr schnelles Italienisch nicht verstehen.

„Dein gutes Spanisch wird dir helfen Italienisch zu verstehen", hatte eine Freundin mir versichert. Aber es stimmte nicht. Einer Gruppe von lebhaften, gesprächigen Frauen anzugehören, ohne in die Unterhaltung einbezogen zu sein, war frustrierend.

Am Morgen des zweiten Tages schrieb ich ein Gebet um Hilfe in mein Tagebuch: „Herr, bitte segne die Ohren und Herzen der Frauen, die heute meinen Referaten zuhören werden. Hilf, dass sie nicht nur die Worte, sondern auch deine Botschaft der Liebe verstehen. Segne diejenige, die mich übersetzt. Hilf ihr, die Worte zu wählen, die die Herzen der Frauen berühren werden.

Mir scheint, dass ich hier zwei Übersetzer brauche. Einen, der Italienisch spricht, und noch einen, der für die Herzen deine Liebe und Allmacht übersetzt. Bitte, Herr, sende deinen Heiligen Geist, um heute mein Dolmetscher zu sein. Obwohl wir nicht miteinander reden können, hilf mir, diesen Frauen Liebe mitzuteilen durch meine Augen, meinen Gesichtsausdruck und meine Berührung. Auch ohne Worte zu gebrauchen bitte ich dich, ihre Herzen für mich heute zu erreichen."

Beim Abendessen an jenem Tag sprach mich mit Hilfe einer Freundin die Frau an, die mir gegenüber saß. „Deine Botschaft hat mein Herz berührt. Wir fühlen alle, dass du uns liebst. Wir brauchen dich nur anzusehen und wissen, dass du uns liebst."

„Danke, dass du mir das gesagt hast", antwortete ich. „Das ist genau das, worum ich Gott heute Morgen bat!"

Später schrieb ich: „Ich fühle mich so gesegnet. Obwohl ich nicht in der Lage bin ihre Sprache zu sprechen, hast du mich gebrauchen können, um deine Liebe auszudrücken. Ich freue mich so. Danke, Herr!"

Sende deinen Heiligen Geist, um heute mein Dolmetscher zu sein, Herr. Wenn ich meine Arbeit tue und Menschen auf dem Marktplatz treffe oder mit meiner Familie umgehe, möchte ich deine Liebe mitteilen.

Dorothy Eaton Watts

Das schöne Lachen der Freundschaft

Nehmt euch der Nöte der Heiligen an. Übt Gastfreundschaft. Römer 12,13

D er Notruf kam von meiner Freundin Dianne. Das Haus, das sie kaufen wollten, war ihnen vor der Nase weggeschnappt worden. Sie hatten ihre Tochter schon in der Schule am neuen Wohnort angemeldet, aber nun war die Wohnung weg.

Ohne nachzufragen, ob mein Mann einverstanden wäre, sagte ich: „Zieht bei uns ein, bis ihr ein anderes Objekt gefunden habt."

Wie es sich herausstellte, brauchten wir sie mehr, als sie uns brauchten, obwohl wir es zu der Zeit noch nicht wussten. Sie benötigten vielleicht eine Wohnung, aber wir brauchten das Lachen, die Unterhaltung, den Spaß und die Stimulation durch gute Freunde.

Mein Mann Jan hatte gerade einen Schlaganfall erlitten. Der Arzt hatte ihm vor kurzem gesagt, „Jan, du musst mehr lachen." Aber wenn man nur zu zweit ist und die tägliche Routine Lesen, Schreiben, Rechnungen bezahlen, Steuererklärungen und das Bewegen von widerwilligen Muskeln beinhaltet, gibt es nicht viel zu lachen.

Das alles wurde anders, als der Bus der Familie Kosarin mit einem Anhänger voller Kisten, Büchern, Gitarre, Legosteinen und Hausmaus unsere Einfahrt enterte. Drei Monate lang lachten, sangen und unterhielten wir uns bis spät in die Nacht. Alles war lustig.

Das Haus ist jetzt wieder still. Familie Kosarin ist in ihr eigenes Haus gezogen. Wir vermissen die Telefonanrufe an Carli – vier oder fünf jeden Abend. Wir hatten vergessen, wie viel Spaß es macht, für einen beliebten Teenager den Telefonservice zu betreiben! Wenn Jan und ich jetzt nach Hause kommen, vermissen wir es, vom zehnjährigen Oscar begrüßt zu werden, der uns in die Garage entgegen kam. Immer noch muss ich lächeln, wenn ich an die lustigen Abendstunden mit den Kindern denke.

Gott weiß so viel besser, was wir brauchen. Meine Gebete hatten sich darauf beschränkt: „Herr, hilf, dass Jans Muskeln sich kräftigen; hilf, dass er sein Humpeln überwinden kann; hilf ihm, eine schnellere Reaktionszeit zu erreichen; hilf mir, die Rechnungen bezahlen zu können." Ich sage dir, mein Gebet war gewiss nicht: „Herr, sende uns ein paar Kinder, die bei uns wohnen." Aber das war genau das, was wir zu der Zeit in unserem Leben brauchten. Freundschaft und Lachen haben unser Leben gewiss bereichert.

Kay Kuzma

Mein Vater

Mache dich auf, hilf uns und erlöse uns um deiner Güte willen! Psalm 44,27

D as Leben mit zwei quirligen Kleinkindern, die im Abstand von nur 22 Monate geboren worden waren, war wie ein hektischer Wirbelwind! Wie viel Spaß machten doch diese kleinen Wonneproppen, die oft ihre Köpfe zusammensteckten und den verrücktesten Unfug anstellten, der ihnen einfiel! Den Spaß begleiteten natürlich viele Beulen und Kratzer – Ellenbogen, Knie und Hände bekamen ständig ‚Wehwehs', die Mama ‚wegküssen' musste. Innerhalb weniger Minuten waren sie wieder lustig unterwegs und vergaßen die Tränen und den Schmerz.

Eines Abends, während ich das Essen zubereitete, kam mein Ältester, damals etwa vier Jahre alt, in die Küche gelaufen. Ganz außer Puste und voller Gelächter und Spaß legte er seine kleinen Arme um meine Beine und drückte mich mit all seiner Kraft. Ich sah hinunter auf das liebe Gesicht, das von blonden Locken umrahmt wurde, und mein Herz schmolz. „Oh, Mama, ich liebe dich!", keuchte er.

Ich frage mich, wie Gott sich wohl fühlt, wenn er auf mich herabsieht, seine kostbare Tochter. Schüttelt er wohl seinen Kopf vor Verwunderung über die verrückten Situationen, in denen ich mich befinde? Wundert er sich wohl darüber, in welche missliche Lage ich mich als Nächstes hineinmanövriere? Tut ihm sein Herz wohl weh, weil ich seinen Willen aus den Augen verloren habe und meinen eigenen Weg gehe?

Wenn ich meine Unfähigkeit erkenne, ohne seine Führung zu leben, und ich von meinem Durcheinander geschlagen und verkratzt bin, komme ich zu ihm im Gebet. Ich lege meine Hände um seine Beine und rufe: „Oh, mein Vater, ich liebe dich! Höre mein Gebet und schenke mir deine Vergebung."

Ich bin so dankbar, dass sein Herz ‚schmilzt' und er seine liebenden Arme ausstreckt, um mich aufzuheben, den Staub von mir abzubürsten und mich wieder auf den richtigen Weg zu setzen.

Herr, hilf mir durch deine Gnade, ein Vermächtnis des Glaubens und des Vertrauens zu hinterlassen.

Carol Brackett

Überraschungen der Natur

Denn Gottes unsichtbares Wesen, das ist seine ewige Kraft und Gottheit, wird seit der Schöpfung der Welt ersehen aus seinen Werken, wenn man sie wahrnimmt, so dass sie keine Entschuldigung haben. Römer 1,20

J mmer mehr habe ich festgestellt, dass Gott sich in der Natur offenbart, wenn wir alles auch mit geistlichen Augen und nicht nur unseren physischen Augen sehen. Welche entzückenden Überraschungen hat Gott für uns in der Natur vorbereitet!

Eines Sommers ging ich in den Bergen mit meiner Tochter und zwei Enkelinnen im Alter von vier und sechs Jahren zelten. Am ersten Morgen wollten wir das Gelände um den Zeltplatz entdecken und schlenderten langsam umher, wobei wir die frische Bergluft und die Schönheit um uns richtig genossen. Als wir auf einen kleinen Hügel stiegen, sah ich es zuerst und musste nach Luft schnappen: Der Boden vor uns war von einem lilablauen Teppich kleiner Veilchen bedeckt, die sich aneinander drückten.

Die vierjährige Kimi quietschte vor Vergnügen. Sie ließ meine Hand los und lief den Pfad entlang. Während wir anderen ihr schnell folgten, sahen wir ihr zu, wie sie sich bei den Blumen auf ihre Knie fallen ließ.

„Lieber Gott im Himmel", betete Kimi laut, „danke, dass du uns diese schönen kleinen Blumen geschenkt hast!" Ein Stückchen Land mit lilablauen Blumen und die eifrige Reaktion eines Kindes – Überraschungen der Natur – bildeten den Anfang eines Campingausfluges, der alle unsere Erwartungen erfüllte.

Ich bin der Meinung, dass man jeden Ausflug in die Natur mit einem Kind unternehmen sollte! Nur ein Kind sieht das Leben mit der richtigen, eifrigen Erwartungshaltung.

Suche heute nach den Überraschungen Gottes. Suche mit den Augen eines erwartungsvollen Kindes.

Carrol Johnson Shewmake

Mein kleiner Freund

Kauft man nicht zwei Sperlinge für einen Groschen? Dennoch fällt keiner von ihnen auf die Erde ohne euren Vater ... Darum fürchtet euch nicht; ihr seid besser als viele Sperlinge. Matthäus 10,29-31

Eines Morgens im Herbst erblickte ich einen kleinen Vogel in meiner Hecke. Ich hatte ihn noch nie zuvor gesehen. ,Was für ein schönes Rotkehlchen du doch bist, mit deinen grünbraunen Flügeln', dachte ich, als ich meinen neuen kleinen Freund beobachtete. Er hatte einen hübschen Kopf, lebhafte Augen und Beinchen, die dünner waren als Streichhölzer.

,Wer bist du? Wo ist deine Mutter? Bist du ein Waise?' Er sah das Futterbrett, an dem die Spatzen sich gütlich taten, und beeilte sich ängstlich, um ein wenig Futter zu holen, bevor er wegflog.

Ich schüttete Futter nach, wechselte das Wasser im Vogelbad und füllte die Vogeltränke wieder auf. Am nächsten Tag saß ich da und wartete. Das Rotkehlchen kam zur gleichen Zeit wie am vorigen Tag zur Hecke und schien mich zu fragen: „Hast du den Tisch gedeckt?" Ich dankte Gott, während ich meinem neuen verwaisten Freund zusah. Er war so anders als die grauen Spatzen und anderen Vögel.

Aus dem Herbst wurde kalter Winter. Für eine Weile sah ich mein Rotkehlchen nicht mehr. Ich hatte Angst, dass es erfroren auf den Boden gefallen sein könnte. Aus meinem Küchenfenster sah ich zu den Spatzen hinüber, die am Futterbrett lärmten, das von einem Ast hing. Ich sehnte mich danach, mein Rotkehlchen zu sehen.

Ich sprach mit meinem himmlischen Vater. „Nicht einmal ein Spatz wird zur Erde fallen, ohne dass du es weißt. Lebt mein Rotkehlchen noch? Zeige mir, dass du für uns sorgst, sogar für die Vögel."

Ich war noch immer in Gedanken, als ich einen vorbeihuschenden Schatten wahrnahm. Es war mein kleiner Freund! Er sah in meine Richtung und schien zu sagen: „Hier bin ich. Was ist los? Ich musste meine Geschäfte unterbrechen, als mir befohlen wurde zu dir zu kommen."

Ich antwortete: „Ich weiß. Du bist eine Antwort auf mein Gebet. Wenn unser Vater im Himmel sich um dich in der Kälte und im Frost gekümmert hat, warum sollte er sich nicht auch um uns kümmern?"

Danke, Herr, dass du mir das Rotkehlchen gesandt hast, um von der fürsorglichen Liebe unseres Schöpfers zu seinen Geschöpfen zu zeugen. Die Vögel, die den Winter über hier bleiben, erwarten den Frühling. Wir erwarten den ewigen Frühling. Danke, dass du mein Herz so zart berührt hast.

Helena Klingman

Von der Liebe umarmt

... Ich habe dich je und je geliebt, darum habe ich dich zu mir gezogen
aus lauter Güte. Jeremia 31,3

Während meines Aufenthaltes in New York rief unsere Tochter an, um zu sagen: „Mama, es gibt nichts Wichtiges. Ich bin hier zu Hause, nur um nachzusehen, dass alles in Ordnung ist, und ich wollte einfach sagen, dass euer Haus Liebe ausstrahlt, innen und außen. Ich fühle eure Liebe überall um mich, auch wenn ihr nicht hier seid."

Ihre Worte machten mich überglücklich. Dann dachte ich an den wunderbaren Gott, dem wir dienen dürfen. Obwohl wir ihn nicht sehen können, spüren wir, wie seine Liebe uns umgibt und zu allen Zeiten umarmt.

Liebe ist nichts, was man wie einen Wasserhahn auf- und zudrehen kann. Sie reißt nicht ab. Wenn Christus einmal unser Herz betreten hat, ist dort eine bleibende Liebe eingeschlossen – Liebe für alle menschlichen Wesen, unabhängig vom Lebensstadium, dem Vermögen oder anderer äußerer Umstände.

Gott liebt Menschen – alle Arten von Menschen – und er hat uns ein Vorbild gegeben, so zu tun, wie er getan hat: bedingungslos zu lieben.

Die erste Frucht des Heiligen Geistes ist Liebe. Die anderen – Freude, Friede, Geduld, Sanftmut, Güte, Glaube, Barmherzigkeit, Mäßigkeit – folgen in ihrem Zuge.

Herr, lass mich heute diese ewige Liebe für andere haben, die du zu mir hast.

Etta Maycock Dudley

Gastfreundschaft

Gastfrei zu sein vergesst nicht; denn dadurch haben einige ohne ihr Wissen Engel beherbergt. Hebräer 13,2

Jch bin mir sicher, dass meine Mutter nicht an diesen Text dachte, als sie Leute zum Essen einlud. Sogar mir als Kind war es klar, dass sie sie nicht einlud, um eine Gegeneinladung zu bekommen. Natürlich hatten wir oft Besuch von Freunden, aber an vielen Tagen teilten wir unsere Mahlzeit mit zwei alten Männern, die ich niemals vergessen werde. Diese Männer stanken. Man kann es nicht anders ausdrücken. Einer war ein Junggeselle, der in einem Kellerraum lebte, auf einer Spiritusflamme kochte und der sich nicht oft wusch. Aber er war ein treues Gemeindeglied, das jede Woche zum Gottesdienst kam.

Der andere Mann war genauso treu. Er war verheiratet und hatte einen kleinen Bauernhof. Seine Frau war so dagegen, dass er zum Gottesdienst ging, dass sie oft seine gute Kleidung versteckte und sogar verbrannte. Und so kam er in die Gemeinde in seiner Arbeitskleidung, vom Stallgeruch begleitet. Unser Haus musste, nachdem sie gegangen waren, gründlich gelüftet werden, aber sie waren ein Teil meiner Kindheit.

Eines Tages, als ich von der Schule nach Hause kam, gab es im Haus ein Baby. Meine Mutter hatte eine Frau getroffen, die zu einer Operation ins Krankenhaus gehen musste, aber niemanden hatte, bei dem sie ihren vier Monate alten Säugling lassen konnte. Also nahm meine Mutter ihn mit. Sie war einfach so.

Mutter starb, als ich achtzehn war. Einige Zeit nach ihrem Tod rief mein Vater an und fragte, ob er eine Frau zum Abendessen mitbringen konnte. Sie stammte von außerhalb unserer Stadt und war neu in unsere Gemeinde getauft worden. Ich lehnte ab. „Du musst doch nichts Besonderes machen, nur ein einfaches Abendessen." Wieder sagte ich nein. Als mein Vater nach Hause kam, erzählte er mir, dass die Frau in seiner Nähe stand, während er anrief, und mich wahrscheinlich gehört hatte. Ich fühlte mich entsetzlich. Jahrelang habe ich jedes Mal, wenn ich sie traf, einen Kloß im Hals gespürt.

Dieses Ereignis hat mir eine Lektion erteilt, die ich eigentlich schon von meiner Mutter hätte lernen müssen: Wir haben vielleicht nicht die Zeit, die Energie, das Geld oder den Wunsch, eine Mahlzeit mit drei Gängen für diejenigen, die in Not sind, herzurichten, aber ein einfaches Essen, das mit christlicher Liebe und offener Gastfreundschaft angeboten wird, tut es auch.

Unsere Gäste sind vielleicht keine Engel, aber sie sind Kinder Gottes und deshalb unsere Brüder und Schwestern, auch wenn sie nicht unsere Geschwister aus der Gemeinde sind. „Was ihr getan habt einem von diesen meinen geringsten Brüdern, das habt ihr mir getan" (Matthäus 25,40).

Anna Johansen

Das Geschenk

... Siehe, jetzt ist die Zeit der Gnade, siehe, jetzt ist der Tag des Heils!
2. Korinther 6,2

Meine Mutter und ich schlüpften leise in die überfüllte Halle und sahen uns nach einem Sitzplatz um. Ich kann mich nicht mehr an die Veranstaltung erinnern, aber sogar im Alter von sieben Jahren fühlte ich mich verlegen, weil wir zu spät gekommen waren. Der Mann auf der Bühne sprach schon und ich wollte mich nur so schnell wie möglich auf einem Sitzplatz unsichtbar machen.

Plötzlich sprach der Redner lauter und rief: „Du da! Das kleine Mädchen mit den braunen Haaren!" Erstaunt schaute ich auf. Auch alle anderen taten es. Zu meinem Entsetzen sah ich, dass sein Finger genau auf mich zeigte.

„Schau, was ich für dich habe", sagte er und hielt eine schöne Puppe hoch. „Komm einfach her und hole sie. Sie gehört dir."

Die Puppe hatte lange blonde Haare, die ihr über die Schultern fielen, und ein langes, schönes Kleid, das im Bühnenlicht zu funkeln schien. Statt hinzusausen, um sie abzuholen, blieb ich wie angewurzelt auf meinem Platz stehen.

Der Sprecher wartete geduldig. Er sah den ängstlichen Ausdruck auf meinem Gesicht und sagte deshalb: „Es ist in Ordnung – ich schenk sie dir. Sie kostet nichts." Ich zupfte am Ärmel meiner Mutter als Zeichen, dass sie mit mir gehen sollte. Sie tat einen Schritt und ermutigte mich alleine weiterzugehen. Aber jetzt war mein Arm an ihrem festgewachsen, und meine Füße gruben sich fast in den Teppich ein.

„Diese schöne Puppe gehört wirklich dir", bekräftigte der Mann wieder. „Du musst nur kommen und sie holen. Aber beeile dich! Die Zeit ist bald um." Immer noch zögerte ich.

„Komm jetzt", ermutigte der Mann. Als er erkannte, dass ich mich nicht bewegen würde, sagte er mit einer traurigen Stimme: „Es tut mir Leid. Ich kann nicht länger warten. Unsere Zeit ist um." Meine Gelegenheit war vorbei und die schöne Puppe verschwand.

Einige Jahre später hörte ich, wie ein anderer Mann sprach. Er bot mir ein besseres Geschenk an, das Geschenk des ewigen Lebens. Ich fühlte mich von ihm angezogen. Er schien so klug und liebevoll zu sein. Ich musste nur zu ihm kommen, und der kostbare Schatz würde mir gehören. Dennoch zögerte ich. Aber Jesus wartete geduldig mit offenen Armen. „Komm", sagte er, „komm, solange es noch Zeit ist." Ich erinnerte mich an die Lektion mit der Puppe und begab mich auf meinen Weg in die Ewigkeit mit ihm.

Marcia Mollenkopf

Die Liebesbriefe der Mary Bates

Die Güte des HERRN ist's, dass wir nicht gar aus sind, seine Barmherzigkeit hat noch kein Ende, sondern sie ist alle Morgen neu, und deine Treue ist groß.
Klagelieder 3,22.23

Als ich ein kleines Mädchen war, fuhr ich oft mit dem Briefträger auf seiner Runde während der Ferien mit. Das hatte den Vorteil, dass ich den Leuten nicht im Weg stand und der Briefträger nicht so oft aus seinem Lieferwagen aussteigen musste. Ich freute mich, die Briefe auszuhändigen. Ein Teil seiner Route führte über kurvenreiche Straßen zu weit abgelegenen Bauernhäusern und diesen Teil liebte ich besonders. Das hatte ich mit meinem Briefträger gemeinsam, bis eines Tages im Winter ein Meter Schnee lag und ein starker Wind das weiße Pulver vor sich hertrieb. Ich bin sicher, dass er dies alles verkraftet hätte, wenn es nicht einen anderen Umstand gegeben hätte.

Auf einem besonderen Bauernhof lebte ein Bauer mit seiner Frau und ihrer gemeinsamen Tochter Mary Bates, ungefähr zwanzig Jahre alt und noch nicht lange mit einem Soldaten im aktiven Dienst verheiratet. Sie war zwar zurzeit nicht bei ihm, aber sie war nicht vergessen. Ich kann mich nicht erinnern, wo ihr Mann dienstverpflichtet war, aber er schrieb ihr gewöhnlich jeden Tag, und da der schwere Schneefall es ihm unmöglich machte, zum Bauernhof zu fahren, musste Mr. Stringer den Lieferwagen am Ende einer Straße verlassen – und mich auch – und durch die Schneeverwehungen hindurchstapfen, um ihren täglichen Brief abzuliefern. Er sah eher wie ein Schneemann aus statt wie ein Briefträger, wenn er zurückkam! Es dauerte noch drei Wochen, bis es anfing zu tauen und der Bauernhof wieder mit einem Fahrzeug erreicht werden konnte.

Ich lese unseren heutigen Text nie, ohne an die täglichen Liebesbriefe der Mary Bates zu denken. Jeden Morgen neu! Und wenn eine menschliche Liebe dieser Treue fähig ist, wie viel mehr doch unser himmlischer Vater, der die Liebe selbst ist und uns genug Liebe für die Bedürfnisse des Tages verheißt – ausreichend Kraft, genug Weisheit, genügend Glauben, Optimismus, Humor und Geduld. Jeden Morgen neu. Du kannst dich darauf verlassen.

Peggy Mason

Sorgen in Gips

Alle eure Sorge werft auf ihn; denn er sorgt für euch. 1. Petrus 5,7

J ch schaute meine Arme an – beide in Gips –, und legte sie auf meinen Schreibtisch im Seniorenwohnheim, das ich leitete. Dann überlegte ich, was ich meiner Freundin sagen sollte. Sie war die Sozialdirektorin einer nahe gelegenen Rehaklinik. Ich hatte zugesagt in ihrer Einrichtung ein Klavier- und Orgelprogramm anzubieten. Sollte ich mit unseren Plänen weitermachen? Ich konnte mit der rechten Hand die Melodie spielen und mit der linken Stützakkorde anschlagen, aber meine musikalische Darbietung war sicher nicht akzeptabel. Nachdem ich mit meinem himmlischen Vater gesprochen hatte, nahm ich mir vor, das Programm trotz der Hindernisse anzupacken.

Die Woche vor der Darbietung war äußerst stressig. Ich schien ein „gefundenes Fressen" für Probleme zu sein. Am Freitagabend hatte ich immer noch keine Ahnung, was ich machen würde. In der Stille meiner Wohnung bat ich den Herrn mir zu helfen. Er schien mir zu sagen: „Suche Musik aus, die deiner Seele heute Abend gut tut."

Nach und nach verließ mich meine Angst, während die Lieder, die ich aussuchte, meinem eigenen betrübten Geist Trost schenkten. Mit Gips von den Fingern bis zum Ellenbogen waren Oktavgriffe mit der linken Hand unmöglich. Komplizierte Akkorde waren nicht gefragt, aber ich kannte jemanden, der meine einfache Musik gebrauchen konnte.

Nach dem Programm kam eine Krankenschwester mit Tränen in den Augen auf mich zu und umarmte mich. Mein Programm war ihr ein Segen gewesen und hatte sie gestärkt, aber meine größte Freude sollte noch kommen.

Nach einer Weile zog ich weg, wurde aber von einer Freundin wieder zum Besuch eingeladen. Am Freitagabend waren wir bei einem Agapemahl in der Gemeinde zusammen. Wir aßen einfache Speisen bei Kerzenschein und erinnerten uns an das erste Abendmahl mit Christus. Plötzlich sah ich eine Frau, die mich anlächelte, als ob sie mich kennen würde. Als wir uns zur Fußwaschung zurückzogen, kam sie schnell auf mich zu und fragte mich, ob ich mich an sie erinnern könnte. Ich musste zugeben, dass ich ihren Namen nicht mehr wusste. Meine Freude kannte aber keine Grenzen, als sie von unserer gemeinsamen Erfahrung in der Rehaklinik erzählte, und wie ich dazu beigetragen hatte, dass sie danach wieder den Weg zurück zum Herrn und in die Gemeinde gefunden hatte. Wie nahe dran war ich gewesen, diesen Termin abzusagen!

Danke, Herr Jesus, dass du meine Angst genommen und mich zu deiner Ehre eingesetzt hast.

Donna Lee Sharp

Wenn die Berge sich nicht bewegen

... Wenn ihr Glauben habt wie ein Senfkorn, so könnt ihr sagen zu diesem Berge: Heb dich dorthin!, so wird er sich heben ... Matthäus 17,20

J eden Morgen flüsterte ich dasselbe Gebet: „Herr, bitte heile Terry." Aber meine Worte schienen nur bis zur Decke zu reichen. Hatte ich nicht genug Glauben? Hörte Gott nicht? Meine Gedanken drehten sich im Kreise. Der sechsjährige Terry schlief, während ich betete. Er war sich meiner Gebete um seine Heilung von der zerebralen Lähmung nicht bewusst.

Wenn ich über das Leben Jesu las, sprangen mir die Lähmungen besonders ins Auge, die er heilte. Auch meinen Sohn könnte Jesus zweifellos heilen. Ich las über seinen Besuch in Kapernaum, wo er viele von ihnen gesund machte. Wie gern wäre ich damals dort gewesen! Mein Sohn würde wie die anderen Jungen herumlaufen können. Aber ich war nicht in Kapernaum.

Die Verse schwirrten um mich her. „Und alles, was ihr bittet im Gebet, wenn ihr glaubt, so werdet ihr's empfangen" (Matthäus 21,22). Die Verheißungen sprangen ständig in meinen Gedanken herum. „Wenn ihr Glauben habt wie ein Senfkorn, so könnt ihr sagen zu diesem Berge: Heb dich dorthin!, so wird er sich heben; und euch wird nichts unmöglich sein" (Matthäus 17,20).

Eines Freitags kniete ich neben Terrys Bett und betete mit einem Glauben, der von dem Wort Gottes inspiriert war. Dann fügte ich hinzu: „Und doch soll dein Wille geschehen, Herr." Ich wurde bitter enttäuscht, aber als ich mein Herzeleid vor Gott brachte, schien er zu sagen: „Ich habe einen besseren Plan."

Ich las Römer 8,28 und dieser Vers war mir eine besondere Ermutigung. „Wir wissen aber, dass denen, die Gott lieben, alle Dinge zum Besten dienen, denen, die nach seinem Ratschluss berufen sind" (Römer 8,28). Ich hatte den Vers schon oft gelesen, aber an jenem Tag machte es „klick" und ich wusste, dass dies Gottes Botschaft für mich war. Er wollte, dass ich aufhörte zu betteln, und anfange, in seiner Kraft zu leben. Gott beantwortete meine Gebete auf seine Art.

Ich weiß nicht, warum Gott meine Bitte um Terrys Heilung nicht erfüllt hat. Gott weiß, wie sehr ich es wünsche – ich sage es ihm jeden Tag. Die Gehirnlähmung ist immer noch da. Aber ich habe gelernt, dass einige Berge Trainingsgelegenheiten sind, damit wir sie besteigen und Kräfte entwickeln. Gott hat einen Plan und Kraft für jeden Tag versprochen, während er uns nach oben führt. Ich kenne die Zukunft nicht, aber ich lerne dem Urteil dessen zu vertrauen, der sie kennt.

Eines Tages werden alle in unserer Familie in das neue Jerusalem gehen. Dann wird Terry die Hand meines Mannes und meine Hand halten, während wir zusammen mit all den Erlösten singen: „Ehre sei Gott in der Höhe."

Connie Wells Nowlan

Die Weihnachtspost

Ich will bekennen, wie der Herr uns seine Gnade erwiesen hat; immer wieder denke ich an seine ruhmvollen Taten - wie er mit Liebe und Güte das Volk Israel umsorgte und es mit Wohltaten überschüttete. Jesaja 63,7 (Hfa)

Es war schon Mitte Dezember und ich hatte unseren alljährlichen Brief an Freunde und Verwandte noch nicht geschrieben. Ich war müde und etwas deprimiert. Wie kann man in solcher Verfassung etwas schreiben? Sollte ich überhaupt schreiben? Wer interessiert sich denn schon dafür, was im vergangenen Jahr in unserer Familie passiert ist? Aber wenn ich nicht wenigstens einmal im Jahr schreibe, verlieren wir den Kontakt ganz. Unsere Freunde sind weit verstreut und wir haben nicht oft die Gelegenheit zusammenzukommen.

Ich saß am PC und drückte einige Tasten. Nein, das wird nichts. Das ist ‚Käse'. Vergiss es! Kein Brief dieses Jahr. Ich fing an einige Fotos einzuscannen, und kam dann auf die Idee, nur einen Bildbogen unserer Familie auszudrucken und es den Leuten selber zu überlassen, herauszufinden, wie es uns geht.

Die Fotocollage wurde richtig nett. Das tat mir gut. Aber es fehlte noch etwas. Deshalb setzte ich mich am nächsten Tag wieder an den PC, um zu schreiben. Auch wenn die anderen sich vielleicht nicht dafür interessieren, würde es mir selber gut tun, Rückschau auf die Ereignisse des vergangenen Jahres zu halten. Das Leben ist kein Pappteller, den man gedankenlos nach Gebrauch wegwerfen kann. Und so begann ich dankbar darüber nachzudenken, was Gott uns im vergangenen Jahr an Erlebnissen geschenkt hatte. Es gab so viele Dinge, für die wir dankbar sein konnten. In der Tat habe ich manchmal fast Angst, wenn ich an all das Gute denke, was wir erleben, bei ich all den Tragödien, die sich um uns in der Welt abspielen. Diese Einstellung der Dankbarkeit half mir, aus meinem dunklen Loch herauszukommen und die Worte fingen an zu sprudeln. Schließlich entstand ein mit Fotos unserer Familie illustrierter Brief, in dem ich zum Ausdruck brachte, wie Gott uns gesegnet hatte.

Manchmal fühlen wir uns so wertlos. Es gibt Zeiten, in denen wir meinen, es ergebe keinen Sinn, etwas zu tun, es werde ja doch nichts usw. Aber das ist nicht wahr! Es ist nur ein Gefühl! Falls es doch zutreffen sollte, ist Jesus immer noch da, für den es sich zu leben lohnt, weil er für uns starb. Unser Wert wird nicht daran gemessen, was wir tun, sondern was Gott für uns tut.

Es ist nicht immer einfach, aus dem negativen Denken herauszukommen, aber es gibt einiges, was wir tun können, um es zu vereinfachen. Lieder zu singen oder inspirierende Musik zu hören macht es einfacher, positive Gedanken zu fassen. Dankbarkeit befreit die Kreativität und etwas Schönes zu schaffen wird mich glücklicher machen. Eine Sache führt zur nächsten. Und bevor wir es ahnen, sind wir wieder glücklich. Gott liebt uns. Was brauchen wir denn noch?

Hannele Ottschofski

Freude im Herrn

Seid allezeit fröhlich, betet ohne Unterlass, seid dankbar in allen Dingen; denn das ist der Wille Gottes in Christus Jesus an euch. 1. Thessalonicher 5,16-18

Eine lange Zeit dachte ich, dass Freude etwas sei, was ich erleben konnte, wenn ich zufrieden war und die Umstände um mich sich ruhig und harmonisch gestalteten. Ich erlebte gerade eine besonders schwierige Zeit, als eine liebe Freundin mir sagte: „Anne, hast du je daran gedacht, Gott in deiner Not zu loben?"

Ich dachte schon daran. Ich studierte meine Bibel und betete. Der Herr sprach zu meinem Herzen durch sein Wort im Thessalonicherbrief. Ich war überzeugt, dass Gott wollte, dass ich Freude zu meinem Lebensstil machen sollte.

Nicht lange danach wurde mein Entschluss, Freude auszuleben, hart geprüft. Es war Weihnachten und mein Mann und ich hatten geplant, unseren Sohn und seine Familie während der Feiertage zu besuchen. Ich stellte mir vor, wie mein fünfjähriger Enkel und ich zusammen spielen würden. Ich hatte einen kleinen Teppich gekauft mit aufgedruckten Straßen und Häusern sowie eine Menge kleiner Autos und Lkws, die auf den Straßen fahren sollten. Ich würde eine großartige Zeit haben mit unserem Enkel.

Aber es kam anders. Unser Sohn ist geschieden und die Mutter unseres Enkels wollte nicht, dass wir ihn sehen dürfen. Es war eine schreckliche Enttäuschung. Während ich mich wegen dieser Situation quälte, dachte ich: ‚Herr, ich habe mir vorgenommen, Freude auszuleben. Wo soll ich in dieser Situation Freude entdecken? Herr, danke, dass du mir Freude schenken willst.‘

Mein Sohn hat auch eine Tochter (von einer anderen Frau), mit der es mir schwer fiel, eine Beziehung herzustellen. Ich war sehr zurückhaltend und fragte mich, wie viel ich von mir in sie investieren sollte, und wollte mich vor zusätzlichem Schmerz schützen. Aber weißt du, was Gott für mich tat? Er schenkte mir Freude! Weil mein Enkel in jener Weihnachtszeit nicht da war, schenkte Gott mir die ungestörte Zeit, um mit meiner Enkelin zusammen zu sein und eine Beziehung zu entwickeln. Das war ein wunderbares Geschenk! Gott wusste, was ich wirklich brauchte.

Durch diese Zeiten sowohl des Schmerzes als auch der Freude habe ich erkannt, dass Freude nicht aus meinen Emotionen stammt. Es ist eine Gabe Gottes, die von meinem Willen ausgelöst wird. Es ist etwas, das ich in meinem Leben heute bewusst wählen kann. Preist den Herrn!

Anne L. Wham

Schönheit für Asche

Durch sie sind uns die teuren und allergrößten Verheißungen geschenkt, damit ihr dadurch Anteil bekommt an der göttlichen Natur ... 2. Petrus 1,4

Wir flogen im kleinen Flugzeug eines Freundes hoch über den Wolken. Mir war, als ob mein Herz vor Trauer bersten müsste. Gestern Abend hatten wir erfahren, dass unser einziger Sohn, unser Erstgeborener, beim Bergsteigen abgestürzt war. Wir warteten die ganze lange Nacht, und als wir bei Tagesanbruch keine weitere Nachricht erhalten hatten, ob er überlebt hatte oder nicht, konnten wir nicht länger warten. Wir mussten dorthin, wo die Bergsteigergruppe campierte, in der Hoffnung, endlich gute Nachrichten zu bekommen. Nun waren wir unterwegs zum Flugplatz, der dem Camp am nächsten war.

Mein Herz schrie in furchtbarer Qual: „O Gott, wie soll ich das überleben? Ich brauche etwas, das mich beruhigt, und ich muss in den kommenden Tagen stark sein. Könntest du mir bitte eine Verheißung schenken, die meinen Schmerz lindert und mir Frieden gibt?" Während ich da saß und mich an meinen Mann lehnte, die Hände fest gefaltet, horchte ich in mich hinein und wartete auf etwas, das meinem trauerndem Herzen Erleichterung schaffen könnte.

Dann hörte ich sie, still und leise, tief in meinem Herzen – eine sanfte Stimme, die mir sagte: „Fürchte dich nicht, ich bin mit dir; weiche nicht, denn ich bin dein Gott. Ich stärke dich, ich helfe dir auch" (Jesaja 41,10). Das war alles. Aber es war genug. Trost und Heilung kamen so intensiv über mich, dass Tränen der Freude mich erfüllten, weil ich ihn dort bei uns in jenem Flugzeug spüren konnte. Er fühlte unseren Kummer, er trauerte mit uns, und doch schenkte er uns den Beweis seiner Liebe und seiner Gegenwart. In Gedanken griff ich wieder nach jenen Worten und sagte dann: „Danke, Herr, dass du verstehst, wie sehr ich deine Verheißung brauche."

Den ganzen langen Tag, jedes Mal wenn ich fühlte, wie meine Trauer sich aufstaute und mich zu überwältigen drohte, berief ich mich auf diese besondere Verheißung, die mir in jenem Augenblick gehörte, und ein Gefühl der Ruhe floss in mein Herz. In seiner Liebe schenkte mir Gott diese schmerzstillenden Worte.

Es war nicht leicht, uns von unserem 22-jährigen Sohn zu verabschieden, der gerade an der Schwelle zum Erwachsenenleben stand und eine solche Freude und Segen für uns gewesen war. Aber Jesus war da, um mit uns durch das „Todestal" zu gehen. Er hatte versprochen uns Kraft zu geben, und er hat uns nie enttäuscht.

In den vielen Trauererlebnissen, die ich seitdem durchlitten habe, hat mich mein „Beruhigungsmittel" nie im Stich gelassen. Er hat uns gesagt, dass er Trauer kennt (siehe Jesaja 53,3). Das zu wissen, genügt. Er bittet uns nie, mehr auszuhalten, als er ertragen hat. Wegen seiner eigenen Erfahrung kann er uns „Schmuck statt Asche, Freudenöl statt Trauerkleid" schenken (Jesaja 61,3).

Jean Reiffenstein Rothgeb

Bete für deine Kinder

Da kam der HERR und trat herzu und rief wie vorher: Samuel, Samuel!
Und Samuel sprach: Rede, denn dein Knecht hört. 1. Samuel 3,10

D ie leise Stimme klang so dringlich: „Bete für deine Kinder." Ich hatte
die Stimme schon früher gehört und betete oft während des Tages für
meine Kinder, aber diesmal war die Botschaft genauer. „Bete laut für deine
Kinder."

Sechs Monate lang hatte ich an einem Gebetskreis teilgenommen, der sich jeden Mittwoch morgen traf. Drei Stunden lang studierten wir einen Bibeltext und beteten füreinander. Es war eine Zeit der Gemeinschaft mit unserem Herrn, die ich
schätzte. Nach unserem Bibelstudium fuhr ich auf der Autobahn nach Hause. Es
war gegen 12.30 Uhr, als ich den Eindruck hatte, beten zu sollen. Da ich nicht wusste, worum ich beten sollte, fing ich an für ihre Gesundheit, ihre Beziehungen, ihren
Schulerfolg zu beten – für alles, was mir einfiel, und ich betete laut.

Kurz nachdem ich zu Hause angekommen war, klingelte das Telefon. Es war
Jason, unser ältester Sohn. „Mama, es hat einen Unfall gegeben." Mein Herz raste,
während ich versuchte ruhig zu bleiben.

„Ich bin unbeschadet davon gekommen, aber mein Auto ist es nicht." Dann erzählte er mir, wie er die sich windende Bergstraße vom Camp hinuntergefahren
war. Als er in eine Kurve kam, tauchte plötzlich ein Lieferwagen auf seiner Straßenseite auf. Auf der einen Seite war ein 10 Meter tiefer Abhang und auf der anderen
die Bergwand. Irgendwie – er weiß nicht wie – schaffte er es, an dem Lieferwagen
vorbei in den Graben neben der Bergwand zu fahren. Er war unverletzt, aber sein
Auto hatte einen platten Reifen. Jason war durchgerüttelt, lobte aber Gott für seinen
Schutz in der gefährlichen Situation. Dann erkannte ich, dass der Unfall genau zu
dem Zeitpunkt passiert war, als ich den Eindruck hatte, dass ich für meine Kinder
beten sollte.

Ich habe keine Antwort auf die Frage, warum einige Unfälle passieren und andere verhindert werden. Ich weiß nur, dass ich wie Samuel sein will, wenn mich
Gott ruft, und sagen: „Rede, Herr, denn deine Dienerin hört", und dann auch auf
seine Anweisungen achten, auch wenn ich nicht weiß, worum ich beten soll.

Janis Clark Vance

Das beste Geschenk

... Geben ist seliger als nehmen. Apostelgeschichte 20,35

E s gab wenig, worüber man sich zur Weihnachtszeit im Jahre 1934 freuen konnte. Geld war knapp und die Chance, dass ich beim Wichteln in der Schule mitmachen konnte, erschien sehr gering, bis ich Mutter erklären konnte, dass die Lehrerin die Grenze auf 10 Cents pro Geschenk gesetzt hatte. Da stimmte sie zu.

Nachdem die Namen gezogen worden waren, ging ich einkaufen. Ich stöberte durch die Billigläden, ging die Gänge auf und ab und suchte nach dem richtigen Geschenk. Schließlich fand ich etwas – eine schöne Mundharmonika. Sie kostete auch nur 10 Cents und so kaufte ich sie.

Nachdem ich sie eingepackt hatte, nahm ich sie mit zur Schule und legte sie zu den anderen Geschenken unter den Weihnachtsbaum. Jeden Tag sah ich nach, ob es ein Geschenk mit meinem Namen gab. Es gab keines. Die Zeit war schon fast vorbei – es war der Tag vor unserer Feier und es gab immer noch kein Päckchen für mich.

Am Tag des Wichtelfestes lief ich in die Schule und schaute unter den Baum. Da war es: ein sehr kleines rundes Päckchen, in schmutziges, zerknittertes Papier eingewickelt.

Nach der Pause fing die Lehrerin an, die Geschenke auszuteilen. Sie rief einige Namen auf, und dann hörte ich meinen Namen. Ich ging zum Baum und die Lehrerin reichte mir das komisch aussehende Päckchen mit der schmutzigen, knittrigen Verpackung.

Ich packte es ziemlich vorsichtig aus und war entsetzt einen alten schmutzigen Tennisball vorzufinden. Der Gipfel war, dass es kein Namenskärtchen gab. Wer würde mir das antun? Ich war so verlegen und enttäuscht, aber ich versuchte es nicht zu zeigen. Als ich auf dem Heimweg von der Schule in die Nähe von Möllers Feld kam, warf ich den Tennisball, so weit ich konnte, auf das leere Grundstück.

Als ich heimkam, erzählte ich meiner Mutter von dem, was geschehen war. Sie sagte: „Vielleicht war der dreckige Tennisball alles, was sie geben konnte", sagte sie. Obwohl es zu der Zeit kein großer Trost war, tat sie ihr Bestes, um die Dinge zu glätten. Aber mein Herz schmerzte.

Ich brauchte eine Weile, aber ich verstand schließlich. Ich hatte wirklich das beste Geschenk bekommen – das Geschenk des Gebens statt des Nehmens.

Clareen Colclesser

Fehler, Unglück und Leid

Lehre uns bedenken, dass wir sterben müssen, auf dass wir klug werden.
Psalm 90,12

Jch hatte alles geplant. Ich würde von zu Hause um 8.35 Uhr losfahren, tanken, sieben Meilen in die Stadt Newmarket fahren und genau um 9.00 Uhr zu meinem Termin bei der Optikerin ankommen.

Das erste Hindernis in meinem wohl durchdachten Plan begegnete mir beim Tanken an der Tankstelle. Gewöhnlich wird man sofort bedient, aber ich wartete hinter zwei weiteren Autos. „Keine Sorge", sagte ich mir. „Ich werde etwas schneller fahren und immer noch zur rechten Zeit am Ziel ankommen." Meistens gab es auf der Straße, die ich fahren würde, nicht viel Verkehr. Aber heute sollte es nicht sein.

Ich wurde gezwungen hinter dem wohl langsamsten Lkw Großbritanniens auf kurvenreicher Strecke zu fahren. Der Versuch ihn zu überholen, hätte mir sicherlich einen Termin beim Bestattungsunternehmer und nicht dem Optiker eingebracht. Schließlich verließ der Lkw die Straße und mein Fuß trat das Gaspedal durch. Mein kleiner roter Wagen gab sein Bestes. Vielleicht käme ich doch noch rechtzeitig.

Dann erschien wie aus dem Nichts ein Krankenwagen. Wieder einmal tuckerte mein Auto hinter dem zweitlangsamsten Fahrzeug in Großbritannien her. Nach einer Weile bog es in eine Seitenstraße ab. Mein Weg war wieder einmal frei.

Als ich nach Newmarket hineinfuhr, musste ich anhalten. Mehrere Rassepferde trabten über die Straße. Gewöhnlich bewunderte ich die unterschiedlichen Schattierungen ihres glänzenden Fells, aber meine Finger trommelten nun ungeduldig auf das Lenkrad, während mein Gasfuß nervös wurde.

Als ich an drei Ampeln auf der letzten Etappe meiner Fahrt noch anhalten musste, fand ich mich endlich damit ab, dass ich zu spät kommen würde.

Als ich in den Optikerladen hineinlief, aufgeregt, außer Atem und voller Entschuldigungen, sagte man mir: „Machen Sie sich keine Sorgen, die Optikerin ist aufgehalten worden. Setzen Sie sich ins Wartezimmer, bis sie kommt." Ich konnte nicht umhin mich zu fragen, ob sie auch auf der Straße unterwegs war, die ich gerade hinter mich gebracht hatte.

Für uns Frauen ist das Leben immer vollgestopft mit Träumen und dem alltäglichen Leben mit seinen endlosen Aufgaben. Wir könnten viele Fehler, Unglück und Leid vermeiden, wenn wir uns selber pfleglich behandeln würden. Wir lassen es zu, dass unser Leben voller Hektik ist, vollgestopft mit übermäßig vielen Verpflichtungen, und dann erleben wir mehr Stress als Frieden. Gott schenkt uns die Zeit für alles – warum reduzieren wir nicht unser Tempo?

Mary Barrett

Was kann ich geben?

Denn also hat Gott die Welt geliebt, dass er seinen eingeborenen Sohn gab ...
Johannes 3, 16

Jch weiß nicht, welche Schätze du aus deiner Kindheit aufbewahrt hast, irgendwo auf dem Speicher verstaut. Während all dieser Jahre hast du vielleicht eine Puppe, Bücher, alte Fotos, ein Medaillon der Oma oder sogar einen deiner Strampelanzüge aufbewahrt. Hast du nichts Greifbares aus deiner Vergangenheit, dann bewahrst du vielleicht einen guten Rat in deinem Herzen.

Was dein ‚Schatz' auch sein mag, stell dir vor, dass du ihn deinem Kind oder einem Kind, das du sehr liebst, schenkst. Nun überlege dir mehrere Möglichkeiten, wie es auf dein Angebot reagieren könnte. Erstens: Das Kind könnte das Geschenk mit genauso viel Freude annehmen, wie du beim Geben verspürst. Zweitens: Das Kind könnte mit einem halbherzigen „Oh, danke schön" den Schatz beiseite legen. Drittens: Das Kind könnte dir das Geschenk aus den Händen reißen, es auf den Boden werfen, darauf herumtrampeln und zerstören. Wir wären wohl alle darüber sehr enttäuscht, wenn die zweite Möglichkeit passieren würde, aber am Boden zerstört, verletzt und zornig, wenn das Kind, sich nach dem dritten Muster verhielte.

Während der Weihnachtszeit habe ich oft darüber nachgedacht, welch ein Geschenk ich Jesus geben könnte. Jedes Mal komme ich auf diesen Gedanken zurück: Es gibt nur ein einziges Geschenk, das mein Heiland sich wünscht, nämlich dass ich sein Geschenk freudig annehmen möge.

Überlege dir eine Weile, wie Jesus, das teure Geschenk Gottes, behandelt wurde. Sein Leben wurde von seinen Kindertagen an bedroht. Er wurde Gottes Kindern gegeben, aber sie nahmen ihn nicht an und beschuldigten ihn von bösen Geistern besessen zu sein, spuckten ihm ins Gesicht und töteten ihn schließlich.

Wie muss der Vater sich fühlen, wenn ich sein Geschenk nehme und es auf dem Regal abstelle? Wie fühlt er sich, wenn ich die Kraft seines Geschenks leugne? Wie muss er sich fühlen, wenn ich es in der Person einer Schwester oder eines Bruders in der Gemeinde zerstöre, indem ich über sie herziehe?

Das wirklich größte Geschenk, das wir unserem Herrn in dieser Weihnachtszeit geben können, ist, dass wir seinen Schatz freudig erwarten und annehmen. Lasst uns dieses Jahr sein Geschenk so begierig annehmen, wie wir es noch nie angenommen haben. Gestatten wir es seinem Geschenk, sein Wunder in uns zu vollbringen. Wenn wir doch zulassen wollten, dass völlige Heilung geschehen kann.

In der Tat, das größte Geschenk, nach dem unser Gott sich sehnt, ist die Gabe der totalen Annahme. Wenn wir seine Gabe bereitwillig und dankbar annehmen, machen wir die Freude unseres Vaters vollkommen! Ist das nicht ein wunderbares Geschenk?

Karen Nicola

Geschenk für den neugeborenen König

Als sie den Stern sahen, wurden sie hoch erfreut und gingen in das Haus und fanden das Kindlein mit Maria, seiner Mutter, und fielen nieder und beteten es an und taten ihre Schätze auf und schenkten ihm Gold, Weihrauch und Myrrhe.
Matthäus 2,10.11

Jch ging im Kaufhaus auf und ab und schob meinen vierjährigen Enkel Ryan und seine zweijährige Schwester Heather in einem Einkaufswagen herum. Das Geschäft war voller Leute, die einkaufen wollten, und meine Tochter musste in letzter Minute noch einige Dinge für Weihnachten besorgen. Wenn du jemals versucht hast, zwei kleine Kinder für eine Weile in einem Einkaufswagen stillsitzen zu lassen, wirst du wissen, dass eine halbe Stunde wie ein ganzer Tag erscheint! Ist es dir gelungen, die Aufmerksamkeit eines Kindes auf dich zu lenken, wird das andere aus dem Wagen heraus versuchen, alles mögliche zu greifen.

An jenem Tag entdeckte ich, dass einer der sichersten Gänge im Laden der mit Messinggegenständen war. Während meine Enkelkinder wie kleine Engel saßen und die Waren beobachteten, versuchte ich, den Wagen so schnell zwischen den Regalen hindurchzuschieben, dass es ihnen nicht möglich war, etwas zu greifen. Andererseits schob ich aber auch nicht zu schnell, damit der Weg durch den Gang so lange wie möglich dauerte.

Ryan wollte ein dekoratives Horn untersuchen. Ich sah in seiner Bitte keine Gefahr und nach einigen simulierten Stößen ins Horn legte er es zurück ins Regal. Daneben lag jedoch eine wunderschöne achteckige Messingschachtel mit einem fein entworfenen konischen Deckel. „Oh, Oma", rief Ryan mit Ehrfurcht in der Stimme, „schau, es ist genau wie die Schachtel an der Krippe, nicht wahr?", fragte er und zeigte auf den Messingbehälter.

Ich musste zugeben, er hatte Recht. Die dekorative Messingschachtel sah in der Tat aus, als ob ein Weiser sie nach Bethlehem hätte bringen können. „Stimmt, Ryan", antwortete ich und nahm die Schachtel hoch, um sie genauer zu betrachten. „Sie erinnert mich tatsächlich an die Geschenke, die die weisen Männer dem Jesuskind brachten."

Mit einem Gefühl der Ehrfurcht befühlte Ryan mit seinen kleinen Fingern das Muster, als ob er den Augenblick länger auskosten wollte. Als er fertig war, legten wir den gefundenen ,Schatz' wieder ins Regal und gingen weiter den Gang entlang. Ich beugte mich über den Einkaufswagen und umarmte den kleinen Jungen. Denn er war es, der mich daran erinnerte, dass der wahre Geist von Weihnachten sich nicht in einer langen Liste von Dingen erschöpft oder im Menschengewimmel des Einkaufszentrums steckt, sondern die Feier ist, bei der wir die Ankunft des größten Geschenks aller Zeiten begehen – die Ankunft unseres Herrn und Erlösers Jesus.

Rose Otis

Gottes Andenken

Aber wie schwer sind für mich, Gott, deine Gedanken! Wie ist ihre Summe
so groß! Psalm 139,17

G uten Morgen, Vater. Heute möchte ich meinen Weihnachtsbaum dekorieren. Er ist weder groß noch protzig – nur gerade groß genug für einige Erinnerungsstücke, die ich all diese Jahre aufbewahrt habe. Wie das Schleifchen von meinem Brautstrauß; der liebevolle Zettel von meiner kleinen Tochter; eine goldene Locke, die vom ersten Haarschnitt meines Vaters stammt; ein Serviettenring, den mein Sohn in der ersten Klasse gebastelt hat; die Militärorden meines Mannes und weitere Dinge, die man nicht für Geld kaufen könnte.

Lieber Vater, sicher hast du auch Erinnerungsstücke von deinen Kindern während dieser vergangenen Jahrtausende gesammelt. Würdest du gerne einige davon auf einem immergrünen Baum ausstellen? Ein sehr hoher Baum, der bis zur Decke des himmlischen Hofes reicht? Das wäre ein wunderschöner Anblick, der mit 10.000 Sternen leuchtet – die übrig blieben, als du das Universum geschaffen hast.

Weil du uns so liebst, Vater, würden jene kleinen Schätze, die wir dir geschenkt haben, den Baum nicht schön aussehen lassen? Nimm die zwei Groschen, die die Witwe dir gab, und die Felle, die Gideon auslegte. Da ist die Axt, die du schwimmen ließest für den Prophetenschüler. Da ist die Schleuder, die David benutzte.

Ich weiß, dass du Platz hast für den alten, abgenützten Stab, den Mose vierzig Jahre lang bei sich trug. Einmal schlug er damit den Felsen gegen deinen Willen, aber du vergabst ihm dennoch. Er versuchte so sehr, wie du zu sein. Dann ist da der Ölkrug der Witwe, den du gesegnet hast, als sie ihn ausleerte, um für Elia Essen zuzubereiten. Und du gabst ihr viel Öl.

Vielleicht möchtest du die Schatztruhe des Joas dazutun. Und hier ist eine sorgfältig geschnitzte Alabasterschale, die immer noch wunderbar duftet! Sie war sehr teuer, aber Maria zerbrach sie, weil sie dich so sehr liebte. Dann könntest du noch das rote Seil, das Rahab benutzte, um bei der Flucht der beiden israelitischen Kundschafter behilflich zu sein, um den Baum drapieren.

All diese Gaben sind dürftig, aber sie stellen deine Kinder dar. In deinen Händen werden sie vorzüglich aussehen! Dann, lieber Gott, setzte bitte auf die Spitze des Baumes deinen Stern. Du hast in vor rund 2000 Jahren benutzt, um die Weisen zur Krippe zu führen. Dort haben sie dein wunderbares Geschenk gefunden. Es kostete dich so unendlich viel, ihn herzugeben.

Und Vater, weil du all das für mich geopfert hast, gebe ich dir mein Herz mit all meiner Liebe. Das ist das einzige Geschenk, um das du jemals gebeten hast. Möge dein Weihnachtsfest so fröhlich sein, wie du mir meines gemacht hast! Amen.

Lorraine Hudgine

Die Heimkehr

... lasst uns ablegen alles, was uns beschwert, und die Sünde, die uns ständig umstrickt, und lasst uns laufen mit Geduld in dem Kampf, der uns bestimmt ist.
Hebräer 12,1

Es war unser erstes Weihnachten nach unserer Hochzeit und wir waren fest entschlossen, es mit der Familie zu verbringen. Leider musste mein Mann bis 11.00 Uhr am Heiligabend arbeiten, und so mussten wir uns auf den Weg machen, nachdem er von der Arbeit kam. Unser kleiner VW Käfer war mit Weihnachtsgeschenken beladen und es begann leicht zu schneien. Wir lachten darüber, dass wir weiße Weihnachten haben würden, und fuhren los in Richtung seiner Heimat im Norden des Staates New York, etwa vier Stunden entfernt.

Leider schneite es immer heftiger, der Schnee wurde zunehmend tiefer und das Fahren sehr beschwerlich. Manchmal mussten wir aussteigen und uns aus Schneeverwehungen herausschaufeln. An anderen Stellen stieg mein Mann aus und schob, während ich lenkte, damit wir aus dem Schnee herauskamen. Oft gerieten wir ins Rutschen. Dennoch fuhren wir beharrlich weiter, weil wir auf dem Weg nach Hause waren. Wir waren müde und manchmal froren wir, aber wir gaben nicht auf, denn wir dachten an das Weihnachtsessen und die Gemeinschaft, die vor uns lag.

Einige Straßenecken vor unserem Ziel ging es nicht weiter. Die Schneeverwehungen waren zu tief. Wir wollten es von der anderen Seite versuchen. Wir waren mehr als sechs Stunden unterwegs gewesen, aber wir gaben nicht auf. Nicht ein einziges Mal dachten wir daran, umzukehren. Wir waren fast schon zu Hause, als wir wirklich feststeckten. Auch nachdem ein Schneepflug uns gerettet hatte, konnten wir nicht in die Richtung weiter fahren.

Deshalb kehrten wir zur ersten Route zurück. Die Straße war immer noch blockiert, und wieder steckte unser Auto fest. Also stiegen wir aus und gingen zu Fuß weiter, obwohl keiner von uns Stiefel hatte. Wir machten uns keine Sorgen wegen der Weihnachtsgeschenke oder unseres Gepäcks. Wir nahmen nur uns selber mit. Wir wollten ganz einfach nur nach Hause. Durchgefroren kamen wir an. Mir fehlte ein Schuh, ein Verlust, den ich nicht einmal bemerkt hatte, weil meine Füße so eisig waren. Die Familie wartete mit offenen Armen und Wärme auf uns.

Wir sind auf dem Weg nach Hause. Uns werden Hindernisse und Enttäuschungen begegnen. Manchmal werden wir ausrutschen, aber wir sind auf dem Weg nach Hause, um zu feiern – nicht nur einen Feiertag lang, sondern eine Ewigkeit mit unserem Herrn. Lasst nicht zu, dass uns etwas von unserem Ziel abbringt. Gott wird an der Tür auf uns warten.

Edith C. Fraser

Weihnachten in Thailand

Und als sie dort waren, kam die Zeit, dass sie gebären sollte. Und sie gebar ihren ersten Sohn und wickelte ihn in Windeln und legte ihn in eine Krippe; denn sie hatten sonst keinen Raum in der Herberge. Lukas 2,6.7

Es sah ganz einfach nicht so aus, dass Weihnachten dieses Jahr kommen könnte. Meine Vorstellung von der Weihnachtszeit bestand aus Einkaufszentren, Weihnachtsliedern, kaltem Wetter, Familie und Maroni, die am offenen Feuer geröstet wurden. Ich hingegen würde Weihnachten in Thailand verbringen, wo ich ein Jahr als Studentin in der Mission verbrachte und Englisch unterrichtete. Ich liebte Thailand, aber ich hätte so gern ein wenig Schnee erlebt und meine Familie gesehen, nur einen Tag. Stattdessen sollte ich Urlaub an einem der schönsten Sandstrände der Welt machen.

Am Heiligabend fuhr ich mit elf anderen Lehrern nach Krabi. Wir kamen nach Anbruch der Dunkelheit an und begannen nach einer Unterkunft zu suchen. Unser Gepäck trugen wir von einem Hotel ins nächste, aber alle waren voll belegt.

Der Fahrer eines songtow (ein Kleinlaster, der als Taxi fungiert) bot seine Hilfe an. Er lud uns ein, die Nacht in seinem Haus zu verbringen – alle zwölf! Er war unser Weihnachtswunder. Erfreut luden wir unsere Sachen auf und stiegen ein.

Wir fuhren eine lange, unebene Sandstraße entlang und erreichten ein muslimisches Dorf. In der Dunkelheit konnten wir aus Holz errichtete Häuser erkennen, die auf Pfählen standen. Als unser Gastgeber uns in sein Haus brachte, begrüßte uns seine zierliche Frau graziös, ohne Verwunderung zu zeigen, dass gerade zwölf Ausländer auf ihrer Schwelle aufgetaucht waren.

Die ganze Familie behandelte uns wie Ehrengäste. Als es Zeit zum Schlafengehen wurde, legten sie Matten auf den Zementboden und gaben uns zwei kleine Kissen. Dann kam unser Gastgeber zurück und brachte zehn weitere Kissen. Ich habe den Verdacht, dass wir die einzigen im ganzen Dorf waren, die etwas hatten, worauf man den Kopf legen konnte.

Am nächsten Morgen wachte ich früh auf, erhob mich und huschte aus dem Haus, um die Umgebung zu erkunden. Während ich Bilder vom Wasserbüffel des Nachbarn und der Dorfmoschee machte, schien es mir nicht wie Weihnachten. Aber zum ersten Mal war Weihnachten für mich Wirklichkeit geworden. Als wir keinen Ort hatten, an den wir gehen konnten, hat uns ein Fremder herein gelassen und den Geist der Opferbereitschaft gezeigt, der verkörperte, worum es beim ersten Weihnachtsfest ging.

Sari Karina Fordham

Großartige Darbietung

*Ich will dir danken, HERR, unter den Völkern, ich will dir lobsingen
unter den Leuten. Psalm 108,4*

Mein schönstes Weihnachtsprogramm fand auf der winzigen Insel Carlos auf den Marshall-Inseln im Pazifik statt. Die Lehrerin, eine freiwillige Missionshelferin aus den Vereinigten Staaten, hatte ihre acht Klassen in perfektem Englisch gedrillt. Einige der Lehrer von der Insel Ebeye, zehn Kilometer entfernt, waren mit dem Boot zu der besonderen Feier herübergekommen. Wir, die erwartungsvollen Zuschauer, saßen auf weiß gestrichenen Holzbänken. Bald marschierte der Chor feierlich durch die verlassene Militärbaracke. Schöne Mädchen mit bronzefarbener Haut traten ein, das Gesicht leicht nach unten geneigt. Silbern glänzende Heiligenscheine, aus Drahtkleiderbügeln gebogen, leuchteten über jedem schwarzen Haarschopf. Jungen in frischgebügelten Hemden und Hosen marschierten langsam und geordnet auf ihre zugewiesenen Plätze. Plötzlich fingen sie an zu singen „Kommt her, o ihr Gläub'gen!" und darauf folgten „Stille Nacht" und „In der Krippe". Die junge Leiterin dirigierte wie eine Professionelle. Ich beobachtete die nach oben gerichteten Gesichter, die das Neugeborene in Bethlehem lobten, und stellte mir vor, wie Engel heute wieder Gott lobten.

Dann kam das Krippenspiel. In diesem tropischen Klima lag Maria auf einer aus Palmblättern geflochtenen Matte, als der Engel ihr die Schwangerschaft ankündigte. Weitere Engel traten hinzu, in Weiß mit Flitter gehüllt. Aufgeregte laute Stimmen und beeindruckende Handbewegungen folgten, als Josef die Unterkunft verweigert wurde. Die Weisen mit Kopfbedeckungen aus Badetüchern und Umhängen aus Duschvorhängen traten dazu. Ein riesiger Palmwedel verscheuchte angeblich die Insekten, während der König die Weisen befragte.

Ein lebensgroßer Raum aus Sperrholz und grünen Blättern war die Behausung des Jesus-Kindes unter einem palmbedeckten Dach. In einer nahe gelegenen Umzäunung befanden sich kleine Tiere. Prunk vermischte sich mit Armut, während das Programm fortgesetzt wurde.

„Freue dich, Welt!" sangen die Kinder aus voller Kehle in geübter Einstimmigkeit. Dieses kleine Krippenspiel, so vollkommen, so einfach, so majestätisch, hinterließ einen bleibenden Eindruck in meinem Herzen. Ich wurde von den hingebungsvollen Bemühungen einer einsamen Lehrerin im Pazifik, Tausende von Meilen von zu Hause fort, gesegnet. Sie hatte ihre Schüler gut darauf vorbereitet.

Es ist inspirierend, wenn Menschen aus unterschiedlichen Rassen und Altersgruppen zusammenkommen, um einstimmig den Herrn zu loben. Eines Tages wird das ganze Universum den Triumph jenes Kindes in der Krippe feiern. Ich will dabei sein, du auch? Nicht nur als Zuschauerin, sondern als Teilnehmerin.

Jan Chamberlain

Meine Vögel

Seht die Vögel unter dem Himmel an: sie säen nicht, sie ernten nicht,
sie sammeln nicht in die Scheunen; und euer himmlischer Vater ernährt
sie doch. Seid ihr denn nicht viel mehr als sie? Wer ist unter euch,
der seines Lebens Länge eine Spanne zusetzen könnte, wie sehr er sich
auch darum sorgt? Matthäus 6,26.27

E s war ein kalter Wintermorgen mit gerade genug Schnee auf dem Boden, um die Vögel zu ermutigen, ihr Futter von unserem Vogelbrett zu holen. Ich saß am Fenster und bewunderte meine gefiederten Freunde, dachte aber an die vergangene Woche, als wir es nicht verhindern konnten, dass das Eichhörnchen scheinbar „tonnenweise" Futter wegfraß, das für die Vögel bestimmt war. Schließlich fanden wir ein Vogelhäuschen, das garantiert sicher vor Eichhörnchen sein sollte.

Während meiner stillen Zeit mit Gott stellte ich mir die Frage: ‚Was kann ich von diesen Tieren lernen?' Dann nahm ich mein eigenes Leben unter die Lupe. Warum mache ich mir so viele Sorgen? Ich hatte für die Vögel schließlich das Problem mit dem Eichhörnchen gelöst. Löste nicht Gott, der mich mehr liebt, als ich die Vögel liebe, meine Probleme? Ein Dach über dem Vogelbrett beschützte die Körner. Meine Engel umgeben mich, um mich zu beschützen. Gott hat sogar die Samen seines Wortes beschützt, damit ich seine Verheißungen in Anspruch nehmen kann.

Warum jagen die Vögel einander vom Vogelbrett? Verhalten sie sich nicht, wie ich es manchmal tue, habgierig und egoistisch, indem ich andere abschiebe statt mit ihnen zu teilen? Warum hat es so lange gedauert, bis die Vögel das Vogelbrett fanden? Bin ich so beschäftigt mit den Sorgen des Lebens, dass ich die Körner nicht finde, die für meine Erlösung gedacht sind? Nehme ich kleine Körnerbröckchen und lasse andere aus Versehen fallen, die mir auch zur Nahrung dienen könnten? Hebe ich das auf, was auf den Boden gefallen ist und danke Gott für die kleinen Segnungen in meinem Leben? Warum erschrecken wir und flüchten, wenn etwas Größeres als wir auftaucht? Warum können wir nicht vertrauen? Warum singen wir nicht wie die Vögel, wenn unser Herz einsam ist?

Während ich durch die verschmutzte Fensterscheibe schaute, nahm ich mir vor, die Botschaft des Herrn mir zu Eigen zu machen: „Darum sorgt nicht für morgen, denn der morgige Tag wird für das Seine sorgen. Es ist genug, dass jeder Tag seine eigene Plage hat" (Matthäus 6,34).

Herr, heute fange ich ein sauberes, neues Blatt in meinem Leben an – hilf mir, mir
weniger Sorgen zu machen und dir, meinem himmlischen Vater, mehr zu vertrauen!

June Loor

Ein neuer Tag bei Sonnenuntergang?

... Da ward aus Abend und Morgen der erste Tag. 1. Mose 1,5

Während einer Romanze, die vor langer Zeit stattfand, stand ich bei meinem Freund und beobachtete, wie die Sonne langsam an einem Himmel in den Farben von Pfirsichen und Sahne hinterglitt, um sich in einer Nebeldecke, die weit hinter unserem Horizont lag, „zur Ruhe" zu legen. Eines der vielen Dinge, über die wir zu keiner Übereinstimmung kommen konnten, war das Gefühl, das Sonnenaufgang und Sonnenuntergang hervorrufen.

Er fühlte sich am Abend immer traurig, vielleicht weil Gelegenheiten zum Dienen vertan worden waren, und er fühlte, dass Nacht und Schlaf wie die Folter des Todes waren. Er zog das Morgenlicht vor – die weiße, blendende Morgendämmerung – die Aussicht auf einen neuen Tag.

Ich liebe den Sonnenuntergang immer noch am meisten mit seinen wärmeren und reicheren Tönen, seine Botschaft, dass die Arbeit (zum größten Teil) vorbei ist und man sich ausruhen kann. Obwohl ich den Zauber der Morgendämmerung im Sommer schätze, stehe ich früh nicht gerne auf, um sie zu erleben.

Genau genommen erstreckt sich ein Tag von Mitternacht bis zur nächsten Mitternacht. Für die meisten von uns ist der Tag neu, wenn wir aufstehen, und endet, wenn wir ins Bett gehen. Sogar Jeremia dachte so, mit seiner Einsicht über die Güte des Herrn, die „alle Morgen neu" ist (Klagelieder 3,23).

Für Gott besteht der Tag jedoch von einer Dämmerung zur nächsten – von Sonnenuntergang bis Sonnenuntergang. Wenn ich an einen neuen Tag auf Gottes Art denke, fange ich an zu schwärmen. Seine Vorstellung ist es, den neuen Tag mit dem Ausruhen nach der Arbeit anzufangen, mit einer angenehmen Abendmahlzeit, mit der Zerstreuung eines Abends, Andachtszeit und der Aussicht auf einen guten Nachtschlaf.

Natürlich gibt es Hausarbeit; es mag Hausaufgaben geben, und manche müssen am Abend arbeiten oder Nachtschicht schieben. Aber es ist erfrischend, nur daran zu denken, dass ein neuer Tag anfängt – besonders weil wir den Sonnenuntergang dazu verwenden können, unsere Gedanken von all den Fehlern und Verletzungen der Tagesstunden auszuleeren, und die Zeit dazu verwenden, zu küssen und uns zu versöhnen. Dadurch wird dem Abend ein Glanz verliehen und die Aufgaben der Nacht mit den Sternen des Friedens erleuchtet.

Für die meisten von uns bedeutet der Abend im Allgemeinen das Zuhause und Ruhe. Ich beobachtete diese Woche wie die Sonne wie ein glühender Ball hinter einem hellen Roggenfeld unterging, und musste an deine Worte denken, Herr: So viel der Himmel höher ist als die Erde, so sind auch meine Wege höher als eure Wege und meine Gedanken als eure Gedanken (siehe Jesaja 55,9).

April Dunnett

Einheit in Christus

Evodia ermahne ich und Syntyche ermahne ich, dass sie eines Sinnes seien in dem Herrn. Ja, ich bitte auch dich, mein treuer Gefährte, steh ihnen bei; sie haben mit mir für das Evangelium gekämpft, zusammen mit Klemens und meinen andern Mitarbeitern, deren Namen im Buch des Lebens stehen.
Philipper 4,2.3

J ch habe meine Bibel einige Male durchgelesen, aber erst vor kurzem wurden diese Verse für mich lebendig, als ich mit einer anderen Frau in der Gemeinde Unstimmigkeiten erlebte.

Paulus hatte viele Helfer in der Verkündigung des Evangeliums. Wir denken immer an Barnabas, Johannes Markus, Silas und andere – übersehen aber, dass auch Frauen ihm dabei halfen. Außerdem hatten diese beiden Probleme in ihrer Arbeit, denn im Vers wird gesagt, dass sie zusammen mit ihm für das Evangelium gekämpft haben.

Könnte es sein, dass diese Mitarbeiterinnen in Werke Gottes miteinander Probleme hatten und Paulus die beiden ermahnen musste sich zu vertragen, und andere in der Gemeinde bitten, ihnen zu helfen? Es scheint so, und das kann auch heute noch passieren.

Während Paulus seine Ermahnungen an die Gläubigen in Philippi ergänzt, lenkt er ihre Aufmerksamkeit auf positive Gedanken. Heute ist es immer noch unsere Aufgabe, nach dem Guten in anderen zu suchen und denen zu helfen, die Schwierigkeiten miteinander haben, damit sie ihre Probleme lösen, und alles in unserer Macht Stehende zu tun, in Christus vereint zu sein. Dann können wir für Gottes Werk kämpfen, statt uns gegenseitig zu bekämpfen. Wir werden dann Mitarbeiterinnen sein, deren Namen im Buch des Lebens eingetragen sind.

Eunice Mason

Der Topf, der explodierte

So kommt denn und lasst uns miteinander rechten, spricht der HERR.
Wenn eure Sünde auch blutrot ist, soll sie doch schneeweiß werden, und
wenn sie rot ist wie Scharlach, soll sie doch wie Wolle werden. Jesaja 1,18

Meine Schwiegermutter schien ihren Schnellkochtopf jeden Tag zu benutzen. Sie bereitete das leckerste Essen zu, das ich je gegessen habe, und ich war davon überzeugt, dass ihr Schnellkochtopf einer der Gründe dafür war. Natürlich dachte ich, dass ich auch eine bessere Köchin würde, wenn ich einen besaß. Ich suchte nach einem Schnellkochtopf und verglich die Preise, aber ich wollte einen aus rostfreiem Stahl und die waren viel teurer als die Aluminiumtöpfe. Und so hörte ich bald auf, vom Schnellkochtopf zu reden. Doch Weihnachten stand vor der Tür und ich hoffte insgeheim, dass ich einen bekommen würde.

Ich war am Weihnachtsmorgen wie ein aufgeregtes Kind, als ich meine Geschenke auspackte. Ich war hocherfreut, meinen Schnellkochtopf aus Stahl vorzufinden, und beschloss, ihn gleich an dem Tag zu gebrauchen. Ich griff zum Rezept meiner Schwiegermutter für kubanische schwarze Bohnen und suchte die Zutaten zusammen. Bald kochten die Bohnen und das Geräusch des Gewichtes auf dem Ventil bildete einen steten Rhythmus. Eines der Kinder rief mich in sein Zimmer, und ich verlor das Gefühl für die Zeit, während ich ihre Gesellschaft genoss.

Bald hörten wir einen Schrei und die Stimme meines ältesten Sohnes, der laut rief: „Mama, komm schnell! Der Topf ist explodiert!"

Ich sprang auf und lief in die Küche. Welch ein Anblick! Aus dem Topf trat immer noch eine stete Dampfwolke aus. Als ich hoch schaute, konnte ich die schwarze Bohnensoße von der einst weißen Decke heruntertropfen und an meinen Küchenschränken herunterfließen sehen. Ich griff nach dem Topf und stellte ihn in der Spüle in kaltes Wasser, um ihn abzukühlen.

Nach einem Großputz von einer Stunde waren Schränke, Decke und Arbeitsflächen wieder einmal blitzsauber, aber während ich sie reinigte, dachte ich darüber nach, wie wir oft unser Leben verpfuschen. Wir explodieren in unserer Rebellion gegen Gott und weigern uns seinen Rat zu befolgen. Oder wir rebellieren unserem Ehepartner oder Arbeitgeber gegenüber. Was für ein Durcheinander entsteht daraus! Wenn dieses Dilemma dann nur so leicht zu beseitigen wäre wie das Chaos aus schwarzen Bohnen!

Gott reinigt uns in seiner großen Liebe und großem Mitgefühl, weil er unsere Schwächen kennt. Er wäscht unsere Sünden und unsere Schuld weg und macht uns wieder ganz sauber. Welch ein wunderbarer Gott!

Celia Mejia Cruz

Er kommt – bald!

... Dieses Geschlecht wird nicht vergehen, bis dies alles geschieht.
Matthäus 24,34

Mama, wie viele Tage noch, bis Jesus wiederkommt?" Die Frage wurde gestellt, als wir wieder einmal einen Tag auf dem Kalender durchstrichen. Mehrere Monate lang hatte ich mit den Kindern die Tage auf ihm ausgestrichen und gezählt, bis Papa wieder nach Hause kommen würde. Mein Mann diente als Militärseelsorger in der U.S. Armee in Vietnam. Meine eigene Zählweise hatte bei 365 angefangen. Nun waren nur noch 26 Tage übrig. Es war schön, genau zu wissen, wann Dick nach Hause kommen würde.

Ich hatte mir vieles vorgenommen, was uns helfen würde, die Zeit in diesem Jahr hinter uns zu bringen, und viele Projekte hatte ich angefangen, die erledigt werden mussten. Mit zwei kleinen Kindern waren die Tage nie müßig, aber jetzt war nicht mehr viel Zeit übrig und fast keines der Projekte war der Fertigstellung nahe. In meiner Verzweiflung setzte ich für die restlichen Tage Termine, bis wann ich bestimmte Dinge abgeschlossen haben musste. Es war weniger als ein Monat übrig und die Hälfte der Projekte des letzten Monats waren noch nicht erledigt.

Schließlich kam Dick zurück. Einen Tag früher als erwartet! Als er vom Flughafen aus anrief, war ich so aufgeregt, das mir herausrutschte: „Du kannst doch noch gar nicht da sein – ich bin noch nicht bereit!" Nachdem ich dies gesagt hatte, fühlte ich mich schrecklich – mein Gestammel vermittelte ihm nun wirklich nicht den Eindruck, er sei der Wichtigste!

Diese Begebenheit lässt mich darüber nachdenken, wie mein geistlicher Countdown-Kalender aussähe, wenn ich genau wüsste, wie viele Tage es noch gibt, bis Jesus wiederkommt. Gott weiß, dass ich dazu neige, alles hinaus zu zögern, und dass ich, wenn ich das Datum seiner Wiederkunft genau wüsste, meine Vorbereitungen auf später verschieben würde. Wir sind vielleicht alle ein wenig so. Wir würden wahrscheinlich viele weltliche Dinge finden, die uns davon abhalten, geistlich zu wachsen. Das ist nicht nur gefährlich, sondern wir würden all die Vorteile versäumen, die eine Beziehung mit Jesus jetzt schon bringt, jeden Tag.

Auch jetzt besteht die Gefahr, dass wir geistliche Dinge hinausschieben und denken, wir hätten mehr Zeit, als uns wirklich zur Verfügung steht. Wie schlimm wäre es, sagen zu müssen: „Du kannst noch nicht kommen – ich bin noch nicht bereit!"

Ardis Dick Stenbakken

Alphabetisches Autorenverzeichnis

Rondi Aastrup unterrichtet Englisch und Geschichte an der Greater Boston Academy. Als freischaffende Schriftstellerin schreibt sie für eine Zeitung und arbeitet an einem Kinderbuch. – 30. Mai

Betty J. Adams war Lehrerin und hat für die Zeitschrift Guide geschrieben. 26. Februar

Priscilla Adonis stammt aus Kapstadt, Südafrika. Sie ist die Frau eines pensionierten Predigers und hat zwei erwachsene Kinder. – 18. Februar

Juliana Agboka stammt aus Ghana. Sie ist ausgebildete Lehrerin und lebt an der Elfenbeinküste, wo sie Hausfrau ist. – 6. Oktober

Marlene Anderson hat viele Beiträge für Andachtsbücher geschrieben. Sie verstarb im Herbst 1995. – 4. Februar

Ruth Anneke ist im Nordwesten der USA aufgewachsen. Sie ist Witwe und Mutter von fünf Söhnen. Sie war Lehrerin und hat einen Magistergrad in Seelsorge und Beratung. – 5. Juni

Marilyn J. Applegate ist Schriftstellerin und lebt in Washington. – 21. Juni

Indrani J. Ariyaratnam stammt ursprünglich aus Sri Lanka und hat in Indien und Pakistan gelebt. Sie ist zurzeit Leiterin der Frauendienste im Pakistan-Verband der STA. – 28. Mai

Alma Atcheson ist Mutter von drei Kindern und lebt in Australien. 11. Oktober

Sylvia Atkins ist Ehefrau, Mutter von zwei Söhnen, Buchevangelistin und Krankenpflegerin. – 10. April

Wilma Atkinson war Grundschullehrerin und ist mit einem pensionierten Prediger verheiratet. – 22. Juli

Rosemary Baker ist frei schaffende Schriftstellerin und lebt in Iowa. Sie hat ein Kinderbuch geschrieben und ihre Beiträge sind in Zeitschriften erschienen. – 24. September

Audrey Balderstone hat in letzter Zeit verschiedene Geschäftsunternehmen mit geleitet, während sie ihren Magister in Englischer Literatur gemacht hat. Sie ist Präsidentin des Vereins Adventistischer Geschäftsleute, leitet einen Hauskreis und schreibt für Zeitschriften über Blumenarrangements. 6.+22. Februar; 6.+18. April; 4. Juni; 8.+30. August; 30. Oktober

Jennifer M. Baldwin lebt in Australien, wo sie am Sydney Adventist Hospital Koordinatorin der Klinischen Versicherungsabteilung ist. – 9. September

Paula C. Barnes, Ph.D., ist Professorin an einer Universität in Virginia. 28. September

Mary Barrett arbeitet mit ihrem Mann im Predigtamt, besonders in der Evangelisation. Sie ist Mutter von zwei Töchtern. Ihr erstes Buch, *When God Comes to Visit,* erschien 1997. – 2. Februar; 10.+14. März; 27.+31. Oktober; 20. Dezember

Dawna Beausoleil war früher Lehrerin und lebt in Kanada, wo ihr Mann als Prediger tätig ist. – 16. März

Carole Beckenridge leitet eine Geschäftskette, die Pflegeheime in Maryland vermarktet. – 19. Mai

Elizabeth Bediako stammt aus Ghana. Sie und ihr Mann, vier Kinder und ein Enkel, leben in Maryland. Sie arbeitet als Sekretärin an der Generalkonferenz der Siebenten-Tags-Adventisten. – 27. Januar

Appy Niyo Benggon kam aus Sabah, Malaysia, im Jahre 1992 in die USA und lebt jetzt in Kalifornien. – 15. April

Susan L. Berridge ist Krankenpflegerin und Fahrlehrerin. Sie hat einen Magister in Erziehungswissenschaften und unterrichtet Gesundheitsfächer in einer Berufsschule. Sie ist verheiratet und hat vier Töchtern. – 21. Februar

Karen Birkett lebt in Kanada und hat einen Bachelor-Abschluss in Sozialarbeit. – 5. Januar

Joan Bova ist Leiterin der Dienste für Behinderte im Southern Union Verband und in der Florida-Vereinigung der Siebenten-Tags-Adventisten. Sie lebt mit ihrem Mann und ihren zwei Töchtern in Apopka, Florida. – 18. März; 22. September; 30. November

Carol Brackett ist Mutter von zwei erwachsenen Söhnen und arbeitet in der Familienpflege. – 6. Dezember

Delilah Briggs lebt in Colorado. Sie ist verheiratet und hat zwei Söhne. – 3. April

Judy Broeckel lebt mit ihrem Mann und ihren zwei Kindern in Kalifornien. 24. Mai

Marilyn Brown war 27 Jahre Lehrerin und Fachbereichsleiterin an verschiedenen Colleges. Sie gibt zwei Zeitschriften mit Großdruckschrift für Blindendienste heraus. – 12. August

Joyce Willes Brown-Carper ist Berufsmusikerin, ehemalige Grundschullehrerin und frei schaffende Schriftstellerin, deren Kindergeschichten im *Adventist Review* veröffentlicht werden. Sie hat mit ihrem Mann zwei Töchter, Elizabeth und Helena. – 17. Juni

Maureen O. Burke ist Seelsorgerin an einem privaten Krankenhaus in New York. – 10. September

Betty R. Burnett lebt im nördlichen Michigan und ist bereits pensioniert. – 1. Februar

Sarah L. Burt ist eine Mutter, die ihre drei Kinder zu Hause unterrichtet. – 4. April

Dorothy Wainwright Carey arbeitete vor ihrer Pensionierung für die Regierung und lebt mit ihrem Mann in Ocala, Florida. – 21. Juli; 3. Oktober

Margaret Campbell hat als Buchhalterin, Lehrerin und hat in der Registratur gearbeitet. Sie und ihr Mann, ein Prediger, haben zwei Töchter und zwei Enkelinnen. – 4. August

Pam Caruso ist Mutter von zehn erwachsenen Kindern und zehnfache Großmutter. Sie leitet die Frauendienste ihrer Ortsgemeinde. – 29. Februar; 27. März; 12. Juli

Joy Cavins arbeitet an der Oakwood Academy in Huntsville, Alabama. – 1. September

Fonda Chaffee hat einen Doktorgrad in Erziehungsverwaltung und Abschlüsse in Diätetik. Sie ist verwitwet und Mutter von zwei Kindern. – 25. März

Jan Chamberlain ist Predigerfrau mit vier Kindern. Sie war Grundschullehrerin, Schriftstellerin und Redakteurin des Mitteilungsblattes der Predigerfrauen in Ohio und Michigan. Sie war auch Missionarin auf einigen Inseln der Südsee, bevor sie sich in Florida niedergelassen hat. – 26. Dezember

Shari Chamberlain arbeitet als Seelsorgerin im Ukiah Valley Medical Center in Kalifornien. Sie hat auch als Predigerin und in der Gesundheitsevangelisation gearbeitet. – 5. Mai

Frances Charles war Schulleiterin. Sie ist Koordinatorin der Frauendienste in der Natal-Free State Vereinigung in Südafrika. Sie ist Trauerbewältigungsberaterin und arbeitet in einem Hospiz. Sie hat ein Buch, *My Tears, my Rainbow,* veröffentlicht. – 14. Mai; 3. August

Birol C. Christo war früher Lehrerin, die auch als Sekretärin und Statistikerin gearbeitet hat. Sie lebt mit ihrem Ehemann in Indien. Birol ist Mutter von fünf erwachsenen Kindern. – 24. Februar; 8. November

Ginger Mostert Church, Mutter von zwei erwachsenen Söhnen, arbeitet in der Vermarktung des Review and Herald Verlages. Sie lebt mit ihrem Mann Dennis in Maryland. – 16. Juli

Peggy Clark ist Verwaltungsassistentin für die Stadt San Diego. – 21. August

Susan Clark lebt mit ihrem Mann in Kalifornien. – 28. Januar; 6. März

Carel Clay lebt in Napa, Kalifornien, mit ihrem Mann und ihrer Tochter. Sie unterrichtet Krankenpflege am Napa Valley College. – 16. Juni

Clareen Colclesser war Kinderkrankenschwester und schreibt gerne Briefe und Kurzgeschichten. – 24. November; 19. Dezember

Dorothy Minchin-Comm ist Professorin für Englisch an der La Sierra Universität in Kalifornien und Redakteurin einer religiösen Zeitschrift. – 30. Juli

Arlene E. Compton lebt mit ihrem Mann in Lincoln, Nebraska. Vor ihrer Pensionierung war sie in der Krankenpflegeverwaltung tätig. – 18. August

Lynn Best Connelly ist Hausfrau und Mutter von zwei Kindern und lebt in der Nähe von Springfield, Illinois. Sie hat einen Magistergrad in Erziehungswissenschaften und am College unterrichtet. – 30. Juni

Sharon Cress ist Leiterin von Shepherdess International, der Organisation der Predigerfrauen in aller Welt. Sie lebt mir ihrem Mann, der in der Verwaltung der Gemeinschaft der Siebenten-Tags-Adventisten tätig ist, in Maryland. – 30. April

Celia Mejia Cruz ist seit sechs Jahren an der Abteilung der Frauendienste bei der Generalkonferenz der STA für das Andachtsbuchprojekt als Verwalterin zuständig. Als Predigerfrau, Gemeindeälteste, Mutter von fünf Kindern und Großmutter eines Enkels trifft sie gerne Leute, präsentiert Seminare und predigt. – 2. März; 30. Dezember

Christina Curtis ist Logopädin mit einem Magistergrad in Erziehungswissenschaften. – 26. Januar

Shonna Dalusong ist Ehefrau, Mutter und Krankenpflegerin. – 20. Mai

Lynn Marie Davis lebt in Georgia. Sie ist Gehörlosen-Dolmetscherin für die Schulen im Cobb County. – 22. Januar; 25. September

Wanda Grimes Davis ist Seelsorgerin für das Personal in einem Krankenhaus in Portland, Oregon. Sie ist verheiratet, Mutter von drei Kindern und predigt gern. – 12. November

Sheila Sanders Delaney genießt es, dass sie durch ihre Pensionierung reisen und sich um ihr Zuhause kümmern kann, nachdem sie vor kurzem geheiratet hat. – 22. März

Brenda Forbes Dickerson ist Ehefrau und Mutter von zwei Kindern. – 25. Mai; 7. Juni

Sally Pierson Dillon ist Krankenpflegerin und Mutter von zwei Söhnen. Sie ist Bibellehrerin und frei schaffende Schriftstellerin. Sie hat auch ein Buch für Kinder geschrieben. – 16. August; 26. Oktober

Ruti Rodriguez de Carvalho Garcia dos Santos ist Beamtin in Brasilien. Sie und ihr Mann haben einen Sohn. – 18. Juni

Goldie Down unterrichtet im College Kurse über Kreatives Schreiben und hat zwanzig Biographien und ein Schulbuch geschrieben sowie zahlreiche Geschichten und Artikel in Zeitschriften der Adventgemeinde. – 4. Januar; 1. August; 27. Oktober

Linda M. Driscoll war die erste weibliche Abgangsschülerin in Theologie vom Avondale College in Australien und hat seitdem als Seelsorgerin gearbeitet. – 28. Juni

Laura Drown hat als Sekretärin, Redakteurin und Buchhalterin in Organisationen der Gemeinschaft gearbeitet. Sie lebt in Massachusetts. – 20. September

Etta Maycock Dudley ist Mutter von drei Kindern und Großmutter von vier Enkeln. Sie war 31 Jahre lang Sekretärin ihres Mannes, während er Vereinigungsvorsteher war. Jetzt lebt sie in Tennessee. – 9. Dezember

Rita Eisenhower Duncan ist Ehefrau, Mutter und Sekretärin in Kalifornien. – 8. April

April Dunnett hat drei Jahre als Gärtnerin verbracht und hat wieder angefangen, Literatur, Kunstgeschichte und Kommunikation zu unterrichten. – 24. April; 28. Dezember

Crystal Earnhardt ist Predigerfrau, frei schaffende Schriftstellerin und Autorin mehrerer Bücher. Sie ist Mutter dreier Töchter und hat drei Enkelkinder. – 31. März; 6. August

Mary C. Edminster hat sich zur Ruhe gesetzt, nachdem sie sieben Jahre als Maklerin gearbeitet hat. Sie hat zwei Bücher geschrieben mit Biographien und Ahnenforschung und Bildern, die sie im Eigenverlag herausgebracht hat. – 24. August

Alice Fahrbach und ihr Mann haben ihr Zuhause am Ufer des Lake Superior in Michigan. Alice ist Krankenpflegerin im Ruhestand und Mutter von vier erwachsenen Kindern. – 22. Mai

Jocelyn Fay ist Redakteurin im Review and Herald Verlag in Hagerstown, Maryland. – 25. Februar

Valerie Fidelia ist Leiterin der Abteilungen Gesundheit und Mäßigkeit, Kinder- und Frauendienste im Verband des Nahen Ostens der Siebenten-Tags-Adventisten auf Zypern. Als Sängerin freut sie sich, Teil des Musiklebens in Zypern zu sein, wann immer ihre Arbeitsverpflichtungen es ihr erlauben. – 19. Juni; 25. August

Edith Fitch war 41 Jahre als Lehrerin tätig. Die letzten 28 Jahre verbrachte sie in der Gemeindeschule am Canadian University College, College Heights, Alberta. – 7. August; 20. Oktober

Heide Ford ist assoziierte Redakteurin für *Women of Spirit,* einer christlichen Zeitschrift für Frauen. Sie ist ausgebildete Krankenpflegerin und hat einen Magistergrad in Seelsorge. Heide und ihr Ehemann Zell, leben in Thurmont, Maryland. – 29. Januar; 24. März; 1.+3. Mai; 29. Juni; 4.+11. November

Sari Karina Fordham war als Studentin für ein Jahr in Thailand in der Mission, als sie ihren Beitrag schrieb. – 25. Dezember

Linda Franklin ist Floristin. Sie zieht und pflanzt die Blumen für die Stadt Chetwynd, Kanada. – 22. April

Edith C. Fraser ist Professorin am College und Vorsitzende der Abteilung Sozialarbeit. Sie ist Rednerin, Familientherapeutin und Beraterin in den USA und im Ausland. – 24. Dezember

Lila Lane George arbeitet mit ihrem Mann in Arizona und ist in der Evangelisation tätig. Sie hat zwei Söhne. – 19. Januar; 18. Juli; 10. August

Evelyn Glass lebt mit ihrem Mann auf der Familienfarm in Minnesota. Sie leitet die Abteilung Frauendienste des Mittelamerika-Verbandes der Siebenten-Tags-Adventisten. – 11. Mai; 8. Juni; 23. September

Carmen O. Gonzalez lebt in New York. Sie ist die Koordinatorin der Dienste für Alleinstehende für die New York Vereinigung der Siebenten-Tags-Adventisten. – 5. Februar

Carrol Grady lebt mit ihrem Prediger-Ehemann im Nordwesten der USA. – 22. November

Mary Jane Graves arbeitete als Sekretärin, Schulregistratorin und Bibliothekarin, bevor sie sich mit ihrem Ehemann in Nord Carolina zur Ruhe setzte. Sie ist Mutter von zwei Söhnen. – 19. August; 18. Oktober

Ellie Green ist Inhaberin der Consultingfirma *E. Green & Associates.* Sie schreibt viel und ist eine Rednerin, die gerne bei Frauentagungen spricht. – 23. April

Carol Joy Greene ist die Frau eines pensionierten Predigers, Mutter dreier erwachsener Kinder und stolze Großmutter von vier Enkeln. Sie und ihr Mann leben in Florida. – 29. August

Glenda-mae Greene ist in der Verwaltung für Studentendienste an der Andrews Universität, Berrien Springs, Michigan, tätig. – 7. Februar

Meibel Mello Guedes schreibt aus Brasilien, wo sie für den Verband Zentralbrasiliens als Leiterin der Frauendienste arbeitet. Sie und ihr Mann, der Prediger und Evangelist ist, haben zwei Kinder. – 25. Juni

Lillian R. Guild, die Ehefrau eines Predigers, Evangelisten und Missionars, ist Krankenpflegerin, Bibelarbeiterin und Buchevangelistin. Bevor sie in den Ruhestand ging, war sie die Verwaltungsassistentin des Sprechers der Radiosendung Voice of Prophecy. – 10. Februar

Donna J. Habenicht unterrichtet Kinderpsychologie an der Andrews Universität in Michigan. Sie koordiniert die Bibelschule für die jüngeren Kinder und präsentiert oft Seminare und Workshops für Eltern und Lehrer. – 17. November

Nancy Hadaway lebte in Grand Terrace, Kalifornien, als sie ihre Andacht schrieb. – 18. Januar

Barbara Hales ist Ehefrau, Mutter und Familienberaterin und lebt in Indiana. Sie unterrichtet am Ivy Tech College und ist Referentin für Family Life International. – 10. Februar

Lynnetta Siagian Hamstra ist assoziierte Leiterin der Frauendienste der Generalkonferenz der Siebenten-Tags-Adventisten in Silver Spring, Maryland. Sie lebt mit ihrem Mann in Columbia, Maryland. – 10. Januar

Helen Lingscheit Heavirland lebt in Oregon. Sie hat viele Kurzgeschichten sowie das Buch *Falling for a Lie* geschrieben. – 30.+31. Januar; 17. Februar

Heartsong ist ein Pseudonym. – 15. November

Ursula M. Hedges ist Lehrerin der Sekundarschule und Verwalterin. In Indien geboren, hat sie mit ihrem Mann viele Jahre in der Pazifik-Mission, in Australien und Neuseeland verbracht. Ursula hat Bücher, Geschichten und Artikel veröffentlicht. Sie ist Innenarchitektin. – 14. Juni; 21. September

Lorabel Hersch arbeitet im Predigerteam der Gemeinde des Southern College in Tennessee. Früher Bibliothekarin und Englischlehrerin, schreibt sie für religiöse Zeitschriften und hat eine Reihe von Bibellektionsheften für die Jugend geschrieben. Sie ist Ehefrau und Mutter. – 20. Februar

Myrtle Hicks genießt jetzt das Leben auf dem Lande mit den Aktivitäten und Herausforderungen einer kleinen Gemeinde. Sie war 48 Jahre verheiratet, hat eine Ausbildung als Krankenpflegerin gemacht und zwischendurch in diesem Beruf gearbeitet. Drei Urenkelinnen machen ihre Freude vollkommen. – 1. Juli

Kyna Hinson ist Journalistin und Assistenzprofessorin an einem College. – 2. Dezember

Karen Holford hat das Buch *Please God, Make My Mummy Nice!* sowie mehrere andere Bücher und zahlreiche Artikel für unterschiedliche Zeitschriften geschrieben. Sie und ihr Mann haben drei Kinder. – 7.+24.Januar; 19. März; 19.April; 13.+15. Mai; 15. Juni; 7. Juli; 23. November

Tamyra Horst hat mehrere Bücher und Artikel geschrieben. Sie ist Leiterin der Frauendienste im Columbia Verband und in der Pennsylvania Vereinigung. Sie ist verheiratet und hat zwei Söhne. – 1. Juni; 22. August; 25. November

Lorraine Hudgins war Verwaltungssekretärin und lebt mit ihrem Mann in Loma Linda, Kalifornien. Sie ist die Autorin von zwei Büchern und vielen veröffentlichten Artikeln. Sie ist die Mutter von fünf erwachsenen Kindern. – 23. Dezember

Barbara Huff arbeitet im Büro der Euro-Asia Division in Moskau, Russland, als Verwaltungsassistentin für Entwicklung. Sie und ihr Mann haben zwei erwachsene Kinder. – 8. Januar; 12. September

Lois E. Johannes hat sich in Kalifornien zur Ruhe gesetzt, nachdem sie in Pakistan, Indien, Singapur, Okinawa und in der Karibik sowie in vielen Institutionen in den USA in der Mission tätig gewesen ist. Sie hat zwei Töchter. – 14. Juli; 15. Oktober

Anna Johansen war mit ihrem Mann in Island, Westafrika, Skandinavien und im Nahen Osten tätig. – 10. Dezember

Madeline S. Johnston lebt mit ihrem Mann in Berrien Springs, Michigan. Sie ist frei schaffende Schriftstellerin und Mutter von vier erwachsenen Kindern. Ehemals Missionarin, hat sie mehrere Bücher und zahlreiche Artikel geschrieben. – 25. Januar

Marilyn Bennett Justessen ist Predigerfrau, Krankenpflegerin, und Hilfspredigerin. – 12. Mai

Catherine F. Kambo ist Krankenpflegerin und Hebamme und lebt in Sierra Leone. Sie hat drei Töchter. – 27. Februar

Beate Karbstein ist Sekretärin, Koordinatorin der Frauendienste und Masseurin und lebt in Australien. – 12. Februar

Carol Brackett Kassinger ist Leiterin der Erziehungsabteilung in einem Krankenhaus in Kentucky. Sie hat zwei erwachsene Söhne. – 2. Mai

Faith Keeney hat in den vergangenen 26 Jahren viele Missionsgruppen nach Mexiko geflogen, um Ärzte, Zahnärzte und anderes Gesundheitspersonal in abgelegene Dörfer zu bringen. – 17. Mai

Birthe Kendel gebürtige Dänin, lebt in St. Albans in England. Als Predigerfrau und Mutter von zwei Töchtern ist sie Leiterin der Kinder- und Frauendienste der Trans-Europäischen Division der Siebenten-Tags-Adventisten. – 7. September

Marilyn King lebt im Ruhestand mit ihrem Mann in Oregon. – 11. April

Linda Klinger ist seit zwanzig Jahren Predigerfrau und jedes Jahr bekräftigt sie ihre Berufung, die sie im Alter von acht Jahren erlebte. – 27. September

Helena Klingman war früher Krankenpflegerin in Schweden und lebt jetzt in Finnland. – 8. Dezember

Hepzibah G. Kore ist die Leiterin der Abteilung Frauendienste in der Süd-Asien-Division der Siebenten-Tags-Adventisten. – 20. Juli; 4. Oktober

Criss Kramer ist Ehefrau, Stiefmutter, Großmutter und Versicherungsagentin. – 11. März

Teresa Gay Hoover Krueger ist Hilfspredigerin für Gemeindeleben und Seelsorge. Sie und ihr Mann haben einen Sohn. – 14. Februar

Winnie Kurian ist 25 Jahre lang Lehrerin gewesen und liebt es, mit Kindern zu arbeiten. Sie ist jetzt Hausfrau und lebt in Bangalore, Indien. Winnie und ihr Mann haben drei erwachsene Kinder. – 29. Juli

Kay Kuzma leitet das Unternehmen *Family Matters,* einen Mediendienst, der durch eine von vielen Stationen ausgestrahlte Radiosendung, ein Fernsehprogramm und eine kostenlose vierteljährliche Zeitung, *Family Times,* Familien dient. Sie hat mehr als ein Dutzend Bücher geschrieben. In Deutsch erschienen: *Liebe kreativ.* – 19.+31. Juli; 14.+30. September; 5. Dezember

Nathalie Ladner-Bischoff lebt in Walla Walla, Washington. Sie hat ihre Krankenpflegerkarriere an den Nagel gehängt, um ihren Hobbys nachzugehen. Sie hat mehrere Geschichten in Zeitschriften veröffentlicht sowie ein Buch. – 14. November

Eileen E. Lantry schreibt aus dem nördlichen Idaho. Sie ist Bibliothekarin, Lehrerin und Hausfrau, Predigerfrau, Bibelarbeiterin und Großmutter. Sie hat mit ihrem Mann 16 Jahre in der Mission in Südost-Asien verbracht und 16 Bücher und viele Artikel geschrieben. – 2. Juni; 26. November

Lillian Lawrence war Lehrerin in Gemeindeschulen. Sie hat sieben Kinder großgezogen. – 5. November

Gina Lee unterrichtet eine Klasse für Schreibanfänger und arbeitet in einer Bibliothek. Mehr als 500 Geschichten, Artikel und Gedichte tragen ihre Unterschrift. Sie teilt ihr Zuhause mit vier Katzen. – 9. Januar; 12. April; 12. Juni; 11. Juli

Irma R. Lee schreibt aus Washington, D.C. Sie hat einen erwachsenen Sohn. – 16. September

Ruth Lennox ist Ärztin und Leiterin der Abteilung Frauendienste der Britisch Columbia Vereinigung der Siebenten-Tags-Adventisten. Sie ist Mutter von drei erwachsenen Kindern. 22. Juni; 10. Juli

Bessie Siemens Lobsien hat verschiedenen Colleges als Bibliothekarin gedient. Jahrelang sind ihre Gedichte, Essays und Geschichten von den Lesern der Gemeindezeitschriften geschätzt worden. – 23. August; 3. September

Gina Youngberg Lonser ist Mutter von zwei Kindern und Krankenpflegerin. – 26. September

June Loor lebt in den Bergen im westlichen Nord Carolina. – 27. Dezember

Joyce Hanscom Lorntz, Ph.D., ist gefragte Referentin und Predigerin in Nord Carolina, Beraterin und Seelsorgerin. Sie ist verheiratet und hat zwei Töchter. – 8. Mai

Aileen Ludington und ihr Mann sind beide Ärzte und betreiben ihre Praxis in Loma Linda, Kalifornien. Sie hat zwei Bücher veröffentlicht. Sie ist Mutter von sechs Kindern. – 3. November

Evangeline Lundstrom ist Älteste und Sekretärin ihrer Gemeinde in Ohio. 5. Oktober

Pat Madsen lebt in Kalifornien. Sie ist Leiterin der Bibelschule und unterrichtet eine Bibelklasse. – 4. Juli

Philippa Marshall lebt in England, wo sie Koordinatorin für Frauendienste und Kommunikationssekretärin ist. Sie ist Krankenpflegerin und Massagetherapeutin. Sie schreibt Artikel und Gedichte für christliche Zeitschriften. 28. Februar; 29. Mai

Eunice Mason stammt aus Großbritannien und ist Buchhalterin mit 16 Dienstjahren in der Mission. Sie lebt in Südafrika. – 19. Dezember

Peggy Mason lebt in Wales mit ihrem Mann und einem ihrer zwei erwachsenen Söhne. Sie ist Englischlehrerin und Schriftstellerin, Pianistin und Komponistin. – 12. Dezember

Ellen E. Mayr ist Abteilungsleiterin für Frauendienste, Kinder und Familie. Seit mehr als 13 Jahren ist sie mit ihrem Mann in Afrika als Missionarin gewesen. – 23. März; 25. Juli; 8. September; 14. Oktober

Linda McCabe ist Predigerfrau und Mutter von zwei Söhnen. Sie schreibt, arrangiert und produziert Musik in ihrem eigenen Tonstudio für *Thy Word Creations,* ein Unternehmen, das biblische Texte für Kinder in Musik umsetzt. 23. Juni; 9. Juli

Dellas McCan lebt mit ihrem Mann in Oregon. Sie genießen das Leben auf dem Lande mit ihren drei Kindern und fünf Enkelkindern. – 6. September

Maria G. McClean stammt ursprünglich von Barbados und lebt mit ihrem Mann und ihrer Tochter in Toronto. – 20. April

Marge Lyberg McNeilus stammt aus Dodge Center, Minnesota. Sie bleibt beschäftigt, indem sie in der Familienbetrieb aushilft, sich um ihre vier erwachsenen Kinder und sieben Enkelkinder kümmert. – 25. April

Maria de Jesus Vale Menezes lebt in Sao José, Brasilien. Sie ist im Ruhestand, verwitwet, Mutter von vier Kindern. Sie war Lehrerin in der Grundschule und höheren Schulen und Schulinspektorin in staatlichen Schulen. 3. Mai

Retta Michaelis lebt mit ihrem Mann und zwei Töchtern in Kalifornien. Sie arbeitet in Teilzeit als MTA an der Blutbank des Loma Linda Medical Centers. – 20. Januar

Marcia Mollenkopf war Lehrerin einer staatlichen Schule und lebt in Oregon. – 11. Dezember

Lois Moore ist Krankenpflegerin auf einer Sozialstation in Caldwell, Idaho. Vor ihrer Ehe war sie Missionarin in Indonesien und Südkorea. Sie hat zwei Stiefkinder. – 13. Februar; 11. September

Barbara Smith Morris ist Verwalterin eines Seniorenheims. Sie hat vier erwachsene Kinder. – 23. Februar; 15. August

Bonnie Moyers lebt mit ihrem Mann und zwei Katzen in Virginia. Sie ist Krankenpflegehelferin. Ihre Beiträge sind in vielen Büchern und Zeitschriften veröffentlicht worden. – 19. September

Beatrice S. Neall hat 16 Jahre lang am Union College Religion unterrichtet. Davor war sie Missionarin in Kambodscha, Vietnam und Singapur und hat mehrere Bücher geschrieben. – 3. Februar

Joan Minchin Neall wurde in Australien geboren, lebte in England und ist jetzt ist in Tennessee zu Hause. Sie ist Krankenpflegerin und hat mit ihrem Prediger–Ehemann vier Kinder. – 11. Januar; 3. März; 18. Mai

Joyce Neergard ist Krankenpflegerin die mit ihrem Ehemann mehrere Jahre im Nahen Osten verbracht hat. Sie studiert, um ihren Magister in Volksgesundheit an der Loma Linda Universität in Kalifornien zu machen. – 13. November

Karen Nicola ist Ehefrau und Mutter und lebt in den Bergen im Norden Kaliforniens. – 21. Dezember

Turkeah Nimri schreibt aus Jordanien, wo sie 18 Jahre als Sicherheitsbeamtin im Königspalast arbeitete. Sie ist jetzt pensioniert, hat fünf Kinder und 13 Enkel. – 6. Juli

Mabel Rollins Norman lebte in Avon Park, Florida, bis sie am 6. Februar 1998 verstarb. Ihre Beiträge wurden in Zeitschriften, Zeitungen und Andachtsbüchern für Frauen veröffentlicht. – 27. August

Connie Wells Nowlan ist Englischlehrerin, Heimleiterin für Mädchen und Vorschullehrerin, Ehefrau, Mutter – und immer Schriftstellerin – gewesen. 13. April; 3. Juni; 17. Juli; 7. November; 14. Dezember

Edna May Olsen lebt in England, besucht aber ihre Tochter und die Enkelinnen regelmäßig in den USA. – 31. Mai; 26. Juni

Jemima D. Orillosa lebt mit ihrem Mann und zwei Töchtern in Silver Spring, Maryland. Sie arbeitet als Sekretärin in der Generalkonferenz der Siebenten-Tags-Adventisten. – 9. März

Norma Osborn ist die Frau eines Lehrers und Mutter von zwei Kindern sowie Hilfspredigerin in der Sligo Gemeinde in Maryland. Früher war sie Grundschullehrerin. – 23. Mai

Kim Otis ist Sekretärin für den Schulaufseher der Southern New England Vereinigung der Siebenten-Tags-Adventisten in Lancaster, Massachusetts. Sie und ihr Mann Don haben drei Söhne. – 1. November

Rose Otis war Leiterin der Abteilung Frauendienste der Generalkonferenz der Siebenten-Tags-Adventisten und ist jetzt Vizepräsidentin der Texas-Vereinigung. Sie rief das Andachtsbuchprojekt ins Leben und stellte die ersten sechs Bände zusammen. – 1. Januar; 16.+27.+28. April; 28. August; 9. Oktober; 27. November; 22. Dezember

Hannele Ottschofski ist Predigerfrau in Deutschland. In Finnland geboren, hat sie in mehreren europäischen Ländern gelebt sowie in Afrika. Sie hat vier Töchter. Sie ist zuständig fürs Erscheinen des Mitteilungsblattes der Predigerfrauen in Baden-Württemberg. – 17. März; 24.+27. Juli; 9.+14.+31. August; 17.+29. September; 2.+7.+13.+16+22.+24. Oktober; 6. November; 15. Dezember

Ofelia Aquino Pangan lebt in Kalifornien – aber nur wenn sie nicht gerade mit ihren Enkelkindern spielt. – 1. Oktober

Revel Papaioannou lebt in der biblischen Stadt Beröa, unterrichtet Offenbarungsseminare und Englisch. – 23. Juli

Norma Jean Parchment ist Pionierin für die Frauendienste in Kanada gewesen. Zurzeit dient sie als Leiterin der Frauendienste, Familiendienste und Bibelschule in der Ontario Vereinigung und als Leiterin der Frauendienste für den Kanadischen Verband der Siebenten-Tags-Adventisten. Sie ist Mutter von zwei Söhnen und sie lebt mit ihrem Ehemann in Oshawa, Ontario. – 20. August

Sonia E. Paul ist Beraterin für das Erwachsenenbildungsprogramm am Oakwood College in Huntsville, Alabama. – 3. Juli

Lori Peckham ist Redakteurin der Zeitschrift *Insight* am Review and Herald Verlag in Hagerstown, Maryland. Sie und ihr Mann sind Jugendleiter in ihrer Ortsgemeinde und leben in Falling Waters, West Virginia. – 29. März; 2. August

Betty G. Perry ist seit 27 Jahren Anästhesistin. Sie und ihr Mann haben drei erwachsene Kinder. – 15. Juli

Felicia Phillips ist die Frau eines ADRA-Direktors und die Mutter von drei Söhnen. Felicia hat einen Abschluss in Theologie und ist Seelsorgerin am Manila Sanatorium und Krankenhaus auf den Philippinen. – 19. November

Alyce Pickett erfüllte sich ihren Traum, als sie mit 52 Jahren ihre Ausbildung als Krankenpflegerin abschloss. Sie ist jetzt pensioniert und hat zwei Söhne. Sie schreibt Kinderbücher. – 29. April

Julianne Pickle hat mehr Träume, als sie je in einem Leben verwirklichen kann. Sie ist eine junge Hausfrau in Iowa und schreibt Bücher. – 15. September

Irene Powell und ihr Mann leben in Australien und haben zwei erwachsene Kinder. Sie war Lehrerin einer Gemeindeschule. – 28. Juli

Alice Heath Prive ist nach Los Angeles gezogen, um an ihrem Doktor der Philosophie in Ethik und Religion an der Universität Südkaliforniens zu arbeiten. – 17.+21. April; 16. November

Trudy Rankin hat viele Artikel in Amerika, Australien und Neuseeland veröffentlicht, wo sie mit ihrem Mann lebt und als Teilzeit-Labortutorin an der Universität von Auckland arbeitet. – 12. März

Jeanne d'Harimala Rasoanindrainy lebt auf Mauritius im Indischen Ozean, wo sie an einem Seminar in der Registratur und als Bibliothekarin und Sekretärin arbeitet. Sie hat drei Bücher veröffentlicht. – 25. Oktober

Ellen Rockel Dos Reis aus Brasilien ist verheiratet und hat zwei Kinder. Sie hat ihr Leben dem Dienst für Gott in den unterschiedlichsten Abteilungen der Gemeinde gewidmet. – 26. August

Julie Reynolds ist Krankenpflegerin, die zurzeit Hausfrau und Mutter ist und in Nord Carolina lebt. – 13. Juni

Linda Reynolds und ihr Mann leben im nördlichen Kalifornien. Sie haben drei Kinder. Sie hat mit einer Selbsthilfegruppe gearbeitet, die Eltern von behinderten Kindern unterstützt. – 13. September

Jill Hines Richards lebt in Montana mit ihrem Mann, der Lehrer ist an der Mount Ellis Academy. Jill arbeitet an ihrem Doktorgrad in Erziehungswissenschaften. – 12. Oktober

Kay D. Rizzo ist frei schaffende Schriftstellerin und lebt in Kalifornien. Sie hat viele Bücher geschrieben. Außerdem schreibt sie eine monatliche Kolumne für einige Zeitschriften und ist Gastgeberin der *Family Hour* im Radio. Kay und ihr Mann haben zwei verheiratete Töchter, die Berufsmusikerinnen sind. – 12. Januar

Barbara Roberts ist eine Hausfrau, die ihre Enkelkinder genießt. – 29. Oktober

Mindy Rodenburg ist Krankenpflegeschülerin und hat in Indiana, Washington, Virginia, Maryland, Britisch Columbia und Alberta gelebt. – 4. Mai

Jean Reiffenstein Rothgeb und ihr Mann leben in Utah. Sie haben zwei Töchter. Sie ist zur Hälfte im Ruhestand, arbeitet aber in einer kieferorthopädischen Praxis mit. – 26. April; 17. Dezember

Jeanne Rudatsikira und ihr Mann sind Missionare in Burundi, Afrika. Sie ist Pharmazeutin und Leiterin der Frauendienste der Burundi Vereinigung der Siebenten-Tags-Adventisten. – 16. Januar

Deborah Sanders ist seit 30 Jahren verheiratet, hat eine verheiratete Tochter und einen geistig behinderten Sohn. Sie stellt Kunsthandwerk her und verkauft es, um für ihren persönlichen Dienst für Menschen Mittel zu bekommen. – 6. Juni

Jean Sequeira, in England geboren, lebt nun in den USA. Sie hat als Bibelarbeiterin, Lehrerin und Büroverwalterin gearbeitet. Sie verbrachte 18 Jahre als Missionarin in Ostafrika mit ihrem Prediger-Ehemann und ihren zwei Kindern. – 5. August

Roberta Sharley war Krankenpflegerin und hat mit ihrem Mann vier erwachsene Kinder. – 27. Juni

Donna Lee Sharp hat sechs Kinder und viel Freude an Musik. – 13. Dezember

Carrol Johnson Shewmake ist frei schaffende Schriftstellerin, die viele Artikel, Geschichten, Gedichte und Bücher veröffentlicht hat. Sie und ihr Mann John haben 43 Jahre im Predigtamt gedient. – 27. Mai; 13. August; 7. Dezember

Judy Musgrave Shewmake lebt im nördlichen Kalifornien mit ihrem Mann und ihren vier Kindern, die sie zu Hause unterrichtet. Sie ist Redakteurin eines vierteljährlichen Mitteilungsblattes für Siebenten-Tags-Adventisten, die ihre Kinder zu Hause unterrichten. – 15. Februar

Carol. J. Smith lebt in Ferndale, Washington, mit ihrem Mann und zwei Söhnen. Sie ist Spezialistin für menschliche Ressourcen und arbeitet mit Kunden aus der Berufsrehabilitation. – 18. November

Cherie Smith ist Verwaltungsassistentin am Southern College in Tennessee. Sie und ihr Mann haben zwei Töchter. – 29. November

Reva I. Smith war Lehrerin an Gemeindeschulen. Ihr Leben dreht sich um elf Enkel, neun Urenkel und Hunderte von jungen Leuten, die sie unterrichtet hat. Sie hat zwei Bücher veröffentlicht. – 14. April

Ivy J. Starks ist vor kurzem vom Oakwood College abgegangen und nun Gastgeberin eines Programms zum Sonnenuntergang am Sabbatanfang am Radiosender des Colleges in Huntsville, Alabama. Sie ist allein erziehende Mutter von zwei Töchtern. – 9. November

Gloria J. Stella-Felder arbeitet in der Kommunikationsabteilung der Nordost-Vereinigung in Queens, New York, wo ihr Mann eine Gemeinde als Prediger betreut. Sie haben eine zusammengefügte Familie, die aus vier erwachsenen Kindern und vier Enkelkindern besteht. Gloria hat einen Gedichtsband veröffentlicht. – 11. August

Ardis Dick Stenbakken ist Leiterin der Abteilung Frauendienste bei der Generalkonferenz der Siebenten-Tags-Adventisten. Sie und ihr Mann haben zwei erwachsene Kinder. – 9. Februar; 4.+20.+26. März; 2.+5.+6. April; 24. Juni; 17. Oktober; 20. November; 31. Dezember

Chelcie Sterling-Anim ist Sekretärin bei der Trans-Europäischen Division der Siebenten-Tags-Adventisten. – 28. März

Elizabeth Sterndale ist im Ruhestand. Sie war zunächst Krankenpflegerin, diente dann als Leiterin der Abteilung Frauendienste der Nordamerikanischen Division der Siebenten-Tags-Adventisten, und ist Präsidentin der Organisation der Krankenschwestern. – 17. Januar

Iris L. Stovall ist Verwaltungssekretärin und Redaktionsassistentin für das vierteljährliche Mitteilungsblatt der Abteilung Frauendienste bei der Generalkonferenz der Siebenten-Tags-Adventisten. Iris ist verheiratet und hat drei erwachsene Kinder. – 5. Juli

Cindy Sumarauw kam aus ihrer Heimat in Indonesien, um am Pacific Union College zu studieren. Sie ist 1994 abgegangen mit einem Abschluss in Psychologie. – 4. September

Arlene Taylor ist Versicherungsverwalterin am St. Helena Hospital im nördlichen Kalifornien. Sie ist auch Gründerin und Inhaberin ihres eigenen gemeinnützigen Unternehmens, das sich der Förderung der Forschung der Gehirnfunktionen verschrieben hat, um dementsprechende erzieherische

Mittel zu fördern. Als Rednerin international bekannt. – 13. Januar; 2. September

Margaret E. Taylor ist Witwe und lebt in Florida. Sie hat viele Gedichte veröffentlicht. – 21. Januar

Myrna Tetz ist verwaltende Redakteurin des Adventist Review. – 28. Oktober; 28. November

Stella Thompson, Ehefrau und Mutter, Lehrerin für Literatur und Aufsatz. 3. Dezember

Tabitha Mershell Thompson arbeitet als Computer-Technikerin und als Maklerin im Familienbetrieb. – 21. Mai

Ella Tolliver ist im Lehrkörper des Solano Community College im nördlichen Kalifornien als Beraterin und Lehrerin tätig. Sie und ihr Mann John haben drei erwachsene Kinder. – 10. Juni

Dotti Tremont ist allein erziehende Mutter, die als Sekretärin fürs Einkaufs- und Auftragsbüro der Abteilung der Veteranenangelegenheiten in Anchorage, Alaska, tätig ist. – 21. März

Lilly Tryon schreibt aus Pennsylvania, wo sie Krankenpflegerin, Predigerfrau und zu Hause unterrichtende Mutter von zwei Jungen ist. – 17. August

Janice Clark Vance ist Krankenpflegerin und Seelsorgerin mit einem Magistergrad in Erziehungspsychologie. Sie und ihr Mann sind Eltern von drei erwachsenen Kindern. – 18. Dezember

Corrine Vanderwerff ist Missionarin und frei schaffende Schriftstellerin. Sie lebt mit ihrem Mann in Lumumbashi im Kongo. – 8. März

Nancy L. Van Pelt ist Familienberaterin, Autorin von Bestsellern und international bekannte Rednerin. Sie hat mehr als zwanzig Bücher geschrieben. Nancy und ihr Mann leben in Kalifornien und sind Eltern von drei erwachsenen Kindern. – 15.+23. Januar; 16. Februar; 5. März; 8.+13. Juli; 19. Oktober; 21. November

Evelyn Vande Vere ist Leiterin der Frauendienste für den Southern Union Verband. – 5. September

Tammy B. Vice ist Sängerin und Liedermacherin. Sie singt und erzählt Geschichten für Kinder an Schulen. – 7. Mai

Carolyn Voss unterrichtet Krankenpflege und ist verheiratet. – 16. Mai

Lilya Wagner ist Vizepräsidentin für Entwicklung am Nationalen Institut für Ortsverwaltung, das seinen Sitz in Indianapolis hat. Früher hat sie in der Krankenpflege gearbeitet und an höheren Schulen unterrichtet. Sie hat sechs Bücher geschrieben. – 9. Juni

Gwendolyn M. Ward war Lehrerin. Ihr Mann Eric war 21 Jahre lang Prediger der Gemeinde am Oakwood College in Alabama. – 13. März

Anna May Radke Waters liebt Gott aus ganzem Herzen und möchte anderen Leuten seine Liebe für sie kundtun. – 2. Juli

Dorothy Eaton Watts war Leiterin der Abteilung Frauendienste der Generalkonferenz der Siebenten-Tags-Adventisten. Sie ist jetzt assoziierte Sekretärin der Süd-Asien-Division, frei schaffende Schriftstellerin, Redakteurin und Rednerin. Sie hat mehr als zwanzig Bücher geschrieben. – 2.+6.+14. Januar; 19.Februar; 1.+7. März; 1. April; 9.+26. Mai; 20. Juni; 8.+10. Oktober; 2. November; 1.+4. Dezember

Lois May Watts war Lehrerin. Sie war mit ihrem Mann Carl 18 Jahre lang Missionarin in Japan. Jetzt leben sie in Berkeley Springs, West Virginia. – 18. September

Anne L. Wham ist Leiterin der Frauendienste, Kinderabteilung und Bibelschulabteilung der Dakota Vereinigung der Siebenten-Tags-Adventisten in Pierre, South Dakota. – 16. Dezember

Penny Estes Wheeler ist Schriftstellerin, Rednerin und Chefredakteurin von *Women of Spirit*. – 21. Oktober

Connie Hodson White lebt mit ihrem Mann Ralph in Nebraska. Ehemals Softwareentwicklerin, arbeitet sie jetzt zu Hause an ihrem PC. – 10. Mai

Verna White arbeitete in der Buchabteilung des Review and Herald Verlages bevor sie in die Schatzmeisterei der Generalkonferenz der Siebenten-Tags-Adventisten überwechselte. Nach ihrer Pensionierung unterrichtete sie Englisch in Chongqing, China. – 10. November

Mildred C. Williams ist Physiotherapeutin und lebt mit ihrem Mann in Kalifornien. – 8. Februar; 9. April

Ethel Wilson gehört dem Lehrkörper des Center Unified School District in Sacramento, Kalifornien, an, als Spezialistin für Sprachentwicklung. Sie hat eine erwachsene Tochter. – 11. Juni

Ronna Witzel und ihr Mann leben im Norden Kaliforniens und haben drei erwachsene Kinder. – 20. Mai

Gabriele Ziegler ist Redakteurin bei der *Stimme der Hoffnung* in Darmstadt. Sie schreibt Radioprogramme, die von verschiedenen Lokalsendern in Deutschland ausgestrahlt werden. – 30. März

Inas Ziegler ist Witwe und lebt Mt. Vernon, Washington. – 15. März

Bibelstellenverzeichnis